KB052577

2014 전면개정판

핵심 인사노무관리

최지희 저   윤성봉 감수

Human
Resources
Management

공인노무사

고시계사   www.Gosi-law.com
www.Eduall.kr

필자의 인사노무관리론의 공부방법을 돌이켜보면, 당시 회사에서 인사 업무를 하고 있어 실무적인 내용들만을 기술하면 되는 것이 아닌가라는 생각으로 별다른 정리없이 첫 2차 시험을 치뤘지만 불합격 통보를 받고 수험공부와 실무는 차이가 있음을 깨달은 후 차례와 키워드의 중요성을 실감하며 단권화 작업을 해 나갔던 것이 합격했던 비결이었던 것 같다.

4~5년이 지난 지금은 새로운 시험과목도 추가되고, 시험문제가 사례와 최신 이슈 위주로 출제 되고 있어 전보다 훨씬 많은 공부량과 노력을 필요로 하고 있다. 또한 많은 수험생들이 인사노무관리 답안을 어떻게 기술해야 하는지 고민하다 시간을 허비해 아는 문제도 충분한 답안을 작성하지 못했다는 안타까운 이야기도 많이 들어왔다.

이러한 고민들에 조금이나마 도움이 되고자 필자는 그 동안 많은 수험생들의 필독서인 윤성봉 저 『핵심인사노무관리』 를 바탕으로 하여 다음과 같은 내용을 보충하여 집필하였다.

첫째, 차례와 키워드를 좀 더 부각하였으며, 각 장마다 들어가는 글과 나아가는 글을 추가하여 답안의 서론 작성에 참고하여 시간이 절약될 수 있도록 하였다.

둘째 , 핵심 키워드 위주로 짧게 기술되어 있던 내용들을 3~5줄 이내의 설명을 추가하여 보다 쉽게 이해하고 바로 답안에 기술할 수 있도록 하였다.

셋째 각 교과서들에서 언급한 내용과 이슈들이 빠지지 않도록 정리하였다.

한편, 본 교재는 가급적 교과서에서 사용하고 있는 개념·용어·표현을 살릴 수 있도록 정리하였으며, 최근 많이 회자되는 따뜻한 자본주의와 윤리경영의 관점을 반영하여 답안에 현출될 수 있도록 내용을 구성하였음을 알려드린다.

어떠한 목표없이 앞만 보고 달려가던 나의 인생은 마치 다람쥐가 쳇바퀴를 돌 듯 무의미하고 건조한 삶이었지만, 공인노무사라는 방향을 찾은 지금의 나의 인생은 이제 막 펼쳐지고 있는 것 같다. 공인노무사를 준비하는 많은 분 또한 반드시 합격한다는 믿음을 잃지 않고 포기하지 않는다면 좋은 결실이 있으리라 믿으며, 늘 꿈꿔왔던 삶을 시작하는 계기가 되시기를 바래본다.

2014. 1
저자 최 지 희

CONTENTS

Chapter 05 _ 인사고과

CONTENTS

CONTENTS

CONTENTS

CONTENTS

Preview : 공인노무사 시험 인사노무관리론 기출문제

- **제1회 1986년**

  1. 조직이론에 있어서 컨틴전시 이론 배경 및 그 대표적인 학설과 특징을 논하라.

  2-1 경력개발의 의의, 절차 및 기법

  2-2 직능급의 의의 및 장점과 단점

- **제2회 1989년**

  1. 근로생활의질(quality of working life)에 관하여 논하라

  2-1 Matrix조직의 본질, 의의 및 한계

  2-2 경영참가제도의 의의와 유형

- **제3회 1991년**

  1. 경영조직의 발전과정을 과학적관리론, 인간관계관리론, 근대적조직론으로 논하라

  2-1 인간관계관리의 제 기법(제도)

  2-2 직무확대와 직무충실의 특성과 효과

- **제4회 1993년**

  1. 기업정년제의 의의 및 유형과 효율적인 관리방안(인사노무관리차원의 대응방안)
  에 대하여 논하라

  2-1 flex time제도의 의의와 효과

  2-2 공개적 인사고과 제도의 본질과 도입과제

- **제5회 1995년**

  1. 경쟁력 제고를 위한 임금제도의 의의 및 중요성을 논하라

  2-1 재택근로제

  2-2 인사감사의 의의와 유형

- **제6회 1997년**

  1. 기업환경변화에 적응하기위한 기업교육훈련의 중요성과 전략적 실시방안에 대하여
  논하라

  2-1 연봉제의 도입배경, 특징, 관리방안

  2-2 종업원지주제의 특징, 효율적 활용방안

- **제7회 1998년**

  1. 인력관리의 유연화(flexibility)의 필요성과 실시방안의 장단점을 논하라.

  2-1 인사고과의 과정에서 발생하는 고과자 오류와 해소 방안

  2-2 인센티브제도의 의의와 개인직, 집단적 인센티브의 비교

- **제8회 1999년**

  1. 현재 우리나라 기업이 처한 기업환경 변화와 이에 대한 인사노무관리의 대응방안에 대하여 논하라

  2-1 인사고과제도의 새로운 경향

  2-2 shop제도

- **제9회 2000년**

  1. 직무분석 및 직무평가의 중요성과 그 기법을 설명하고 이를 토대로 한 능력주의 인사관리의 구체적 실천방안에 대해 논술하라.

  2-1 비정규직 인력의 관리방안에 대해 설명하라.

  2-2 선발도구의 유형 및 그 타당성과 신뢰성에 대한 평가를 설명하라.

- **제10회 2001년**

  1. 근로시간 단축과 주5일제 근무의 의미를 설명하고 이를 둘러싼 노사간 주장의 쟁점사항과 그 타당성을 논하라.

  2-1 임금결정과 임금차등화의 요건 및 임금체계 유형

  2-2 OJT, OFFJT의 의의 및 장단점 각 3개 이상

- **제11회 2002년**

  1. "평생직장"시대에서 "평생고용"의 시대로 개념이 바뀌어 가고 있는데 그 대두 배경과 이를 위한 대처방안(정부, 기업, 개인차원)에 관하여 논하시오

  2-1 종업원지주제도와 주식매입청구권을 비교하시오

  2-2 현재 외국인근로자에 대한 제도적 문제점과 그 해결방안에 대하여 약술하시오

- **제12회 2003년**

  1. 최근 기업들은 전략적인 인적자원관리를 도입하려 하고 있다. 전략적 인사관리의 의의, 필요성, 기존의 인사관리와의 차이점에 대하여 논술하라.

  2-1. 임금수준결정의 원칙

  2-2. 한국적 상황하에서 경영참가제도를 도입할 때의 순기능과 역기능

- 제13회 2004년
  1. 산별노조와 산별교섭 (50점)
     - 산별노조 결성의 대두배경 (20점)
     - 산별교섭의 장점과 단점 (15점)
     - 이에 대한 개별 기업(조직)의 대응방안 (15점)
  2. 정보기술을 이용한 교육훈련방법의 장점과 단점 (25점)
  3. 인사고과방법 중 전통적 특성중심의 인사고과, 행위중심의 인사 고과, 결과중심의 인사고과의 신뢰성과 타당성 (25점)

- 제14회 2005년
  1. 기업의 인적자원 수요·공급 예측 결과 인적자원의 부족 또는 과잉이 발생할 경우 각각에 있어 활용할 수 있는 인적자원 수급 조정 방안을 그 내용과 효과 측면에서 논하시오. (50점)
  2. 인사감사제도에 대해 설명하시오. (25점)
  3. 직장생활과 가정생활의 조화(Work & Life Balance)를 제고하기 위한 기업복지제도를 설명하시오. (25점)

- 제15회 2006년
  1. 기업이 창업하여 중소기업에서 대기업으로 발전하는 과정에서 인사노무관리의 차이가 나타난다. 그 차이를 각 인사기능(인력확보, 인재평가, 인재보상, 인재개발, 인력유지)별로 중소기업과 대기업으로 구분하여 상황적합론의 관점에서 논하시오. (50점)
  2. 퇴직금에 관한 제 학설과 퇴직금 제도의 발전방향 (25점)
  3. 직무평가의 필요성과 방법 (25점)

- 제16회 2007년
  1. 최근 임금피크제의 도입이 확산되고 있다. 임금피크제의 도입배경, 주요 내용, 효과, 시행상의 이유 및 한계점에 대해 논하시오. (50점)
  2. 다면평가(360°피드백)의 의의와 목적, 성과관리를 위해 사용시의 문제점과 효과적 관리방안 (25점)
  3. 해외투자기업의 현지 인력관리에서 발생하는 문제점과 그 해결방안 (25점)

- 제17회 2008년
  1. 전통적 직무설계의 특징 및 한계를 설명하고, 이에 대한 대안의 하나인 "노동의 인간화

''(Humanization of work)의 개념, 기업내 실행방안 및 효과를 설명하시오. (50점)

2. 기업교육훈련 프로그램 개발을 위한 필요성 분석(needs analysis) (25점)

3. 종업원 선발도구의 타당도 평가방법 및 선발비율의 개념 (25점)

● 제18회 2009년

1. 최근 지속가능경영이 기업경영의 화두로 대두되고 있다.
   인사노무 관리 차원에서 관리해야 할 주요 내용에 대하여 논하시오 (50점)

2-1. 고령인력 활용을 위한 인력예측기법에 대하여 설명하시오. (25점)

2-2. 직무중심 관리관행과 인간중심 관리관행에 따른 평가관리 제도에 대해 설명
    하시오. (25점)

● 제19회 2010년

1. 기업내 구성원의 경력개발을 초기단계, 중기단계, 후기단계로 구분할 때 각 단계에 있어서
   기업의 관리활동을 논하시오. (50점)

2. 다음 문제를 약술하시오.
   1) 국제기업의 본국인, 현지인, 제3국인 채용시 장·단점 (25점)
   2) Hackman과 Oldham의 직무특성모형의 내용 및 비판 (25점)

● 제20회 2011년

1. 인적자원관리의 확보·개발·평가·보상·유지 관리 등 다섯 가지 기능별 영역에서 전통적
   공동체 지향의 기업문화를 계승하고 자삭 정보화 사회에 대응할 수 있는 방안을 시스템적 관
   점에서 설계시오. (50점)

2. 다음 문제를 설명하시오.
   1) 카페테리아 복리후생제도의 효과와 한계 (25점)
   2) 팀 단위 성과평가(performance appraisal)의 필요성, 요소, 단계 (25점)

● 제21회 2012년

1. 직무분석의 활용방안을 인적자원관리의 기능(확보·개발·평가·보상·유지·방출) 관점에서 논
   하시오. (50점)

2. 멘토링(mentoring)제도의 내용, 한계 및 효율적 활용방안에 대하여 설명하시오.(25점)

3. 전직지원서비스(outplacement services)의 효과와 한계에 대하여 설명하시오. (25점)

인사노무관리 출제경향과 시험대비 요령

1. 19회 시험까지의 인사노무관리 출제 분포도

본서에 따른 분류	출제 내용	출제 문항수
제1장 인적자원관리의 기초	조직이론 경영조직 발전과정	2
제2장 직무관리	직무확대와 직무충실 직무분석 및 직무평가를 토대로 한 능력주의 인사관리 직무평가의 필요성과 방법 직무설계와 노동의 인간화 Hackman과 Oldham의 직무특성모형	4
제3장 확보관리	선발도구 평가 인력 수급 조정 방안 고령인력 활용을 위한 인력예측 기법 선발도구의 타당도 평가방법 및 선발비율	4
제4장 개발관리	경력개발 교육훈련의 전략적 실시방안 OJT와 OFFJT 장단점 정보기술을 이용한 교육훈련 교육훈련 프로그램 개발을 위한 필요성 분석	5
제5장 인사고과	공개적 인사고과, 고과자 오류 인사고과의 새로운 경향, 다면평가 직무중심 관리 관행과 인간중심 관리 관행에 따른 평가관리 제도	5
제6장 임금관리	직능급, 경쟁력 제고를 위한 임금제도, 연봉제, 인센티브, 임금결정과 차등화 요건 및 임금체계, 임금수준결정 원칙, 퇴직금, 임금피크제	8
제7장 복리후생관리	직장생활과 가정생활의 조화를 위한 복리후생	1
제8장 유지관리 (근로조건, 인간관계관리)	인간관계관리, flex time, 재택근로	3
제9장 이직관리	정년제	1
제10장 노사관계관리	경영참가제도, 종업원지주제, shop, 종업원지주제와 스톡옵션 비교, 산별노조와 산별교섭	6
제11장 인적자원정보시스템과 인사감사	인사감사	2
제12장, 제13장 Trend&Issue	QWL, 인력관리의 유연화, 경영환경 변화와 대응방안, 비정규직, 근로시간 단축, 평생고용시대의 대응방안, 전략적 인사관리, 중소기업과 대기업 인사관리 차이점, 해외투자기업 인력관리, 지속가능경영을 위한 인사노무관리 방안, 고령인력 활용을 위한 인력예측 기법, 국제기업의 본국인, 현지인, 제3국인 채용시 장단점	11

2. 출제영역 및 출제경향 분석

19회 시험까지 인사관리는 인사관리의 기본 이론에서부터 시작해서 확보, 개발, 평가, 보상, 유지, 이직, 트렌드&이슈 등 전반에서 출제되었다. 특히, 인사관리의 기능별 영역에서는 인사고과, 임금관리, 노사관계 관리, 개발관리 능에서 많이 출제되었다.

기출문제 분석을 통해서 알 수 있는 사실은 첫째, 가급적 기존 문제를 반복해서 출제하지는 않는다는 점이다. 이로 인해 해를 거듭할수록 출제할만한 문제가 고갈될 우려가 있고, 따라서 아주 지엽적이거나 고난이도의 문제 또는 불의타 문제도 충분히 출제될 수 있다는 것이다.

둘째, 그럼에도 불구하고 각종 트렌드와 이슈를 묻는 문제가 절대적으로 많이 출제되었다는 점이다. 그리고 그러한 경향은 해를 거듭할수록 더욱 강화되고 있다. 심지어 기능별 문제들조차 엄밀히 이야기 하면 트렌드와 이슈 문제라고 해도 과언이 아니다. 예컨대 연봉제, 인센티브제, 종업원지주제, 산별노조와 산별교섭, 임금피크제, 다면평가 등은 기본적인 교과서에서 다루고 있는 주제이지만 트렌드&이슈 문제라고 해도 과언이 아니다. 그 밖에 특정 영역에 국한되지 않는 종합적 문제들이 다수를 차지하고 있다. 예컨대 능력주의 인사관리, 전략적 인사관리, 중소기업과 대기업 인사관리의 차이 등에 이에 해당된다. 인사관리의 학문 특성이 현실의 문제를 해결하기 위한 것에서 출발한다고 해도 과언이 아니며, 교수들 역시 최근의 이슈들에 관심이 집중될 수밖에 없기 때문에 지극히 당연한 결론이다.

셋째, 최근의 문제에서 드러났듯이 트렌드와 이슈 뿐만 아니라 교과서적인 기본 문제와 아주 지엽적인 문제까지 출제될 수 있다는 점이다. 이런 경향이 당분간 지속될지 여부에 대해서는 어느 누구도 장담할 수 없다. 중요한 것은 트렌드와 이슈 학습 역시 교과서의 기본 내용을 충실히 학습하는 것을 전제로 한다는 것이다.

3. 출제경향에 비춰본 인사관리 공부 방법

(1) 넓게 공부하라!

인사관리는 그 출제경향에 비춰 볼 때 좁고 깊게 공부해서는 성공할 수 없으며, 한 권의 교과서만 학습해서도 쉽게 해결할 수 없다. 점점 예상치 못한 문제들의 출제 빈도가 늘어나고 있고, 종합적인 문제들이 많이 등장하기 때문이다. 교과서마다 서술체계나 포인트 등이 다르고 다루는 내용 역시 천차만별이다. 따라서 어떤 문제가 나오더라도 기본적인 내용은 쓸 수 있도록 준비해야 하고, 종합적으로 서술할 수 있도록 준비해두어야 한다. 인사관리는 무엇보다 넓게 공부하는 것이 핵심이다.

(2) 인사관리 전반에 관한 체계를 잡고 핵심을 파악하자!

넓게 공부하더라도 체계를 잡고 핵심을 파악하면서 해야 한다. 특히, 종합적인 문제, 예상치 못한 문제에 대응하기 위해서는 인사관리 전반을 꿰뚫을 수 있는 체계를 잡아

야 한다. 적어도 인사관리 전반에 대해서 체계적으로 이해하고 있으면 예상치 못한 문제를 접했을 때도 당황하지 않고 답안 작성을 할 수 있다. 교과서에서 다루고 있는 기본문제의 경우도 충분히 핵심을 파악하고 있어야 고득점이 가능하다. 수험생에게 중요한 것은 단순한 학습이 아니라 현출 가능한 학습이다. 따라서 교과서를 읽더라도 반드시 정리하면서 읽어야 하고 평소에 충분히 생각하고, 말하고, 토론하고, 스스로 테스트하는 자세가 무엇보다 중요하다.

(3) 트렌드와 이슈 파악은 고득점의 지름길!

앞서 출제경향에서 보았듯이 인사관리의 변별력은 트렌드와 이슈에 대한 대응 능력에서 생긴다. 심지어 한 해에 3문제 모두 트렌드와 이슈에 관한 문제가 출제되기도 했다. 따라서 인사관리를 공부할 때는 항상 교과서에만 국한시키지 말고 현재 쟁점이 되거나 이슈가 되고 있는 내용을 파악해야 한다. 평소에 신문, 잡지 등을 활용해서 꾸준히 스크랩을 하고 문제를 예측해 나가는 것이 필요하다. 트렌드와 이슈를 꾸준히 접하면서 문제 예측 능력을 길러내는 것이 고득점의 지름길이다.

인사노무관리 답안작성 요령

1. 출제자의 의도 파악

○ 답안작성은 출제자의 의도 파악에서부터 시작된다. 출제자의 의도를 제대로 파악하는 순간 이미 절반은 완성한 것과 다름없다.

○ 채점자도 '평가요소별 가중치'를 부여할 수밖에 없다.
 - 출제자의 의도를 제대로 파악했다면 답안 작성의 개요가 나오고, 강약을 조절할 수 있게 된다.

○ 출제자의 의도를 파악하기 위해서
 - 인사관리 전체 개요를 머릿속에 그릴 수 있어야 하고, 이슈와 트렌드를 파악하고 있어야 한다.

2. 목 차

○ **목차는 곧 점수다.**
 - 노동법 같은 완벽한 논리 구성을 필요로 하지는 않지만, 최소한 목차만 봐도 전체를 파악할 수 있도록 해야 한다.
 - 목차와 내용이 일치하지 않는 경우가 종종 있다. 목차는 떠오르는데 내용이 전혀 생각나지 않을 경우 순발력을 발휘해야 한다.

○ **목차가 돋보이게 할 필요가 있다.**
 - 목차 아래 너무 많은 내용을 다루지 말라.
 - 목차 아래 한줄 띄어주기, 종이 아낄 필요 없다.
 - 소목차를 적극 활용하라. 가급적 Ⅰ. 1. (1) 정도까지는 목차를 다는 것이 좋다.

3. 'Key Word'

○ **채점은 결국 'key word'를 통해서 이루어진다.**
 - 점수는 결국 '평가의 객관성 문제' 때문에 누가 논리적으로 완벽한가가 아니라 '누가 꼭 써야하는 내용을 정확하게 썼는가'로 결정될 수밖에 없다.

○ **많은 수험생들이 인사노무관리의 key word를 놓치고 있다.**
 - 인사노무관리는 추상적으로 두리 뭉실 서술하면 되는 줄 알고 있다. 채점자가 원하는 대답은 하지 않고 쓸 데 없는 내용을 계속 쓰면 결코 아니된다.

4. 서론과 결론

○ 서론에 너무 집착하지 말라.

- 본론에 다 들어가는 내용이라면 대충 써도 큰 감점 요인이 아니다. 따라서, 너무 길고 장황하게 쓰지 않아도 된다. (2페이지씩 서론 쓰고, 정작 중요한 본론을 안 쓰는 사람이 가끔 있다.)
- 출제자가 제출한 문제의 핵심을 정확히 파악해서 언급해주고 논의 전개 방향을 소개해주면 충분하다.

○ **결론은 안 써도 무방하다는 자세로 임하라.**
- 물론 50점 문제에서 결론까지 깔끔하게 써주는 것이 좋지만, 너무 집착하지 말라는 뜻이다.
- 본론에서 꼭 써야 되는데 빠뜨린 부분이 있을 때 결론을 잘 활용하라.
- 본론에서 다 쓴 내용 다시 상조하는 정도의 결론이라면 굳이 결론 쓰느라 시간 빼앗기고 다음 문제 제대로 못 쓰는 오류를 범하지 말라.

5. 분량

○ **분량은 가중치에 비례해서**
- 분량은 출제자 의도 파악, 목차와 키워드 다음의 문제이다.
- 중요한 내용, 즉 채점시 가중치가 부여되는 내용에 좀 더 많은 분량을 할애하라.

○ **분량은 기술이다.**
- 기타 분량을 늘리기 위해서 동일한 내용을 계속 반복해서 쓴다거나, 필요 없는 내용을 반복해서 쓰는 오류를 범하지 말라.
- 분량은 띄어쓰기와 글자크기를 통해서 충분히 늘릴 수 있다.
- 지나치게 빽빽하게 쓰거나 글자를 작게 쓰는 오류를 범하지 말라.
- 그래도 가급적 분량은 많을수록 좋다.

6. 기타

○ **종이를 아끼지 말라**
- 너무 빽빽하고 촘촘하게 쓰면 채점자가 짜증난다.
- 충분히 띄어 쓰고, 충분히 큼직큼직하게 써서 채점자가 읽기 편하게 하라. 그렇다고 너무 심하면 내용이 없어 보일 수도 있다.
- 문제가 끝나면 다음 문제의 시작 지점과 확실히 구분될 수 있도록 띄워 줘야 한다.

○ **글씨는 너무 집착하지 말라**
- 글씨 잘 쓰려고 내용을 못 채우는 오류를 범하지 말자.
- 하지만 최선을 다해서 또박또박, 큼직큼직하게 써주는 게 좋다.

○ **시간이 된다면 최소한의 예의를 지켜라**
- 가능하다면 페이지를 달아주자. 1, 2, 3...
- 가능하다면 문제가 끝날 때 <1번 끝>, <2번 끝>, <3번 끝> 또는 전체 문제를 다 쓰고 나서 <끝.>을 붙여주자.

CHAPTER

01_ 인적자원관리의 기초

핵심
인사노무관리

Point

인적자원이 중요해지는 배경과 인적자원관리의 발전과정을 살펴봄으로써 미래에 일어날 변화를 예측하고, 현재 인적자원을 둘러싼 내외부 환경변화에 대응할 수 있는 관리방안을 제시

세부목차

1. 조직이론의 컨틴전시 이론 배경 및 대표적 학설과 특징을 논하라(1회 50점).
2. Matrix 조직의 본질, 의의 및 한계(2회 25점)
3. 경영조직의 발전과정을 과학적관리론, 인간관계관리론, 근대적조직론으로 설명(3회 50점)
4. 우리나라 기업이 처한 환경변화와 이에 대한 인사노무관리 대응방안(8회 50점)
5. 전략적 인적자원관리의 의의, 필요성, 기존 인사관리의 차이점을 설명하시오(12회 50점).
6. 중소기업에서 대기업으로 발전하는 과정의 인사노무관리차이를 상황적합론관점에서 설명(15회 50점)
7. 지속가능경영을 위한 인사노무관리의 주요 내용(18회 50점)
8. 인적자원의 확보,개발,평가,보상,유지관리 등 기능별 영역에서 전통적 공동체 지향의 기업문화를 계승하고 지식정보화 사회에 대응할 수 있는 방안을 시스템적 관점에서 설계하시오(20회 50점).
9. 최고경영층의 조직관리방식(협력적 / 경쟁적)에 따라서 인적자원관리 (확보, 개발, 평가, 보상, 유지)가 다를 수 있다. 이러한 인적자원 관리의 특징을 ①~⑩의 순서대로 각각 논하시오. (22회 50점)

인적자원관리 조직관리방식	확보	개발	평가	보상	유지
협력적	①	③	⑤	⑦	⑨
경쟁적	②	④	⑥	⑧	⑩

> 1992년 미국 대통령 선거 당시 클린턴 후보는 "문제는 경제야, 바보야(It's Economy, Stupid)"라는 자극적인 구호로 승리했던 것처럼 2001년 GE의 잭 웰치는 미국 제1위의 기업으로 성장한 비결을 묻는 기자의 질문에 *"그건 바로 사람 때문입니다. 결국은 사람입니다(It's all about people because in the end it's all people). 나는 가장 뛰어난 인재를 선발하여 그들을 동기부여 시키려고 노력했고 직원들은 성공경험을 통해 위대해졌습니다"*라고 대답했다고 한다.
>
> -김성국, '인적자원관리 5.0' 중에서-

우리나라의 인사관리는 1960년대 안정적 경제성장과 함께 점차 발전되어 왔으며, 1990년대 초반에는 국내외 경쟁이 심화되면서 성과와 능력을 중시하는 성과주의 인사제도로 전환되기 시작하였다. 그러다가 1990년대 후반 국제금융위기로 성과주의가 더욱 심화되었으며, 기업들은 조직 슬림화를 목적으로 대량인력 구조조정과 아웃소싱을 단행하였다.

그러나 기업의 계속되는 조직 유연화 전략과 성과주의 인사제도의 심화는 비정규직을 양산하고 임금 양극화 문제를 야기하고 있으며, 기업의 장기적 발전보다는 단기 실적만 추구하는 폐단을 불러왔다. 또한 기업이 종업원의 사회적 효율성을 고려하지 않고 기업의 목표 달성만을 추구한 나머지 종업원의 사기와 직무만족은 떨어지고 종업원이 기업을 쉽게 떠나는 이직현상이 나타나고 있다.

이외에도 기업을 둘러싼 대내외 환경의 변화는 기업의 경영전략과 인사관리 활동의 변화를 요구하고 있으나 여전히 많은 기업들이 변화를 두려워하고 있으며, 기존의 획일적인 인사관리방식에서 벗어나지 못하고 있는 실정이다.

이하에서는 먼저 인사관리가 어떻게 발전해 왔는지를 살펴보고자 한다. 또한 인사관리를 둘러싼 대내외 환경요인과 이러한 환경변화가 인사관리에 미치는 영향을 파악하여 기업이 앞으로 나아가야할 바람직한 방향을 모색하고자 한다.

▌제1절▐ 인적자원관리의 개념과 역사

Ⅰ. 인적자원관리의 학문적 체계

1. 인적자원관리의 개념

인적자원관리는 기업의 경영활동인 관리활동(계획, 조직, 지휘, 조정, 통제) 기능 중에서 인적자원에 대한 관리활동을 말한다(Fayol, 1916).

시장 경쟁이 치열해지고 점점 가속화되면서 기업경영활동의 효율성에 대한 논의가 활발히 전개되고 있는데 사이몬(Simon)은 기업의 경영활동은 의사결정의 연속이며, 경영활동의 효율성은 곧 의사결정의 질에 달려있다고 주장한 바 있다(Simon, 1976). 이때 의사결정의 주체가 바로 인적자원이며, 이들의 능력이 바로 의사결정의 질을 결정하기 때문에 인적자원이 기업의 중요한 자산으로 부각되고 있다.[1]

2. 인적자원관리의 중요성[2]

(1) 지식정보자원의 중요성 증대[3]

지식정보화사회에 기업이 인적자원의 창의력과 능력에 의존하게 되는 비중이 늘게 되고 인적자원의 확보와 개발이 중요해졌다.

(2) 무한 개발 가능성

인적자원은 물적·재무적 자원과는 달리 무한한 잠재능력을 갖고 있기 때문에 인적자원을 개발시키고 발전시키는 활동은 매우 중요하다.

(3) 인간적인 삶

인적자원관리를 잘못하면 회사의 성과가 오르지 않아 이익을 내지 못하는 문제도 있지만 종업원은 불만족스러운 직장생활을 하거나 자신의 능력을 발휘하지 못하는 문제가 발생할 수 있기 때문에 인적자원관리는 다른 분야보다 상대적으로 더 중요하다.

(4) 환경대응 능력

각 나라의 법, 문화, 관습, 경제상황 등 환경이 복잡해지고 변화속도가 빨라지면서 이러한 변화에 대응하기 위한 인적자원의 역할이 중요해 졌다.

---

1) 박경규, 신인사관리 (2013), p4
2) 임창희, 인적자원관리(2011), p16~p17
3) 김영재외, 신인적자원관리(2011), p8~p9

3. 인적자원관리의 목표와 기준

(1) 인적자원관리의 목표[4]

인적자원관리는 경영활동 중의 한 기능분야로 조직의 목표 달성에 공헌해야 하는 본질적 특성을 갖고 있으며, 따라서 기업은 조직의 목표달성을 위하여 경제적 효율성과 사회적 효율성을 추구하여야 한다.

① 경제적 효율성 : 경제적 효율성이란 기업을 경제·기술시스템으로 보고 기업이 최적의 비용을 들여 노동의 성과를 극대화 하는 것을 말한다.

② 사회적 효율성 : 사회적 효율성이란 기업을 여러 사람이 모여 협동함으로써 유지·성장되는 사회시스템으로 보고 종업원의 욕구충족을 통한 만족을 극대화하는 것을 말한다.

(2) 인적자원관리의 기준[5]

여러 정책들이 상충될 때 무엇을 우선해야 할지, 어디에 초점을 두는지에 따라 인적자원관리의 의사결정이 달라진다.

① 제도 vs 사람 : 기업이 인적자원을 효율적으로 관리하기 위한 인사제도 측면과 종업원을 동기부여하고 상호협력을 중요시하는 인간적 측면 중 어디에 더 중점을 두는지에 따라 관리방식이 달라진다. 오늘날에는 인사제도 관리보다 사람 자체에 대한 관리측면이 점점 더 중요해지고 있다.

② 통제 vs 개발 : 또한 인적자원을 통제중심으로 보는지, 개발중심으로 보는지에 따라 달라진다. 전통적 인사관리는 종업원에 대한 통제와 감독 중심이었으나 현재는 점차 자율관리와 권한위임을 확대하고, 종업원의 능력을 개발하여 성장할 수 있도록 지원해주는 개발 중심으로 변하고 있다.

③ 자산 vs 자본 : 인적자원을 자산으로 보는지, 자본으로 보는지에 따라 관리 형태가 달라진다. 예를 들어 종업원에 대한 교육개발비는 자산관점에서 보면 비용에 불과하기 때문에 자산의 감소로 취급되지만 자본 관점에서 보면 투자가 증대된 것으로 회사의 자산이 늘어난 것으로 본다. 오늘날에는 자본으로 인식하고 투자를 늘려가는 방향으로 변하고 있다.

4. 인적자원관리의 활동

(1) 기능적 차원

인사관리의 기능은 여러 가지 시각에서 분류할 수 있으며, 시간적 측면에서 인력의 확보, 개발, 평가, 보상, 유지, 방출로 구분하면 아래와 같다.

① 인력확보 : 인력확보란 조직의 목표달성을 위하여 기업이 필요로 하는 자격요건을 갖춘 인력의 수를 예측하고 필요한 인력을 모집, 선발하는 활동이다.

---

4) 박경규, 신인사관리 (2013), p41~p44
5) 임창희, 인적자원관리(2011), p24~p25

② **인력개발** : 인력개발이란 확보된 인력의 능력을 최대한 개발하여 조직의 목표달성의 정
도인 유효성을 높이는 활동이다.

③ **인력평가** : 인력평가란 종업원의 태도, 능력, 행동, 성과 등을 체계적으로 평가하는 활동
이다.

④ **인력보상** : 인력보상이란 종업원이 제공한 노동을 조직의 목표달성에의 공헌 정도에 따
라 보상하는 활동이다.

⑤ **인력유지** : 인력유지란 종업원의 노동능력과 근로의욕을 보존하고 활성화하기 위한 활
동이다.

⑥ **인력방출** : 인력방출이란 기업과 종업원간의 고용관계 종료에 대한 관리활동을 말한다.

(2) 관리적 차원

인사 제 기능을 효율적으로 수행하기 위하여 이러한 기능을 계획, 실천, 통제활동으로 구분해
볼 수 있다.

① **인력계획** : 인력계획이란 인적자원의 효율적 활용을 위하여 계획하는 활동이다.

② **인력실천** : 인력실천이란 인사계획을 집행하는 활동이다.

③ **인력통제** : 인력통제란 수행된 일을 평가하고 이것을 계획된 것과 비교하여 그 차이를
발견하고 이를 수정하는 활동이다.

≫ 인적자원관리의 기능적 · 관리적 차원의 활동

관리적 차원 / 기능적 차원	확보	개발	평가/보상	유지	방출
계획 (plan)	• 인력수요/ 공급예측	• 교육훈련 필요성 분석 • 경력욕구분석	• 보상에 대한 욕구구조 분석	• 종업원개인 목표 및 욕 구구조분석 • 노사관계 시스템 분석	• 인력수요/ 공급예측 • 이직원인분석
실행 (do)	• 모집 • 선발	• 교육훈련 • 이동·승진 • 경력개발	• 임금수준 • 임금체계 • 복리후생	• 모티베이션전략 • 산업안전 • 단체교섭	• 인력감축 • 이직대책
통제 (see)	• 모집활동의 효과분석 • 선발활동의 타당성 분석	• 교육훈련의 효과분석 • 배치/이동/승진에 대한 공정성 및 만족도 분석	• 보상수준의 적정성 분석 • 임금체계의 공정성 분석 • 복리후생프로 그램의 효과 분석	• 종업원의 사 기수준 분석 • 산업재해 빈 도 및 피해 분석 • 단체교섭 결과 분석	• 인력감축 프로그램의 효과분석 • 이직감소 프로그램의 효과분석

자료 : 박경규, 신인사관리(2013), p51~p54

Ⅱ. 인적자원관리의 역사[6]

인적자원관리는 작업장에서의 생산성 향상을 위한 직무-사람 간의 이상적인 관계를 어떻게 설정한 것인가에서 출발했다.

인적자원관리의 이론은 기계적 접근과 인간관계론적 접근에서 시작되었으며, 각각의 접근 방식은 생산성 향상이라는 인사관리의 목적에 도달하기 위한 서로 다른 길을 제시해 주었다. 이후 치열한 경쟁환경은 기업의 자원을 최대한 목적지향적으로 활용하는 방향으로 인사관리의 변화를 요구하고 있으며, 이러한 시각에 입각하여 인적자원관리에 대한 전략적 접근과 노동시향적 접근이 형성되었다.

이하에서는 시대적 흐름에 따라 인사관리 현상을 정립한 대표적인 접근방식을 살펴본다.

1. 기계적 접근(합리성 강조)

(1) 형성배경

인적자원관리는 테일러(Tayler)의 과학적 관리법을 출발점으로 형성되었다. 테일러가 활동했던 19세기 말과 20세기 초 미국의 공장관리는 (ⅰ) 상사의 경험과 주관에 의한 작업 지시 (ⅱ) 작업들 간의 유기적 조정 불가능 (ⅲ) 조직적 태업 (ⅳ) 성과급제에 대한 불신으로 능률향상이 이루어지지 못하는 상황이었다. 테일러는 이 문제를 해결하기 위해서 "과학적 관리"이론을 정립했다.

(2) 주요 내용

① 직무는 가능한 한 전문화(분업)되어야 하고, 기계의 역할을 높여 생산의 효율성을 추구해야 하며, 작업조건은 양질의 표준화된 수준을 유지해야 한다고 주장하였다.
② 인간은 생산의 한 요소로 간주되었다.
③ 인간을 "경제적 동물"이라는 관점에서 이해하였다(돈을 많이 주면 줄수록 더 열심히 할 것이라는 경제인 가설).

> 테일러의 4가지 원칙
> ① 적정한 하루 성과수준(a large daily task): 시간 및 동작연구, 표준 성과의 크기계산
> ② 표준적인 작업조건(a standard work conditions): 일을 하는데 필요한 제조건 최적화
> ③ 성공에 대한 높은 보수(high pay for success): 과업량 성공적 수행시 높은 임금
> ④ 실패에 대한 손실(loss in case of failure): 목표량 도달하지 못했을 때 임금손실

(3) 평가

① 공헌 : 합리적인 직무환경 구축, 직무기반 인사관리의 시초, 변동급의 개념 제시, 생산성 향상에 기여

---

6) 박경규, 신인사관리 (2013), p17 ~ p35

② 비판 : 지나친 전문화로 인해 일에 대한 자긍심 상실, 노동의 인간성 상실, 복잡한 동기를 지닌 인간을 극도로 단순화, 인간행동에 대한 설명 부족(금전적 보상과 손해만으로 조정할 수 있다는 논리 무리)

2. 인간관계론적 접근(인간성 강조)

(1) 형성배경

인간관계론적 접근은 1920년대 미국의 시카고 근처의 한 전화기 제조회사인 호손공장에서 실시된 일련의 연구결과를 기초로 하여 형성되었다. 당시 호손공장에서는 테일러의 과학적 관리법에 입각한 성과급 제도를 도입하고 있었으나 생산성 측면에서 만족스럽지 못했고, 이에 따라 작업환경의 물리적 변화나 작업시간, 임률의 변화 등에 따른 생산성 연구가 진행되었다. 아래 표는 당시에 진행된 주요 연구와 그 결과이다.

≫ 호손실험의 주요 내용

① 조명실험(부시와 바커, 1924-1927)	조명도↕ → 작업능률 ↑
② 계전기 조립작업(메이요, 1927-1929)	작업시간, 휴게시간 등 변화 → 작업능률↑ but 환원 → 여전히 작업능률↑ : 우호적 분위기, 자랑, 책임감 등 작업자의 심리적 변화 중요
③ 면접조사(메이요, 1928-1930)	사회적 조건들이 작업자의 태도에 영향
④ 배전기 전선작업실의 관찰 (메이요, 1931-1932)	자주적인 비공식조직, 도덕률

(2) 주요 내용

① 직무전문화는 일에 대한 흥미와 작업의욕을 감소시키므로 가치가 평가 절하되었다.
② 작업장에서의 물리적 작업조건보다 작업자의 심리적・사회적 조건이 더 중요하다고 보았다.
③ 인간을 "사회적 동물"로 보았고, 다면적이고 복잡한 존재로서의 인간, 비합리적 인간으로서의 측면을 인식하게 되었다(사회인 가설).
④ 공식집단 보다 사적인 인간관계로 맺어진 비공식집단이 종업원 개개인의 행동에 미치는 영향이 더 크다고 보았다.
⑤ 비경제적인 보상(인정감, 일에 대한 흥미 등)을 강조하게 되었다.

(3) 평가

① 공헌 : 인간행동에 대한 새로운 시각 제공, 행동과학의 기초 마련, 관리자의 리더십의

중요성과 새로운 기법 개발

② 비판 : 조직없는 인간, 종업원 등이나 두드리고 입에 발린 칭찬만 하는 사탕발림 인사관리, 경제적 보상 등한시

◈ 기계적 접근과 인간관계론적 접근 비교

	기계적 접근	인간관계적 접근
형성시기	1900-1920	1930-1940
배경(주창자)	과학적 관리법 (테일러)	호손실험 (메이요)
직 무(일)	• 전문화(분업), 기계화, 표준화된 작업 조건	• 비전문화, 직무간 협동, 사회적 조건
인간(노동)	• 생산의 한 요소 (기계의 한 부품) • 노동시장에서의 높은 대체성 • 공식조직 • 경제적 동물(경제인 가설) • 경제적 보수(차별화된 성과급)	• 심리적 측면 • 비공식 조직 • 사회적 동물(사회인 가설) • 비경제적 보수 (칭찬, 안정감, 만족)
공 헌	주먹구구식 공장관리 → 과학적 관리	인간행동에 대한 새로운 시각 (행동과학의 기초 제공)
비 판	• 직무에 대한 자긍심 저하 - 노동소외 • 인간을 기계의 한 부품 간주	• people without organization • 사탕발림 관리 (sugar management)

3. 인적자원적 접근

(1) 형성 배경

1960년대 마일즈(Miles)의 인적자원관점에서 시작되었다. 인적자원관리의 전통적 모델이 상사의 후배에 대한 엄격한 감독을 강조하였다면 인적자원적 모델은 부하가 가지고 있는 모든 재능과 능력을 계발하고 끌어낼 뿐만 아니라 부하로 하여금 작업장에서 스스로 작업사항에 대해 결정하고 관리할 수 있는 능력을 개발해야 한다고 강조하였다.

(2) 주요 내용

① 인력을 더 이상 비용으로 보지 않고 "자원"(자산, 투자요소)으로 바라본다.

② 인적자원은 많은 잠재력을 가지고 있으며 인적자원의 교육과 개발을 강조한다.

③ 인적자원은 기업경쟁력 확보의 핵심요소로서 경영환경에 바탕을 둔 경영전략 및 조직구조와 연계되어 상호영향을 주고받으며, 기업경쟁력의 극대화를 위해 이들 요소들 간에 최대의 적합성이 있어야 한다고 보았다.

(3) 평가

① 공헌 : 경영전략에 부합, 인적자원을 효율적으로 활용, 전략적 인적자원관리 실현
② 비판 : 경영전략과 인적자원관리전략간 적합성 정도의 측정 어려움, 인적자원적 접근방식
　　의 유효성 의문

4. 노동지향적 접근(종업원 강조)

(1) 형성 배경

1970년대 초 독일의 노총에서 그 동안 추구해왔던 인사관리의 목적에 대해 강력한 이의를 제기하였고, 이후 독일 경영학의 규범적 접근(경영학에 대한 도덕적·윤리적·사회적 가치판단이 필요)에서 노동지향적 접근으로 구체화되었다.

(2) 주요 내용

① 기존의 인사관리는 자본가의 이윤증식을 위해서만 전개되어 왔다고 판단하고, 종속적 관계에 있는 종업원의 이익을 관철시키기 위한 이론적인 틀을 제공하는데 목적을 두고 있는 접근법이다.
② 노동을 자본과 최소한 대등한 위치로 자리매김해야 한다고 주장하였다.
③ 자본의 논리인 기존의 합리성에서 탈피하여 해방적 합리성을 추구해야 하며 종업원이 노동에서 자기실현을 할 수 있도록 배려해야 한다고 주장하였다.

(3) 평가

① 공헌 : 노동과 자본을 둘러싼 이해갈등에 대한 해결의 중요성을 강조, 오늘날 노사관계의 발전방향을 구체적으로 제시, 인적자원에 대한 가치인식과 인적자원의 유지와 개발의 기본 방향 제시
② 비판 : 자본지향적 인사관리에 대한 과장된 비판(예:노동은 생산의 한 도구?), 노동지향적 접근만을 추구하는 경우 시장생존이 가능하냐에 대한 비판

인적자원관리의 새로운 접근법[7]

1. 시스템 접근법

기업을 하나의 사회적 시스템으로 보고 인적자원관리를 투입요소(인적자원의 확보와 배치), 투입요소의 개선(교육훈련, 성과에 따른 보상), 위생적 요소(근로환경 개선, 기업복지), 구조적 요소(조직과 노동의 재조직), 산출요소(해고) 등 하위요소로 구분하여 인적자원관리를 부분 시스템과 전체 시스템과의 관계성으로 이해하는 접근법이다(Ulrich, 1970).

2. 갈등지향적 접근법

인적자원관리를 수행하는데 있어 경제적 목표와 사회적 목표간의 갈등, 경제적인 효율성 달성과 사회적 적합성 달성간의 갈등으로 보고 이해관계를 조정하고 갈등을 해소하는 관점에서 이해하는 접근법이다(Marr & Stitzel, 1979).

3. 상황적 접근법

기업을 개방적인 시스템으로 상정하여 환경과의 다양한 관계로 인해 주어진 상황에 적합한 리더십 스타일과 인적자원관리가 효과적이라고 이해하는 접근법이다(Fiedler, 1964).

4. 성과접근법

21세기 조직의 경쟁력은 종업원이 지닌 다양성의 이점을 어떻게 살리는가에 있으며, 근로자의 다양성을 최대한 활용하기 위한 기본방향이 개인화를 지향해야 한다고 역설한다. 개인화된 인사관리의 핵심은 '차별화'에 있으며, 차별화는 결국 성과주의 인사관리의 정착을 의미한다. 결국 미래지향적 인사관리의 요체는 성과주의 문화와 시스템의 도입과 발전에 있으며, 종업원의 시장가치에 따른 보상이 중요시된다.

5. 우리나라의 발전과정

우리나라의 인사관리는 1975년 경제발전초기 노동관계법령이 제정된 이후 인사관리의 중요성이 부각되었다. 그 후 1970년 급속한 경제성장에 따라 인력수요가 급격히 늘어나면서 인력의 확보관리에 대한 중요성을 인식하게 되었고, 이를 전담하는 부서로서 인사관리부서의 위상이 높아졌다.

1990년대에는 국내외 경쟁이 치열해지면서 성과주의 인사제도가 도입되기 시작했으며, 급격한 환경변화에 대응하기 위한 전략적 인적자원관리의 중요성이 대두되면서 인사부서가 전략적 파트너로 급 부상하였다.

구분	인사관리태동기	인사관리 (PM)	인적자원관리 (HRM)	전략적 인적자원관리 (SHRM)
시기	60~70년대	80년대	90년대	21세기
배경 환경	경제발전초기 노동관계법제정 과학적관리기법	안정적 경제성장 노동조합 압력 노동관계법 정비	국내외 경쟁 심화 노동시장 다양화	세계화, 무한경쟁, 급격한 환경변화

인사
역할
	• 복지인사
	• 인사기록, 문서
	  관리, 채용, 보
	  상 등 기본적 기능
		• 개별적 인사기능
		  강화 및 체계화
		• 인사부서의
		  전문화
		• 노사관계
		  비중 증대
			• 인사부서의 역할
			  강화
			• 인적자원의 개발
			  과 활용 강조
			• 인사부서 : 독립적 기
			  능 수행 but
			  전략부서와는 별
			  개 진행
				• 인적자원 = 경쟁력
				• 기업전략과 인사전략
				  의
				  상호 적합성
				• 인사기능간의 통합 더
				  욱 강조
				• 인사부서 : 전략적 파
				  트너

관리 방식	←———— 관료/통제 중심		자율경영 ————→	

자료 : 한국노동연구원편(2003), p390
주 : PM(Personnel Management), HRM(Human Resource Management),
　　 SHRM(Strategic Human Resource Management)

---

7) 김영재외, 신인적자원관리(2011), p10~p13

Ⅲ. 인적자원관리의 변화

1. 인적자원관리의 패러다임의 변화[8]

(1) 반응적(reactive) 관리에서 선행적(proactive) 관리로 : 전략적 인적자원관리

반응적 관리는 종업원들에게 문제가 발생하면 이를 해결하기 위한 특정의 조치를 내리거나 단편적 처방을 시행하는 것을 말하며, 선행적 관리는 문제가 발생하지 않도록 미리 예방하고 혹시 문제가 발생하면 어떻게 처리하겠다는 대응책을 미리 마련하여 지속적이고 장기적인 관점에서 인사문제를 풀어나가는 것을 말한다. 과거에는 선진기업에서도 주로 무계획적인 반응적 관리로 일관하였으나 점차 선행적 관리로 옮겨지고 있다.

(2) 연공중심에서 능력·성과 중심으로 : 성과주의 인사관리

우리나라는 특히 오랫동안 연공위주의 인적자원관리가 지속되어 왔다. 그러나 최근 경쟁 심화로 업적 중시 경영의 필연성을 실감하면서 업적과 능력을 중시하는 인사관리로 변하고 있다.

(3) 스탭중심에서 라인중심으로 : 인사 부서 중심에서 현장관리자 중심으로

과거의 인적자원관리는 인사팀의 일로만 치부되었다. 그러나 최근 각 부서의 인사는 각 부분의 인사는 그 부서원과 부서장의 주도하에서 이루어지고 인사스텝은 그들의 지원자 역할을 담당하게 되었다.

(4) 비용 중심에서 수익 중심으로 : 사람기반의 인적자원관리

과거의 인적자원관리는 인력을 최소로 하여 인건비나 인사비용을 줄이는 데 목적이 있었다. 그러나 인적자원이 기업경영의 핵심역량이고 성장의 원동력이 될 수 있다는 인식이 높아지면서 비용이 아닌 수익이라는 관점이 대두되고 있다.

(5) 표준형 인재관리에서 이질적 인재관리로 : 창조적 인재

합리성과 생산성이 중시되던 제조업 중심시대에는 인간은 기계의 도구나 부속품에 불과하였으며, 기업은 조직 분위기에 적합한 인력만을 구별하다보니 획일적 조직이 되고 순응적·안정적 분위기가 일반적이었다. 그러나 오늘날 창조성, 유연성, 특이성을 추구하는 고객의 욕구충족을 위해서 자율적이고, 개성이 뚜렷한 이색적 인재를 필요로 하고 있다.

(6) 개인에서 팀으로 : 팀단위 인사관리

제조업 중심시대에는 각 개인이 독립적으로 기계 앞에서 자신이 맡은 일만 하면 업무가 진행되었다. 그러나 첨단 정보산업 사회가 되고 종업원들의 업무가 주로 새로운 혁신과 개발에 포커스를 맞추게 되었고 혼자보다는 팀작업이 개인에게나 조직에게나 더 효율적인 것으로 되었다.

---

8) 임창희, 인적자원관리(2011), p68~p70

(7) 일원관리에서 다원관리로 : 인재 포트폴리오 (portfolio) 전략

조직의 인력구성이 다양해짐에 따라 전체 종업원을 여러 차원에서 분류하여 각 부문별로 인적자원관리의 모습을 달리 적용하고 있다.

(8) 국내 중심에서 국제 중심으로 : 글로벌 인사관리

(9) 내부노동시장에서 외부노동시장으로

2. 인사관리자의 역할 변화[9]

인사관리부서는 더 이상 '비용중심점'이 아니라 '이익중심점'으로 이해되어야 한다. 따라서 인사관리자는 전략실행, 행정 능률, 직원 헌신, 문화 변혁 등을 통해 기업에 부가가치를 창출할 수 있는 사업 파트너가 되어야 한다.

◈ 인사관리의 네 가지 핵심역할

미래/전략적 초점

전략적 파트너	변화 주도자
행정 전문가	직원 옹호자

프로세스 ← → 사람

일상적/운영적 초점

◈ 각 역할의 성과물 및 중요활동

핵심역할	성과물	활동
전략적 파트너	전략의 실행	인사관리와 사업전략의 한 방향화 : 조직진단
행정 전문가	효율적인 인프라 구축	조직 프로세스에 대한 리엔지니어링: 서비스 공유
직원 옹호자	직원의 헌신과 역량의 향상	직원에 대한 경청과 대 응: 직원에 대한 자원 제공
변화 주도자	쇄신된 조직의 창출	변혁과 변화의 관리: 변화 역량의 확보

◈ 인적자원관리의 주요 변화

	주요 내용
경영환경 변화	제도적인 압력(환경)의 영향력 축소 경쟁적인 압력(환경)의 영향력 확대 노동시장에서의 경쟁 심화
인적자원관리 패러다임 변화	연공주의 · 전인주의 · 온정주의 · 권위주의 축소 능력주의 · 성과주의 · 전문주의 · 계약주의 · 민주주의로 전환 능동적(proactive) · 전략적 · 대외지향적인 역할 확대
인적자원관리의 목표 변화	관리적 · 기능적 · 유지적 목표 축소 전략적 · 적극적 · 미래지향적 목표 확대 우수인력확보, 핵심인력의 조기육성 및 개발, 핵심역량 강화 탄력적 · 유연적 인적자원관리

---

9) 가치와 결과를 창출하기 위한 HR 챔피언, Dave Ulrich
10) 효과성 : 기대되었던 조직의 목표가 실제로 달성된 정도

인사부서의 역할 변화	단순반복적 기능의 외주화 (outsourcing) 전략적 기능의 확대 (전략적 파트너 - 경영층) 현장관리자와의 책임 공유 (내부컨설턴트 - 관리자) 종업원과의 파트너십 (종업원 세밀자 - 근로지) 인적자원관리의 효율성과 효과성[10]에 대한 평가 강화

자료 : 박우성, 유규창, "인적자원관리 패러다임의 변화와 인사부서의 역할", 한국인사관리학회 인사관리
　　　연구 제25집 1권, 2001.6, p363.
주 : Scott에 따르면, 환경요인은 크게 경쟁적 환경과 제도적 환경으로 구분된다.
　　　경쟁적 환경 (competitive environment)은 시장환경 및 노동시장 등을, 제도적 환경 (institutional
　　　environment)은 정부의 노동정책 및 규제, 노동법 등을 말한다.

3. 인적자원관리와 윤리 문제 대두

(1) 기업윤리와 인적자원관리

최근 들어 기업윤리, 기업의 사회적 책임, 사회공헌활동이 조직의 지속가능경영을 위한 필수활
동으로 등장하고 있으며, 기업에게 책임성, 투명성, 공정성을 갖는 윤리적 인적자원관리의 실
천이 요구되고 있다.

(2) 지속가능경영과 인적자원관리

지속가능경영이란 이해관계자의 가치를 창출하고 현재와 미래 세대의 복지에 기여하기 위해 모
든 형태의 자원을 보전하고 확충하는 방식으로 기업의 운영을 선도하는 능력을 말한다.
기업들은 지속가능 인적자원관리를 위하여 종업원 개인의 고용가능성 및 자기책임을 증가시키
고 일과 가정생활의 균형을 지원함으로써 종업원 개인의 욕구충족과 기업 경쟁력 제고를 동시
에 충족시켜야 하다.

4. 다양성 경영과 인적자원관리

세계화와 양성평등의 확산에 따라 기업 종업원이 다양해지고 있으며, 이로 인하여 기업이 다양
한 인력을 어떻게 개발하고 활용하여 시너지 효과를 낼 수 있는가 하는 것이 중요한 과제로
대두되고 있다. 또한 다양성 관리는 과거 차별철폐라는 소극적 목표에서 벗어나 '다양성의 긍정
성'을 강조하는 패러다임으로 변화하고 있다.

▌제2절▐ 인적자원관리의 환경

Ⅰ. 외부환경[11)]

1. 경제환경과 세계화

(1) 경제환경

제품 및 서비스 시장의 경기가 호황국면일 경우에는 인사관리 활동은 비교적 여유로우나, 경기가 불황일 경우에는 인사관리활동이 주로 원가절감이나 인력방출활동인 인력감축에 집중된다.

(2) 세계화

경제 개방에 따라 세계가 하나의 커다란 시장이 되었으며, 국경을 초월한 우수인재확보와 유지, 활용 등의 과제가 기업경쟁력을 좌우한다.

2. 기술의 변화

기술변화는 인력확보의 양적/질적 측면에 영향을 미치며, 직무성격과 내용을 변화시키는 등 인사관리 제반기능에 영향을 미친다.

3. 사회문화의 변화

오늘날 기성세대와 젊은 세대의 의식구조와 가치관에 상당한 차이가 발생하고 있으며, 기업에게 이러한 가치관 차이를 극복하기 위한 활동이 요청되고 있다.

기업은 특히 젊은 세대의 의식구조와 태도를 이해하고 인적자원관리를 수행해 나가야 한다. 예컨대 젊은 세대의 탈권위주의, 개성중시, 조직의 의사결정에 대한 높은 참여 욕구, 자아실현 추구 등을 제대로 이해하고 인적자원관리를 수행해 나가야 할 것이다.

4. 노동시장의 변화

(1) 고령화

수명연장과 의료기술 발달 등으로 인구고령화 현상이 나타나고 있다.

인구고령화는 노동공급의 감소, 소비침체, 연공급하의 인건비 부담 등의 문제를 야기하고 있으며, 기업은 고령인력의 재고용방안이나 임금체계 개선방안 등을 모색하여야 할 것이다.

---

11) 김영재외, 신인적자원관리(2011), p43~p56

(2) 여성경제활동 참가의 증대

고용형태의 유연화, 여성친화적 산업의 성장, 여성의 고학력화로 여성경제활동 참가가 증대되고 있다. 과거 한계노동력으로 자리매김 되었던 여성노동력이 서서히 직장의 핵심노동력으로 바뀌고 있으며 그 결과 여성의 사회적 지위도 상승하고 있다.

이에 따라 조직내 여성에 대한 성차별 해소, 일과 가정의 양립지원, 여성인력의 개발과 효율적 활용방안이 인적자원관리의 주요 과제가 되고 있다.

(3) 고학력화

고등교육의 급속한 확대로 2008년 대학진학률은 83.8%로 세계 최고수준을 나타내고 있다. 일반적으로 교육수준이 높아지면 기대수준도 높아지게 되며, 참여욕구와 노동의 내재적 만족에 대한 욕구가 높아지게 된다. 이러한 고학력화는 인적자원관리에 있어서 인력의 자격과잉현상을 야기하고 근로조건에 대한 불만을 초래할 수 있기 때문에 사람과 직무간의 적합성을 최대화하기 위한 인적자원관리가 필요하다.

(4) 비정규직

정보화의 진전과 서비스산업 발달에 따른 고용형태의 다양화, 기업의 인건비 절감 위주의 전략, 정부의 노동시장 유연화 정책 등으로 인해서 비정규직이 증가하고 있는 추세이다. 비정규직의 활용은 노동비용 절감, 유연한 인력관리를 가능케 하지만 조직 내 차별 증대, 위화감 조성, 근로의욕과 사기 저하, 조직에 대한 충성심과 생산성 저하 등의 문제를 야기할 수 있다. 따라서 전략적으로 부작용을 최소화하면서 비정규직을 효율적으로 활용할 수 있는 방안이 요구된다.

5. 법과 제도

법과 제도는 기업의 인사관리활동과 노사관계 등을 규제하고 광범위한 영향을 미친다. 예컨대 복수노조 허용과 교섭창구 단일화 방안 등은 노사관계를 전폭적으로 변화시킨다. 따라서 기업은 법과 제도의 변화를 지속적으로 모니터링 하여야 할 것이다.

6. 노동조합

노동조합은 근로조건의 유지·개선 등 근로자의 이익을 대표하는 단체로서 단체교섭 등을 통해 기업의 의사결정에 영향을 미치며, 그 영향의 범위는 인사관리의 전반에 해당될 수 있다.

7. 스마트워크의 확산

정보통신 기술발전에 따라 일하는 방식이 혁신적으로 변화하면서 스마트워크가 확산되고 있다. 스마트워크는 고정된 근무장소, 정해진 근무시간에 따라 일하는 방식 대신 정보기술기기 등을 활용해 장소나 시간에 구애받지 않고 일하는 방식을 말한다. 이동/현장근무(모바일오피스), 재택근무, 원격사무실근무 등이 스므트워크의 대표적 유형이다.

◈ 외부환경변화와 인적자원관리방안

요인	관련 이슈	관리방안
세계화	- 본국 중심형 관리로 인한 현지적응 어려움 - 국제인적자원관리의 정책 및 실무에 대한 전문가 부족 - 문화차이와 법적 신분 문제	- 파견인, 현지인의 채용, 교육훈련, 경력개발, 보상 구분 설계 - 지역별 조직구축(현지화의 조화) - 노사관행 및 법적제도 검토 - 유배증후군과 재귀국 문제 해결방안 - 본사인력의 세계화 및 글로벌 리더 양성
기술	- 자동화에 따른 단순반복 인력의 고용감소 - 직무와 자격요건을 변화 - 분권화 및 팀작업 도입 촉구	- 직무 재설계 및 기존인력의 재배치 - 고성과 작업장 구축 - 평생학습체계 구축 - 다면평가 및 팀단위 평가 - E-HRM 도입
사회 문화	- 기존 세대와 신세대간의 충돌 - QWL, 종업원의 참여욕구 충족 미흡 - 종업원의 직장불만과 이지 증가	- QWL(직업생활의 질) 실현 - 직무충실화(재량권과 자율성) - 유연적 근로조건 관리 - 경영참가제도 활성화 - 평가, 보상체계의 공정성 확보
고령화	- 건강문제와 노동생산성 저하 - 인건비 부담 가중 - 베이비부머의 대량방출에 따른 지식노하우 사장	- 직무 재설계 - 평생학습시스템 구축 - 임금피크제, 퇴직연금제 도입 - 라이프사이클에 따른 건강관리 - 지식노하우의 전수 - 방출관리(아웃플레이스먼트)
여성	- 여성인력 활용 미흡 - 직장내 성차별 문제 - 여성인력의 M자 경력단절 - 보이지 않는 유리천장 - 여성리더 부족	- 고용할당제, 재고용 - 유리천장 철폐 - 경력유형별 경력개발 - 여성리더십 육성 - 평가와 보상 공정성 - 가족친화적 복리후생
고학력	- 내재적 만족 욕구 충족 미흡 - 종업원 자격과잉현상 - 임금과 근로조건에 대한 불만	- EVP(employee value proposition) - 학습조직, 자기개발 - 비금전적, 내재적 보상(직무충실화 등) - 유연적 복리후생
비정규	- 차별 분쟁 증가 및 노사간 불화 - 평가와 임금 공정성 - 종업원 고용불안 및 직무몰입 저해 - 낮은 충성심과 낮은 생산성 - 조직내 위화감 조성	- 고용포트폴리오 전략 - 정규직 전환 기회 제공 - 직무급 기반 임금공정성 확보 - 근로조건 등 위화감 해소

Ⅱ. 내부환경[12]

1. 전략과 목표

기업의 전략과 목표는 인적자원관리에 있어서 중요한 내부환경의 하나로 기업의 전략과 인적자원관리를 연계하는 것이 중요하며, 기업의 전략에 따라 인적자원관리 활동은 달라지게 된다. 기업의 전략유형에 따른 인적자원관리란 예를 들면 아래 표와 같다.

≫ 마일즈-스노우의 전략유형별 인적자원관리

	방어형	혁신형	분석형
제품/ 시장전략	• 소수의 안정된 제품계열 • 규모의 경제에 의한 비용 효율성 • 시장침투	• 다수의 변동적 제품계열 • 제품혁신과 시장에 대한 즉각적 반응 • 신시장에 최초진입	• 안정적, 변동적 제품계열 • 공정변화와 계획적 혁신 • 개선된 제품으로 시장에 후발진입
연구개발	• 공정기술과 제품 개선	• 제품설계 • 시장조사	• 제품 및 공정변화
생산	• 대량생산 • 저가의 전용장비와 공정	• 유연한 장비와 프로세서	• 저가생산으로 전환되기 위한 프로젝트
조직구조	• 기능식 조직	• 사업부 조직	• 프로젝트, 매트릭스조직
통제과정	• 중앙집권적 통제 • 계획에 의한 통제	• 분권화 • 결과에 의한 통제	• 안정적 단위는 계획에 의한 통제 • 프로젝트는 결과에 의한 통제
인적자원 관리활동	• 계획→실행→평가	• 실행→평가→계획	• 평가→실행→계획
기본역할	• 유지	• 혁신	• 조정
인력계획	• 공식적이고 철저함	• 비공식, 제한적	• 공식적이고 철저함
확보	• 육성	• 영입	• 육성 및 영입
개발	• 기능형성	• 기능 확인과 적용	• 기능형성과 적용
보상	• 내적공정성 • 기본급비중 큼	• 외적 경쟁성 • 성과급 비중 큼	• 내적 공정성과 외적 경쟁성
인사고과	• 과정지향 • 개발에 초점 • 개인 및 부서 평가 • 단기적 결과 중시	• 결과지향 • 외부 충원 초점 • 기업 및 부서 평가 • 장기적 결과 중시	• 과정지향 • 개발 및 충원 초점 • 개인·부서·조직 평가

자료 : 김영재 외, 신인적자원관리(2011), p57~p58 인용

---

12) 김영재외, 신인적자원관리(2011), p56~p61

2. 조직의 라이프사이클

조직은 하나의 생명체처럼 도입기에서 성장기, 성숙기, 쇠퇴기의 라이프사이클을 가진다. 각 단계별로 인적자원관리의 주요 과제가 다르게 나타나므로 조직의 라이프 사이클에 맞는 관리가 필요하다. 예컨대, 조직의 도입기와 성장기에는 필요 인력확보와 보상관리의 대외경쟁력이 중요한 반면, 성숙기와 쇠퇴기에는 인력감축 및 인건비 합리화가 중요하다.

◈ 조직의 라이프사이클에 따른 인적자원관리 활동

	도입기	성장기	성숙기	쇠퇴기
중심가치	• 기업가 정신	• 영업	• 경쟁력	• 비용통제
고용관리	• 우수인력 및 전문가 영입	• 적절한 양적·질적 공급 • 경영자승계계획 • 급속히 성장하는 내부노동시장 관리	• 이직장려 • 배치전환 장려	• 인력감축 계획과 실행 • 종업원 배치전환
평가관리	• 사업계획 달성도 기준	• 성장성기준(시장 점유율 등)	• 효율성 및 이윤 기준	• 원가절감기준
보상관리	• 고임금 또는 경쟁적 임금수준으로 인력유인 • 주식배분	• 대외 경쟁력 유지 • 대내 공정성 확보 • 공식적 임금구조 확립	• 비용통제	• 엄격한 비용통제
개발관리	• 미래의 기능요건 확인과 경력경로 설정	• 경영자개발을 통한 효과적인 경영팀 개발 • 조직개발	• 고령인력의 기능과 유연성을 유지	• 재훈련 실시와 경력상담
노사관계	• 노사관계의 기본철학 정립·조직계획	• 산업평화의 유지와 종업원 동기부여 및 사기유지	• 노무비통제와 산업평화의 달성, 생산성 개선	• 작업규칙의 유연성 확보와 생산성증진 • 직무안전과 고용조정정책의 협상

자료 : 김영재 외, 신인적자원관리(2011), p59

3. 기업지배구조

기업지배구조는 기업을 둘러싼 이해관계자들 간의 기업의 지배권 또는 통제권의 분포형태로 정의할 수 있다. 독일은 기업을 공동체로 간주하여 노사 공동결정제도의 전통처럼 종업원의 높은 참여를 중시하고, 일본의 대기업은 기관소유체제가 특징이며, 공기업은 상대적으로 인적자원관리의 공식화, 집권화 정도가 높은 반면 민간기업은 유연성과 경쟁을 중시한다.

4. 최고경영자의 인사철학

최고경영자의 인사철학은 기업의 인적자원관리에 큰 영향을 미친다. 최고경영자가 인적자원을 자산으로 보느냐 비용으로 보느냐에 따라서 인적자원관리는 매우 달라질 수 있다.

5. 조직규모

기업의 인적자원관리는 조직 규모의 영향을 받는다. 규모가 작은 조직의 경우에는 인적자원관리 기능의 분화 및 제도화가 일어나지 않고, 경영자의 개별적 관리에 의존하게 된다. 규모가 큰 조직의 경우에는 인적자원관리 기능이 전문화·집중화되고 조직내 전문부문으로서 인사담당부서가 생기고 본격적인 제도화가 일어난다. 그러다가 규모가 일정 수준에 이르게 되면 인적자원관리 기능의 분권화가 진행된다.

결론

인사관리는 생산성 향상을 위하여 직무와 사람과의 관계를 어떻게 설정할 것인가에서 출발한다. 우리는 앞서 인사관리가 어떻게 발전되어 왔는지 인사관리의 이론사에 대하여 살펴보았다.

전통적 인사관리는 기계적 접근과 인간관계적 접근으로 발전되어 왔다. 기계적 접근은 과업관리를 중심으로 전문화와 차별화된 성과급을 통해 생산성을 향상시킬 수 있다고 주장한 반면 인간관계적 접근은 생산성 향상을 위해 종업원의 사회·심리적 욕구를 잘 관리해야 한다고 주장했다.

현대적 인사관리는 전략적 접근과 노동지향적 접근이 논의되고 있다. 전략적 접근은 시장경쟁이 치열해지면서 기업환경에 적응하고 경영전략과 연계된 인사관리를 주장하였고, 노동지향적 접근은 노동을 자본보다 우선시하고 종업원의 욕구충족의 중요성을 강조하고 있다.

오늘날 인사관리를 살펴보면, 지시정보화 시대가 도래하고 종업원이 기업의 자산이자 경쟁우위라고 인식되면서 인적자원을 최대한 활용하기 위한 전략적 인적자원관리의 중요성이 커지고 있으며, 윤리경영이 화두가 되면서 종업원 중시 경영의 필요성도 제기되고 있다.

또한 QWL을 지향하고 자기개발과 자아실현을 중요시여기는 사회가치관의 변화에 따라 인간중심적이고 가치중심적인 인적자원관리로의 전환이 요청되고 있다.

따라서 우리나라의 기업들도 성과주의 인사제도만을 고집하기 보다는 조직의 상황과 특성에 맞는 전략적 인적자원관리를 실천하고 환경변화에 적극적으로 대응해 나가야 할 것이다. 기업들은 기존의 획일적이고 관료주의적인 인사관리방식에서 탈피하기 위하여 인사관리부서의 역할을 행정적 기능에서 변화 선도자, 전략적 파트너로 전환하여야 한다. 또한 종업원의 직무만족과 사회적 욕구를 충분히 고려한 인사관리를 통해 유능한 인재의 이탈을 방지하여야 할 것이다.

학습문제

1. 인적자원관리에 대한 기계적 접근과 인간관계적 접근을 비교 설명하라.
2. 테일러의 과학적 관리법에 대해서 설명하라.
3. 호손실험의 주요내용과 시사점을 설명하라.
4. 인적자원관리에 대한 인간관계적 접근법과 행동과학에 대해서 설명하라.
5. 현대기업의 인적자원관리에 영향을 미치는 환경요인을 설명하라.
6. 현재 우리 기업이 처한 기업 환경 변화에 대하여 설명하고, 이에 대한 인사노무관리 대응방안에 대하여 논하라.
7. 기술변화가 인적자원관리에 미치는 영향에 대하여 논하라.
8. 오늘날 노동시장의 변화에 대해서 설명하고 이에 대한 기업의 대응방안을 논하라.
9. 경기침체 등 위기를 극복하기 위한 인적자원관리방안을 논하라.
10. 인사부서 역할 변화과정에 대해 설명하라.
11. 인적자원관리의 윤리적 이슈들에 대해 설명하라.
12. 지식정보화시대를 맞이한 기업과 사회에 있어서 인적자원관리의 중요성에 대해 설명하라.
13. 저출산, 고령화 시대에 대한 기업과 정부의 대응방안을 논하라.
14. 합리성 존중 이념과 인간성 존중 이념을 비교 설명하라.
15. 자본지향적 인사관리와 노동지향적 인사관리에 대하여 비교 설명하라.
16. 인사관리 패러다임의 변천과정을 설명하라.

CHAPTER

O2 _ 직무관리

핵심
인사노무관리

Point

직무분석 및 직무평가의 개념과 기법, 기존의 문제점들과 이에 대한 개선방안 등을 학습 하고, 전통적 직무설계가 갖는 노동소외 문제 등을 극복하기 위한 현대적 직무설계 방안을 제시

세부목차

생각해보기

> 이것은 병원 청소부의 직무내용 설명서입니다. 눈길을 끄는 항목은 하나도 없습니다. 쓸기, 닦기, 치우기, 진공청소기 돌리기 등 누구나 예상할 만한 것들이죠...(중략)...그런데도 저는 이 점을 지적하고 싶습니다. 가짓수는 이렇게 많지만 타인에 대한 태도 항목은 하나도 없다는 점이죠...(중략)... 청소부들의 자신의 일을 어떻게 생각하는지를 인터뷰하는 과정에서 설린은 상사의 질책을 무시하고 휴게실을 진공청소기로 청소하지 않았습니다. 하루 중 어느 때에 가도 잠깐 눈을 붙이는 환자가족들이 있기 때문이었죠. 친절과 관심, 이해심에서 우러난 이런 인간적인 행동은 병원 청소부란 직업의 핵심적 요소죠. 하지만 이들의 직무 내용 설명서에는 타인에 대한 태도를 한 마디도 언급하지 않습니다. 앞서 언급한 청소부들한테는 타인을 제대로 대하겠다는 도덕적 의지가 있습니다. 제대로 대하는 것의 의미를 파악해내는 도덕적 기술 같은 것도 가지고 있죠.
>
> -배리 슈워츠 심리학자, Global TED 강연 내용 중에서-

직무관리란 직무를 분석하여 필요한 인력의 요건을 확정하고 직무간의 관계를 설정하는 활동을 말한다. 직무관리는 일과 사람의 최적의 결합을 통해 합리적 인적자원관리를 실현하기 위한 첫걸음이기도 하다.

직무관리는 업무 합리화뿐만 아니라 종업원의 직무만족 및 모티베이션에 영향을 미치고 있기 때문에 신중하게 다루어져야 한다.

그러나 기존의 직무관리는 종업원의 직무만족을 간과하고 지나치게 경제적 효율성만을 추구한 나머지 작업장에서의 노동소외, 인간성 상실 등의 문제를 야기하고 있다. 또한 조직의 전략과 무관하거나 뚜렷한 목적 없이 이벤트성으로 실시되는 경우가 많아 그 활용도도 높지 않았으며, 직무관리 방식이 매우 경직되어 있어 기술의 변화나 조직구조의 변화 등 급변하는 환경변화에 유연하게 대처하지 못하는 한계에 부딪히고 있다.

따라서 이하에서는 직무관리의 주요 내용을 살펴보고 미래의 바람직한 직무관리 방안을 모색하고자 한다.

기출문제

1. 직무확대와 직무충실의 특성과 효과 (3회, 25점)
2. 직무분석 및 직무평가의 중요성과 그 기법을 설명하고 이를 토대로 한 능력주의 인사관리의 구체적 실천방안에 대해 논술하라(9회, 50점).
3. 직무평가의 필요성과 방법 (15회, 25점)
4. 전통적 직무설계의 특징 및 한계를 설명하고, 이에 대한 대안의 하나인 "노동의 인간화"(Humanization of Work)의 개념, 기업내 실행방안 및 효과를 설명하시오(17회, 50점).
5. Hackman과 Oldham의 직무특성모형의 내용 및 비판(19회, 25점)
6. 직무분석의 활용방안을 인적자원관리의 기능(확보, 개발, 평가, 보상, 유지, 방출)관점에서 논의하시오(21회, 50점).

┃제1절┃ 직무분석 (Job Analysis)

Ⅰ. 직무분석의 의의

1. 직무분석의 개념

직무분석이란 직무의 성격과 관련된 모든 중요한 정보(직무의 세부적인 내용과 수행자격요건)를 수집하고 이들 정보를 관리목적에 적합하게 정리(직무기술서, 명세서)하는 체계적 과정을 말한다.

≫ 직무관련 용어

용 어	개 념	예 시
요소(element)	분할될 수 있는 가장 작은 단위	타이핑
과업(task)	독립된 목적으로 수행되는 하나의 명확한 작업 활동	회의록 작성
직위(position)	한 개인에게 부여되는 과업 혹은 과업 차원들의 집합으로 직위의 수는 종업원의 수와 일치	사장비서
직무(job)	동일하거나 유사한 직위들의 집단	비서직
직군(job family)	동일하거나 유사한 직무들의 집단	사무보조직군
직종(occupation)	동일하거나 유사한 직군들의 집단	사무직종

2. 직무분석의 목적[1]

(1) 조직합리화 및 업무합리화의 기초자료

직무분석은 조직목적, 수행직무의 종류, 업부분담의 직징화, 권한의 명확화란 측면에서 조직을 합리적으로 재편성·재정비할 수 있게 한다. 또한 업무의 내용과 흐름을 파악하여 불필요한 내용과 절차를 생략하거나 개선하고 파악된 업무단위의 내용을 표준화할 수 있게 한다.

(2) 직무설계의 기초

직무는 기술변화 등으로 항상 변화되고 개선되어야 하는 경우가 많은데 직무분석을 통해 보다 효율적인 직무설계를 할 수 있다.

(3) 인력확보의 기초

직무분석을 통해 과학적인 인력수요를 산정할 수 있고 직무와 직무수행자간의 적합성을 최대화시킨 모집·선발·배치·이동이 가능해지며 승진의 기준이 명확해진다.

---

1) 백삼균, 정범구(2006)

(4) 인사고과 기초

직무분석을 통해 작업수행자에 대한 평가 기준이 명확해지고 직무의 난이도에 따라 성과가 다르므로 작업자의 성과평가가 획일적으로 흐르는 것을 방지할 수 있다.

(5) 교육훈련 기준

직무분석을 통해 교육훈련의 필요성 파악, 목적지향적인 교육훈련, 경력개발의 효율성을 제고시킬 수 있다.

(6) 임금합리화의 기초

직무분석을 통해 어떤 직무가 조직의 목표달성에 더 가치 있는지를 밝혀주어 합리적인 임금수준을 결정할 수 있다.

(7) 인력유지의 기초

직무분석을 통해 직무몰입도 향상 등을 위한 정보를 제공하고 직무수행상의 위험정도를 알려주어 안전사고 예방을 위한 대책수립 등에 활용될 수 있다.

(8) 이직관리의 기초

직무분석을 통해 개별 직무의 가치나 타작업자에 의한 대체가능성 등에 대한 정보를 습득하고 합리적 인력감축을 위한 의사결정을 내릴 수 있다. 또한 우수인재의 이직원인이 직무불만족인 경우는 직무구조를 개선하기 위한 정보를 제공할 수도 있다.

3. 직무분석의 변화

오늘날 정보기술의 발달과 급변하는 환경은 기업의 조직구조와 직무내용을 변화시키고 있다. 그러나 많은 기업들이 현재 하고 있는 업무를 중심으로 필요한 자격요건과 과업내용을 분석하고 있기 때문에 환경이 변하면 더 이상 기존의 직무분석 자료를 활용할 수 없는 한계에 부딪히고 있다.

이에 따라 최근에는 직무분석의 대상을 과업중심에서 역량 중심으로 과업의 내용 자체보다는 프로세스를 중심으로 분석하는 방향으로 변화하고 있다.

Ⅱ. 직무분석의 절차

1. 배경정보의 수집

조직도, 업무분담표, 직무기술서 및 직무명세서 등을 이용하여 배경정보를 수집한다.

2. 분석되어야 할 대표직위의 선정

모든 직무를 분석할 수도 있지만 시간과 비용의 문제 때문에 일반적으로 대표직위를 선정한 후 중점적으로 분석한다.

3. 직무정보의 수집 및 분석

대표직무가 선정되면 해당 직무의 실제 담당자와 인터뷰, 관찰 등을 통해 직무정보를 수집 및 분석한다. 여기서는 직무의 내용과 직무를 수행하기 위한 자격요건 등을 구체적으로 분석한다.

4. 직무기술서와 직무명세서 작성

직무분석을 통해 얻은 정보를 토대로 직무분석의 목적에 부합하도록 직무기술서와 직무명세서를 작성한다. 직무기술서는 주로 직무의 세부적인 내용을 기록하고, 직무명세서는 직무수행에 필요한 자격요건을 기술한다.

> 직무기술서와 직무명세서에 포함되는 내용

직무기술서	직무명세서
직무명칭 직무의 소속직군, 직종 직무내용의 요약 수행되는 과업 직무수행의 방법 및 절차 사용되는 원재료·기계 관련되는 타직무와의 관계 작업조건	직무명칭 직무의 소속직군, 직종 요구되는 교육수준 요구되는 기능·기술 수준과 지식 요구되는 육체적 능력 요구되는 정신적 특성 요구되는 작업경험 책임의 정도

Ⅲ. 직무정보 수집방법과 분석기법

1. 직무정보 수집방법

직무정보를 수집할 때에는 직무분석 목적, 분석대상 직무의 특성, 직무수행자의 특성, 직무분석 인력과 시간 등을 고려하여 가장 적합한 방법을 선택한다. 대표적인 직무정보 수집방법에는 면접법과 질문지법 등이 있다.

(1) 면접법(interview)

면접법은 조직표, 업무흐름표, 업무분담표 등을 자료로 하여 담당자를 개별적 혹은 집단적으로 면접하여 정보를 수집하는 방법이다. 기간이 긴 직무, 정신적 직무도 파악할 수 있다는 장점이 있지만, 피면접자가 직무분석으로 인해 피해를 입을 수 있다고 판단하게 되면 정확한 정보제공을 기피할 수 있고 시간이 많이 소요된다는 단점이 있다.

(2) 질문지법(questionnaire)

질문지법은 직무 담당자에게 질문지를 나누어 주고 직무에 관련된 항목을 체크하거나 평가하도록 해서 정보를 획득하는 방법이다. 시간과 노력이 절약되고 계량적 직무정보 분석이 가능하다는 장점이 있으나, 대면적 방법으로 얻게 되는 협조와 동기부여효과가 결여될 수 있고 설문지 작성에 많은 노력과 비용이 소요되는 단점이 있다.

(3) 관찰법(observation)

관찰법은 직무 분석자가 특정 직무가 수행되고 있는 것을 직접 관찰하고 내용을 기록하는 방법이다. 직무가 수작업이거나, 짧은 순환과정을 가지는 경우에 사용된다. 관찰법은 실시하는데 간편하다는 장점이 있지만, 정신적인 활동은 관찰이 불가능하고 직무의 순환과정이 긴 경우에는 적용하기 곤란하며 직무수행자의 작업에 방해가 될 수도 있고 직무수행자가 관찰을 인지할 경우 직무수행의 왜곡현상이 나타날 수 있다는 단점이 있다.

(4) 작업기록법(employee recording)

작업기록법은 직무수행자가 작성하는 작업일지나 메모사항을 통해서 해당 직무에 대한 정보를 수집하는 방법이다. 관찰하기 어려운 직무를 분석할 때 많이 활용할 수 있는 장점이 있으나, 원하는 정보를 충분히 획득하는데 문제가 나타날 수 있다는 단점이 있다.

(5) 중요사건기록법(critical incidents method)

중요사건기록법은 성과와 관련하여 효과적인 행동과 비효과적인 행동을 구분하여 사례를 수집하고 그 사례로부터 직무성과에 효과적인 행동패턴을 추출하여 분류하는 방법이다. 이 방법은 직무행동과 성과간의 관계를 직접적으로 파악할 수 있는 장점이 있지만, 수집된 직무행동을 분류하고 평가하는데 많은 시간과 노력이 소요되고 직무 전체의 모습이 기술되지 않는 단점이 있다.

2. 직무분석 기법[2]

(1) 기능중심 직무분석(Functional Job Analysis)

① 개념

기능중심 직무분석은 분석 대상이 되는 직무를 수행하기 위해 요구되는 기능과 작업이 무엇인지에 초점을 두고 그 활동기능들을 분석하는 기법이다. 여기서 기능은 모든 직무에서 나타나는 자료(Data), 사람(People), 사물(Things)관련 기능을 말한다.

예를 들면 사장의 비서직무란 전화응대활동, 복사활동, 접대활동, 사장스케줄 관리활동 등 많이 있을 텐데 그러한 각각의 기능을 수행하기 위해서 어떤 행동과 작업을 하는지 등에 관한 자료를 수집하고 여러 기능 중 어느 기능이 더 많은지, 어디에 시간을 더 소요하는지 등을 분석하는 것이다.

---

2)박경규, 신인사관리(2010), p134~p137 : 임창희, 인적자원관리(2011), p195

② 장점

직무를 간략하게 분류하는데 유용하고 어떤 교육훈련이 요구되는지 알 수 있다.

③ 단점

직무분석 결과를 가지고 바로 직무평가에 적용하는 데에는 한계가 있다.

≫ 기능중심 직무분석의 예

Data	People	Things
0. 통합 1. 조정 2. 분석 3. 정리 4. 계산 5. 복사 6. 비교	0. 멘토링 1. 협상 2. 감독 3. 지시 4. 변형 5. 설득 6. 정보 교환 7. 서비스 제공 8. 지시받음	0. 설치 1. 조준 2. 운전/통제 3. 작동/통제 4. 조정 5. 손질 6. 원료 공급 7. 조작
↑ 복합적 과업	↑ 높은 책임정도	↑ 고도의 과업

자료 : 김식현, 인사관리론(2003), p89

(2) **직위중심 직무분석**(Position Analysis)

① 개념

직위중심 직무분석은 해당 직책을 담당하고 있는 사람을 중심으로 분석하는 기법이다. 예를 들면 그 직무를 수행하기 위해 필요한 정보는 어디서 얻는지, 필요한 활동은 무엇인지, 다른 사람과는 어떤 상호작용이 필요한지 등에 대하여 알아보는 것이다.

메코믹(E.J. McCormick)은 194개 항목으로 구성된 직위분석 설문지를 통해 직무의 표준화된 업무행동, 업무상태, 직무특성 등을 측정하려고 하였다. 본 설문을 범주화하면 아래와 같이 6가지 범주로 분류된다.

≫ 직위분석 설문지의 6개 부문

부문(요소의 수)	내용
1. 정보의 투입(35개)	직무수행에 필요한 정보를 어디서, 어떻게 얻는가?
2. 정신적 과정(14개)	직무수행에 포함되는 논리, 의사결정, 계획, 정보처리 활동은 무엇인가?
3. 작업 산출(49개)	직무수행에 필요한 육체적 활동은 무엇이며 어떤 도구, 수단이 사용되는가?
4. 타인과의 관계(36개)	작업수행에서 다른 사람과 어떠한 관계가 요구되는가?
5. 작업환경/직무상황(19개)	직무가 수행되고 있는 곳의 물적, 사회적 상황은 어떠한가?
6. 기타 측면(41개)	직무와 관련된 다른 활동, 조건, 특성은 무엇인가?

자료 : 김식현, 인사관리론(2003), p90

② 장점

개별직무에 대한 포괄적이고 다각적인 정보획득이 가능하고 거의 대부분의 직무에 폭넓게 적용이 가능하다.

③ 단점

설문 작성자의 이해도에 따라 결과가 왜곡 될 수 있으며 분석결과를 가지고 직접 성과표준을 산출하거나 교육훈련의 내용을 도출하는 데에 한계가 있다.

(3) 관리직 직무분석(Management Position Analysis)

① 개념

관리직의 직무는 그 속성이 매우 미묘하고 복잡하기 때문에 관리직에 대한 직무를 별도로 분석하는 기법이다.

민쯔버그는 관리자의 일상적 근무를 관찰한 후 관리자의 대인관계 역할, 정보적 역할, 의사결정 역할 측면의 10가지 역할을 발견한 바 있으며, 이후 토나우(Tornow)와 핀토(Pinto)는 관리자의 직무구조를 분석하기 위한 설문항목을 개발하였다.

② 장점

관리자의 직무수행에 필요한 지식 및 능력을 파악할 수 있고 관리자들간의 상대적 가치를 파악할 수 있다.

③ 단점

관리자들의 개인적 자질과 직무의 행동적 요건, 조직성과의 측정을 연계시키는 데에는 한계가 있다.

(4) 기타 직무분석 기법

① 플래시만(E.A.Fleishman)의 능력요건척도법(Ability Requirment Scales)

능력요건척도법은 직무수행에 필요한 능력요건을 7점 척도로 평가하는 기법이다. 능력개발과 선발 및 훈련에 유용하게 활용된다.

② 크리스탈(R.E.Christal)의 과업목록법

과업목록법은 설문지를 통해 분석하고자 하는 직무의 과업을 모두 열거하여 각 과업의 상대적 소요시간, 중요성, 난이도, 학습의 속도 등의 차원에서 평가하는 기법이다.

Ⅳ. 기존 문제점과 개선방안

1. 기존 문제점

(1) 목적의식 결여

많은 기업들이 직무분석에 대한 구체적이고 뚜렷한 목적의식 없이 직무분석을 실시하고 있어 기업의 전략 목표 달성에 기여하지 못하는 경우가 많다.

(2) 종업원의 강력한 저항

직무분석의 목적과 필요성에 대해서 충분히 사전이해가 되지 않아 종업원 자신에게 불이익을 가져나 줄 수 있다고 믿기 때문에 종종 종업원들의 강력한 저항에 부딪치게 된다. 특히 노동조합은 고용안정 등에 대한 위협을 느껴 그 실시를 반대할 여지가 높다.

(3) 직무분석의 오류

① 종업원들이 예상된 혹은 왜곡된 방법으로 질문에 대해 일괄적으로 답변할 때, ② 부적절한 표본추출로 인하여 과업영역 전체를 조사하지 않거나 관련 과업영역을 명확히 하지 않아 직무의 중요한 측면들이 직무분석에서 제외될 때, ③ 계속 변화하는 종업원의 행동 등을 고려하지 않을 때 등 여러 오류가 나타날 수 있다.

(4) 제반 인사기능과 연계 부족

직무분석 결과를 제반 인사기능에 제대로 활용하지 못하고 분석으로만 그치는 경우가 많다.

(5) 과업중심의 직무분석의 한계

현재 수행하고 있는 과업에 초점을 맞추면 기업환경이 변해 과업이 달라질 경우 더 이상 직무분석에서 나온 정보를 사용할 수 없게 된다.

2. 개선방안

(1) 기업의 직무특성을 고려한 직무분석

직무분석 결과를 효율적으로 활용하기 위해서는 기업의 직무특성과 전략적 혁신방향과 일치되는 직무분석을 실시하여야 한다.

(2) 종업원의 신뢰

종업원 대표를 직무분석과정에 참여시키고 직무분석의 취지와 목적 및 필요성을 전 직원들에게 정확하게 이해시키고 직무분석에 협조하도록 하는 분위기를 조성하기 위해 교육이나 홍보방안을 모색하여야 한다.

(3) 직무분석 오류에 유의

직무분석의 오류를 최소화하기 위하여 대표 직무를 잘 선택하고 직무분석 담당자에 대한 교육을 실시하여야 한다. 또한 수시로 직무분석을 실시하여 행동변화나 직무조건 변화 등을 반영하여야 한다.

(4) 제반 인사 프로그램과 연계

직무분석의 결과를 채용, 보상, 교육 등 제반 인사 영역에서 어떻게 활용할지에 대한 선행적 고민을 해야 한다.

(5) 미래지향적 역량중심의 직무분석

수시로 바뀌는 직무환경에 대응하고 유연성을 높이기 위하여 미래에 요구되는 역량(competency)을 중심으로 분석할 필요가 있다.

▌제2절 ▌ 직무평가 (Job Evaluation)

Ⅰ. 직무평가의 의의

1. 직무평가의 개념

직무평가란 직무분석에서 얻어진 정보를 토대로 조직 내 직무들의 "상대적 가치"를 밝히는 작업을 말한다. 직무의 가치는 "직무의 기업 목표달성에의 공헌도"라는 기본 정신을 바탕으로 기술, 책임, 노력, 작업조건 등을 평가한다.

2. 직무평가의 목적

(1) 공정한 임금체계의 확립

직무평가는 평가결과 직무가치가 높을수록 더 많은 임금을 주는 것을 공정성의 논리로 삼자는데 그 목적이 있다.

(2) 인력확보 및 배치의 합리성 제고

직무평가를 통해 직무의 중요성, 난이도 등 직무가치의 정도에 따라 지원자 또는 종업원의 능력을 기준으로 인력배치의 합리성을 제고시킬 수 있다.

(3) 인력개발의 합리성 제고

직무평가를 통해 기업 내 여러 직무들 간의 직무가치 정도에 따라 합리적인 경력경로를 설계할 수 있고 이를 통해 합리적인 경력개발을 할 수 있다.

Ⅱ. 직무평가의 요소 및 절차

1. 직무평가 요소

직무의 가치를 어떻게 평가할 것인지에 대하여는 여러 가지 평가 모델이 있다. 일반적으로 Lytle 모델의 평가요소인 종업원의 기술(숙련), 책임의 범위, 노력의 정도, 작업환경요인으로 직무의 가치를 평가한다.

◈ 직무평가의 요소 관련 모델

REFA 모델	Lytle 모델	Jaques 이론
지식 숙련	숙련	자유재량의 허용시간 폭 (ex, 대표이사 - 1년, 신입사원 - 수시)
책임	책임	
정신적 노력 육체적 노력	노력	
작업환경	작업환경	

자료 : 박경규, 신인사관리(2013, p150)

2. 직무평가의 절차

직무평가는 먼저 직무에 관한 사실을 분석·파악하고, 이 결과를 직무기술서나 직무명세서로 정리한 후(직무분석), 직무평가 방법에 따라 특정 직무의 가치를 평가한다.

Ⅲ. 직무평가의 방법

1. 서열법

(1) 개념

서열법은 직무평가자가 각 직무를 포괄적으로 상호 비교하여 순위를 결정하는 방법이다. 서열을 매기기 위한 방법으로 일괄서열법, 쌍대비교법, 위원회방법 등이 있다.

(2) 장점

실시가 간단하고 용이하다.

(3) 단점

① 평가자의 주관이 개입될 수 있다.
② 직무가치의 차이정도를 파악할 수 없어 유사직무의 서열화가 곤란하다.
③ 직무의 수가 많은 대기업에서는 활용상 한계가 있다.

2. 분류법

(1) 개념

분류법은 서열법에서 좀 더 발전된 것으로 사전에 작성한 직무의 제 등급에 각 직무를 판정하여 분류하는 방법이다. 이 방법은 실시가 간단하고 용이하여 기업에서 매우 선호되고 있는 방법의 하나로 직무등급표의 개발이 가장 중요한 과제라고 할 수 있다. "직무의 등급수 → 등급별 정의 → 강제 할당"의 순서로 진행된다.

(2) 장점

① 실시가 간단하고 용이하다.

② 저비용으로 실행이 가능하다.

③ 단순한 직무의 경우 효과적으로 분석할 수 있다.

(3) 단점

① 개별 직무에 대한 등급별 정의를 내리기 힘들다.

② 주관이 개입될 소지가 있다.

3. 점수법

(1) 개념

점수법은 평가대상인 개별직무 가치를 점수화하여 표시하는 방법이다. 점수법은 직무를 구성요소로 분해하고 각 요소별로 그 중요도에 따라 점수를 준 후 가중치에 따른 합계를 통해 직무의 상대적 가치를 평가한다.

(2) 장점

① 개별직무에 대한 가치가 점수로 산정되며 직무들 간의 구체적 비교가 가능하다.

② 평가자의 주관을 최소화 할 수 있다.

③ 여러 직무들간의 임금 격차에 대한 합리성 및 공정성을 확보할 수 있다.

④ 평가요소에 가중치를 부여할 수 있기 때문에 평가 목적에 부합한다.

(3) 단점

① 평가요소의 가중치 설정에 대한 주관적 오류가 발생할 수 있다.

② 비용과 시간이 많이 소요된다.

4. 요소비교법

(1) 개념

요소비교법은 서열법에서 발전된 기법으로 대표직무를 선정하여 각 직무의 평가요소를 서열화한 후 각 직무의 평가요소를 대표직무의 평가요소와 결부시켜 비교하는 방법이다. "대표(기준) 직무 및 평가요소 선정 → 평가요소별 대표직무 서열화·임금배분 → 평가직무와 대표직무 비교 평가"의 순서로 진행된다.

(2) 장점

① 대표 직무를 통하여 평가하므로 유사한 직무 및 기업 내 전체직무를 평가하는데 용이하다.

② 평가의 타당도 및 신뢰도가 우수하다.

③ 직무평가의 결과가 바로 임금으로 연결되므로 임금 공정성을 제고시킬 수 있다.

(3) 단점

① 평가요소들에 대한 서열을 매길 때와 개별직무의 임금을 평가요소에 배분하는 과정에서 주관이 개입될 소지가 있다.

② 평가 과정이 복잡하여 수용성을 이끌어내는데 한계가 있다.

③ 대표직무가 잘못 선정되는 경우 평가 전반이 잘못될 수 있다.

④ 시간과 비용이 많이 소요된다.

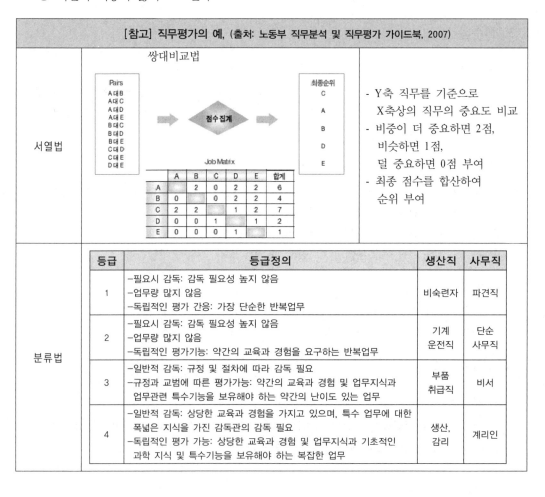

	[참고] 직무평가의 예, (출처: 노동부 직무분석 및 직무평가 가이드북, 2007)			

서열법

쌍대비교법

Pairs: A대B, A대C, A대D, A대E, B대C, B대D, B대E, C대D, C대E, D대E

점수집계 → 최종순위: C, A, B, D, E

Job Matrix

	A	B	C	D	E	합계
A		2	0	2	2	6
B	0		0	2	2	4
C	2	2		1	2	7
D	0	0	1		1	2
E	0	0	0	1		1

- Y축 직무를 기준으로 X축상의 직무의 중요도 비교
- 비중이 더 중요하면 2점, 비슷하면 1점, 덜 중요하면 0점 부여
- 최종 점수를 합산하여 순위 부여

분류법

등급	등급정의	생산직	사무직
1	-필요시 감독: 감독 필요성 높지 않음 -업무량 많지 않음 -독립적인 평가 간응: 가장 단순한 반복업무	비숙련자	파견직
2	-필요시 감독: 감독 필요성 높지 않음 -업무량 많지 않음 -독립적인 평가기능: 약간의 교육과 경험을 요구하는 반복업무	기계 운전직	단순 사무직
3	-일반적 감독: 규정 및 절차에 따라 감독 필요 -규정과 교범에 따른 평가가능: 약간의 교육과 경험 및 업무지식과 업무관련 특수기능을 보유해야 하는 약간의 난이도 있는 업무	부품 취급직	비서
4	-일반적 감독: 상당한 교육과 경험을 가지고 있으며, 특수 업무에 대한 폭넓은 지식을 가진 감독관의 감독 필요 -독립적인 평가 가능: 상당한 교육과 경험 및 업무지식과 기초적인 과학 지식 및 특수기능을 보유해야 하는 복잡한 업무	생산, 감리	계리인

	점수법						

점수법

평가요소	기술			직무명	현원관리
세부요소	경험			기술	62.5
세부요소 정의	이 요소는 업무와 관련해서 정성적인 감독 하에 개인이 만족할 만한 업무성과 수준을 도출하기 위해 잠심적으로 요구되는 업무와 업무관련 교육의 기산을 의미함			책임	40
등급	1급(100점) 3개월 이상	2급(150점) 3개월 이상 12개월 이하	3급(200점) 12개월 이상 3년 미만	4급(250점) 3년 이상	지식	40
평가요소	가중치	할당점수		환경	22.5
기술	25%	250		노력	40
책임	20%	200		총점	205
지식	20%	200		등급	J4
작업환경	15%	150			
(육)체적/정신적 노력	20%	200			

- 사전 평가요소 설정
- 평가요소별 가중치 부여 및 상대적 서열 수립
- 각 평가요소에 등급 할당
- 각 등급에 점수 할당
- 각 직무에 대한 평가요소별 등급 부여
- 점수 합산 및 총점 산정

요소 비교법

순위/ 임금		기술		책임		노력		작업조건		임금
		순위	임금	순위	임금	순위	임금	순위	임금	
대표 직무	직무A	1	3,000	1	3,000	4	500	2	1,500	8,000
	직무B	3	500	2	2,000	3	500	1	3,000	3,000
	직무C	2	1,500	3	1,000	1	2,000	4	500	500
	직무D	4	900	4	900	2	1,500	3	1,200	1,200

Quiz) 직무E가 기술은 직무A, 책임은 직무B, 노력정도는 직무C, 작업조건은 직무D와 유사하다면 임금 책정은 어떻게 되어야 하나?

Ⅳ. 기존 문제점과 개선방안

1. 기존 문제점

(1) 평가의 오류

직무평가의 평가대상인 평가요소를 선정하거나 가중치를 부여하는 과정에서 주관이 개입되어 평가의 오류가 발생할 수 있다.

(2) 종업원의 반발

직무평가는 임금정책의 기준이 되기 때문에 임금에 관하여 불이익을 받는 종업원 집단이나 노동조합의 반발이 발생할 수 있다.

(3) 평가위원회 조직구성 실패

직무평가위원회의 구성과 참가자 수에 따라 평가결과의 수용성과 평가작업 진행속도의 능률이 달라지게 되는데 기존에는 별도의 평가위원회 없이 인사부서에서 주로 직무평가를 실시하여 평가의 객관성과 정확성을 확보하기 어려웠다.

(4) 노동시장 평가와의 차이

직무평가 결과 도출된 직무의 가치와 노동시장에서의 차이가 발생하게 되면 기업의 초과비용이 발생하거나 인재의 유출문제가 발생 할 수 있다.

2. 개선방안

(1) 평가의 오류 최소화 노력

평가자의 주관적 오류를 줄이기 위하여 평가자에 대한 교육을 실시하고 정량적 평가방식을 사용한다.

(2) 종업원의 참여와 교육

종업원을 직무평가과정에 참여시키고 직무평가 이전에 그 필요성에 대하여 종업원이나 직무분석 담당자를 대상으로 교육을 실시하여 직무평가에 대한 수용성을 증대시켜야 한다.

(3) 전문평가위원회 구축

직무평가과정에서 발생할 수 있는 갈등을 극복하고 평가를 효율적으로 수행하기 위하여 대내외 전문가가 참여하는 독립적인 직무평가조직을 구성하여 추진하는 것이 바람직하다.

(4) 거시적 직무평가

직무평가결과 도출된 임금수준과 시장임금의 차이를 최소화하기 위하여 시장임금을 중심으로 한 임금추세선의 관리가 요청된다.

▌제3절 ▌ 직무설계 (Job Design)

Ⅰ. 직무설계의 의의와 변천

1. 직무설계의 의의와 중요성

직무설계란 조직내 다양한 과업들을 하나의 직무로 조직화하는 과정을 말한다. 직무설계는 직무의 내용, 기능, 관계를 결정하는 중요한 문제로 직무가 제대로 설계되어야 사람과 직무간의 적합도를 높여서 조직의 전략적 목표를 달성할 수 있다.

직무설계를 효과적으로 수행하게 되면 직무만족 및 모티베이션 증대, 이직 및 결근율 감소, 제품 품질 향상, 작업생산성 향상, 인간관계 개선 등 여러 가지 효과가 나타날 수 있다. 이처럼 직무설계는 조직의 생산성과 종업원의 동기부여 및 집단사기 모두에 영향을 미치고 있기 때문에 전략적 차원에서 신중하게 다루어져야 한다.

2. 직무설계의 변천

(1) 직무설계의 구성

직무를 어떻게 설계하는가에 따라서 '직무 만족 및 모티베이션' 정도가 현저히 차이날 수 있기 때문에 오래 전부터 직무설계이론이 연구되어 왔다.

직무설계는 전통적 직무 설계와 현대적 직무설계로 구분할 수 있다. 전통적 직무설계가 보다 낮은 욕구수준에서의 기술적인 욕구충족에만 관심을 집중하고 있는 반면, 현대적 직무설계는 직무담당자의 기술적 욕구뿐만 아니라, 사회적·인간적 욕구까지도 충족시킬 수 있도록 직무내용, 작업방법 및 작업 상호간의 관계를 결정하는 것이다.

(2) 전통적 직무설계

전통적 직무설계는 직무수행 방법과 업무 배분을 가능한 단순화, 표준화, 전문화함으로써 생산의 효율성과 경제적 합리성만을 추구했으나 결과적으로 직무 담당자의 불만과 소외감을 증대시켰다. 뿐만 아니라 단순과업의 연속으로 인한 종업원의 불안한 심리상태는 정신병의 발발, 태업, 노사분쟁 등 사회적 문제를 야기시켰다.

(3) 현대적 직무설계

인간관계론이 등장하면서 사회적·개인적 욕구가 경제적 욕구에 못지않게 종업원의 직무수행능력에 영향을 미친다는 것을 밝힘으로써 새로운 경향의 직무설계가 시도되기 시작했다. 이러한 일련의 흐름을 행동과학적 직무설계로 정의내릴 수 있다.

행동과학적 직무설계는 양적·질적 직무확대화를 통한 근로의욕 고취와 생산성 향상을 추구하였다. 더 나아가 사회기술시스템적 직무설계이론이 등장했는데, 이는 인간관계론이 간과했던 기술적 제약요인을 해소하고, 사회문화 및 개인과 집단의 역할 등을 고려한 새로운 직무설계이론이다.

◈ 행동과학의 개념 : 과학적 관리론과 인간관계론의 통합

인간에 대한 보다 정교하고 과학적인 지식체계의 필요성이 등장함에 따라 공식·비공식적 측면을 포괄하여 조직 전체를 객관적으로 측정, 연구하는 흐름이 나타났는데 이를 행동과학이라 한다. 행동과학은 인접 학문의 도움을 받아서 인간 행동연구를 하나의 통일적인 이론체계로 종합한 응용과학이라 할 수 있다.

구분	전통적 직무설계	현대적 직무설계	
		행동과학적 접근법	사회기술시스템적 접근법
개인수준	직무전문화	직무확대, 직무충실, 직무특성이론	
집단수준	-	직무교차, 직무순환	준자율적 작업집단, QC클럽

❱❱ 직무설계에 대한 시대적 변천

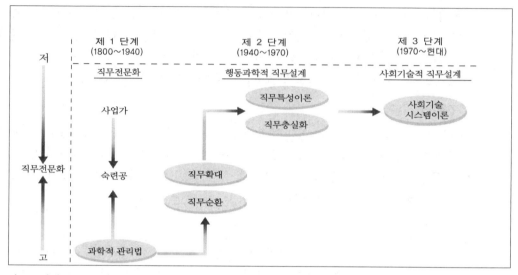

자료 : 이진규(2001), p143

Ⅱ. 전통적 직무설계 : 직무전문화(Job Specialization)

1. 직무전문화의 개념

직무전문화는 한 작업자가 하는 여러 종류의 일(task)을 그 숫자 면에서 줄이는 것이다.
직무설계에 관한 논의의 시작은 18세기 아담 스미스로부터 비롯되었는데, 그의 이론 중 하나
가 분업에 의한 전문화의 효율성이다. 이후 20세기 초 아담 스미스의 '노동의 분업'을 기초로
한 테일러의 과학적 관리법 역시 산업화가 진행되면서 나타난 비능률과 저생산성을 극복하기
위한 직무설계방식을 제시하고 있다.

2. 직무전문화의 내용3)

과학적 관리법에서 직무설계의 근간이 되는 것은 단순화(simplification), 표준화(standardization),
전문화(specialization)를 추구하는 소위 3S개념이다.
회사의 직무를 최소단위까지 나누어 한 곳에서 하나의 부품이나 하나의 제품만을 담당하게 하
도록 단순화시키고, 작업방법이나 도구·부품을 획일적으로 통일시켜 표준화시키고, 직무 담당
자 입장에서도 한 사람에게 한 가지의 직무만 맡도록 전문화하면 종업원의 사기도 오르고 작업
능률도 올릴 수 있다는 것이다.

---

3) 임창희, 인적자원관리(2011), p198

3. 직무전문화의 효과와 한계

(1) 효과

작업능률이나 생산성이 향상되는 효과가 있었다.

(2) 한계

그러나 일정 시점 이후에는 생산성이 더 이상 증가하지 않는 한계점이 발견되었다. 뿐만 아니라 시간이 지남에 따라 인간의 부품화로 인한 인간소외 현상이 문제로 대두되었다.

≫ 직무전문화의 장점과 단점

	기업측	근로자측
장 점	① 작업자의 선발과 훈련 용이 ② 단순, 반복작업으로 대량생산 가능 ③ 높은 생산성 ④ 숙련공이 필요없어 노무비 저렴 ⑤ 작업의 관리가 용이	① 작업결과에 대한 책임 부담이 적음 ② 정신적 부담이 적음 ③ 특별한 직무교육을 받을 필요 없음 ④ 미숙련공의 취업 용이
단 점	① 제품전체에 대한 책임규명이 어려워 품질관리에 어려움 ② 작업자의 불만으로 아래의 코스트 발생 i) 이직, ii) 지각 및 결근, iii) 생산공정의 고의적 지체, iv) 고충건수의 증가	① 작업의 반복으로 권태감이 생김 ② 세분화된 작업으로 작업에 대한 만족을 느끼기 힘들며, 보다 좋은 직무를 수행할 기회가 적음 ③ 작업방법이나 수단을 개선하여 능력을 발휘할 기회가 적음 ④ 혹사하여 피로감 가중 ⑤ 동료작업자간의 인간관계 형성기회가 줄어듦

자료 : 이순룡(1998)을 박경규, 신인사관리(2013), p81에서 재인용

Ⅲ. 현대적 직무설계 : 개인수준의 직무설계

1. (협의의)직무확대

(1) 개념

직무확대는 작업자가 수행하는 과업의 수를 수평적으로 확대하되 권한 내지 책임의 정도는 별로 증가시키지 않는 설계방법이다.

(2) 효과

① 직무에 대한 단조로움이나 지루함, 피로감 감소
② 기술 다양성 증가를 통한 작업자의 기능 폭 확대

③ 직무만족의 증가
④ 이직률 및 결근율 감소

(3) 한계

① 흥미 없고 단조로운 직무가 추가된 경우 종업원의 실망 증대
② 작업자의 성장욕구 정도에 따라서 실패할 가능성

2. 직무충실화

(1) 개념

직무충실화는 수직적 직무 확대를 통해 의사결정 재량과 책임을 부여하는 직무설계방법이다. 달리 표현하면 직무충실화는 관리기능의 일부인 계획과 통제를 종업원에게 위임하는 것이라고 할 수 있다. 이는 허쯔버그(Herzberg)의 2요인이론을 기반으로 성취감, 타인의 인정, 도전감 등 동기요인(만족요인)을 충족시키기 위한 것이다.

◈ 허쯔버그의 2요인 이론

동기(만족) 요인	• 성취감, 타인의 인정, 도전감 등 직무의 내용(content)과 관련 • 충족되지 않아도 불만은 없지만, 일단 충족되면 만족에 적극적인 영향을 줌
위생(불만족) 요인	• 감독, 지위, 보수, 작업조건 등 직무의 상황맥락(context)과 관련 • 단지 불만족의 감소만을 주며 만족의 증대에는 작용하지 않음

(2) 주요 내용[4]

직무충실화는 작업자 스스로가 작업계획과 시간을 짜도록 하고 제3자의 감독과 통제를 줄이고 담당자 자신에게 자율권을 주며 직무결과에 대한 피드백도 상급자를 통하지 않고 스스로가 직접 알 수 있도록 함으로써 허쯔버그가 동기요인이라고 말한 피드백 욕구까지 충족시켜 주는 방법이다.

(3) 효과

① 작업자의 단조로움·싫증·피로감 감소
② 직무수행자의 사기증진 및 창의력 개발 촉진
③ 직무수행자 능력신장 기대
④ 직무수행 범위의 수직적 확대 통한 직무의 완전성 증대

---

4) 임창희, 인적자원관리(2011), p200

(4) 한계

① 양질의 의사결정을 위한 추가적 교육훈련 프로그램 요청

② 확대된 자유재량권을 비효율적으로 발휘했을 때의 비용 발생

③ 관리자들의 반발 예상

④ 소극적이고 피동적인 X이론형 작업자에게 오는 부작용

3. 직무특성이론

(1) 개념

직무충실화가 직무설계에 대한 원칙과 방향을 제시했다고 한다면 직무특성이론은 그것을 보다 이론적으로 정교화 시키고 실천적 전략까지 제시한 제2의 직무충실화라고 볼 수 있다. 핵크만(Hackman)과 올드햄(Oldham)을 중심으로 한 직무특성이론은 1970년대 직무설계이론을 지배하였으며, 그에 대한 많은 이론적·실증적 연구가 이루어져 왔다.

직무특성이론은 자아실현과 타인의 인정 등 상위욕구 충족을 겨냥하여 '직무의 특성' 자체를 변화시키는데 초점을 두고 있고 개인의 차이를 인정하여 조정변수로「종업원의 성장욕구 강도」를 도입했다. 즉 직무특성이론에 따르면 직무특성(핵심직무차원)이 작업자에게 중요한 심리상태를 유발하게 하고 이로 인해 개인의 만족과 작업결과에 긍정적인 영향을 끼치게 되며 그 결과는 개인의 성장욕구 강도에 따라서 달라질 수 있다고 한다.

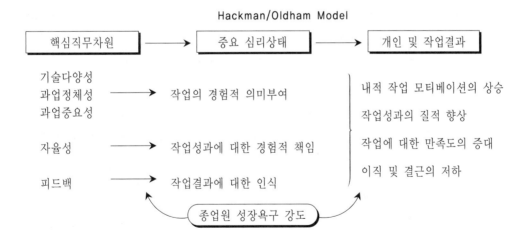

Hackman/Oldham Model

(2) 주요 내용

1) 핵심직무차원

① 기능다양성 : 특정 직무를 수행하는데 요구되는 기능의 종류를 말한다.

② **과업정체성** : 현재 수행하는 직무와 생산하는 제품의 관계를 인식할 수 있는 정도를 말한다.

③ **과업중요성** : 현재 수행하고 있는 직무가 최종 제품의 성공적 완성에 얼마나 중요한 몫을 치지하고 있느냐를 인식하는 정도를 말한다.

④ **자율성** : 작업의 일정, 방법 등을 결정하는데 부여된 자유재량권을 말한다.

⑤ **피드백** : 자신이 수행한 일의 성과에 대한 정보를 획득할 수 있는 정도 및 기간을 말한다.

2) 중요심리상태

① **의미성** : 직무는 그 자체로서 작업자에게 큰 의미를 줄 수 있고 중요하다는 인식을 주어 보람과 긍지를 느끼도록 해야 하며 그러기 위해서는 직무의 기능다양성, 과업정체성, 과업중요성 정도가 커야 한다.

② **책임감** : 작업자가 자신의 행동 여하에 따라서 직무의 성과가 달라질 수 있다는 개인적 책임감을 느낄 수 있어야 하며 그러기 위해서는 직무에 허용되는 자율성 정도가 커야 한다.

③ **결과 인식** : 작업자가 자기가 해 놓은 직무의 완성도를 알 수 있게 하는 것도 상위욕구 충족의 수단이 된다. 이처럼 작업자가 작업결과를 충분히 인식할 수 있도록 하기 위해서는 피드백이 잘 되어야 한다.

3) 개인작업 결과

개인은 모티베이션이 상승하고 이직 및 결근율이 저하되며 작업성과가 향상되고 작업에 대한 만족도(사기)가 증대된다.

4) 가장 중요시되는 변수

핵크만과 올드햄은 직무구조와 직무성과간의 인과관계에 "종업원의 성장욕구의 강도"가 영향을 미친다고 주장했다. 작업자의 성장욕구가 높을 때는 위에서 제시한 인과관계 정도가 강하게 나타나지만 성장욕구가 낮을 경우에는 매우 약하거나 나타나지 않을 수도 있다는 것이다.

(3) 직무충실화와 직무특성이론의 비교

① **공통점** : 직무충실화와 직무특성이론은 행동과학적 직무설계의 대표적 방법이다.
행동과학적 직무설계는 인간관계론에 기반하여 종업원의 직무수행능력이 경제적 욕구 뿐만 아니라 사회적·개인적 욕구의 영향을 받는다는 것을 전제로 이루어진다. 또한 직무충실화와 직무특성이론은 작업자에게 재량과 책임을 부여하여 수평적 직무확대의 한계를 극복하기 위한 방법이라는 공통점이 있다.

② **차이점** : 직무충실화는 작업자에게 권한, 책임, 자율을 부여하는 것에 초점을 두고 있는 반면에 직무특성이론은 직무자체의 기능다양성, 과업정체성, 과업중요성 등에 중점을 두고 있다. 또한 직무특성이론은 직무충실화와 달리 개인의 차이를 고려하여 종업원의 성장욕구강도를 도입했으며 성장욕구에 따라서 작업결과가 달라질 수 있다고 한다.

직무충실화와 직무특성이론의 비교

	직무충실화	직무특성이론
직무의 특성	작업자에게 권한, 책임, 자율 부여하는 것에 초점	직무 자체가 기능다양성, 과업정체성, 과업중요성 등의 특성을 지니도록 설계하는데 초점
조정변수	조정변수 없음	개인차이 인정, 종업원의 성장욕구에 따라서 결과가 달라질 수 있음

(4) 평가

직무특성이론은 개인차를 인정하고 기업의 사회적 효율성을 제고하기 위한 방안을 구체적이고도 실천적으로 제시하였다는데 그 의미가 있다. 그러나 개인차의 확인이 쉽지 않다는 점과 경제적 효율성을 간과했다는 점에서 문제가 제기된다.

Ⅳ. 현대적 직무설계 : 집단수준의 직무설계

Tip

> 산업의 고도화 및 경쟁의 심화, 종업원의 다기능화 등에 따라 직무경계가 모호해지면서 집단수준의 직무설계가 요청되고 있다. 최근에는 팀제가 도입되는 경우가 많아지고 있는데 이는 개개인들이 갖는 창의성과 자율성을 바탕으로 집단적인 시너지 효과를 창출함으로써 조직유효성을 제고 시키는 데 그 목적이 있다.

1. 직무교차

(1) 개념

직무교차란 집단을 대상으로 도입할 수 있는 수평적 직무확대를 말한다. 직무교차 모델은 개인 차원의 "직무확대"와 크게 다르지 않지만 중요한 차이는 직무확대가 한명의 작업자를 대상으로 개별적으로 설계할 수 있는 데 반해 직무교차는 반드시 직무의 일부분을 다른 작업자와 공동으로 수행해야 한다.

(2) 효과

① 작업자들 간의 협동을 제고시켜 능률 향상을 추구한다.
② 직무수행에 있어서의 단조로움과 싫증을 줄일 수 있다.
③ 직무범위 확대 통한 작업자의 기능 폭을 넓힐 수 있다.

(3) 한계

교차된 직무를 서로 소홀히 할 경우 생산성에 문제가 야기될 수 있다. 따라서 작업자들 간의 협동시스템 구축을 위한 체계적인 교육과 교차된 과업의 성과저하에 대한 책임을 두 작업자 모두가 지게 하는 것도 필요하다.

2. 직무순환

(1) 개념

직무순환은 여러 직무를 여러 작업자가 순환하여 수행하는 것을 말한다. 직무순환은 반드시 사전의 계획에 의한다는 것을 전제로 한다.

(2) 효과

① 특정 직무를 오래 수행하여 많은 스트레스를 가져다주거나 직무의 구조를 개선하는 것이 거의 불가능할 때 여러 사람이 직무순환을 통해 스트레스를 분담할 수 있다.
② 작업자가 비교적 장기간에 걸쳐 여러 직무를 수행함으로써 단조로움을 줄이고 매너리즘에 빠지는 것을 막을 수 있다.
③ 작업자에게 보다 수준 높은 직무수행의 기회를 제고하여 작업자의 능력신장을 기할 수 있다.

(3) 한계

① 특정 직무에 대한 작업자의 빈번한 교체로 인해 생산성 저하 등 비용이 증가할 수 있다.
② 작업집단에 형성되어 있던 협동시스템이 새로 들어온 작업자에 의해 훼손될 수 있다.
③ 전문성 확보가 어려워 품질하락의 위험이 있다.

3. 준자율적 작업집단

(1) 사회기술시스템 이론

사회기술시스템 이론은 환경의 중요성을 강조함과 아울러 조직을 사회기술시스템으로 파악한다. 조직을 테일러적인 단순한 기술시스템과 인간관계적인 단순한 사회시스템으로 보지 않고 이들을 거시적 입장에서 통합해서 파악한 것이다.
이 접근법은 인간관계학파가 간과했던 기술적 제약 요건을 해소하면서 직무설계를 하는 것이다. 또한 기존 직무설계가 모두 조직 내 미시적 입장을 취한 반면 이 접근법은 모든 조직이 사회적 실체로서 외부환경의 영향을 받는다는 점을 파악하고 조직에 미치는 환경의 변화는 물론 문화적 가치들과 개인, 집단, 조직에 요구되는 사회적 역할 제시하고자 했다.
한마디로 이 접근법은 기술적 하위시스템과 사회적 하위시스템의 공동최적화를 추구하면서 동시에 환경적 조건에 부합하는 직무설계방안을 제시하고 있으며 특히 집단수준의 직무설계와 관련하여 자율적 작업집단의 중요성을 강조한다.

(2) 준자율적 작업집단의 개념

준자율적 작업팀은 작업팀에 직무설계의 중요 요소들인 직무확대, 책임, 자율성을 부여하는 방법이다. 협동시스템을 구축하고 작업집단 종업원의 노하우를 공유하며 자율성을 통한 개인의 성장욕구충족이 가능해 지도록 하는데 목적이 있다.

(3) 준자율적 작업집단의 특성

준자율적 작업집단은 규모가 작고 직무계획과 수행방안에 대한 의사결정을 팀 종업원들이 공동으로 행한다. 집단의 업무는 각 종업원들의 다양한 역할을 통해서 완성되는 전체적이고 의미있는 일로 설계된다. 종업원들은 상호 긴밀한 유대감을 발전시키며 공동으로 업무를 수행한다. 준자율적 작업집단이 형성되면 집단과 직무 그리고 주변 환경이 가능한 서로 일치될 수 있도록 다른 측면들, 즉 평가와 보상, 관리기능 등도 사회기술체계 접근법에 맞추어 변화된다. 지속적인 향상 및 수정이 가능하도록 개방되어 있다.

(4) 준자율적 작업집단이 추구하는 목적

① 집단종업원의 사회적 욕구 충족 및 협동시스템 구축
② 직무수행상 제기되는 기술적 문제 해결의 노하우 공유
③ 재량권 부여 통한 자율적 상황 형성과 개인의 성장욕구 충족

(5) 준자율적 작업집단의 효과

① 작업에 대한 통제 및 조정기능의 위임을 통한 기업의 통제 및 조정기능의 경감
② 집단에 부여된 자율성을 통한 생산성 향상
③ 집단종업원들이 갖고 있는 노하우를 서로 전수함으로써 교육훈련비 경감

(6) 준자율적 작업집단의 한계

① 기업과 작업집단 간의 갈등
② 작업집단 내 종업원 간의 갈등

Ⅴ. 직무과정설계(BPR)와 근무시간 설계[5)]

1. 비즈니스 프로세스 리엔지니어링(Business Process Reengineering)

(1) 개념

비즈니스 리엔지니어링은 비용, 품질, 서비스, 속도 등의 극적인 변혁을 실현하기 위해 업무수행 프로세스 전 과정을 완전히 재고하여 근본적으로 재설계하는 것을 말한다. (마이클 해머, 1993) 이 정의의 핵심은 기본적이고(fundamental), 근본적이며(radical), 극적인(dramatic) 프로세스(process) 상의 변화이다.

---

5) 박경규, 신인사관리(2013) p98~p116

(2) 대두배경

비즈니스 리엔지니어링은 고객 불만족은 곧 기업의 생존문제에 직면하게 된다는 고객지향적 사고의 부각과 더불어 크게 대두되었다. 이에 마이클 해머는 자동화보다는 정보처리기술을 이용하여 프로세스의 혁신을 이룩하는 방안을 제시하면서 이러한 경영혁신 방법론을 제시하였다.

(3) 절차

① 대상프로세스 선정

먼저 수정되어야 할 대상프로세스를 선정하여야 한다. 개별 직무과정에서 고객에게 가치를 제공하는데 반드시 필요한 핵심 프로세스를 위주로 파악한다.

② 프로세스 조사분석

업무프로세스 흐름도를 작성하여 기존 기능중심의 업무처리 구조에 대한 문제점을 파악 하고 충분히 검토되어야 한다. 관련부서와 프로세스에 대한 분석을 통해 병목지점 또는 비효율 지점을 분석한다.

③ 프로세스 재설계

불필요하거나 업무처리를 지연시키는 부분을 과감하게 제거·결합·재구조화·단순화시킨다. 이 때 경영정보시스템(MIS)의 지원을 통해 설계의 고도화 및 통합화를 이루도록 유의하여야 한다.

④ 미비점 보완 및 지속적 개선

프로세스 재설계 실행후에는 새롭게 설계된 업무프로세스에 대한 평가과정을 거친 후 효율적인 직무과정이라고 판단되면 신프로세스를 확정한다.

(4) 기대효과

① 단기적 효과

불필요한 대기시간 및 작업과정이 제거됨으로써 관리의 효율성과 고객만족을 기대할 수 있으며 정보시스템 운영, 합리적 과업 설계와 인력배치 등의 변화를 통해 과업 처리시간의 감소, 원가절감, 투입인원 감소 등의 효과를 가져온다.

② 장기적 효과

수행되고 있는 직무의 문제점을 도출하고 이를 개선하려는 노력을 통해 기업문화 자체도 변화를 추구하는 혁신적 문화로 변화할 수 있으며 업무처리시간의 감소와 원가절감은 고객만족증대를 가져와 기존 고객의 유지와 신규 고객의 유입을 통해 전체적인 생산성 향상효과를 가져온다.

(5) 유의사항

① 지속적인 개선 노력

한 부분의 문제점을 임시방편으로 수정하지 않고 문제의 근본원인을 찾아내어 업무수행 방식을 과감하게 개혁해야 한다.

② 정보기술의 활용

업무프로세스를 개선하기 위해서는 정보처리기술의 활용이 절대적으로 필요하다.

③ 적절한 보상을 통한 동기부여

프로세스에 대한 아이디어의 제공이나 개선활동의 참여에 대해서는 적절한 보상 등을 통해 그 의지를 고양시킨다.

④ 변화와 개선의 제도화

BPR의 결과도출 및 적용에 있어 지나친 시간이 소요될 경우 변화의지가 감소될 우려가 있다. 따라서 변화와 개선을 제도화하여 종업원의 적극적인 참여를 유도해야 한다.

⑤ 최고경영자의 지원

MIS의 지원 등 어느 정도의 전략적 투자가 필요한 만큼 최고경영자의 관심과 지원이 필요하다. 최고 경영자의 확고한 의지와 추진력 없이는 BPR을 성공적으로 운영할 수 없다.

2. 근무(직무)시간 설계

근로시간은 노동자에게는 인간다운 삶과 근로생활의 질을, 기업에게는 생산성 향상을 가져다주는 중요한 문제이다. 최근 기업혁신전략, 노동시장 및 욕구의 다양화, 정보통신 기술의 발전 등에 따라 가장 중요하게 대두되는 과제로 근로시간 단축과 유연적 근로시간 관리를 들 수 있다. 근로시간관리에 관한 내용은 제8장 유지관리에서 자세히 다루도록 하겠다.

Ⅵ. 직무설계의 전개방향[6]

1. 전략적 직무설계

(1) 전략적 직무설계의 중요성

하나의 직무설계 방법이 모든 조직에 동일하게 유효하지 않기 때문에 전략적 직무설계를 할 필요가 있다. 예컨대 직무단위를 세분화할 것인가 통합화할 것인가는 그 기업의 상황에 따라 전략적으로 선택해야 한다.

(2) 직무설계의 전략적 선택

직무설계를 전략적으로 접근하고자 할 때 기술특성, 종업원특성, 사회적 환경 등의 요소를 고려해야 한다.

(3) 전략적 직무설계의 전개방향

오늘날 전략적 측면에서의 직무설계 방향은 개인차원의 자율, 권한, 책임 확대와 집단차원의 자율적 작업집단 형성 중심으로 전개되고 있다.

---

6) 최종태, 현대인사관리론 (2003)

2. 직무설계의 통합 필요

직무를 설계할 때 딱 한 가지 설계 방법만 고집할 필요는 없으며 조직의 상황에 비추어 다양한 요소를 통합적으로 고려해서 설계하면 된다. 예컨대, 직무순환(다양성 경험을 위해 다른 직무의 수행), 직무충실(의사결정 재량과 책임 부여: 직무의무, 도전심을 강조하는 동기부여), 직무특성(개인 성장욕구와 직무의 고려), 사회기술시스템(직무의 사회·기술적 관점의 조화) 등 각각의 장점을 살려 설계할 수 있을 것이다.

3. 거시적 직무설계

(1) 의의

직무설계는 조직의 특성을 고려하여 설계하되, 이를 전사적으로 통합하기 위해 관리시스템 중 조직 전체의 수준인 거시적 계획관점에서 직무설계에 대한 접근이 병행되어야 한다. 즉, 직무는 전체 조직설계나 구조와의 관계에서 적합성(fit)을 가질 수 있도록 설계되어야 한다.

(2) 유연적 작업조직에서의 직무설계 방향 예시

» 작업조직의 변화

	테일러식 작업조직	유연적 작업조직
경영자 노동관	근로자는 믿을 수 없어서 엄격한 관리를 해야 한다.	근로자는 도전적인 과업을 요구하고 창조적인 공헌을 한다.
조직구조	상의하달의 위계적 명령	유연적·수평적 의사결정 통제보다는 상호조정 강조
직무설계	세분화되고 탈숙련적 직무 직무범위 한정 계획과 실행의 분리	수직·수평적으로 통합된 직무 팀에 의해 다기능적으로 수행
숙련형성	외부노동시장에서는 기능구입 근로자의 교체가능 교육훈련 및 경력 미비 기계에 의한 직무정의	내부노동시장에서 기능형성 직무의 안정 직무의 부분으로서의 교육훈련 기능수준에 의한 직무정의

자료 : 최종태, 현대인사관리론(2003), p175

4. 직무설계와 노동의 인간화

(1) 노동의 인간화의 개념

노동의 인간화는 노동과 관련된 위험이나 어려움을 해소하고 다른 한편으로 노동하는 사람이 일 가운데에서 성장 발전 및 자아실현을 할 수 있도록 하는 것을 말한다.
전통적 직무설계의 한계가 나타나면서 1970년대 북유럽를 중심으로 본격적으로 논의되었으며 행동과학과 사회기술시스템이론이 등장하면서 노동의 인간화개념이 생성되었다.

(2) 직무의 인간적 설계

① 직무확대 및 직무충실
개별 종업원에게 과업의 충실화, 권한의 이양 등을 통해 "의미있는 일"을 할 수 있도록 직무확대, 직무충실화 등 개인차원의 직무설계를 통해 노동의 인간화를 꾀할 수 있다.

② 직무순환과 준자율적 작업팀
준자율적 작업팀의 구성, 직무 교차, 직무순환 등 조직차원의 직무설계를 통해 전통적 직무설계에서 간과한 종업원의 사회적 효율성을 높이고 노동의 인간화를 실현할 수 있다.

(3) 작업조건의 인간적 설계

① 방향 : 높은 노동 강도 및 열악한 근로조건으로부터 보호, 직장생활과 가정생활의 조화
② 작업장소의 인간적 설계 : 위험제거 등 근로자 보호
③ 근로시간의 인간적 설계 : 근로시간 단축, 유연적 근로시간 설계

(4) 경영참가의 확대

조직 차원에서도 노동의 인간화를 위한 정책이 요구되며 정책적으로 종업원의 경영참가를 확대하는 것이 필요하다. 경영참가활동에는 자본참가, 성과참가, 의사결정 참가가 있으며 특히 종업원이 직접적으로 경영의사결정에 참여할 수 있는 노사협의회, 공동의사결정제 등을 적극 활용하여야 할 것이다.

(5) 기타 실행 방안

① 숙련(역량)형성을 위한 적극적 투자
② 민주적 리더십
③ 인간적 조직문화 형성
④ 사회적, 문화적 삶의 질 향상을 위한 다양한 노력

결론

직무관리는 직무분석, 직무평가, 직무설계로 구성되어 있으며 인사관리의 발전사와 함께 직무관리의 방식이 분업을 중시하는 직무전문화에서 직무확대화로 변화되어 왔음을 살펴보았다.

인적자원이 기업의 중요한 자산으로 부각되고 있는 오늘날 종업원의 직무만족이 조직의 성과에 중대한 영향을 미친다는 사실을 인식하고 종업원 만족을 위한 직무관리가 필요하다.

특히, 지나친 직무전문화로 인해 인간이 부품으로 전락된 작업장의 인간성을 회복하기 위하여 직무확대화(직무충실화, 준자율적 작업집단 등)를 중심으로 한 노동의 인간화를 점진적으로 전개해 나가야 한다. 또한 조직의 전략과 연계된 뚜렷한 직무관리 목적을 두고 인사제반 기능의 기초자료로 활용하여야 할 것이다. 마지막으로 역량중심의 직무관리를 통해 수시로 변하는 환경변화에도 유연하게 대처해 나가는 것이 필요하다.

1. 오늘날 직무중심의 인사관리가 더욱 중요한 과제로 대두되고 있는데, 그 배경에 대해서 설명하고, 이를 실현시키기 위한 방안에 대해서 논하시오.
2. 직무분석의 의의, 중요성, 절차, 방법에 대하여 설명하라.
3. 직무평가의 방법을 열거하고 각각의 장단점에 대해서 간단히 설명하라.
4. 직무설계에 관하여 논하라.
5. 직무(구조)설계이론을 전통적 직무설계, 행동과학적 직무설계, 사회기술 시스템적 직무설계로 나눠서 설명한 뒤, 직무설계의 바람직한 전개방향에 대해서 논하라.
6. 개인수준의 직무설계 방안
7. 집단수준의 직무설계 방안
8. 직무충실화와 직무특성이론을 비교 설명하라.
9. 직무특성이론
10. 사회기술시스템적 직무설계
11. 현대 직무설계의 전개방향
12. 노동의 인간화와 실천방안
13. 직무만족을 위한 직무재설계
14. 직무관리의 전개방향
15. BPR기법의 의의와 필요성, 도입절차 및 효과를 설명하시오.

핵심
인사노무관리

CHAPTER

03 _ 확보관리

Point

확보관리의 개념과 주요 활동을 학습하고, 우수인재의 유출, 신입사원의 조기이직 등 확보관리에서 나타나는 문제의 원인과 이에 대한 관리방안을 제시

세부목차

기출문제

1. 선발도구의 유형 및 그 타당성과 신뢰성에 대한 평가를 설명하라(9회, 25점).
2. 기업의 인적자원 수요·공급 예측 결과 인적자원의 부족 또는 과잉이 발생할 경우 각각에 있어 활용할 수 있는 인적자원 수급 조정 방안을 그 내용과 효과 측면에서 논하시오(14회, 50점).
3. 종업원 선발도구의 타당도 평가방법 및 선발비율의 개념(17회, 25점)
4. 고령인력 활용을 위한 인력예측 기법에 대하여 설명하시오(18회, 25점).

생각해보기

"인재를 확보하는 것은 금을 캐는 것과 같다. 금광에서 1 온스의 금 덩어리를 캐기 위해서는 트럭 몇 대 분의 흙을 파내야 한다." 인재를 엄청난 노력을 들여야만 얻을 수 있는 금에 비유하여 표현한 데일 카네기의 말이다.

　　확보관리란 인력계획을 전제로 필요한 인원을 모집·선발·배치하는 활동을 말한다.
　　조직의 목적달성 여부는 인적자원에 달려있으므로 조직에서 필요로 하는 자격요건을 갖춘 인재를 적시에 모집하고 선발하는 것은 인적자원관리의 가장 중요한 기능의 하나라고 할 수 있다.
　　그렇기에 오늘날 기업들은 유능한 인재가 기업을 먹여 살린다는 생각으로 우수 인재확보를 위한 전쟁을 치루고 있다.
　　그러나 여전히 많은 기업들은 기업 중심의 일방적인 모집·선발방식에서 벗어나지 못하고 유능한 인재를 모집하는데 어려움을 겪고 있다. 어렵게 확보한 인재들도 조직 적응에 실패하고 조기에 이직하거나 더 좋은 조건의 기업으로 유출되고 있어 기업은 엄청난 기회비용과 손실을 부담하여야 한다.
　　또한 기업은 정보기술의 발달로 수시로 변하는 직무요건에 맞춰 해당 직무역량을 갖춘 인재가 필요한데 최근 기업들은 이러한 필요역량을 갖춘 인재를 내부에서 육성하기에는 너무 많은 시간과 비용이 든다는 이유로 외부 인력을 선호하면서 내부인력의 승진기회 박탈로 인한 사기저하나 인력개발에 소홀해지는 문제가 나타나고 있다.
　　따라서 이하에서는 확보관리의 주요 내용을 살펴보고 성공적인 확보관리 방안을 모색하고자 한다.

▌제1절▐ 인력계획

Ⅰ. 인력계획의 의의

1. 인력계획의 개념

인력계획이란 기업이 필요로 하는 특성을 지닌 인원의 수를 예측하고 이에 대한 사내·사외의 인력공급을 계획해서 인력의 수급을 조정하는 계획 활동을 말한다.

2. 인력계획의 중요성

① 경영전략의 효율적 수행 : 조직의 장기적인 인력구성과 인력의 질 계획

② 조직의 안정성 제고 : 인력과잉·인력부족으로 인한 문제 해결

③ 조직의 활성화와 분위기 쇄신 : 내부모집에 따른 인력개발·외부모집에 따른 분위기 쇄신

④ 종업원 욕구 충족 : 승진 등

3. 인력계획에 영향을 미치는 환경

(1) 인력의 수요차원

조직의 전략유형이 방어형인지 혁신형인지에 따라, 조직의 라이프사이클이 도입기에서 쇠퇴기 중 어디에 해당하는지에 따라, 정보기술의 활용도 정도에 따라 기업이 필요로 하는 인력의 수요계획이 달라진다.

(2) 인력의 공급차원

서비스 산업의 증대로 인한 제조업체의 인력부족 현상과 고령화, 고학력화, 여성의 참여증대등의 변화가 나타나고 있으며, 이러한 노동시장의 구성 변화는 인력의 공급계획에 영향을 미친다.

(3) 인력의 수급조정

법과 노동조합이라는 제도적 환경은 인력의 수급조정에 영향을 미친다. 기업의 인력수급조정은 법의 제약을 받고 노동조합과의 교섭을 통해 결정되기도 한다.

외부환경	경제 환경	경제 성장시 공급부족 현상, 침체시 인력과잉
	노동시장 여건	다양화 시대(고령,여성,고학력)
	사회적 제약	정치적/법적 환경, 노동조합
	기술의 발전	새로운 직무와 기술 발전, 인력과잉과 부족 동시 발생 정신노동 비중 증가, 지식근로자 출현
	정보기술의 발전	의사결정의 분권화, 정보 다루는 새로운 직무 출현

외부환경	고객의 중요성 증가	고객 요구사항 변화가 인력수요변화 초래
내부환경	전략계획	새로운 직무와 기술 발전, 인력과잉과 부족 동시 발생
	생산예측, 판매예측	필요로 하는 인력의 변화
	인원 변동	인력이동, 자발적 이동(사직 등)으로 인한 소요 변화

Ⅱ. 인력수요의 예측[1]

1. 인력수요예측의 개념

인력수요예측은 미래의 어느 시점에 해당 기업이 필요로 하는 인력과 현재 보유하고 있는 인력들의 양적, 질적 측면의 차이를 파악하고 예측하는 활동이다.

- 총수요인력(얼마나 많은 인력이 필요한가?)
- 순수요인력(얼마나 많은 인력을 채용해야 하는가?)
- 인건비 지불능력(얼마나 많은 인력을 채용할 수 있는가?)
- 인력의 질(어떤 직무에 어떤 조건의 인력이 필요한가?)

2. 질적 인력수요예측

(1) 자격요건 분석기법

자격요건 분석기법은 기업의 환경과 구조가 매우 안정적이어서 직무내용, 조직구조, 생산기술이 거의 변하지 않는 경우 활용할 수 있다. 이 기법은 대게 단기적 예측에 적합하며 현재 직무에 대한 직무기술서 및 직무명세서에 기초해서 변화에 대한 예측활동을 한다.

(2) 시나리오기법

시나리오 기법은 기업의 환경과 구조가 매우 불안정하고 복잡해서 해당기업의 직무구조, 조직구조 및 생산기술에 대한 예측이 용이하지 않는 경우 활용할 수 있다. 시나리오 기법에 의한 인력수요 예측은 대개 전문가 집단의 브레인스토밍 또는 예측 프로젝트 조직에 의해 변화에 대한 예측활동을 한다.

3. 양적 인력수요예측

(1) 통계적 기법

통계적 기법은 해당 기업의 과거자료를 바탕으로 분석하는 것을 말한다. 현재 보유하고 있는

---

1) 자료 : 박경규, 신인사관리(2013), p168~p199

인력은 그 기업의 과거 활동 결과로부터 나온 것이며 미래의 필요한 인력 역시 해당기업의 과거와 현재를 무시한 채 예측하기 어렵다는 것이 전제가 된다. 그러나 과거 자료에 바탕을 두기 때문에 정확성에는 한계가 있다.

① 생산성 비율분석

생산성 비율분석은 과거 해당기업이 달성했던 생산성의 변화에 대한 정보를 가지고 미래에 필요한 생산라인 투입 인력을 예측하는 기법을 말한다. 작업량과 인력수가 비례한다는 가정을 전제로 한다.

② 추세분석

추세분석은 해당 기업에서 과거에 인력변화를 가져다주었던 제반요인을 찾아 이러한 요인들의 시간에 따른 변화를 파악하고 이에 따른 인력의 변화정도와 연결하여 미래인력수요를 예측하는 방법을 말한다.

추세분석 기법이 예측력을 높이기 위해서는 인력변화를 가져다주는 주요 요인에 대한 정확한 파악이 중요한데 이러한 요인은 하나만 있는 것이 아니다. 또한 필요인력의 수준이 기간의 변화에 따라 일관성있게 변하는 것이 아니라 매출액의 변화, 관리관행의 변화, 기술의 변화 등에 의해 달라질 수 있기 때문에 추세분석을 인력수요예측 기법으로 활용하는 데에는 많은 제약이 뒤따른다.

③ 회귀분석

회귀분석은 기업의 인력 수요결정에 영향을 미치는 여러 요소들의 복합적인 영향력을 계산하여 해당 기업의 미래의 인력수요를 회귀방정식을 통하여 예측하는 방법을 말한다.

회귀분석은 현재의 자료를 통해 미래를 보다 과학적으로 예측할 수 있게 하는 장점이 있다. 하지만 회귀방정식 도출에 필요한 충분한 과거의 자료가 있어야 하고 설명변수들과 인력수요 사이의 유의한 상관관계가 존재해야 하며 생산·제품 믹스에 극적 변화가 없어야 한다.

〈예〉 a, b, c, d를 구한 뒤 t_1 에서의 매출액, 생산량, 생산장비 투자액을 대입하여 인력수요를 계산한다.

$$Y = a + bx_1 + cx_2 + dx_3$$

Y = 인력수요 (t_1)

a = 고정인력

x_1 = 매출액(t_1)

x_2 = 생산량(t_1)

x_3 = 생산장비 투자액(t_1)

(2) 노동과학적 기법

노동과학적 기법은 작업시간연구를 기초로 조직의 하위 개별 작업장별 필요인력을 산출하는 방법을 말한다. 이 기법은 주로 생산직종의 인력을 예측하는데 활용되며 표준 작업시간 산정 과정에서 기업과 작업자 간에 갈등이 야기될 소지가 많다.

(3) 델파이 기법

델파이 기법은 미래환경이 복잡하고 정형화시키기 어려울 때 기업의 경영이나 기업환경에 대해 지식과 경험을 가진 전문가들 사이에 합의점을 도출하는 하향식 접근방법을 말한다. 이 기법은 의견 수렴시는 대면접촉방지를 원칙으로 하기 때문에 정확성은 높으나 신속성이 떨어지는 문제가 있다.

(4) 화폐적 접근법

화폐적 접근법은 미래시점에 기업이 보유할 수 있는 지불능력(종업원에게 임금을 지불할 수 있는)을 예측하는 방법을 말한다. 위에서 설명한 다른 기법들은 생산량, 작업량, 표준작업시간 등 "일"을 기준으로 인력수요를 예측하는데 반해서 화폐적 접근법은 "기업의 지불능력"에 초점을 맞춘 기법이다.

인적자원 수요예측의 계량적 방법과 정성적 방법[2]

1. 계량적 방법

계량적 방법은 하나 또는 그 이상의 기준요소를 설정해서 이를 근거로 소요인력을 예측하는 방법으로 추세분석, 회귀분석 등이 있다.

2. 정성적 방법

(1) 명목집단기법 : 명목집단기법은 서로 다른 분야에 종사하고 있는 사람들을 명목상의 집단으로 간주하고 그들로부터 자유로운 아이디어를 받되 문서로 받음으로써 익명성을 보장하고 반대논쟁을 극소화하는 방식으로 문제해결을 시도하는 기법이다. 명목집단기법은 타인의 영향을 받지 않고 독립적으로 문제를 생각하고 시간소요도 많지 않다는 장점을 가지고 있으나, 리더가 자질과 훈련을 갖추고 있어야 하고 한 번에 한 문제밖에 처리할 수 없다는 단점도 가지고 있다.

(2) 델파이기법 : 델파이기법은 특정 문제에 있어서 다수 전문가들의 의견을 종합하여 미래의 상황을 예측하고자 하는 방법이다. 델파이 기법은 직접대면을 회피하고 문서상의 피드백을 통해서 직접대면의 단점을 메우고 있으며, 반복적 피드백을 통해 특정 전문가들이 그들의 예측내용을 수정할 수 있도록 하는 장점을 갖는다. 하지만 시간이 너무 많이 소요된다는 점과 응답자에 대한 통제력의 결여도 단점으로 지적될 수 있다.

---

2) 김영재 외(2011)

Ⅲ. 인력공급의 예측

1. 인력공급예측의 개념

인력공급예측이란 미래의 어느 시점에 해당 기업이 보유하게 될 인력에 대한 예측활동을 말한다. 인력의 공급예측에는 내부노동시장과 외부노동시장의 예측을 포함한다. 인력공급을 예측하기 위해서 기업 내부의 종업원 수, 기능과 역량(기능목록, 대체도), 인력변동(마아코브체인) 등과 외부의 노동시장, 인구통계 추세, 실업률 등을 면밀히 검토하여야 한다.

2. 내부노동시장에서의 인력공급 예측

(1) 승진도표

승진도표는 현원의 상태를 그 능력 면에서 면밀히 파악하여 개개의 승진·이동의 시기, 순위, 훈련 등의 요건을 명기해 두고 이를 집계하여 내부인력의 변화를 예측하는 방법이다.

(2) 기능목록

기능목록(skill inventories)은 현직 종업원의 경력, 학력 및 교육, 능력에 관한 정보를 집적해둔 문서 또는 컴퓨터 프로그램을 말한다. 최근에는 개인 및 조직에 관한 각종 정보와 기능목록이 담고 있는 정보를 연계시켜 보다 폭넓은 용도로 활용가능한 인적자원 정보 시스템(human resource information system: HRIS)으로 통합하고 있다.

(3) 마아코브 분석

마아코브 분석(Markov analysis)은 미래 어떤 시점에서의 해당기업내 종업원의 이동 상황을 예측하는 기법을 말한다. 마아코브 분석의 핵심은 전이행렬인데, 전이행렬은 계속 재직할 가능성, 조직내 다른 직무로 이동할 가능성, 조직 이탈 가능성 등을 표시해 준다.
마아코브 분석은 이동확률이 비교적 안정적이고 측정 가능해야 하며 이동확률이 단지 초기의 담당직무에 의해서만 결정되는 한계를 가진다.

(4) 대체분석

실제 기업에서는 빈자리 메우기(pull of vacancies)에 의해서 이동이 결정되는 경우가 많다. 대체분석은 '직무의 공석'이 어떻게 하위직무 담당자에 의해서 충원되는가를 동태적으로 분석한 것이다.

3. 외부노동시장에서의 인력공급예측[3]

(1) 양적 인력공급 예측

---

3) 자료 : 최종태, 현대인적자원관리(2003)

양적 인력공급 예측을 위하여 연령, 성별의 구성과 인구성장률 등을 조사하여 인구구조를 파악한다. 오늘날 노동인구구조 변화의 가장 큰 특징은 고령화 현상과 여성의 비율 증대이며 계속해서 인구성장률이 둔화되거나 마이너스 성장으로 인한 역피라미드 형태가 초래될 수 있다.

(2) 질적 인력공급 예측

질적 인력공급 예측을 위하여 교육 및 훈련수준과 성취동기수준을 파악할 필요가 있다. 선진국일수록 교육과정의 다양화와 교육기간의 장기화 경향이 나타나고 있으며 최근 물질적인 욕구 이외에 자아존중·자아실현·사회·정신적 욕구가 강하게 요청되고 있는 점을 고려하여야 한다.

(3) 노동수요량의 분석

공급된 노동력 중 실제 생산과정에 투입된 노동량이 구조적으로 어떻게 변화하는지 취업구조와 실업구조를 파악하여야 한다.

Ⅳ. 인력수급 조정[4]

1. 인력 부족시

(1) 내부인력의 활용

초과근로 실시, 교육훈련·동기유발·보상제도 변경, 직무재설계 등을 통해 생산성을 향상시키는 방법, 새로운 기능 및 역량을 육성·개발하는 방법 등을 활용할 수 있다.

① 초과작업과 생산성 향상 전략

부족한 인적자원의 유형이 조직내에 이미 존재하고 있는 기능과 역량을 요구하고 부족량이 크지 않을 경우 초과작업과 생산성 향상 전략을 취할 수 있다. 특히 인력부족 상황에서 신규인력을 채용하기 곤란하고 제품이나 서비스에 대한 수요가 미래에 지속되지 않을지 모른다는 우려가 있을 때 초과근로를 활용할 수 있다. 그러나 초과근로가 장기간 지속되면 과로와 스트레스로 인한 부작용이 발생할 수 있기 때문에 단기전략으로 활용하여야 할 것이다.

② 내부인력 개발 전략

부족한 인적자원의 유형이 조직내에 존재하지 않는 기능과 역량을 요구하고 부족량이 크지 않을 경우 내부인력 개발 전략을 활용할 수 있다.

(2) 외부인력의 활용

부족한 인적자원의 유형이 조직내에 존재하지 않는 기능과 역량을 요구하고 새로운 기능과 역량을 습득시키는 데 상당한 시간과 비용이 요구되는 경우 면밀한 비용-편익분석을 통해서 외부인력을 활용할 수 있다.

---

4) 자료 : 김영재 외, 신인적자원관리(2011), p127~p140

① 임시직과 파견근로 활용

기업에서는 인건비 절감뿐만 아니라 일시적 노동수요 보충 및 장래의 불확실성에 대한 보장으로 임시직 또는 파견근로를 선호하는 경향이 있다. 그러나 정규직 대신 임시직과 파견근로를 남용하게 되면 차별, 사기저하, 법적 문제 등 다양한 문제가 발생할 수 있기 때문에 신중해야 한다.

② 아웃소싱

최근 기업에서는 핵심업무만 남겨두고 부수적인 업무는 외부에 의존하는 경우가 많은데 이를 아웃소싱이라 한다. 아웃소싱을 실시할 때는 대상업무의 합리적 선정, 적절한 외주업체 선정, 내부 종업원의 공감대 형성 등이 이루어져야 한다.

2. 인력 과잉시

(1) 내부방출

내부방출의 유형에는 근로시간 조정, 휴업/휴직, 신규채용 억제, 배치전환, 출향/전적, 교육훈련, 임금조정 등이 있으며, 이직관리편에서 상세히 다루도록 한다.

(2) 외부방출

내부방출의 유형에는 조기퇴직제도, 다운사이징, 정리해고 등이 있으며, 이직관리편에서 상세히 다루도록 한다.

V. 인력계획시 유의사항

1. 사업전략과 긴밀한 연계

인력계획은 환경에 대한 분석과 경영전략, 사업계획을 우선적으로 고려하여야 실시하여야 한다. 이러한 인력계획을 통해 인원의 과부족을 사전에 예방하고 기업경쟁력을 강화할 수 있을 것이다.

2. 인력계획의 전문성 강화

인사관리자는 인력예측이 잘못될 경우 기업이 부담해야 할 위험비용이 막대할 수 있다는 점에 유의하여 인력예측의 전문성을 높여야 한다.

3. 인력유연성(Flexibility)

경쟁력 있는 조직은 종업원 스스로가 환경 변화에 적극적으로 대처할 수 있어야 한다. 따라서 인력의 질적수요 예측시 이러한 능력요인을 감안하여야 할 것이다.

▌제2절 ▌ 모집관리

Ⅰ. 모집의 의의

1. 모집의 의의

모집은 선발을 전제로 양질의 지원자를 유인·확보하는 활동을 말한다. 선발이 조직에 가장 적합한 사람만 추려내는 소극적, 방어적 활동인 반면 모집은 양질의 지원자를 유인하기 위한 적극적, 공격적 활동이다.

2. 모집의 중요성

모집활동은 모집을 위해 소요되는 비용과 채용 확정인원의 이탈의 문제에서 도출되는 기회비용, 모집활동의 질적인 부분에서 도출되는 직무 만족도, 조직 몰입도 등에 영향을 미치기 때문에 중요하다.

3. 모집의 방침과 전략

(1) 모집 방침

① 직무중심주의와 기업중심주의

직무중심주의는 직무행동을 중심으로 모집·선발하는 방식으로 능력주의 인사관리를 실현하는 기본이 된다. 종업원의 흥미나 능력에 따른 직무선택으로 능률향상을 기대할 수 있으나, 승진할 직무가 한정되어 있어 성과가 승진과 직결되지 않는 경우 종업원들이 장기적인 안정감을 갖지 못할 수도 있다.

기업중심주의는 기업의 문화나 가치관을 중심으로 모집·선발하는 방식으로 주로 종신고용제를 전제로 이용된다. 종신고용제를 기본으로 하기 때문에 종업원들은 안심하고 업무에 몰두할 수 있으나, 무사안일로 흐르기 쉽고 작업의욕이 감퇴되며 능률향상을 기대하기 어렵다.

② 현재중심과 미래중심

현재 중심의 모집은 직무명세서에 나온 기준에 맞는 인재를 최우선으로 모집하는 방식이다. 단기교육만 마치면 바로 업무를 수행할 수 있어 합리적이지만 직무자격요건이 변하는 경우 기존인력을 감축하거나 신규인력을 충원하여야 하는 문제가 발생할 수 있다.

미래 중심의 모집은 현 직무명세서의 기준과 다르거나 못 미치더라도 잠재력이 풍부하고 자격을 갖춘 사람을 모집하는 방식이다. 교육훈련을 잘 하는 경우 미래에 훨씬 나은 성과를 낼 수 있지만 장기적인 교육투자비용이 발생한다.

(2) 모집 전략

① 과대포장전략과 사실위주전략

과대포장 전략은 모집에 대한 응모자를 늘리기 위해 기업의 현실보다 과장하여 홍보 하는 전략이다. 응모자가 늘어나는 효과가 있는 반면 선발비율이 낮아져 효용성이 떨어지고 입사후 실망에 따른 이직 부작용이 존재한다.

사실위주의 전략은 기업의 있는 그대로의 모습을 통해 응모단계부터 기업의 모습을 파악할 수 있도록 하는 전략이다. 선발비율이 높고 직무만족, 조직몰입 및 장기 근속의 효과가 있지만 응모자수는 줄어든다.

모집의 전략	내 용	결 과
과대포장 전략	대상자 多, 선발비율 少	기대차이로 인한 이직확률 高
사실위주의 전략	대상자 少, 선발비율 多	직무만족, 조직몰입, 근속기간 ↑

② Making전략과 Buying전략

Making전략은 회사와 직·간접적으로 관련되어 있는 사람을 육성하고 내부에서 필요한 인재를 모집하는 전략이다. 종업원들의 고용을 안정시키고 충성심과 사기를 올릴 수 있으며 조직전체의 능력이 향상될 수 있으나 시간과 비용이 많이 소요되고 필요한 인재를 즉시 확보할 수 없다는 단점이 있다.

Buying전략은 외부에서 경력을 쌓은 사람을 모집하는 전략이다. 기존 종업원을 교육시켜 활용할 때보다 이미 자격을 갖춘 자를 곧바로 선발하여 투입할 수 있고 조직분위기를 쇄신할 수 있는 장점이 있지만 조직에 적응하기까지 시간이 소요되고 내부 종업원의 사기가 저하되는 단점이 있다.

Ⅱ. 모집의 원천

1. 내부모집과 외부모집의 개념

(1) 내부모집의 개념

내부모집은 인사이동, 사내공모제 처럼 내부노동시장을 통해서 회사와 직·간접적으로 관계를 맺고 있는 사람들을 대상으로 모집하는 것을 말한다. 내부모집을 위해서는 보유인력의 적정성, 능력, 이직률, 경력욕구, 직무만족도, 조직몰입도 등의 정보를 통해서 내부노동시장을 면밀히 분석해야 한다.

(2) 외부모집의 개념

외부모집은 교육기관, 경쟁기업 내지 타 기업, 실업자, 자영업자 등 기업의 필요인력을 외부노

동시장에서 충원하는 방법을 말한다. 외부모집을 하기 위해서는 실업률, 경력자, 노동관계 법률, 기업이미지 등의 정보를 통해 외부노동시장을 면밀히 분석해야 한다.

2. 모집원천별 장단점

(1) 내부모집의 장단점

① 장점 : 종업원의 자기개발 및 성취감 제고, 종업원의 안정감과 조직몰입 향상, 모집인력에 대한 정확한 평가와 모집비용 절감 등

② 단점 : 응모 탈락자의 반발 가능성, 파벌형성과 조직의 폐쇄성 강화, 교육훈련비 증가 등

(2) 외부모집의 장단점

① 장점 : 넓은 인재선택 폭, 조직분위기 쇄신, 새로운 지식과 경험 축적, 교육훈련비 절감 등

② 단점 : 조직적응 실패, 내부인력의 승진기회 축소 및 사기저하, 모집비용과 시간이 소요 등

≫ 모집 원천별 장점과 단점

	장 점	단 점
내부 모집 통한 채용	- 승진기회 확대로 종업원 모티베이션 향상 및 능력 개발 - 모집에 드는 비용 저렴 - 모집에 소요되는 시간 단축 - 내부인력의 조직 및 직무지식 활용가능 - 외부인력 채용에 따르는 리스크(조직 적응실패, 기술·지식의 차이 등) 제거 - 기존의 인건비 및 급여수준 유지가능 　(외부인력 채용시 인건비 상승가능) - 하급직 신규채용 수요발생 - 평가의 정확성 확보	- 인재선택의 폭이 좁아짐(모집범위 제한) - 조직의 폐쇄성 강화 - 부족한 업무능력 보충을 위한 교육 훈련비 증가 - 능력주의와 배치되는 패거리 문화 형성 - 인력수요를 양적으로 충족시키지 못함 　(내부승진으로 인해 항상 일정수의 인력부족 현상) - 탈락자 불만 - 승진위한 내부 갈등(과잉경쟁) - 조직정체
외부 모집 통한 채용	- 인재선택의 폭이 넓어짐 - 외부로부터 인력이 유입되어 조직분위기쇄신 가능 - 인력수요에 대한 양적 충족 가능 - 인력유입으로 새로운 지식, 경험 축적가능 - 업무능력 등 자격을 갖춘 자를 채용하게 되므로 교육훈련비 감소 - 특수한 인재 채용	- 모집에 많은 비용 소요 - 모집에 장시간 소요 - 내부인력의 승진기회 축소 및 사기저하 - 외부인력 채용으로 실망한 종업원들의 이직가능성 증가 - 조직분위기에 부정적 영향 - 외부인력의 채용에 따르는 리스크 발생(조직적응 실패, 기술·지식의 차이 등) - 경력자 채용시 높은 급여지급으로 인건비 상승 - 평가의 부정확

자료 : 김영재 외, 신인적자원관리(2011), p 151

Ⅲ. 모집의 방법

1. 전통적 모집방법

(1) 내부모집

① 기능목록 (skill inventory)

기능목록은 조직내 모든 인력에 대한 경력, 학력 및 교육, 능력 등에 관한 자세한 정보를 집적 해둔 것을 말한다. 기능목록을 통해 해당 직위에 가장 적합한 인물을 찾아낼 수 있다.

② 부서장 추천

부서장 추천은 부서장의 추천에 의해 좋은 사람을 내부에서 추천하는 방법이다. 부서장의 압력 으로 특정인물이 선정될 경우 파벌 가능성을 유의하여야 한다.

③ 사내공모제도 (job posting)

사내공모제도는 조직 내 공석이 생겼을 때 사내게시판에 공개적으로 모집공고를 내어 자격 있 고 관심이 있는 종업원으로 하여금 응모하게 하는 방법이다. 종업원에게 자기계발의 기회를 제 공할 수 있지만 새로운 인력이 유입되지 않아 조직정체현상이 나타날 수 있다.

>> 사내공모제도의 장단점

장점	· 상위직급의 경우 종업원에게 승진기회 제공 및 사기진작 · 지원자에 대한 평가의 정확성 확보 · 저렴한 모집비용 · 낮은 이직률
단점	· 외부인력의 영입이 차단되어 조직의 정체 가능성 · 성장기업의 경우 사내 공급의 불충분 · 특정부서의 선발 시 연고주의를 고집할 경우 조직 내 파벌조성 가능성 · 지원자의 소속부서 상사와의 인간관계의 훼손 가능성 · 선발과정에서 여러 번 탈락되었을 때 지원자의 심리적 위축감 고조

자료 : 박경규, 신인사관리(2013, p206)

(2) 외부모집

① **광고** : 신문, 상업잡지 등에 광고를 하는 방법이다. 특정집단에만 집중적으로 보낼 수도 있고 불특정 다수를 대상으로 하여 잠재적 지원자를 확보 할 수 있다.

② **직업소개소** : 공공소개기관과 영리적인 사설소개소 등을 이용하는 방법이다.

③ **교육기관** : 기업이 학교당국 또는 교수진과 협력을 맺어 모집하는 방법이다. 현재 고용계획 이 없더라도 장래에 필요하게 될 인력을 미리 확보할 수 있다.

④ **노동조합** : 노동조합을 통해 모집하는 방법이다. 비용을 절감하고 공급원이 안정적이다.

⑤ **인턴제도** : 방학기간이나 혹은 시간제 근무로 학생들을 임시적으로 고용한 뒤 졸업 후 에 정식 고용하는 모집방법이다.

⑥ 리크루터 : 리쿠르터는 기업을 대표하여 각지로 여행하면서 잠재적인 종업원과 기업, 제품, 기업구조, 각종 정책, 직무 등에 대해 기업을 소개하고 가능한 지원자를 모집하는 방법이다.

⑦ 자발적 지원 : 기업이 특별한 모집활동을 하지 않았음에도 불구하고 노동시장에서의 좋은 기업이미지로 인해 전화, 편지 혹은 방문 등을 통해 입직을 희망하는 사람들을 모집하는 방법이다.

2. 최신 모집방법

(1) 웹기반 모집(e-Recruiting)

웹기반 모집은 IT기술을 접목하여 온라인상에서 모집하는 방법이다. 웹기반모집의 도입은 단순한 방법상의 변화가 아니라 모집의 내용을 본질적으로 변화시켰다. 모집 관련 기회비용의 획기적 감소, 전 세계적인 풍부한 데이터베이스의 활용, 모집 전문회사의 경험과 노하우 이용 등을 통해 모집관리가 획기적으로 개선될 수 있다.

》 전통적 모집과 웹기반 모집 비교

전통적 모집	웹기반 모집
모집에 상당한 시일이 소요	실시간 모집 가능
모집에 상당한 비용 소요	모집에 드는 비용 저렴
모집시 개인 신상자료의 노출	개인 신상자료 비밀 유지
한 사람이 한번 모집에 한 번 응모가능	한 사람이 복수 모집에 복수 응모가능
해당 기업의 과거 경험 데이터에 의존	외부 전문가집단의 자료와 타 기업의 성공적인 경험 등 외부의 전문적인 자료와 경험 이용가능
잠재적 응모자에 대한 정보획득 어려움	잠재적 응모자에 대한 정보를 데이터베이스를 통해 획득가능
모집 tool을 해당 기업 자체에서 개발	모집전문회사(e-Recruiter)의 솔루션 제공 받음

자료 : 김영재 외, 신인적자원관리(2011), p152

(2) 사원추천모집제도(Employee referral)[5]

> Ⅰ. 들어가며
>
> 글로벌 차원의 무한경쟁이 확산되면서 '우수인재 확보 전쟁'(war for talent)이 더욱 치열하게 전개되고 있다. 우리 기업들은 우수인재를 조기에 확보하기 위해서 기존과는 다른 다양한 채용전략을 구사하고 있다. 그 중 가장 큰 변화는 신입사원 위주의 대규모 정기채용에서 경력사원 위주의 소규모 상시채용으로의 전환이다.

---

5) 자료 : 김영재 외, 신인적자원관리(2011), p154~p156 재정리

한편 최근 기업들은 우수인재 확보와 유지수단으로 우수인재 사원 추천제도를 적극 활용하고 있다. 사원추천 모집의 경우 저렴한 경제적 모집비용으로 능력 있고 믿을만한 인재를 채용할 수 있기 때문에 모집의 경제성과 효율성을 달성할 수 있기 때문이다. 이하에서는 사원추천 모집제도의 의의와 장단점 등에 대해서 살펴보도록 하겠다.

II. 사원추천 모집제도의 의의

사원추천 모집제도란 '종업원 공모제도(employee referral)라고도 하는데 이는 한 마디로, 직장내 공석이 생겼을 때 현직 종업원들이 적임자를 추천하도록 하여 신규직원을 채용하는 제도이다.

이 제도는 신규직원 모집에 있어서 현직 종업원이 자신이 잘 아는 친구나 친지를 채용에 응하도록 권유함으로써 모집원천의 신뢰성을 높이는데 기여한다. 사원추천제도는 무엇보다 경제적인 모집수단이기 때문에 최근 그 활용도가 점점 늘어나고 있다. 또한 회사가 필요로 하는 자격을 갖춘 인재들을 저렴한 비용으로 리쿠르트하게 되므로 모집의 효과성을 높일 수 있다.

III. 사원추천 모집제도의 장점

1. 경제적 이익

사원추천 모집의 경우 대규모 취업박람회, 기업설명회, 전문대행업체 등의 방법에 비해 대체로 저렴한 비용으로 모집할 수 있다. 이미 미국 고용관리협회의 통계 등을 보면 사원추천의 경제적 이익을 알 수 있다.

2. 직원들의 자질유지 용이

사원추천제도를 운영하면 직원들은 자신의 이름을 걸고 추천을 하기 때문에 해당 직위에 부합하거나 신뢰성이 떨어지는 사람을 추천하는 경우가 드물다. 따라서 자질이 우수한 사원을 채용하는데 도움이 된다.

3. 선발에 걸리는 시간 단축

공채의 경우 신문공고, 원서교부 및 접수, 서류전형, 면접, 신원조회 등 일상적 선발과정에 상당한 시일이 소요되지만, 사원추천제를 활용할 경우 주로 추천과 면접을 통해 선발하기 때문에 시일이 단축된다.

4. 낮은 이직률과 높은 기업문화 적응도

사원추천제로 입사하는 사람들은 자신의 추천자로부터 회사에 대한 상세한 정보를 이미 접하고 의사결정을 하여 채용에 응한 사람들이므로 이른바 '현실적 직무소개(realistic job preview : RJP)가 이루어진 상태라 할 수 있다. 또한 기존 직원들과도 친밀한 관계를 가지고 왔기 때문에 이직률도 낮고 기업문화에의 적응도도 높은 것으로 알려져 있다.

5. 기존 직원들의 동기부여와 사기 앙양

사원추천제는 기존 사원들에게 추천 권한을 부여하고 채용될 경우 일정한 상금과 상품이 주어지기 때문에 기존 직원들의 동기부여와 사기 측면에 있어 긍정적인 것으로 조사되고 있다.

Ⅳ. 사원추천 모집제도의 단점

1. 학맥과 인맥에 근거한 파벌조성의 부작용

사원추천제를 통해서 채용되는 사람들은 기존 직원들과는 지역, 학력에 있어서 유사성이 높은 집단이기 때문에 회사 내 학맥, 인맥에 근거한 파벌조성이라는 부작용을 야기할 가능성이 있다.

2. 공정성 확보의 어려움

추천제 자체가 객관적인 채용방법이라고 보기 어렵기 때문에 채용에 있어서 공정성을 확보하기가 어렵다.

3. 사회적 문제 야기

추천 받지 못한 사람의 취업기회를 원천적으로 봉쇄하는 것이기 때문에 많은 기업들이 이 제도를 확대 실시할 경우 사회적 문제를 야기시킬 수 있다.

4. 피추천 후보자 탈락시 추천자의 반발과 사기저하

피추천 후보자가 채용면접에서 탈락하는 경우 추천자의 반발과 사기저하가 예상된다.

Ⅴ. 사원추천 모집제도의 성공방안

1. 기업의 특성 고려

사원추천제도는 핵심인재의 확보가 어려운 직종, 종업원 참여제도가 확립되어 있는 직장, 강한 기업문화가 정착되어 있는 기업에서 활용빈도가 높은 것으로 알려져 있다. 사원추천제도가 모든 기업에 일률적으로 적용할 수 있는 제도는 아니기 때문에 기업의 특성을 잘 고려해서 활용해야 할 것이다.

2. 다른 모집제도와의 조화

사원추천제도를 활용하더라도 다른 모집제도와 병행 실시 하는 등 최대한 단점을 줄일 수 있도록 해야 한다.

3. 공정성과 객관성 제고

사원추천제도의 공정성과 객관성을 제고시키기 위한 기업 차원의 다양한 기준마련과 제도 정착이 필요하다.

4. 보상금 지급 등 적극적 유인

사원추천제도는 우수인재 확보의 유용한 수단이기도 하지만 기존 인력들의 동기부여와 사기앙양을 위해서도 중요하다. 형식적 추천제도가 되지 않도록 하기 위해서 보상금 지급 등 충분한 유인책을 마련해야 할 것이다.

Ⅳ. 모집의 평가

1. 모집평가의 대상

선발이 성공적으로 되기 위해서는 그 전단계인 모집이 성공적이어야 함은 두 말할 필요가 없다. 또한 오늘날 모집의 원천도 매우 다양하기 때문에 모집의 성공여부를 가리기 위해서 여러 가지 지표를 측정하여 다양한 기준으로 평가할 필요가 있다. 모집의 효과성을 평가하기 위한 방법으로는 (ⅰ) 비용-효익 분석, (ⅱ) 공석을 채우는데 걸리는 시간측정, (ⅲ) 지원자의 수와 질, (ⅳ) 모집평가 관련 주요 지표 등이 있다.

평가방법	내 용	비 고
비용 – 효익분석	투입된 비용대비 달성한 성과 (효과)	직접비: 광고비, 모집인 급여, 수수료 등 간접비: 노력, 기업 이미지, PR
소요 시간	공석을 채우는데 걸리는 시간	모집의 노력정도
기 타	지원자 인원 수	모집 프로그램의 효과성선발률
	지원자의 질	단계별 선발비율 (산출률) 기초성공율(Success Base Rate); 성공적 직무수행자 비율
	입사확정자의 유지	조직매력도, 수용률(최종선발자 중 입사율)

모집평가 관련 주요 지표[6]

1. 산출률

산출률이란 지원자들이 모집과 선발의 각 단계에서 축소·배치되는 비율을 말한다. 기업은 과거의 경험과 자료를 통해 각 단계별로 적정한 산출률이 얼마인지를 파악한 다음, 해당 단계에서 적정 산출률이 지켜지는지를 점검해 볼 필요가 있다. 또한 산출률이 높은 매체에 우선을 두고 광고를 해야 할 것이다.

2. 선발률

선발률이란 지원자 가운데 최종 선발된 인원의 비율을 말한다. 선발률은 특정 집단의 인력 중에서 실제로 선발되는 인력이 얼마인지를 보여준다.

3. 수용률

수용률이란 최종 합격자 가운데 입사자 비율을 말한다. 수용률은 해당 조직이 채용하기를 원하는 지원자를 성공적으로 유치할 수 있는 능력을 나타내며, 수용률이 떨어질 경우 수용률 높이기 위한 조치가 필요하다.

4. 기초율

기초률은 선발거치지 않고 무작위로 채용했을 때 일정기간이 경과한 후 업무수행에 성공적인 사람이 얼마나 있는지를 보여주는 비율을 말한다. 기초율은 모집의 질적 성공을 측정하는 지표이다. 지원자 가운데 채용될 경우 성공적으로 회사직무를 수행하고 이직하지 않은 지원자가 얼마나 되는지를 측정하는 지표가 된다.

2. 평가방법

모집활동은 기업간 비교(횡단적 분석), 개별기업 자체에서 연도별 모집활동의 결과(종단적 분석) 비교를 통해 평가할 수 있다.

3. 평가결과의 활용

기업의 모집활동이 적절하지 않은 것으로 판명되었을 경우 그 원인을 규명하고 수정하여 모집에 대한 통제활동을 제대로 실시하여야 한다.

4. 모집의 효과성을 높이는 방법[7]

(1) 전통적 모집관리방식의 한계와 웹기반 모집

전통적 모집관리방식은 공채중심으로 채용 비용과 시간면에서 비효율적이고 기회비용이 컸다. 따라서 웹기반의 모집방식을 통해 관련 기업의 기회비용을 획기적으로 감소시키는 한편, 잠재적 응모자에 대한 전 세계적인 풍부한 데이터베이스를 활용하는 것이 필요하다.

(2) 데이터 관리 및 타깃 리크루팅

선발의 타깃이 되는 인력에 대한 데이터를 관리하고 우수 인재를 적극적으로 유치하기 위해서 개별적으로 접촉하고 추가적인 인센티브를 보장한다.

(3) 모집인 교육을 통한 모집능력개발

모집인에 대한 교육을 실시하여 모집능력을 키우고, 우수인력을 유치한 사람에게는 인센티브를 지급한다.

(4) 현실적 직무소개

지원자들이 사전에 회사에 대해 충분히 정보를 가지고 모집에 응할 수 있도록 해당직무에 대해 보다 현실적이고 구체적인 정보를 알려준다.

---

6) 자료 : 김영재외 신인적자원관리 (2011), P163~p165
7) 자료 : 김영재외 신인적자원관리 (2011), P166

(5) 종업원가치제안(EVP : Employee Value Proposition)

EVP란 '기업이 지향하는 매력적인 직장 이미지의 핵심 요인으로서, 기업이 어떤 보상 가치 요인에 초점을 두고 인재들을 처우할 것인가를 의미한다(예컨대, '일을 많이 시키되, 연봉을 많이 주는 회사', '연봉은 적어도 가치 있는 일을 많이 할 수 있는 회사'). 기업은 우수한 지원자들을 유인하기 위하여 매력적인 고용 브랜드 이미지를 구축할 필요가 있다.

Ⅴ. 모집활동의 운영방안

1. 전략적 모집활동

회사가 지향하는 전략적 방향성이나 처한 상황을 충분히 고려한 후, 그에 맞는 최적의 정책을 선택하는 것이 바람직하다. 전문적 스킬이 반드시 필요한 포지션에 한해 외부에서 영입하고 기존 사업에서 안정적으로 사업을 전개하거나 성과 창출에 있어서 종업원의 팀웍과 충성심 또는 몰입이 중시되는 조직의 경우에는 내부에서 육성한다.

2. 사내모집 우선의 원칙

종업원의 사기를 높이고 모방장벽을 구축하기 위해서 사내모집을 우선하는 원칙이 필요하다. 우수한 기업일수록 인적자원의 수준이 높고 독특하고 강한 기업문화가 정착되어 있기 때문에 내부인력이 더 적합하다는 관점에서 특히 상위 경영층일수록 내부모집을 강조할 필요가 있다.

3. 능력주의 도입

모집계획시 종업원의 경력개발계획을 고려하고 공개모집과 발탁인사제등 능력주의 인사제도를 도입하여 종업원의 능력을 최대한 이끌어내는 것이 필요하다.

4. 모집원천의 조화

모집의 원천인 내부모집과 외부모집은 각각 장·단점을 갖고 있고 어느 하나가 반드시 우월하다고 말할 수는 없다. 따라서 둘의 조화를 추구하는 것이 중요한데 인력을 외부 영입하는 경우는 사업 전략, 조직 문화와의 적합성을 고려하고 지속적으로 고성과를 낼 수 있는 여건을 조성해 주어야 한다.

5. 조직의 지원

외부 사람과 내부 사람이 조직의 성공을 위해 서로를 이해하며 팀웍을 이루어 나갈 수 있도록 조직 차원의 각별한 노력이 뒷받침 되어야 할 것이다. 이러한 겸손과 인내가 결합될 때 외부와 내부의 조화를 통한 성과 창출이 가능하다.

┃제3절┃ 선발관리

Ⅰ. 선발의 의의

1. 선발의 의의

선발이란 모집활동을 통해서 응모한 자 중에서 조직이 필요로 하는 자질을 갖춘 사람을 선별하는 과정이다. 선발은 조직에 꼭 필요한 사람만 추려내는 과정으로 모집에 비해 방어적, 소극적 활동이다.

2. 선발의 중요성

양질의 종업원 확보 여부가 기업의 성패를 좌우하게 되므로 선발관리는 인사관리 중에서 가장 중요한 분야 중 하나이다. 선발에 실패하게 되면 지원자와 직무와의 적합성이 낮아져 직무불만족으로 인한 사기저하, 이직, 기업 경쟁력 저하, 생산성 저하등의 문제가 발생할 수 있다.

3. 선발방침

(1) 인재관의 결정

① 기업중심주의

기업중심주의는 기업문화를 기준으로 하여 인력을 선발하는 형태이다. 기업 중심주의는 종신 근무의 풍토에 적합한 유형이며 인재를 채용하여 기업 내부에서 양성하고 상위의 필요 인력을 만들어 나가는 형태라고 할 수 있다.

② 직무중심주의

직무중심주의는 직무를 기준으로 하여 확보 대상 직무를 가장 잘 수행할 수 있는 인력을 선발하는 형태이다. 직무중심주의 하에서는 직무 수행에 가장 적합한 인재를 채용하므로 추가적인 교육 없이도 직무 수행이 가능하다는 장점이 있으나, 인력 활용상의 유연성이 저하된다는 단점이 있다.

(2) 선발방법에 대한 방침

① 종합적 평가법

종합적 평가법은 각 단계에서 획득한 점수를 합계하여 선발하는 방법이다. 선발비용이 많이 드는 대신 우수한 지원자를 놓칠 위험성이 낮다. 지원자 수가 적을 때 효과적이며 중소기업에서 선호하는 경향이 있다.

② 단계적 제거법

단계적 제거법은 선발의 각 단계마다 지원자의 자격수준이 미달할 경우 탈락시키는 방법이다. 지원자가 많을 경우 선발비용이 줄어들고 우수지원자의 사전합격을 통해 이들의 불필요한 동요를 막을 수 있지만 우수집단을 탈락시킬 오류 가능성도 있다. 보통 대기업에서 선호하는 경향이 있다.

선발의 원리와 선발의사결정[8]

Ⅰ. 선발의 의의

선발이란 모집활동을 통해서 응모한 자 중에서 조직이 필요로 하는 자질을 갖춘 사람을 선별하는 과정을 말하는데, 이를 다르게 표현하면 선발의 예측치와 준거치의 결합을 의미한다.

Ⅱ. 선발의 예측치와 준거치의 의의

1. 선발의 예측치

선발의 예측치란 선발도구에서 획득한 점수를 말한다. 인터뷰에서 좋은 성적을 올린(즉, 예측치가 높은) 후보자는 채용 후에 좋은 성과를 낼 것으로 예측할 수 있다는 말이 된다.

2. 선발의 준거치

선발의 준거치란 후보자가 선발되어 채용이 된 후 근무를 통해 달성하게 될 업무의 성과기준을 의미한다. 인사선발의 성공여부는 선발된 자의 직무성공에 달려 있기 때문에 준거치는 선발에 있어서 매우 중요한 요인이 된다.

3. 선발의 예측치와 준거치의 결합방법

결국 인사선발은 선발의 예측치와 준거치의 결합하는 의사결정을 의미하며, 크게 임상적 방법과 통계적 방법으로 나눌 수 있다.

Ⅲ. 예측치와 준거치의 결합방법 : 각 방법의 장점 살려서 병행

1. 임상적 접근법

(1) 임상적 접근법의 의의

임상적 접근법은 선발에 있어서 의사결정자가 직무에 대한 이해와 경험을 바탕으로 주관적이고 직관적으로 적임자를 선발하는 방식을 말한다.

(2) 임상적 접근법의 장단점

임상적 접근법의 장점은 경영자의 오랜 경험과 지식을 활용할 수 있다는 것이지만, 선발 의사결정

---

8) 자료 : 김영재 외, 신인적자원관리(2011), p166~p176

에 있어서 개인의 편견 및 고정관념이 작용할 수 있다는 단점이 있다.

2. 통계적 접근법

(1) 통계적 접근법의 의의

통계적 접근법은 선발의사결정에 있어서 객관적이고 통계적인 방법에 의존하는 것을 말한다. 이 방법은 타당성이 있는 예측치들을 확인하고 이들을 정교한 통계적 방법으로 가중치를 매겨서 준거치와 결합시켜 적임자를 선발하는 방법이다.

(2) 통계적 접근법의 장단점

통계적 접근법은 편견과 스테레오타입을 배제할 수 있는 장점이 있지만, 경영자의 경험 및 인재상을 반영하는 데 미흡하다는 단점이 있다.

(3) 통계적 방법의 유형

① 프로파일 방법 : 업무수행에 성공하는 종업원들의 평균적이고 표준적인 자질을 과거 데이터 활용하여 '이상적 프로파일'로 정의한 뒤 유사한 자질을 가진 자 선발하는 방법
② 다중회귀분석 방법 : 준거치를 종속변수, 예측치를 독립변수로 하여 다중회귀분석을 실시하여 준거치가 높은 선발 대안을 선택하는 방법. 가중치가 높은 선발도구를 집중적으로 활용 가능한 장점이 있으나 선발자료가 충분히 축적되지 않으면 독립변수를 알기 어렵다는 단점도 있음.
③ 복수 컷오프 방법 : 선발과 관련된 자료를 활용해서 탈락시키는 점수(컷오프)를 정하고 복수의 컷오프를 통과하는 지원자를 걸러내는 방법

4. 선발활동의 변화

(1) 성과주의 확산

글로벌 차원의 무한경쟁, 다운사이징 등으로 인해서 기업이 생존하기 위해서 더 이상 연공주의 시스템으로는 버티기 힘들게 되었다. 따라서 연공의식을 조장하는 대규모 정기채용을 탈피하고 성과주의를 실현시키는 방향으로 채용방식이 바뀌고 있다.

(2) 핵심인재 쟁탈전 가열

글로벌화의 진전은 거듭되고 있으며 그 결과로 초래되는 무한경쟁 속에서 살아남기 위해서는 세계 시장에서 '경쟁력있는 인재'를 얼마나 확보할 것인지가 관건이다. 이로 인해서 글로벌 기업 사이의 핵심인재 쟁탈전은 더욱 치열해지고 있으며 필요로 하는 인재를 필요한 시기에 채용할 수 있는 새로운 전략이 더욱 필요해지고 있다.

(3) 인재상의 변화

소수의 창조적 인재가 기업의 부가가치를 창출하는 시대가 되면서 기업들은 창조적 인재를 뽑기 위한 다양한 채용방식을 도입하게 되었다.

Ⅱ. 선발 도구의 유형

1. 서류전형

(1) 바이오 데이터

바이오 데이터(bio-data: biographical data)는 이력서, 지원서, 면접 등을 통하여 획득된 개인의 신상에 관한 모든 것으로 검증 가능한 것뿐만 아니라 검증 불가능한 것까지도 포함한다. 바이오 데이터에 관한 검토는 우선적이며 필수적인데 무엇보다도 바이오 특징과 직무특징이 적합해야 할 것이다.

(2) 역량기반 지원서 평가

역량기반 지원서는 지원자 개인이 가지고 있는 역량을 스스로 기술하게 하는 것이다. 특정역량과 관련된 질문을 주고 답변을 평가하는 방식이며 역량의 종류는 기업에 따라 공석인 직무에 따라 다를 수 있다.

2. 선발시험

기업이 많이 도입하고 있는 대표적인 선발시험으로 능력검사, 성격 및 흥미도 검사, 실무능력 검사 등이 있고, 최근에는 지능·적성검사로 IQ검사뿐 아니라 EQ(emotional quotient)검사 등도 활용되고 있다.

3. 선발면접

(1) 개념

면접은 기업이 지원자가 가지고 있는 능력 및 개인적 특성을 파악하는 활동이다.

(2) 종류

① 구조적 면접 : 직무명세서를 기초로 질문항목을 미리 준비하여 면접자가 피면접자에게 질문하는 면접형태이다.
② 비구조적 면접 : 특정한 질문서 목록 없이 면접자가 중요하다고 생각하는 내용을 질문하는 면접형태이다. 비구조적 면접은 노련한 면접자가 요구된다.

> **구조적 면접과 비구조적 면접의 장단점**

	장점	단점
구조적 면접	• 지원자간 상호비교 가능 • 면접관 개인의 편견과 스테레오타입 일정 배제하여 신뢰성과 타당성 제고시킴 • 법적문제 적음	• 지원자 본심 파악에 미흡 • 면접질문 유출 가능성
비구조적 면접	• 질문의 보안 유지 용이 • 지원자 본심 파악에 유리	• 일관성 떨어짐 • 지원자간 상호비교 어려움 • 면접상황에 따라 면접과정이 영향을 받음

(3) 방법

① 집단면접

집단면접은 여러 명의 피면접자를 상대로 질문하는 방법이다. 시간이 절약되며 어려 명의 지원자를 동시에 관찰하기 때문에 비교가 용이하고 우수한 지원자를 쉽게 파악할 수 있다. 그러나 개별지원자가 갖고 있는 특수한 면을 파악하기에는 한계가 있다.

② 위원회 면접

위원회면접은 다수의 면접자가 한 명의 피면접자를 평가하는 방법이다. 한 명에 대해 여러 사람이 동시에 관찰하므로 평가에 있어 신뢰도가 우수하다. 그러나 다수의 면접자 앞에서 피면접자가 심리적으로 위축될 경우 평가에 있어 신뢰도가 저하 될 수 있고 집단면접보다 시간이 많이 소요된다는 단점이 있다.

③ 스트레스 면접

스트레스면접은 세계 제2차대전 당시 미국에서 전략정보수집요원을 선발하는 데 사용된 방법으로 면접자가 지원자의 약점을 공개적으로 비난할 때 이에 대해 피면접자가 어떻게 반응하느냐를 관찰하는 방법이다. 기업의 특수직무에 대한 지원자에게 적용할 수 있다. 그러나 지원자가 선발에서 탈락되었을 때 해당기업에 대한 반감을 강하게 갖을 수 있는 단점이 있다.

④ 상황면접

상황면접은 서구기업에서 많이 사용하는 방법으로 신입사원처럼 경험이 별로 없는 응시자들에게 과거행동 질문보다 주어진 미래상황에서 어떻게 할지를 묻는 방법이다.

⑤ 블라인드 인터뷰

블라인드 인터뷰는 면접자가 피면접자의 정보에 대한 기초자료 없이 면접을 실시하는 방법이다. 면접자의 편견을 제거하고 상호간 충분한 대화로써 면접자와 피면접자에 대한 상호 관심을 높일 수 있다.

⑥ 행동관찰 면접

행동관찰 면접은 장소에 구애됨이 없이 특정한 놀이나 운동 등을 통해 피면접자가 취하는 행동을 평가하는 방법이다. 이때의 평가항목은 표현력, 창의력, 협동심, 리더십, 책임감, 성격이나 기질 등이 있다.

(4) 면접방법 다양화 원인

오늘날 기업의 경영환경은 적응능력, 대처능력, 스트레스 상황 관리능력과 아이디어를 제공할 창의력 등을 갖춘 인재를 요청하고 있다. 따라서 기업들은 이러한 인재들을 찾기 위해서 다양한 면접방법을 도입하고 있다.

4. 평가센터법

평가센터법은 관리직 인력을 선발할 때 주로 사용하는 선발도구로서 다수의 지원자를 특정 장소에 며칠간 합숙시키면서 다양한 선발도구를 적용하여 지원자를 평가하는 방법이다. 다른 어떠한 선발도구 보다 우수하다고 알려져 있으나 높은 비용이 들어간다.

5. 채용방식의 변화[9]

(1) 아웃소싱 전략

아웃소싱이란 기업이 전략적으로 중요하면서도 가장 잘 할 수 있는 분야나 핵심역량에 모든 자원을 집중시키고 나머지 업무에 대해서는 그 업무 분야에 전문적인 외부 우수기업에게 맡기는 것을 말한다. 이는 기업의 핵심역량을 핵심부분에 집중하면서 외부의 전문분야의 도움을 얻어 자신들의 경쟁력을 높이기 위한 경영혁신의 일환으로 최근 많은 기업들이 실시하고 있다.

(2) 비정규직 채용

비정규직이란 정규직에 대립되는 개념으로 한시적으로 고용되어 있는 종업원을 말한다. 우리나라를 비롯하여 전세계적으로 정규직에 비해 낮은 임금과 해고와 선발이 용이하다는 이유 때문에 비정규직 노동이 증가되고 있다.

(3) 열린 채용

과거 우리나라 기업은 학력과 개인의 신분 위주로 인력을 채용해 왔다. 그러나 교육수준이나 출신학교가 성과에 영향을 주는 여지가 줄어든 오늘날 과거 채용전략은 비효율적이고 채용차별 문제가 발생할 수 있기 때문에 많은 회사들이 공개모집을 한 후 학력란이나 출신지역란을 폐지 한 채 객관적 기준이나 공개시험에 의해 인력을 채용하고 있다.

---

9) 임창희, 인적자원관리(2011), p102~p108

(4) 인터넷을 통한 수시 채용

최근에는 인터넷을 통한 완전히 열린 공개채용이 증가되고 있다. 지원자들 중 서류전형이 통과되면 직접 면담에 의해 수시로 채용하는 회사가 늘고 있으며 한꺼번에 많은 인력을 채용하던 과거의 관습은 사라지고 있다.

(5) 인재 데이터뱅크 활용

우수인재의 사전확보, 개인-조직의 가치 적합성

(6) 인턴제도 확산

우수인재 조기 확보, 직무능력 검증

Ⅲ. 선발도구에 대한 평가

1. 신뢰도 분석

(1) 개념

선발도구의 신뢰도란 동일한 환경에서 측정된 결과가 서로 일치하는 정도(일관성)를 말한다.

(2) 측정방법

① 시험 – 재시험 방법
동일인에게 동일한 내용의 시험을 서로 다른 시기에 실시하여 결과를 측정하는 방법이다.
② 대체형식방법
동일인에게 유사한 형태의 시험을 실시하여 두 형태간의 상관관계를 살펴보는 방법이다.
③ 양분법
시험내용이나 문제를 반으로 나누어 각각 검사한 다음 양자의 결과를 비교하는 방법이다.

(3) 신뢰성 저하 요인

① 첫인상에 입각한 평가
대인관계에서 첫인상이라는 매우 한정된 지식을 기초로 해서 타인에 대하여 광범위한 인상을 형성한다. 이러한 첫인상은 객관적인 평가를 저해할 수 있다.
② 상동적 태도
상동적 태도란 타인에 대한 평가가 그가 속한 사회적 집단에 대한 지각을 기초로 해서 이루어지는 것을 말한다.
③ 후광(현혹) 효과
후광효과란 한 분야에 있어서 어떤 사람에 대한 호의적 또는 비호의적인 인상이 다른 분야에 있어서 그 사람에 대한 평가에 영향을 주는 것을 말한다.

④ 선택적 지각

선택적 지각이란 자신에게 관련된 자극이나 자신에게 유리하다고 판단되는 자극만을 선택하여 감지하는 것을 말한다.

⑤ 관대화 경향과 가혹화 경향

관대화 또는 가혹화 경향은 개인을 평가할 때 가급적 후하게 평가하거나 가혹하게 평가하는 것을 말한다.

⑥ 대비효과

대비효과란 한명의 피평가자에 대한 평가가 다른 피평가자에 대한 평가에 영향을 주는 것을 말한다.

⑦ 유사효과

유사효과는 평가자의 태도, 취미, 성별, 종교, 정치적 입장 등이 자신과 유사한 사람에게 후한 평가를 하는 것을 말한다.

2. 타당도 분석

(1) 개념

선발도구의 타당도란 특정 선발도구가 얼마나 평가목적을 충족시키느냐에 관한 것이다.

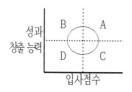

A: 입사점수 합격, 성과창출능력 우수
B: 입사점수 미달, 성과창출능력 우수 (1종 오류)
C: 입사점수 합격, 성과창출능력 미달 (2종 오류)
D: 입사점수 미달, 성과창출능력 미달

(2) 측정방법

① 기준관련 타당도

기준관련 타당도는 선발의 의사결정 이후 직무 수행과정에서도 높은 성과를 나타낼 수 있는 인력을 검출할 수 있는 기준으로 구성 되어 있는지의 문제이며 현재 타당도와 예측타당도로 구분된다.

현재 타당도는 현직 종업원에게 선발도구를 통해 평가를 실시하여 평가 결과와 개인의 성과와의 상관관계를 검증하는 방법이며 예측 타당도는 합격한 자원자들에 대해 일정기간 뒤 달성한 직무성과를 비교하여 상관관계를 검증하는 방법이다.

② 내용타당도

내용타당도는 선발도구가 실제로 직무를 수행하는데 있어서 나타나는 직무행위와 얼마나 유사한 내용을 담고 있는지를 전문가들이 판단하는 방법이다. 피평가자가 평가를 받는 영역에 사전 지식이 필요하다는 가정 하에 적용할 수 있다.

③ 구성타당노

구성타당도는 공인 타당성이라고도 하며, 선발도구의 측정치가 이론적인 구성 또는 특질을 가지고 있는지, 얼마나 이론적 속성에 부합되고 논리적으로 구성되었는지를 평가하는 방법이다.[10]

3. 비용편익분석

선발도구에 대한 비용편익분석은 선발도구 개발 내지 도입에 투입된 비용과 선발도구의 효과를 비교하는 것을 말한다.

4. 선발비율

(1) 실용성과 선발비율

선발도구의 실용성 평가는 선발을 위한 Tool의 활용 가능성을 제고시키기 위해 단순성, 이해가능성, 비용편익분석(Cost & Benefit Analysis) 측면에서 이루어진다. 비용편익분석 중에서 가장 보편적인 평가 방법이 선발비율이다.

(2) 선발비율의 개념과 의미

선발비율이라 함은 기업의 채용에 있어서 모집활동으로 인해 총 응모한 인원 대비 최종 선발된 인원의 비율을 말한다.

(3) 적정 선발비율

선발비율이 1에 가까워지면 선발의 의미를 상실하게 되고, 0에 가까워지면 지원자를 선택할 폭은 넓겠지만 선발비용이 상대적으로 많이 발생하기 때문에 조직에 적정한 선발비율을 선정하는 것이 필요하다. 대체로 선발비율이 낮을수록 조직에 유리하다.

(4) 관리자의 선발비율과 선발도구

핵심능력 보유자나 고위직의 경우에는 대상 인력이 상대적으로 많지 않고 오히려 평가의 정확성이 문제가 될 수 있기 때문에 선발비율은 높이는 대신 Assessment Center 등 고도의 선발도구를 활용할 필요가 있다.

---

10) 예로, IQ 검사를 하는데, 주요 4대 요소 (언어능력, 연상능력, 추상-시각적 능력, 암기력) 중 하나라도 누락이 된다면 구성 타당성이 낮다고 할 수 있다.

Ⅳ. 기존 채용관리의 문제점과 개선방안

1. 기존 채용관리의 문제점

(1) 장기인력계획의 부재

단기적인 인력수요중심으로 채용관리가 이루어져 왔기 때문에 장기경영계획과 연계가 부족했고 채용 후 승진·내부모집 등에서 일관성을 가지지 못하였다.

(2) 인재상 부재

직무분석 등 직무관리가 제대로 실행되지 않아 기업에 필요한 인력의 자격요건이 파악되지 않고 인재상이 부재하여 효율적인 선발활동에 한계가 있었다.

(3) 대규모 신입사원 중심의 정기공채 문제

정기공채는 미래에 필요한 인원수를 감안해서 채용이 이루어지게 되므로 초기에는 필요이상의 잉여인원이 투입되어 기업의 인건비 부담을 더욱 가중시키고 있다. 또한 입사기수, 입사동기, 동기의식 등을 양성함으로써 결국 '입사기수에 따른 연공의식'을 고착화시켜 능력주의, 성과주의를 정착시키는데 걸림돌이 되고 있다.

(4) 획일적인 채용방식

지원자가 조직에 기대하는 가치를 고려하지 않고 기업이 획일적으로 그물을 던져서 인력을 채용하려고 기존의 채용방식으로는 오늘날 기업이 추구하는 우수인재를 확보하기 힘들다.

2. 개선방안

(1) 전략적 채용

사업 전략에 연계된 인재포트폴리오 전략을 수립하여야 한다.

(2) 인재상의 정립

먼저 체계적인 직무분석을 통해 기업에 필요한 인력의 자격요건을 파악하고 인재상을 정립하여야 한다.

(3) 개별 중심의 수시채용

연공주의를 극복하고 능력·성과주의를 실현시키기 위해서는 '입사기수에 따른 연공의식'을 깨고 채용 때부터 능력과 성과에 따른 인사관리가 이루어져야 하기 때문에 개별 중심의 소규모 수시채용을 하여야 한다.

(4) 경력사원 채용 고려

대규모 신입사원 채용은 인건비 부담을 가중시킬 수 있다. 따라서 기업이 필요한 때 별

도의 비용 없이 완제품을 사용하기 위해서 경력사원 중심의 채용을 하는 것을 고려할
수 있다.

(5) 채용방법의 다양화

인적자원 유형이 전문화되고, 노동시장이 세분화·다양화되면서 창조적 특이인재를 채용
하기 위해서는 기존의 방식으로는 한계가 있기 때문에 인터넷 채용, 헤드헌터 활용, 행동관
찰 면접제 등 다양한 채용방식을 도입할 필요가 있다.

신경향	내용
집단 중심의 정기채용에서 개별 중심의 수시채용으로	연공주의를 극복하고 능력·성과주의를 실현시키기 위해서는 '입사기수에 따른 연공의식'을 깨고 채용 때부터 능력과 성과에 따른 인사관리가 이루어져야 하기 때문에 개별 중심의 소규모 수시채용을 선호하게 되었다.
신입사원 중심에서 경력사원 중심으로	대규모 신입사원 채용은 인건비 부담을 가중시킨다. 따라서 기업이 필요한 때 별도의 비용 없이 완제품을 사용하기 위해서 경력사원 중심의 채용을 하게 되었다.
채용방법의 다양화	오늘날 기업은 인터넷 채용, 헤드헌터 활용, 행동관찰 면접제 등 다양한 모집·선발 방법을 활용하고 있다. 이는 인적자원 유형이 전문화되고, 노동시장이 세분화·다양화되었기 때문이기도 하고, 창조적 특이인재를 채용하기 위해서는 기존의 방식으로만 한계가 있기 때문에 다양한 방식을 도입하게 되었다.
인사부서 중심의 채용에서 현장조직 중심의 채용으로	성과를 극대화하기 위해서는 현장의 필요에 따라 현장조직 중심으로 채용해야 하고, 따라서 오늘날 많은 기업들이 현장 관리자를 참여시켜서 채용을 하고 있다.

결론

이상에서 우리는 확보관리의 첫 시작인 인력계획부터 모집, 선발 과정을 살펴보았다.

많은 기업들이 우수인재 확보의 중요성은 인식하고 있으나 지원자의 욕구를 고려하지 않은
채 여전히 기업 주도의 일방적인 모집과 선발과정을 거치고 있어 지원자의 기업에 대한 기대
차이와 실망이 결국 유능한 인재들을 이탈하게 만드는 중요한 원인 중의 하나임을 알게 되었
다. 인력 확보시 지나치게 외부시장에 의존할 경우 조직내 사기가 저하되고 장기적인 조직의
역량강화에는 부정적 영향을 미칠 수 있다.

따라서 성공적인 확보관리를 위하여 기업은 지원자의 욕구를 파악하여 먼저 종업원이 필요
로 하는 가치를 제안하여 적극적인 선발활동을 펼칠 필요가 있으며 현실적 직무소개를 통해
기대차이가 발생하지 않도록 각별히 유의하여야 할 것이다.

또한 인력을 외부에서 우선적으로 충원하기 보다는 내부인력 개발을 우선시하여 종업원의
사기를 향상시키고 기업의 장기적 조직 역량을 축적하고, 노동력의 외부 시장 의존도를 낮춰
기업 경쟁력을 유지해 나갈 수 있을 것이다.

학습문제

1. 인력 수요 및 공급예측의 중요성과 기법에 대해서 설명하시오.
2. 인적자원의 수요·공급 예측에 있어서 통계적 방법과 정성적 방법의 장단점 및 적용방안을 비교하시오.
3. 인력계획 수립시 고려해야 되는 환경요인과 그에 따른 인력계획의 방향 설명
4. 마아코브체인법
5. 모집원천별 장점과 단점을 설명하라.
6. 인적자원의 내부조달과 외부조달의 장단점과 적용방안을 논하라.
7. 사원추천 모집제도의 장, 단점을 설명하라.
8. 사내공모제도
9. 전통적 모집과 웹 기반 모집을 비교 설명하라.
10. 모집 평가 관련 주요 지표를 설명하라.
11. 선발의 예측치와 준거치를 설명하고 결합방법을 논하시오.
12. 선발도구의 유형
13. 구조화된 면접과 비구조화된 면접의 차이를 설명하라.
14. 최근 채용 시 이색면접이 확산되고 있다. 이색면접의 확산배경과 유형을 설명하고 성공적 실시방안에 대하여 논하라.
15. 선발도구의 평가방법에 대하여 설명하라.
16. 채용관리(방식)의 새로운 경향 약술
17. 기업 환경 변화에 따른 새로운 확보관리 방안에 대하여 논하시오.
18. 최근 기업의 인사관리에 있어서 채용관리의 흐름을 종래 흐름과 비교하여 설명하고, 이를 토대로 하여 우수 인재를 확보하기 위한 방안에 대하여 논하시오.
19. 인턴사원제도

CHAPTER

04 _ 개발관리

Point

개발관리의 개념과 주요 내용을 학습하고, 기술정보의 발달, 성과주의 확산, 저성장으로 인한 조직정체, 종업원의 자아실현 욕구 증가 등 환경변화가 개발관리에 미치는 영향과 변화에 대응하기 위한 방안을 제시

세부목차

기출문제

1. 기업환경변화에 적응하기 위한 기업교육훈련의 중요성과 전략적 실시방안 (6회, 50점)
2. OJT, OFFJT의 의의 및 장단점 각 3개 이상 (10회, 25점)
3. 경력개발의 의의, 절차 및 기법 (1회, 25점)
4. "평생직장" 시대에서 "평생고용"의 시대로 개념이 바뀌어 가고 있는데 그 대두 배경과 이를 위한 대처방안(정부, 기업, 개인차원)에 관하여 논하시오. (11회, 50점)
5. 정보기술을 이용한 교육훈련방법의 장점과 단점 (13회, 25점)
6. 기업교육훈련 프로그램 개발을 위한 필요성 분석(needs analysis) (17회, 25점)
7. 기업내 종업원의 경력개발을 초기단계, 중기단계, 후기단계로 구분할 때 각 단계에 있어서 기업의 관리활동을 논하시오. (19회, 50점)
8. 멘토링제도의 내용, 한계 및 효율적 활용방안 (21회, 250점)

생각해보기

20세기 디자인혁명을 선도한 바우하우스운동은 1919년 독일의 바이마르에 건축가 발터 그로피우스가 공예, 건축, 디자인 등의 종합예술 학교인 국립 바우하우스 학교를 창립하면서 시작되었다. 바우하우스의 리더십 내용을 정리하면 첫째, 바우하우스는 미술, 조각, 건축 등 각 예술 장르들이 개별적으로 존재하는 것이 아니라 하나로 통합할 수 있는 길을 모색하였으며 개인적인 성향이 강한 예술가들 간의 협동심을 높이고 예술과 기술의 결합을 촉진시켰다. 둘째, 바우하우스는 의자나 램프를 만드는 장인의 지위를 미술가나 조각가 등 예술가의 반열로 승격시켜 두 집단을 차별하지 않고 동일하게 교육하고 대우하는 '작업공동체'로 운영되었다. 셋째, 바우하우스는 장인과 예술가가 산업체와 직접 접촉하게 하여 그들의 디자인 작품을 산업계에 판매하게 함으로써 경제적인 기반을 마련하고, 외부 권력으로부터 독립을 유지할 수 있게 하였다.

이러한 바우하우스 이념은 80여년이 지난 오늘날에도 조직운영과 인재양성에 있어서 유용한 패러다임을 제공하고 있다. 현대 조직에서 개인적인 능력이나 기술만 가지고 서는 조직의 문제를 해결하기 어렵다. 업무의 흐름이 팀 중심으로 흘러가기 때문에 여러 개인들이 협동하면서 각자의 능력과 기술을 융합하지 않으면 문제해결이 어렵다.

오늘날 디지털 컨버전스 시대에는 모든 영역의 경계가 허물어지고 하나로 수렴되는 현상이 두드러진다. 바우하우스는 이러한 컨버전스 시대에 맞는 조직운영과 인재양성에 대한 지혜를 주고 있다. 바우하우스의 이념은 다름 아닌 '유연성'이라고 말할 수 있다. 21세기 디지털시대에 조직과 개인에게 요구되는 것이 바로 유연성이다. 위계구조 속에서 획일화되고, 캡슐화되고 매뉴얼화 된 조직과 개인은 더 이상 경쟁력을 발휘할 수 없다. 획일적이고 분리된 예술과 기술을 지양하고 인간의 창의력과 유연성이 최대로 발휘될 수 있는 디자인과 공방작업을 장려한 바우하우스의 이념은 유연과 창의력이 생산성의 근본이 됨을 다시한번 일깨워 주고 있다.

－김성국, '인적자원관리 5.0'－

개발관리는 조직 내에서 근로를 제공하는 종업원의 능력을 지속적으로 향상시키는 것을 말한다.

기업의 경영환경이 복잡해지고 미래 예측이 어려워질수록 창의력, 기획력 같은 종업원의 역량이 중요해지면서 인적자원에 대한 개발관리의 중요성도 함께 부각되고 있으며 현재는 과거와 달리 다양한 교육훈련 기법들과 다양한 경력경로가 제시되고 있다.

그러나 여전히 많은 기업들이 성과와 무관한 캡슐화된 교육시스템을 운영하고 교육훈련이 얼마나 직무성과에 영향을 미쳤는지에 대한 평가가 거의 실시되지 않고 있다.

또한 종업원의 욕구를 반영하지 못한 획일적인 경력관리를 실시하고 있어 조직의 목표달성과 종업원의 개발욕구를 충족시켜 주지 못한다는 문제가 제기되고 있다.

따라서 이하에서는 주요 개발관리 활동을 살펴보고 앞으로의 개선방안을 제시하고자 한다.

▌제1절▐ 경력개발

Ⅰ. 경력개발의 의의

1. 경력개발의 의의

경력개발이란 행동과학의 인간존중이념을 바탕으로 기업의 목적과 개인의 욕구를 통합하고, 이를 실현하기 위하여 개인의 경력 경로를 장기적 · 계획적으로 설계하는 것을 말한다.

> - "한 개인이 일생에 걸쳐 일과 관련하여 얻게 되는 경험을 통해 자신을 개발(자신의 직무관련 태도, 능력 및 성과를 향상)시켜 나가는 과정" (개인측면)
> - '한 개인의 입사로부터 퇴직에 이르기까지의 경력경로를 개인과 조직이 함께 계획하고 관리하여 개인욕구와 조직목표를 (장기적 관점에서) 달성해가는 총체적 과정(종합적 인적자원 개발시스템)' (조직측면)

2. 경력개발의 목적

경력개발은 종업원의 자기발전의 가능성을 제시하여 종업원의 성취동기를 유발하고, 인재의 효율적인 확보 및 배분을 통한 조직의 유효성 증대를 목적으로 한다.

3. 경력개발의 기본원칙

경력개발의 기본원칙은 명확한 승진경로확립, 역량 또는 능력에 맞는 적재적소에 배치, 기업 내부에서 자체 유능인재를 양성 · 확보하는 것이다.

4. 경력개발의 변화배경

(1) 지식기반사회와 역량중심 인적자원관리

지식기반사회가 도래됨에 따라 역량중심의 인적자원관리가 강조되고 있다. 경력개발제도 역시 종업원의 역량을 극대화하는 과정을 통해 역량중심의 인적자원 관리를 가능하게 하는 토대로 작용해야 한다.

(2) 노동시장 유연화와 평생직장 붕괴

오늘날의 노동시장의 특성은 한마디로 '노동시장 유연화'로 압축될 수 있다. 기업 구조조정이 상시화 되고 감량경영이 대세를 이루게 되었다. 더 이상 평생직장이 보장되지 않고 조직 종업원들의 사기는 저하되고 loyalty도 약화되었다. 따라서 경력개발제도 역시 평생직장 붕괴의 문제를 극복할 수 있는 방향으로 발전되어야 한다.

(3) 승진정체와 모티베이션 저하

여전히 우리나라의 많은 기업은 연공주의 인사제도와 승진중심의 경력개발에 중심을 두고 있다. 그러나 조직성장 둔화 등에 따라 승진정체가 지속되면서 종업원들은 승진비전을 상실하고 사기가 저하된 상태이다. 따라서 경력개발은 승진정체 및 모티베이션 저하 문제를 극복할 수 있는 방향으로 발전되어야 한다.

Ⅱ. 경력개발 시스템

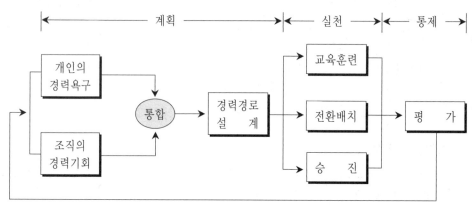

자료 : 박경규, 신인사관리(2013), p341

1. 경력욕구의 파악과 통합

(1) 개인의 경력욕구

① 리치(Leach) 모형 : 개인의 경력욕구 형성과정

리치는 경력욕구를 개인과 조직의 역할 또는 상황에 따라 경력욕구가 형성되는 과정을 제시하였다. 개인은 자기존경의 개념을 바탕으로 경력방향을 모색한 후 경력역할을 구축하면서 경력욕구가 형성되며 이 때 조직은 각각의 단계에서 조직은 경력에 대한 자아개념, 포부수준, 경력상황을 고려하여야 한다고 한다.

- 경력욕구 형성의 근인 : 개인의 경력욕구는 조직으로부터 기대되는 행동(경력역할)과 조직이 제공하는 경력기회(경력상황)에 의해 결정된다.
- 자아개념의 형성요인 : 경력방향과 경력포부 수준은 개인의 자아존경욕구와 경력 자아개념에 따라 달라지며 자기 존경욕구와 경력자아 개념은 개인이 속한 사회문화적 특성, 부모의 가정교육, 학교기관 등의 교육, 가치관, 직무경험 등에 의해 형성된다.

② 샤인과 드롱이 제시한 경력욕구 유형

샤인과 드롱은 경력욕구가 형성된 후 개별 욕구의 유형을 정의하였다. 기업은 개별 종업원에 해당하는 닻을 확인하여 적합한 경력개발을 계획할 수 있다.

≫ 샤인의 경력 닻(Career Anchor) 모형

	개인적 특성	적합한 의무	대표직종
닻 I : 관리적 능력	복잡한 경영문제 분석·해결 선호 영향력과 권력 행사 선호	공장관리, 판매관리 대기업, 유명회사 근무	관리직 지휘관리상의 지위
닻 II : 전문능력	• 일 자체에 흥미 • 승진거절 • 일반적 관리와 기업정치 싫어함	기능부서의 직무 전문적 자문 프로젝트 관리	연구직 연구개발지향 직위
닻 III : 안전성	• 직무안전성과 장기적 경력에 의해 동기부여됨 • 지리적 재배치 싫어함 • 조직가치와 규범에 순응	소규모 가족소유 기업 대규모공공사업체	관료직 정형화된 직위
닻 IV : 창의성	자기사업 시작을 선호 소규모의 유망기업 선호	일반관리자문 주식옵션, 재정거래 인수합병 등	사업직 비정형화된 직위
닻 V : 자율성/독립성	조직의 제약으로부터 벗어나고자 함 자신의 일을 스스로 하고자 함 대기업과 공무원 회피	학문 글쓰기와 출판 소규모 기업소유	자유직 자율적인 직위

자료 : 최종태, 현대인사관리론(2003)

③ Hall의 경력수명주기 모형 : 경력 단계

Hall은 개인의 경력욕구는 지속되는 것이 아니라 시계열적인 측면에서 변화가 있을 수 있다고 주장하였다. Hall은 경력단계를 탐색, 정착, 유지, 쇠퇴단계로 나누고 각 단계에 따라 경력관리의 차별화가 이루어져야 한다고 한다.

≫ 홀의 경력수명주기 모형

단 계	해당 연령	경력욕구	특 성
1단계(탐색단계)	25세 이하	정체성	자아개념 정립 및 경력방향 결정
2단계(확립단계)	25세~45세	친교성	특정 직무영역에 정착, 성과향상, 조직에 대한 친밀감 및 귀속감
3단계(유지단계)	45세~65세	생산성	개인의 관심은 오로지 일에 매달리는 것이며 일관 성이 존재, 중년의 위기
4단계(쇠퇴단계)	65세 이상	통합성	조직에서의 은퇴 준비, 모티베이션 감소

(2) 조직의 경력계획

① 개념

조직의 경력계획이란 조직이 최적의 자격자에게 직위를 맡기고 개인에게 도적적인 훈련과 개발기회를 제공함으로써 개인의 직무와 경력경로를 연결시키는 활동을 말한다.

> [절차] 향후 기업에의 도전 파악 → 도전극복에 필요한 지식 파악 → 조직계층별 직무파악 → 현재 보유하고 있는 인적자원의 능력파악 → 전략수행에 필요한 능력부족분 파악

② 알핀과 저스터의 모형

알핀과 저스터는 종업원의 경력욕구와 조직의 경력기회제공을 맞추어야 한다고 주장하였으며 개인과 업무와의 연결을 중시하였다. 이 모델의 성공요인은 조직 내에서 적시적소에 종업원을 배치하는 것이며, 이러한 목적을 달성하기 위해서는 평가, 준비개발, 통합의 3단계를 거치게 된다.

③ 뷰락의 모형

뷰렉은 개인의 경력계획과 조직의 경력계획을 구분하고 조직의 경력계획을 인력계획과 통합하여 결정하는 모델을 제시하였다. 조직의 인력계획수립시 개인의 잠재능력이 중요하므로 평가센터법 등의 활용이 필요하다고 한다.

(3) 경력욕구의 통합

조직과 개인의 경력상담(Communication)을 통해서 경력욕구는 조정되고 통합된다. 경력욕구가 조정되고 통합되면 조직의 입장에서는 조직개발로 연결되고 개인에게는 경력개발로 이어진다. Schein(1978)은 경력개발의 핵심을 경력계획 과정에서 개인욕구와 조직욕구를 조화시켜 나가는 일련의 연계 과정(matching process)으로 봤다.

2. 경력경로의 설계

경력경로란 개인이 조직에서 여러 종류의 직무를 수행함으로써 경력을 쌓게 될 때 그가 수행할 직무들의 배열을 뜻한다. 경력경로는 전통적 경력경로와 현대적 경력경로(네트워크, 이중, 다중 경력경로 등)로 구분할 수 있다.

(1) 전통적 경력경로

① 의의

전통적 경력경로는 개인이 경험하는 조직 내 직무들이 수직적으로 배열되어 있는 경우이다. 개인이 특정 직무를 몇 년간 수행한 후 유사한 다른 직무를 수행하는 것이 아니라 상위 수준의 직무를 수행하게 되는 것이다.

② 장점

경력경로가 명확화하고 전문성을 극대화할 수 있다.

③ 단점

직무의 유연성이 상실되고 경력욕구충족에 한계가 있다.

(2) 네트워크 경력경로

① 의의

네트워크 경력경로는 개인이 조직에서 경험하는 직무들이 수평적이며 수직적으로 배열되어 있는 경우이다. 해당 직급 내 여러 직무를 수행한 후 상위 수준의 직무로 이동하게 된다.

② 장점

다양한 직무를 경험할 수 있고 인력배치의 유연성을 높일 수 있다.

③ 단점

직무의 전문성에는 한계가 있다.

(3) 이중 경력경로

이중 경력경로는 원래 기술직 종사자들을 대상으로 개발된 것으로, 이들이 어느 정도 경력을 쌓았을 때 관리직종으로 보내지 않고 계속 기술직종에 머물게 함으로 그들이 기술 분야의 전문성을 높이기 위한 방법이다. 이러한 이중 경력경로는 첨단기술 도입 기업이나 연구소에서 많이 활용되고 있다.

(4) 다중경력개발

다중경력개발은 동일한 사람이 하나의 경력만을 가지는 것이 아니라 하나 이상의 유사하거나 혹은 상이한 경력을 가지게 하는 것이다. 종업원은 이를 통해 현재의 직무만이 아니라 또 다른 직무에 대한 경험을 통해 새로운 경력경로를 개척할 수 있다.

다중경력개발[1]

1. 다중경력개발의 의의

경력경로에서의 직위이동뿐만 아니라, 또 다른 직무에 대한 경험을 통해 새로운 경력경로를 개척할 수 있는데, 이를 다중경력(multiple-career)개발이라고 한다.

2. 다중경력 개발의 촉발 원인

(1) 사회 환경의 변화

정보화기술의 발전에 따른 종업원들의 기술과 역할 변화, 다양한 직업의 추구, 고학력 여성의 사회진출 등이 다중경력개발을 촉진하고 있다.

(2) 직업 환경의 변화

팀제가 활성화되면서 작업공동체 및 경력 정체성과 관련된 사회적 상호작용이 활성화되고 있으며, 여러 기능을 수행할 수 있는 능력을 요구하고 있다.

(3) 조직 환경의 변화

평생직업의 시대로 전환되고 기업의 아웃소싱과 분사가 활발해지고 있으며, 종업원도 고용가능성을 높이기 위해서는 다양한 직부경험을 가셔야하는 조직환경이 조성되었다.

3. 다중경력 개발의 특징과 구성요소

(1) **시간차원** : 짧은 학습주기와 복수의 경력주기

(2) **공간차원** : 조직의 경계를 뛰어넘어 산업 내 적응이 가능한 능력이 필요

(3) **학습차원** : 지속적인 학습 필요

4. 다중경력 개발의 장단점

(1) 장점

개인들에게 주체적인 경력개발을 선도하면서 개인의 인간성을 회복시키고 가정과 일의 조화를 가져다준다. 또한 조직변화로부터 충격을 능동적으로 흡수할 수 있게 한다. 한편 조직의 입장에서도 유연한 인력고용을 통해 기업흐름을 효율적으로 추구할 수 있게 한다.

(2) 단점

개인마다 과다한 업무 부담을 지워 조직몰입을 저하시킬 수 있다. 또한 조직에 기여하기보다 개개인의 경력에만 높은 관심을 가질 수 있다.

5. 다중경력 개발의 성공방안

(1) 개인의 다중경력 개발

① 자신의 현 위치 정확히 파악

② 자신의 경쟁력 강화

③ 자신의 책임감 증대

④ 경력탄력성 연마

(2) 조직의 다중경력 개발지원

① 신뢰의 고용관계

② 평생학습 기회 제공

③ 개방적인 경력정보센터의 운영

---

1) 자료 : 이진규(2001), 전략적 윤리적 인적자원관리

3. 경력개발의 실천

(1) 선발과 배치

① 개인의 경력욕구가 선발·배치 과정에서 충분히 고려될 수 있도록 제도화
② 직군별 채용의 제도화, 채용기준과 인재상의 연계, 선발관리의 분권화
③ 적성/희망을 반영한 적재적소 배치, 조직사회화 프로그램 운영

(2) 이동

① 승진보다 직무순환관리를 통한 전문역량 개발에 초점
② 직무순환, 체류연한의 직군별 차별화
③ 역량중심 직무적합도 기준 설정
④ 이동속도 및 방향 차별화

(3) 교육훈련

① 경력단계별 육성역량과 교육 프로그램의 연계
② 직무역량 요건과 교육체계의 연계
③ 상시학습의 제도화
④ 역량 개발의 자율화

(4) 대상별 육성 프로그램

① 경력단계별 육성 프로그램 : 생애경력개발
② 특정대상별 육성 프로그램 : 핵심인재, 글로벌인력, 여성인력 등

4. 경력개발의 평가

(1) 경력성과 평가

경력성과 평가는 기업이 도입한 경력개발 프로그램을 통해 종업원의 능력, 기능, 보상이 얼마나 증가 되었는지 등을 측정하는 것이다. 종업원은 기업의 경력개발 프로그램을 통해 보다 나은 직무를 맡게 되며 높은 임금 보장 뿐만 아니라 직장안전에 기여한다.

(2) 종업원의 경력개발에 대한 태도평가

종업원이 기업의 경력개발 프로그램을 자신들의 성장욕구 충족 및 능력향상에 기여할 것으로 인식되는 정도를 평가한다.

(3) 경력개발 프로그램 평가

기업이 도입한 경력개발 프로그램이 개인과 조직의 목표를 일치시켜 조직내 협동시스템 구축에 얼마나 기여하였는지 정도를 평가하여야 한다.

(4) 경력개발 프로그램의 기여도 평가

미래의 인력확보 및 배치의 유연성에 기여한 정도를 평가하여야 한다.

Ⅲ. 경력개발 관련 이슈

1. 생애경력개발[2]

(1) 생애 경력개발의 의의

생애경력개발이란 종업원의 라이프 사이클과 연계시켜 경력개발을 설계하고 추진하는 것을 말한다. 최근 종업원의 라이프 사이클에 적합한 경력개발의 필요성이 제기되고 있으며 기업에서는 각 단계별 이슈와 주요 과제에 대한 선제적 대응을 해나가야 한다.

(2) 초기 경력개발

① 개념

초기 경력개발단계는 소속 조직에의 정착과 성취를 위한 경력관리 기간으로 조직 사회화 과정이다. 종업원으로 하여금 경력현장에 진입시켜 직무수행과 조직학습의 능력을 쌓게 함으로써 종업원의 가치창출 능력을 형성시키는 것이다. 이 시기는 본격적인 경력관리를 시작하는 기간으로 연령이 22세~40세에 이르는 왕성한 성취의욕과 꿈을 지닌 시기이다. 초기경력개발에 있어서 유의해야 할 대표적인 목표 집단으로 신입사원을 꼽을 수 있다.

② 초기 경력개발의 과제

》 정착기간의 노력과제

조직 차원의 노력과제	종업원 차원의 노력과제
효과적인 모집 및 선발 효과적인 오리엔테이션 프로그램 확립 도전적 직무부여 평가를 통한 건설적 피드백체계 확립 최일선 감독자의 효율적인 지원제도 확립 멘토 및 기타 지도체계 확립	경력탐색 및 개발 목표설정 경력개발전략 수립

---

2) 자료 : 최종태, 현대인사관리론 (2003)

≫ 성취기간의 노력과제

조직 차원의 노력과제	종업원 차원의 노력과제
적극적인 도전과 높은 책임 부여 업적평가 및 피드백 실천적 유연경력경로의 설정 종업원의 경력탐색 촉진 종업원의 경력계획 수립 지원	실현목표 수립 높은 성과와 책임성 개발 유연적 진로경로 수립 지원체제 확보

자료 : 최종태, 현대인사관리론(2003)

③ 신입사원 경력개발계획 (Career Development Plan : CDP)
신입사원을 위한 경력개발제도는 많은 조직에서 관심을 가지고 실시하고 있다. 신입사원 CDP
를 위한 프로그램으로 현실적 직무소개, 체계적인 오리엔테이션, 상사의 지속적 피드백, 직무
할당, 다양한 경력관리제도, 멘토링 등이 있다.

(3) 중기 경력개발

① 개념
중기 경력개발단계는 보통 40세~55세 사이에 해당하는 인생의 중반기를 대상으로 삼는다.
이 시기는 종업원들이 추구해온 바에 대한 반성과 평가를 하고, 직업생활에 대한 재검토 및 전
환의 계기를 모색하게 된다.

② 중기 경력개발 단계에서 겪게 되는 문제점
중기에는 무엇보다도 "승진한계, 능력진부화, 진로변경"이라는 경력관리상의 문제에 직면하게
된다. 높은 교육수준을 가진 젊은 동료 및 후배들과의 경쟁에 대하여 방어적이고 적대적인 태
도를 가지기도 한다. 따라서 조직은 이러한 문제들을 해결하기 위한 관심과 노력이 필요하다.

③ 중기 경력개발의 과제

조직 차원의 노력과제	종업원 차원의 노력과제
중기경력관리의 중요성 이해촉진 유연적 경력이동 기회 제공 직무개선 능력의 제고 멘토링 기술 촉진 및 교육 계속 교육 및 훈련 보상시스템의 확충	자기평가 목표재정립 실직대비

자료 : 최종태, 현대인사관리론(2003)

(4) 후기 경력개발

① 개념

후기 경력개발단계는 50대 중반에서부터 정년퇴직까지로 볼 수 있다. 오늘날 후기 경력개발 단계에서 겪게 되는 문제점으로 조기퇴직과 연령차별 등이 있다. 이 문제들은 개인뿐만 아니라 기업과 사회적 차원에서 중요한 과제로 대두되고 있다.

② 후기 경력개발의 과제

고령화 사회가 진행이 되면서 Active Senior가 등장하고 고령인력이 보유하고 있는 기술의 전수 문제가 중요한 관리 포인트가 된다.

조직 차원의 노력과제	종업원 차원의 노력과제
고령종업원의 자기이해 촉진 성과표준 설정과 피드백 교육과 직무재구성 차별금지정책의 확립 은퇴계획프로그램의 개발 유연적 고용패턴의 확립	자기평가 목표재정립 은퇴준비

자료 : 최종태, 현대인사관리론(2003)

③ 퇴직준비사원 CDP

후기 경력개발에 있어서 유의해야 할 대표적인 목표집단으로 퇴직준비사원 CDP를 손꼽을 수 있다. 원활한 전직지원과 제2의 인생설계를 위해서 Bridge Employment, Outplacement 프로그램 등을 마련해야 할 것이다.

2. 경력정체

(1) 경력정체의 의의

경력정체란 개인의 직위이동과 같은 승진이 멈추거나 더 이상의 책임이 증가되지 않는 것을 말하며 특히 중기경력관리의 핵심적 과제로 대두되고 있다. 경력정체는 승진정체와는 달리 조직에서 객관적인 직급상승의 정지 이외에도 개인이 느끼는 주관적인 것도 포함된다. 즉 경력정체는 객관적 상위직급의 제한된 직무(객관적 경력정체) 뿐 아니라 현재의 직무로부터 자신의 자아관련 일체감 내지 의미를 찾을 수 없을 때(주관적 경력정체)도 나타난다.

(2) 경력정체의 유형

경력정체 인력의 유형을 "현실인식"과 "행동유형"에 따라서 분석해 보면 다음과 같다.

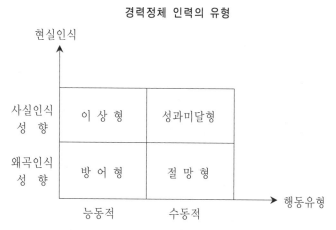

경력정체 인력의 유형

자료 : de Vries (1978)을 박경규(2013), p358.에서 재인용

① 방어형

방어형 인력은 경력정체 현실에 대해 왜곡된 인식성향을 보여주며 행동은 매우 능동적인 유형이다. 이들은 자신의 경력이 정체된 책임을 조직에 전가하며, 타인을 비난하고 조직에 대해 부정적 행동을 과감히 한다.

② 절망형

절망형 인력은 경력정체 현실에 대해 왜곡된 인식성향을 보여주며 행동은 수동적인 유형이다. 이들은 경력정체의 책임을 조직에 돌리지만 수동적인 행동성향을 가지고 있기 때문에 현실에 대해 절망하고 무기력함을 보여 준다.

③ 성과미달형

성과미달형 인력은 경력정체 현실에 대해 사실적 인식성향을 보여주며 행동은 수동적인 유형이다. 이들은 경력정체의 책임을 자신이 져야 한다는 인식을 갖고 있으나 수동적인 행동 성향을 가졌기 때문에 조직에 대해 별다른 대항을 하지 않으며, 스스로 현실에 안주하려는 자세를 보여 준다.

④ 이상형

이상형 인력은 경력정체 현실에 대해 사실적 인식성향을 보여주며 행동적 능동적인 유형이다. 이들은 경력정체의 원인에 대한 정확한 인식을 하며 능동적인 행동성향을 갖고 있어 경력정체에 대한 책임이 본인에게 있다고 믿으며, 주어진 상황에서 조직과 자신에게 최선을 다하여 노력하는 모습을 보여 준다.

(3) 경력정체 원인

① 환경수준

경력정체는 외부의 경쟁 환경이 악화되어 기업이 더 이상 경력개발을 활발하게 진행시키지 못할 때 발생한다. 기업전략이 변하거나 적정 인원보다 초과인력이 넘쳐나게 되는 경우에도 경력정체가 나타나게 된다.

② 조직수준

평가기준의 불합리성, 낮은 보수나 불공정한 보수체계, 승진정책 등 인사제도상의 문제가 경력정체의 원인이 되기도 한다.

③ 직무수준

직무의 기술 다양성이나 자주성이 결여되는 경우 종업원의 내적동기가 저하되어 경력정체를 겪을 수 있다. 자신의 역할이 모호하거나 너무 과중한 역할을 부여하는 것도 경력정체의 원인이 된다.

④ 개인수준

종업원의 능력이 부족하거나 종업원이 낮은 성장욕구를 가지고 있을 때, 안전과 자기위주의 경력진로를 보유할 때 경력정체가 나타날 수 있다.

(4) 경력정체를 극복하기 위한 대안

① 환경수준

기업성장이 계속 정체되는 경우, 유망 종업원에게 더 많은 자원을 할당하고 낙후 종업원이 퇴직하게끔 인센티브를 제공하고 아웃플레이스먼트를 실시한다.

② 조직수준

신뢰성과 타당성을 갖춘 인사평가시스템을 재설계하고 보상체계를 정비하여야 한다. 승진정체의 원인을 파악하고 승진정책을 개선하는 것도 경력정체의 대안이 될 것이다.

③ 직무수준

직무확대, 직무충실화를 통해 직무자체에 변화를 주고 스스로 진로를 선택하게 하는 진로선택제를 도입하여 경력정체를 극복할 수 있을 것이다.

④ 개인수준

선발시스템을 제고하여 직무에 적합한 능력과 기술을 갖춘 인재를 선발하고, 경력정보시스템이나 멘토링 제도를 활용하여 높은 경력개발 욕구를 가지도록 지원한다.

구분	원인	경력정체의 유형	관리방안
환경 수준	좋지 못한 경쟁상황 기업전략의 형태 현재의 기업상황에 비해 과다한 스텝진	기업성장 정체	• 유망종업원에게 더 많은 자원 할당 • 낙후종업원이 퇴직하게끔 인센티브 제공
조직 수준	낮은 보수 승진 정책 불공정한 보상체계	외재적 보상 결여	• 보상과 부가급부 계획 재구성 • 승진정체 재평가 • 인사고과시스템 재평가 • 퇴직 독려
직무 수준	기술다양성 결여 자주성 결여 고객관계의 부족	내재적으로 동기부여 하는 직무 결여 스트레스와 과중한 피로	• 직무충실 • 직무확대 • 직무 변화

개인 수준	중요한 직무의 결여 역할모호성과 역할과중 일상적인 상호 작용상의 마찰		• 스트레스 관리 프로그램

개인
수준
	능력결여
	훈련부족
	성과에 대한 부정확한 지각
	낮은 성장욕구
	안전과 자주성의 경력진로 보유
	자신이 부과한 경력상 한계
		부적절한 기술과 능력
		경력개발에 대한
		낮은 욕구
			• 선발시스템의 재분석 훈련
			• 인사고과개선과 피드백
			• 성과나 태도에 하락이 없을
			  경우 조직에서 계속 일하게
			  하고 충분히 보상
			• 경력정보시스템

자료 : 최종태, 현대인사관리론(2003), p336

Ⅳ. 기존 경력개발의 문제점과 개선방안

1. 기존 경력개발의 문제점

(1) 개발전략 부재 및 중요성 인식 부족

우리나라 기업은 경력개발 제도를 도입·운영하고 있는 비율이 낮아 아직 초보단계에 머무르고 있다. 그나마 도입하고 있는 기업들도 인재 육성에 대한 체계적 접근이 미흡한 상황이며, 분야별 전문가 내지 핵심 인재에 대한 정의가 명확하지 않은 상태에서 운영되고 있다.

(2) 종업원 욕구 반영 미흡

우수사원을 제외하고는 개인의 경력개발계획이 요식행위로 그치고 있으며, 유행하는 특정 직무 중심으로 경력계획이 이루어지고 있다.

(3) 제반 인사기능들과의 유기적 연계성 부족

종업원의 경력개발욕구와 기업의 인력계획을 고려한 채용, 이동, 교육, 평가, 보상 등의 연계가 부족하다.

(4) 정보시스템 구축 미흡

평가, 승진 및 이동, 교육, 경력상담 등에 관한 다양한 정보를 체계적으로 수집·활용할 수 있는 정보시스템 구축이 필수적이지만, 여전히 경력개발프로그램과 정보시스템이 별개로 운영되고 있다.

2. 경력개발의 개선방안

(1) 조직전략 연계 및 Employability 강화

성과창출 및 기업경쟁력 제고를 위해서는 조직전략 및 미션에 맞는 경력개발이 필요하다. 또한 평생직장 개념이 붕괴하고 평생고용 개념이 등장함에 따라 종업원들의 역량을 강화시키는 방향으로 경력개발을 발전시켜서 고용잠재력을 제고시켜 주어야 한다.

(2) 차별적 경력관리 및 자기주도형 경력개발(self-directed CDP)확산

핵심인력을 육성할 수 있는 경력개발을 우선적으로 고려하고 개인의 희망과 적성을 반영하기 위해서 자기주도형 경력개발을 확산시킬 필요가 있다. 최근 해외 선진기업들 사이에는 자기주도형 경력개발의 일환으로 경력상담, 코치, 카운슬링, 경력관련 정보제공 역할을 하는 경력개발센터(Career center)를 운영하는 사례가 늘고 있다. 이를 적절히 활용하는 것도 한 방안이 될 수 있다.

(3) Total system 구축 (연간 제도들간의 유기적 연계성 강화)

CDP를 효율적으로 운용하기 위해서는 이동, 승진, 교육훈련, 직무순환 같은 제도들을 유기적으로 연계시켜 경력관리시스템을 설계하여야 한다.
① 전략적 채용 : 고용관계 모델에 대한 방향감각
② 평가와 피드백 : 역량중심의 평가, 평가 결과를 경력개발 포인트에 활용
③ 교육훈련 : Action-Learning 등을 통해 고용잠재력을 증대시키는 교육훈련
④ 승진경로의 다양화 : 승진 루트 다양화, 종합적 생애만족을 중시하는 방향으로 전환
⑤ Outplacement : newplacement가 될 수 있는 퇴직지원 프로그램

(4) 경력관리 지원시스템 구축

정보통신 기술을 적절히 활용해서 경력관리지원시스템을 구축할 필요가 있다. 이를 통해 경력관리의 신속성, 적시성을 확보할 수 있고 피드백 효과가 발생할 수 있다.
① 경력정보 시스템 : 직무, 조직, 경력 관련 정보 체계화, 시스템의 전산화
② 인사정보 시스템 : 개인 경력경험 정보 체계화, 개인비밀 보안장치 제도화, 인사담당자의 정보관리능력 향상, 시스템의 전산화
③ 경력상담 시스템 : 현장관리자의 역할 적정화, 경력상담의 전산화, 고과면담과 경력상담의 연계, 현장관리자의 역할 적정화

▌제2절▐ 교육훈련

Ⅰ. 교육훈련의 의의

1. 교육훈련의 의의

교육훈련은 조직의 목표를 달성하기 위하여 종업원의 지식, 기술, 태도를 지속적으로 변화시키는 체계적인 과정을 말한다.

2. 교육훈련이 중요해지는 배경

① 성과주의 정착의 기초

기업 경쟁력 강화의 일환으로 성과주의 인사제도의 정착이 기업의 주요 과제이며, 성과를 중심으로 경쟁할 수 있는 기반은 교육훈련을 통한 종업원들의 역량증진부터 시작이 된다.

② 지식기반사회와 교육훈련

지식기반사회의 도래로 인하여 독특한 창의력과 전문지식이 부가가치를 창출하고 있으며, 이런 지식을 창출·전파·공유하기 위한 교육훈련이 보다 중요해 지고 있다.

③ 근로시간의 단축과 교육훈련

근로시간이 단축됨에 따라 양 중심의 경영에서 질 중심의 경영으로 패러다임이 전환되었으며, 주말을 활용한 교육훈련 등 다양한 교육훈련이 필요하게 되었다.

④ 평생직장의 붕괴와 교육훈련

평생직장 개념의 붕괴와 평생직업 개념의 대두에 따라 전문성이 요구되고 있으며, 종업원들의 전문성 및 고용잠재력을 키워주어야 우수인재 확보 및 유지가 가능하다.

3. 교육훈련의 목적

기업 입장에서는 인재육성을 통해 기술을 축적하고, 자아개발의 욕구를 충족시켜 근로의욕과 동기유발을 촉진할 수 있다. 또한 교육훈련은 원활한 의사소통의 역할을 하므로 이를 통한 종업원의 화합과 조직협력을 이끌어 낼 수 있다.

종업원 입장에서는 교육훈련을 통해 성장욕구 충족 및 승진기회 부여 등 사회적 효율성을 달성할 수 있다.

기업 - 경제적 효율성	종업원 - 사회적 효율성
필요 인력을 사내에서 확보 현직 종업원 자격수준 유지 및 향상 외부 노동시장에 대한 의존도 축소 인력배치의 유연성 제고 사내협동 및 커뮤니케이션 제고 근무의욕 제고, 후계자 양성 생산성 향상. 기업이미지 개선 조직목표와 개인목표의 일치 지원	기술변화에 대한 적응력 제고 승진기회 증가 성장욕구 충족 Employability 증대 직무만족도 증가 직무소외 감소

자료 : 박경규, 신인사관리(2013), p299

4. 교육훈련의 절차

(1) 계획

조직의 목표, 비전, 전략으로부터 기업과 종업원의 교육훈련 목표와 필요성을 파악한다.

(2) 실천

교육훈련의 필요성과 목표가 확정되면 교육기법, 참가자, 교과내용, 실시자를 고려한 구체적인 교육프로그램을 실시한다.

(3) 통제

교육훈련 활동결과를 평가하고 교육훈련 목표와 비교하여 차이가 발견되면 이를 수정하여 차후 교육훈련에 반영한다.

II. 교육훈련의 필요성 분석

1. 필요성 분석 수준

(1) 환경수준

조직을 둘러싸고 있는 기술·시장 환경과 제도적 환경의 변화요구에 따라 기업은 적절히 반응해야 한다. 고객의 욕구나 기술의 변화 또는 관련법규의 변화는 그에 따른 교육훈련을 필요로 한다.

(2) 조직수준

매출액, 생산성 등 조직전체와 관련되는 문제가 발생하거나, 조직목표와 성과간의 괴리가 발견되었을 때, 혹은 조직문화의 변화가 필요할 때 필요성 분석이 요구된다.

(3) 직무수준

기술변화로 직무에 요구되는 작업자의 새로운 자격요건이 필요하거나 새로운 직무가 생겼을 때 이를 수행할 사람을 기업이 보유하지 못하고 있거나 외부노동시장에서 확보할 상황이 아닌 경우 교육훈련의 필요성이 나타나게 된다.

(4) 개인수준

조직 및 직무수준에서 파악된 교육필요성을 개인별로 측정하고 개인의 교육훈련 욕구도 파악해야 한다. 즉, 개인수준에서는 누구를 훈련 시킬 것인가, 훈련을 통해 개선될 사람인가, 훈련을 받을 준비는 되어 있는가를 파악한다. 또한 개인별 인사고과 결과 직무수행에 부적합한 요소가 지적되는 경우 개인의 경력개발욕구가 충족되지 않거나 모티베이션이 저하되는 경우에도 교육훈련의 필요성 분석이 요구된다.

2. 필요성 분석의 기법[3]

(1) 자료조사법

자료조사법은 해당 기업이 보유하고 있는 제 기록을 검토하여 교육훈련의 필요성을 밝혀내는 방법이다. 객관적인 자료를 획득할 수 있는 장점이 있으나 자료가 현재 상황을 정확히 반영하지 못하고 교육훈련과 연결하기 어렵다는 단점이 있다.

(2) 작업표본법

작업표본법은 일선 작업장에서 종업원이 수행한 작업결과의 일부를 검토하여 해당 작업자 혹은 작업집단에 대한 교육훈련의 필요성 여부를 판단하는 방법이다. 실제 상황을 조사하고 작업진행에 방해가 안 된다는 장점이 있으나 표본을 잘못 선정시 판단오류가 발생하고 표본선택을 위한 전문가의 교육이 필요하다는 단점이 있다.

(3) 질문지법

질문지법은 가장 널리 도입되고 있는 방법으로 질문지를 통해 종업원의 태도조사 문제점 조사 등을 실시하여 교육 필요성을 파악하는 방법이다. 실제로 유용한 정보를 획득하고 실시가 용이하며 시간절약, 비용절감, 계량적 분석용이, 솔직한 의견수렴 등의 장점이 있으나 왜곡된 응답, 질문지 개발어려움, 시간과 비용이 많이 소요되는 단점이 있다.

(4) 전문가 자문법

전문가 자문법은 기업의 내외부의 교육훈련 전문가에게 해당기업의 교육훈련의 필요성을 파악하도록 의뢰하는 방법이다. 정보의 타당성이 매우 높다는 장점이 있으나 정보획득이 신속하지 못하다는 단점이 있다.

---

3) 자료 : 박경규, 신인사관리(2010), p304~p307

(5) 면접법

면접법은 교육훈련 담당자가 교육이 필요하다고 판단되는 종업원을 개인 혹은 집단 면접을 통해 교육훈련의 필요성에 관한 정보를 획득하는 방법이다. 정보획득의 유용성이 높다는 장점이 있는 반면 시간이 많이 소요되고 면접결과의 계량화가 어렵다는 단점이 있다.

(6) 델파이기법

델파이 기법은 교육훈련에 풍부한 경험을 가진 기업내부의 전문가집단이 일련의 과정을 거쳐 교육 훈련의 필요성을 파악하는 방법이다. 창의적이고 유용한 아이디어의 도출이 용이하다는 장점이 있지만 장기간이 소요되는 단점이 있다.

Ⅲ. 교육훈련 프로그램

1. 설계시 고려사항[4]

교육훈련 수요조사의 결과 교육훈련의 대상과 목표가 결정되면 구체적으로 교육훈련 프로그램을 설계해야 한다. 교육훈련의 설계에는 학습자의 준비정도, 학습자의 학습 유형, 학습의 전이 등이 고려되어야 한다.

(1) 학습자의 준비정도

교육훈련의 목적과 프로그램이 아무리 훌륭해도 학습자의 학습능력이 떨어지거나 학습 모티베이션이 결여되면 성공을 기대할 수 없다. 따라서 학습능력, 학습모티베이션 등에 맞게 교육훈련이 설계되어야 한다.

(2) 학습자의 학습 유형

학습자의 학습유형도 교육훈련 설계에 반드시 고려되어야 한다. 예컨대 오디오형, 촉각형, 비디오형 학습자 등에 따라서 교육훈련 설계가 달라져야 한다.

(3) 학습의 전이

학습의 전이란 학습자가 교육훈련을 통해 획득한 지식, 기술, 능력을 자신의 업무에 효과적이고 지속적으로 적용하는 것을 말한다. 학습의 전이는 자발적인 전이, 전이관리에 의해 자극받은 전이로 구분할 수 있다.

---

4) 자료 : 김영재 외, 신인적자원관리(2011), p331~p333

2. 교육참가자[5]

(1) 신입사원 교육훈련

① 목표 : 신입사원 조직사회화를 통한 진입충격 완화, 조직 정체성 유도, 개인과 조직의 심리적 계약 일치로 조직유효성 향상, 조기이직 감소로 충원비용 절약 (※ 신입사원의 조직사회화 방안은 이직관리에서 상세히 설명)

② 방법 : 오리엔테이션, Teaching, Coaching, Mentor system 등(※ Coaching : 최근 부하직원을 지시하고 명령하기보다 적절한 질문을 통해 스스로 답을 찾아갈 수 있는 Coaching이 유행하고 있다.)

신입사원 조직사회화[6]

1. 조직사회화의 의의

조직사회화란 개인이 어느 조직에 소속되면서 그 조직의 가치·규범·생활양식 등을 습득해 가는 과정을 말한다. 조직사회화는 신입사원과 내부인과의 상호 작용을 더욱 촉진시키고, 신입사원의 조직적응에 필요한 시간과 경험 등을 단축시키는 역할을 한다.

2. 신입사원 조직사회화의 필요성

신입사원의 진입충격 완화, 조직정체성 유도를 통한 적극적 업무활동 촉진, 개인과 조직의 심리적 계약 일치로 조직유효성 향상, 조직이직 감소로 충원비용 절약

3. 신입사원 조직사회화의 단계

(1) 조직진입 전 사전 사회화

이 과정을 통해 개인 자신이 선택하려는 조직과 해당 직무에 대한 정보를 찾고, 이에 맞게 자신의 행동, 가치관, 태도를 변화시킨다. 현실적 직무소개는 대표적인 조직진입 전 사회화 방법이다.

(2) 조직진입 후 대면단계

신입사원이 조직생활에 대한 요령을 공식적 및 비공식적 방법을 통해 배우는 과정이다.

(3) 정착단계

해당 직무를 파악하고 조직생활에 잘 동화되는 단계이다. 동시에 변형의 시기이기도 하며, 조직과 개인간의 심리적 계약관계가 재평가되는 시기이다.

4. 신입사원 조직사회화 설계와 운영 (조직사회화 프로그램)

현실적 직무소개, 인턴사원제도, 신세대 특성을 고려한 오리엔테이션, 훈련과 개발, 멘토링, 팀워크 훈련

5. 신입사원 조직사회화의 방향 : 건전한 조직문화가 바탕이 되어야 한다.

---

5) 자료 : 박경규, 신인사관리(2010)p310~p313

(2) 작업층 교육훈련

① 실습장 훈련 : 별도의 공간에서 기능을 전수하는 방법이다. 많은 사람을 일시에 교육시킬 수 있고 훈련에만 몰두해서 학습효과가 크다는 장점이 있다. 하지만 훈련내용과 실무 연결이 어렵고 학습효과가 예상보다 낮게 나타날 경우 훈련 실시자와 일선 작업자의 상사간 갈등을 야기할 가능성이 있다.

② 도제제도 : OJT와 OFF-JT를 혼용한 방법이다. OJT와 OFF-JT의 장점을 모두 흡수할 수 있지만, 동시에 많은 사람을 교육시킬 수 없다는 한계가 있다.

③ 직업학교 훈련 : 학교파견 훈련 방법이다. 우수한 교육 실시자를 활용할 수 있고 내용의 정형화가 가능하다. 그러나 교육훈련 내용과 실무와의 연결이 어려울 수 있고 개인별 학습 진도 조정이 어려울 수 있다.

(3) 관리층 교육훈련

① 관리층에 요구되는 능력 : 의사결정 능력, 인간관계 능력, 기술적 능력

◈ 관리층 구분에 따라 요구되는 능력

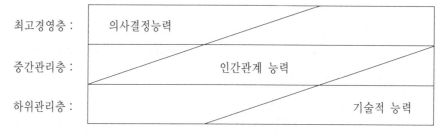

② 방 법

교육기법	내용	장단점
In-Basket training	모의 경영상황을 하나의 광주리에 담아 처리, 의사결정능력제고	흥미유발(다양하고 실제와 같은 상황) 훈련효과 측정 어려움
Business Game	동종의 경쟁상황에서 의사결정-결과분석-결과 피드백 통해 의사결정 질 제고	결과 피드백 통한 의사결정의 정확성 게임 승패 관심으로 현실적용 어려움
Case Study	기업의 현실적인 문제에 대한 학습 통해 의사결정능력 향상	흥미, 학습동기, 현실적 문제 사례확보 어려움, 진도 측정곤란
Role Play	기대되는 행동패턴, 인간관계에 대한 태도개선 및 인간관계기술 제고	흥미와 체험감, 약점 인식 교육범위 제한적
Modeling	이상적인 행동 제시 후 모방, 신속한	신속한 학습, 시행착오 줄임

---

6) 이진규(2001), p221~254

	학습 및 행동변화 유도	비용, 제한적 적용
교류분석법	두 사람간의 대화내용을 분석해서 인간관계능력 제고	인간관계 통찰력 제고 실무적용 사례개발 어려움
대역법	직속상사와 미래 계승자가 함께 일하면서 직무지식 배우는 기법, OJT포함	학습효과 매우 높음, 실무적용 용이, 학습의욕 고취 우수상사가 우수교사 아닐 수 있음
청년중역 회의법	관리자 내지 관리자 길을 걸을 예정인 중역들이 모의이사회를 통해 해결방안을 강구하고 조직전반에 대한 지식 축적하게 하는 기법	조직전반 지식 획득 용이 조직내 커뮤니케이션 활성화 선발되지 못한 자와의 갈등

◈ 관리층 교육훈련기법에 대한 내용별 분류

의사결정능력	인간관계능력	직무·조직 지식
• In-Basket training • Business Game • Case Study	• Role Play • Modeling • 교류분석법	• 대역법 • 청년중역회의법

3. 교육 내용[7]

(1) 공통역량

공통역량은 기초역량이라고도 하며 조직 내 모든 종업원이 공통적으로 가져야 할 역량을 말한다. 우수한 성과를 내는 모든 종업원들이 공통적으로 가져야 하는 것으로 자기개발능력, 변화적응력, 오픈마인드 등이 있다.

(2) 기능역량

기능역량은 관리역량이라고도 하며 기업조직내 각 기능별로 요구되는 역량을 말한다. 예를 들어 마케팅부문에서의 판매능력, 인사부문에서의 협상력 등이 있다.

(3) 직무역량

직무역량은 개인역량이라고도 하며 기업의 각 기능부문이 완료되기 위해 개인별로 갖추어야 할 여러 가지 구체적인 역량을 말한다. 예를 들면 판매직의 경우 대인관계능력, 설득력, 시간정보관리력 등이 있다.

4. 교육 실시자

(1) OJT (On the job training: 직장내 훈련)

① 개념 : OJT교육은 구체적인 직무를 수행하는 과정에서 직속상사가 부하에게 직접적으로 개별지도를 하는 것이다. 실무상의 기회교육이며 체험학습이다.

---

7) 자료 : 박경규, 신인사관리(2010)p307~p309

② 장점 : 실무와 밀착된 교육으로 실천과 응용면이 강조되는 실용적인 교육훈련이다. 상사에 의한 교육으로 상하급간에 이해와 협동의식을 향상시킬 수 있다. 종업원의 학습 성취도에 따라 훈련조정이 가능하다.

③ 단점 : 일과 훈련 양쪽에 모두 소홀히 할 가능성이 있고 우수한 상사가 반드시 우수한 교사는 아니다. 다수의 종업원을 한번에 훈련할 수 없으며 통일된 내용 정도의 훈련이 불가능하고 전문적인 고도의 지식과 기능을 가르칠 수 없다.

(2) Off-JT (Off the job training: 직장외 훈련)

① 개념 : OFF-JT교육은 직장에서 실무 또는 작업을 떠나서 전문적으로 실시하는 교육훈련이다. 보통 단체를 대상으로 현장의 작업과는 직접적인 관련을 갖지 않는 보편적 내용을 교육하는데 적합하다.

② 장점 : 현장직업과 관계없이 계획적인 훈련이 가능하고 많은 종업원에게 통일적으로 훈련시킬 수 있다. 또한 직무부담에서 벗어나 훈련에 전념할 수 있으며 훈련효과가 높다.

③ 단점 : 반면에 직장외 교육훈련으로 인해 작업시간이 감소하고 훈련시설의 설치로 경제적 부담이 가중될 수 있으며 훈련결과를 현장에서 곧바로 활용하기가 곤란하다.

(3) SD (self development : 자기개발) : 본인

① 개념 : 자기의 책임 하에 문제를 해결하면서 성장과 향상 의욕을 갖고 자기 훈련을 하는 것을 말한다. 오늘날 평생교육(life time education)과 더불어 그 중요성이 점차 커지고 있다.

② 절차 : 자기개발 과정은 "문제의식-목표설정 → 해결하고자 하는 의욕 신장 → 부족한 능력의 개발 → 문제해결"로 이루어진다.

5. 교육 기법

(1) 전통적 교육기법

① 강의식 : 강의식 교육은 가장 널리 보급되고 편리한 기법으로 교사의 일방적 설명으로 많은 사람을 상대할 수 있고 서로 상이한 경험을 가진 피교육자에게 공통적인 이해를 증진시킬 수 있다는 장점이 있다.

② 토의교육 : 토의교육은 문제를 제출하여 그 훈련조건을 설정한 연후에 질문을 하고 직접 토의를 유도한다. 이는 민주적이고 적극적인 사고를 유발할 수 있으며 지식과 경험을 자유롭게 교환할 수 있는 장점이 있다.

(2) 새로운 교육기법

① 멘토링

한 조사에 따르면 우리나라에서 신입사원 중 30%정도가 1년 이내에 이직한다고 한다. 신입사원의 조기이직이 사회적으로 문제가 되면서 조직사회화를 위한 방안의 하나로 멘토링이 도입되고 있다.

멘토링

1. 멘토링의 의의

멘토링(mentoring)이란 조직생활의 경험이 풍부하고 유능한 사람(mentor)이 신입사원(mentee)에게 조직의 공식적·비공식적인 규범에 적응할 수 있도록 도와주는 관계를 말한다. 오늘날 기업에서는 신입사원의 '조직사회화'를 촉진시키는 방안으로 널리 사용하고 있다.

2. 멘토링의 기능

(1) 지도활동

지도활동 단계는 멘토가 신입사원에게 조직과 직무에 관한 정보를 제공하는 기능이다. 업무현장에서 업무관련 지식과 노하우를 전달해 주기 때문에 일반 교육훈련 보다 비용도 적게 들고 학습효과도 더욱 크다.

(2) 심리적 상담 및 개인적 지원활동

멘토링의 개인적 연결 또는 관계 형성은 조직생활에 막연한 두려움을 가지고 있는 인원에 대한 지도활동을 통해 심리적으로 안정적인 상태에서 조직사회화가 가능하도록 한다.

(3) 조직적 개입활동

신입 또는 경력입사자에 대한 멘토링을 통해 조직 내부에 입사자의 존재를 알리는 기회로 삼을 수 있으며 조직에 있어서 경력의 운영방향을 선정할 수 있도록 도움을 준다.

3. 멘토링의 유형

(1) 공개성 여부에 따른 유형 : 공식적 멘토링, 비공식적 멘토링

⟫ 공식적 및 비공식적 멘토링의 특징

공식적 멘토링	비공식적 멘토링
• 인위적 발생 • 멘토의 quality control이 용이함 • 신입사원의 학습내용이 정형화됨 • 멘토-멘티간의 심리적 연대감/일체감 정도가 낮음 • 관리상의 비용 발생 • 멘토관계의 효과에 대한 파악이 용이함	• 자연발생적 • 멘토의 quality control이 어려움 • 신입사원의 학습내용이 비정형화됨 • 멘토-멘티간의 심리적 연대감/일체감 정도가 높음 • 관리상의 비용 발생하지 않음 • 멘토관계의 효과에 대한 파악이 어려움

자료 : 박경규, 신인사관리(2013) p313

129

(2) 멘토링 내용에 따른 유형

① 전통적 멘토링 : 1 대 1

② 유사멘토링 : OJT제, 후선인세, 사수·조수제, 코칭스킬

③ 새로운 멘토링 : 6단계 매뉴얼(William Gray 교수 개발), 멘토링 시스템 적용 종합 프로그램

(3) 멘토링 활동에 따른 유형

① 1대1 멘토링

② 1대 다수그룹 멘토링

③ 사이버 멘토링 : 가상 멘토링, 이메일 인터넷 채팅

④ 원거리 멘토링 : 전화, TV, 원격영상

⑤ 쌍방향 멘토링 : 역(reverse) 멘토링, 하급자를 멘토로 지정

4. 멘토링의 도입효과

(1) 조직 전체

멘토링은 공통의 문화적 가치나 회사가 기대하는 바를 종업원들의 마음속에 심어줌으로써 공동체 의식과 회사에 대한 몰입을 강화시키는 효과가 있다. 또한 지식이전, 종업원 학습촉진, 신입사원의 조기 사회화 등의 효과가 있다.

(2) 멘 토

새로운 지식과 다양한 관점에 대한 이해와 학습을 하게 된다. 신입 사원을 지도하면서 젊은 세대의 가치관이나 관점에 대해 이해할 수 있는 계기가 되며 종업원들을 지도, 조언하면서 리더십 역량도 향상시키는 효과가 있다.

(3) 멘 티(멘제)

신입 사원이 회사 생활에 신속한 적응을 하는데 도움을 줄 수 있다. 또한 멘토링은 멘티의 능력 개발을 가속화시키고 업무 수행 과정에서 관련 지식과 스킬을 보다 빨리 습득하여 단기간에 업무능력을 향상시킬 수 있다.

5. 기존 멘토링의 문제점과 성공적 운영방안

(1) 기존 멘토링의 문제점

① 상사(line)체계 혼란 야기 : 이러한 문제는 멘토가 실무교육의 담당자일 뿐 상사의 대리인이 아님을 멘티에게 주지시키고 각자의 역할을 구별할 수 있도록 멘티를 교육하여 해결할 수 있다.

② 프로그램의 과도한 시간과 에너지의 요구 문제 : 적절한 시간조절이 필요하며 대개 1개월 1-2시간 정도를 할당하는 것이 좋다

③ 비 참여자의 시기심과 의문 문제 : 빠른 시간 안에 상호 이해가 필요하며 소집단 모임에 이들을 초대하는 방법 등이 있다.

④ 프로그램의 비공식화 되는 문제 : 멘토와 멘티의 접촉이 비공식적인 성격을 가지므로 사적인 모임이 될 가능성이 높으므로 멘토링 프로그램의 본래 목적을 항시 주지시켜야 한다.

(2) 성공적 운영방안

① 충분한 사전 검토와 준비가 필요 : 멘토링이 성공적으로 이루어지기 위해서는 제도에 대한 충분한 사전 검토와 준비가 필요하다. 조직과 종업원들이 어떤 니즈에서 멘토링을 요구하고 있는지부터 철저히 조사해야 한다.

② 명확한 이해 : 멘토와 멘티 모두 각자 수행해야 할 역할을 제대로 알고 활동하기 위해서는 멘토링 프로그램에 대해 설명하는 오리엔테이션이 필요하다.

③ 적절한 멘토 선정 : 멘토링의 성공적 운영에 있어서 제대로 지도하고 조언해 줄 수 있는 멘토의 선정이 무엇보다 중요하다.

④ 정기적인 멘토링 효과 분석 : 멘토나 멘티의 멘토링에 대한 적극적인 참여를 유도하고 의도하는 목표를 이루기 위해서는 멘토링 과정이나 결과에 대한 엄격한 평가가 이루어져야 한다.

⑤ 멘토링 성과에 대한 적절한 인정과 보상 : 멘토가 멘토링을 자신의 중요한 역할 중의 하나로 인식하고 적극 참여할 수 있는 여건을 조성해 주어야 한다. 성공적인 멘토링 사례에 대한 인정이나 금전적 측면에서 보상을 제공해 주어 멘토링 활동에 대한 적절한 동기부여가 필요하다.

② Coaching

코칭은 코치와 발전하려고 하는 의지가 있는 개인이 잠재능력을 발견하여 최대한 개발하고 목표설정, 전략적인 행동, 뛰어난 결과의 성취를 가능하게 해주는 프로그램이다.

코칭의 의의(철학), 특징, 효과 [8]

I. 코칭의 의의

- 조직종업원의 역량, 의지, 비전 등 장래 에너지를 일깨워 개인의 변화, 발전, 성장과 자아실현은 물론 성과개선을 통해 조직목표를 달성해 나가는 기업의 '지속성장(sustainable growth) 전략'
- 부하를 바라보는 관점의 변화, 성과 향상 등으로 최근 유행

II. 코칭의 기본철학

1. 부하를 바라보는 시각의 전환 : 관리, 감시, 통제→기회와 성장, 성공 대상
2. '개개인은 무한한 가능성이 있다' : Y이론
3. '해결해야 할 문제와 답 모두 조직종업원 스스로가 갖고 있다' : Teaching과 구별
4. '리더와의 상호작용은 개인 잠재력을 보다 쉽게 개발해 준다' : 코칭 리더십

III. 코칭의 특징 : 멘토링과의 비교를 통해

1. 수평적 파트너십
2. 관찰과 지원
3. 질문 통한 해결책 유도

	멘토링	코칭
관계	멘토의 노하우 전수 - 수직적인 면	수평적 파트너십
개입 정도	인격적 개입이 깊이 일어남	깊숙한 개입보다 관찰과 지원이 강조됨
개입 방식	직접 해결책 제시	좋은 질문 던져 스스로 깨닫게 도와줌

IV. 코칭의 도입 효과 : 성과와의 상관관계

1. 동기부여 : 5배 이상
2. 조직몰입 : 잠재역량과 열정
3. 리더십 향상
4. 성과 극대화 : 성장동력의 성과 극대화

③ Action learning

액션러닝은 실제 경영 현장에서 경영 성과와 직결되는 이슈 혹은 과제를 정해진 시점까지 해결하 이를 통해 개인과 조직이 함께 성장할 수 있도록 하는 기법이다.

Actoion Laerning[9)]

I. 교육훈련의 패러다임 변화와 액션러닝의 확산

오늘날 기업들은 글로벌 차원의 무한경쟁에서 살아남기 위해서 그 어느 때보다 인재육성의 중요성을 강조하고 있다. 그러나 기존의 학습 시스템만으로 인재 육성과 기업 성과를 동시에 달성하기란 한계가 있다. 기존의 교육훈련 시스템은 현장의 실질적인 문제와 동떨어지거나 성과창출에 도움이 안 되는 경우가 많았고, 인재육성 및 조직학습 향상에도 많은 한계가 있었다.

이에 따라 최근 개인 역량의 강화는 물론이고 기업의 성과 향상을 실질적으로 도모할 수 있는 행위 중심의 액션러닝(Action Learning)이 부상하고 있다.

≫ 교육훈련의 패러다임 변화

교육훈련의 패러다임변화	혁신 기법	주요 내용	시작 연대
제1의 물결	감수성훈련 (T-Group Training)	종업원간 대면접촉 통한 마음의 벽 허물기, 조직 개발	1940년대
제2의 물결	구조적 피드백 (Structured Feedback)	교육훈련의 전이 중시, 이해관계자들로부터의 피드백에 의한 교육훈련 평가	1950~70년대
제3의 물결	행동을 통한 학습 (Action Learning)	직무상황에서의 행동과 실제 경험을 통한 학습	1980년대

II. 액션 러닝의 개념과 구성요소

1. 액션 러닝의 개념

액션러닝이란 "교육참가자들이 소규모 집단을 구성하여 개인과 집단이 팀워크를 바탕으로 경영상의 *실제문제(real problems)를 정해진 시점까지 해결하는 동시에, 문제해결과정에 대한 성찰(reflection)을 통해 학습하도록 지원하는 교육방식"을 말한다. 〈* 실패의 위험을 갖는 실제의 문제(real problem with real risk) : 봉현철, 2000〉

---

8) 월간 인사관리, 2009년 8월호 中 송영수, "코칭 리더십" 참조.

"조직내 시시각각 발생하는 실무적 문제를 해결하는데 있어서 개인학습의 원리를 동원하여 문제해결을 보다 효과적으로, 그리고 협동작업을 통해 추진함으로써 조직의 학습과정을 획기적으로 개선하는 것이다. 즉 이것은 학습을 학습하는 것 (learning about learning)을 말한다." (Burke)

2. 액션 러닝의 핵심(6대) 구성요소 : Marquardt 교수

액션러닝 분야의 대가인 조지 워싱턴 대학의 마이클 마쿼트 교수는 액션 러닝 프로그램이 다른 교육 프로그램과 구분되는 특징으로서 다음의 6가지 구성요소를 제시하고 있다.

(1) 문제 : 기업(또는 소속부서)이 당면한 실질적이고 핵심적인 문제

(2) 학습팀 : 4~8명으로 구성된 학습팀 구성, 종업원 모두가 한 가지 과제를 담당할 수도 있고 (Single-project program), 각자가 자신의 과제를 해결하는 과정에서 서로 도움을 주고받을 수도 있음. (open-group program)

(3) 질의와 성찰과정 : 정보수집, 대안개발, 대안에 대한 토론, 다양한 관점에 바탕을 둔 여러 가지 질문제기, 문제해결과정 성찰 속에서 학습이 일어남.

(4) 실행의지 : 정해진 시점까지 해당문제에 대한 실행권한을 가진 최고경영층 또는 부서장에게 보고해야 하고, 문제 자체가 당면한 실제의 문제이기 때문에 실행의지가 강함

(5) 학습의지 : 실행의지는 학습의욕을 촉진하는 역할을 함.

(6) 촉진자 : 종업원들의 학습을 촉진하는 역할을 전담하는 Set Adviser 배정

III. 액션러닝과 기존 교육훈련과의 차이

1. 당면하고 있는 실질적 문제 혹은 주요 이슈

기업현장에서 발생하는 핵심현안 및 현장중심의 이슈를 선정하고 이를 해결할 수 있는 구체적인 대안을 실제행동을 통해 제시한다.

2. 학습 대상의 심화

문제의 근본적인 파악은 물론 대응방안의 모색, 그리고 변화로 인해 야기되는 전반적인 파급효과 등과 같이 기업전반에 걸친 환경적, 시스템적 측면까지도 학습의 대상으로 삼는다.

3. 결과의 실질적 실행

액션러닝 프로그램은 기업성과와 직결되는 사안들로 문제를 구성하기 때문에 학습결과가 거의 대부분 실행되는 경우가 많아 학습참가자들의 학습동기를 높일 수 있다.

4. 도전적이고 핵심기술을 보유한 인재 육성에 탁월

기술적으로 충분히 해결할 수 있는 문제가 아니라 익숙하지 않으면서도 도전적인 과제를 다룸으로써 폭 넓은 시야를 가질 수 있는 장점이 있어 도전적이고 핵심적인 기술을 가진 인재를 육성하는 효과적인 학습도구이다.

IV. 액션러닝 도입효과와 활용 사례

1. 액션러닝의 도입효과 (성과)

마쿼트 교수는 액션러닝 프로그램을 이상적으로 운영했을 경우 다섯 가지 성과, 즉 ① 문제해결, ② 학습조직 구축, ③ 팀 빌딩, ④ 리더십 개발, ⑤ 개인적 성장과 경력개발 등을 동시에 거둘 수 있다고 주장했다. 실제로 액션러닝 도입을 통해서 여러 가지 효과가 발생하고 있는 사례들이 늘어나고 있다.

> * 학습조직: 지속적으로 지식을 창출하고 획득하며 이전하는 데, 그리고 새로운 지식과 통찰력을 기초로 해서 조직의 전반적인 행위를 변화시키는 데 능숙한 조직(Garvin 1993)

2. 액션 러닝의 다양한 활용 목적 사례 (도입 효과)[10]

(1) 복잡한 조직 문제 해결에 탁월한 효과 발휘
National Semiconductor는 액션러닝 팀을 활성화함으로써 조직이 직면한 다양한 문제 해결을 통한 회사의 생산성 향상과 종업원들의 창의성 개발에 활용하고 있다.

(2) 개인, 팀 및 조직 전체의 학습을 불러일으키는 원동력
Arthur Anderson은 학습 조직의 핵심 축으로 액션 러닝을 내세우고 있다. 일 예로 '전문가 양성을 위한 앤더슨 센터'에서는 학습자들이 스스로 학습이 필요하다고 느끼는 부분에 대해 집중적으로 참여할 수 있도록 고안된 액션러닝 프로그램을 사용하고 있다.

(3) 리더육성의 첨병
GE는 리더십 개발 프로그램의 일환으로 액션러닝을 활용하고 있는 것으로 유명하다. 일 예로 참가자들은 4주에 걸쳐 '금융 서비스 사업의 인도 진출 타당성 검토'와 같은 GE가 안고 있는 현안 해결을 위한 프로젝트를 수행하게 된다. 이를 통해 프로젝트 참가자들은 리더십과 팀웍에 대한 피드백을 제공받게 되고 이를 성찰해볼 기회를 갖게 된다.

V. 액션 러닝의 성공 포인트

1. 적절한 문제와 사안의 선택

예컨대 '조직의 이익과 직결되어 있는 중요한 문제인가', '참여하는 종업원들의 권한과 책임 소재가 명확한가' 등이 고려되어야 한다.

2. 조직 차원의 지원

특히 최고 경영층의 적극적인 참여와 지원 의지가 무엇보다 필요하다.

3. 적절한 시간배분의 적합성 고려

액션 러닝의 질을 높이기 위해서 종업원들 간의 정보 공유와 문제 해결을 위한 충분한 성찰의 시간 확보가 필요하다.

4. 조화로운 팀 구성

다양성과 중복성 등을 고려해서 조화로운 팀을 구성해야 한다.

② e-Learning

e-Learning은 다양한 형태의 교육 컨텐츠를 통해 교육자와 학습자, 학습자와 학습자간에 쌍방향의 커뮤니케이션이 가능하고 학습자에게 다양한 선택권이 주어지면서 참여자 간에 상호 평가가 가능한 온라인 학습 체계를 말한다.

≫ e-learning의 장단점

장 점	단 점
• 시간과 공간의 제약 초월 • 스스로 학습시간 조정 가능 • 양방향 교육으로 오류의 즉각적 시정 가능 • 학습자 주도의 교육훈련 • 교육내용 업데이트 수월 • 교육내용의 전수가 동일하고 표준화되어 있어 일관성 유지 가능	• e-Learning 도입실시를 위한 비용 • 주제에 따라서는 e-Learning이 적합하지 않음 • 학습의 효과가 그리 높지 않은 것으로 조사됨 • 모든 학습자가 잘 받아들이는 것은 아님 • 학습자를 불안하게 할 수 있음 • 최고경영자의 적극적 후원 없으면 성공하기 힘듦

자료 : 김영재 외, 신인적자원관리(2011), p335

③ Blended-Learning

Blended-Learning은 e-Learning의 학습성과를 극대화하기 위해서 도입한 온·오프라인 연계교육을 말한다. 학습자의 수행성과를 높이기 위해 다양한 교수 설계 전략과 미디어 개발 방식 등을 적절히 혼합하는 방식을 말한다.

Ⅳ. 교육훈련의 평가

1. 교육훈련 평가의 개념과 목적

(1) 교육훈련 평가의 개념

교육훈련 평가란 교육훈련이 참여자, 조직, 교육 담당자에게 미치는 유용성을 측정하기 위해 행해지는 일련의 활동으로 정의할 수 있다(Mcardle, 1990).

(2) 교육훈련 평가의 목적

교육훈련의 평가는 목적달성 여부에 대한 정보 제공, 참가자 및 실시자에게 결과에 대한 피드백, 교육훈련 개선을 위한 자료 제공, 교육훈련의 경제적 효과 분석, 미래 교육훈련 계획을 위한 정보 등을 제공 해준다.

---

9) 자료 : 김영재 외, 신인적자원관리(2011), p346~p351
10) 김현기, "교육훈련의 새로운 기법", LG주간경제 628호, 2001.06.20

(3) 교육훈련평가 방법의 변화

우리나라의 교육훈련 평가는 교육훈련이 부서의 조직목적과 목표에 실질적으로 어떻게 기여하였는지를 평기히는 측면이 부족했다. 이에 최근에는 성과지향적 교육훈련을 실시하고 실제 달성한 성과를 측정하기 위한 다양한 방법이 등장하고 있다.

2. 거시적 접근법과 미시적 접근법[11]

(1) 거시적 접근법

거시적 접근법은 교육훈련 활동 전체를 하나의 평가단위로 간주하고 평가하는 것을 말한다. 거시적 접근법의 평가 내용은 자원배분 측면에서의 효율성, 기업의 목표달성 기여도, 교육훈련을 통한 내부인력 확보와 외부인력 확보의 효과 비교, 투입과 산출 비교 등이 있다.

(2) 미시적 접근법

미시적 접근법은 교육훈련 시스템을 구성하는 개별요소에 평가의 초점을 맞추는 것으로 구체적인 평가의 내용은 아래와 같다.

① 교육훈련 기법 평가

교육훈련 기법이 기능적 측면을 어느 정도 충족시키느냐에 대하여 평가다. 교육효과와 교육훈련기법과의 관련성은 참가자의 기법에 대한 반응, 학습, 성과, 실무에의 적용 용이성, 경력개발 등을 평가한다. 기법의 경제적 측면은 기법을 도입 하고 실시할 때 발생하는 비용, 시간, 경제적 편익 등을 평가한다.

② 교육훈련 참가자 평가

교육훈련 참가자가 제대로 선발되었는지, 교육훈련 프로그램이 교육훈련 참가자에게 어떻게 받아들여지고 있는지, 기업이 원하는 자격수준에 교육훈련 참가자가 도달했는지, 교육훈련 참가자가 습득한 학습내용을 경영실무에 어느 정도 적용시키는지 등에 대하여 평가한다.

③ 교육훈련의 내용 평가

교육훈련 참가자에게 무엇을 학습시킬 것인가에 대한 평가를 말한다. 만족할 만한 학습효과를 용이하게 가져다주는가, 실무에 적용 용이한가, 직무수행에서 성과를 창출하는데 효과적인가, 종업원의 경력개발에 유익한가 등을 평가한다.

④ 교육훈련 실시자 평가

교육훈련의 실시자에게 요구되는 제반 임무를 어느 정도 충실히 수행했느냐에 대한 평가를 한다.

---

11) 자료 : 박경규, 신인사관리(2013)p326~p336

3. 골드스타인(Goldstein)의 교육훈련 타당도 평가[12]

(1) 훈련 타당성

훈련타당성은 교육훈련 참가자와 당초 계획된 교육훈련 프로그램이 서로 매치 되는지를 검증하는 것을 말한다.

(2) 전이 타당성

전이타당성은 교육훈련 참가자가 교육훈련을 이수하고 직무로 돌아온 후 직무성공을 거둘 수 있는지 여부를 검증하는 것을 말한다.

(3) 조직내 타당성

조직내 타당성은 교육훈련 프로그램이 동일한 회사내 상이한 집단과 부서의 교육훈련 참가자들에게 동일하게 효과적인지를 검증하는 것을 말한다.

(4) 조직간 타당성

조직간 타당성은 교육훈련 프로그램이 다른 기업이나 다른 업종 회사의 교육훈련 참가자들에게도 동일하게 효과적인지를 검증하는 것을 말한다.

4. 커크패트릭(Kirkpatrick)의 4단계 평가

(1) 반응기준
① 의의 : 행동기준은 반응기준은 교육훈련 참가자들이 프로그램에 어떻게 반응했는가를 측정하는 것을 말한다.
② 평가내용 : 교육의 내용, 강사 / 학습 직후 혹은 교육 종료 후
③ 평가방법 : 설문지, 인터뷰

(2) 학습기준
① 의의 : 학습기준은 프로그램 참여결과 얻어진 교육훈련 참가자의 태도변화, 지식증진, 기술향상 정도를 측정하는 것을 말한다.
② 평가내용 : 교육목표 달성도 / 학습 직후 혹은 교육 종료 후
③ 평가방법 : 사전/사후 검사비교, 통제연수집단 비교, 집필검사, 체크리스트 등

(3) 행동기준
① 의의 : 프로그램 참여 결과, 교육훈련 참가자가 직무에 돌아와 행동의 변화를 보여 실제로 성과에 영향을 미쳤는지를 측정하는 것을 말한다.
② 평가내용 : 학습 내용의 현장 적용도 / 교육후 3개월~6개월 후

---

12) 자료 : 김영재 외, 신인적자원관리(2011), p337~p338

③ 평가방법 : 통제연수집단 비교, 인터뷰, 설문지, 계획관찰 등

(4) 결과기준

① 의의 : 결과기준은 교육훈련이 소식의 목표와 관련된 중요한 결과를 달성하는데 어떤 효과를 미쳤는지를 측정하는 것을 말한다.
② 평가내용 : 교육으로 기업이 얻은 이익 / 교육후 3개월~6개월 후
③ 평가방법 : 통제연수집단 비교, 사전 / 사후 검사 비교, 비용효과 고려, 이전 3단계에서의 긍정적 결과

5. Philips의 ROI(Return On Investment) 평가

(1) Kirkpatrik의 교육훈련평가의 한계

Kirkpatrik의 4단계 평가모델은 평가의 내용과 방법을 구분하여 실제 적용방식이 간단하여 많은 기업에서 활용하고 있으나, 평가모델에서 의도한 투자대비 효과를 비용으로 환산하는 구체적인 방법을 제시하지 못한다는 문제점이 제기되고 있다.

(2) ROI 평가의 등장

Jack Philips는 Kirkpatrik의 4단계 평가모델을 혼합하여 제5단계로 ROI 모델을 추가로 도입함으로써 Kirkpatrik 모델의 비판을 극복하고자 하였다.
이 모델은 평가의 최종 단계에서 ROI 평가를 통해 교육프로그램의 공헌도를 증명함으로써 경영층과 고객의 신뢰를 획득하고 교육 프로세스를 향상시켜 결과지향적 접근방법을 도출한다는 데 의의가 있다.

(3) ROI를 통한 성과측정

1) 무엇을 측정할 것인가?
모집, 선발의 성공여부, 채용과정의 화폐적 절약분, 성과배분 성공여부, 복리후생변경에 대처하는 인사담당자의 반응, 소수집단의 다양성 관리, 새롭게 개편된 신입사원 오리엔테이션 프로세스의 효과성 검증, 관리자 교육프로그램의 성과측정, 종업원 제안제도의 기여도, 성적 괴롭힘 방지 프로그램 도입의 재무적 이익측정

2) 성과측정방법
① I (투자 또는 비용) 분석 : 인적자원을 위해 얼마나 많은 비용을 투자하는가, 급여총액, 복리후생 비용, 교육훈련 비용, 고용보험 납부액, 인사관리 관련 행정비용 등
② R (효익 또는 부가가치) 분석 : R을 감소시키는 요인을 살피고 이를 감소시킴으로써 조직이 얻게 되는 효익(절약액)을 계량적으로(화폐가치로) 파악

> *R을 감소시키거나 위협하는 비용?
> - 이직비용, 근태비용(결근, 지각, 조퇴), 보상비용, 사기저하에 따르는 비용

③ ROI 산출 : ROI값이 크면 클수록 프로그램의 성과가 매우 높고 효율적, 효율성 지표& 기업의 인적자원의 우수성 입증 도구

> <ROI 산출공식>
> ROI(%) = 순효익 (효익-비용)/비용 X 100

(4) ROI의 효용성

① 회계적 책무성 요구에 대한 부응 : 인사부문 투자경비에 대한 회계적 책무성 요구 → 계량적 보고의 필요성 증대
② 기업의 품질경영(TQM) 향상에 기여 : 전사적 품질경영(TQM) 도입과 조직의 업무 프로세스 개선이 중시 → 성과측정이 중요 이슈로 등장
③ 인사관리 부서의 전략적 가치 증명 : 실제 데이터 사용해서 보고하고, 존재이유를 제시할 필요성 증대
④ 기업 경영전략의 강조점과 일치 : 최근 경제위기 이후 지식집약적, 영업중심적, 재무적 이슈 중시

V. 기존 교육훈련의 문제점과 개선방안

1. 기존 교육훈련의 문제점

(1) 캡슐화된 교육

사업전략과의 정합성이 떨어진 형식적 교육훈련에 치중한 경우가 많았다.

(2) 강의식 대량교육훈련

기존의 강의식 대량교육체제는 다품종 소량생산체제이라는 시장 환경에 대처하기 어렵고 평생직업 개념의 확산에 따른 개별 종업원의 경력개발에 대한 다양한 욕구를 충족시킬 수 없다.

(3) 성과 및 현장과 동떨어진 교육훈련

성과주의 인사제도 정착을 위해서 종업원의 역량과 능력을 증진시키고 성과와 현장 중심의 교육훈련이 실시되어야 함에도 불구하고 이와 무관하게 진행된 경우가 많았다.

(4) 교육훈련의 중요성에 대한 인식 부족

지식기반 사회, 기술혁신, 근로시간 단축 등에 따라서 교육훈련은 곧 기업의 생존 문제임에도 불구하고 학습중심의 패러다임과 전천후 교육훈련이 부족했다.

2. 교육훈련의 개선방안

(1) 사업전략과 정합성을 갖는 교육훈련

일회적이고 소모적인 교육훈련을 지양하고 종업원의 욕구를 충족시키면서 동시에 조직전체의 개발과 관련을 가진 장기적인 교육계획이 필요하다. 교육훈련의 방향이 조직의 미션, 사업 전략에 따라 결정됨으로써 교육훈련이 전체 사업전략과 정합성을 갖도록 해야 한다.

(2) 핵심역량을 강화하는 차별화된 교육훈련

일률적 강의식 방법을 탈피하여 논리적 사고와 창의성을 개발시킬 수 있는 참여식 교육훈련 방법이 필요하다.

(3) 성과와 현장 중심의 교육훈련

성과 또는 현장과 무관한 교육훈련을 극복하기 위해서 Action learning, OJT 등의 최신기법을 활용한다.

(4) 고용가능성 및 시장가치를 높이는 교육훈련

오늘날 '평생직장'개념이 붕괴되고 '평생고용'개념이 대두됨에 따라 종업원들의 모티베이션을 높이기 위해서 종업원들의 고용가능성(Employability) 및 시장가치(Marketability)를 제고시키는 교육훈련이 되어야 한다.

(5) 제반 인사관리 체계와의 유기적 연동

교육훈련만으로 기업의 인력관리가 완전할 수 없다. 교육훈련은 잠재력을 갖춘 종업원의 선발, 능력과 자격에 맞는 적재적소의 배치, 합리적인 임금 및 승리관리와 연계가 필요하다.

(6) 학습조직 지향

학습조직이란 지속적으로 지식을 창출하고 획득하며 새로운 지식과 통찰력을 기초로 해서 조직의 전반적인 행위를 변화시키는 데 능숙한 조직을 말하며 지식기반 사회에 경쟁력을 확보하기 위해서 학습조직을 구축하여야 한다(Garvin 1993).

(7) 정보기술의 적극적 활용을 통한 교육훈련 시스템 구축

정보기술의 적극적인 활용을 통해서 교육훈련의 적시성 및 효율성을 높여야 할 것이다. e-Learning, Blended-Learning의 적극적 활용을 통해서 기존의 교육방식과 조화를 이루어야 한다.

▌제3절▐ 전환배치[13]

Ⅰ. 전환배치의 의의

1. 전환배치의 개념

전환배치란 조직에서 직위의 위치를 변경시키는 것으로 수직적 이동과 수평적 이동으로 구분된다.

2. 목적

(1) 인적자원의 효율적 활용

인적자원을 적재적소에 배치하여 그들의 역량을 효율적으로 활용한다.

(2) 능력개발과 동기부여

종업원에게 자기능력의 개발과 도전가치가 있는 새로운 직무를 제공하여 동기부여 고취와 승진 기회를 제공한다.

(3) 도전의욕의 고취

직무의 표준화, 분업화와 한 가지 업무의 장기근무로 인한 권태와 지루함을 제거하고 새로운 업무수행 기회를 제공하여 도전의욕을 고취한다.

(4) 후계자 양성

다양한 직무경험을 제공하여 미래의 후계자를 양성할 수 있다.

3. 형태

(1) 수직적 이동

수직적 이동은 상향적 이동과 하향적 이동으로 구분된다. 상향적 이동은 승진을 말하며 새로 배치된 직무가 기존의 직무에 비해 권한, 책임, 보상이 증가하는 경우이다. 하향적 이동은 강등을 말하며 승진과 반대되는 개념이다.

---

13) 자료 : 박경규, 신인사관리(2013), p359~p362

(2) 수평적 이동

수평적 이동은 새로 맡을 직무가 기존의 직무와 비교해 볼 때 권한, 책임 그리고 보상측면에서 별다른 변화가 없는 전환배치를 말한다.

Ⅱ. 전환배치의 원칙

1. 적재적소적시주의

적재적소적시주의는 종업원을 전환배치 시키는 데 해당 종업원의 능력-직무-시간의 적합성을 극대화시켜야 된다는 원칙을 말한다. 능력과 자격요건간에 불균형이 나타날 경우 자격과잉 혹은 자격미달 현상이 나타난다. 이는 성과미달, 직무불만족 등을 야기시키며 직무적합성이 존재하더라도 특정직무를 다년간 수행하게 되면 매너리즘에 빠지게 만들 수 있기 때문에 적재적소에 배치하는 것이 중요하다.

2. 인재육성주의

인재육성주의는 전환배치를 통해 종업원의 능력이 신장될 수 있도록 한다는 원칙을 말한다. 교육훈련과 같은 직접적인 방법뿐만 아니라 도전적인 직무를 부여하여 새로운 직무수행을 통해 능력신장이 되고 나아가 개인의 성장욕구 및 자기 실현욕구가 충족될 수 있도록 하여야 한다.

3. 균형주의

균형주의는 적재적소적시주의와 인재육성주의를 실행에 옮기는데 있어서 조직전체의 종업원 상황을 고려하여 전환배치를 해야 하는 원칙을 말한다. 균형주의는 개인별 직무 적합성의 극대화 보다 개인-직무간 연결의 합이 조직 전체적으로 조직력증가, 협동시스템 구축, 종업원 전체 사기의 증가를 중요시하는 원칙이다.

Ⅲ. 전환배치의 유형

1. 시기에 따른 유형

정기 및 수시 인사이동 등 시기에 따라 분류할 수 있다

2. 범위에 따른 유형

부서 내 이동, 부문간 이동, 조직간 이동 등으로 나눌 수 있다.

3. 목적에 따른 유형

(1) 생산 및 판매변화에 의한 전환배치

제품시장의 환경변화로 인해 생산 및 판매상황이 바뀌게 될 때, 기업은 이에 따른 내부노동시장의 인력수요와 공급을 조절하기 위해 전환배치를 하게 된다.

(2) 직무순환 (job rotation)

순환근무는 주로 경력개발의 목적으로 실시되는 전환배치의 형태로 종업원이 특정 직무에 오래 근무했을 경우 매너리즘에 빠지는 것을 막기 위해 도입된다. 경력계획의 일환으로 기능다양성 내지 능력신장을 할 수 있는 기회를 제공하여 종업원의 경력욕구를 충족시키기 위해 도입되기도 한다.

(3) 교대근무

교대근무는 경력개발과 관계없이 수행하는 것으로 업무는 변화되지 않고 다만 근무시간만 바뀌는 전환배치의 한 형태이다.

(4) 교정적 전환배치

교정적 전환배치는 개인의 적성이 직무와 맞지 않을 때, 작업집단내 인간관계문제나 상사와 부하간 갈등이 심화될 때, 해당 종업원을 다른 작업집단 혹은 직무로 전환배치 시킴으로써 개인-직무-작업집단간의 적합성을 극대화시킬 수 있다.

Ⅳ. 효율적 전환배치 방안

1. 합리적인 직무분석과 직무평가

적재 적소배치와 능력주의의 실현을 위해서는 우선적으로 합리적인 직무분석과 직무평가가 이루어져야 한다.

2. 공정한 인사고과

공정한 인사고과는 종업원의 불평불만을 제거하고 긍정적인 조직분위기의 마련을 위해서 필수적이라 하겠다.

3. 실시기관의 확립

배치이동의 실시 주체를 마련함으로써 조직의 체계를 확립하고 직장질서의 유지를 위하여 필요하다.

4. 종업원의 욕구조사

적재적소의 원칙이 이루어지기 위해서는 종업원의 욕구가 고려되어야 한다. 배치이동을 조직차원에서만 보는 것이 아니라 인간존중의 시고 하에서 개인차원에도 중점을 두기 위한 것이다.

5. OJT의 사전실시

배치이동이 실효성을 거두기 위해서는 배치 이동될 직무와 직무가 필요로 하는 능력에 대하여 사전에 교육을 실시 할 필요가 있다.

▌제4절 ▌ 승진관리[14]

Ⅰ. 승진의 의의

1. 승진의 의의

승진은 조직에서 종업원의 직무서열 혹은 자격서열이 상승하는 것을 말하며, 보통 지위의 상승과 함께 보수·권한·책임의 상승이 함께 수반된다.

2. 승진관리의 중요성

승진은 종업원의 입장에서 자아발전과 성취동기의 중요한 원천이 된다. 특히 유교문화적 가치관을 가지고 있는 우리나라의 경우 승진은 인정감, 권한증가, 보상/성장욕구, 심리적 안정을 수반하는 중요한 수단이 된다. 또한 기업의 입장에서는 체계적인 인재육성과 종업원 능력의 효율적인 활용을 통해 조직유효성을 높이는 주요 수단이 된다.

3. 능력주의의 대두

최근 성과주의 인사관리 대두로 승진관리에 있어서도 과거 연공주의적 관행을 벗어나 능력주의 실현을 위한 중요한 수단으로서 승진관리가 부각되고 있다.

Ⅱ. 승진원칙 및 승진정책

1. 승진의 원칙

(1) 적정성

적정성은 종업원이 일정한 정도의 공헌을 하였을 때, 어느 정도의 '승진보상'을 받아야 하는지의 문제이다. 시간적 차원에서는 과거 승진보상과의 비교를 통해 그리고 공간적 차원에서는 동종업체 등 유사 조직과의 비교를 통해 적정성의 정도를 파악한다.

(2) 공정성

공정성은 승진 보상의 덩어리를 올바른 사람에게 배분했느냐와 관련된 원칙이다. 이 원칙이 지켜지지 않는 경우에는 종업원들간의 갈등의 원인이 되어 협동 시스템 구축에 문제가 발생할 수 있다.

---

14) 자료 : 박경규, 신인사관리(2013)p361~p375

(3) 합리성

합리성은 조직 종업원의 공헌 중 어떤 것을 공헌으로 간주할 것인가에 관련된 부분이다. 조직은 연공과 능력을 조화시키는 방향으로 승진기준을 합리적으로 선정하고 계층별, 직종별로 그 기준을 세분화할 필요가 있다.

2. 승진정책

(1) 연공주의

① 개념

연공주의 승진정책은 연공이 높은 종업원을 우선적으로 승진시켜야 한다는 입장이다. 연공주의 정책은 연공서열형 사회질서, 숙련도와 연공의 정비례 가정, 협동시스템 구축 역할, 평가시스템 부재 등의 이유로 우리나라에서 광범위하게 수용되고 있다.

② 장단점

연공주의 승진정책은 측정이 명백하고 적용이 용이하며 객관적이라는 장점이 있으나, 신입사원의 사기에 부정적 영향을 미치고 장기근속자에 대한 기업의 경비 부담증가, 종업원들의 무사안일주의 사고와 같은 단점이 있다.

(2) 능력주의

① 개념

능력주의 승진정책은 종업원이 조직의 목표달성에 기여하는 업무수행 능력이 뛰어난 후보자를 우선적으로 승진시켜야 한다는 입장이다. 능력주의는 연공주의가 지니고 있는 불합리성에서 출발했는데 대표적인 것이 "숙련상승설"이다. 오늘날 능력주의는 널리 인정되고 있다.

② 장단점

종업원의 능력을 최대한 발휘하게 하고 자기개발을 위한 노력을 유도할 수 있다는 장점이 있으나, 평가의 객관성 확보가 어렵고 종업원의 이기주의가 팽창할 우려가 있으며 기존 종업원들의 사기저하 등의 단점이 있다.

(3) 연공주의와 능력주의의 조화

연공과 능력을 종합하여 평가한 다음 승진시키는 것이다. 현대 인사관리는 연공주의와 능력주의가 상호보완적인 의미를 가질 수도 있으므로 절충주의 방식을 취하는 경향이 있다. 특히 우리나라와 같이 연공주의가 일반적인 풍토에서는 연공주의의 장점을 살리면서 능력주의를 받아들이는 것이 필요할 것이다.

	연공주의	능력/업적주의
요소	숙련도	역량/성과
특징	안정적 운명공동체	지위불안, 이익 공동체
지지층	노조/고령자	전문가
장점	안정적	능력 최대 활용
단점	능력주의 걸림돌	불안정

Ⅲ. 승진 유형

1. 직급승진(직책승진, 역직승진)

(1) 개념

직급승진은 종업원이 상위직급으로 이동하는 것을 말한다. 직급승진의 기본전제는 상위직급의 특정직무가 공석이 되어야 가능하다.

(2) 장점

직급승진은 승진된 자에게는 권한 책임과 보상을 증가 해줌으로써 성장욕구를 충족시켜준다.

(3) 단점

상위직급이 T/O에 묶여 있을 때 승진정체인력의 사기저하 및 유능한 인력이 타 조직으로 이동하는 결과를 초래하게 된다.

2. 자격승진

(1) 개념

자격승진은 상위직급의 공석과는 무관하게 종업원이 갖추고 있는 직무수행능력을 기준으로 승진시키는 것을 말한다.

(2) 장점

종업원의 능력신장을 유도하고 승진정체현상을 감소시키는데 유용하다.

(3) 단점

과잉능력상태에서는 종업원의 직무불만족 및 인건비 부담이 증가하게 된다는 단점이 있다.

3. 대용승진

(1) 개념

종업원의 사기진작을 위한 형식적 승진으로 직무내용이나 보상이 변동되지 않으며 준승진이라고도 한다.

(2) 목적

승진정체로 조직분위기가 정체되어 있을 때, 대외업무를 수행하는 경우, 종업원에 대한 신뢰심을 높이기 위한 경우에 활용하고 있다.

4. OC승진

(1) 개념

승진대상에 비해 직위가 부족한 경우 조직변화를 통한 조직의 직위계층을 늘여 종업원에게 승진의 기회를 확대시키는 방법이다.

(2) 목적

종업원의 사기저하 및 이직 등의 방지대책으로서의 성격을 가지고 있다.

≫ 승진기준과 승진유형

승진기준	기준의 세분	승진유형
속인기준	종업원에 주어진 신분계층(주로 근속년수)	신분자격승진
	종업원이 보유하는 직무수행능력	직능자격승진
속업무기준	일(직위)의 조직상의 위치	역직승진
	일(직위)의 자질, 즉 직무내용의 종류와 곤란성 및 책임의 정도	직위승진
기타	직무내용이나 보수의 변화 없는 형식적 승진	대용승진
	조직변화를 통해 조직의 직위계층을 늘려 기회 확대	OC승진

자료 : 백삼균, 정범구(2006), p155.

❯ 직무 · 사람 · 절충주의에 따른 승진유형

승진의 유형	내용
직계승진제도 (직무주의)	직무의 자격요건에 비추어 적격자를 선정·승진시키는 방법
연공승진제도 (사람주의)	개인적인 연공과 신분에 따라 자동적으로 승진시키는 연공주의에 의한 승진유형
자격승진제도 (절충주의)	① 승진에 일정한 자격을 정해 놓고 그 자격을 취득한 사람을 승진시키는 제도 ② 경력, 근속연수, 근무상황 등 개인에 속하는 형식적 요소만 고려하는 경우(신분자격승진)와 직무가 요구하는 자격요건에는 직결되지 않으나 개인이 보유하는 지식, 기능, 태도 등의 능력을 평가하여 결정하는 경우(능력자격승진, 일반적으로 자격제도는 이를 말함) ③ 사람 중심의 경영체제에서 매너리즘을 제거하고 능력 중심의 승진을 확립하려는 데서 비롯
대용승진제도 (절충주의)	① 승진은 시켜야 하나 담당직책이 없을 경우 인사체증과 사기저하를 방지하기 위해서 직무내용상의 실질적인 승진은 없이 직위 심볼상의 형식적인 승진을 하는 경우 ② 직무 중심의 경영체제에서 그의 경직성을 제거하고 융통성 있는 인사를 확립하려는 데서 비롯
O.C.승진제도 (절충주의)	① 승진대상은 많으나 승진의 기회가 주어지지 않으면 사기저하, 이직 등으로 인하여 유능한 인재를 놓칠 가능성이 있을 경우 경영조직을 변화(organization change)시켜 승진 기회를 마련하는 것 ② 활동영역의 확대로서 승진체계를 수립하는 것 - 동태적 승진제도

자료 : 최종태, 현대인사관리론(2003)

Ⅳ. 능력중심의 승진관리

1. 능력중심 승진관리의 개념

능력중심 승진제도란 승진의 의사결정을 보유한 능력의 정도뿐만 아니라 능력의 발전을 촉진시키는 것을 말한다. 능력의 향상은 개인 스스로의 노력이 중요한 성공요인이므로 기업 내 승진경로를 명확히 하여 개별 종업원이 스스로 능력향상을 위한 노력을 할 수 있도록 하여야 한다.

2. 능력지향형 승진유형

(1) 발탁인사제

① 개념

발탁인사제는 종업원의 능력발휘를 유도하기 위해 근속연수, 학력, 연령 등에 관계없이 성적이 우수한 종업원을 조기에 승진시키는 제도를 말한다. 기존 기업의 문화적 한계를 넘어 직책승진을 하는 발탁직책 임명과 기존 승진 필요요건의 일부를 채우지 못하더라도 특별한 능력이 있을 경우 승진을 하는 발탁승진이 있다.

② 장점

종업원의 사기향상과 능력개발효과가 있고 유능한 인재의 확보나 종업원의 조직몰입도 향상을 통해 기업의 생산성향상이 기대된다.

③ 단점

발탁인사제가 잘못 운영될 경우 상사의 사기가 저하될 위험성이 있고 기업의 안정성을 침해할 수 있으며 과도한 경쟁을 유발할 수 있다.

(2) 직능자격제도

① 개념

직능자격제도는 종업원의 직무수행능력의 발전단계에 따라 일정한 자격등급을 설정하고 이를 기준으로 인사처우를 하는 연공주의와 능력주의를 결합한 제도를 말한다.

② 장점

종업원의 능력개발의 가능성을 높이고 능력주의 인사처우시스템에 명확한 기준을 제공한다. 또한 종업원의 처우에 대한 이해를 높이고 중도채용자의 공정한 처우도 가능하다.

③ 단점

직무능력이 실제 업무성과로 이어지지 않거나 인건비 부담으로 작용할 수 있다.

V. 기존 승진관리의 문제점과 전개방향

1. 기존 승진제도의 문제점

(1) 연공중심의 승진관리

연공에 따른 신분상승에 초점을 둠으로써 능력주의 인사의 걸림돌이 되었다. 또한 연공주의 승진정책은 연공급 임금체계에서 고직급 고임금화를 초래시켰다.

(2) 승진 정체로 인한 사기 저하

피라미드식 직급체계에서의 연공주의 승진 정책과 조직성장 둔화에 따른 포스트 부족으로 인해서 승진 정체 현상이 심화되었고 이에 따라 종업원들이 승진 비전을 상실하고 사기가 저하되었다.

(3) 불명확한 승진기준

승진에 대한 명확한 방침 및 승진을 결정하는 공정하고 합리적인 기준이 미흡하고 객관적 지표보다 고위경영층의 의향이 반영되었다.

2. 성공적인 승진관리 방향

(1) 능력주의 도입

모든 조직에 능력주의가 도움이 되는 것은 아니지만 현재의 경영환경은 대체로 능력주의 승진제도를 요청하고 있다. 발탁인사제도 등 능력주의 승진제도를 도입해서 운영할 필요가 있다.

(2) 실질적인 팀제 운영

피라미드식 직급체계에서의 승진정체 현상을 극복하기 위해서 실질적인 팀제를 제대로 운영할 필요가 있다. 또한 단지 승진제도뿐만 아니라 승진을 포함한 전반적이고 다양한 경력개발제도를 마련하여야 한다.

(3) 직급체계의 단순화 및 공정한 기준 확립

조직의 일체감을 형성하고 위화감을 해소하기 위해서 직급체계를 보다 단순화할 필요가 있으며 신뢰성 있고 타당한 평가기준이 확립되어야 한다.

결론

개발관리는 경력개발과 경력개발의 실천활동인 교육훈련, 전환배치, 승진으로 나누어 살펴보았다.

지식정보화시대에 종업원의 능력과 역량을 최대한 발휘할 수 있도록 종업원에 대한 개발활동이 그 어느때보다 중요해지고 있다.

개발관리의 효과가 궁극적으로 조직의 성과향상에 반영되기 위해서는 기업은 무엇보다 종업원의 개발욕구와 개발의 필요성에 대한 정확한 파악부터 시작하여야 한다. 다양한 종업원의 경력개발 욕구를 충족시키기 위하여 이중경력경로, 다중경력경로, 네트워크 경력경로 등 다양한 경력경로를 개발하고 경력정체로부터 벗어날 수 있도록 그 원인을 파악하여 원인별 해결방안을 마련하는 것도 중요하다.

또한 성과지향적인 교육훈련을 실행하기 위하여 기업은 교육훈련 필요성을 정확히 파악하고 Action Learning과 같은 실제 업무성과와 연계된 최신 교육훈련 프로그램을 도입할 필요가 있다. 교육훈련을 실시한 이후에는 여러 평가기법들을 통해 교육훈련의 가치와 조직목표 달성에 공헌한 바를 밝혀 인력개발의 필요성을 증명해주는 것도 중요하다.

마지막으로 우수인재들의 능력개발과 유지확보를 위하여 적재적소에 인재를 배치하고 발탁인사제도와 같은 능력중심의 승진제도를 기존 제도와 병행하여 적용할 필요가 있다.

학습문제

1. 최근 우리 기업의 인사관리에 있어서 교육훈련이 더욱 중요해지는 배경에 대하여 설명하고, 이를 토대로 성과주의 인사제도 정착을 위한 교육훈련 혁신방향에 대하여 논하시오.
2. 기존 교육훈련의 문제점을 지적하고, 이를 극복하기 위한 방안을 논하시오.
3. 교육훈련의 패러다임 변화에 대해서 설명하라.
4. 교육훈련 기법을 그 실시대상에 따라서 나누어 설명하라.
5. 신입사원 조기정착화와 멘토 시스템에 대하여 설명하라.
6. 신입사원 조직사회화의 필요성과 실시방안에 대해서 논하라.
7. 코칭의 의의, 특징, 효과
8. 교육훈련의 새로운 경향
9. Action learning
10. 교육훈련 프로세스를 설명하라.
11. '학습의 전이' 개념에 대해 설명하라.
12. 교육훈련의 평가방법에 대해 설명하라.
13. ROI 분석기법의 의의와 도입의 유익성에 대해서 설명하라.
14. 승진관리 방안에 대해서 설명하라.
15. 최근 승진정체 현상이 심각한 문제로 대두되고 있는데, 그 원인과 문제점에 대해서 지적하고, 이에 대한 극복방안에 대하여 논하시오.
16. 경력개발에 대해서 논하라.
17. 최근 "고용안정"의 개념 보다 "고용잠재력"의 개념이 중요하게 대두되는 배경에 대해서 설명하고, 고용잠재력을 강화시킬 수 있는 경력개발의 방안에 대하여 논하시오.
18. 경력욕구의 파악과 통합 방안에 대해서 설명하라.
19. 경력경로
20. 생애경력개발 방안을 설명하라.
21. 이중 경력개발
22. 다중 경력개발
23. 경력정체의 원인과 극복방안

CHAPTER

05 _ 인사고과

핵심
인사노무관리

세부목차

생각해보기

평가와 보상에서의 정보적 효과와 통제적 효과

기존에는 창의성에 관련된 다양한 연구들이 대부분 창의적인 사람들의 역할에 집중하고 있었지만, 최근에는 창의적 성과에 영향을 미치는 상황적 요인들에 더욱 초점을 맞추고 있다(Shalley & Perry-Smithm 2001). 즉, 창의성은 업무환경의 특징에 의해 촉진되기도 하고 제한되기도 하는 것이다. 이때 내적동기는 창의성에 가장 결정적인 영향을 미치는 요인이다(Amabile & Gryskiewicz, 1987). 일반적으로 사람들은 내적동기가 있을 때에 창조적인 일을 하려는 경향이 있는데, 그 이유는 외부의 상황에 대해 고려하지 않고 단지 그들의 일에만 집중할 수 있도록 하기 때문이다. Deci&Ryan(1985)의 인지적평가이론(cognitive evaluation theory)에 의하면 사람들은 자신의 일을 스스로 하려는 욕구와 자기 유능성에 대한 인식이 높을 때에 내적동기가 높아진다고 설명하고 있다. 이때 이러한 것에 영향을 미치는 두 가지 요소는 통제적(controlling)인 것과 정보적(informational)인 것이 있다.

통제적 효과라는 것은 사람들로 하여금 특정한 성과나 행동을 하도록 압력을 가하는 요소이다. 이러한 통제적인 상황이 강해지면 사람들은 행동에 대한 원인을 외부적으로 찾게 되고 내적동기에 부정적인 영향을 미치게 된다. Bartis,Szymanski,&Harkins(1985)는 평가가 창의성을 감소시킨다는 연구를 하였다. 이 실험에서 평가를 받는 피실험자들은 실험자가 그들이 높은 성과를 내는 것에 대해 많은 관심이 있으며 그들의 성과 점수는 다른 참여자들의 점수와 함께 공개될 것이라고 주의를 받았다. 이것은 피실험자들에게 성과에 대한 압력을 주기 때문에 통제적인 상황이 강한 실험이라는 것을 알 수 있다. 이러한 평가방법은 사람들의 창의성을 감소시켰다.

정보적 효과란 사람들에게 업무의 역량과 행동에 대한 정보를 제공하는 것으로 특정한 압력을 가하는 것이 아니라 단지 현재 업무의 완성도에 대한 정보를 제공하는 것을 의미한다. 정보적인 상황이 강해지면 내적동기에 긍정적인 영향을 미치게 된다. 이것은 Shalley(1995)의 실험에 의해 알 수 있다. 실험의 참여자들은 어떤 분야의 전문가가 그들의 해결책에 대한 내용을 자세히 살펴본 후에 결과를 알려주는 것이었다. 이것은 사람들로 하여금 자신의 역량을 높이는 기회로 활용되고 전문가의 회신을 통해 새로운 것을 배울 수 있는 기대를 갖게 되어 정보전달적인 상황이라고 할 수 있다. 이러한 평가방법은 창의성을 높이는 결과를 만들었다.

이상의 논의에서 볼 때, 성과평가와 보상등의 설계에 있어서는 그 제도와 관련된 다양한 목적과 계획이 있겠지만 그것은 단지 제도에서 그치는 것이 아니라 그 제도와 직원들 사이에 흐르는 심리적 효과와 영향에 대해서 충분히 고려해야함을 의한다.

-배종석, '사람기반 경쟁우위를 위한 인적자원론' 중에서-

인사고과는 미래에 보다 나은 성과를 달성하기 위하여 종업원의 특질, 행동, 직무성과 등을 체계적으로 평가하는 활동을 말한다.

기업은 인사고과를 잘 운영하면 우수한 종업원을 유지할 수 있으며 공정성 지각을 높이고 종업원의 만족을 높일 수 있다. 기업 또한 조직의 목표를 달성하도록 종업원을 동기부여 시킬 수 있고 바람직한 행동을 유도할 수 있다. 따라서 대내외 환경변화와 종업원의 욕구를 잘 반영하여 인사고과제도를 운영하는 것이 중요하다.

인사고과에서 고려해야 할 주요 환경을 살펴보면 먼저 개인권리의 신장과 민주주의 요구가 확대됨에 따라 인사고과의 적법성과 공개, 피고과자의 참여가 요구되고 있다. 복잡하고 유기적인 직무구조로 인해 팀작업의 도입이 활성화되면서 집단을 대상으로 한 평가와 다양한 평가자에 의한 평가가 요청되는 것 또한 중요한 변화이다.

그러나 우리나라의 인사고과는 인사고과결과의 비공개를 원칙으로 삼고 피고과자를 평가과정에 배제하는 경우가 많으며 팀단위 조직의 도입과 관계없이 개인평가 위주로 직속상사에 의해서만 평가하는 경향이 있다.

또한 많은 기업들이 지나친 성과주의 인사제도로 단기업적에 치중하다보니 장기적인 업무에 덜 신경 쓰게 되는 경향을 보이고 있으며 새로운 기술의 개발이나 새로운 지식의 창출에는 별로 신경을 쓰지 않게 되어 조직의 장기적이고 지속가능한 역량을 축적하는데 어려움을 겪고 있다.

따라서 이하에서는 인사고과의 개념과 중요성을 살펴보고 바람직한 인사고과의 전개방향을 제시하고자 한다.

기출문제

1. 공개적 인사고과 제도의 본질과 도입과제 (4회, 25점)
2. 인사고과의 과정에서 발생하는 고과자 오류와 해소 방안 (7회, 25점)
3. 인사고과제도의 새로운 경향 (8회, 25점)
4. 인사고과방법 중 전통적 특성중심의 인사고과, 행위중심의 인사 고과, 결과중심의 인사고과의 신뢰성과 타당성 (13회, 25점)
5. 다면평가(360° 피드백)의 의의와 목적, 성과관리를 위해 사용시의 문제점과 효과적 관리방안 (16회, 25점)
6. 직무중심 관리관행과 인간중심 관리관행에 따른 평가관리 제도에 대해 설명하시오. (18회, 25점)
7. 팀단위 성과평가의 필요성, 요소, 단계 (20회, 25점)
8. 인사감사의 의의와 유형 (5회, 25점)
9. 인사감사제도에 대해 설명하시오. (14회, 25점)
10. 역략(Competency)의 개념, 특징, 그리고 효과적인 역량중심 인사평가 시스템의 구축방안을 설명하시오.(22회 25점)

제1절 인사고과의 기초

Ⅰ. 인사고과의 의의

1. 인사고과의 개념

인사고과는 조직의 목표달성을 위하여 종업원의 특성, 행동, 성과 등을 체계적으로 평가하는 활동이다. 인사고과는 종업원의 보상과 동기부여 그리고 능력개발에 결정적인 역할을 하며, 나아가서는 전략적 인적자원관리에도 많은 영향을 주는 활동의 하나이다.

2. 인사고과의 목적

(1) 인력확보를 위한 중요한 정보제공

인사고과는 보유인력에 대한 질적수준을 판단하는 기준이 되며 선발도구에 대한 타당도 측정을 위한 기준이 된다.

(2) 인력개발의 계획활동

인사고과는 종업원의 현재 능력과 잠재능력간의 차이는 교육훈련 내용을 결정하고 종업원의 배치·이동에서 승진에 대한 의사결정의 기준이 된다. 또한 종업원의 경력욕구와 조직의 욕구를 조정하는 도구로 활용한다.

(3) 임금결정의 중요한 기준

인사고과는 조직의 목표달성에 공헌한 정도를 파악하여 더 많이 공헌한 사람에게 더 많은 보상을 하기 위한 기준이 된다.

(4) 인력유지의 중요한 정보 제공

인사고과는 종업원의 정신적 측면(종업원 사기, 조직에 대한 조직 커미트먼트 등)에 대한 정보를 제공한다.

(5) 인력방출의 주요 근거

인사고과는 조직이 과잉인력을 보유하고 있어 감축이 불가피할 때 누구를 방출시켜야 할 것인가에 대한 의사결정의 중요한 기준을 제공한다.

(6) 성과향상 및 기업가치 측정

인사고과는 성과향상에 바람직한 행동과 바람직하지 않은 행동을 구분하여 성과개선을 위한 기준이 된다. 또한 오늘날 인력의 중요성이 커지면서 기업의 인적자원의 현재, 미래 가치를 측정하여 투자자들에게 중요한 정보를 제공한다.

3. 인사고과의 변화

>> 전통적 인사고과와 현대적 인사고과의 비교

구분	전통적 인사고과	현대적 인사평가
누가	상사 중심, 단면평가	본인 참여, 다면평가
언제	정기평가	수시평가
무엇을	인물·성격 (포괄적, 추상적)	성과(업적)·능력 (객관적, 구체적)
어떻게	상대평가, 감점주의	절대평가 중시, 가점주의
왜	사정형, 상벌, 감독,	능력개발, 인재육성, 성과향상
피드백	비공개	공개
기준	과거 중심	미래 중심

4. 인사고과의 환경[1]

(1) 외부환경

① **정부의 개입** : 정부는 기업을 둘러싼 다양한 이해관계자들을 대표하여 제반 경영활동에 대한 규제와 지침을 제공한다.

② **개인권리의 신장과 산업민주주의** : 인사고과의 적법성과 공개성 및 피고과자의 참여가 요구되고 있다.

③ **시장경쟁의 변화** : 품질의 중요성이 부각되면서 전사적인 차원에서의 품질관리(TQM)가 중요해지고 있다. 전통적인 개인단위의 인사고과보다는 TQM 접근방식의 인사고과를 설계하는 것이 중요한 과제로 부각되고 있다.

④ **정보기술의 발달** : 정보기술을 통해 정보를 보다 신속하게 접근할 수 있게 되었고 현장단위로 의사결정이 분권화되고 팀작업이 많아지면서 팀단위 평가의 중요성이 커지고 있다.

(2) 내부환경

① **인사제도나 운영** : 경쟁전략을 효과적으로 지원하고 있는지에 대한 평가가 필요하다.

② **경쟁전략** : 경쟁전략에 따라서 인사고과가 달라진다. 예를 들어 혁신전략을 구사하는 경우에는 인사고과의 평가요소를 장기적 결과로, 평가단위는 부서나 조직전체수준으로 설정하는 것이 바람직한 반면 방어형의 경우 평가요소는 과정에, 평가단위는 개인 또는 집단으로 설정하는 것이 바람직하다.

---

1) 자료 : 김식현, 인사관리론(2003), p167~p170

Ⅱ. 인사고과의 관리기준(구성요건)

1. 타당성(validity)

(1) 개념

인사고과의 타당성은 고과내용이 고과를 실시하는 목적에 얼마나 부합하는지의 정도를 말한다. 즉, 고과요소의 선정이 고과목적과 일치하는 정도를 뜻한다. 예컨대 승진을 위한 고과에서는 승진후보자의 잠재능력과 적성이 주요한 평가내용이 되어야 할 것이고 임금(인센티브)의 경우 성과(공헌도)가 주요한 평가내용이 되어야 보다 타당성이 높아질 것이다.

(2) 기존의 문제점

기존의 인사고과는 피고과자의 잠재능력, 성과 그리고 작업행동을 모두 측정한 점수를 합쳐 종합점수를 승진의사결정, 인센티브 의사결정 등 다목적으로 활용하고 있어 타당성이 훼손되고 있다. 또한 모든 종업원을 대상으로 동일한 고과요소로 평가하는 경우 개별 직종·직급의 특성을 반영하기 어렵다.

(3) 타당성 증대 방안

① 목적별 고과제도의 실행

인사고과 결과를 다목적으로 활용하는 문제를 극복하기 위해서는 평가 목적별로 그 내용을 차별화할 수 있는 목적별 고과제도를 실행하여야 한다.

② 피고과자 집단의 세분화

인사고과의 타당성을 높이려면 직종별, 직급별로 차별화된 고과요소가 개발되어 개별 직종·직급의 특성을 잘 반영할 수 있어야 한다.

2. 신뢰성(reliability)

(1) 개념

인사고과의 신뢰성은 고과를 측정하고자 하는 내용이 얼마나 정확하게 측정되어 졌느냐에 관한 것이다. 즉, 인사고과 결과치의 일관성 또는 안정성을 나타내는 지표이다.

(2) 신뢰성을 저해시키는 대표적 오류

우리 기업의 많은 경우는 상사 중심의 상벌형 상대평가, 인물 중심의 주관적 평가를 실시하고 있어 다양한 오류가 발생하고 있는데 그 대표적인 유형은 아래와 같다.

① 관대화, 중심화, 가혹화 경향
② Stereotyping(상동적 오류) : 특정한 사람에 대해 갖고 있는 고과자의 지각, 고정관념 (ex. 이슬람교, 노동조합)
③ Halo effect (후광효과) : 고과자가 피고과자의 어느 한면을 기준으로 다른 것까지 함께

평가해 버리는 경향 (ex. '친절하면 성실하고 책임감이 강하다')

④ 연공오류 (seniority errors) : 연령, 학력, 근속연수가 평가에 영향을 미치는 경우

⑤ 시간적 오류 (recency errors) : 최근의 업적, 능력을 중심으로 평가

⑥ 상관편견 (correlational bias) : 고과항목의 의미 정확히 이해 못 하는 경우 (ex. 창의력, 기획력)

⑦ 대비오류 (contrast errors) : 여러 명을 평가할 때 우수 다음 보통을 낮게, 낮음 다음 보통을 높게 평가하는 경우

⑧ 유사성 오류 (similar-to-me errors) : 고과자와 피고과자간의 가치관, 행동패턴, 태도면에서 유사한 정도에 따라 고과결과가 영향을 미치는 경우

⑨ 귀속과정 오류 (errors of attribution process) : 피고과자의 업적이 낮았을 때 그 원인이 외적귀속임에도 내적귀속에서 찾거나, 반대로 피고과자의 업적이 높았을 때 내적귀속임에도 불구하고 외적귀속에서 찾는 경우〔ex. '잘 되면 내 탓(내적 귀속), 못 되면 조상 탓(외적 귀속)'〕

⑩ 2차 고과자의 오류 : 1차 고과자가 이미 평가한 내용을 가지고 "적당히" 하는 경향

◈ 인사고과의 신뢰성 관련 오류의 원인

고과자의 의도적인 주관적 평가	고과자 자신이 인지 못하는 오류	정보부족으로 인한 오류
관대화 경향 중심화 경향 가혹화 경향 상동적 오류 연공 오류	후광효과 시간적 오류 상관편견 대비오류 유사성오류	중심화경향 귀속과정오류 2차 고과자 오류

자료 : 박경규, 신인사관리(2013), p265

(3) 신뢰성 증대 방안

① 의도적 오류 감소

의도적인 오류를 줄이기 위해서 고과목적별로 절대고과와 상대고과를 적절히 사용하고 고과방법을 보다 정교하게 만들어야 한다. 또한 고과자를 직속상사 일변도로 하는 것보다 피고과자 본인, 외부전문가, 동료 등 다면평가 방식도 오류를 줄이는데 기여할 것이다.

② 알지 못하는 오류 감소

고과자 자신이 인지 못하는 오류들은 제도의 개선과 고과자 교육을 통해 극복이 가능하다. 고과자 자신이 이러한 오류들에 대해 자신도 모르는 것이었기 때문에 오류의 수정에 대체로 협조할 자세가 되어 있다.

③ 정보부족으로 인한 오류 감소

정보부족으로 인한 오류는 고과자가 필요로 하는 정보를 조직이 충분히 제공하든지, 고과자가 피고과자에 대하여 획득할 수 있는 정보만큼 고과내용의 범위를 축소해야 할 것이다.

④ 고과결과의 공개

고과결과를 공개하는 경우 협동체제 저해, 종업원의 저항 등 많은 문제를 야기할 수 있으나, 고과의 신뢰성을 증대히기 위해서는 공개하는 것이 바람직하다. 새로운 고과기법을 개발하고 고과에 대한 근거자료를 유지해야 하며 고과자 교육이 뒤따라야 한다.

3. 수용성(acceptability)

(1) 개념

인사고과에서의 수용성은 '얼마나 저항 없이 고과의 목적, 결과 등을 수용하는가'에 관한 것이다. 즉, 피고과자들이 인사고과제도에 대해 이를 적법하고, 필요한 것이라고 믿고, 고과가 공정하게 이루어지며 고과결과가 활용되는 고과목적에 대해 동의하는 정도를 말한다. 수용성은 고과 기준 뿐만 아니라 고과 과정에 있어서의 공정성도 의미한다.

(2) 저항의 원인

① 고과목적에 대한 신뢰감 상실

성과가 낮은 종업원을 가려내고, 인센티브의 불이익 등 부정적인 방향으로 사용될 것이라고 판단되면 종업원은 고과목적에 불만을 갖고 저항할 수 있다.

② 정보부족

정보가 부족하면 불확실성 내지 무지에 대해 불안감을 갖기 마련이며 이는 저항을 유발할 수 있다.

③ 종속적 관계 강화의 관점

주로 노조측에서 주장되고 있으며 고과제도가 도입되면 상사의 눈치를 살피게 된다는 것이다. 특히 우리나라 조직에서 생산직을 대상으로 하는 인사제도의 도입이 극히 미진한 이유이기도 하다.

(3) 수용성 증대 방안

① 종업원 참여

MBO와 같이 피고과자가 고과에 제도적으로 참여할 수 있는 기회가 있으면 고과결과에 대한 수용성은 높아질 수 있다.

② 능력개발형 고과

고과목적을 승진의사결정에서 능력개발 목적으로 확대시킨다면 피고과자는 고과에 대해 과거 통제적인 것이라는 인식에서 종업원의 능력을 개발시켜주는 지원적인 것으로 인식전환이 될 것이고 이는 수용성을 높일 것이다.

③ 고과제도 개발시 종업원 대표의 참여

고과제도 그 자체는 경영권에 해당되지만 수용성을 높이기 위해 제도 개발단계부터 종업원 대표를 참여시켜보다 원활한 커뮤니케이션이 가능하게 하는 것이 바람직하다.

④ 고과제도 개발시 그 목적과 필요성을 투명하게 알리고 교육을 실시

4. 실용성 (practicability)

(1) 개념

인사고과에서의 실용성은 '비용을 얼마나 최소화하고 편익을 극대화할 수 있는가'에 관한 것이다. 즉 기업이 고과제도를 도입하는 것이 의미가 있으며 현실적으로 비용보다 효과가 더 클 때 실용성이 있는 것이다.

(2) 실용성을 갖추기 위한 조건

① 경제성

비용을 감당할 수 있으며 그러한 비용을 투자하여 얼마만큼의 결과를 얻을 수 있는지 비용-편익 측면을 고려해야 한다.

② 단순성 및 이해가능성

복잡·정교하면 타당성, 신뢰성이 우수하지만 고과자가 기법을 이해하지 못하여 문제가 발생할 수 있다. 따라서 고과자가 쉽게 이해할 수 있어야 하며 고과에 소요되는 시간도 적절해야 한다.

Ⅲ. 인사고과의 설계[2]

1. 고과요소

조직목표를 달성하는데 필요한 행위와 가치를 평가요소로 해야 한다. 측정이 가능한 경우 업적 또는 성과를 평가하고 업적의 기준이 모호한 경우에는 행위나 능력, 인적, 특성을 평가한다.

> ❯ 고과요소별 특징

고과요소	평가기준				
	전략적합성	타당성	신뢰성	신뢰성	구체성
특성평정	낮은 편	낮은 편	낮은 편	높음	매우 낮음
행위평정	꽤 높음	높은 편	높은 편	중간	매우 높음
업적평정	매우 높음	높은 편	높음	높음	업적관련 높음 행위관련 낮음

(1) 특성평가

① 개념 : 특성평가는 피고과자의 능력이나 개인적 특성을 평가하는 것을 말한다. 의사결정능력, 회사에 대한 충성심, 의사소통능력 등이 있다. 이 방법은 종업원이 무엇을 하는가를 측정하지 않고 종업원이 어떤 사람인가를 측정한다.

---

2) 자료 : 김식현, 인사관리론(2003), p177~p193

② 장점 : 개인의 잠재능력에 대한 정보를 제공하므로 직무적성, 승진, 배치 등의 의사결정에 유용하다.

③ 단점 : 상당히 주관적으로 이루어지기 때문에 고과자간 일관성이 부족하고 고과결과를 종업원에게 피드백 하는데 적합하지 않다("귀하는 부끄러움을 많이 탄다"). 또한 직무상의 행위는 개인의 특성만이 아니라 상황요인이나 환경요인에 의해 영향을 받기 때문에 타당성이 문제된다.

(2) 행동평가

① 개념 : 행동평가는 피고과자가 직무상의 표준적인 행위에 얼마나 부합되게 행동하는가를 평가하는 것을 말한다.

② 장점 : 특성평가보다 타당성이 높고 평가정보를 피드백으로 사용하기도 적합하다.

③ 단점 : 반드시 하나의 행위만이 유효한 직무성과를 낳는 것은 아니기 때문에 어떤 행위를 평가할 것인가라는 문제가 발생한다.

(3) 성과평가

① 개념 : 성과평가는 종업원의 행동과 관련이 있는 구체적인 성과지표를 평가하는 것을 말한다. 유효한 성과를 낳은 여러 가지 직무행위가 존재하는 경우에 적합한 방법이다.

② 장점 : 생산성, 품질, 매출액 등 객관적인 성과를 평가할 수 있다.

③ 단점 : 결과를 측정할 수 없는 직무, 행위자가 결과를 통제할 수 없는 경우에는 적합하지 않다. 또한 종업원들로 하여금 평가대상이 되는 결과에만 관심을 갖게 하고 개인간 실적경쟁으로 협력이 저해될 수 있다.

2. 고과대상

고과대상은 개인수준과 집단 혹은 부서수준으로 구분할 수 있다. 개인평가는 개인의 특성이나 행위 또는 업적평가에 유용하며 집단평가는 팀웍이 필요한 경우 작업자간 협력을 증진시키는데 유용하다.

3. 고과자

(1) 고과자의 유형

① 자기고과 : 자기고과는 능력개발을 목적으로 한다. 개인이 가진 결함파악과 개선에 효과가 있어 관리층의 고과 및 MBO에 많이 활용된다. 현혹효과를 줄이지만 관대화 효과가 크게 나타나는 단점이 있다.

② 상급자에 의한 고과 : 상급자가 하급자의 직무에 대해 잘 알고 있으므로 일반적으로 많이 활용한다. 실시가 용이하고 직속 상사가 하급자를 비교적 잘 알고 있다는 장점이 있으나, 고과가 주관적이기 쉽다는 단점이 있다.

③ 동료에 의한 고과 : 상사보다 동료가 더 정확히 평가 할 수 있다는 생각에서 착안한 방

법이다. 그러나 동료들은 친구로서 혹은 경쟁자로서 편파적일 수 있고 이는 중심화 오류를 낳는다는 단점이 있다.

④ 하급자에 의한 고과 : 하급자에 의한 고과는 상향평가방식으로 부하들이 상사의 행위를 직접 관찰할 수 있다는데 근거한다. 고과자의 익명성 보장과 상사와 부하간에 신뢰가 있어야 효율적이다.

⑤ 인사부서나 전문가에 의한 고과 : 객관성을 유지하기 위해 고과전문가에게 맡기는 방식이다. 현장토의, 인사평가센터 등이 여기에 속한다.

⑥ 고객에 의한 고과 : 특히 서비스 업무에서 많이 활용된다. 고객에 대한 서비스 과정은 상사가 부하를 관찰하기 힘들기 때문에 유용하다.

(2) 다면평가

기존의 고과제도에서는 주로 상사가 일방적으로 평가를 실시하는 경우가 많았다. 그러나 최근에는 다면평가의 도입에서 볼 수 있듯이 고과자가 상사뿐만 아니라 동료, 부하, 고객 등으로 확대되고 있는 추세이다.

4. 고과시기

고과시기는 6월 또는 매1년 등 정기적으로 실시되는 것이 일반적이다. 그러나 고과의 목적에 따라 승진, 인센티브, 배치전환 등을 결정할 때 고과를 실시하는 것이 가장 이상적이다.

5. 피드백

(1) 피드백의 의의

피드백은 인사고과 결과를 알려주는 것이다. 종업원은 자신의 성과에 대한 피드백에 근거해서 학습을 할 수 있으며, 나쁜 성과를 낳는 행위를 수정할 기회를 가질 수 있다.

(2) 피드백의 방법

① 일방적 피드백: 상사가 평가결과를 부하에게 들려주고 부하로 하여금 평가결과를 수락하도록 설득하는 방법이다.

② 청취형 피드백: 상사가 부하에게 평가결과를 들려주고 부하에게 소명할 수 있는 기회를 제공하는 방법이다.

③ 쌍방형 피드백: 부하들이 최대한의 통제권을 갖고 자신의 성과를 스스로 평가하고 미래의 계획을 수립, 상사는 심판관이 아닌 조언자의 역할을 수행하는 방법이다.

(3) 피드백시 고려사항

① 평가결과의 피드백을 참여적 방식으로 진행

② 한번의 피드백을 통해 여러가지 목적을 달성하기 보다 각각의 목적에 맞는 피드백을 제공

③ 부하의 인상관리행위를 촉발 : 부하가 상사에게 비치는 모습을 통제하기 위해서 자신의 행위를 조작하는 일명 인상관리행위를 촉발

6. 고과 방법

(1) 전통적 고과와 현대적 고과

◈전통적 고과와 현대 평가기법

	전통적 기법	현대적 기법
상대평가	서열법 평정척도법	
절대평가	체크리스트법 강제할당법	중요사건 서술법 행위기준 고과법 목표관리법 인사평가센터 다면평가법 BSC

① 전통적 고과방법

(ⅰ) 서열법 (ranking method)

서열법은 순위법이라고도 하는데, 피고과자의 가치에 따라 서열을 매기는 방법이다. 서열을 매기는 방법에 따라 교대서열법, 쌍대비교법으로 나눌 수 있다. 서열법은 일반적으로 평가가 용이하며 관대화, 중심화, 가혹화 경향을 예방하는데 강점이 있다. 그러나 피고과자가 너무 많을 때는 평가가 어렵고 반대로 피고과자가 너무 적을 때는 평가에 대한 의미가 적다는 단점이 있다.

(ⅱ) 평정척도법 (rating scale method)

평정척도법은 피고과자의 능력, 개인적 특성 및 성과를 평가하기 위하여 평가요소들을 제시하고 이에 대해 단계적 차등(등급)을 두어 평가하게 하는 기법이다. 평정척도법은 고과목적에 맞는 고과요소를 평가할 수 있고 평가결과에 대한 의미있는 계량화가 가능하여 임금(인센티브) 책정 등에 유용한 정보를 준다. 그러나 후광효과, 관대화·중심화·가혹화 경향을 피하기 어렵다.

(ⅲ) 체크리스트법 (check list method)

체크리스트법(대조법)은 고과내용이 되는 피고과자의 능력, 태도, 작업행동, 성과 등에 관련되는 표준행동들을 기술한 후 고과자가 체크하는 기법이다. 체크리스트법은 고과목적에 맞는 표준행동을 포함시킬 수 있기 때문에 타당성 측면에서 양호하다. 또한 고과자가 가중치를 모르기 때문에 관대화, 중심화, 가혹화 경향이 최소화될 수 있어서 신뢰성 역시 매우 우수하다. 다만 행동표준 선정과 가중치 부여에 대한 과학적인 검토에 많은 시간과 비용을 요구한다.

(ⅳ) 강제할당법

강제할당법은 피평가자를 일정한 비율로 구분하여 강제로 할당하는 평가방법이다. 예컨대 피고과자의 성과수준을 상위 10%, 중상 25%, 하위10% 등으로 사전에 규정하고 인원수를 맞추는 것이다. 이 방법은 관대화나 중심화 경향을 사전에 막을 수 있는 장점을 가지고 있으나, 피평가자의 능력과 업적이 정규분포곡선이나 강제분포비율과 일치할 수 있느냐는 문제가 있다. 또한 평가단위간 피평가자의 수가 상이함에 따라 피평가자의 평가결과가 유리 또는 불리하게 나타나는 단점을 가지고 있다.

② 현대적 고과방법

(i) 중요사건 서술법 (critical incident technique)

중요사건 서술법은 고과자가 일상 작업생활에서 관찰 등을 통해서 피고과자가 보여준 (비)효과적인 행동 내지 업적을 기록한 후 고과시점에 반영하여 평가하는 것이다. 중요사건 서술법은 타당도 측면에서 중요한 정보를 제공하기 어렵고 신뢰도 측면에서는 기록된 중요사건 그 자체에 대한 신뢰도는 매우 높다. 또한 실용성 측면에서는 실시가 비교적 용이하고 비용도 그렇게 많이 발생하지 않기 때문에 높은 편이다.

(ii) 행위기준고과법 (Behaviorally Anchored Rateing Scales : BARS)

행위기준고과법은 전통적인 인사고과 방법의 비판에 기초하여 피고과자의 실제 행동을 관찰하여 평가하는 방법이다. 이 기법은 평정척도법의 결점을 시정하기 위한 시도로 개발된 것으로 평정척도법과 중요사건 서술법을 혼용하여 보다 정교하게 계량적으로 수정한 기법이다.

(iii) 목표관리법 (Management by Objectives : MBO)

목표관리제도는 해당 종업원이 상사와 함께 목표를 설정하고 실행한 후 이에 대한 성과를 함께 평가하는 결과 지향의 평가방법이다. 목표관리제도는 단순히 목표 달성 여부를 평가하는데 그 의미가 국한되지 않고 보다 근본적으로 목표를 통해서 사람을 효율적으로 동기부여 시키면서 관리하는 제도이다.

(iv) 인사평가센터 (Assessment Center)

전문가들이 복수의 평가절차 및 다수의 방법으로 관찰하고 토론하면서 인사평가를 하는 방법으로 주로 승진 및 채용 적임자를 선별할 때 많이 활용되고 있다.

(v) 다면평가법 (360° 피드백)

다면평가(360° 피드백)란 기존의 상사 위주의 일방적 평가와 달리 피평가자를 상사, 동료, 부하, 내외부 고객 등 여러 각도에서 전방위적으로 평가하고 피드백하고 피평가자를 지원·개발하는 제도를 말한다.

(vi) BSC (Balanced Score Card : BSC)

BSC란 재무지표 일변도의 기존 성과평가시스템의 한계를 극복하고 조직의 비전과 전략 및 이를 구현하기 위한 모든 요소(미래의 성과창출동인)를 4가지 관점에서 균형있게 평가하는 새로운 전략적 성과평가시스템이다.

(2) 절대고과와 상대고과

조직은 인사고과의 목적에 따라 종업원을 상호 비교하여 평가하는 상대평가기법과 종업원을 일정한 기준에서 그 수준을 평가하는 절대평가법을 사용할 수 있다.

상대평가와 절대평가[3]

Ⅰ. 들어가며 : 절대평가의 부각

국내에서 인사평가 방식이라면 한 때 상대평가가 주를 이루었다. 상대평가 방식에서는 평가 대상자의 집단 내에서 서로 비교하여 개인을 평가한다. 이 방식은 상위 몇 명을 선발, 추천, 개발하거나 제한된 자원을 배분하는 서열을 정하는데 유용하다.

그런데 최근에는 절대평가가 부각되고 있다. 절대평가는 종업원을 일정한 기준에서 그 수준(업무수행 정도 등)을 평가하는 것이다. 상대평가에 의한 경쟁유발 및 동기저하의 문제를 극복하고 인재개발 및 역량개발의 목적으로 절대평가가 추진되고 있다. 오늘날 국내 기업들이 능력/성과주의를 내세우는 신인사제도로 이행함에 따라 잘 정의된 목표달성을 위한 육성형 또는 인재개발형의 절대평가방식이 강조되는 것이다.

아직 우리 기업들이 절대평가에 대한 노하우를 충분히 갖고 있지는 않지만, 승진과 자격을 분리하여 자격의 승격에 절대평가를 활용하고 있다. 또한 교육훈련 영역에서는 직능의 달성에 대한 평가 역시 절대평가로 하고 있다.

아래에서는 상대평가와 절대평가의 개념, 기법, 특징 등을 비교한 뒤 바람직한 조화방안 등에 대해서 간략히 언급하도록 하겠다.

Ⅱ. 상대평가와 절대평가의 사용상황 및 기법 비교

1. 상대평가

(1) 상대평가의 사용상황

종업원을 상호 비교하여 평가하는 방법으로 단지 차별화가 목표이므로 구체화된 평가가 주 목적은 아니다. 조건없이 상위 몇 명을 선발할 때, 상위자들에게 인식(recognition)과 보상을 주고자 할 때, 상위자에게 상여금을 주거나 직책을 차등분배하고자 할 경우 등에 사용하고 있다.

(2) 상대평가 기법 : 서열법, 강제할당법

2. 절대평가

(1) 절대평가의 사용상황

절대평가는 종업원을 일정한 기준에서 그 수준(업무수행 정도 등)을 평가하는 것으로 직원들의 우열을 가리기보다 직원 개개인의 육성에 초점을 맞추는 육성형 평가라 할 수 있다. 절대평가는 최소 수준을 넘는 사람중에서 면접을 볼 때, 전략적 역량 달성여부, 보상에 사용할 충분한 자원이 있고 종업원간 팀웍을 고무시키고자 할 경우 등에 사용된다.

(2) 절대평가 기법

평정척도법, 체크리스트법, 중요사건 서술법, 행위기준고과법, 목표관리법, 인사평가센터

>> 상대평가와 절대평가의 사용 상황 비교

구분	상대평가	절대평가
선발	조건없이 상위 몇 명을 선발할 때	다측면 최소기준을 사용해서 각 측면별 최소한 수준을 넘는 사람중에서 면접을 볼 때
개발	·상위자들에게 인식(recognition)과 보상을 주고자 할 때	·조직에서 필요로 하는 전략적 역량수준에 도달했는지 여부를 평가할 때 ·신입사원 훈련후에 각 부서에서 필요로 하는 역량이 개발되었는지 여부에 따라 그 부서에의 배치를 결정할 때
고과	·상위자에게 상여금을 줌으로써 동기부여시키고 종업원 간 경쟁을 고무시킬 때 ·보상자원이나 직책(post)이 적을 때 서열화하여 그 자원이나 직책을 차등배분하고자 할 때	·보상에 사용할 충분한 자원이 있고, 종업원간 팀웍을 고무시키고자 할 때 ·능력을 평가하여 해당자 모두에게 자격부여를 하고자 할 때

자료 : 이순묵, "인사평가에서 상대평가와 절대평가의 논리"(2005)

III. 상대평가와 절대평가의 구체적 비교

1. 평가의 목적(원리/논리/사용상황) : 선별 vs 개발·육성

2. 평가기준 및 평가결과의 조정

(1) 평가기준

① 상대평가 : 평가기준이 불명확하고 평가항목의 구체성이 꼭 요구되는 것은 아니다. 업무(직능)기준과 평가결과가 쉽게 연결되지 않으므로 상여 등에 연결될 때 납득성을 얻기 어렵다.

② 절대평가 : 평가기준이 명확하고, 평가항목의 구체성이 요구된다. 업무(직능)기준 등에 밀착한 평가를 하므로 상여 등에 연결시켜도 납득성이 있다.

(2) 평가결과의 조정 : 조정의 어려움 vs 조정의 용이

3. 정규분포 : 정규분포 사용 vs 정규분포 고려할 필요 없다.

4. 팀워크 : 적대관계를 형성하며 팀웍 깨지기 쉽다. vs 협력하여 기준을 충족시키는 것이 가능하며 팀워크에 유리하다.

5. 개발 및 교육 활용 : 사람과 사람을 비교하기 때문에 자기개발이나 교육에 사용하기 힘들다. vs 평가의 기준이 명확하므로 자기개발이나 교육에 사용할 수 있다.

절대고과	상대고과
개발, 육성의 논리	선별의 논리
평가 기준이 명확하다. 따라서 피고과자가 한명이라도 평가를 할 수 있다.	평가의 착안점은 정해져 있더라도 사람과 사람을 비교하는 것이므로 기준은 일정치 않다. 피고과자가 한명이면 평가할 수 없다.
피고과자 성적의 정규분포를 생각할 필요가 없다.	정규분포를 사용하여 A, B, C, D 등급의 %를 정할 필요가 있다.
모두 B이상의 기준을 충족시키면 C는 없어도 좋다.	노력하여 전체의 레벨이 향상되어도 A, B, C, D로 나누어야 한다.
팀이 협력하여 기준을 충족할 수 있다. 따라서 협력을 깨뜨리지 않는다.	아무리 향상되어도 A, B, C, D로 나누어지므로 동료는 적대관계가 되고 팀웍을 깨뜨리기 쉽다.
평가의 기준이 명확하므로 자기개발이나 교육에 사용할 수 있다.	사람과 사람을 비교하기 때문에 장점, 단점이 뚜렷하지 않아 자기개발이나 교육에 사용하기 힘들다.
평가자는 평가하기 쉽고, 피평가자도 납득성이 있다.	절대적 기준이 없으므로 평가하기 어렵고, 납득성도 희박하다.
평가항목의 구체성이 요구된다.	평가항목의 구체성이 꼭 요구되는 것은 아니다.
평가결과의 조정이 필요한 경우 기준에 의하여 행해지므로 비교적 용이하다.	평가결과를 조정할 경우, 대인비교가 되므로 기준이 없고 하기 힘들다.
업무기준이나 직능기준에 밀착한 평가를 하므로 상여 등에 연결시켜도 납득성이 있다.	업무기준, 직능기준, 평가결과는 쉽게 직결되지 않으므로 상여 등에 연결시키면 납득성은 얻기 힘들다.

자료 : 김영재 외, 신인적자원관리(2011)

IV. 상대평가와 절대평가의 장단점 비교

구분	상대평가	절대평가
장점	• 종업원들간의 성과차이 구분 용이 • 개인적 편견, 관대화·중심화·가혹화 경향 방지	• 개발과 육성에 활용 • 팀웍 유지
단점	• 평가도구의 타당성이 없을 경우 차이를 명확히 밝히지 못할 수 있음 • 단순히 서열구분을 주목적으로 하다보니 구분되는 내용의 구체성이 부족할 수 있음 • 종업권들간의 갈등 유발 • 성과피드백 모호	• 평가기준의 객관적 설정이 어려움 • 평가기준이 완벽하지 않을 경우 주관적 평가로 인한 오류가 발생할 가능성 있음 • 선발되어서는 안될 사람까지 선발되는 오류 긍정(false positive)의 가능성 커짐 • 대다수가 일정 수준 이상일 경우 자원제한의 문제 발생

자료 : 이순묵, "인사평가에서 상대평가와 절대평가의 논리"(2005) p.139를 필자가 재정리

V. 상대평가와 절대평가의 조화 필요

오늘날 절대평가가 더욱 요청되는 것은 사실이다. 기존에는 주로 상대평가를 활용했으나 인적자원개발에는 일정한 한계가 있었고, 조직수준에서의 업적 또는 전략적 역량관리 목표를 위해서는 절대평가가 더욱 요청되는 것이다.

그러나 어느 한 평가가 절대적으로 올바르거나 적당할 수는 없다. 중요한 것은 기업이 처한 상황과 평가의 목적이다. 위에서 설명한 바처럼 상대평가와 절대평가의 차이 및 장단점을 명확히 인식하고 용도(목적)에 맞게 선택하거나 혼합해서 사용해야 할 것이다.

Ⅳ. 현대적 인사평가 방법의 구체적 검토

1. 행위기준고과법(Behaviorally Anchored Rateing Scales : BARS)[4]

(1) 행위기준고과법의 배경과 의의

① 배경

전통적인 인사고과는 인성적 특성에 좌우됨으로써 관대화 경향·후광효과 등 주관적 오류를 극복하기 힘들었고 미래행위에 대한 개선 효과도 없었다. 이러한 전통적 인사고과의 취약점을 극복, 보완하고 피고과자가 업무수행 과정에서 실제로 보이는 행동을 기준으로 평가를 함으로써 평가의 객관성과 공정성을 높이고 피고과자의 바람직한 행위를 유도하기 위해 '행위기준'에 초점을 맞춘 인사고과법이 대두하게 되었다. 이런 취지에서 개발된 대표적인 인사고과 기법으로 행위기준고과법(BARS)을 들 수 있다.

② 의의

행위기준고과법은 관찰 가능하고 측정 가능하며 직무성과와 관련되는 피고과자의 실제 행동을 관찰하여 평가하는 방법이다. 이 기법은 평정척도법의 결점을 시정하기 위한 시도로 개발된 것으로 평정척도법과 중요사건 서술법을 혼용하여 보다 정교하게 계량적으로 수정한 기법이다.

❯❯ BARS의 예 (백화점 의류 매장에 근무하는 직원의 "지식과 판단력" 측정)

등급(체크)	중요사건(예시)
7 : 탁월한 성과 ( )	매장내 모든 제품에 대한 정확한 정보를 갖고 친절하게 근무하고 있어 고객들로부터 반응이 매우 좋다.

3) 이순묵(2005), "인사평가에서 상대평가와 절대평가의 논리", 한국기업의 인적자원관리, 박영사 김영재 외 (2006), 인적자원관리, 삼영사
4) 자료 : 김영재 외, 신인적자원관리(2011), p289~p293

6 : 양호한 성과 ( )	매장내 제품에 대한 비교적 정확한 정보를 갖고 있으며 제품의 가격변동에 대해 잘 알고 있으며 대고객 관계도 원만하다.
5 : 약간 양호한 성과 ( )	업무처리에 있어서 동료들과 정보를 살 교환하고 있으며 고객의 반품, 환불요구에 싫은 내색없이 잘 응대하는 편이다.
4 : 보통 정도의 성과 ( )	동료의 결근시 대리근무를 능숙히 잘 처리하는 편이며, 업무수행에 필요한 지식을 숙지하고 있는 편이고 큰 무리없이 근무하고 있다.
3 : 약간 나쁜 성과 ( )	동료와 잡담하는 일이 많으며 지불 계산시 입금과 영수증 발급 업무의 처리가 지연되어 고객을 오래 기다리게 하는 일이 종종 있다.
2 : 나쁜 성과 ( )	매장내 제품에 대한 정확한 정보를 가지고 있지 않아 고객이 원하는 제품을 신속히 골라서 권하지 못하고 있다. 고객들로부터 불친절하고 불편하다는 항의를 종종 듣는다.
1 : 매우 나쁜 성과 ( )	업무수행과 관련된 지식이 결여되어 고객들로부터 항의와 불편을 접수하는 일이 잦다. 동료와의 협조도 잘 이루어지지 않는다.

(2) 행위기준고과법의 특징

① 다양하고 구체적인 직무에 대한 적용
BARS는 특정 직무나 직무군의 특성에 맞추어져 있기 때문에 직무별로 효율적 행위를 제시할 수 있으며 이를 통해 성과달성의 원인이 될 수 있는 정보를 직무에 근거하여 개인에게 제공한다.

② 개발목표의 강조
목표를 어떻게 달성하고 어떤 행위가 목표달성과 관련이 있는지를 알 수 있기 때문에 종업원 개발이 가능하며 MBO와 병행하여 활용하는 경우 그 효과가 극대화될 수 있다.

③ 유효한 행위의 구별
BARS는 종업원들로 하여금 보다 유효한 행위와 그렇지 못한 행위를 구별하도록 하여 그들의 행위를 바람직한 방향으로 유도하게 된다.

(3) 행위기준고과법의 개발절차

① **BARS 개발 위원회 구성** : 현업 경험이 풍부하고 지식과 기술, 능력을 충분히 갖춘 대표 직원을 선발하여 개발위원회를 구성한다.
② **중요사건 열거** : 바람직한 행동, 바람직하지 못한 행동을 충분한 양만큼 나열한다.
③ **중요사건 범주화** : 대표성이나 중요성이 떨어지는 행동을 솎아낸 후 남은 행동들에 대해 범주 분류하고 동일 범주에 속하는 행동을 묶는다.
④ **중요사건 재분류** : 정확성과 공정성을 위해서 1차 개발위원회를 해체하고 2차 개발위원회를 노와 사측에서 공히 선발하여 구성하고 범주를 재분류하여 최종 범주와 행동을 확정한다.

⑤ 중요사건의 등급화 (점수화) : 확정된 범주와 개별 행동들에 대해서 조직 성과를 올리는 데 바람직한 행동과 바람직하지 않은 행동으로 구분하고 7점척도 또는 9점척도를 사용하여 행동을 등급화한다.

⑥ 확정 및 시행 : 등급분류가 끝나면 고과자는 각 범주에 있어서 등급으로 제시된 각 행동에 대해서 피고과자의 평소 행동으로 미루어 가장 기대되는 행동등급을 부여하는 방식으로 BARS를 실시한다.

⑷ 행위기준고과법의 종류

① 행동기대고과법(BES : Behavioral Expectation Scale)

BES는 피고과자의 행동을 우수, 평균 혹은 평균 이하와 같이 규정하는 기법이다. 제시된 행동패턴이 해당 부문에서 성과를 높이려면 어떤 행동을 보여 주어야 하는지를 구체적으로 보여주는 효과가 있다. 즉 성과달성에 효과적인 직무행동과 그렇지 못한 직무행동을 구분하게 해준다.

② 행위관찰고과법 (BOS : Behavioral Observation Scale)

BOS는 직무에 능통한 전문가가 성과행위를 구성하는 차원을 확정하여 각 차원을 구성하는 직무행위들의 "빈도"를 측정하여 점수화하는 방법이다. BES가 피고과자의 행위가 바람직한지 아닌지에 대해 혹은 열등한 업적인지 아니면 우수한 업적인지를 결정하고 점수화하지만, BOS는 피고과자의 해당 행동 빈도를 관찰하여 빈도를 측정하는 방식으로 진행된다.

타당도는 직무성과에 초점을 맞추기 때문에 높고, 신뢰도 역시 구체적 행동패턴을 척도로 제시하기 때문에 오류를 줄일 수 있어 높으며 수용성 역시 (비)효과적 행동을 알려주기 때문에 높다. 그러나 실용성은 고과기법을 개발하는데는 막대한 비용과 시간이 들어가기 때문에 낮다. 따라서 이 기법의 개발상의 복잡성과 정교함, 비용면으로 볼 때 소규모 기업에서 적용하기는 어려울 것이다.

※ 참고(평정척도법, BOS, BARS 비교)

	평정척도법	BOS	BARS
성격	역량 , 종합평가	역량특성 다차원적 절차적 요소	개별 역량수준 명시적 요소
장점	이해용이, 개발용이	타당성, 이해용이, 개발용이	수준별정의, 주관배체, 수준별 닻
단점	주관성개입, 육성/코치 미흡	주관배제 불충분	수준정의 난해, 다차원성 반영X
예	(항목 / 체크) 불만족 ↔ 우수 고객지향성 1 2 3 ④ 5 프로의식 1 ② 3 4 5 총점 6	(항목 / 체크) 거의없다 ↔ 항상그렇다 1. 고객지향성 1.1 A 1 2 3 ④ 5 1.2 B 1 ② 3 4 5 2. 프로의식 2.1 A 1 2 ③ 4 5 2.2 B 1 ② 3 4 5 총점 20(탁월)	(등급(고객지향성) / 중요사건 / 체크) 7 : 탁월한 성과 A 6 : 양호한 B 5 : 약간 양호한 성과 C ∨ ⋮ 1 : 매우 나쁜성과 G

(5) 행위기준고과법의 장단점

① 장점

(ⅰ) 다양하고 구체적인 직무에 적용 가능하다.

(ⅱ) 구체적인 업무관련 행동을 측정하므로 후광효과, 관대화·중심화·가혹화 등 주관적 오류를 줄이고 평가의 객관성과 공정성을 높일 수 있다.

(ⅲ) 목표관리의 일환으로 사용될 수 있다.

(ⅳ) 조직이 원하는 바람직한 행동을 유도하므로 성과향상과 업무개선 효과가 있다.

② 단점

(ⅰ) 개발에 시간과 비용이 많이 든다.

(ⅱ) 평가의 대상이 되는 행동지표에 영향을 받게 되므로 피고과자의 다른 행동을 고려하거나 회상하기 어렵다.

(ⅲ) 실무적용이 어렵다.

(6) 행위기준고과법의 운영방안

① 정기적 관찰기록 : 척도를 개발할 때 회상의 한계, 최근 사건 중심 경향을 극복하기 위해 피고과자의 행위를 정기적으로 관찰, 기록하고 평가시 그 관찰일기를 참고한다.

② 피드백 : 행위기준고과법의 평가자료는 피고과자에 대한 피드백에 이용한다.

③ 개발목적 : 평가결과는 부하직원들의 성과개선을 위한 개발목적에 이용한다.

2. 목표관리법(Management by Objectives : MBO)

(1) MBO의 의의

목표관리제도는 해당 종업원이 상사와 함께 목표를 설정하고 실행한 후 이에 대한 성과를 함께 평가하는 결과 지향의 평가방법이다.

MBO는 피터 드러커가 1950년대 경영관리 기법으로 제안하였고 맥그리거가 인사평가의 기법으로 도입한 이래 성과주의 인사고과 제도의 핵심으로 여겨지고 있다.

MBO는 목표 수립에 있어 종업원이 참여하는 참여지향형 평가기법으로 수용성을 극대화할 수 있는 성과지향형 인사관리 방법으로 평가되고 있다.

(2) MBO의 목적

① 동기부여 : 목표달성을 위한 구속성과 참여의식 유발, 강한 동기부여

② 의사소통 : 커뮤니케이션의 활성화 및 목표달성을 위한 일체감 형성

③ 공정한 처우 및 보상결정 : 공정한 처우 및 대우, 객관적 보상체계

(3) MBO의 실행과정

① 사전 홍보와 교육

MBO기법을 도입하기 전에 먼저 평가 관계자들에게 MBO제도를 설명하고 이해시켜 공감대를 형성하고 지지를 얻어내는 단계를 거쳐야 한다. 이 과정은 비전의 공유단계라고도 할 수 있다.

② 목표의 설정
최고경영자가 조직목표를 수립하고 이 목표를 하위시스템에 구체적으로 할당하는 과정을 통해 구체적인 목표를 수립한다. 이때의 목표는 구체적이고 측정가능하며 계량화할 수 있고 적정한 난이도를 유지하여야 한다.

※ 목표설정의 'SMART' 원칙
S : Specific(목표가 구체적이어야 하고)
M : Measurable(측정이 가능해야 하고)
A : Achievable(달성 가능하면서도 도전적이어야 하고)
R : Results-oriented(결과 지향적이고)
T : Time-bound(시간제약적이어야 한다. 즉 1년 이내에 처리할 수 있어야 한다)

---

③ 상급자와 협의
하급자에 의해 수립된 목표는 상사와 협의를 거쳐서 확정된다. 상사는 조지전체의 목표와 디부서 및 부문, 다른 하급자들과의 관계 등을 고려하여 조언을 하고 하급자는 조언을 참고하여 목표를 확정하게 된다.

④ 목표달성을 위한 실행
확정된 목표를 달성하기 위해 종업원은 계획된 기간 안에 목표를 실행한다. 이 단계에서 상사는 지원, 조정·조력, 정보 제공의 역할을 한다.

⑤ 평가 및 새로운 목표의 수립
기말에 달성수준과 목표를 비교하여 공동으로 평가하고 적절한 보상을 한다. 평가내용은 목표의 달성도, 목표설정 방식의 개선점, 기업환경의 개선, 능력의 개선점 등이며 본인이 1차 평가를 하고, 상사는 자신의 지원, 지도가 적절했는가를 평가하게 된다. 이러한 평가의 결과는 피드백되어 차기 목표수립의 기초자료가 된다.

(4) MBO의 장단점
① 장점
(i) 모티베이션 향상을 통해 생산성 향상에 기여할 수 있다.
(ii) 피고과자의 전반적인 능력측정이 가능하며 종업원의 능력개발에 기여한다.
(iii) 피고과자의 참여를 통해 수용성을 높이고 고과자 오류를 최소화 할 수 있다.
② 단점
(i) 도입과 실행까지 많은 비용과 시용이 소요된다.
(ii) 목표설정에 어려움이 있다.
(iii) 설정된 목표이외의 사항을 경시하는 경향이 있다.

(ⅳ) 실적위주의 양적측면만을 중시하여 질적인 측면의 무시가능성과 장기목표를 경시하
게 된다.

(5) MBO의 성공적 운영 방안

① 조직차원의 목표수정과 지속적 평가관리

조직의 전략적 적합성을 보장하기 위하여 지속적인 최고경영자의 관심과 조직차원의 목표수정
이 필요하다. 또한 종업원 스스로가 최종적으로 설정된 목표를 수용하고 성과의 표준을 향상시
키도록 조직의 의사소통 체계를 정비하여야 한다.

② 사업계획과 개인업무계획의 연계

개인목표가 조직목표 또는 거시적, 장기적 목표와 조화를 이루도록 하고 전략적 관점에서 균형
을 이루도록 하여야 한다. 조직과 개인의 성과평가를 연계시키는데 있어 BSC방식의 목표관리
가 하나의 대안이 될 수 있다. 조직의 성과와 연계된 4가지 관점(고객, 학습 및 성장, 내부 프로세
스, 재무)에서 개인의 목표를 설정하고 관리할 필요가 있다.

③ 중점업무 도출 및 비수량적 업무 적용방안 모색

목표 선정시 일상적으로 이루어지는 과업을 목표로 하는 것이 아니라 업무의 개선이나 조직 전
략달성에 도움이 되는 중점업무를 목표로 선정해야 한다. 또한 목표 수립의 원칙은 측정 가능
한 지표를 도입하는 것이나 관리업무 등의 비수량적 업무에는 어떻게 적용해야 할 것인지를 모
색해야 한다.

④ 과정에 대한 평가방안

MBO는 결과에 대한 평가이므로 자칫 달성과정을 무시하기 쉬우므로 구체적 행위에 중요성을
부여하는 행위기준고과법을 병행하면 효과를 높일 수 있을 것이다.

3. 인사평가센터(Human Assessment Center)[5]

(1) 인사평가센터의 의의

전문가들이 복수의 평가절차 및 다수의 방법으로 관찰하고 토론하면서 인사평가를 하는 방
법으로, 주로 관리자들의 선발이나 승진의사결정에 있어서 신뢰성, 타당성 높이기 위해 시
행한다. 관리자의 신규선발, 기존 관리자들의 공정한 평가와 인력개발을 위해서도 활용되고
있다.

(2) 인사평가센터의 특징[6]

① 참가자의 행동을 집단적으로 관찰·평가

---

5) 자료 : 최종태, 현대인사관리론(2003)
6) 자료 : 김영재 외, 신인적자원관리(2011), p304

② 참가자들에게 주어지는 조건 통일

③ 관찰·평가되는 것은 주로 참가자들의 행동

④ 관찰자와 평가자는 복수이며 사전에 철저한 훈련

⑤ 일련의 표준화된 테스트

⑥ 관리자의 직무에 대해 요구되는 자질이 미리 확정되어 있어야 함

⑦ 특정 관리자의 직위에 대한 적성 파악

⑧ 주관적 판단 감소

⑨ 평가결과의 예측력이 높고 실무적용 가능

⑩ 부적격 관리자 선발로 인한 인사비용 절감

(3) 인사평가센터의 목적별 분류

① 선발목적 S형 (selection)

인사평가센터를 통해 적성이 확인되면 후보자는 간부육성계획에 편입되어 소정의 관리자 연수를 수강한 후 적당한 시점에 관리직에 등용되는데 이것을 S형이라고 한다.

② 개발목적 D형 (development)

감독자의 개발을 전제로 특별히 능력 있는 사람을 조기에 발탁하는 조기등용제도를 D형이라 부른다.

③ 진단목적 I형 (inventory)

기업이 창업기를 지나 발전기에 접어들면서 필요로 하는 인재와 현재 인재와의 불균형이 발생하기 때문에, 현직관리자의 적성기를 진단하기 위해 인사평가센터를 사용하고 있다. 최근 급성장하는 중견 기업의 경영자로부터 현직의 부·과장과 젊은 간부 후보생을 평가하려는 경향이 증가하고 있다.

》 인사평가센터의 3대 목적

분류	대상	내용
S형	선발목적(selection)	감독자, 관리자 및 경영자 선발의 목적, 미국의 경우 약 90%가 S형
D형	개발목적(development)	감독자, 관리자 및 경영자 개발의 목적, 일본의 경우 약 80%가 D형
I형	진단목적(inventory)	현직 감독자, 관리자 및 경영자의 적성과 능력을 진단하여 부족한 점을 보완하는 목적.

자료 : 최종태, 현대인사관리론(2003), p453

(4) 인사평가센터의 절차

① 소요능력 리스트 작성

선발 또는 개발하고자 하는 대상 직무의 수행에 반드시 요구되는 소요능력 리스트를 작성한다.

② 연습과제 선정 및 실시

대상 직무의 실제 내용에 가까운 연습과제를 선정하고 실시한다. 연습은 개인작업과 관련하여 Inbasket Game, 집단활동과 관련하여 그룹토의, 시뮬레이션 미팅 등을 6~7회 실시한다.

③ 평가자의 연습과제 수행평가

객관적으로 관찰, 기록, 평가할 수 있는 잘 훈련된 평가자를 선정하여 대상자들의 연습과제 수행을 평가한다. 객관성 확보를 위해 평가자는 3명 이상 그룹을 구성하여 평가를 진행할 필요가 있다.

④ 능력평가 보고서 작성

평가자가 피평가자의 행동을 명확히 관찰, 기록하여 연습 종료 후 이를 정리하여 소요능력 항목별로 강약점을 평가하고 평가자 회의를 통해 확정한다. 결과를 평가보고서로 정리하고 적성 및 육성중점사항을 본인 및 상사에게 피드백 한다.

(5) 인사평가센터의 장단점

① 장점

(ⅰ) (관리자로서의 리더십)잠재 능력을 파악하기에 유용

(ⅱ) 예비관리자에 대한 신상정보와 능력을 짧은 시간에 파악

(ⅲ) 높은 측정의 정확도

② 단점

(ⅰ) 평가센터에서 제시된 상황과 실제 기업조직 상황간의 차이

(ⅱ) 지원자의 언어능력 테스트에 치중

(ⅲ) 관찰자의 훈련이 미흡하거나 한 두사람의 영향력이 지나치게 큰 경우

(ⅳ) 방법의 표준화가 어려움

(ⅴ) 예측타당성이 문제될 수 있음

(ⅵ) 시간과 비용

(ⅶ) 탈락자들의 반발

(6) 인사평가센터의 성공적 운영방안

① 평가지표의 신중한 선정

평가센터법에 적용되는 평가항목은 관리능력의 지표로 종업원 능력개발의 방향을 결정하는 것이므로 신중하게 결정되어야 한다. 평가지표는 기업의 전략과 문화를 고려하여 선택되어야 하며, 타사의 Bench Marking을 통해 무분별하게 선택된 평가지표의 활용은 지양해야 할 것이다.

② 평가자 선정

평가자 선정은 평가센터법 성공의 요체로 평가자의 전문성, 평가자와 피평가자와의 관계, 평가기간 등을 고려하여야 한다.

③ 결과보고 및 피드백

결과보고 및 피드백은 피평가자들이 신뢰할 수 있도록 다양한 방법으로 전달되어야 한다.

4. 역량평가

(1) 역량과 역량평가의 의의

① 역량(Competency)의 개념

역량은 조직에서 커다란 업적을 창출하는 인재가 지속적으로 보유하고 있는 내적특성을 의미하며 McClelland가 체계화한 개념이다. 역량 중에서 그 기업만이 가지고 있는 경쟁우위를 가져다주는 차별적 능력인 핵심역량을 파악하는 것이 기업의 성과창출을 위해 매우 중요하다.

역량은 성과와 구별되며 성과를 단기적 결과 중심으로 파악한 전략 달성의 기여도라고 본다면 역량은 장기적 관점의 성과창출을 위한 잠재력이라 할 수 있다.

◈ 역량과 성과의 비교

	Performance	Competency
목적	기본납/보너스 결정 단기적 성과중심	승진/후계자양성 장기적관점
평가	재무성과 / 전략항목	리더십 / 장기적 재무성과
평가자	직속상사 중심	위원회/다면평가

② 역량평가의 개념과 활용

역량평가는 종업원이나 조직수준의 역량보유정도를 평가하여 제반 인사관리에 활용하는 방법이다. 공통역량, 직무역량, 기능역량을 평가요소로 한다. 역량평가는 역량수준의 파악을 통해 기업과 종업원의 역량을 개발하고, 장기적 성과창출을 달성하기 위한 기반이 된다.

※ **역량의 평가요소**

(1) **공통역량 (Common Competency)**
공통역량은 조직이 추구하는 전략적 목표와 가치에 따라 모든 종업원이 공통적으로 가져야 할 역량으로 정의할 수 있으며, 조직의 목표달성을 위해 필수적으로 요구되는 핵심역량이라 할 수 있다.

(2) **기능역량 (Functional Competency)**
기능역량은 재무, 인사 등 종업원들이 조직의 목적달성을 위해 수행하고 있는 각 기능별로 요구되는 역량을 의미한다.

(3) **직무역량 (Job Competency)**
직무역량은 각 직무 수행에 필요한 구체적 역량을 의미하며, 개인 또는 단위 조직이 담당하고 있는 과업을 수행하면서 높은 성과를 내기 위해 필요한 역량을 말한다.

---

(2) 역량평가의 절차

① 사전준비

먼저 사업이나 전략을 완수하기 위해 필요한 조직의 핵심직무를 선정하고 그 직부를 수행하기 위한 직무수행 요건을 파악하여야 한다. 사전준비 단계부터 종업원의 참여가 보장되는 경우 수용성이 높아질 수 있다.

② 역량의 파악

직무성과와 관련이 있고 측정가능하며 개발가능한 기업 고유의 역량을 공통역량, 기능역량, 직무역량으로 파악하여 Dictionary화 할 필요가 있다.

③ 평가의 실시

역량평가의 대상자는 역량사전에서 자신에게 필요한 역량을 선택하여 자기 평가를 거쳐 상사평가를 받는다. 이를 통해 보유역량과 필요역량의 차이를 발견하고 자기개발계획을 작성하여 역량향상을 위한 활동을 한다.

(3) 역량평가 결과의 활용

① 인력 운영과의 연계

역량평가 결과를 승진 및 보상에 활용할 수 있으며 종업원 행동을 조직성과 향상에 적합한 방향으로 유도할 수 있다.

② GE의 9Block model 사례

GE는 역량평가를 통해 인력을 성과와 역량의 측면에서 핵심인력, 잠재인력, 강화인력, 주의인력, 부진인력으로 분류하여 운영하고 있다. 평가를 통해 핵심인력으로 선정된 인력은 경영진 후보로 양성 (Succession Plan)되고, 부진인력으로 선정된 인력은 퇴출 등의 단계를, 다른 부류의 인력은 그 특성에 따라 적합한 자원관리가 이루어진다.

◆ GE의 역량평가 결과에 따른 인재 육성전략

고	③ 강화인력	④ 잠재인력	⑤ 핵심인력
(성과)	② 주의인력	③ 강화인력	④ 잠재인력
저	① 부진인력	② 주의인력	③ 강화인력
	저	(역량)	고

구분	육성내용
①	전직,퇴직 지원면담과 교육, 1:1 코칭
②	리더십육성, 전환교육 중심의 집합교육
③	Being과 Doing의 균형교육 전환교육 중심 소그룹교육
④	자기주도형 역량개발/육성지도 Action Learning, 그룹코칭
⑤	경영진후보,핵심인재로 육성 시련부여, A/L, 1:1 코칭

(4) 성공적 운영방안

① 역량파악의 합리성이 전제되어야 하며 역량파악시 종업원 참여가 필요하다.

② 역량평가에 대한 사전홍보를 통해 종업원 이해도를 높일 필요가 있다.

③ 평가결과는 개발활동과 연계하여 역량향상 방안을 제시하여야 할 것이다.

5. 다면평가

(1) 다면평가의 의의

다면평가(360° 피드백)란 기존의 상사 위주의 일방적 평가와 달리, 피고과자를 상사, 동료, 부하, 내외부 고객 등 여러 각도에서 전방위적으로 평가하고 피드백하고 피고과자를 지원·개발하는 제도를 말한다.

(2) 다면평가의 확산배경

① 수평적 민주주의 정착과 종업원 참여 요구

다면평가 과정 자체가 조직내 커뮤니케이션 과정의 하나로 종업원들의 참여의식을 반영하는 통로가 되고 있다.

② 고객 중심의 경영 실현

고객 수요에 대한 신속한 대처가 기업의 성패를 좌우하게 되면서 고객의 목소리를 반영하는 것이 매우 중요해졌다. 이러한 변화 역시 다면평가의 주요한 배경이 되고 있다.

③ 조직구조와 직무의 변화

조직구조가 수평적(flat)으로 변화하면서 중간관리층이 축소되고 종업원 관리의 범위가 확대되어 전통적인 평가시스템의 한계가 나타나게 되었다.

(3) 다면평가의 설계

① 평가문항과 척도

고과목적과 조직상황에 따라 평가문항과 척도를 설계해야 한다.

② 고과자 선정

고과목적과 조직의 상황 및 문화에 따라 고과자를 선정 하고 가중치 부여를 달리하여 다양하게 활용하여 평가의 타당성과 신뢰성을 더욱 높일 수 있을 것이다.

③ 고과의 실시

고과자의 편견, 온정주의, 고의성이 있는 악의적인 고과를 차단하기 위하여 고과자에 대한 교육을 실시하고 고과의 비밀이 보장되는 것이 효과적인 것으로 알려져 있다.

④ 고과결과의 활용

평가결과는 자기개발을 위해 본인에게 피드백하되 고과자는 익명으로 처리하거나 자료를 가공하여 전달하는 것이 바람직하다. 피드백을 통해 개인의 능력개발 및 신뢰성을 확보할 수 있다. 또한 평가결과를 승진, 보상, 보직이동 등 인적자원관리 전반에 유효하게 사용함으로써 종업원들의 태도변화와 인간관계를 재정립할 수 있다.

(4) 다면평가제도의 도입효과

① 종합적 평가
다면평가제는 피고과자에 대한 다양한 시각으로부터 정보를 획득하여 개인의 성과에 대한 종합적인 평가가 가능하며, 직속상사의 일방적인 평가에서 나타날 수 있는 평가오류를 최소화하고 객관성을 확보할 수 있다.

② 자기개발의 촉진
다면평가제는 스스로가 각자의 위치에 요구되는 능력 및 자격요건을 파악하여 종업원의 능력개발에 기여하고 참여의식을 고취시킨다.

③ 조직 내 커뮤니케이션 증진
직무수행에 관한 커뮤니케이션이 활성화되고 개인이 달성해야 할 목표나 개인이 수행해야 할 다양한 역할에 대한 이해가 높아진다.

④ 현대 조직특성과 부합
현대 사회에서는 조직의 계층적 구조가 완화되고 팀웍이 강조되면서 다른 종업원과의 긴밀한 관계에 의해서 직무가 수행되기 때문에 다면평가제는 이러한 조직특성과 부합한다.

⑤ 관리자의 리더십 파악
동료나 하위자에 의한 평가는 관리자의 리더십을 파악할 수 있는 좋은 기회가 될 수 있다.

(5) 다면평가제도의 한계

① 정실고과 및 인간관계에 치중
업무에 대한 정확한 평가보다 출신지역, 학연 등에 따른 정실고과를 하는 경우가 많고, 업무노력보다는 인간관계에 치중하거나 주변인의 잘못에 대한 지적이나 충고를 기피하는 분위기가 조성될 수 있다.

② 공정성 확보의 어려움
고과자별로 상이한 기준에 따라 평가가 이루어져 고과의 공정성 확보에 어려움이 있으며 고과절차가 복잡하다는 점이 단점으로 지적된다.

③ 고과의 오류 발생 가능성
피고과자에 대한 정보가 부족한 상태에서 고과를 하여야 하는 상황이 발생될 수 있다. 또한 고과자들이 충분히 성숙하지 못하고 평가에 대한 경험이 부족한 경우가 많아서 온정주의, 엄격주의 등의 오류가 발생할 가능성도 배제할 수 없다.

④ 바람직하지 못한 조직분위기 조장 가능성
다면평가가 개발목적이 아닌 성과관리를 위해 주로 사용되는 경우 건전한 방향으로 종업원의 행동변화를 유도하기 보다는 불신풍조 형성과 함께 의도적으로 남을 모함하거나 흠집을 내는 바람직하지 못한 조직분위기가 조장될 수도 있다.

⑤ 노사갈등과 마찰

다면평가 본래의 목적인 개발은 사라지고 오직 평가만이 강조되면 종업원간의 감시와 노사간의 마찰이 발생할 수 있다.

(6) 다면평가제도의 합리적 개선방향

① 조화로운 고과자 구성

정실고과를 방지하기 위해서 출신 지역, 출신 학교, 부서별 인원 수 등의 균형을 이루고 고과자에 대한 사후 검증시스템을 마련하여 고과에 신중을 기하도록 한다.

② 평가에 대한 익명성 보장

도입 초기부터 평가에 대한 익명성을 보장하지 않는 경우 기존의 인간관계나 지위 등에 영향을 받을 수밖에 없다. 비밀이 보장되는 것이 효과적인 것으로 알려져 있으며 따라서 평가에 대한 익명성을 충분히 보장해 줄 필요가 있다.

③ 평가자 교육

종업원들 대다수가 평가에 익숙하지 못하기 때문에 부족한 정보, 정실고과, 충고 기피 분위기 등의 문제점이 발생할 수 있다. 따라서 이러한 문제를 극복하기 위해서 고과자들의 의식이 성숙해야 하며 이를 위한 교육 등을 실시해야 한다.

④ 오류 시정 장치 마련

고과종료 후 자신이 고과한 결과를 타인의 고과결과와의 비교를 통해 온정주의, 엄격주의적 오류 경향을 시정할 수 있는 장치가 필요하다. 또한 결과 분석시 담합가능성, 고과성향의 편차, 특이응답에 대한 검토가 필요하다.

⑤ 목표설정과 연계

다면평가를 목표설정과 연계해서 실시하면 동기부여, 성과 향상 등에 있어서 보다 더 효과적일 것이다.

⑥ 평가결과의 피드백 및 개발과의 조화

비록 성과관리를 위한 다면평가를 시행한다 하더라도 개발목적을 놓쳐서는 안된다. 다면평가는 피드백을 통한 개발과 인적자원관리 전반에 대한 활용이 전제될 때 피고과자들에게 충분한 신뢰를 줄 수 있다. 따라서 성과관리를 위해 활용할 경우라도 개발과의 조화가 필요하다고 볼 수 있다.

6. 집단평가 [7]

(1) 집단평가의 의의

---

7) 자료 : 박경규, 신인사관리(2013)p285~p288

① 도입 배경

최근 생산기술의 변화와 작업팀의 중요성이 강조되고, 작업팀이 작업성과에 미치는 영향이 커짐에 따라 집단 평가의 필요성이 증가되고 있다.

② 집단평가의 의의

집단평가란 모든 기업의 능력 및 활동결과를 집단 혹은 부문별로 종합적으로 분석·측정하고, 나아가 이를 주어진 기업환경 및 여건 하에서 설정된 경영상의 기준과 비교·판단하는 것을 말한다. 이를 개인평가와 비교해 보면 아래의 표와 같다.

≫ 개인평가와 집단평가의 비교

	개인평가	집단평가
대상	개인	조직
평가요소	개인능력	개인 기여
평가대상	개인	개인 + 조직
활용	승진, 급여	인센티브, 조직개발

③ 집단평가의 목적

(i) 집단과 개인의 책임의식과 목적 수행의식의 촉진을 통해 기업 전체의 능력 및 업적 향상

(ii) 경영의 제반분야의 개선과 표준화를 도모하여 관리제도 수준을 향상시키고자 한다.

(iii) 개인목표와 기업목표의 통합 실현 및 종업원의 사기향상

(iv) 개인평가의 문제점을 보완

(v) 집단단위의 책임경영체계 확립

(vi) 유능한 경영자 육성 등을 통해 조직경쟁력의 원동력인 **집단의 임파워먼트** 형성

(2) **집단평가의 내용**

① 집단 업적평가

집단의 업적은 결과 업적과 과정 업적으로 구분하여 살펴볼 수 있다. 결과 업적은 조직의 업적, 기능 및 달성도의 문제이며 과정 업적은 관리업적으로 인력의 유지 및 능력개발의 정도를 평가하게 된다.

② 집단 능력평가

집단의 능력은 집단의 응집성에 관한 평가라고 할 수 있다. 집단능력의 평가를 위해서는 먼저 개별 종업원의 능력, 즉 필요지식 및 기능이 설정되어야 한다. 집단응집성을 측정하는 방법으로는 일반적으로 널리 사용되는 소시오메트리와 같은 사회성측정법이 있다.

(3) **평가의 절차**

① 팀 목표 설정

집단의 평가를 위해서 먼저 팀의 목표를 설정해야 한다. 이때의 목표는 중장기 경영목표 및 단기 운영목표로 구성이 된다.

② Key Performance Indicator(KPI)개발

목표가 설정이 되면 이를 성공하기 위한 핵심 성공요인(CSF)을 선정하고 CSF를 달성하기 위한 핵심 행동지표인 KPI를 선정한다. KPI는 유연성, 단순성, 투명성 및 측정가능성이 보장되어야 하고 중·장기적 Vision을 내포하고 있어야 한다.

③ 목표수준 설정 및 가중치 부여

KPI가 개발이 되면 해당 팀의 역량, 업무여건 등을 감안하여 목표수준을 설정한다. 설정된 복수의 목표에 대해 상위부서의 경영목표, 팀의 존재 목적과의 관련성을 고려하여 가중치를 부여하고 목표 달성을 위한 활동의 우선순위를 결정한다.

④ 목표의 실행 및 평가

평가지표가 확정되면 각 집단 및 개인은 집단목표를 달성하기 위한 Action Plan을 수행하고 그 결과에 대한 평가를 실시한다.

(4) 집단평가의 효과

① 조직 응집력 상승

집단평가는 집단 종업원의 공동의 노력으로 달성한 성과에 대한 평가로 조직 전체가 하나의 목표 달성을 위해 노력하게 되므로 조직 응집력이 상승하는 효과를 가져온다.

② 공동체 의식 함양

조직 내부의 Communication에 의해 조직의 목표를 이해하고 Vision 달성에 대한 공동의 성공체험을 통하여 공동체 의식이 함양될 수 있다.

③ 전략 달성에 유효

집단평가의 기준인 KPI는 개인평가의 지표보다 조직의 전략적 방향과의 연계성이 더욱 높다고 할 수 있다. 따라서 집단평가를 운영할 경우 기업의 전략달성에 더욱 기여할 수 있다.

(5) 집단평가의 전개방향

① 장기적 과정지향

급변하는 환경변화에 적절히 대응하기 위해 목표의 탄력적 수정이 요구되는데 결과적으로 목표를 얼마나 달성했는가 보다 목표설정이 얼마나 타당한지가 기업경영의 핵심과제가 된다.
이러한 관점에서 기업경영의 효율을 높이기 위해서는 단기적이고 결과지향적 집단성과평가에서 장기적이고 과정지향적 집단성과평가로의 전환이 필요하다.

② 인사고과와의 연계

집단성과평가가 기업현실에서 정착되기 위해서는 개인평가와 연계되어야 한다. 기업의 모든 평가는 궁극적으로 개인의 책임귀속이 있어야 사후적으로 보다 효율적인 관리가 가능하다.

③ 조직개발과 연계

개인평가가 개발 목적으로 운영되는 것과 마찬가지로 집단평가 또한 조직의 능력향상을 위해 그 결과가 활용되어야 한다.

7. 균형성과표(Balanced Score Card : BSC)에 의한 평가 : 조직성과 평가 모델[8]

(1) BSC의 기원과 확산 배경

① BSC의 기원

BSC는 1992년 하버드대학의 교수인 로버트 카플란(Robert Kaplan)과 컨설턴트인 데이비드 노튼(David Norton)에 의해 처음 개발되었다. 1990년대 카플란과 노튼은 재무성과지표들이 현대의 경영환경에 효과적이지 못하다는 믿음 하에 새로운 성과측정 대안에 대해 연구하는 과정에서 고객, 내부프로세스, 직원활동 및 주주 관련 이슈 등 조직 전반에 걸친 경영활동과 관련한 성과지표들을 개발해 냈다. 카플란과 노튼은 이 대안적 평가도구를 BSC라 명명하게 되었고, '하버드 비즈니스 리뷰(Harvard Business Review)에 발표한 이후 주목을 받게 되었다.

② 전통적인 재무측정치의 한계

전통적으로 많은 기업들은 성과를 평가할 때 주로 재무적 측정치를 사용하여 왔다. 그런데 이런 전통적 재무측정치는 (i) 과거지향적(backward looking)이고, (ii) 단기업적에만 치중하고, (iii) 균형잡힌 성과평가 결여로 문제에 대한 근본적인 처방을 제시하지 못하고, (iv) 무형자산 혹은 지식자산의 가치를 반영하지 못하고, (v) 성과지표간의 연계 및 통합이 부족하고, (vi) 전략과의 연계가 부족하고, (vii) 기업 내부의 기능간 프로세스를 반영하지 못한다는 한계가 있었다.

③ BSC의 확산 배경

BSC는 과거 재무제표에 의한 경영성과 평가와는 달리 기업경영의 비재무적 관점을 널리 포함하고 있어서 오늘날 인사평가에 있어서 BSC관점에서 피고과자의 재무적, 비재무적 역량을 전략적이고 전체적으로 평가하려는 시도가 보이고 있다. 인사평가의 목적이 개인과 집단의 조직전체 성과에의 기여도를 평가하는 것이기 때문에 개인의 성과를 조직전체의 경영 관점에서 평가하는 BSC평가가 성과관리(performance management)차원에서 효과가 있는 평가수단으로 인식되고 있다. 이처럼, BSC는 조직의 장기적 성장 발전을 확보하기 위한 합리적 성과측정 및 관리의 한 방법으로 커다란 반향을 불러일으키면서 최근 많은 기업들이 도입하고 있는 것이다.

---

8) 자료 : 김영재 외, 신인적자원관리(2011), p314~p320

(2) BSC의 의의

BSC는 조직의 전략으로부터 도출되어 신중하게 선택된 평가지표들의 합으로 정의할 수 있다. BSC로 선택된 지표들은 경영진이 조직의 미션(mission)과 전략적 목표를 달성하기 위한 성과요인들과 그 결과를 종업원과 외부 이해관계자들에게 제공하는 정보라고 볼 수 있다.

※ **BSC의 정의**

Balanced Scorecard is a carefully selected balanced set of measures derived from the vision and strategies that represent a tool for leaders to use in communicating strategies to the organization and motivating change.

[By David P. Norton & Robert S. Kaplan]

※ **BSC 개념의 3가지 Key Word**
① Balanced Set of Measures
  · 재무와 비재무, 장기와 단기, 선행과 후행, 조직과 개인측면의 지표 균형성 필요
  · 학습과 성장은 내부 프로세스를, 내부 프로세스는 고객을, 그리고 고객은 재무적 향상을 자극하는 연결고리를 지표의 조합으로 표현
② Derived from vision and Strategies
  · 조직의 비전과 전략으로부터 도출된 성과지표의 조합이 필요함
  · 조직의 전 종업원이 조직이 나아갈 방향을 알고 변화에 대한 공헌이 가능
  · 조직구조의 변화, 계획수립, 예산편성의 결정 및 통제의 기반을 형성함
③ Tool for Communicating strategy
  · 조직 내부에서 전략을 공유하고 모든 자원과 역량을 집중하도록 동기부여하는 평가지표와 의사소통의 도구(Communication Frame)가 필요

---

(3) BSC의 네 가지 관점

① 재무 관점(과거시각)

재무적 관점은 전통적인 성과평가에서도 중시되었던 부분으로 전략의 성공적인 이행 여부는 최종적으로 재무적 성과로 이어져야 하므로 네 가지 관점 중 가장 중요하다고 할 수 있다. 재무 관점(financial perspective)에서의 성과지표들은 다른 관점과 관련된 성과지표들을 이용해서 실행한 전략이 향상된 결과를 낳는지 알려 준다. 재무적 관점의 성과측정지표에는 ROI, RI, EVA, 매출총이익률, 활동원가, 품질원가, 부가가치원가/비부가가치원가 등이 있다.

② 고객관점(외부시각)

고객관점(customer perspective)은 시장과 목표 고객관점에서 기업의 경영성과를 평가하는 것으로, 고객들은 우리 회사를 어떻게 보는가의 문제이다. 조직의 재무적 성과는 고객으로부터 창출되기 때문에 고객의 관점에서 목표와 성과측정치가 설정되어야 함은 당연하다. 이를 위해서는 먼저 조직이 대상으로 하려는 고객을 선정하고 고객이 과연 무엇

에 관심을 두는가를 파악하여야 한다. 대표적인 성과 측정표에는 시장점유율, 기존고객의 유지율, 신규고객 수, 고객만족도 등이 있다.

③ 내부 프로세스 관점(내부시각)

내부 프로세스 관점(internal perspective)은 고객과 궁극적으로 주주에게 가치를 지속적으로 제공하기 위해서 기업이 어떤 프로세스에서 남보다 탁월해야 하는가를 의미한다. 내부프로세스는 혁신프로세스, 운영프로세스, 판매후 서비스 프로세스의 3단계로 구성된다. 제품개발, 생산, 품질, 원가 등이 그 측정 대상이다.

④ 학습 및 성장 관점(미래시각)

학습과 성장의 관점은 우리 회사는 지속적으로 가치를 개선하고 창출할 수 있는가의 문제이다. 부족한 조직역량을 개선하고 조직의 학습과 성장을 실행하기 위한 목표와 성과지표를 개발해야 한다. 성과지표에는 직원숙련도, 직원만족, 정보획득 가능성, 연구개발 등이 있다.

※ **지표의 균형성**

(1) **장기 VS 단기** : 전통적 재무분석은 지나치게 단기 경영성과를 중시하였으나, BSC에서는 장단기 관점에서 균형을 의미한다.

(2) **결과 VS 원인** : BSC에서는 재무적인 결과 뿐만 아니라 재무적인 결과를 가져오는 성과동인 혹은 가치동인을 중시하고 적절히 결과와 원인을 측정하여 지표화한다. 명확히 결과와 연결된 원인의 관리와 원인 중심의 개선으로 결과의 개선을 가져온다.

(3) **재무적 VS 비재무적** : BSC의 균형은 재무적인 결과치 뿐만 아니라 비재무적인 무형의 지식자산의 관리를 포함함을 의미한다.

(4) **내부 VS 외부** : BSC는 내부 관리지표 뿐만 아니라 외부 이해관계자들이 조직에 대해서 평가할 때 중요시하는 동인간의 균형도 의미한다.

---

(4) BSC의 구축 프로세스

① 기업전략 정립

조직 평가를 위한 공통적인 사항으로서 BSC 실행을 위해서는 기업의 전략 및 Vision을 정립해야 한다. 이를 통해 하위 조직은 기업의 전략을 달성하기 위한 세부 전략을 수립하게 된다.

② CSF 및 KPI 도출

전략달성을 위한 다수의 세부 추진과제 중 핵심성공요인(Critical Success Factor : CSF)을 파악하고, 이를 핵심성과지표(Key Performance Indicator : KPI)로 계량화함으로써 경영자와 실무자가 중요한 부분에 초점을 맞춘 경영활동을 수행하는데 기여할 수 있다.

③ BSC의 확정 및 목표설정

전사 및 하위조직단위의 BSC를 구축하고, 시스템으로 구현하고 KPI별로 하부 조직단위의 목표수준을 설정한다. 또한 목표수준을 달성하기 위한 Action Plan을 수립하여 실행한다.

④ 평가실시 및 개인 평가와의 연결

평가시기에 평가단위 조직별 평가를 실시한다. BSC는 조직단위를 평가대상으로 하는 거시적인 평가로 BSC의 목표를 개인의 성과지표로 연결할 필요가 있으며 최근에는 MBO 등 개인의 목표설정시 KPI를 연결하는 방식이 일반적이다.

◈ BSC의 구축방법

(5) 개인의 성과평가와 BSC와의 관계

① 조직평가 및 개인평가 지표

BSC는 부서 혹은 팀 단위의 성과관리를 위해 사용되기 때문에 상대적으로 거시적인 평가지표로 알려져 있다. 반면 종업원 개개인에 대한 인사고과는 성과평가와 역량평가로 구성이 된다.

② 조직평가와 개인평가의 연계

부서의 성과지향과 구체적인 목표가 BSC의 형태로 제시되면 이를 달성하기 위한 종업원들의 하위 성과지표가 마련된다. 따라서 거시적인 성과측정시스템은 개개인의 성과지표와 긴밀한 연관을 맺고 있다.

(6) BSC의 도입효과

① 조직의 유대관계 강화

BSC를 도입하고 운영하기 위한 일련의 프로세스를 거치면서 종업원들은 조직의 미션과 전략을 공유하고 재무적인 목표뿐만 아니라 그 목표를 달성하기 위한 서로간의 공감대가 형성되어 조직의 유대관계가 돈독해질 것이다.

② 전략 중심의 업무수행 지원

BSC는 전략에 기반한 조직단위 성과지표를 강조하기 때문에 전략중심의 조직문화 확산에 기여하게 된다. BSC에서는 조직의 상위 단위부터 개인까지 전략을 중심으로 캐스캐이딩 (cascading) 방식으로 성과지표를 설정하므로 이러한 미션 달성에 대해 모든 종업원들의 노력을 집중할 수 있게 된다.

③ 전반적인 인사관리 체제의 변화 유발

BSC에 따라 새로운 평가지표가 설정되면 직원들의 평가, 보상, 승진 등에 직접적인 영향을 미치게 된다. BSC에 의해 도출된 KPI를 기준으로 평가하고 평가의 결과는 인센티브 결정 기준으로 활용될 수 있으며 나아가 승진이나 교육 등의 의사결정에 활용될 수 있다.

④ 성과주의 조직문화 정착

기본적인 관리원칙이 성과주의로 전환되면 BSC의 도입이 확산될 것이고 BSC의 도입은 성과주의 조직문화의 정착을 가속화시킬 것이다.

(7) 성공적인 BSC 구축 및 운영 방안

① 전략 실행을 위한 지표 도출

BSC는 조직의 비전, 미션 및 전략적 목표로부터 도출되어야 한다. 전략적 목표의 달성 정도를 파악할 수 있는 핵심성과지표(KPI)를 인과관계에 의거하여 설정함으로써 지표관리의 목표를 분명히 하는 것이 중요하다.

② 전략과 연계

기업 전략이 성공적으로 추진되기 위해서는 전사적 측면에서 우선 전략이 수립되어야 한다. 이를 토대로 부서 단위 나아가 종업원 개개인의 업무가 전략과 연계하여 수행되도록 캐스캐이딩 (cascading) 방식에 따라 BSC를 개발해내야 한다.

③ 실제적인 실행 지원

전략에 따라 도출된 핵심성공요인(CSF)을 실행하기 위한 필요 자원을 인식하고 이의 확보를 위한 예산이 지원되어야 할 것이다. BSC 실행에 대한 전체 종업원의 이해와 참여가 필수적이며, 종업원들이 실제 행동에 옮길 수 있는 분명한 전략 목표를 제시해야 한다.

④ 피드백의 명확화

전략적 이슈에 대한 점검 및 학습 등에 중점을 둔 정기적 미팅을 통해 전략 실행과 관련된 모든 측정 지표를 점검하고 나타난 문제가 무엇인지를 토론하며 이의 해결 방안 및 성과 제고 방안을 지속적으로 모색해야 할 것이다.

⑤ 보상과 적절한 연계

종업원들에 대한 동기부여를 위해 BSC의 측정 결과와 개인 보상 프로그램의 연계를 고려해야 한다. 보상과 연계되어야만 종업원들은 보다 명확한 주인의식을 갖고 목표 달성을 위해 창의력과 열정을 발휘하게 될 것이다.

V. 인사고과의 문제점과 전개방향

1. 인사고과의 문제점

(1) 전략과의 정합성 떨어짐

전통적 인사고과는 연공서열에 의한 일방적·획일적 평가가 주를 이루었고 조직의 전략, 미션, 성과 등과 무관하게 진행되었다. 또한 평가결과 고과가 주로 승진과 승격에만 연계되고 다른 인사기능과의 전반적인 연계가 부족했다. 그 결과 전략과의 정합성이 떨어지게 되었다.

(2) 상벌중심의 상대평가

전통적 인사고과는 능력개발, 동기부여보다는 사정목적의 통제적 수단으로 활용되고 있다. 내부경쟁을 통해 성과에 따른 보상 차등화로 사회적 공동체성이 무너지고 협력과 조정이 어렵고 지식의 공유도 힘들게 되어 결국은 장기적으로 조직의 역량을 낮추는 결과가 초래되고 있다.

(3) 단기업적중심의 평가

한국 기업들이 성과주의를 내세우면서 성과숭심으로 단기 업적에 치중하고 있다. 이러한 단기 업적 중심의 성과주의는 가시적인 성과는 높아지겠지만 다른 한편으로는 새로운 기술의 개발이나 새로운 지식의 창출에는 별로 신경을 쓰지 않게 되어 조직의 장기적이고 지속가능한 역량을 축적하는데 한계가 나타나고 있다.

(4) 인사고과의 구성요건 결여

전통적 인사고과는 고과 대상에 대한 구분 없이 종합점수를 다목적으로 활용하고 상대고과로 고과기준의 명확성이 결여되어 있으며 인물 중심의 주관적 평가로 인한 고과 오류 문제, 고과 결과 비공개 및 정보부족 등으로 인한 수용성 저하 문제가 있다.

2. 인사고과의 전개방향

(1) 전략적 성과관리

현대적 인사고과는 성과주의 실현을 위해 조직성과와 개인성과를 통합적으로 조정하는 전략적 성과관리로 전환되어야 한다. 최근 BSC, SEM(Strategy Enterprise Management)와 같은 도구와 시스템이 시도되고 있고, 이는 MBO라는 기본적인 틀 속에서 진행되고 있다.

(2) 개발중심의 고과

기존의 과거 실적에 대한 차별적인 상벌시행의 관리와 통제 목적이 아닌 미래지향적인 입장에서 개인의 육성과 적극적인 능력개발 및 조직유지 목적으로 사용되어야 한다.

(3) 장기 가치중심의 고과

조직의 가치를 충분히 반영한 평가지표와 종업원들에게 행동의 방향성을 명확히 제시하여 종업원의 행동이 조직가치 창출에 집중될 수 있노록 해야 한다. 또한 조직의 지속적 성장을 유도하기 위해 단기 성과뿐만 아니라 미래 성과지표가 균형을 이뤄야 한다.

(4) 인사고과 구성요건 확보

인사고과는 경영의 목표 및 행동과의 유기적인 상호작용하에 활용목적, 직군대상에 따라 평가기법 및 절차를 달리해야 한다. 또한 MBO와 같이 피고과자를 고과과정에 참여하도록 하여 수용성을 높이고 고과자의 주관적 오류를 최소화하기 위하여 고과자 훈련을 실시하여야 한다.

▌제2절▐ 인사감사

Ⅰ. 인사감사의 의의

1. 인사감사의 개념

인사감사란 조직에서 수행된 인사활동을 평가하는 것으로 인사활동을 조직적으로 조사·분석하고 경영상의 효과를 평가하며 인사관리 정책의 방향 제시함으로써 그 정책을 합리적으로 수행하도록 하려는 것이다.

2. 인사감사의 기능

인사감사는 감사과정을 통해 인사관리나 노사관리 정책이 범하기 쉬운 오류를 시정하고 경영환경에 적응할 수 있는 새로운 노동력 관리 내지는 인사관리 시행에 필요한 자료 또는 정보를 제공함으로써 인사관리면에 있어서 하나의 사이클을 형성해 주는 중요한 역할을 하고 있다.

3. 인사감사의 목적

인사감사는 과거 또는 현재의 감사뿐만 아니라 자기반성을 토대로 개선점을 발견하고 장래의 합리적인 인사정책의 수립을 도모하기 위한 것이다.

Ⅱ. 인사감사의 종류

1. 대상에 의한 분류

(1) 전사 감사

전사 감사는 인사관리조직의 적부를 평가하는 것으로 본사 및 각 사업소 인사부문의 기능적인 지휘명령관계, 커뮤니케이션 등의 실태를 감사하는 것이다.

(2) 본사 감사

본사 감사는 인사정책과 그 시행에 대해 평가하는 것으로 인사정책의 성격 및 제도화, 시책의 종합조정, 인사관리 부문의 조직, 노사관계, 조사연구활동 등을 감사하는 것이다.

(3) 사업소 감사

사업소 감사는 인사관리의 각종 기술면을 평가하는 것으로 고용, 배치, 훈련, 복지후생시설 등 인사관리의 기술 및 그 효과로서의 사기를 조사하는 것이다.

2. 감사 주체에 따른 분류

(1) 내부 감사

내부감사는 조직 내부의 경영층이 실시하는 것으로, 실제로는 인사스탭이 중심이 되어 감사를 실시한다. 감사대상의 실태 파악이 쉬우나, 조직 내 이해관계자의 영향을 받을 위험이 높다.

(2) 외부 감사

외부감사는 대학이나 연구소, 컨설턴트 등 기업 외부의 전문가를 통해 인사감사를 실시하는 것이다. 객관적인 평가를 할 수 있으나 시간과 비용이 많이 소요된다.

(3) 합동 감사

합동감사는 기업 외부의 전문가와 내부의 스탭이 합동해서 실시하는 감사를 말한다. 내·외부 감사의 결점을 보완할 수 있으나 상호책임 전가의 우려가 있으며 감사의 특성이 결여될 위험성이 있다.

3. 인사감사의 시기

감사시기에 따른 분류로서는 일정한 기간마다 실시하는 정기감사와 기간을 정하지 않고 실시하는 비정기감사가 있다. 효율적인 인사감사를 위해서는 정기감사를 기본원칙으로 하고 수시적인 필요에 따라 비정기감사를 하는 것이 바람직하다.

Ⅲ. 감사의 방식

1. ABC감사[9]

(1) 의의

A감사는 관리적 측면(Administrative phase)의 적합성 및 개선점에 대한 감사, B감사는 예산측면(Budget phase)에 대한 감사, C감사는 인적자원관리의 기여도 및 효과 측면(Contribution phase)을 평가하는 것을 말한다. 감사의 순서는 C→A→B→C로 이루어진다.

(2) A감사(administrative audit)

A감사는 인사정책의 경영면을 대상으로 하여 실시되는 감사를 말한다. 이 감사는 경영의 전체적 입장에 서서 전반적 인사관련정책에 관한 사실을 조사하고 인사관리의 방침과 구체적 시행과의 관계, 시행정책의 기능과 운용 등에 관하여 정기적으로 평가하고 이의 타당성을 검토한다.

---

9) 자료 : 김식현, 인사관리론(2003), p204~p206

(3) B감사 (budget audit)

B감사는 인사관리정책의 경제적인 면을 대상으로 실시되는 감사를 말한다. 예산의 적정성, 인건비 등을 평가함으로써 인사정책의 조정 및 인사계획의 적부 등을 검토하고 합리적인 예산의 재분배를 목적으로 한다.

(4) C감사(Contribution audit)

C감사는 효과측면의 인사감사라고도 하며, 이는 인사관리의 실적을 여러 각도에서 측정하여 인사관리의 실제효과를 평가하는 것을 말한다. 이러한 C감사를 통하여 새로운 인사관리정책을 수립하게 된다. 주요 평가항목은 매출액지수, 결근율, 급여지수, 불량률 등이 있다.

2. 거시·미시 감사방식

(1) 거시감사

거시감사는 전반적인 인사관리의 성과를 감사하는 것을 말한다. 객관적으로 측정가능한 결근율·이직률·생산성 등의 측정을 통해서 양적인 분석을 하는 감사방식과 사기분석, 동기유발 등의 주관적 측면을 측정하여 질적인 분석을 하는 감사방식이 있다.

(2) 미시감사

미시감사는 인사관리활동의 부문별 성과를 감사하는 것을 말한다. 인사관리의 내용을 중심으로 한 정태적 분석과 프로세스를 중심으로 한 동태적 분석방식이 있다. 정태적 분석은 고용관계부문·노사관계부문·인간관계부문으로 구분하고 동태적 분석은 인사계획부문·인사실천부문·인사통제부문으로 구분하여 감사를 실시한다.

Ⅳ. 시행순서

1. 전반기록에 대한 조사

회사전반의 상황과 문제점을 검토하는 단계이다. 이때 재무기록인 회계기록, 비재무기록인 조직표, 내규, 정부규제 등을 조사한다.

2. 인사기능에 따른 각 프로그램 분석

인사 감사의 세부영역을 확정하는 단계이다.

3. 심사자료 수집

실적 통계, 질문, 면접 등을 통해 심사자료를 수집하는 단계이다.

4. 비교 분석

당초 계획 및 표준기준과 비교, 외부 표준자료 및 부서간 비교 및 추세비교 등을 통해 이루어진다.

5. 최종 평가

이상의 절차를 통하여 조직전체적인 환경에 적합한 평가를 내리고 최종 원고안을 작성한다.

V. 기존 문제점과 개선방향

1. 기존 문제점

(1) 인사정책의 문제

우리나라 인사정책은 일반적으로 직감과 경험에 입각해 있고 이성적이고 계산적인 측면을 경시하는 경향이 있으며 경영이념·정책이 명확하지 못하고 기업에 의한 자주적·실천적 개선력 등이 부족하다.

(2) 인사감사의 문제

① 목표의 불명확성 : 경영전반에 걸쳐 인사정책의 실시가 복잡하고, 그 효과 측정이 쉽지 않다.
② 인사담당자 불안 : 인사담당자의 불안, 특히 자기의 공과에 대한 비판이 존재한다.
③ 직장의 저항 : 평가에 대한 라인관리자와 인사부서의 태도와 신념의 불일치로 직장의 저항을 일으킨다. 직장·감독자의 체면과 부하에 대한 이해관계를 고려하지 않은 인사 감사에 의하여 업무성적이 평가되어 질 때, 사기에 좋지 않은 영향을 미쳐 조직 종업 원의 저항을 일으키게 된다.

2. 개선방향

(1) 감사결과의 정책반영

인사감사가 조직의 유효성을 도모하기 위해서는 감사결과가 구체적으로 경영정책에 반영되도록 제도화되어야 한다.

(2) 특정 개인에 대한 책임추궁 배제

인사정책 및 인사방침은 한 개인에 의해 행해지는 것이 아니라 조직의 전통과 관행 및 역대 경영관리자의 노력에 의해 구축된 것이므로 특정 개인에게 책임을 전가시켜서는 아니 될 것이다.

(3) 다면적 평가

인사부서의 직무가 다면적으로 정책형성, 정책실행, 감사와 통제, 혁신 등의 역할을 수행하므로 그 평가도 다면적이어야 한다. 또한 종업원, 경영자, 인사위원에 대해 특별히 설계된 태도조사, MBO를 설정하고 이에 의거하여 평가, 비용 이익 분석을 이용한 포괄적 프로그램 평가가 요구된다.

▌제3절▐ 인적자원회계(Human Resource Accounting System)

Ⅰ. 인적자원가치측정의 필요성

1. 인적자원관리에 대한 새로운 인식

인적자원이 기업의 핵심자산이라는 인식이 커짐에 따라 기업은 인재의 선발·유지·육성·관리에 많은 투자를 하고 있다. 그러나 종래의 회계방식에서는 이러한 지출을 비용으로 처리하고 있어 전략적 자산으로 활용하지 못하고 있다.

2. 인적자원회계제도의 의의

인적자원회계는 1960년대 인적자산의 가치평가에 관한 연구들에 의해 회계문헌들에 도입되기 시작하였으며 미국 AAA는 인적자원회계제도를 "인적자원에 대한 자료를 판정하고 측정하며 이러한 정보를 이해관자 집단에게 전달하는 과정"이라고 정의하고 있다.

3. 인적자원회계의 도입배경

(1) 지식사회의 도래

산업이 지식사회(knowledge-based society)로 이행하면서 지식·정보가 가장 중요한 생산요소로 등장함에 따라 기업·국가 등의 평가에서도 토지·자본재 등 유형자산(tangible asset)보다는 종업원의 능력, 경영리더십, 기업문화 등의 무형자산(intangible asset)이 더욱 중요해지고 있다.

(2) 기존 회계정보의 유용성 한계

한편, 기업차원에서는 전통적인 회계보고서가 유형자산을 측정하여 보고하는 데 초점을 맞추고 있어 기업 경쟁력의 핵심적인 원천인 인적자산을 포함한 지식자산을 측정·보고하지 못하며 기업가치 평가나 투자결정을 위한 정보로서 유용성을 상실해 가고 있다는 비판을 받고 있다.

(3) 경쟁력 제고의 주요 수단으로 부각

국제적 인적자원회계의 도입 추세에 부응하고 지식경제사회의 기틀을 마련하기 위하여 사회적 인프라를 구축하고 개인, 기업 및 국가의 경쟁력을 제고하기 위한 중요한 수단으로서 인적자원회계의 도입이 요구되고 있다.

4. 효율적 인사관리를 위한 지원시스템

이처럼 인적자원을 효율적으로 관리하기 위해 신뢰할 수 있는 정보의 필요성이 제기되면서 인사관리의 운영·평가 등 제 활동에 있어서 계량화된 정보를 제공할 수 있는 인적자원회계가 효율적 인사관리를 위한 대안의 하나로 제시되고 있다.

Ⅱ. 인적자원회계제도의 측정방법

1. 인적자원의 회계모델

(1) 자산모형

자산모형은 인적자원의 가치를 인력의 확보, 개발에 실제로 지출된 각종 비용의 역사적 원가로 평가하여 인적자원의 재무제표를 작성하는 방법이다. 자산모형은 인적자산의 가치평가 및 측정 문제와 인적자산에 대한 투자만 고려하고 투자수익에 대해서는 고려하지 않기 때문에 사실상 활용도가 낮다.

(2) 비용 모형

비용모형은각종 인사관리활동이나 종업원 행위의 비용과 효익을 측정하는 방법이다. 인사활동 이나 종업원의 행위에서 비용이나 효익의 범주를 설정하고 각 범주의 비용을 측정하는 방식으 로 이루어진다. 비용모형은 모집활동, 교육훈련, 작업환경개선, 작업조직 재설계, 인원감축, 이직 등 여러 가지 인사활동의 경제적 효과를 측정하는 데 활용될 수 있다.

2. 측정방법

(1) 화폐적 측정방법 (원가측정법)
① 역사적 원가 : 채용·훈련·배치 비용 등 인적자원의 취득을 위해 지출되는 원가
② 대체원가 : 현재 소유한 인적자원을 대체하기 위해 채용·훈련·개발에 소요되는 원가
③ 기회원가 : 기업 내의 경영층이 다른 조직에 속한 종업원을 채용하기 위해 호가방식에 의해 가격을 결정

(2) 비화폐적 측정방법 (행동과학적 평가법)
비화폐적 측정방법은 리커트(Likert)에 의해 개발된 방법이다. 인적자원을 인간조직이 가지는 생산 능력의 가치 및 고용신용의 가치로 파악하고 인적자원의 현재가치는 인적자원이 일정시점 에서 갖는 잠재적 능력을 평가하여 여기에 경제적 가치를 부여하는 방법이다.

(3) 성과기여 계산법
성과기여 계산법은 투입-산출 계산법이라고도 하며 생산량을 비롯한 제반 경영성과에 기여하 는 정도에 따라 인적가치를 평가하는 방법을 말한다.

Ⅲ. 인적자원회계제도의 도입현황과 효과

1. 인적자원회계의 도입현황

(1) 각국의 인적자원회계의 도입현황

주요 선진국은 기존의 학위나 자격제도가 종업원의 능력(특히 지적능력)을 제대로 반영하지 못하고 있다는 비판하에 교육·훈련 개혁의 일환으로 기존의 학위, 자격제도의 개선을 추진하면서 인적자원회계를 도입하고 있다.

독일 등 유럽국가에서는 고용보험제도를 기반으로 하여 교육·훈련, 경력 등을 기록하게 하여 취업, 전직, 교육훈련, 실업급여 등을 통합관리하는 체제를 구축하고 있으며 보다 효율적인 국가적 차원의 인적자원관리제도를 발전시키는 과정에서 인적자원회계를 도입하고 있다.

(2) 우리나라의 인적자원회계 도입실태

우리나라의 경우 국가경쟁력강화기획단에서 「지식사회의 구축을 위한 인적자원 평가제도」의 필요성을 강조(1998. 2)하였으며 교육개혁 차원에서 학점은행제나 훈련개혁 차원에서 자격제도의 개선, 직업능력개발 프로그램 등이 개발되고 있다.

2. 인적자원회계의 효과

(1) 의사결정의 기준

인적자원회계는 인적자원의 획득·개발에 관한 예산수립·정책수립에 유용한 정보를 제공하며 인적자원의 가치에 대한 정보를 제공함으로써 직무설계·보수·개발·배치·이동의 유효한 관리기준이 된다.

(2) 인적자원개발(관리)의 효율화

기업단위, 산업단위 혹은 지역단위로 인적자원회계를 작성하여 기업은 부가가치 생산과 연계성이 높은 인적자원관리(HRM)에 활용하고 정부는 국가전체 및 특정산업, 특정지역 혹은 취약계층에 대한 인적자원개발(HRD)의 효율성을 증대시킬 수 있다.

(3) 교육·훈련과 직업의 연계강화

인적자원회계는 교육, 훈련, 취업경력 등을 모두 포괄한 개념이므로 현재 추진하고 있는 교육·훈련 평가제도의 혁신과 더불어 교육과 직업의 연계(school to work)제고에 기여할 수 있다.

Ⅳ. 인적자원회계제도의 한계

1. 윤리적·행동적 한계

인적자원회계제도는 경영자에게 인적자원의 중요성을 인식하도록 하기 위한 것이지만 경영자들이 인적자원회계제도를 악용하여 경영태도와 리더십 스타일을 바꿔 조직에 악영향을 미칠 가능성이 있으며 인적자원 가치를 결정할 때 과거의 잘못된 판단을 영구화하거나 확대할 가능성이 있다.

2. 외부보고의 한계

인적자원의 가치를 재무제표에 역사적 원가기준으로 작성하더라도 일반적인 회계기준과 상이하여 외부보고 목적의 재무회계에서는 인정되기 어렵다.

3. 측정의 한계

인적자원을 화폐적 가치로 평가하는 것은 신뢰성이 없고 과도한 비용이 소요되어 유용성이 없다는 지적이 많다.

V. 성공적인 인적자원회계를 위한 방안

1. 인적자원회계의 중요성 인식

인적자원의 체계화된 정보가 인사전략수립의 밑거름이고 이는 경영성과의 도출로 연계됨을 먼저 인식해야 한다.

2. 측정기법의 개발과 기업회계제도의 개선

객관화된 측정기법의 개발이 필요하며 장기적으로는 인적자원이 반영되어 있지 않은 현재의 기업회계제도의 개선이 필요하다.

3. 인적자원의 평가시스템 개발

교육, 훈련, 경력 등 다양한 인적자원 요소의 등가성 문제, 교육·훈련기관, 기업 등 인적자원 생산기관의 평가문제가 개선되어야 한다.

4. 최고경영자의 확고한 의지

어떤 새로운 제도도 최고경영자의 확고한 의지 없이는 성공을 가져다 줄 수 없다. 인적자원의 체계화된 정보가 인사전략 수립의 토대가 될 것이라는 점에서 인적자원투자의 중요성을 고취한 인적자원회계의 유용성은 더욱 커질 전망이며 측정기법의 지속적인 개발이 요청된다고 하겠다.

결론

　　우리는 앞서 인사고과의 변화방향과 주요 설계요소, 구성요건에 대하여 살펴보았다.

　　공정하고 합리적인 인사고과제도를 운영하기 위하여 기업은 우선적으로 가장 기본이 되는 인사평가의 타당성, 신뢰성, 수용성, 실용성을 제고하는 것이 필요하다.

　　타당성을 확보하기 위하여 평가목적을 명확히 하고 평가대상을 세분화할 수 있다. 신뢰성을 확보하기 위하여 다면평가와 평가자 교육을 실시할 수 있을 것이다. 수용성을 확보하기 위하여 피평가자를 평가과정에 참여시키는 방안을 고려할 수 있다. 실용성을 확보하기 위하여 비용편익을 철저히 분석하고 전직원이 이해하기 쉬운 인사고과제도를 개발하여야 할 것이다.

　　또한 환경 변화가 인사고과에 미치는 영향을 파악하고 궁극적으로 기업이 처한 상황과 전략에 맞는 평가목적, 평가자, 평가대상, 평가기법 등을 선정할 때 인사평가의 효과는 더욱 커질 수 있을 것이다.

　　마지막으로 기업이 장기적이고 지속가능한 역량을 축적하기 위해서 가시적 성과만을 추구하기보다는 미래 가치에 보다 중점을 두고 균형있는 평가방안을 마련하여야 할 것이다.

학습문제

1. 기존 고과제도의 문제점에 대하여 설명하고 이를 극복할 수 있는 현대적 인사고과 방안에 대하여 논하라.
2. 기존 평가제도의 문제점에 대하여 설명하고 이를 토대로 성과주의 인사관리를 실현할 수 있는 평가 방안을 논하라.
3. 전통적 고과와 현대적 고과를 비교 설명하라.
4. 상대평가와 절대평가를 비교 설명하라.
   (유제 : 상대평가의 특징 및 한계를 설명하고, 이에 대한 대안의 하나인 절대평가의 개념, 상대평가와의 차이, 기업내 실시방안에 대해서 논하라.)
5. 인사고과의 구성요건(관리기준)에 대하여 설명하라.
6. 행위기준 고과법(BARS)에 대해서 설명하라.
7. 다면평가의 의의, 도입배경, 효과에 대해서 설명하라.
8. MBO에 대해서 설명하라.
9. 인사평가센터
10. 역량평가
11. 균형성과표(BSC)에 의한 평가
12. BSC와 MBO 연계 방안
13. 조직성과 평가 방안
14. 개인평가와 조직평가 비교
15. 전략적 성과관리 방안

CHAPTER

O6 _ 임금관리

핵심
인사노무관리

Point

임금관리의 중요성과 주요 관리영역을 학습하고, 최근 대두되고 있는 조직윤리와 공정성을 확보하기 위한 방안을 제시

세부목차

기출문제

1. 직능급의 의의 및 장점과 단점 (1회, 25점)
2. 경쟁력 제고를 위한 임금제도의 의의 및 중요성을 논하라 (5회, 50점)
3. 연봉제의 도입배경, 특징, 관리방안 (6회, 25점)
4. 인센티브제도의 의의와 개인적, 집단적 인센티브의 비교 (7회, 25점)
5. 임금결정과 임금차등화의 요건 및 임금체계 유형 (10회, 25점)
6. 임금수준결정의 원칙 (12회, 25점)
7. 퇴직금에 대한 제 학설과 퇴직금 제도의 발전방향 (15회, 25점)
8. 최근 임금피크제의 도입이 확산되고 있다. 임금피크제의 도입배경, 주요 내용, 효과, 시행상의 이유 및 한계점에 대해 논하시오. (16회, 50점)
9. 스캔론 플랜(scanlon plan)의 개념, 내용, 효과 및 한계점에 대하여 설명하시오. (22회 25점)

생각해보기

약 15년 전 스위스는 핵폐기장 건립지를 확정하려 하고 있었고 국민투표도 실시할 예정이었습니다. 스위스 심리학자 몇 명은 관련 정보를 잘 아는 시민들을 상대로 설문조사를 했죠. 자신의 공동체에 핵폐기장이 들어서도 괜찮은지를 물어본 것입니다. 놀랍게도 50%가 괜찮다고 답했습니다. 위험성을 아는데도 말이죠. 부동산 가치가 떨어지기는 하겠지만 핵폐기장은 어디엔가 들어서야 했고 사람들은 시민의 의무를 인식했습니다. 심리학자들은 다른 사람들한테 약간 다른 질문을 던져봤습니다. "매년 6주치 봉급을 더 받는다면 핵폐기장이 당신 공동체에 건설되는 걸 찬성하겠습니까?" 이제 이유가 두 가지입니다. 책임감과 돈이죠. 이번에는 50%가 아니라 25%가 그렇다고 대답했습니다. 인센티브가 도입되는 순간 스스로에게 하는 질문은 '내 의무가 무엇인가?'에서 '무엇이 내게 이득이 되는가?'로 돌변했기 때문입니다. ...(중략)...

인센티브에 지나치게 의존하면 직무활동은 두 가지 나쁜 영향을 받게 됩니다. 그 일을 하는 사람의 사기를 떨어뜨려서 업무 자체의 도덕성을 앗아가버리죠. 오바마는 취임 전에 이런 말을 했습니다. "이득만이 아니라 정당성도 따져야 합니다(We must ask, not just is it profitable, but is it right)". 직무가 도덕성을 잃으면 그 일을 하는 사람들은 점점 인센티브에 의존하게 되고 인센티브에 중독돼 옳고 그름을 따지지 않게 됩니다.

-배리 슈워츠 심리학자, TED 강연 중에서-

보상은 종업원의 태도와 행동에 지배적인 영향을 주고, 기업이 원하는 인력을 확보하고 유지하는 데에도 결정적인 역할을 한다. 보상이 기업 전체비용 중에서 차지하는 비중이 상대적으로 큰 만큼 보상의 효율적 관리는 기업의 경제적 성과에 많은 영향을 준다(Noe et al.,2004;Saratoga Institute,1997). 또한 보상은 종업원의 소득의 원천이기 때문에 기업과 종업원 모두에게 중요한 위치를 차지하고 있다.

따라서 기업은 전략적이고 효과적인 임금관리를 실현하고자 하며, 임금에 대한 갈등을 줄이기 위하여 임금공정성을 확보하기 위한 노력을 기울인다.

그러나 효과적인 임금관리를 달성하는 기업은 극히 드물다. 임금수준의 결정부터 임금의 격차를 결정하는 분배기준의 설정, 임금형태의 결정 과정에 있어 계속해서 공정성 이슈가 제기되고 있다. 임금 공정성의 훼손은 종업원의 심리에 부정적인 영향을 미치고 종업원의 근로의욕을 저하시키며 결국 우수한 인재들이 조직을 떠나게 만든다.

이하에서는 임금관리의 기본 개념과 중요성을 정리하여 보고 전략적이고 효과적인 임금관리 방안을 모색하고자 한다.

▌제1절▐ 임금관리

Ⅰ. 임금관리의 의의

1. 임금관리의 개념

임금은 보상의 형태면에서 보면 근로자가 제공하는 노동력에 대한 대가로 사용자가 지급하는 금전적·직접적 보상을 말한다. 임금관리는 임금수준, 임금체계, 임금형태 3가지 영역으로 나누어 볼 수 있다.

2. 임금관리의 중요성

(1) 기업(경제적 효율성)

생산성에 영향, 상품의 경쟁력 결정, 인재의 확보와 유지에 중요한 역할, 조직유효성에 공헌하는 결정적 요인

(2) 종업원(사회적 효율성)

생리적 욕구 및 존경욕구 충족, 모티베이션 및 만족도 증대, 종업원 능력개발 유인, 근로생활의 질 향상 등

3. 임금관리의 목표

(1) 공정성 확보

임금의 공정성 확보는 임금관리의 단일의 목적이라고 할 정도로 기업과 종업원 모두에게 가장 중요한 목적이다.

(2) 안정성의 실현

임금은 종업원들의 기본적인 욕구를 충족시켜 그들이 경제적으로 안정된 생활을 영위할 수 있도록 해야 하며 기업의 입장에서도 경영안정이 실현될 수 있도록 임금관리가 되어야 한다.

4. 임금관리의 세 영역

(1) 임금수준 관리(적정성)

임금수준의 관리란 기업이 종업원에게 지급하는 평균임금액을 관리하는 것을 말한다. 종업원과 기업 모두에게 부담이 되지 않는 적정성의 원칙에 따른다. 임금수준을 결정하는 요인으로는 조직의 지불능력, 생계비, 노동시장의 임금수준, 최저임금 등이 있다.

(2) 임금체계 관리(공정성)

임금체계의 관리란 임금의 분배기준을 관리하는 것을 말한다. 기본급이 어떠한 원리로 지급되는가에 관한 문제이다. 임금체계는 담당직무, 능력, 성과 등을 기준으로 연공급, 직능급, 직무급 등의 유형이 있다.

(3) 임금형태 관리(합리성)

임금형태의 관리란 종업원에 대한 임금의 계산 및 지불방법을 관리하는 것을 말한다. 변동급을 통해 어떻게 종업원들의 작업의욕이나 성과를 향상시킬 것인가에 관한 문제이다. 임금형태는 시간급제, 성과급제, 추가급제, 특수임금제 등이 있다.

Ⅱ. 임금의 공정성[1]

1. 임금공정성의 의의

임금은 기업의 생산성, 상품의 경쟁력, 인재의 확보와 유지, 조직유효성 등에 공헌하는 결정적 요인이 된다. 뿐만 아니라 종업원의 생리적 욕구 및 존경욕구 충족, 모티베이션 및 만족도 제고 종업원 능력개발, 근로생활의 질 향상 등에도 결정적 영향을 미친다. 이처럼 임금관리는 기업의 경제적 효율성과 종업원의 사회적 효율성을 달성하기 위한 가장 중요한 수단이라 말 할 수 있다.

그런데 위에 서술한 임금의 중요한 목적과 기능도 '임금의 공정성'이 제대로 확보되지 못한다면 충분히 발현될 수 없다. 임금의 공정성은 자본과 노동, 종업원과 종업원간의 갈등을 해소하는데 결정적 역할을 하며, 임금관리의 목표인 경제적 효율성과 사회적 효율성의 달성을 위해 반드시 실현되어야 하는 것이다. 최근 많은 우수인재들이 한국기업의 임금공정성 결여로 인하여 조직을 떠나는 사례는 이를 입증하고도 남는다. 특히 최근의 연구에 따르면 임금의 절대액이 임금의 지각된 공정성보다도 덜 중요한 것으로 밝혀진 바가 있듯이, 기업은 임금의 공정성을 확보할 수 있도록 임금시스템을 설계하고 운영하는데 최우선적 노력을 기울여야 할 것이다.

아래에서는 임금 공정성의 개념과 유형 등을 살펴본 뒤 임금의 공정성 관리방안에 대하여 논하도록 하겠다.

---

1) 자료 : 김영재 외, 신인적자원관리(2011)

2. 임금공정성 이론

(1) 임금 공정성의 개념

공정성(equity)은 "어떤 가치 있는 것의 투자를 통해서 얻는 가치 있는 어떤 것"으로 정의될 수 있다. 임금 공정성(pay equity)은 아담스의 공정성 이론에서 파생된 용어로 종업원이 받는 임금(결과물)이 수행한 작업가치(투입물)와 동일할 때에 달성된다. 따라서 임금 공정성은 종업원이 받는 임금이 작업수행 가치와 동일하다고 느끼는 즉 공정하게 대우를 받고 있다는 종업원의 지각을 말한다.

(2) Adams의 공정성 모델

① 공정성 이론

Adams는 공정성 지각에 대한 구체적인 모델을 제시하였는데 자신의 공헌에 대한 유인을 타인의 것과 비교하여 차이를 발견할 경우 이러한 불공정성을 감소하기 위한 Motivation을 받는다고 하였다.

$$\frac{Output(P)}{Input(P)} \genfrac{}{}{0pt}{}{\leq}{>} \frac{Output(O)}{Input(O)} \quad \text{(P=자신, O=타인)}$$

② 공정성 인식과정

종업원은 스스로의 공헌 (노력, 기술, 시간)과 조직의 보상 (보상, 승진, 인정, 성취 등)을 비교하여 공정성을 지각하고 자신의 보상을 동료의 보상과 비교하여 공정성을 판단한다. 불공정성을 지각하면 불공정성을 감소시키기 위한 행동을 하게 된다.

③ 불공정 감소 Motivation

불공정 감소를 위하여 종업원은 본인의 투입을 증가 또는 감소시키는 방법, 결과물을 증가 또는 감소시키는 방법, 개인의 투입결과를 왜곡시키는 방법, 비교대상의 투입결과를 왜곡시키는 방법 등을 활용할 수 있고 이를 통해 해결이 되지 않는 경우 비교대상의 교체나 직무이탈이 일어나게 된다.

> ※ 아담스 이외의 임금공정성에 관한 이론
> "개인과 조직의 교환관계에서 '공헌'과 '유인'이 같거나, 유인이 공헌보다 약간 클 때 공헌은 계속된다"(Barnard).
> "조직에서 보상이 주어질 경우 보상을 받는 사람들은 그들 각각이 조직에 희생하는 정도에 적합한 보상이 배분되기를 기대하는데 이러한 적정배분의 지각을 배분공정성이라고 한다"(Homans).

(3) Barnard와 Homans의 공정성 이론

① Barnard

바나드는 임금 공정성에 관하여 종업원은 조직에서 제공하는 유인과 종업원이 기여하는 공헌을 비교를 통해 유인이 공헌과 크기가 같거나 약간 클 때 종업원이 조직을 떠나지 않고 공헌을 계속하는 모티베이션을 받는다고 정리하였다.

② Homans

Homans는 임금 공정성에 관하여 개인의 지각 방식이 자신의 노력과 그 결과로 얻어지는 성취와의 관계를 다른 집단의 경우와 비교하여 자신이 느끼는 공정성에 따라서 행동동기가 영향을 받는다고 하였다.

3. 배분공정성

(1) 배분공정성의 의의

조직에서 보상이 주어질 경우 보상을 받는 사람들은 그들 각각이 조직에서 희생하는 정도에 적합한 보상이 배분되기를 기대하는데 이러한 적정배분의 지각을 배분공정성이라고 한다. 배분공정성은 대외적 공정성과 대내적 공정성으로 구분되며 각각의 임금공정성은 임금관리시스템과 관련되어 있다.

◈ 임금공정성의 유형 및 임금관리시스템과의 관계

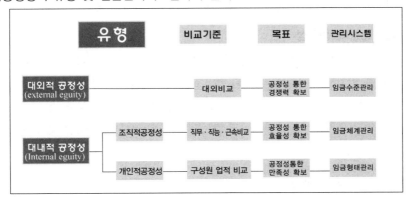

자료 : 최종태, 현대인사관리론(2003), p191 필자 수정

(2) 임금의 (대)외적 공정성(external equity) : 임금수준의 문제

임금의 대외적 공정성은 임금을 대외적으로 비교한 공정성으로 특정조직의 종업원들이 경쟁관계에 있는 타 기업과 비교해서 거의 동일한 수준의 임금을 받는다고 지각할 때의 공정성을 의미한다. 임금의 외부공정성은 조직의 인력확보 및 대외경쟁력을 유지·확보할 수 있도록 해 주는 지침이 된다. 따라서 기업은 임금수준 결정에 있어서 대외적 비교 및 사회적 균형을 달성하여 공정성을 유지하여야 한다.

(3) 임금의 (대)내적 공정성(internal equity) : 임금체계 및 형태의 문제

① 조직적 공정성

조직적 공정성은 임금결정에 있어서 조직의 직무와 직능 및 근속에 따라 보상을 달리함으로써 공정성을 유지·확보하도록 하는 것이다. 이는 조직의 효율성을 증대시켜 주는 지침이 되며, 임금체계와 관련이 있다.

② 개인적 공정성

개인적 공정성은 조직내 동일한 직무·직능·근속이라 할지라도 종업원 개인의 노력에 따라 보상을 달리함으로써 공정성이 유지·확보되도록 하는 것이다. 이는 개인적 만족과 조직의 활력을 증대시켜 주는 지침이 되며 임금형태와 관련이 있다.

4. 절차공정성

(1) 절차공정성의 의의

임금 공정성을 분배공정성(distributive justice)과 절차공정성(procedure justice)으로 구분하기도 한다. 전자는 공정성의 초점을 임금결정 자체로서의 결과에, 후자는 임금결정의 과정에 둔다. 즉, 분배공정성은 종업원들에게 배분되는 임금액에 관한 공정성을 말하며, 절차공정성은 임금에 관한 의사결정이 이루어지는 과정이나 시행되는 절차에 관한 공정성을 말한다.

(2) 절차공정성의 중요성

절차공정성에 대한 종업원의 지각은 임금만족의 영향요인으로 임금결정 결과를 수용하는데 중요한 영향을 미치고 조직을 보다 신뢰적인 조직으로 만들고 또한 보다 높은 수준의 조직몰입을 가져온다. 심지어 레벤탈(Leventhal)은 절차공정성이 배분공정성의 확립과 유지의 전제조건이라고 말하면서 절차공정성이 존재하지 않는다면 배분공정성이 사라질 것이라는 극단적인 주장을 하기도 했다.

(3) 절차공정성 확보 방안

절차공정성을 확보하기 위해서 반드시 절차가 공식화되고 정보가 공유화되어야 할 것이다. 구체적으로 살펴보면, 임금의 절차공정성은 (ⅰ) 일관성 있게 모든 종업원들에게 적용되고, (ⅱ) 종업원들의 참여와 주장이 포함되며, (ⅲ) 항의절차와 같은 고정처리절차 등이 이용가능하고, (ⅳ) 활용되는 정보가 정확하며, 그 정보가 공유될 때 보다 높게 지각된다. 이 중에서도 특히 종업원들이 임금시스템의 설계에 참여해서 자신들의 견해를 반영할 수 있도록 하는 것이 중요하다.

> ※ **절차공정성 확보를 위한 규칙** (레벤탈)
> ⅰ) 정보의 정확성 : 임금결정 과정에 활용되는 정보를 많이 수집하여 사용한다. 수집된 정보가 정확해야만 공정성 획득이 가능하다.
> ⅱ) 수정가능성 : 임금결정의 절차 속에 잘못된 의사결정을 바로잡기 위한 조항들이 포함되었을 때 공정성이 확보된다. (ex. 고충처리절차나 항의절차 등)
> ⅲ) 대표성 : 임금배분에 있어서 모든 단계들은 종업원의 의견을 참여시켜야 한다. 종업원의 관심, 가치관이 반영되어야 공정성 확보가 가능하다.
> ⅳ) 도덕성 : 임금배분절차가 윤리와 도덕에 관한 종업원이 가지고 있는 기준과 일치할 때 절차공정성은 극대화된다.

5. 임금공정성 확보방안

(1) 임금공정성 이슈

① 외부공정성 결여

우리 기업들은 대체로 '타기업의 임금수준 및 임금조정 결과'와 '기업의 지불능력'을 고려하여 임금수준을 결정하고 있으며 노동조합이 있는 경우 교섭인상 위주의 관리를 실시하는 경향이 있다. 최근 기업들은 인건비의 지속적 상승으로 인하여 경쟁력 상실의 위험을 우려하고 있으나 여전히 종업원들은 외부공정성의 결핍을 느끼는 경우가 많다. 특히, 대기업·중소기업간의 양극화로 중소기업 종업원들은 심각한 외부공정성 결여를 느끼고 있으며 이에 따라 중소기업의 인력난 및 우수인재의 이탈과 경쟁력 상실이 지속되고 있다.

② 내부공정성 결여

우리나라의 전통적인 연공서열 중심의 임금체계는 생활보장과 고용안정으로 기업에 대한 귀속의식을 확대시키고 질서를 확립하는 데는 어느 정도 이바지한 바가 있다. 그러나 최근 기업 환경변화의 급속한 변화로 인해서 근속=숙련의 등식이 무너지면서 성과와 능력을 제대로 반영하지 못하여 동일노동 동일임금 실시가 곤란하고 결과적으로 내적 공정성을 결여할 가능성이 크기 때문에 이에 대한 수정이 요청된다.

③ 절차공정성 결여

임금결정과정에 조직 종업원의 참여가 배제되거나 임금배분을 결정하는 객관적인 평가시스템이 미흡하여 임금제도에 대한 종업원의 공정성 지각을 방해하고 있다.

(2) 외부공정성 확보방안

① 임금수준 결정의 전략적 대안

조직이 외부적 공정성을 확보하고 노동시장에서 경쟁력있는 임금수준을 결정하기 위해서 올바른 임금수준 전략을 선택하는 것이 필요하다. 각 기업이 기업 상황에 맞게 선도(lead), 동행(match), 추종(lag), 혼합(hybrid) 전략을 선택해서 활용해야 할 것이다.

② 총보상 개념의 도입과 활용

기업은 급여(pay)보다는 총보상(total reward)의 가치에 초점을 두고 커뮤니케이션을 진행할 필요가 있다. 급여, 복리후생, 스톡옵션, 성과인센티브, 교육, 일과 삶의 균형을 위한 프로그램, 조직문화나 근무환경과 같이 눈에 잘 보이지 않는 항목까지 종업원들에게 적극 알림으로써 대외적 공정성을 확보할 수 있을 것이다. 특히 중소기업에서는 지불능력의 한계로 인해서 임금수준의 경쟁력을 갖기 힘들기 때문에 비금전적, 내재적 보상까지 포함해서 총보상(total reward) 개념을 적극 활용해야 할 것이다.

③ 기업규모에 따른 격차 완화

규모 또는 성별에 따른 불공정성을 완화하기 위해서 국가, 기업, 노동조합 차원에서 공동의 노력을 기울일 필요가 있다. 예컨대 임금인상률에 대한 조정, 대기업과 중소기업간의 불공정한 관행 개선 등을 통해서 어느 정도 해결할 수 있을 것이다. 또한 직무급 도입을 고려해 볼 수 있고 임금수준에 초점을 둔 교섭중심의 임금정책에서 효율적인 임금체계로 초점을 변화시키는 것도 한 방안이 될 수 있을 것이다.

(3) 내부공정성 확보방안

① 성과주의 보상체계

성과주의 도입과 실행을 통해 성과와 보상간의 괴리를 극복하고 연봉제나 성과급 제도를 적절히 활용하여 내부공정성을 확보할 수 있다.

② 평가제도의 정비

성과주의 보상체계가 성공하기 위해서는 기존의 평가제도가 재정비 되어야 하며 과거 종업원의 직급, 직위 상승이라는 신분적 상승을 성과에 따른 보상으로 변화시켜야 할 것이다.

③ 직무급 활용

직무급은 동일노동·동일임금 정신에 가장 적합한 임금제도로 직무급 활용을 검토해볼 필요가 있다.

(4) 절차공정성 확보방안

① 임금결정과정의 종업원대표 참여

임금결정과정에서 편견을 최소화하고 종업원의 관습이나 가치관을 잘 반영하기 위하여 종업원의 대표를 참여시키는 것이 바람직하다.

② 평가시스템의 개발

설정된 임금체계의 기준에 맞춰 임금배분의 기준을 정확히 측정할 수 있는 평가시스템의 개발이 필요하다.

③ 종업원 임금관리 교육

결정된 임금체계에 대해 임금의 구성항목과 인상 체계, 설정 프로세스에 대해 종업원의 인지도를 제고시킴으로써 수용성을 높일 수 있을 것이다.

④ 임금액수의 공개

임금액수의 비공개는 공정성의 저해요인이 될 수 있으므로 개인별 임금액수를 공개할 필요가 있다. 전사적으로는 임금의 총액수를 공개하고 각 직급별 임금 산정의 수준을 공개함으로써 개인의 현 위치를 파악할 수 있도록 해야 할 것이다.

> 이상에서 임금 공정성의 개념과 유형 그리고 공정성 관리 방안 등에 대해서 살펴봤다. 임금의 공정성은 인재들의 유인과 유지, 그리고 조직 종업원들의 동기부여와 조직몰입 등과 직접 연결되어 있기 때문에 기업의 경쟁력을 좌우한다고 볼 수 있다.
>
> 또한, 공정성 개념은 최근에 부상하고 있는 조직내부의 윤리적 인사관리, 즉 조직과 종업원간의 고용관계에서 윤리를 실천하는 조직정의의 실체적인 내용이 되고 있다. 따라서 조직에서 임금 공정성의 실현은 조직의 보상관리 측면에서 윤리적 인사관리를 실천하는 것이라 할 수 있다. 윤리적 인사관리는 우리 기업들이 글로벌 우수기업으로 성장하기 위해서 반드시 실현해야 되는 것임을 감안할 때, 임금의 공정성은 아무리 강조되어도 지나침이 없을 것이다.

┃제2절┃ 임금수준 관리

Ⅰ. 임금수준 관리의 의의

1. 임금수준관리의 개념

임금수준의 관리란 조직이 종업원에게 지급하는 평균임금액을 관리하는 것을 말한다. 임금수준을 결정할 때에는 대외적 비교 및 사회적 균형을 달성하여야 하며 이는 조직의 인력 확보 및 대외 경쟁력을 유지·확보할 수 있는 지침이 된다.

2. 임금수준관리의 목적과 관리도구

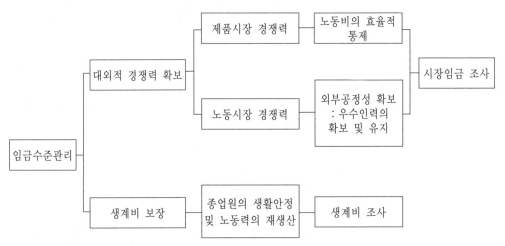

자료 : 김영재 외, 신인적자원관리(2011), p436

Ⅱ. 임금수준의 결정요인

임금수준의 결정요인은 플리포, 메긴슨등 여러 학자마다 분류가 다르나 일반적으로 지불능력, 생계비, 사회일반의 임금수준으로 분류한다.

1. 기업의 지불능력

(1) 생산성 분석

① 물적 생산성 : 단위 노동생산요소 투입량에 대한 생산량 비율을 말한다. 물적생산성은 시장가치를 반영하지 못하고 물적생산성 향상에 노동력이 기여한 부분이 얼마나 되는지 파악하기 곤란하다는 단점이 있다.

② 부가가치 생산성 : 기업의 부가가치는 매출액에서 제조원가를 뺀 액수가 된다. 이 경우 임금수준의 크기는 부가가치에 노동분배율을 곱하여 얻은 금액이 된다. 부가가치 생산성은 시장가치를 반영하므로 물적 생산성 보다 합리적이지만, 노동분배율 합의에는 어려움이 있다.

(2) 수익성 분석

① 손익분기점 : 손익분기점이란 총수익과 총비용이 일치하는 수준에서의 매출량 또는 매출액 수준을 말한다. 손익분기점 방법은 총수익과 총비용의 관계를 명확하게 밝혀주므로 이를 이용하여 기업의 인건비 지불능력을 파악할 수 있다.

② 원가구성 분석 : 전체 원가구성 중 인건비 비율을 과거 자료를 근거로 계산 후 임금수준 결정에 활용하는 것이다.

2. 노동시장의 임금수준

임금의 대외적 공정성을 확보하는 수준의 임금을 결정하기 위해서 노동시장에서의 임금수준을 파악해야 한다. 이 경우를 지배임금률 또는 사회일반의 임금수준이라고도 한다. 이 외에 노동시장 관련요인으로서 임금수준결정에 영향을 미치는 요인들로는 노동력의 수요와 공급 상황, 노동조합조의 단체교섭력 등이 있다.

3. 생계비

(1) 개념

생계비는 근로자들의 생계를 유지하기 위해 필요한 임금하한선을 결정하는데 도움을 준다. 즉 임금은 노동자의 생계를 유지하고 생활을 보장할 수 있는 정도가 되어야 한다는 것이다. 생계비 산정방식은 실태생계비와 이론생계비로 구분된다.

(2) 측정방법

① 실태생계비 : 도시근로자들의 가계부를 분석하여 실제로 생계를 꾸려가기 위해 지출된 비용을 산출하는 것이다.

② 이론생계비 : 근로자가 생계를 꾸려가는 데 필요한 것을 이론적으로 파악하는 것이다.

4. 최저임금제

(1) 개념

최저임금제는 국가가 노사 간의 임금결정 과정에 개입하여 임금의 최저 수준을 정하고 사용자에게 이 수준 이상의 임금을 지급하도록 강제하는 제도이다.

(2) 장점

최저임금제는 임금의 부당한 하락을 방지하여 종업원들의 최저생계를 보장하고 사용자간 공정경쟁을 유도하고 구매력 증대로 유효수요를 창출한다.

(3) 단점

그러나 노동공급이 과잉인 경우 실업률이 증가하고 인건비 상승으로 제품의 가격을 인상시켜 결국 가계의 부담이 커질 수 있다.

>> 임금수준결정의 기본모형

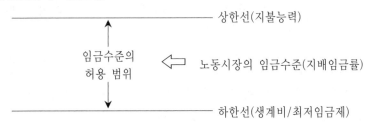

자료 : 김영재 외, 신인적자원관리(2011), p437

Ⅲ. 임금수준의 조정

1. 임금수준 조정의 의의

임금수준은 물가수준 변동, 연공이나 인사고과 결과 등에 따라서 매년 조정이 되는 것이 일반적이며 이때의 조정이란 상향조정을 말한다. 즉 임금인상을 말하는 것으로 대부분의 기업에서 행해진다.

2. 승급과 승격

승급은 임금곡선 상에서 상향이동하는 것을 말한다. 미리 정해진 임금곡선을 따라 연령, 근속년수에 의해 기본급이 증대되며 대부분의 기업에서 최소한 한 해에 1회 이상 실시되고 있다. 이에 비해 승격은 직무의 질이 향상된 것에 의한 임금상승으로 주로 승진과 병행해서 이루어진다.

>> (급내)승급과 승격(승급)의 구별

광의의 승급	(급내)승급	동일 직급 내 임금수준의 변화 직무와 직능의 질은 변하지 않음 연공서열적 체계 하에서 보통 자동승급형태로 운용
	승격(승급)	직무나 직능의 질이 향상된 것을 이유로 상향 보통 승진과 병행

3. 베이스업

베이스업은 임금곡선 자체를 전체적으로 상향이동시키는 것을 말한다. 연령, 근속연수, 직무수
행능력 등이 그대로인 종업원에 대한 임금의 증가를 뜻한다. 베이스업분(아래 그림에서 b)은 물
가보상의 생활급적 요소와 생산성향상에 대한 성과급적 요소를 포함하나 승급분(아래 그림에서
a)은 연공급적 성질을 갖는다.

◈ 승급과 베이스업의 관계

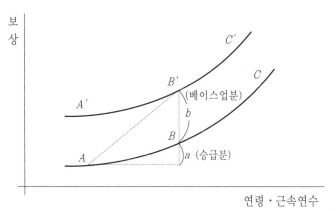

자료 : 백삼균, 정범구(2006), p224.

Ⅳ. 임금수준 결정의 전략적 대안

1. 선도전략

(1) 의의

경쟁기업보다 더 높은 수준의 임금을 지급하는 고임금 전략

(2) 장단점

① 장점 : 유능한 종업원 유인 및 능력 최대화, 결근율과 이직률 감소, 생산성이 더 증가하
면 더 높은 노무비 상쇄
② 단점 : 비용 증가, 조직의 부조화, 사용자에 대한 불평 회피를 위해 임금수준 증가를 강
요, 후일에 높은 이직을 유발할 수 있는 부정적인 직무특성 엄폐 가능

(3) 적합한 상황

고기능이나 기술을 소지한 종업원들에게 크게 의존하는 조직구조나 기술을 가지고 있어 분권적
의사결정을 강조하는 조직, 조직이 종업원들의 성과를 관찰하고 통제하기가 어려워 이들이 최
대의 노력을 하도록 자극을 주기 원할 경우

2. 동행전략

(1) 의의

경쟁기업과 농일수준의 임금을 지급히는 전략

(2) 적합한 상황

경쟁적인 노동시장에서 후발기업에 의해서 주로 사용, 가장 일반적

3. 추종전략

(1) 의의

경쟁기업보다 낮은 임금을 지급하는 전략으로 잠재적 종업원을 유인하려는 사용자의 능력을 방해할 수 있음. 장래에 높은 보상을 약속하고 낮은 임금을 지불하면 조직몰입과 팀웍을 강화

(2) 적합한 상황

낮은 수익률을 갖고 경쟁시장에서 분화되지 않은 제품을 생산하는 노동집약적 산업이나 낮은 질의 노동력을 활용하는 산업에서 주로 사용

4. 혼합전략(유연전략)

종업원의 집단, 직군별로 전략을 달리하거나, 종업원에 대해 기본급, 상여금 등의 인센티브 임금, 스톡옵션, 복리후생 등에 대해서 상이한 전략 사용

5. 임금수준전략과 조직성과와의 관계

전략	개념	조직성과					적합한 상황
		종업원의 유인능력	종업원 유지능력	노무비 절감	임금불만 족 감소	생산성 증대	
선도 전략	• 임금이 종업원의 조직선택 의사결정시 가장 중요한 요소로 가정 • 경쟁기업보다 더 높은 수준의 임금지급하는 고임금 전략	+	+	?	+	?	• 고기술 종업원의 분권적 조직 • 높은 수익률 분화된 제품생산의 자본집약적 산업 • 종업원의 성과통제가 어려운 경우
동행 전략	경쟁기업과 동일한 수준의 임금 지급하는 전략	=	=	=	=	?	후발기업

추종 전략	경쟁기업보다 낮은 수준의 임금을 지급하는 저임금 전략	-	?	+	-	?	저수익률, 미분화제품의 노동집약적산업, 저질의 노동력 산업
혼합 전략	집단, 직군별로 세 가지 전략을 달리하거나 기본급, 상여금, 스톡옵션, 복리후생 등에 대해서 상이한 전략 사용	?	?	+	?	+	?

자료 : 김영재 외, 신인적자원관리(2011), p448 수정보완해서 인용

(1) 선도전략

유인과 유지 증대, 불만족 감소

(2) 동행전략

유인, 유지, 노무비 절감, 임금 불만족 동일

(3) 추종전략

노무비 절감

(4) 혼합전략

노무비 절감 및 생산성 증대

▮제3절▮ 임금체계 관리

Ⅰ. 임금체계 관리의 의의

(1) 임금체계관리의 개념

임금체계는 임금의 분배 기준(임금제도)을 말한다. 혹은 기본급을 결정하는 기준(연공급, 직능급, 직무급), 임금항목의 종류와 구성을 총칭하는 개념(기본급, 제수당, 상여, 인센티브 등)으로 사용된다.[2] 임금체계는 대내적 공정성(internal equity)에 관한 문제로써 조직의 효율성 증대의 지침이 된다.

(2) 임금체계 개선의 필요성

최근 저성장, 국제경쟁의 가속화, 고임금 등에 능동적으로 대응하기 위해서는 종래의 연공급으로는 한계가 있다. 또한 장기근속자에 대해서는 조직의 인건비 부담이 생기면서 임금체계 변화가 요구되고 있다.

(3) 임금배분기준

임금분배기준으로는 종업원가치(연공급, 직능급), 직무가치(직무급), 결과가치(성과급) 등이 있다. 단, 변동급적인 성격이 강한 성과급은 임금형태로 분류하도록 하되 성과급만을 기준으로 기본급을 설정한 경우는 임금체계에 포함시킬 수도 있다.

① 연공기준 : 연공기준은 종업원의 연령, 근속, 연공 등에 의해 임금을 결정하는 것이다. 실제 종업원의 필요생계비를 반영하는 것이 대표적이다.

② 능력기준 : 능력기준은 직무와 관련된 능력이며 이는 당해 종업원이 현재 담당하고 있는 직무능력뿐만 아니라 앞으로 담당해야 할 직무와 관련되는 능력도 포함한다.

③ 직무기준 : 직무기준은 종업원의 능력에 관계없이 직무의 내용에 따라 임금이 결정되는 것이다. 이러한 직무기준에 있어서는 직무단위의 정의가 명확해야 하고 그에 따른 적격자의 적재적소의 배치가 전제되어야 하며 동일직무 동일임금의 원칙이 지켜져야 한다.

④ 성과기준 : 성과기준은 종업원의 조직에 대한 기여도를 의미한다. 그런데 성과기준은 그 자체가 임금체계의 내용이 된다기 보다는 직무급, 연공급, 직능급 등을 산출할 때 함께 고려되는 경우가 많다.

---

2) 박준성, 기업의 직무급제 도입과 활용방안, 「임금연구」 2007년 봄호.

◎ 임금체계(기본급)와 결정기준

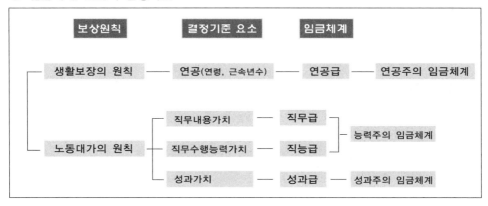

자료 : 김영재 외, 신인적자원관리(2011), p451

Ⅱ. 연공급

1. 연공급의 의의

연공급은 종업원의 연령, 근속연수(학력, 타직장 근무연수 포함)를 기준으로 임금을 결정하는 제도를 말한다. 연공급 제도는 연공에 따른 숙련상승과 생계비 보장을 근거로 하고 있다.

2. 연공급의 유형

(1) 정액승급형

근속연수에 따라 임금수준이 증가하는 형태로, 매년 임금인상액이 동일하다.

(2) 체증승급형

2차함수의 곡선을 따라 임금인상액이 체증하는 형태로, 근속연수가 많아질수록 임금인상액의 폭은 커진다.

(3) 체감승급형

임금의 상승액과 상승률이 근속연수가 많아질수록 점차 감소하는 형태이다.

(4) S자승급형

근속연수에 따라 승급액이 증가하다가 일정시점을 지나면서 감소하게 되는 형태이다.

3. 연공급의 장단점

(1) 연공급의 장점

① 생활보장으로 기업에 대한 귀속의식 확대
② 연공존중의 풍토에서 질서확립 및 사기 유지
③ 관리 및 실시의 용이
④ 평가가 어려운 직무에의 적용이 용이함

(2) 연공급의 단점

① 동일노동·동일임금 실시 곤란함
② 성과와 능력을 제대로 반영하지 못함
③ 인건비 부담의 가중과 임금관리의 경직성 야기
④ 고급인력의 확보와 유지 곤란
⑤ 소극적인 근무태도의 야기

4. 연공급 제도 폐지의 장해요인

① 평가시스템 미비
② 노조의 강력한 저항
③ 연공주의 조직 문화

Ⅲ. 직능급

1. 직능급의 의의

(1) 직능급의 의의

종업원이 보유하고 있는 직무수행능력(직능)을 기준으로 임금을 결정하는 제도이다. 이 제도는 승진정체현상을 완화 하거나 연공급을 개선하고 직무급의 장점도 살릴 수 있는 능력주의 임금제도이다. 직능급은 직능자격제도(자격승격과 직위승진을 분리 운영하여 급여상의 처우 개선) 확립을 전제로 한다.

(2) 직능급 실시의 전제조건

① 합리적인 직능등급 구분
② 종업원 능력평가의 체계화
③ 직능자격제도에 대한 종업원의 수용도 증대

2. 직능급의 유형

(1) 개별(능력평정별) 직능급

각 개인마다 능력평가 점수를 산출하여 1점당 단가를 곱하여 임금을 결정하는 형태

(2) **단일**(임금률) **직능급**

하나의 직능등급에 대해 하나의 임금률을 적용하는 형태

(3) **범위**(임금률) **직능급**

하나의 직능등급에 대해 임금액의 상한과 하한의 범위가 설정되어 있는 형태

3. 직능급의 장단점

(1) 장점

① **능력개발의 유도** : 직능급은 종업원으로 하여금 적극적인 능력개발을 유도하여 능력주의 임금관리를 실현

② **공정성 실현 통한 우수인재 유인 및 유지** : 직능급은 우수한 인재의 이직을 방지하고 우수인재를 유인

③ **승진정체 완화** : 직능급은 다른 승진정책에 비하여 T/O에 대해 개방적이므로 직능급의 운영을 통해 승진정체를 완화시킬 수 있고 능력위주의 풍토를 확산시킴으로써 연공급의 단점을 개선

④ **동기유발 및 생산성 향상**

⑤ **성장욕구 충족**

⑥ **동양적 풍토 하에서의 적합성**

(2) 단점

① **임금부담** : 초과능력이 바로 성과를 향상시키는 것은 아니며 초과능력에 대한 임금부담이 가중

② **일상실무 소홀** : 종업원의 직무수행능력만을 강조하다 보면 능력향상에만 집중을 한 나머지 일상실무에 소홀하기 쉬움

③ **직능평가의 어려움** : 자격의 직무수행에 요구되는 능력과 직급에 따른 등급화와 능력수행단계 구분이 어렵고 객관적인 평가에 어려움이 있어 불만야기

④ **적용직종 제한** : 직종별 직능등급을 과학적으로 할 수 없는 직종이나 능력평가의 정확성을 확보하기 어려운 조직에서는 적용이 곤란

4. 직능급의 특징 : 직무급과의 비교

① 동일직능 동일임금

② 직무의 확정 및 표준화가 반드시 필요한 것은 아니다.

③ 직무평가가 꼭 필요한 것은 아니다.

④ 적정배치가 불가결한 전제는 아니다.

⑤ 연공급과는 타협적인 성격이 강하다.

5. 직능급의 운영방안

① 실제 수행하기 전, 평가받아야 할 직무능력의 내용을 파악하여야 하고 명확한 직능의 설정과 측정방법의 선정이 우선시 되어야 한다.

② 직능급의 도입과 활용을 위해서는 종업원 능력의 개발과 평가, 교육훈련과 적정배치 등 인사시스템의 합리적 운영 측면에서 고려되어야 한다.

Ⅳ. 직무급

1. 직무급의 의의

(1) 직무급의 의의

직무급은 조직내 존재하는 직무들을 평가하여 직무의 상대적 가치를 기준으로 임금을 결정하는 임금체계이다. 직무급은 동일노동에 대한 동일임금의 원칙에 입각한 가장 합리적인 임금체계라 할 수 있다.

(2) 직무급 도입의 전제조건

① 생산이 안정적이어서 직무가 기능적으로 분화되고 표준화되어 있어야 한다.

② 직무분석과 직무평가가 선행되어야 한다.

③ 직무중심의 합리적인 채용과 인사고과 시스템이 확립되어야 한다.

④ 배치, 승진, 이동이 직무중심으로 적정하고 공정하게 실시되어야 한다.

⑤ 최저임금수준이 노동의 재생산이 가능한 생계비수준 이상이어야 한다.

⑥ 노사 모두가 직무급을 공평하고 타당한 임금제도로 수용할 수 있는 합리적 의식 갖추어야 한다.

⑦ 거시적 측면에서 횡단적 노동시장이 활성화되어야 한다.

(3) 직무급 도급의 필요성

① 임금의 노동대가 원칙에 부합

직무급은 노동의 양과 질에 따라 결정되므로 가장 합리적이고 타당한 임금제도로 볼 수 있다.

② 임금결정의 객관화

임금을 노동의 질과 양에 따른 명확한 기준 위에서 결정함으로써 임금결정의 자의성을 배제한다. 즉, 직무분석과 직무평가 거친 후 직무에 의해서 임금을 결정하므로 임금결정이 객관화된다.

③ 임금의 공정성

노동의 상대적 박탈감을 감소시켜주고 제공한 노동의 가치에 합당한 보상을 줌으로써 불만을 해소시킬 수 있다.

2. 직무급의 설계

(1) 직무분석과 보상요인의 결정

먼저 직무분석을 실시하고 보상요인을 결정한다.

(2) 직무평가와 임금률의 결부

직무분석 결과를 바탕으로 개별 직무에 대한 객관적인 직무평가가 이루어져야 하며 그 결과와 보상요인과의 비교를 통해 특정 직무에 상응하는 임금을 결정하게 된다.

(3) 직무등급설계

임금의 최고, 최저, 평균수준을 기준으로 하여 임금을 직무와 연결시켜 임금의 폭을 만들고 여러 직무로 묶여진 단위로서 임금의 등급을 설정한다.

직무등급설계과정

(1) 시장조사

급여등급(pay grade)을 합리적으로 결정하려면 먼저 직무별로 시장의 급여수준을 조사하는 것이 필요하다. 이때 직무를 주요직무(key jobs)와 비주요직무(non-key jobs)로 구분하여 조사한다. 주요직무란 여러 조직에 공통적이고, 과업내용이 비교적 안정적인 기준직무(benchmark job)로 시장에서 급여를 조사할 수 있는 직무이다. 반면에 비주요직무는 특정 조직 특유의 직무로 시장조사로 급여를 비교할 수 없는 직무를 지칭한다.

(2) 급여정책선 추정

시장조사 자료가 정리되면 급여정책선(pay policy line)을 추정할 수 있다. 급여정책선은 직무별 급여와 직무평가 점수간의 관계를 설명한 예측선이다.

(3) 급여 등급 결정

직무평가 점수와 직무별 급여수준 자료를 이용하여 급여등급을 결정한다. 급여등급은 동일가치 혹은 동일내용의 직무를 관리하기 쉽게 묶어 등급화한 것이다.

(4) 등급별 승급 폭 결정

급여등급을 결정한 후 등급별로 승급 폭(range spread)을 결정한다. 승급 폭은 급여등급내의 최소급여와 최대급여 간의 폭을 의미한다.

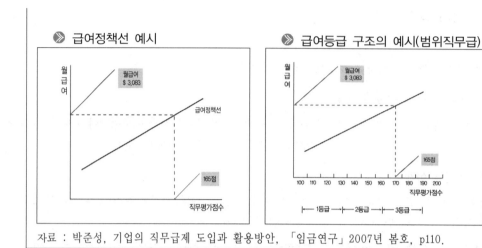

급여정책선 예시

급여등급 구조의 예시(범위직무급)

자료 : 박준성, 기업의 직무급제 도입과 활용방안, 「임금연구」2007년 봄호, p110.

(4) 직무급형태의 선정

직무급 선정 대상에 따라 개별직무급, 단일직무급, 범위직무급 등의 형태를 선정한다.

3. 직무급의 유형

직무급은 직급의 사용여부에 따라서 개별직무급과 직급별 직무급으로 구분할 수 있다. 개별직무급이 개별직무마다 다른 임금률이 정해져 있는 반면, 직급별 직무급은 모든 직무를 적당한 수의 몇 개의 직급(직무등급)으로 묶어 직급별로 임금률을 결정하여 운영하는 형태이다.

각 직급별 임금률의 적용범위에 따라서도 단일직무급(각 직급마다 하나의 임금률)과 범위직무급(동일직급의 직무에 대해 일정범위 내에서 임금액 차이)으로 구분할 수 있다.

따라서 직무급의 기본유형은 개별직무급, 직급별 단일직무급, 직급별 범위직무급으로 구분해볼 수 있다.

(1) 개별 직무급

개별직무급은 개별직무마다 각기 다른 임금률이 정해져 있는 형태로 평점별 직무급이라고도 한다. 이 경우는 직급을 구분하지 않고 하나의 직무에 하나의 임금액이 적용되므로 임금계산이 간단하고 근로자가 이해하기도 쉽다. 그러나 직무의 수만큼 임금률이 존재하므로 직무수가 한정되어 있는 경우에나 사용될 수 있다.

(2) 직급별 단일직무급

직급별 단일직무급은 각 직무들에 대한 직무평가의 평점을 일정한 간격을 기준으로 해서 여러 직급으로 분류하고 보통 10~15개정도 각 직급마다 하나의 임금률을 설정하여 운영하는 형태이다. 단일직무급은 직무가 단순하고 정형적이며 작업성과가 개개인의 숙련정도에 따라 크게 영향을 받지 않는 직무에 적합하다.

(3) 직급별 범위직무급

직급별 범위직무급은 동일직급 내의 직무에 대하여 일정 범위의 임금률을 설정하여 운영하는 형태이다. 범위직무급은 동일직급에 속하는 종업원이라도 숙련, 능력, 업적 등의 차이를 반영하여 일정 범위내에서 승급을 인정하여 임금액에 차이를 두고 탄력적으로 운영하는 형태이다. 범위직무급은 다른 직무급 유형에 비해 보다 자극적인 성격을 가져 종업원에 대한 동기부여와 성과증진에 기여할 수 있는 장점이 있고 이로 인해서 직무급을 실시하는 대다수 기업들은 범위직무급을 채택하여 실시하고 있다.

4. 직무급의 장·단점

(1) 장점

① 임금배분의 공정성 제고 : 직무급의 운영을 통해 연공급으로 인한 불합리한 노무비의 상승을 억제하고, 기업의 전략달성 기여도에 따른 임금운영을 통해 인사관리의 합리화를 기대할 수 있다.

② 유능한 인력의 확보 용이 : 능력에 따른 임금의 지급으로 연공급에 따라 임금이 상대적으로 적게 산출이 되던 젊고 유능한 핵심인재의 확보가 용이해진다.

③ 능력주의 풍토 조성 : 동일노동·동일임금을 실현하여 개인별 임금격차에 대한 불만을 해소하고 능력위주의 풍토가 조성된다.

(2) 단점

① 노동이동이 제한적인 경우 실시 곤란 : 직무가 표준화되지 않았거나 합리적 노동시장이 형성되어 있지 않으면 도입에 어려움이 있다.

② 절차 복잡 : 직무분석과 직무평가를 통한 임금설정 등에 대한 절차가 복잡하고, 임금 책정 기준이 직무에 한정되어 인사관리의 융통성을 결여하기 쉽다.

③ 연공주의에서 오는 저항 : 직무급은 특히 동양의 국가에서 학력, 연공중심의 풍토에서 오는 반발이 강하며, 종신고용 풍토에 혼란이 올 수 있다.

5. 브로드밴딩의 대두

(1) 브로드밴딩의 개념

브로드밴딩이란 늘어난 직무등급의 수를 줄이는 대신에 각 직무등급의 급여 폭을 크게 넓히는 것을 말한다. 오늘날 조직의 수평화의 변화추세에 맞춰 직무의 브로드밴딩 현상이 가속화되고 있다.

(2) 도입 배경

기존 직무급 체계는 환경변화에 따른 직무내용 변화에 즉시 대응이 어렵고 승진정체의 문제가 대두되면서 특히 직무급 위주의 인사체계를 갖는 미국의 경우 직급을 축소하고 직무등급 폭을 넓게 하는 브로드밴딩 현상이 확산되고 있다.

(3) 브로드밴딩의 장단점

① 장점

(i) 직무평가 없이 급여체계를 간단하게 설계할 수 있다.

(ii) 인사이동이 비교적 수월해 진다.

(iii) 직무순환을 통하여 다양한 직무를 경험할 수 있다.

(iv) 개인의 경력개발에 따른 보상을 제공하여 직원들의 성장기회를 제공한다.

② 단점

(i) 동일 직급 내에서 광범위한 인건비 설정이 가능하므로 성과나 능력신장의 평가시스템을 통해 인건비 통제가 필요하다.

(ii) 직무등급의 통합으로 상위직급에 있던 사람들이 상대적으로 박탈감을 느낄 수 있다.

(4) 브로드밴딩 적용시 유의점(성공방안)

브로드밴딩의 성공적 운영을 위해서는 유기적이고 개방적인 조직이 구축되어야 하고 개인의 경력개발경로를 제공할 수 있는 역량개발 체계가 갖추어 져야 한다. 또한 종업원에 대한 보상제도가 비용이 아닌 투자개념으로 인식의 전환이 있어야 한다.

6. 직무급 도입시 유의사항

최근 동일노동(직무) 동일임금을 통한 공정성 제고, 능력주의 실현, 인건비의 효율적 활용 등을 목적으로 직무급 도입이 확대되고 있다. 특히 비정규직이 확산되면서 비정규직 문제 해결의 주요 수단으로도 직무급 도입이 고려되고 있다.

사람중심의 인사관리, 연공주의 임금 등으로부터의 폐단을 극복하기 위해서 직무급 도입을 고려해볼 수 있다. 그러나 노사가 모두 신뢰할 수 있는 객관적이고 공정한 직무분석과 직무평가가 전제되지 않으면 직무급 도입도 요원할 것임을 주의해야 한다.

▌제4절 ▌ 임금형태 관리

Ⅰ. 임금형태관리의 의의

임금형태란 종업원에 대한 임금의 계산 및 지불방법을 말한다. 임금형태는 대내적 공정성 중에서도 개인적 공성정과 관련된 것으로 종업원들의 작업의욕이나 성과향상에 직접적인 영향을 미친다.

Ⅱ. 임금형태의 유형

1. 시간급제

시간급제는 수행한 작업의 양과 질에는 관계없이 단순히 근로시간을 기준으로 임금을 산정·지불하는 방식이다. 시간급제는 노동자의 입장에서 보면 일정액의 임금이 확정적으로 보장되고 임금산정이 간편하다. 그러나 시간급제로 임금을 지급하면 근로자를 자극할 수 없어 작업능률을 향상시키는데 어려움이 있다.

2. 성과급제

성과급제는 노동성과를 측정하여 측정된 성과에 따라 임금을 산정·지급하는 제도이다 (개인의 성과 혹은 집단의 성과를 측정하여 임금을 결정하는 제도이다). 종업원에 합리성과 공평감을 주고 작업능률을 자극할 수 있다. 그러나 정확한 작업량의 측정이 어려우며 또한 종업원의 수입이 불안정하게 된다는 단점이 있다.

3. 추가급제

추가급제는 시간급제와 성과급제를 절충하여 보다 합리적인 임금형태를 마련하기 위한 방법이다. 일정률의 추가급을 지급함으로써 근로자의 수입안정과 능률증진이라는 두 가지 목적을 동시에 달성하고자 하는 방법이다.

Ⅲ. 시간급제

1. 시간급제의 의의

(1) 시간급제의 개념

시간급제는 수행한 작업의 양과 질에는 무관하게 단순히 근로시간을 기준으로 임금을 산정하고 지불하는 비자극 임금지급 방식이다.

(2) 시간급제가 적절한 업무

① 생산단위가 명확치 않거나 측정될 수 없는 경우
② 작업자의 노력이 생산량과 관계가 없는 업무
③ 감독이 철저하고 감독자가 공정한 과업의 양을 알고 있는 경우

2. 시간급제의 장단점

(1) 장점

① 종업원이 이해하기 쉽고 일정액의 임금이 보장되어 생활의 안정을 유지할 수 있다.
② 임금산정의 간편성과 공정성을 기할 수 있다.
③ 제품생산에 시간적 제약을 받지 않으므로 품질의 저하방지 및 노사간의 협력을 유지할 수 있다.

(2) 단점

① 종업원을 자극할 수 없어 작업 능률이 오르지 않는다.
② 수동적 작업 태도를 갖게 한다.
③ 단위 시간당의 임금 계산이 용이하지 않다.

3. 시간급제의 유형

(1) 단순시간급제

단순시간급제는 단위시간당 임률을 정해 놓고 여기에 실제의 노동시간을 곱하여 임금을 산정하는 방법을 말한다. 시간급제 중 가장 간단하고 기본이 되며 정확성을 기할 수 있다.

(2) 복률시간급제

복률시간급제는 단순시간급제의 장점을 살리며 동시에 능률을 자극하는 효과를 얻을 수 있도록 작업능률에 따라 다단계의 임률을 설정해 놓고 임금을 산정하는 방법이다.

Ⅳ. 성과급제

1. 성과급제의 의의

(1) 성과급제의 개념

성과급제는 달성한 성과의 크기를 기준으로 임금을 결정하는 제도이다. 성과급제는 성과에 연계된 변동급으로 동기부여, 조직 활력 등에 이바지하며 종업원의 만족도와 성과에 직접적으로 영향을 미친다. 성과급제는 크게 개인성과급과 집단성과급으로 구분할 수 있다.

(2) 성과급제가 적절한 업무

① 생산단위의 측정이 가능한 경우

② 작업자의 노력과 생산량과의 관계가 명확할 경우

③ 생산량이 중요하며, 생산의 질이 일정할 경우

④ 사전에 단위생산비 중 노무비가 결정되어 있을 경우

(3) 성과급제의 도입배경

성과급제는 임금의 공정성 확보를 위한 중요한 임금체계로 간주되어 왔으며 성과위주의 인사관리를 위한 보상체계로의 개편을 위하여 도입되었다.

2. 성과급제의 장단점

(1) 긍정적 효과

① 직접노무비 감소 및 소득증대

② 성과지향적 경영 자극과 커뮤니케이션 증대

③ 노무비와 생산비의 사전결정 가능

④ 결근률과 지각률의 감소와 직무에 대한 창조적 관심증대 및 비능률적인 작업자의 감소

(2) 부정적 효과

① 제품 질 희생

② 노사간의 마찰

③ 소득 불안정 특히 미숙련 근로자에게 불리

④ 작업속도 증가로 인한 건강 저해

⑤ 개별성과급의 경우 협동관계 저해 가능성

3. 개인성과급[3]

(1) 개인 성과급의 개념

개인 성과급제도 혹은 개인 인센티브제도는 개인별로 성과급을 적용하는 것으로 근로자들 개개인의 임금이 각자의 노동성과나 작업능률에 따라 지급되는 제도를 말한다. 개인성과급제는 크게 생산량 기준에 따른 성과급과 시간기준에 따른 성과급으로 구분된다.

(2) 생산량 기준에 따른 개인성과급

① 단순성과급(임률 고정) : 제품단위당 임률 × 생산량

단순성과급은 고정된 임률로 임금을 책정하는 것으로서, 표준 시간급을 기준으로 하여 생산량

---

3) 자료 : 박경규, 신인사관리(2013), p424~p437

에 비례하여 임금을 계산하는 방법이다.

계산이 용이하여 종업원의 수용도가 높고 능률향상에 커다란 자극을 주지만 표준생산량 산출에 어려움이 따르는 단점이 있다. 또한 임금책정에 노사간 갈등이 생길 수 있고 미숙련공의 생활 안정을 기하기 어렵고 작업량에만 관심이 집중되어 제품의 품질이 저하될 우려가 있다.

② 복률성과급(2개 이상의 임률) : 테일러식 / 메릭식 복률성과급

복률성과급은 생산량을 기준으로 두가지 이상의 임률을 적용하여 성과급을 지급하며, 표준 이상의 특별한 노력에 대한 추가적 보상 (인센티브)을 지급하는 방식이다.

할증임금을 적용하는 구간의 개수에 따라 하나의 할증구간을 적용하는 테일러식 (표준량 초과 시), 2개의 할증율을 적용하는 메릭식 (저-중-고임율 구간), 미숙련자 보호를 위해 작업성과의 일정한도까지는 보장된 일급을 지급하는 멘체스터 플랜으로 구분할 수 있다.

복률성과급은 능력있는 작업자에게는 동기부여가 가능하지만 초보자에게는 많이 불리하다는 한계가 있으며 표준작업량의 설정이 어렵다는 단점이 있다.

≫ 생산량 기준 개인성과급

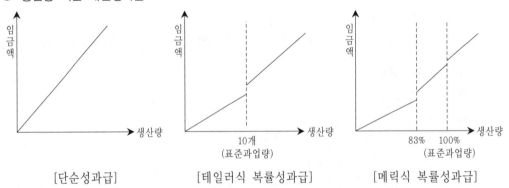

[단순성과급]   [테일러식 복률성과급]   [메릭식 복률성과급]

자료 : 박경규, 신인사관리(2010)p425~p427

(3) 시간기준에 따른 개인성과급

① 표준시간급(임률 고정)

단위시간당 임금률에 표준시간을 곱하여 임금을 산출하는 방식이다. 이 방식은 단위당 작업시간이 비교적 긴 직무에 적합하며 비반복적이고 많은 기술을 요하는 과업에서 이용할 수 있는 제도이다.

② 할증급 (임률 변동)

할증급은 시간급과 성과급의 절충형태로서, 최저한의 임금을 보장하면서 일정한 표준을 넘는 성과에 대해서는 할증임금을 지급하는 방식이다. 원칙적으로 종업원의 능률에서 얻어지는 절약 임금을 노사간의 일정한 비율로 분배하는 방식이다.

지급되는 성과급의 분배비율에 따라 할시, 비도, 로완, 간트식 할증급이 있으며, 할시식 (Halsey Plan)은 절약분의 1/2~1/3을, 비도식 (Bedaux system)은 절약분의 3/4을, 로완식 (Rowan Premium Plan)은 절약임금 규모에 따라, 간트식 (Gant tack and bonus plan)은 절약임금 모두에 10%를 더하여 지급한다.

<예시> 표준시간＝8시간, 표준과업＝8개, 시간당 임금＝2000원 경우

	생산량	임 금
甲	6개	8시간×2000=16000
乙	8개	8시간×2000=16000
丙	10개	16000(8시간×2000)+추가 할증급 지급

* 丙의 경우 4,000원 임금 절약했고, 할증급은 아래와 같음.
할시식의 경우 절약임금의 1/2 or 1/3, 비도식은 3/4, 로완식은 절약임금의 규모에 따라 달라지며(절약임금의 규모가 작으면 배분율이 높아지고, 그 규모가 크면 작아진다.), 간트式은 모두＋10% 추가 지급함.

≫ 할증급의 형태별 임금변화 추세

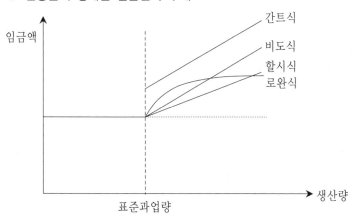

자료 : 박경규, 신인사관리(2013)p429

(4) 개인성과급제의 장단점

① 장점

(i) 작업성과와 임금이 정비례하므로 종업원에게 합리성과 공평감을 준다.
(ii) 작업능률을 자극할 수 있다.
(iii) 생산성 향상, 원가절감, 종업원의 소득증대에 효과가 있다.
(iv) 시간급에서보다 적절한 생산량을 유지하기 위한 감독의 필요성이 줄어든다.

② 단점

(ⅰ) 작업량에만 치중하여 품질저하가 우려된다.

(ⅱ) 임금액이 확정적이지 않아 종업원의 수입이 불안정하다.

(ⅲ) 종업원간 불필요한 경쟁을 야기하고 팀웍을 서해할 수 있다.

4. 집단성과급(성과배분제도)

(1) 집단성과급의 의의

집단성과급제는 기업의 노사 공존공영을 목표로 창출된 경영성과를 사전에 정해진 공식에 의해 결정되고 경영성과에 따라 사후적으로 지급되는 변동적인 집단 인센티브제도이다. 일반적으로는 성과의 배분 몫은 통상적인 임금 이외 사후적으로 현금, 주식, 기타 복지기금 등의 형태로 지급되는 변동적인 보상제도를 말한다.

(2) 집단성과급 촉진 배경

① 개인성과급 문제 : 개인성과급제는 단기적인 업적만을 추구하거나 동료간의 불필요한 경쟁을 유발하고 정보공유나 공동목표달성을 저해하는 부작용을 보이고 있어 이에 대한 대안이 요구된다.

② 노사 갈등 해결 : 표준과업량 내지 표준시간 책정시 노사갈등을 줄이기 위한 방안이 요청되고 있다.

③ 직무들간의 상호연관성 : 작업조직이 복잡해지고, 상호의존성이 증대되고 있다.

④ 성과측정의 객관성 제고 : 현실적으로 개인의 성과를 측정하기 어려운 경우 증가

(3) 집단성과급의 유형

① 이익분배제(Profit sharing plan)

이익분배제란 일정기간 동안 발생한 조직 이익을 사전에 정해진 분배공식에 따라 종업원에게 나누어주는 제도이다. 이익배분의 유형에는 현금배분제도, 이연배분제도, 주식이익배분제도, 자유배분제도 등이 있다.

② 성과분배제 (gain sharing)

집단성과배분제도란 그룹 단위의 보너스제도와 종업원참여제도가 결합된 방식이다. 즉, 집단성과배분제도에서는 종업원들이 경영에 참가하여 원가절감·생산성 향상 등의 활동을 통해 조직성과의 향상을 도모하고 그 과실을 회사와 종업원들이 분배하는 제도이다.

(4) 집단성과급과 개인성과급의 비교[4)]

	개인 성과급	집단 성과급
적용상황	직무가 독립적이어서 평가가 용이한 경우 예컨대 영업사원들의 판매실적은 객관적이고 독립적인 직무로 개별적 인센티브를 제공할 수 있다. 반면에 신제품 개발에 참여하는 팀원들은 개인의 업적보다는 팀의 공동업적을 평가하여 보상하는 것이 바람직하다.	1) 집단 종업원간 상호의존성이 높은 경우 2) 집단의 위계가 수평적일 경우 집단의 위계는 명령과 권한의 책임을 규정함에 따라 발생된다. 예컨대 부서장은 해당 과장의 성과평가나 보상에 대한 권한을 갖는다. 반면 팀장의 리더십이 어느 정도 존재하지만 팀원들간의 상하위계가 크지 않고 자유롭게 의사소통 할 수 있는 수평적 구조일수록 종업원들간의 원활한 과업교류가 일어난다. 빈번한 종업원들간의 상호의존성은 집단목표달성에 용이하기 때문에 집단 성과급을 쉽게 적용할 수 있다.
장점	1) 긍정적인 업무성과를 반복적으로 유도한다. 2) 성과보상의 공정성을 확보한다.	1) 조직문화가 집단주의일 경우 개인들이 설정된 집단목표를 최우선으로 서로 의견을 교환하고 자원을 집중하여 집단목표 달성을 더욱 촉진시킬 수 있다. 2) 개인성과가 독립적이지 못하고 상호의존성이 높은 직무들이 결합한 경우 성과측정이 용이하다. 3) 종업원들이 개인별 업무성과에 집착하지 않고 보다 큰 집단의 과업목표 달성을 통해 부가적 이익을 추구하고 집단응집력을 강화시킨다.
단점	1) 성과향상을 위한 과다 경쟁으로 종업원들간 협동심을 저하시킨다. 2) 상사와 부하간 성과평가에 대한 갈등을 초래한다.	1) 조직문화가 개인주의라는 것은 개인이 목표를 설정하고, 개인적인 자치권과 독립성을 가지고 일하는 것을 선호하는 경우집단 성과급을 사용하더라도 적극적이지 못하고 개인별 성과만을 추구하게 된다. 2) 무임승차 효과 : 적극적으로 공헌한 사람에 비해 적은 공헌을 한 사람이 관대한 보상을 받게 되는 결과를 낳는다. 3) 집단 성과급이 집단 종업원들의 협동을 유도하기 위함이라고 하지만 오히려 집단 이기주의를 야기하여 전체 조직의 과업달성을 위한 집단간 협동을 저해할 수 있다. 예컨대 생산부서에서는 최대한 원가절감을 통해 집단성과를 향상시키고자 한다. 반면 마케팅부서는 고객만족지수를 높이기 위해 다소 원가상승이 되더라도 고품질을 추구하거나 과도한 광고비 지출로 단위당 생산원가를 증가시킨다.

---

4) 자료 : 이진규(2001), 전략적 인적자원관리론

(5) 집단성과급의 장단점

① 장점

(i) 생산성과 제품품질 향상이 가능하다.

(ii) 경영참여 기회가 제공되므로 종업원의 직무만족도가 향상된다.

(iii) 종업원이 의사결정 과정에 참여함으로써 협력적 노사관계가 정착된다.

② 단점

(i) 개인 모티베이션 관리상의 한계가 있다.

(ii) 우수 종업원의 업적이 정확하게 반영되지 못한다.

(iii) 성과급은 고정적으로 지급되지 않기 때문에 외부노동시장에서 인재확보에 있어 임금 경쟁력이 떨어진다.

5. 성과급제의 성공적 운영방안

(1) 장단기 사업전략을 지원하는 보상제도 구현

기업의 성과급 제도는 타 인사제반 기능을 지원하여야 한다. 나아가 전사적 경영 관점에서 마케팅, 재무, 생산관리 등의 성과지표를 달성하는데 동기부여 역할을 할 수 있도록 이러한 성과지표의 달성 정도에 따른 보상이 결정되어야 할 것이다. 또한 단기적 재무지표에 편중되어 있는 한계를 극복하기 위해 BSC 등을 함께 활용하는 방안을 고려할 수 있다.

(2) 공정한 평가시스템 확립

성과급 제도가 성공하기 위해서는 기존의 평가시스템의 재정비가 필요하며 평가의 타당성·신뢰성·수용성·실용성의 제고가 요구된다.

(3) 인사기능들간의 연계

기업의 인사관리는 기본적으로 기업의 전략과 연계된 목표의 수립, 요구되는 인적 자원의 요건과 현황간의 차이(gap)를 메우기 위한 구체적인 육성 프로그램의 설계, 기업의 전략 목적을 종업원 단위에서 보다 세분된 형태로 부여하는 성과 평가 지표의 설정, 종업원의 노력에 대한 적절한 보상을 하는 단계까지 일련의 과정이 순환적으로 연결된다. 성과급 보상은 이러한 전체적인 시각에서 접근해야 한다.

(4) Total Compensation 구축

보상의 목적을 달성하기 위해 보상항목을 개별적으로 관리하기보다는 모든 보상항목을 통합하여 탄력적으로 관리하는 것이 필요하다. 즉, 고정급 성격의 기본급을 중심으로 한 전통적 보상체계에서 탈피, 경영성과와 연동한 변동급 비중을 확대해야 한다.

(5) 개인인센티브와 집단인센티브의 조화

조직이 처한 상황과 직무의 특성 등을 고려하여 개인인센티브와 집단인센티브를 적절하게 사용하는 것이 필요하다. 예컨대 직무가 독립적이고 개인의 성과측정이 가능한 경우에는 개인인센티브제도를, 직무가 상호의존적이고 집단 응집력을 요구하는 경우에는 집단인센티브를 사용할 수 있을 것이다.

▌제5절 ▌ 새로운 임금제도 및 관련 이슈

Ⅰ. 역량급(competency-based pay)

1. 역량급의 의의와 대두 배경

(1) 역량급의 의의

역량급은 종업원이 현재 담당하고 있는 직무와는 상관없이 그들이 보유하고 있는 역량의 범위와 수준에 따라 임금이 결정되는 제도이다. 여기에서 역량은 일반적으로 성공적인 직무수행을 위해 요구되는 기술, 지식, 자아개념, 특징, 동기 등을 포괄하는 개인적인 특성을 의미한다.

> ※ 역량의 구성요소
> ① 스킬 : 과업에 대한 숙련의 수준, 훈련과 경험으로 습득된 기술
> ② 지식 : 특정 분야에 대해 가지고 있는 축적된 정보
> ③ 자아개념 : 개인이 일시적으로 가지는 자아 이미지와 태도
> ④ 특질 : 개인 자신만이 갖고 있는 성격과 능력
> ⑤ 동기 : 어떤 행동을 하도록 하는 가장 근원적인 요인, 목표를 향해 돌진하려는 의욕

(2) 역량급의 대두배경

직무중심의 인적자원관리는 시장이 요구하는 유연성과 적응성이 결여되어 있어 유연한 조직관리에 한계가 나타남에 따라 그 대안의 하나로 역량중심의 인적자원관리가 대두되고 있다. 특히 치열한 경쟁상황에서 조직구조의 유연화, 수평화가 요구되고 있으며 다기능, 다기술, 다지식과 학습능력이 강조되면서 기존 임금체계에서 역량급으로의 변화가 요청되고 있다.

2. 역량급과 직능급의 비교

(1) 유사점
속인급, 능력위주의 급여제도

(2) 차이점

① 직능급 : 연공급 개선을 위해 처음 도입했고 연공급의 보조수단으로 활용되고 있으며 대부분 직능자격제도를 전제로 하고 있다.

② 역량급 : 고품질의 (다품종)소량생산체제를 갖추기 위한 급여수단으로 확산되고 있으며 다양한 상품을 적시에 생산해낼 수 있는 신축성 있고 융통성있는 기술 인력의 확보를 목표로 한다. 인력의 다기능화에 초점을 두고 있는 제도이다.

3. 역량급의 장단점

(1) 장점

① 인력의 다기능화와 노동력 유연성 증대에 효과적인 수단이다.

② 종업원들이 습득하고 개선된 역량에 상응한 임금을 지급함으로써 임금공정성을 제고할 뿐만 아니라, 종업원들의 역량이 향상되어 조직의 성과가 증대된다.

③ 조직전략수행에 필요한 핵심역량과 접목 시킬 수 있고 지속적인 학습과 개선을 통해 전략을 강화시킨다.

④ 경력개발과 연계되어 설계될 수 있으며 조직이 가치를 두는 것에 대해 종업원들의 의사소통과 협동적 작업을 위한 공통적 기반과 행동지침을 제공한다.

(2) 단점

① 역량의 정의가 어렵고 역량의 측정 및 타당성, 신뢰성 검증이 어렵다.

② 역량이 진부화 될 경우 유효하지 않은 역량에 보상이 이루어질 가능성이 있다.

③ 역량과 성과가 실제로 관계가 있는지에 대한 실증연구가 부족하다.

기술급[5)

Ⅰ. 협의의 기술급 개념과 유형

1. 협의의 기술급 개념

기술급은 좁은 의미로는 기능급, 숙련급 등으로 불리며, 종업원이 보유하고 있는 기술의 종류와 수준에 따라 임금이 결정되는 제도이다. 즉, 현재 담당하고 있는 직무가 종업원이 보유한 기술을 요구하지 않더라도 검정된 모든 기술에 대해서 개인에게 임금을 지급하는 제도이다. 기술급은 환경변화에 신속하게 대처하지 못하는 직무급의 대안으로 떠올랐으며 제조업분야, 특히 조립업무 분야에서 많이 적용되고 있다.

2. 유형

계단형, 기술블록형, 점수형, 교과목형, 업적급 가미형 등 5가지로 분류할 수 있지만, 전형적인 기술급은 4단계에서 8단계의 수준이나 기술블록으로 구성되어 있다. 이를테면 초급용접기술→중급용접기술→고급용접기술, 다양한 종류의 기술습득을 위한 조립기술군(조립1, 조립2), 도장기술군(도장1, 도장2, 도장3), 검사기술군(검사1, 검사2) 등을 들 수 있다. 종업원들은 각 단계별로 설정되어 있는 기술 혹은 기술블록의 종류와 수준을 습득함으로써 다음 단계로 나아가게 되며 이에 따라 책정된 임금을 받게 된다.

Ⅱ. 광의의 기술급 개념

1. 광의의 기술급 개념

1990년대 들면서부터 기술급과 지식급(종업원이 보유한 지식의 종류와 수준에 의해 임금이 결정되는 제도)이 그 개념상의 차이가 모호해지면서 지식급을 포함한 넓은 의미의 skill-based pay라는 용어가 많이 사용되고 있다. 넓은 의미의 기술급은 개인이 직무와 관련하여 습득한 기술, 능력, 지식의 폭과 깊이에 따라 임금을 지급하는 제도로 정의할 수 있다.

2. 기술급의 두가지 초점 : 기술과 지식의 폭과 깊이

(1) 기술이나 지식의 폭

이는 기술이나 지식의 종류로서 여러 직무 분야에서의 기술이나 지식의 숫자가 증가된 것, 즉 다기술(multi skill)의 습득을 의미한다. 기술 폭의 신장은 종업원이 다방면의 지식이나 기술을 갖추어 다양한 직무를 수행할 수 있는 제너럴리스트(generalist)가 되는 것을 의미한다.

(2) 기술이나 지식의 깊이

이는 기술이나 지식의 수준과 관련되는 것으로 한정된 직무분야에서 기술이나 지식의 심화정도(vertical skill)을 말한다. 기술이나 지식의 수준이 높다는 것은 종업원이 해당직무분야의 전문가(specialist)가 되는 것을 의미한다.

3. 도입 목적

기술급의 목적은 종업원들로 하여금 조직에 대한 그들의 가치와 성과를 증대시킬 다양한 기술 내지는 보다 심화된 기술을 습득하도록 격려해서 급격한 기업환경 특히 기술환경의 변화 속에서 조직의 경쟁적 위치를 개선하도록 하는데 있다.

4. 기술급의 효과

기술급은 종업원이 다양한 기술을 습득하고 심화시키도록 격려하기 때문에 종업원들을 동기부여시키게 되어 경영성과 증대에 긍정적인 효과를 미친다. 기술급 제도는 특정 기술들의 측정이 용이하고 조직의 전략과 관련된 기술은 즉시 확인이 가능하기 때문에 최근에 그 인기가 증대되고 있다. 또한 기술과 지식이 핵심적인 역할을 하는 21세기 지식기반 경제사회에서 기술급은 생산직근로자 뿐만 아니라 사무직 및 관리직까지도 확대·적용되는 추세이다.

Ⅲ. 기술급의 장점

1. 노동력의 유연성 증대

종업원들이 다양한 기술을 습득해서 여러 직무를 수행할 수 있도록 함으로써 노동력 활용에 있어 유연성이 증대된다.

2. 생산일정계획이나 생산라인시스템의 변화 유연성 증대

종업원들의 기술이 확대되어 조직은 부품부족에 따른 비정규적인 작업흐름이나 제품변화에 원활하게 적응할 수 있도록 생산일정계획이나 생산라인시스템의 변화에 큰 유연성을 가질 수 있다.

3. 커뮤니케이션 촉진

기술급은 다른 직무들에 대한 폭넓은 이해를 증진시켜 조직내 타 직무 종사자들과의 커뮤니케이션을 촉진하고, 종업원들에게 조직의 기능과 관리방법 등에 대한 폭넓은 시야를 제공해준다.

4. 상위직무로 이동하지 않고서도 소득과 기술 증대 가능

종업원들은 상위직무로 이동하지 않고서도 그들의 소득과 기술을 증대시킬 수 있다. 이는 승진기회가 제한되어 있는 고도의 경쟁적인 환경하에서 보다 중요성을 가진다.

Ⅳ. 기술급의 단점

1. 인건비 상승

종업원들의 다양한 기술습득과 기술심화로 전통적인 임금제도보다 더 많은 임금을 지급받기 때문에 인건비가 점차 상승한다.

2. 진부화된 기술의 습득에 보상을 제공할 우려

기술 역시 진부화될 수 있기 때문에 자칫 진부화된 기술의 습득에 대해서도 종업원들에게 보상을 제공하는 임금시스템이 될 수 있다.

3. 최고수준의 기술을 습득한 경우의 좌절감

만약 임금상승이 전적으로 기술에만 기반을 둘 경우, 종업원들이 기술급에서 요구하는 모든 기술을 빨리 습득하여 최고수준에 이르게 되어 더 이상 임금 상승의 여지가 없게 되면 종업원들은 좌절감을 느낄 수도 있다.

4. 적절한 훈련기회가 제공되지 못할 경우의 근로의욕 저하

종업원들에게 적절한 훈련기회가 제공되어야 하는데 그렇지 못할 경우 종업원들의 근로의욕을 저하시킬 수 있다.

5. 성과수준은 다루지 않고 있음

기술의 습득과 성과의 개선은 상이한데, 기술급은 단지 누군가가 기술을 수행할 수 있는지만을 다룰 뿐 성과수준은 다루지 않고 있다. 즉 기술습득이 어떤 결과를 달성했는지에 관한 고려 없이 기술습득에만 기초하고 있다.

---

5) 김영재 외(2011) p479~483 요약

Ⅱ. 연봉제

1. 연봉제의 의의

(1) 연봉제의 개념

연봉제는 개인의 능력·실적·공헌도를 평가하고 그에 따라 연간 임금액을 개별적·차별적으로 결정하는 능력 성과중시형 임금관리제도를 말한다. 연봉제는 '하나의 항목으로 통합/연 단위 계산, 개별적 차등조정, 능력과 성과에 따른 지급'이라는 개념요소로 구성된다.

(2) 대두배경

종래의 연공급은 인건비의 상승에 따른 조직의 부담증가와 종업원의 능력과 성과를 반영하지 못함으로써 근로의욕을 감퇴시키고 인재의 확보 유지가 어려워 조직의 경쟁력을 약화시키는 요인 중에 하나로 지적되어 왔다.

또한 전문고급인력에 대한 국제적인 수요가 증가하고 성과주의의 확산과 조직의 경쟁력 확보 및 임금지급형태에 대한 종업원의 욕구가 다양화됨에 따라 연봉제의 도입이 필요하게 되었다.

2. 연봉제의 장단점

(1) 장점

① 우수인력의 확보와 유지 : 우수한 인력에게 더 많은 보상이 가능하므로 우수인력의 확보와 유지가 가능하다.

② 모티베이션 향상과 능력과 역량개발 : 성과에 따라 보상하므로 종업원의 모티베이션 향상을 유도할 수 있고 종업원들은 성과를 내기 위하여 능력과 역량개발에 적극적으로 노력하게 된다.

③ 인건비의 효율적 관리 : 개인 및 조직성과에 연계되어 보상수준이 정해지므로 일방적인 인건비 상승이 통제됨으로써 인건비의 효율적 관리를 가능케 할 것이다.

④ 조직변화 촉진 : 연봉제의 정착과정에서 개인 목표를 달성하기 위한 권한확대와 자율적 책임이 이루어져 조직변화를 유도하게 될 것이다.

(2) 단점

① 개인간 불필요한 경쟁유도 : 개인별 차등보상으로 인해 종업들간에 불필요한 경쟁심을 유발하여 팀워크와 조직분위기가 악화될 가능성이 있다.

② 보상재원의 부족 : 성과향상에 따른 충분한 보상이 이루어져야 하나 그렇지 못한 경우 성과 향상을 위한 동기부여가 이루어지지 않는다.

③ 조직의 연대감 상실 : 지나친 개인성과만을 강조함으로써 조직의 연대감을 상실할 수 있다.

④ 단기업적 중심 : 연봉결정시 단기 업적결과가 중시되므로 실패의 두려움으로 인한 도전 정신이 결여될 수 있고 장기적인 조직의 역량축적을 방해한다.

3. 연봉제 도입유형

(1) 증액형

증액형 연봉제는 전년도에 비해 연봉삭감 없이 연봉액이 증액되는 형태로 연봉의 하락이 없다는 측면에서 종업원의 수용성을 높일 수 있는 형태이다.

(2) 무감형

무감형 연봉제는 최저 연봉 조정액이 최저 0%에서 출발하는 것으로 plus sum이라고도 한다. IMF 이전 자발적으로 연봉제를 채택한 조직들은 대부분 이러한 형태를 보이고 있다.

(3) 삭감형

삭감형 연봉제는 연봉액이 전년도에 비해 삭감이 가능한 제도를 말하며 zero-sum 방식을 통한 연봉제와 전년도 연봉과 무관하게 책정이 되는 프로선수형이 있다.

4. 연봉제 도입의 성공요건

(1) 기업의 특성을 고려한 설계

연봉제 도입의 목적을 명확히 하여 조직특성과의 적합성을 고려하여야 한다.

(2) 적용대상 선정의 신중성

적용대상의 선정에 신중을 기하여 조직과 직종의 특성에 따라 선별적으로 결정되어야 한다.

(3) 공정한 평가제도 확립

연봉제의 성패는 평가의 객관성과 공정성에 달려 있으므로, 능력과 실적에 대한 공정한 평가기준이 마련되어야 한다.

(4) 직급체계의 정비

직급간 임금차이를 합리적으로 설정하기 위해서는 직급체계의 개선이 요구된다.

(5) 조직문화의 수용성

성과주의를 지향하는 연봉제에 부합되는 성과주의 조직문화를 정착시켜야 한다.

Ⅲ. 스톡옵션(주식매입선택권)

스톡옵션이란 회사가 임직원 및 종업원에게 일정량의 자사 주식을 일정한 기간 내에 사전에 약정된 가격(행사가격)으로 매수할 수 있는 권리를 주는 일종의 인센티브제도이다.

자세한 사항은 제9장 노사관계관리에서 다루도록 한다.

Ⅳ. 임금피크제

1. 임금피크제의 의의

(1) 임금피크제의 개념

임금피크제는 일정연령이 지나면 생산성에 따라 임금을 줄이는 대신 장기근무 또는 정년을 보장해 주는 임금형태이다.

통계청은 한국 인구가 2000년 고령화사회(65세 이상 인구 비율 7%이상 ~ 14% 미만)에 들어섰고 2018년에는 고령사회(14% 이상 ~ 20% 미만)로 진입해 2026년 초고령사회(20%이상)에 접어들 것으로 전망하고 있다.

이와 같은 우리 사회의 고령화는 기업 인력구성의 고령화에도 영향을 미치고 있고 지배적인 임금체계인 연공급제 하에서 기업의 인건비 부담이 가중되고 있으며 임금과 생산성 간의 모순을 발생시킨다. 생산성과 임금 간의 부조화는 최근 글로벌화로 인한 무한경쟁, 저성장, 단속적이고 급격한 기술변화 등 예전에는 볼 수 없었던 급격한 환경 변화 속에서 더더욱 기업의 생존을 위협하고 있다.

고령화 진전에 따른 연공급제와 경영환경간의 부정합성을 해소하기 위한 기업의 대응방안으로 인원조정(조기퇴직, 정리해고 등), 연봉제 등 성과중심의 보상관리로의 전환, 임금피크제 등이 있다. 최근 신용보증기금 등 공기업과 금융권을 중심으로 임금피크제 도입이 확산되고 있는 추세이며, 정부에서도 2006년 4월부터 임금피크제 도입 기업에 임금조정액 일부를 지원하는 임금피크제 보전수당제도를 시행함으로써 향후 임금피크제 도입은 더욱 탄력을 받을 것으로 예상된다.

이하에서는 임금피크제의 의의와 배경, 주요내용을 설명한 뒤 현재 한국에서 주로 도입되고 있는 정년보장형 임금피크제를 중심으로 도입효과와 시행상의 이유 및 한계점 등에 대해서 논하도록 하겠다.

(2) 임금피크제의 도입배경

연공급적 성격이 강한 우리나라 조직의 임금제 특성상 장기근속한 고령자일수록 조직의 임금부담이 가중되면서 (ⅰ) 중고령자에 대한 해고유인이 커지고, (ⅱ) 연공급으로 인한 임금부담 및 생산성 저하로 인한 부담, (ⅲ) 노후생활보장제도 미흡, (ⅳ) 신규채용을 통한 일자리 나누기, (ⅴ) 노조의 고용보장과 정년 연장 등에 대한 지속적 요구 등에 따라 임금피크제의 도입이 필요하게 되었다.

① 고령화의 진전에 따른 중고령자에 대한 해고유인

기업 내부인력의 연령증가에 따른 임금과 생산성 격차는 중고령자에 대한 해고유인을 발생시키고 있다. 이에 대한 기업의 대응으로는 조기퇴직, 성과중심의 보상제로로의 전환, 임금피크제 도입 등이 있다. 그런데 기존의 조기퇴직은 단기적으로는 인건비 절감효과가 있을지 모르지만 중장기적으로는 종업원의 고용불안과 사기저하로 기업 경쟁력제고에 큰 도움이 되지 않는다. 또한 임금체계의 개선 역시 인사고과의 문제점 등으로 모든 산업 및 직종에 일반화되기 어려우며, 연봉제 등이 확산되고 있으나 여전히 연공급을 보완하는 수준에 그치고 있다. 따라서 현재 많은 기업에서는 임금피크제 도입을 검토하고 있는 것이다.

② 연공급으로 인한 임금부담 및 생산성 저하로 인한 부담

연령 및 생산성 곡선이 일반적으로 역U자형임을 고려했을 때 지배적인 임금체계인 연공급제 하에서 기업의 인건비 부담이 가중될 수밖에 없다. 이로 인해 기업에서는 인건비 부담을 줄이기 위해 임금피크제 도입을 고려하게 되었다.

③ 노후생활보장제도 미흡

국민연금만으로 노후보장이 안되며, 퇴직연금이 도입되었으나 여전히 퇴직금의 푼돈화 등으로 인해서 고령인력들은 불안에 떨 수밖에 없다. 특히 사오정 등으로 대표되는 조기퇴직은 중고령 인력들의 사기저하 및 노후생활에 대한 불안을 가중시키고 있다.

④ 신규채용 통한 일자리 나누기

임금피크제는 최근 우리 사회의 일자리 부족 현상과 청년실업문제 등을 해결하기 위한 대안으로 거론되기도 한다. 즉 임금피크제 시행을 통한 기업의 부담 경감이 신규채용을 낳게 되고 이는 곧 일자리 나누기와 연결될 수 있다는 것이다.

⑤ 노조의 고용보장과 정년 연장 등에 대한 지속적 요구

고령화의 급진전과 노후불안감 증폭은 노조로 하여금 고용보장과 정년 연장에 대한 요구를 가속화시키게 되었다. 임금피크제는 노조의 요구에 대해서 기업이 탄력적으로 대응할 수 있는 수단으로 활용될 수 있다.

2. 임금피크제의 유형

(1) 정년고용보장형

정년고용보장형은 정년을 보장하되 일정 연령부터 임금을 하향조정하는 형태의 임금피크제이다. 이 제도를 도입할 때에는 임금곡선의 유형, 임금의 피크연령, 임금수준의 감액률, 임금구성 항목의 조정 등 크게 네가지를 유의하여 설계하여야 한다.

(2) 정년연장형 임금피크모델

정년연장형은 정년을 연장하는 대신 정년 연장기간 만큼 정년 전의 임금을 조정하는 모델을 말한다. 이 모델은 고령화에 맞춰 정년을 연장한다는 장점이 있지만 연공급 임금체계로 인한 인건비 상승, 인사적체 및 종업원의 사기 저하, 고령근로자의 비능률, 적합 직무 부족, 고용탄력성의 상실 등이 문제될 수 있다.

(3) 고용연장형 임금피크모델

고용보장형은 퇴직근로자를 계약직이나 촉탁직 등으로 다시 고용하는 형태의 임금피크제이다. 고용연장제도 도입시에는 적용대상자의 범위, 재고용기간 및 최고고용연령, 고용형태, 근무형태, 정년 후 재고용시 처우, 임금감액률 등을 고려하여야 한다.

4. 임금피크제 설계

(1) 사전준비

임금피크제의 도입목표가 명확하지 않으면 단순히 인건비 부담을 줄이기 위한 것으로 비쳐져 노사간 마찰이 발생할 우려가 있으므로 목표를 명확히 설정하고 노사간의 충분한 협의를 통한 공감대 형성이 필요하다.

(2) 적용대상자의 범위설정

조직 내 인력구조와 인건비 부담, 생산직·사무직 등 종업원 특성별 요구사항 등을 고려하여 적용대상 종업원의 범위를 설정하여야 한다.

(3) 임금피크연령 설정

임금의 피크연령은 해당 조직 종업원의 실제 퇴직연령과 조직의 인건비 부담이 생산성을 상회하는 연령 등을 종합적으로 고려하여 노사가 합리적인 선에서 결정하여야 한다.

(4) 임금조정방법의 결정

임금피크연령부터 정상적인 임금곡선 대신 적정하게 조정된 임금곡선을 임금피크제 적용대상 종업원의 임금곡선으로 결정한다. 임금조정을 위해 임금인상률 둔화, 임금 단순삭감, 변동급여 삭감, 호봉승급 중단, 임금체계 변경 등 다양한 방법을 활용할 수 있다.

(5) 직무재설계

직무나 직급은 그대로 두면서 임금만 조정하는 경우도 있을 수 있으나 임금조정의 일환으로 직무를 재설계할 수도 있다.

(6) 고용보장기간의 결정

정년까지 고용을 보장할 것인지, 정년 이후까지 고용을 연장할 것인지 등 고용보장기간을 결정한다.

(7) 임금관련 규정의 변경

임금피크제를 도입하기 위해서는 단체협약 또는 취업규칙 등 임금관련 규정을 변경해야 한다. 노동조합이 있으면 단체협약을 변경하여야 하고 비조합원인 종업원에게 임금피크제를 적용하려면 단체협약과 별도로 취업규칙도 변경하여야 한다.

5. 도입효과 및 한계

(1) 긍정적 효과

고령인력에 대한 고용안정과 노후생활을 보장할 수 있으며 조직의 임금부담을 감소하고 인사적체 해소를 통한 종업원들의 사기회복이 가능하다. 또한 신규채용을 통한 일자리 나누기가 가능하다.

① 고령인력에 대한 고용 안정과 노후생활 보장

임금피크제를 도입하게 되면 고령화의 진전에 따른 중고령자에 대한 해고유인이 감소될 수 있다. 이는 곧 고령인력에 대한 고용안정과 노후생활 보장으로 연결될 수 있다. 이로 인해서 고령인력들의 불안과 사기저하를 극복할 수 있고 기업에 대한 로열티가 상승될 수 있다.

② 기업의 임금부담 감소

현재 우리 기업들은 연공서열형 임금체계로 인해서 임금부담이 가중되고 있다. 임금피크제 도입은 연공급으로 인한 임금부담과 생산성 저하로 인한 부담을 완화시키는 효과가 있다.

③ 인사적체 해소를 통한 종업원들의 사기회복

많은 기업들이 여전히 연공서열에 기반을 둔 승진과 보상 제도를 운영하고 있다. 그런데 고령화의 진전과 저성장 등에 따라서 심각한 인사적체 현상이 나타나고 있고 이에 따라 종업원들은 승진비전, 경력비전을 상실한 채 허덕이고 있다. 임금피크제의 도입은 인사적체 해소를 통해서 종업원들의 사기회복에 일조할 수 있다.

④ 신규채용 통한 일자리 나누기

최근 우리 사회는 고용 없는 성장으로 인해서 청년실업 문제 등이 심각하게 대두되고 있다. 기업 역시 이에 대한 사회적 책임을 다해야 할 것인바, 임금피크제 도입은 다소나마 기업에게 고용 여력을 만들어줌으로써 신규채용을 통한 일자리 나누기를 가능케 할 것이다.

(2) 부정적 효과

임금삭감에 대한 고령인력들의 불만이 발생할 소지가 있고 조직의 의도와는 무관하게 정년 단축을 부를 수 있으며 노사합의 없이 무리하게 추진할 경우 노동조합의 반발과 노사갈등을 초래할 수 있다.

① 임금 삭감

연공급은 젊을 적에는 공헌도가 임금을 상회하고 중년 이후에는 임금이 공헌도를 상회하여 장기적으로는 임금과 공헌이 균형을 이루는 임금체계인데, 정년보장형 임금피크제의 경우 임금과 공헌도의 균형을 붕괴하여 중고령자의 불만과 노동조합의 반발을 초래할 수 있다. 즉, 기존의 연공급 임금체계를 유지하는 한 고령인력들의 불만이 발생할 소지가 충분히 있다.

② 조기퇴직

결혼, 출산 연령 등이 점차 늦추어지면서 생계비가 가장 많이 소요되는 50대 노동자들에게 조기퇴직을 유도하는 수단이 될 수 있고 이는 결국 기업의 의도와는 무관하게 정년 단축을 부를 수도 있다.

③ 노동조합의 반발과 노사 갈등

노사합의 없이 무리하게 정년보장형 임금피크제를 추진할 경우 결국 노동조합의 반발과 노사 갈등을 초래할 수도 있다. 따라서 노사간의 신뢰를 바탕으로 기업의 특성에 맞게 도입해야 할 것이다.

(3) 임금피크제의 한계

고령화에 대한 근본적 대책으로는 한계가 있다. 생산성 향상, 경쟁력에 문제가 야기되며, 고용연장형의 경우 인건비상승, 인사적체 및 다른 종업원의 사기저하, 고령근로자의 비능률, 적합직무부족, 고용탄력성의 상실등에 있어 한계로 남는다.

① 고령화에 대한 근본 대책으로서는 한계가 있다.

임금피크제는 고령화에 따른 고용안정과 기업부담 경감이라는 노사 양측의 요구를 어느 정도 충족시켜 줄 수 있을지 몰라도 고령화에 따른 근본적인 문제를 해결하기에는 한계가 있다. 고령화에 따른 기업의 과제는 노후생활 보장과 생산성 향상의 동시 달성으로 요약될 수 있는데 임금피크제만으로는 부족한 점이 많다. 또한 임금피크제는 모든 기업에 동일하게 적용할 수 없는 한계도 있다. 즉 경우에 따라서는 임금피크제가 적절하지 않는 기업도 있다는 점을 명심해야 한다.

② 노후생활 보장의 문제가 근본적으로 해결되지 않는 한계가 있다.

고령화의 진전에 따라서 대다수 종업원들이 노후생활에 대한 불안감이 가중되고 있는 상황에서 임금피크제의 도입만으로는 불안을 해소하기에 한계가 있다. 단순히 고용을 보장하는데서 머무르는 것이 아니라 근로자 라이프 사이클에 따른 적극적 대책을 강구함으로써 종업원들이 업무에 몰입할 수 있도록 유도해야 할 것이다. 제2의 인생설계 프로그램, 진로선택제 등을 고민해볼 수 있을 것이다. 기업뿐만 아니라 국가 차원의 다양한 정책 대안 역시 필요할 것이다.

③ 생산성 향상의 문제가 한계로 남는다.

임금피크제를 통해서 인건비 일부를 줄일 수 있을지 몰라도 그것만으로 기업의 생산성과 경쟁력이 향상되는 것은 아니다. 따라서 단순히 비용을 절감하겠다는 관점이 아니라 고령인력을 적극 활용하고, 고령인력의 몰입과 생산성을 증진시키겠다는 관점 속에서 임금피크제를 배치해야 할 것이다. 예컨대 성과주의 정착 등 인사시스템 전반에 대한 근본적인 대안이 함께 모색되어야 할 것이다.

④ 고용연장형 임금피크제의 경우

앞서 설명한 바 처럼 고용연장형은 정년연장형에 비해서 고용유지 및 노후생활 보장에는 보다 효과적이다. 그러나 고용연장형의 경우는 현재 기업이 안고 있는 인건비 상승, 인사적체 및 다른 종업원의 사기 저하, 고령근로자의 비능률, 적합 직무 부족, 고용탄력성의 상실 등에 있어서는 여전히 한계로 남는다.

6. 임금피크제의 성공요건

(1) 충분한 노사합의

노사간 상호 지속적인 대화를 통해 상호 신뢰 분위기를 조성하고 끈질긴 노력 속에 합의해야 할 것이다. 만약 종업원에게 불이익한 경우, 취업규칙 불이익변경이므로 근로자 과반수 동의를 받아야 할 것이다.

(2) 고령인력 활용 관점

단순히 인건비 절감만을 목표로 해서 무리하게 도입하면 반발을 살 수 있을 것이다. 따라서 고령인력의 고용보장과 활용이라는 관점 속에서 임금피크제를 도입하고 활용해야 할 것이다.

(3) 기업 및 종업원의 특성 감안한 도입

종업원들이 임금피크제를 수용할 의사가 있는지 사전 조사가 필요하다. 중고령 인력이 선택가능한 다양한 경력프로그램의 하나로 도입할 필요가 있다. 즉, 임금피크제를 포함한 다양한 진로선택제의 일환으로 활용해야 할 것이다.

(4) 충분한 교육과 홍보

종업원들이 임금피크제를 단순히 임금삭감 및 정리해고 수단으로 오해하거나 불신을 품지 않도록 하기 위해서 충분한 교육과 홍보가 필요할 것이다.

(5) 부작용 최소화 및 욕구충족 방안 마련

임금수준 하락 등 부작용을 최소화시킬 수 있는 방안을 마련해야 할 것이다. 예컨대 인건비 절

감액의 일부를 중고령인력 욕구충족을 위한 복지기금이나 선택적 복리후생 항목을 신설해주는 등의 방안이 있을 것이다.

V. 퇴직연금제[6]

1. 퇴직연금제의 의의

(1) 퇴직연금제도의 의의

퇴직연금제도란 기업이 퇴직한 종업원들에 대하여 일정기간 동안 정기적으로 일정액의 급부를 제공하는 제도로서 현행 퇴직금제도의 연금화를 의미한다.

(2) 대두배경

우리나라는 평균 수명의 증가와 출산율 저하 등으로 인해 세계에서 유례를 찾아볼 수 없을 정도로 급속하게 고령화가 진행되고 있으며, 근로자들의 안정적인 노후생활을 위해 일정한 노후수입을 제도적으로 보장하는 것이 무엇보다 시급한 과제로 떠오르고 있다.

이에 사회보장제도가 제대로 갖추어지지 않았던 시기에 도입했던 일시금 형태의 법정퇴직금제를 연금형태로 전환하는 퇴직연금제가 도입되었으며, 현재 퇴직연금은 종업원을 바라보는 기업주의 시각을 제공하는 시그널로 작용함으로써 우수인재의 유인 및 유지(attraction and retention of key talent)에 중요한 역할을 하고 있다.

(3) 전세계 퇴직연금 도입사례

각 나라마다 다양한 목적으로 퇴직연금제도를 운영하고 있는데 유럽 철도회사의 경우, 임금 인상 요구에 대해 퇴직연금제도를 도입하여 세제해택과 임금인상과 동일한 혜택을 제공하고 있으며 노사관계를 긍정적으로 발전시키는 계기로 삼고 있다.

한 유망한 기업의 경영진은 유능한 인재를 보유하기 위해 연봉수준을 인상하는 것에 한계에 부딪히자, 인재를 보유하고 싶은 특정 기간(약 3년에서 5년)을 설정하고 이 기간 동안 회사는 특별부담금을 더 지불하여 유능한 인재의 이탈 방지책으로 활용하고 있다.

2. 퇴직연금제도의 유형

(1) 확정급부형

---

6) "당신의 퇴직금 어떻게 될까요?", 한겨레21, 2005.12
"퇴직연금제 도입은 노사 합의로 선택", 월간 노동법률, 2003.11.
"왜 퇴직연금인가?", E-Labor플러스, 2004.1.15. 참조

① 의의

확정급부형은 노사가 종업원의 퇴직 후에 지급 받을 연금의 수준과 내용을 미리 정해 놓고 현재부터 납입할 금액을 역산하여 적립하는 제도를 말한다. 미리 정해진 연금급여를 보장하므로 이를 위한 기금운용 과정에서의 손실위험은 사용자가 부담한다.

② 장단점

미래에 확정된 퇴직연금액을 지급 받을 수 있다는 장점이 있는 반면에, 기금 고갈의 염려와 기업부담의 증가 및 종업원이 이직할 경우 연속성 유지가 곤란하고 특히 안정된 기업에서 누진 퇴직금제도를 적용 받는 종업원의 경우에는 사용자의 부담부분이 낮아져 불리하게 된다는 단점이 있다.

(2) 확정기여형

① 의의

확정기여형은 매월 일정 금액을 경영자나 종업원, 또는 노사 양측에서 갹출하여 종업원의 계좌에 적립한 후 종업원이 자기 책임으로 기금을 운용한 실적에 따라 연금을 수령하는 제도를 말한다. 갹출에 의해 조성된 적립금과 운용수익에 따라 급여가 결정되므로 손실위험은 근로자가 부담한다.

② 장단점

확정기여형은 기업의 부담을 경감시키고 자본시장 활성화에 도움이 되며 개인 계좌별로 기금이 운용되므로 종업원이 이직할 경우에도 연속성이 있다는 장점이 있으나 종업원이 투자위험을 부담하게 되므로 퇴직시 연금액이 불확실하다는 단점이 있다.

(3) 양제도의 차이

① 관리 주체

확정급여형은 기업에서 관리하는데 비하여 확정기여형은 사외위탁으로 관리한다.

② 운영 주체

확정급여형은 경영자가 급여의 책임을 지므로 적립금 수준은 기업 실정에 맞추어 노사가 협의하여 책정하며 회사가 기금을 운용하는데 비하여 확정기여형은 종업원이 스스로 적립금을 운용하므로 투자 위험과 기회에 직접 노출된다.

③ 기업 도산시

확정급여형은 기업 도산시에 종업원은 연금을 받지 못할 위험이 있으나 확정기여형은 기업이나 금융기관의 도산시에도 종업원의 연금 수급권이 확보된다.

확정급여형과 확정기여형 퇴직연금제도 비교

구 분	확정급여형 (Defined Benefit)	확정기여형 (Defined Contribution)
개 념	• 노사가 사전에 급여의 수준 내용을 약정 • 근로자가 일정한 연령에 달한 때에 약정에 따른 급여를 지급	• 노사가 사전에 부담할 기여금을 확정 • 적립금을 근로자가 자기책임으로 운용 • 근로자가 일정한 연령에 달한 때에 그 운용 결과에 기초하여 급여를 지급
부 담 금	산출기초 변경시 변동	확 정
급 부	확정(급여의 일정비율)	운영실적에 따름
위험부담	물가, 이자율변동 등 회사 부담	물가, 이자율변동 등 근로자 부담
기업부담	축소가능(수익률이 높을 경우)	축소 불가
통산제도	어려움(대안 : IRA)	용 이
연금수리	어려움(대안 : IRA)	용 이
선호대상	장기근속자 대기업, 기존 사외적립기업	단기근속자 및 젊은 층 연봉제, 중소기업

3. 퇴직연금제도의 도입절차

(1) 도입준비 및 방향 설정

연금제도를 어떤 목적으로 도입하는지에 대한 목표 설정을 하고 인사 및 보상전략과 연계해 연금제도의 기본적인 설계 방향을 설정하여야 한다. 이때 노동조합과 사전 교섭을 통해 직원 대표와 사전 공감대를 형성하는 과정이 필요하다.

(2) 제도설계

기업 상황에 적합한 플랜 유형을 선택하고 퇴직 급여 및 부담금 수준, 자산 운용 방법 등에 대한 구체적인 내용을 설계한다. 특히 기존 퇴직금을 어떻게 처리할 것인가가 문제되는데 구체적인 지급방안에 대해 설계하는 것이 필요하다.

(3) 의사소통

대부분의 종업원이 퇴직연금에 대한 이해가 부족하기 때문에 연금제도로의 전환 필요성과 이 제도가 가지고 있는 장점에 대해 사내 인트라넷이나 웹 활용 등 다양한 의사소통이 요구된다.

(4) 사업자 선정

기업에서 도입하고자 하는 연금형태에 따라 선호하는 연금사업자(은행, 보험, 증권 등)가 달라질 수도 있으나 일반적으로는 연금사업자의 운용자산 규모, 자산의 안정성, 연금 상품의 수익율,

웹 기반 시스템으로 인한 고객 편의성, 직원과의 커뮤니케이션 능력, 연금업무 종사자들의 전문성 수준 등을 종합적으로 평가해 해당 기업에 적합한 사업자를 선정한다.

(5) 제도 실행

이 단계에서는 노동조합 또는 직원 대표로부터 퇴직연금 규약에 대한 노사합의 절차 및 노동부 신고 등 조치가 이뤄진다. 특히 실행 단계에서는 지속적인 모니터링을 통해 당초 의도했던 방향으로 제도가 잘 운영되고 있는지 확인하고 제도보완에 필요한 개선사항들을 발견하여 가능한 범위 내에서는 즉각적 반영이 되도록 노력하여야 할 것이다.

4. 퇴직연금제도의 도입효과

(1) 종업원 측면

① 기업의 자금압박이나 도산 등으로 인하여 발생할 수 있는 퇴직금 미수급 사태를 미연에 방지할 수 있다.
② 퇴직 종업원들에게 안정적이고 장기적인 퇴직소득을 보장함으로써 노후생계유지의 문제를 해결할 수 있다.

(2) 기업 측면

① 기업의 퇴직금 재원부담을 평준화함으로써 일시 거액의 자금 유출로 인한 기업의 재무적 압박을 해소할 수 있다.
② 종업원 노후소득의 안정적인 보장으로 근로의식을 고취시킨다.
③ 우수인재를 유인 확보하는 전략적 수단으로 활용할 수 있다.

(3) 사회 측면

① 국가가 완전히 보장하지 못하는 사회보장제도를 사적연금으로 보완함으로써 재정지출 없이도 사회보장의 효과를 높일 수 있다.
② 퇴직연금기금 중 일정 부분이 금융시장에 투입될 경우 우리나라의 단기 금융시장 안정에도 도움을 줄 수 있다.

5. 퇴직연금제도의 성공적 도입 전략

(1) 선택적 퇴직연금제도의 도입

노사 갈등 최소화를 위하여 현행 퇴직금제 유지 또는 퇴직연금제로의 전환 여부나 연금형태 등을 노사가 자율적으로 선택할 수 있어야 한다.

(2) 과정의 투명성 확보

퇴직연금은 종업원들의 이해가 첨예하게 걸려있는 제도이므로, 퇴직연금 도입 및 사업자 선정 과정의 투명성이 매우 중요하다. 이러한 투명성이 담보되어야만 사실상 직원대표의 동의가 가능할 것이다.

(3) 퇴직연금의 안정적 관리

퇴직연금의 상품화에 따른 금융투자는 자칫 퇴직연금의 부채화로 인해 실적에 부정적 영향을 끼치고 파산의 위기에 처하기도 한다. 따라서 퇴직연금제도는 상품화가 아닌 안정적인 관리만으로 실시되어야 할 것이다.

(4) 전체 추진일정을 구체적으로 수립

퇴직연금 도입과 같은 큰 과제를 효율적으로 추진하기 위해서는 미리 일정계획을 수립하여 단계별 검토해야 할 사항과 작업과제를 명확히 하여야 할 것이다.

▌제6절 ▌ 우리나라 임금관리 개선방향

Ⅰ. 기존 임금관리의 문제점

1. 협상에 의한 임금수준 결정

기존의 임금수준은 경영전략과 연계된 전략없이 기업의 임금인상율이나 노조와의 협상력 등에 의해 결정되는 경향이 있었다.

2. 연공급의 단점 부각

연공주의는 경험과 숙련이 생산성을 결정하던 시기에는 합리성이 있었으나 오늘날과 같이 저성장·고임금·고령화시대에 접어들면서 연공주의는 오히려 종업원의 능력개발을 저해하고 기업의 인건비부담을 가중시키는 문제를 보이고 있다.

3. 비합리적인 임금격차 및 지나친 차별화

동일 기업내에서 남녀간, 직급간, 학력간, 직종간의 비합리적인 임금격차가 심하게 나타나고 있으며 과거 임금 격차는 더 높은 성과를 창출하는 인센티브로 인식되어 보상차등화에 초점을 두었으나 지나친 임금격차는 단기적 성과에 치중하게 만들고 팀웍을 저해하는 등의 부정적 영향을 초래하고 있다.

4. 임금 불공정성에 대한 인식 심각

기업의 일방적인 임금결정 및 객관적인 평가시스템 부재로 인해 공정성을 요구하는 현대의 종업원들은 기업의 임금관리 시스템 전반에 대해 임금 공정성의 결여 문제가 제기되고 있으며, 이로 인해 우수 인재의 이탈현상이 나타나고 있다.

Ⅱ. 임금관리의 전개방향[7]

1. 전략적 임금관리

(1) 전략적 임금수준관리

---

7) 자료 :최종태, 현대인사관리론

임금수준관리전략에는 선도전략, 동행전략, 추종전략의 세 가지가 있다. 이들 전략의 특성을 살펴보면 다음과 같다.

① **선도전략** : 선도전략이란 임금수준을 경쟁기업의 일반적인 임금수준보다 높게 하여 임금의 대외적 공정성에서 선도적인 위치를 점하려는 전략을 말한다. 기업은 선도전략을 채택함으로써 기업에 대한 유인을 최대화시키고 종업원들의 임금에 대한 불만족을 최소화시킬 수 있다.

② **동행전략** : 동행전략이란 전반적인 임금수준을 경쟁기업의 임금수준과 비슷한 수준으로 하여 임금의 대외적 공정성을 확보하는 것을 말한다. 이 전략은 임금이 타기업과 비슷하므로 시장에서 다른 기업과 가격경쟁이 일어났을 때 그로 인해 특별히 불이익을 당할 위험이 없다.

③ **추종전략** : 추종전략이란 임금수준을 경쟁기업의 일반적인 임금수준보다 낮게 결정하는 전략을 말한다. 모집에 부정적 효과를 가져오게 되지만 인건비 감소의 효과 때문에 사용한다.

(2) 전략적 임금체계관리

임금체계의 전략적 선택은 기업의 경영전략, 업종, 규모, 조직형태 그리고 기술 등 기업의 제반 상황에 따라 그 선호기준이 달라야 할 것이다.

≫ 업종형태에 맞는 임금체계의 선택

업종	대표산업	적절한 임금체계
중고연령층이 많은 기능업종	대형 플랜트, 정밀기계, 산업기계 등	연공급+직능급
기술혁신이 격심한 업종	화학업계 등	자격급+직능급, 직무급
직무가 표준화된 업종	철강업, 제지펄프업	연공급+직무급, 직무급
기계화된 단순작업	전기기구업, 섬유업	직무급
화이트 칼라가 많은 업종	금융업, 전력업, 제조업 등	직능급, 자격급, 연공급+자격급
서비스업	도매업, 소매업, 호텔업	직능급, 자격급

자료 :최종태, 현대인사관리론, p255

2. 성과적 임금관리

무한경쟁시대에 있어 경쟁력 강화를 위한 성과적 임금관리의 실현을 위해서 우리는 지금까지의 연공 중심의 고정적 체제에서 직무 내지 직능 중심의 성과급 체제로 전환되는 것이 요청되고 있다.

(1) 직무기반 성과적 임금

무한경쟁시대를 맞이하여 우리나라 기업도 연공차별기준에서 직무차별기준의 공정성 개념에 입각하여 직무기반 성과적 임금의 도입을 고려 할 수 없다. 직무기반 성과적 임금은 노동의 가치, 즉 직무의 노동의 질과 양의 가치를 기반으로 한 성과적 임금이다.

(2) 팀성과와 비재무적 성과지표 기반 임금

지나친 개인 성과에 대한 보상 차등화에 대한 부정적 영향을 최소화하기 위해서는 집단성과급 위주의 팀단위 성과를 기반으로 하는 보상으로의 전환을 고려해 볼 수 없을 것이며, 장기적 경영계획의 실천을 위한 조직역량과 개발 관점 등의 비재무적 평가지표를 중심으로 보상할 필요가 있다.

3. 참여적 임금관리

불확실한 시대에 있어서 경쟁력 강화를 위해 불확실성의 기업생존과 경쟁우위를 위해선 노사가 제로섬게임에 의한 이해대립적 충돌보다는 포지티브 섬게임에 의한 이해공통적 화합으로 공동체적 공존공영의 관계로 전화되어야 한다. 이를 위해서는 사전적 배분의 투쟁보다는 사후적 배분, 즉 결과적 성과배분의 참가에 임금전략과 관리의 역점을 두어 유연적 임금관리의 실현을 도모하여야 한다.

결론

우리는 직무성과와 종업원의 만족을 달성하는데 필요한 임금관리 구조를 살펴본 결과, 효과적인 임금관리는 적절한 임금수준과 공정한 임금구조, 동기부여적 임금형태에 달려 있으며, 기본적으로 임금 분배와 절차 공정성이 선행되어야 한다는 사실을 알게 되었다.

따라서 기업은 임금공정성을 실현하는데 주된 목적을 두고 종업원에게 공정하고 기업에 타당한 보상체계를 형성하기 위하여 주기적인 임금조사를 실시하여야 한다. 기업의 상황과 전략에 적합한 임금전략을 수립하고 실행하는 것도 중요하다. 또한 종업원의 보상기준 니즈를 반영한 임금제도를 설계하는 것이 필요하다.

마지막으로 우수한 인재의 유지·확보를 위하여 성과보상과 더불어 부각되는 연봉제, 스톡옵션, 임금피크제 등 새로운 임금제도의 도입방안을 고려하고 종업원의 보상만족을 극대화하는 방향으로 전개해 나가야 할 것이다.

학습문제

1. 임금관리의 목적과 중요성을 설명하라.
2. 임금공정성의 의의와 유형 및 임금관리시스템간의 관계를 설명한 뒤, 임금 공정성 관리 방안에 대하여 논하라.

3. 임금수준관리의 의의와 목적 및 관리도구를 설명하라.

4. 임금수준의 결정요인과 결정구조를 설명하라.

5. 임금수준의 결정과 조정 방안에 대해서 설명하라.

6. 임금수준 결정의 전략적 대안을 조직성과와 관련해서 설명하라.

7. 임금체계관리의 의의와 목적 및 주요 내용을 설명하라.

8. 직능급

9. 직무급

10. 연공급과 직무급을 비교하라.

CHAPTER

07 _ 복리후생제도

핵심
인사노무관리

기출문제

1. 근로생활의 질 (2회, 50점)
2. 직상생활과 가정생활의 조화(Work & Life Balance)를 제고하기 위한 기업복지제도를 설명하시오. (14회, 25점)
3. 까페테리아 복리후생제도의 효과와 한계(20회, 25점)

생각해보기

복리후생은 종업원과 그 가족에게 제공하는 임금외 보상을 말한다.

기업은 복리후생을 통해 종업원들의 사기를 높이고 종업원의 직업생활과 삶의 질을 향상시킬 수 있다.

최근 일과 삶의 균형을 추구하는 사회 가치관의 변화와 인력의 다양화로 인해 종업원 니즈가 다양해짐에 따라 기업은 선택적 복리후생제도, 종업원후원프로그램, 건강프로그램 등 새로운 복리후생 제도를 도입하고 있다.

그러나 현행 복리후생제도는 기업의 비용부담은 점점 커지는 반면 종업원의 만족도가 낮고 활용도가 높지 않아 결과적으로 직업생활의 질이나 조직유효성에 대한 공헌도 측면에서 효과적이지 못하다는 문제를 안고 있다.

따라서 이하에서는 복리후생제도의 의의와 설계원칙을 살펴보고 일과 가정의 조화와 직업생활의 질을 향상시킬 수 있는 방안을 모색해보고자 한다.

Ⅰ. 복리후생의 의의

1. 복리후생의 개념

복리후생은 종업원의 노동과 직접적으로 연결되지 않는 간접적 보상으로 기업이 종업원 생활의 안정과 질을 향상시키기 위해 종업원과 그 가족에게 제공하는 임금 이외의 모든 보상과 서비스를 뜻한다.

2. 복리후생의 기능

(1) 종업원 측면

① 종업원의 만족감, 안정감, 사기가 향상된다.
② 불만이 감소되고 경영자와의 관계가 개선된다.
③ 생활수준이 향상된다.
④ 기업운영에 대한 건설적 참가의 기회가 늘어나고 기업경영 방침 및 목적에 대한 이해가 제고된다.

(2) 조직 측면

① 복리후생을 통해 생산성 향상이 가능하다.
② 종업원 간의 인간관계가 개선되어 팀워크가 개선된다.
③ 결근, 지각, 사고, 불만 및 이직률 감소가 기대되며 그에 따라 채용 및 훈련비용을 절감할 수 있다.

3. 복리후생의 원칙[1]

(1) 적정성의 원칙

복지시설과 제도는 가능한 조직의 모든 종업원에게 필요한 항목을 중심으로 운영하고 경비부담이 적당하며 동종산업이나 동일지역내의 타기업과 비교하여 크게 차이가 나지 않아야 한다.

(2) 합리성의 원칙

복지시설과 제도는 국가와 지역사회가 실시하는 사회보장제도와 지역사회, 복지시설과 합리적으로 조정·관리되어야 한다.

(3) 협력성의 원칙

종업원과 기업이 협의하여 복리후생의 내용을 충실히 하고 운영 면에서도 복리후생위원회를 설치하는 등 노사쌍방의 협력으로 보다 큰 효과를 낼 수 있다.

---

1) 자료 : 김식현, 인사관리론(2003), p384~p385

4. 복리후생의 변화

(1) 사회가치관의 변화

종업원들의 가치관은 과거와는 달리 직장에서의 업무와 일상 삶을 균형적으로 조화시키려는 방향으로 변화하고 있다. 이처럼 가정 생활과 개인의 취미, 여가를 중시하는 종업원들의 가치관 변화에 효과적으로 대응하는 방법으로서 복리후생 활용의 중요성이 부각되고 있다고 볼 수 있다.

(2) 핵심인재의 확보와 유지

일반적으로 기업들은 우수 인재들을 유인하기 위해 사이닝 보너스(Signing Bonus), 고액 연봉 등 높은 금전적 보상을 많이 활용하지만 성장 기회나 즐거운 업무 환경 등과 같은 내재적 보상이 균형성 있게 주어지지 않으면 한계가 있을 수 있다.

(3) 여성인력의 경제활동 참여 증가

특히, 과거와는 달리 경제 활동에 참여하는 여성인력이 증가하면서 육아 관련 정보나 보호 시설 제공, 파트타임 근무 등의 출산 및 육아 관련 복리후생 프로그램을 활용하여 다년간의 업무 경험과 지식을 보유한 우수 여성 인력을 확보·유지하려는 기업들의 노력도 활발해 지고 있다.

(4) 자율성과 개인생활을 중시하는 신세대 등장

기성 세대와는 달리 자율성과 개인 생활을 중시하는 신세대가 경제 활동의 주역으로 등장하면서 이들의 니즈를 충족시키고 관리할 수 있는 방안에 대한 기업들의 고민도 증가하고 있다.

Ⅱ. 복리후생 프로그램의 유형

1. 법정 복리후생과 법정 외 복리후생

법정 복리후생은 조직에 대하여 법률로서 의무화 시키고 있는 것으로서 의료보험, 재해 보험, 고용보험 등이 있다. 법정 외 복리후생은 조직의 임의에 의해 제공하는 사택, 급식, 공제, 오락 시설 등이 있다.

2. 직접 복리후생과 간접 복리후생

직접 복리후생은 종업원에게 개별적으로 직접 급여하는 방식으로 현금급여가 중심으로 휴가비, 가족수당 등이 있다. 간접 복리후생에는 종업원에게 기숙사, 야유회 등 공동적으로 급여하는 방식으로 현물급여가 중심, 구매시설, 금융시설 등이 있다.

3. 경제적 복리후생과 비경제적 복리후생

경제적 복리후생은 조직이 경제적 부담을 지게 되는 것으로 보험료지원, 퇴직금 지급, 오락시설, 휴양시설제공 등이 있다. 비경제적 복리후생에는 종업원 개인에게 직무수행에 있어서 보다 많은 의사결정권한을 부여, 근무시간 자율성부여 등이 있다.

Ⅲ. 복리후생의 설계 [2)]

1. 형태와 범위

복리후생의 목적, 법적요구사항, 지불능력, 비용-편익관계, 경쟁기업 복리후생의 수준 등 기업 측 요인과 종업원의 공정성 지각, 개인적 욕구, 인구통계적 특성 등을 고려하여 복리후생의 형태와 범위를 결정한다.

2. 비용분담 결정

비용분담방법에는 복리후생비 전체를 기업이 부담하는 방식, 기업과 종업원이 공동으로 부담하는 방식, 수혜자인 종업원이 부담하는 방식이 있다. 과거에는 기업이 전액을 부담했으나, 재원의 한계와 종업원의 복리후생에 대한 관심과 인식 증대 등을 통한 효과성 제고를 위해 최근에는 일부를 종업원이 분담하는 경우가 있다.

3. 수혜대상자 선정

복리후생 프로그램을 전체 종업원을 대상으로 균등하게 적용할지, 종업원 집단별 혹은 개인별로 차별화할 것인가에 대한 결정이 필요하다. 통상적으로 상이한 요구를 가진 종업원 집단별로 프로그램을 설계하고 있다.

4. 유연성 정도

복리후생 프로그램을 조직이 설계하여 제공할 것인지, 일부 또는 전부항목에 대하여 종업원의 선택권을 부여할 것인지 등 어느 정도의 유연성을 가질 것인지를 결정한다.

5. 종업원 참여

제도의 설계에 앞서 종업원들의 현재의 복지제도에 대한 평가와 새로운 요구사항에 대한 조사를 실시하는 것이 필요하다. 또한 제도의 설계시, 종업원들의 사기향상과 동기부여가 적절히 이루어지기 위해서는 종업원들의 참여에 의한 설계가 필요하다.

---

2) 자료 : 김영재 외, 신인적자원관리(2011), p532~p538

Ⅳ. 복리후생의 신경향 [3]

1. 선택적 복리후생

(1) 선택적 복리후생의 의의

선택적 복리후생프로그램이란 종업원에게 여러 가지 복리후생 선택안 (Option)을 제공하고 종업원들이 다양한 욕구에 따라 자기가 선호하는 복리후생을 자유롭게 선택할 수 있도록 한 제도이다. 종업원들의 개인적인 욕구와 선호를 반영하여 유연성을 중시한다.

(2) 선택적 복리후생의 유형

① 선택항목 추가형 (Core Plus Option)

선택항목 추가형은 모든 종업원들에게 필요하다고 판단되는 핵심적인 복리후생항목을 공통으로 제공하고 추가적으로 여러 항목을 제공하여 종업원이 이들 항목 중 원하는 항목을 자유롭게 선택할 수 있도록 한 제도이다.

복리후생의 안정성을 확보하면서도 종업원의 선택권을 보장하여 유연성도 동시에 확보하는 장점이 있다. 하지만 특정항목에 선택이 편중될 가능성이 있고 관리가 다소 복잡한 단점이 있다.

② 모듈 선택형 (Modular Plan)

모듈 선택형은 다양한 복리후생 항목들의 조합으로 구성된 여러 개의 모듈 또는 패키지 가운데 종업원이 욕구나 필요에 따라 하나를 선택할 수 있도록 하는 제도로 종업원의 집단별 특성에 따른 차등화에 충실하다.

종업원들의 이해가 용이하고 선택이 간단하며 관리가 용이하다는 장점이 있다. 하지만 종업원들의 선택적 복리후생에 대한 이해가 낮고 전체 종업원들의 욕구가 차별화된 몇 개의 집단으로 명확하게 분류할 수 있는 경우에 가능한 제도이다.

③ 선택형 지출계좌형 (Flexible Spending Account)

선택형 지출계좌형은 종업원 개인에게 주어진 복리후생 예산범위 내에서 종업원 개인이 자유로이 복리후생 항목을 선택할 수 있는 제도이다. 순수한 형태로 운영되기 보다는 선택항목추가형과 연결하여 선택항목을 처리하는 방식으로 이용되는 경우가 많다.

(3) 선택적 복리후생의 장단점

① 장점

(i) 종업원이 욕구에 따라 프로그램을 선택하므로 복리후생에 대한 만족도가 높아진다.

(ii) 복리후생 설계에 참여함으로써 복리후생에 대한 이해증진과 효과인식을 기대할 수 있다.

(iii) 예산의 합리적 운영이 가능하다.

---

3) 자료 : 김영재 외, 신인적자원관리(2011), p538~p546

(ⅳ) 자율적 조직분위기가 조성되고 종업원을 동기부여할 수 있다.

② 단점

(ⅰ) 종업원들이 잘못 선택한 경우 필요할 때 혜택을 받지 못할 수 있다.

(ⅱ) 기업의 관리부담과 비용증가 부담이 발생한다.

(ⅲ) 일부 높은 수준의 복리후생 프로그램에 선호가 집중될 경우 비용증가의 우려가 있다.

(4) 성공적 운영방안

선택적 복리후생제도의 긍정적 결과를 잘 활용하기 위하여 선택적 복리후생제도의 단점을 최소한으로 줄이고 장점을 최대한으로 증대하는 방안이 요구되며 주요 강화방안은 다음과 같다.

① 종업원의 적극적인 참여와 의사소통

선택적 복리후생제도에 대한 이해도와 프로그램의 수용성을 높이기 위하여 종업원을 프로그램의 설계에서부터 실행 및 평가까지 적극적으로 참여시킨다.

② 종업원의 니즈 반영

제도 설계 전 종업원들의 복리후생에 대한 요구사항을 조사하고 그들의 욕구를 반영한 다양한 복리후생 프로그램을 설계하여야 한다.

③ 균형된 프로그램의 운영

프로그램간의 균형을 유지하는 것이 중요한데 이를테면 기본 필수 복지 프로그램은 누구든지 기본적으로 요청하는 사항이나 기업 이념을 실현시키기 위한 사항으로 구성하고 추가선택 프로그램은 연령, 성별, 계층 등에 따라 구성한다.

④ 효율적인 관리 시스템의 구축

수많은 선택과 변경 그리고 복잡한 종업원의 욕구를 효율적으로 관리하는 시스템이 구축되어야 한다. 특히 복잡할수록 컴퓨터를 적극적으로 활용하여 이와 관련된 서비스 업무도 강화되어야 한다.

⑤ 정기적 검토 및 수정

시간이 흐름에 따라 불합리한 요인들이 나타날 수 있으므로 반드시 정기적으로 현재의 제도를 검토하고 필요한 수정작업을 하여야 제도의 유연성과 효율성을 제고시킬 수 있다.

2. 비경제적 복리후생제도

(1) 비경제적 복리후생의 의의

비경제적 복리후생은 기업이 별도의 추가비용을 투입하지 않거나 현재 보유하고 있는 물적, 정신적 자원을 활용하여 종업원의 욕구를 충족시켜 주는 것으로 질적 복리후생이라고도 한다.

(2) 비경제적 복리후생의 대두 배경

① 경제적 보상의 한계 인식

기업이 경제저 보상만으로 다양한 노동구성과 다양화 됨 종업원의 욕구를 충족시키는데 한계가 있음을 인식하게 되었고 경제적 보상은 근본적으로 지불능력에 한계가 있다.

② 종업원 욕구 충족

경제적 보상만으로 충족시키기 어려운 종업원 욕구를 충족시킬 수 있다. 이로 인해 보상만족 (compensation satisfaction)의 크기 극대화에 기여할 수 있다.

(3) 비경제적 복리후생의 형태

① 직무관련 비경제적 복리후생

직무를 잘 설계하여 종업원의 욕구를 충족시켜 주는 것을 말한다. 예컨대 안전욕구-작업공정 재설계, 사회적 욕구-준자율적 작업집단, 존경욕구-직무중요성을 높이며 자율근무시간제도를 도입하는 것 등이 이에 해당한다.

② 성과관련 비경제적 복리후생

기업이 종업원에게 창출한 성과를 근거로 제공하는 것으로써 승진기회, 인정감 부여, 책임 증가, 재량권 확대, 넓은 작업 공간 등이 이에 해당한다.

③ 조직종업원 관련 비경제적 복리후생

종업원이 해당기업에 소속해 있음으로 인해 받을 수 있는 혜택을 말하며 해고통보기간 연장 등이 이에 해당한다.

3. 건강 복리후생

(1) 건강복리후생의 의의

건강복리후생(wellness programs)은 종업원들이 병에 걸리지 않도록 건강을 유지하는데 초점을 둔 특별한 유형의 복리후생제를 말한다. 기업이 규칙적인 운동, 체중조절, 적절한 영양섭취, 건강에 해로운 물질 기피 등을 강조하고 지원해주는 프로그램을 말한다.

(2) 종업원 건강관리의 필요성

국내에서는 향정신건강과 관련된 법규가 매우 엄격하기 때문에 아직까지는 신체적 건강상의 문제가 그리 크게 대두되고 있지는 않지만 우리나라의 관대한 술문화는 종업원들의 건강을 점차적으로 악화시키고 있으며, 스트레스 및 정신 건강 문제가 심화됨에 따라 과거에는 개인적 문제로 치부되었던 사항이 종업원의 조직 몰입에 저해가 되는 현상이 나타나고 있어 다양한 부분에 있어서의 해결이 필요하게 되었다.

(3) 건강복리후생의 유형

조깅 마일리지, 정상체중 지원, 미사용 유급휴가 보상, 흡연과 알콜의 위험, 영양섭취 및 체중 조절 방법, 스트레스 관리와 긴장해소방법 등에 관한 건강관련 책자 발간 등의 유형이 있다. 특정 건강위험에 주된 목표를 설정해서 실시할 때 특히 효과적이다. (Sherman, et al, 1998)

4. 종업원 후원프로그램(Employee Assistance Programs)

(1) 종업원 후원프로그램의 의의

종업원 후원프로그램은 현대를 살아가는 직장인의 건강·부부·가정생활문제, 법·경제 문제, 알코올·약물중독과 정서, 스트레스 등 업무성과 전반에 영향을 미칠 수 있는 문제를 해결하여 기업의 비용절감 및 생산성을 고양하기 위한 사업장기반의 프로그램이다.

국내에는 1999년 DuPont Korea 이후 소수의 대기업과 다국적 기업 외에는 제공하고 있지 않으나 최근 고용노동부가 일가정 양립지원제도의 일환으로 적극 도입하는 등 종업원 후원프로그램에 대한 관심과 활용도가 나날이 높아지고 있다.

(2) 종업원 후원프로그램의 유형

① 의료서비스

시초는 정신질환자나 약물남용자의 경우 의료서비스를 직·간접적으로 제공하거나 지역사회와 연결되어 필요한 서비스를 제공하는 형태로 시작했다.

② 정신건강상담

정신건강 측면의 관리프로그램으로 옵티미스트되기, 대인관계개선프로그램 등이 있다.

③ 관심분야 상담

재무설계나 건강관리와 같은 종업원의 관심분야에 대한 상담과 지원을 하는 서비스이다.

④ 가족동반 프로그램

자녀문제, 부부갈등, 가족간의 대립 문제 등에 관하여 전문적인 가정상담 서비스를 제공한다.

(3) 종업원 후원프로그램의 실행

① 1단계(문제 종업원 규명과 종업원 후원프로그램에 위탁)

문제가 되는 종업원을 공식적 혹은 비공식적으로 규명하여 종업원 후원프로그램 치료를 의뢰하는 시작단계이다. 먼저 문제가 있는 종업원을 공식적으로 규명하고 치료 의뢰하는 것은 업무성과기록에 바탕을 둔다.

② 2단계(종업원 후원프로그램 실행)

실제 종업원 후원프로그램을 실행하기 위한 사무소를 설치하고 문제 종업원과 상담을 하여 문제를 정확히 규명하는 단계이다. 사무소의 담당 직원은 공식적·비공식적 치료가 의뢰된 종업원들과 상담과 치료를 병행한다.

③ 3단계(치료)

종업원이 실제로 직면한 문제를 치료하는 단계이다. 2단계의 상담으로 치료가 불가능한 경우에는 실제 치료기관에서 치료를 받는다.

(4) 종업원 후원프로그램의 평가

종업원 후원프로그램은 종업원들의 사적인 문제를 다양한 방법으로 해결해 주려는 조직의 노력이다. 종업원 후원프로그램을 통해 정신적 · 육체적 · 재정적 도움을 받았음에도 업무생산성이 도저히 회복될 수 없는 경우에는 종업원의 해고를 신중히 고려할 수 있다.

(5) 종업원 후원프로그램의 효과

① 기업측면

(i) 종업원의 생산성 향상 : 미국노동성의 조사에 따르면 종업원 후원프로그램은 종업원 생산성 향상은 물론 비용 대비 5~16배 가량의 손비 절감효과 및 산업재해 발생률이 감소한 것으로 나타나고 있다.

(ii) 종업원 이직 최소화 및 애사심 향상 : 종업원 후원프로그램을 통하여 종업원의 이직을 최소화하여 이직비용을 절감하고 부수적으로 종업원의 애사심을 높일 수 있다.

(iii) 안정된 노동력 관리로 인한 기업경쟁력 제고 : 종업원 후원프로그램을 통하여 양질의 노동력의 지속적인 유지가 가능하게 되어 인적 자본의 유지가 용이해 지고 이는 곧 기업의 경쟁력 제고라는 성과로 나타날 수 있다.

(iv) 기업의 사회적 책임의 완수 : 종업원 후원프로그램으로 종업원의 고충을 해결하고 나아가 종업원의 가정, 사회의 제 문제를 해결할 수 있게 되는바 기업의 사회적 책임을 완수하고 기업 평판이 향상된다.

② 종업원측면

(i) 개인고충의 최소화 : 종업원 후원프로그램은 각종 문제를 해결하고 지원할 수 있는 서비스를 제공하여 복잡한 문제를 끼고 살아야 하는 현대의 종업원들의 고충을 줄여주는 효과가 있다.

(ii) 자아감 · 자신감의 회복 : 종업원 후원프로그램의 서비스로 인해 고충이 해결된 종업원은 스트레스에서 벗어나 정서적 안정감을 되찾을 수 있고 자아감과 자신감을 회복하게 된다. 이로써 산업재해 및 결근율 등이 줄어들고 조직몰입도가 높아져 직무에 대해 지속성을 확보할 수 있게 된다.

(6) 성공적인 종업원 후원프로그램 운영을 위한 제언

① 기업분위기의 쇄신과 바람직한 기업문화의 형성

우리나라의 경우 고충을 이야기할 경우 조직에서 밀려날 수 있다는 의식이 강한 편이다. 따라서 종업원의 고충이 기업과 관련된 문제인 경우 스스로 시정하고 바람직한 기업문화를 형성해야 한다.

② 종업원의 이해와 지속적 참여 유도

복리후생 프로그램을 실시하기 전에 충분한 설명과 교육을 제공하여 프로그램의 목적에 대한 정확한 이해를 바탕으로 지속적으로 참여할 수 있도록 장려하여야 한다.

③ 종업원의 사전욕구조사

종업원의 연령·성별·소득 및 교육수준 등에 따른 욕구를 사전에 조사하여 종업원의 욕구충족을 통한 기업의 능률을 제고한다.

④ 개인 Privacy보호방안 마련

종업원 개인과 가족에 대한 프로그램인 경우 특히 종업원의 사생활이 노출되지 않도록 개인 프라이버시 보호방안을 마련하여야 한다.

5. 일과 삶의 균형을 위한 복리후생

(1) 일과 삶의 균형을 위한 복리후생의 의의

일과 삶의 균형을 위한 복리후생(work & life benefits)은 기업이 종업원들로 하여금 자신의 일과 삶의 균형을 추구할 수 있도록 시간적인 배려와 물질적·정신적 지원을 제공해주는 제도를 말한다.

(2) 일과 삶의 균형 프로그램 유형

① 육아 및 노인부양을 중심으로 한 육아 및 노부모 보호
② 시간과 장소 등에 크게 구애받지 않고 일할 수 있도록 배려한 유연근무제
③ 종업원 개개인의 여가와 자기개발 지원, 사회봉사활동지원, 재테크 정보제공 및 교육 등을 중심으로 한 개인생활 지원 등

6. 홀리스틱 복리후생[4]

(1) 홀리스틱 복리후생의 의의

홀리스틱 복리후생이란 종업원을 전인적 인간으로서 즉 육체적·심리적·정신적 측면에서 균형된 삶을 추구할 수 있도록 지원하는 복리후생제도를 말한다.

(2) 대두배경

인적자원의 중요성이 더해지고 고급인력 확보가 관건이 되는 오늘날 고급인력을 유지하려는 차원에서 비롯되었다. 즉 점차 노동이동은 빈번해지므로 핵심 고급인력 유지가 어렵게 된 상황에

---

4) 자료 : 이진규(2001), 전략적·윤리적 인적자원관리

서 회사가 고급 두뇌들의 삶의 질까지 보호해줘야 한다는 취지에서 발전되었다.

(3) 홀리스틱 프로그램의 유형

① 일과 생활의 균형

직장에서의 노동생활의 질을 높이고 종업원에게 사회생활과 가정생활에 투자할 수 있는 여건을 마련해 줌으로써 그들의 삶이 균형 있게 이루어지도록 회사가 지원한다.

② 참여경영 확대

심리적 만족도를 높이려면 직장생활로부터 보람, 자아 실현감, 자존심, 자아 정체감 등을 얻어야 하는데 이를 위해 종업원에게 경영참여와 의사 결정참여의 기회를 준다.

③ 건강과 스트레스 관리

종업원의 육체적 건강과 스트레스 정도는 개인생활은 물론 직무성과나 조직 분위기에 미치는 영향도 대단하다. 직무성과 향상만을 위해 건강을 해치는 일은 종국적으로 직무성과에 악영향을 가져온다는 것을 깨닫고 회사 내에 헬스센터, 진료상담실, 심리상담실 등을 개설하고 관리하여야 할 것이다.

(4) 홀리스틱 복리후생의 효과

① 종업원의 잠재역량을 개발하고 창의적 행동을 유도할 수 있다.
② 직무 그 자체뿐만 아니라 직무 이외의 위생요소들과의 결합을 통해 종업원들의 직무만족을 이끌며 이직률 감소와 생산성 향상을 도모할 수 있다.
③ 장기적으로 조직경쟁력 강화와 조직생산성이 향상된다.

7. 리프레시 제도

(1) 리프레시 제도의 의의

최근 조직 종업원들은 변화 적응, 스트레스, 학습요구, 리스트럭처링, 다운사이징 등으로 인해서 탈진증후근(burnout syndrome)에 빠지는 경우가 많다. 이처럼 종업원들이 활력을 되찾고 새롭게 동기부여하기 위해 도입하는 제도를 리프레시 제도라고 한다.

(2) 리프레시 제도의 유형

정기휴가, 안식년제도, 해외연수 및 배낭여행, 사외교육, 해외컴퍼런스·포럼 등이 있다.

(3) 주의할 점

① 활력 회복 후 새로운 도약의 계기를 만들기 위한 것이라는 제도 도입 목적을 명확히 해야 한다.
② 리프레시 후 이직 등을 방지하기 위해서 제도 실시 기준을 구체화할 필요가 있다.

8. 직업생활의 질(QWL)[5]

(1) 직업생활의 질의 개념

QWL은 공정한 보상과 작업환경의 개선을 통하여 직업과 인간생활의 조화를 꾀하며 일에 대한 인간의 존엄성을 회복하고 조직의 참여적인 경영활동을 통해 조직의 유효성을 증대시키려는 조직의 적극적인 지원과 종업원들의 자발적인 참여라고 할 수 있다.

(2) 직업생활의 질의 출현배경

① 인간소외 극복

산업화로 인하여 종업원의 부와 교육수준 그리고 가정과 사회에서의 인간다운 삶에 대한 욕구가 증가함으로써 인간소외를 극복하려는 움직임이 일어나기 시작한 것이다.

② 생산성 향상

종업원의 만족은 생산성 향상에 직결되는데, 분업화나 기계화로의 생산성 향상이 어느 정도 한계에 다다를 즈음 작업자의 직업생활의 질 향상을 통하여 생산성을 올려보자는 사용자들의 의도 역시 또 하나의 배경이 된다.

③ 고용관계의 변화

과거 종업원의 욕구가 경제적 보상에서 인간적인 상위욕구로 변화하고 있으며 이러한 상위욕구를 충족시키기 위한 인정감, 자아성취감, 보람 등에 많은 경영자들이 관심을 보이고 있다.

(3) 직업생활의 질의 향상 요인

직업생활의 질을 향상시키는 요인으로는 공정한 보상, 안전하고 쾌적한 작업환경, 고용의 보장, 자기개발과 성장의 가능성 확보, 직장생활과 사생활의 조화, 사회에 바람직한 직무, 규범과 제도에 의한 공정한 대우, 화기애애한 직장분위기 등이 있다. 4가지 차원을 구분하면 다음과 같다.

① 개인 개발차원 : 개인의 경력개발과 능력을 발휘할 수 있도록 교육훈련의 기회를 주며 직무순환과 직무충실화 등의 직무설계를 신중히 한다.
② 인사관리제도 차원 : 승진제도나 이익의 분배, 근무시간의 유연한 운영 등 관리과정을 종업원 위주로 한다.
③ 자율관리팀 차원 : 품질관리 분임조, 자율작업팀 등 팀을 형성하여 지시명령이 아닌 자율적 참여에 의한 직무수행이 되도록 한다.
④ 조직구조설계 차원 : 관료적 구조를 피하고 유연하고 민주적인 팀제나 수평조직을 운영함으로써 개인의 창의력과 경영참여의 기회를 확장시킨다.

---

5) 자료 : 임창희(2011), 인적자원관리, p344~346

(4) **직업생활의 질 향상의 효과**

① **개인차원** : 종업원의 직무만족을 이끌고 직무스트레스를 감소시켜 준다.

② **조직차원** : 조직생산성을 향상시키며, 종업원의 충성심을 배양시키고 종업원들의 결근과 이직을 감소시켜 잦은 인력 유동으로 인한 종업원 교육 및 개발비용을 줄일 수 있다.

③ **사회적 차원** : 조직의 높은 생산성으로 국가 생산성의 향상과 전 국민의 삶 만족까지 이룰 수 있다.

V. 복리후생 프로그램의 평가

1. 비용비교분석

비용비교분석은 프로그램별 비용의 변화추세를 분석하여 복리후생비가 합리적으로 배분되었는가를 판단하는 방법이다.

2. 직무행동분석

직무행동분석은 복리후생 프로그램이 종업원의 행동을 얼마나 변화시켰는가를 파악한다. 분석하는데 현실적으로 어려움이 있으며, 복리후생 프로그램이 기여한 부분을 밝히기 어렵고 시간 지체 현상이 나타난다.

3. 공정성 지각분석

공정성지각분석은 종업원이 복리후생 프로그램에 대해 얼마나 공정하다고 지각하고 있으며, 만족하고 있는가에 대한 분석방법이다. 상기 두가지 기법에 비해 그 측정이 비교적 용이하며 공정성과 만족도를 설문조사 및 인터뷰 등의 방법을 통해 조사한다.

VI. 기존 복리후생제도의 문제점과 개선방안

1. 기존 복리후생제도의 문제점

(1) 비효율적 설계 및 기업의 과중한 비용부담

제대로 된 평가없이 추가적으로 도입되고 복리후생이 임금의 보조수단으로 활용되고 고정급화되어 조직에 과중한 비용부담이 되고 있다.

(2) 종업원의 욕구반영 미흡

복리후생 프로그램이 획일적으로 설계되고 운영되어 종업원의 성별, 연령별, 세대별 욕구 차이 등 다양성을 충분히 반영하지 못한다.

(3) QWL의 고려 미흡

종래의 복리후생은 일과 삶의 조화와 QWL을 중시하는 가치관의 변화에 대응하기 어려운 문제
가 있다.

2. 개선방안

(1) 종업원의 비용부담

복지의 비효율성을 해결하기 위하여 복지의 성격에 따라 기본적인 수혜율이나 금액을 정해주고
그 이상에 대해서는 본인이 비용을 부담하도록 하는 방안이 검토될 수 있다.

(2) 종업원 욕구의 반영

조직은 종업원의 성별, 연령, 소득 및 교육수준에 따른 욕구구조를 정확히 파악하여 이에 대한
적절한 대책을 모색하여야 하여 효율적으로 운영해야 한다.

(3) 질적 복리후생 프로그램 도입

복지의 금전적 측면과 더불어 종업원의 생활측면이나 QWL의 고려, 정신적 욕구를 충족시킬
수 있는 질적 측면이 고려되어야 한다.

(4) 효과적인 커뮤니케이션

종업원들의 복지제도에 대한 이해와 평가를 위하여 기업은 도입한 복리후생 프로그램을 종업원
에게 자세히 알려주어야 한다.

결론

우리는 복리후생 프로그램의 유형과 설계 원칙, 효과 평가방법을 살펴보았다.

복리후생 프로그램에 대한 효과를 높이기 위해서는 먼저 사전계획을 바탕으로 종업원 욕구조사를 통해 복리후생의 욕구가 무엇인지를 파악하여야 하고 기업의 상황과 종업원 특성에 따라 복리후생 프로그램을 설계하여야 할 것이다.

이러한 기업이 종업원 욕구조사 결과를 바탕으로 건강복리후생, QWL, EAP 등 최근 새롭게 등장하고 있는 복리후생 프로그램을 도입한다면 복리후생에 대한 종업원 만족도는 높아질 것이다.

또한 복리후생 프로그램의 유형을 획일적으로 구성하여 제공하는 방식에서 벗어나 종업원에게 자신에게 맞는 프로그램을 선택할 수 있는 옵션을 제공하고 일부 비용을 종업원이 부담케 한다면 활용도와 경제적 효율성 모두를 확보할 수 있을 것이다.

마지막으로 종업원의 삶의 질을 향상시키고 종업원이 만족하는 조직을 만드는 것이 기업을 건강하게 만들고 궁극적으로 기업의 경쟁력을 가져다 준다는 사실을 기억하여야 할 것이다.

학습문제

1. 복리후생을 정의하고 기능과 목적을 설명하시오.
2. 카페테리아식 복리후생 제도
3. 비경제적 복리후생 제도
4. 일과 삶의 균형을 위한 복리후생제도
5. 홀리스틱 복리후생 제도
6. 리프레시 제도의 필요성과 실시방안
7. 카페테이라식 복리후생 제도 이외의 새로운 복리후생제도를 설명하라.
8. 기존 복리후생 제도의 문제점을 지적하고, 새로운 복리후생 프로그램의 설계 방안에 대하여 논하시오.

CHAPTER

08 _ 유지관리

핵심
인사노무관리

Point

우수 인재 확보 활동뿐만 아니라 확보한 인재가 조직을 이탈하지 않고 조직에서 지속적으로 능력을 발휘하도록 근로의욕을 활성화하기 위한 유지관리 활동이 중요해지고 있다. 유지관리 활동의 변화를 설명하고, 주요 유지관리 방안을 제시

세부목차

기출문제

1. 인간관계관리의 제 기법(제도) (3회, 25점)
2. flex time 제도의 의의와 효과 (4회, 25점)
3. 재택근로제 (5회, 25점)
4. 인력관리의 유연화(flexibility)의 필요성과 실시방안의 장단점을 논하라 (7회, 50점)
5. 근로시간 단축과 주5일제 근무의 의미, 노사간 주장의 쟁점사항, 타당성(10회, 50점)

생각해보기

조직내 모티베이션의 딜레마

오늘날 경영자들이 거의 매일 당면하는 가장 중요한 과제 중 하나는 부하직원들의 업무의욕을 향상시키는 일이다. 의욕관리가 중요해진 이유는 업무에 완전히 몰입하는 근로자의 비율은 10퍼센트 정도에 불과하고 나머지 대부분의 직원들은 일을 하기는 하되 의욕을 가지고, 몰입해서 하지 않는다는 조사연구가 속속 보고되고 있기 때문이다. 오늘날 많은 직장에서는 열정을 가지고, 전심을 다해 일을 하기 보다는 찍히지 않을 정도로 적당히 일을 하는 풍조가 만연하고 있다. 업무의 목표가 설정되어 있어도 직원들이 전심전력으로 일과 목표에 몰입하지 않는다면 큰 의미가 없다. 목표설정=모티베이션 향상이라는 등식은 성립하기 어렵기 때문이다.

-김성국, 인적자원관리 5.0-

기업이 유지되기 위해서는 종업원의 신체적, 정신적인 노동능력이 재생산되어야 하고, 적절한 수준의 근로의욕을 유지해야 한다. 왜냐하면 기업이 우수한 인재를 확보하였다 하더라도 근로의욕이 떨어지는 경우 기업이 기대한 직무성과를 기대하기 어렵기 때문이다.

즉, 종업원의 성과는 종업원이 얼마나 잘 수행할 수 있느냐하는 종업원의 직무수행능력과 직무를 기꺼이 수행하고자하는 자발적인 의욕에 달려있다는 것이다. 종업원이 만족할 만한 성과를 보이기 위해서는 능력 이외에도 종업원 스스로 기업이 추구하는 목표에 동조하고 목표달성을 위해 공헌하도록 하는 노력이 필요하다. 종업원이 어떤 수준이 모티베이션을 갖고 업무를 수행하느냐에 따라 성과는 상당한 차이를 가져올 수 있다.

오늘날 종업원을 동기부여하는 요인은 금전적인 보상보다는 자아실현이나 직업생활의 질, 자유재량권과 같은 비금전적 보상이 더욱 중요하게 부각되고 있다. 현대의 종업원은 쾌적하고 안전한 환경에서 어느 정도의 재량권과 책임을 부여받고 자유롭게 일하기를 바라고 있다.

그러나 치열한 경쟁환경과 지나친 성과주의는 정신적 스트레스를 유발하여 근로환경은 더욱 악화되었다. 기업은 여전히 표준적인 근로시간을 유지하고 있으며, 금전적 보상만을 중시하는 경향이 많아 현대의 종업원원을 동기부여시키는데 어려움을 겪고 있다.

이하에서는 먼저 모티베이션 이론에 대하여 살펴보고 효과적인 유지관리 방안을 제시하고자 한다.

▌제1절▐ 유지관리 [1)]

Ⅰ. 유지관리의 의의

(1) 유지관리의 개념

유지관리란 종업원의 노동능력과 근로의욕을 보존하고 활성화하기 위한 계획적이고 체계적인 관리활동을 말한다. 유지관리는 근로조건관리, 인간관계관리, 노사관계관리로 구성된다. 근로조건관리는 육체적·정신적 노동능력의 재생산을 관리하는 활동이고, 인간관계관리와 노사관계관리는 노동의욕을 관리하는 활동이다.

(2) 유지관리의 중요성

① 근로생활의 질향상: 훌륭한 유지관리를 통해 건전하고 원만한 사회관계를 유지하여 근로생활의 질을 향상시킬 수 있다.
② 인적자산의 보전: 조직내 각종 사회적 관계를 조정하여 조직의 목표를 효율적으로 달성할 수 있다.
③ 인적자산의 활성화: 종업원의 동기부여와 조직통합 및 가치창출을 통한 인적자원의 활성화가 중요하다.

Ⅱ. 유지관리의 환경과 방침

1. 유지관리의 환경

(1) 노동력 구성 변화 및 가치관의 변화

여성의 경제활동 참여 증대, 고령화, 고학력화로 특정되는 노동력 구성의 다양화는 기대와 욕구의 다양화를 의미한다. 고령화에 따라서 보건관리의 중요성이 높아지고 고학력화에 따라서 참여욕구가 증가하며 여성 참여 증대에 따라서 일과 가정의 양립의 필요성이 증대되고, 또한 신세대들은 쾌적한 근로환경에 대한 요구가 높게 나타날 수 있다.

(2) 정보기술의 변화

VDT증후군 등 새로운 직업병이 발생함에 따라 이에 대한 대처가 요구된다.

---

1) 자료 : 김식현, 인사관리론(2003), p400~p449의 목차와 주요 내용을 재구성

(3) 제도적 환경

현대 대부분의 국가에 있어서 종업원의 각종 안전과 보건 및 노사관계는 법적으로 규제되고 있다. 산업안전 및 노사관계 등에 관한 변화된 제도적 환경에 슬기롭게 대처함으로써 노동능력과 근로의욕을 제고시킬 수 있도록 해야 할 것이다.

(4) 조직의 전략

인적자원의 전략적 중요성은 유지관리의 중요한 내부 환경요인이다. 예컨대 품질과 혁신을 경쟁의 수단으로 삼는 전략을 선택하는 경우 높은 수준의 근로생활의 질을 보장해야 할 것이다.

(5) 조직규모의 증대

조직의 규모가 증대함에 따라서 조직내 인간관계가 복잡해지면서 다양한 이해를 조정하기 위해서는 여러 가지 방식을 통해서 의사소통을 활성화시킬 필요성이 있다.

2. 유지관리의 방침

(1) 참여의 원칙

유지관리는 노사공동 주체에 의해서 운영되는 것이 바람직하고 이것이 대부분의 경우 법적으로 규정되고 있다.

(2) 인적자원의 활성화

소극적으로 법적 요건을 충족시킨다거나 노동능력을 단순 재생산한다는 관점보다는 노동의욕을 향상시키고 종업원의 기업에 대한 몰입을 증진시켜서 기업의 가치창출에 기여한다는 보다 적극적인 목표가 필요하다.

(3) 적극적인 예방

이를 위해 각종 상담 및 예방차원의 종업원 지원프로그램이 필요하다.

(4) 의사소통 증진 및 동기부여 지향

불만요인을 제거한다는 소극적인 목표보다 의사소통을 통해서 합의와 공감을 도출하고 이를 토대로 노동의욕을 증진시킨다는 목표를 설정하는 것이 바람직하다.

(5) 노사대등과 민주성

종업원 대표조직을 유지관리의 동반자 내지 대등한 파트너로 생각하는 관점이 필요하다.

Ⅲ. 동기부여와 리더십

1. 모티베이션 이론[2]

(1) 인간행동의 본질

종업원들은 각자의 욕구를 가지고 있으며 개인의 욕구와 기업의 목표가 불일치할 때 갈등이 일어난다. 조직에 기여한 종업원에게 필요한 유인을 제공함으로써 종업원들은 조직에서 지속적으로 성과를 창출하며 이를 위한 보상체계가 필요하다.

(2) 매슬로우의 욕구단계설

매슬로는 인간의 욕구를 생리적 욕구, 안전의 욕구, 사회적 욕구, 자아존중의 욕구, 자아실현의 욕구 5단계로 구분하였다. 이 이론은 인간은 충족되지 못한 욕구를 순서적으로 충족하는 과정에서 동기유발이 된다고 한다.

(3) 알더퍼의 ERG 이론

알더퍼는 인간의 욕구를 존재욕구(Existence), 관계욕구(Relatedness), 성장욕구 (Growth)로 구분하였다. 2가지 이상의 욕구가 동시작용하는 기능을 가지며 인간의 행동방향은 만족시 진행, 좌절시 퇴행된다는 이론이다.

(4) 허쯔버그의 2요인 이론

허쯔버그의 이론에 따르면 직무에는 동기요인과 위생요인이 있으며 조직의 목적을 달성하기 위해서는 위생요인이 어느 정도 충족되면 동기요인에 중점을 둔 관리가 필요하다고 하고 있다. 만족요인은 종업원 만족도를 높이기 위해 충족되어야 하는 요인으로 성취감, 도전, 타인 인정 등이 해당된다. 불만족 요인은 임금, 작업조건, 안전 등으로 충족되지 않는 경우 만족요인이 충족되더라도 종업원의 동기유발이 불가능하다.

(5) 브룸의 기대이론

브룸은 개인은 자신의 행동결정과정에서 여러 가지의 가능한 행동대안 또는 행동전략을 평가하여 자기 자신이 가장 중요시하는 결과를 가져오리라고 믿는 행동전략을 선택한다고 주장하였다.

행동전략 선택의 변수에는 기대감(가능성), 수단성(믿음), 유의성 선호(선호의 강도)가 있으며 성과달성에 따라 받게 되는 보상이 어느 정도인지를 알 때 효과가 극대화된다는 이론이다.

---

2) 자료 : 박경규, 신인사관리(2013)479p∼p483

(6) 강화이론

강화이론은 학습을 설명하는 근거가 되며 강화가 이루어지지 않으면 새로운 행동은 지속되지 못하고 사라진다는 이론이다. 보상받는 행동은 반복되는 경향을 보이지만 보상받지 않는 행동은 반복되지 않는 경향을 보이므로 종업원의 성과나 공헌에 대한 인정과 보상이 필요하다는 것이다.

2. 리더십 이론[3]

(1) 리더십 이론의 의의

리더십이란 집단이나 개인의 활동이 조직의 목표수행을 행하도록 영향을 미치는 과정이라 할 수 있다. 리더십의 본질에 대한 연구는 리더십을 이루는 주요 변수에 대한 가정을 설정하는데 도움이 되며 리더발전에 대한 보다 적절한 목표를 제시해 줄 수 있다.

(2) 특성이론

특성이론은 리더가 고유한 개인적인 특성을 구비하고 있다면 그가 처해 있는 상황이나 환경이 바뀌더라도 언제라도 유능한 리더가 될 수 있다고 한다.

(3) 상황이론

상황이론은 성공적인 리더십의 결정요인을 리더 자신으로부터 나타나는 특성에 두는 것이 아니라 리더의 추종자들이 활동하고 있는 상황의 특징에 두고 있다.

(4) 추종자 중심이론

추종자중심이론의 핵심은 리더의 특성이나 인간성은 단지 추종자들을 포섭하기 위한 수단에 불과하며, 오히려 추종자들의 태도와 능력이 여러 면으로 리더의 리더십 발휘에 있어서 성패를 좌우한다는 것이다.

3. 커뮤니케이션 이론

(1) 커뮤니케이션의 개념

커뮤니케이션이란 의미 있는 정보를 전달하는 과정이라고 할 수 있으며 집단행동에 있어서 집단종업원들을 연결해 주고 또 그들간의 상호작용에 가장 중심적인 역할을 하는 중요한 요소이다. 따라서 커뮤니케이션은 집단의 효율성과 성과에 결정적인 요인의 하나로 작용한다.

(2) 커뮤니케이션의 문제

① 정보지각상의 문제: 개인은 자신의 성격과 욕구, 동기에 따라서 똑 같은 자극에 대하여도 서로 다른 인식과 해석 그리고 반응을 보이는 경향이 있다.

---

3) 자료 : 임창희(2011), 인적자원관리, p406~413

② 정보내용의 선택적 해석: 개인은 항상 자기 자신을 보호하고 유지하며 나아가서는 자아를 향상시키는 방향으로 행동을 취한다. 따라서 커뮤니케이션에서도 개인은 정보내용을 기획하고 정보전달경로를 선정하는데 있어서 자기에게 유리한 형태와 방법을 사용하는 경향이 있다.

③ 어의상의 문제: 적당히, 알아서, 조속히 등의 형용사는 조직체에서 흔히 쓰이는 단어이지만 사실상 개인에 따라서 정확한 뜻이 모두 다를 수 있고 따라서 커뮤니케이션과정에서 많은 오해와 문제를 초래할 수 있다.

(3) 커뮤니케이션 행동의 개선방향

① 수신자 위주의 커뮤니케이션: 정보전달자는 커뮤니케이션의 목적을 명백히 인식하고 정보수신자의 특성에 맞추어서 이에 적합한 언어와 정보내용 그리고 정보전달방법을 선택하는 것이 바람직하다.

② 다각적 커뮤니케이션과 확인피드백: 한가지 방법에만 의존할 것이 아니라 구두나 서신, 공식-비공식, 직접 또는 간접적 방법 등 다각적인 방법을 사용하며 중요한 정보전달의 경우에는 정보내용의 정확한 전달과 이해를 수신자로부터의 피드백을 통하여 확인하는 것이 바람직하다.

③ 수신자의 경청자세: 수신자도 커뮤니케이션 내용을 경청하고 전달자의 의도와 동기 등 자신을 전달자의 입장에 놓음으로써 정보내용을 보다 정확하게 이해할 수 있다.

④ 커뮤니케이션 시간의 설정: 특히 관리자의 경우 그의 시간적 압박은 이러한 경청태도에 실질적인 장애요소로 작용하므로 수신자는 이에 특별한 노력을 기울일 필요가 있다.

⑤ 신뢰적 상호작용 분위기 조성: 종업원 간에 자유롭고 개방적인 의사소통이 이루어질수 있는 신뢰적 조직분위기도 조성할 필요가 있다. 커뮤니케이션 시간을 특별히 설정하는 것은 종업원들과 관리자와의 상호작용을 증진시키고 집단의 신뢰적인 분위기를 조성하는 데에도 좋은 효과를 가져온다.

Ⅳ. 동기유발 활동[4)]

1. 관리방식의 변화

(1) 자율권 위임

종업원을 억압하고 통제하지 않으며 자율성을 부여할 때 그들은 자아실현과 존경욕구를 채우기 위해 스스로 노력을 할 것이다. 따라서 스스로 참여한 일에 신바람이 나고 사기가 오를 것이므로 관리스타일과 통제규정을 개선하며 창의성을 발휘하는 직무수행방법을 도입해야 한다.

---

4) 자료 : 임창희, 인적자원관리(2011), p395~399

(2) 인격적 개별관리

현대 동기이론들의 공통적 지적은 사원들이 동질적이 아니라는 것을 인정하고 있다. 서로 상이한 욕구를 가지고 있으며 성격과 태도, 경험과 기대가 모두 다르기 때문에 각자의 특성에 맞는 리더십과 인간관계가 필요하다.

(3) 상위욕구의 충족

인간 문명이 발전할수록 하위욕구보다는 상위욕구가 더욱 증대된다. 그러므로 과거에는 종업원들의 경제적 보상을 통해 사기를 올리려는 시도가 많았으나 점차 종업원들에게 친교, 소속감, 존경, 자아실현의 기회를 많이 주려고 한다.

2. 보상제도의 변화

(1) 성과급 도입

과거처럼 연공에 의한 보상을 고집한다면 종업원들의 무사안일을 조장할 수도 있으며 능력있는 종업원들에게는 사기저하의 요인이 된다. 따라서 능력급이나 성과급은 현재 우리나라 회사원들의 가치관에 비춰볼 때 바람직한 제도라고 본다.

(2) 다양한 복지프로그램

임금 이외의 복지후생차원에서는 아직도 우리나라는 1960~1970년대의 전통적 사고방식, 즉 회사에서 복지혜택을 새로 마련하면 모든 종업원이 좋아할 것이라는 생각에서 벗어나지 못하고 있다. 그러나 종업원들의 욕구가 다양해지고 생활패턴도 다양해지고 있어 여러가지 복지프로그램들을 원하는 종업원들이 고를 수 있는 까페테리아 후생제도 등을 도입해야 할 것이다.

(3) 스톡옵션제도와 종업원지주제

스톡옵션제도는 기업의 CEO가 회사를 성장시키려고 혼신을 다하도록 할 것이며, 종업원지주제는 일반 종업원들에게 회사주식을 임금이나 보너스 형태로 지급하는 것으로 종업원이 노력하여 회사의 주식이 오른 만큼 보상이 기대되기 때문에 동기도 오른다.

3. 직무의 재설계

(1) 목표관리제

목표설정이론은 사원들이 목표도 없이 그저 일하는 것보다는 목표를 주고 그 목표를 달성하도록 한다면 훨씬 사기가 오른다는 것인데 목표는 구체적인 것일수록, 쉽기보다는 약간 어려운 것일수록 더욱 효과적이라고 한다.

(2) 목표의 설정

종업원이 자신의 역량을 발휘하여 달성할 수 있는 과업목표수준을 스스로 정하게 하여 성취욕구가 강한 사람의 동기를 유도한다. 이로써 타율적으로 정해진 목표에 대한 저항도 줄이고 종업원의 능력을 감안한 목표설정으로 합리적 업무수행이 될 수 있다.

(3) 개인과 직무의 조화

사람마다 욕구와 능력이 다르고 직무마다 특성이 다르기에 직무와 종업원간에 조화가 되어야 동기가 유발된다.

(4) 참여와 피드백

직무의 선정과 직무수행방법의 결정에 당사자를 참여시킴으로써 본인의 존재의미를 깨닫게 할 뿐만 아니라, 그 일에 대한 기대 예측과 이해도를 높여서 직무수행에 효율성을 가져오게 하고 수행결과를 알려 주어 자아실현과 성취감을 맛보게 한다.

▌제2절▌ 근로조건 관리

Ⅰ. 근로조건관리의 의의

1. 근로조건관리의 개념

근로조건은 기업체 내에서 종사하는 종업원들의 안전보건, 근로시간, 임금 등 종업원들이 지속적으로 일하는데 영향을 주는 환경조건 및 요인들을 말한다. 근로조건이 좋으냐 나쁘냐에 따라서 양질의 인적자원을 유지할 수 있는가가 결정되기 때문에 근로조건관리는 인적자원으로 하여금 조직에 지속적인 공헌을 할 수 있도록 하는데 매우 중요하다.

2. 근로조건관리의 구성

육체적·정신적 노동능력을 보전하기 위해서는 신체적 안전과 더불어 정신건강이 유지되어야 한다. 이를 위해서 각종 사고와 질병, 근로시간, 정신적 스트레스에 대한 관리가 필요하다. 이처럼 근로조건관리는 종업원의 육체적·정신적 노동능력을 보전하기 위한 각종 관리활동으로 구성되어 있다.

Ⅱ. 안전보건관리

1. 안전보건관리의 의의

(1) 안전보건관리 환경의 변화

산업의 규모가 대규모화되고 새로운 위험물질들이 생산 공정에 투입되면서 대형 안전사고와 질병이 나타나고 있다. 오늘날 지식서비스산업으로의 전환은 과도한 정신노동으로 인해 육체적 건강뿐만 정신적 질환이 증가되고 있다.

(2) 안전보건관리의 중요성

이러한 산업재해는 개인에게 노동가치 절하와 재정적 손실을 줄 뿐 아니라, 기업에는 경영상 손실을 끼치게 되며 기업 이미지 실추로 인해 유능한 종업원 확보에도 어려움을 겪게 됨에 따라 최근 안전과 보건에 대한 관심이 증대되고 있다.
이하에서는 안전관리와 보건관리의 각각의 개념을 살펴보고, 산업재해의 원인과 대책에 대해 살펴보고자 한다.

2. 안전관리

(1) 안전관리의 의의

안전관리는 업무수행 중의 사고로부터의 위험이나 상해로부터 종업원을 보호하기 위해 산업재해의 원인을 규명하고 사고를 사전에 예방함으로써 종업원의 생명과 신체보호 및 기업의 경제적 손실을 보호하는 체계적인 활동이다.

(2) 안전사고의 원인

① 인적 요인

인적 요인은 개인의 선천적·후천적 능력이나 부주의, 안전수칙 불이행, 피로 등에 따라 발생하는 요인이다. 과격한 기질, 시력이나 청력의 결함, 지식 및 기능의 부족이나 지시무시, 위험장소 접근, 위험물 취급 부주의 등이 원인이며 최근에는 스트레스나 불만, 정서불안 등의 개인의 정신요인에 의한 산업재해 발생도 증가하고 있다.

② 물적 요인

물적 요인은 기업 내 물적 설비의 노후화와 결함, 부적절한 보호장치 등에 의해 발생하는 요인이다. 물적요인에 의한 산업재해는 건물·기계설비·장지·공구·비품 등의 결함이나 보호구 및 안전방호장치의 결함, 생산공정의 결함 등이 원인이다.

③ 환경적 요인

환경적 요인은 부적합한 작업환경에 따른 각종 물리적·화학적 위험요인을 말한다. 작업장의 협소 및 정리불량, 조명, 온도, 환기시설의 부적합, 불안전한 작업복장 등 물리적 요인과 고열, 분진, 소음, 유독가스 등 화학적 요인이 있다.

④ 관리적 요인

관리적 요인은 부적절한 안전관리에 의해 발생하는 요인으로, 특히 인적요인과 관련이 있다. 관리적 요인에 의한 산업재해는 안전수칙이나 작업방법 등 불충분한 안전교육, 안전관리조직의 미비, 무리한 작업계획, 결격자의 채용 등 작업관리의 문제로 인해 발생한다.

(3) 예방대책

① 적합한 종업원의 선발 및 유지

작업에 적합한 능력, 적성, 성격을 가진 인재 선발을 통해서도 재해를 감소시킬 수 있다. 지능·성격·기질 등의 선천적 소질과 시력·청력·체력 등 신체적 조건 등의 특성요인들을 면밀히 검토한 후, 선발에 반영해야 하며, 채용 후에도 정기적으로 적성·신체검사, 건강진단 등을 실시하여 적합한 인재를 유지해야 한다.

② 손실예방 프로그램의 개발과 실시

산업재해에 의한 손실을 예방하기 위해서는 안전에 대한 정책을 수립하고 작업장의 안전을 증대시키는 심리적 환경과 종업원의 태도를 조성하고 안전한 작업환경을 개발하고 유지하는데 중

점을 둔 안전프로그램을 설계하고 실시해야 한다.

③ 인간공학적 접근

인간공학은 과업, 장비, 도구 등 물리적 환경과 인간의 상호작용에 대해 인간과 기계의 접점을 최대화시키는 직무설계 연구이다. 즉, 종업원에게 물적요소 및 환경에 대한 조정을 요구하는 것이 아니라 종업원에게 기계와 작업환경을 적합하도록 조정하는 것이다.

④ 종업원과 감독자에 대한 교육훈련

특히 위험한 작업을 담당하는 종업원에게는 전문적 기능교육 뿐만 아니라 안전의식 교육도 필요하다. 기계·설비 등의 사용 및 보전관리방법, 안전한 작업방법 등에 대한 교육훈련을 통해 안전한 행동을 유도하고, 안전의식도 향상시켜야 한다.

3. 보건관리

(1) 보건관리의 의의

보건관리란 기업이 작업장의 건강위험으로부터 종업원의 신체적·정신적 건강을 보호하고 증진하기 위한 관리활동이다.

(2) 보건상 위험 원인

① 화학적·물리적 오염

공기오염, 유해·유독성 물질로 인한 오염, 부적절한 온도·습도·통풍 등의 작업환경이나 초음파, 굉음, 방사성물질 등에 의한 물리적 오염 등으로 인해 종업원의 건강은 언제나 위협 받을 수 있다.

② 피로와 스트레스

지나친 노동강도와 장시간 노동으로부터 오는 피로는 인간의 육체적·정신적 활동에 여러 가지 지장을 초래하게 되어 종업원의 작업의욕을 감퇴시키고 작업능률에 심각한 영향 및 사고와 재해의 원인 된다. 한편 업무과중, 고도의 정신노동 요구, 상사와 동료간의 갈등 등의 요인은 스트레스를 유발하여 종업원을 사망까지 초래하며 생산성 저하 등의 경제적 손실을 가져온다.

③ 직업병

직업병은 종업원이 일정한 작업에 종사함으로써 발생하는 질병으로, 일정한 작업을 장시간에 걸쳐 반복적으로 수행하면서 그 작업에 따르는 유해한 작업환경이나 작업자세로 인해 점진적으로 발생하는 질병을 말한다. 최근 신기술의 도입과 공정의 자동화로 다양한 직업병이 나타나고 있다.

(3) 예방대책

① 유해환경에 노출억제

기술적인 측면에서 유해물질을 가능한 고정과정에서 제거하고 유해물질 측정장치와 기구를 통하여 안전상황을 지속적으로 점검함으로써 종업원들의 유해환경 노출을 억제하여야 한다. 또한 특수작업복 착용과 안전수칙도 철저히 준수하도록 교육을 실시하여야 한다.

② 피로의 측정과 피로예방

섬광치 측정, 촉각검사, 대사율에 의한 측정, 관찰법 등을 통해 피로의 정도를 파악하고 피로를 예방하기 위하여 기업은 종업원의 적재적소배치, 적절한 근무시간과 휴식시간 부여 등의 작업 시 예방활동과 식단조절, 환경위생 주의, 운동, 산책 등에 의한 신체단련을 지원하여야 한다.

③ 주기적 건강진단

모든 질병은 조기발견과 치료가 중요하므로 주기적인 건강진단과 검사의 기회를 부여하고 종업원의 적극적인 참여를 권유해야 한다.

④ 보건교육과 건강프로그램

종업원이 스스로 건강에 관심을 갖고 자기관리를 할 수 있도록 보건교육을 실시하고 요가, 금연교실, 운동시설 확충 등 다양한 건강프로그램을 개발하고 활용하도록 한다.

4. 안전보건 관리조직을 통한 체계적 관리

(1) 종합적 기획

사업장 내 안전보건관리에 관한 제반사항을 종합적으로 기획하고 각종 사고 및 질병에 관한 원인조사와 대책연구를 실시한다.

(2) 위험발견과 예방관리

정기적 점검, 건강진단에 의한 질환자 발견 등 안전과 보건을 위협하는 일체의 위험을 미리 발견하여 예방관리를 하여야 한다.

(3) 교육 및 훈련

종업원과 감독자, 관리자, 경영자를 포함하여 사고, 직업성 질환, 전염병 등 종업원의 안전보건에 관한 위험원인과 예방법에 대해 교육훈련을 지속적으로 실시하여야 한다.

(4) 계몽과 선전

기업내 종업원에 대하여 표어, 포스터 등의 모집과 전시, 영화, 환등기에 의한 교육강연 등을 통해 안전보건에 관한 계몽과 선전을 계속 추진함으로써 그들의 의식과 참여를 고취하여야 한다.

(5) 피드백과 보상

종업원들에게 구체적이고 수용가능한 안전보건관리 목표를 설정해주고, 목표와 관련된 성과에 대한 정보를 피드백하며 목표달성시 인센티브 등 보상을 제공하는 방법을 고려할 수 있다. 재해방지는 기업에도 경제적 이익을 가져오므로 재해율이 낮은 부서에 인센티브를 부여할 수도 있다.

Ⅲ. 근로시간관리[5]

1. 근로시간관리의 의의

(1) 근로시간관리의 개념

근로시간은 기업의 측면에서는 생산에 투입되는 자원이며 종업원에게는 노동력이라는 에너지의 소진을 의미하는 역의 상관관계를 가진다. 따라서 근로시간관리를 적절하게 운영할 필요가 있다.

(2) 근로시간관리의 유형

초기에는 길이문제에 중심이 있었으나 현대에는 근로시간 형태, 부분근로시간제, 교대시간제, 휴게시간의 설계, 유연적 근로시간, 근로시간 단축 등의 관리문제로 초점이 이루어지고 있다.

2. 근로시간 단축

(1) 주40시간 근무제의 도입 배경

주40시간 근무제는 종업원들의 장시간 노동으로 인한 모티베이션 및 생산성 저하, 산업재해 예방, 삶의 질 저하 문제를 해결하기 위해서 제기되었다. 또한 삶의 질 향상, 근로조건 향상뿐만 아니라 국제경쟁력을 강화하기 위해서도 근로시간 단축의 필요성이 제기되고 있다.

(2) 주40시간 근무제의 의의

주40시간제는 단순히 근로시간 단축 이상의 의미를 가진다. 즉 주 40시간제의 도입은 삶의 질 향상, 삶의 패턴과 방식의 근본적 변화 등 시간관리가 양 중심에서 질 중심으로 변화된다는 것을 뜻한다.

(3) 주40시간 근무제의 긍정적 효과

① 모티베이션 향상 : 근로시간의 단축을 통해 작업 몰입과 모티베이션이 향상된다.
② 고용창출 및 노동의 유연성 증대 : Job sharing, work sharing의 효과로 고용창출이 가능하며 노동의 유연성이 증대된다.
③ QWL 향상 : 여가시간이 많아짐에 따라 종업원의 자기개발 욕구를 충족시키고 충분한 휴식을 통해 산업재해가 감소하는 등 QWL이 향상된다.

(4) 주40시간 근무제의 부정적 효과

① 비용부담 : 신규채용으로 인한 채용, 교육훈련 등의 조직비용이 증가하고 근로시간 단축에 따라 작업의 재조직화가 불가피하여 생산성, 작업능률 저하 등의 문제가 발생할 수 있다.

---

5) 자료 : 김영재 외(2011), 신인적자원관리, p558~p570

② 노사간 마찰 : 근로시간 단축으로 인한 임금 저하 등의 문제를 놓고 노사간의 갈등과 대립이 발생할 수 있다.

(5) 주40시간 근무제의 성공적 운영방안

① 인식의 전환 : 주40시간제는 종업원의 역량강화 등을 통해 장기적으로는 생산성이 향상되고 경영민주화와 QWL을 실현할 수 있다는 인식의 전환이 필요하다.

② 효율적인 인적자원 활용 : 일자리 나누기 등을 통해 과로를 극복하고 여가를 확장하여 종업원의 QWL을 향상시킨다.

③ 근로시간과 근로형태의 유연화 : 종래의 경직적이고 타율적인 엄격한 근로시간 및 근로형태관리에서 탈피하여 플랙스타임제, 집중근무제, 모빌오피스 등의 근로조건의 유연화 전략을 통해 경영환경변화에 동태적으로 적응하고, 탄력적으로 운영한다.

④ 교육훈련 및 경력개발 시스템 정비 : 평생학습체계를 구축하여 종업원의 역량강화를 통해 생산성 문제를 극복하고 e-learning, blended learning 등과 같은 다양한 교육훈련 프로그램을 제공하여 여가시간을 활용한 자기개발을 지원한다.

⑤ 노사공동의 윈윈 전략 수립 : 종업원은 적극적인 자기개발을 통해 직무역량을 강화하여 생산성 향상에 기여하도록 노력해야 한다. 경영자는 종업원을 전략적 파트너로 인식하고 종업원의 자발적인 몰입을 유도하고 교육훈련을 비용이 아닌 투자대상으로 인식해야 한다.

3. 유연적 근로시간관리

(1) 유연적 근로시간관리의 의의

유연적 근로시간관리는 조직이 경영환변화에 동태적으로 적응하기 위해 근로시간을 탄력적으로 운영하는 것을 말한다.

(2) 유연적 근로시간관리의 도입배경

상품수요의 빠른 변화, 지식기반경제 등 경제적 환경의 변화와 정보통신기술의 발달, 가정과 일의 조화를 추구하고 자기개발을 위한 여가추구, 조직구조의 수평화, 경영환경의 불확실성이 증대되면서 유연적 근로시간 관리가 필요하게 되었다.

(3) 유연적 근로시간제의 유형

① 선택적 근로시간제

핵심 근무시간을 제외하고 종업원이 출퇴근 시간을 자유롭게 결정할 수 있는 제도이다. 이 제도는 업무시간의 효율적 배분, 종업원의 욕구반영, 자율성과 근로의욕의 고취, 개인의 사적생활과 작업과의 조화, 여가활용 등의 취지로 도입되었으나 관리비증가와 제한된 영역에 만 적용 가능하며 감독상의 문제가 있다.

② 탄력적 근로시간제

탄력적 근로시간제는 일이 많고 적음에 맞추어 총 근로시간을 법이 정한 한도 내에서 노사 양측 합의에 의해 바꿀 수 있는 제도이다.

③ 간주근로시간제 (인정근로, 재량근로)

간주근로시간제는 사업장 밖에서 온종일 일할 때 소정의 근로시간을 인정해 주거나(인정근로시간제), 직무 특성상 업무의 모두를 종업원의 재량에 위임하고 그 직무만 완성하면 일정 근로시간으로 인정해주는 제도(재량근로시간제)를 말한다.

④ 파트타임제(부분근무시간제)

파트타임제는 소정근무시간이 정규직원의 근무시간에 비해 짧은 근무시간제를 말하며 최근 파트타임제로 종사하는 종업원수가 증가하고 있는 추세이다. 이러한 파트타임제는 조직입장에서는 업무량의 변동에 따라 정규직원의 수를 조정하지 않음으로써 채용·교육·이직 등의 추가비용을 줄일 수 있다.

⑤ 교대제근로

교대제 근로는 두 개 이상의 작업조로 나누어 각 조의 근로시간대를 두 개 이상의 시간계열로 구분하여 각 조를 일정한 기일마다 교대로 작업하게 하는 제도이다.

⑥ 집중근무시간제

집중근무시간제는 근무시간 중 일정시간대를 정해 이 시간에는 업무에만 집중하도록 하는 제도이다. 즉, 특정 시간에는 전화·커피 등을 통제하여 업무 흐름이 끊어지는 것을 방지하고 해당 시간의 업무효율을 극대화하는 것을 말한다.

⑦ 작업/직무공유제 (work/job sharing)

work sharing은 주당 근로시간수를 모든 근로자에게 비율적으로 감소시켜 고용을 유지하거나 창출시키기 위한 근로시간 단축방안이다. 즉, 조직내에 있는 모든 근로자 또는 일부 종업원의 근로시간을 줄여 보다 많은 종업원들이 일자리를 갖도록 하는 제도이다.

유연적 근로시간의 종류와 쟁점사항

구분		개념	쟁점
탄력적 근로시간제		일의 양에 따라 근로시간을 조정	임금수준의 저하 여부
선택적 근로시간제		총근로시간을 정해놓고 업무의 시작과 종료시간을 종업원에게 맡김	상호간의 정보교환이나 연락의 어려움
간주근로제	재량근로제	전문직 종사자들에 대해 실제 근로시간과 관계없이 일정 시간을 근로시간으로 간주	대상업무 선정 및 근로시간 산정의 객관성 여부
	인정근로제	영업이나 출장 등으로 근로가 사업장 밖에서 이루어져 근로시간 계산이 어려울 경우, 일정시간을 근로시간으로 간주	근로시간과 비근로시간이 명확히 구분되지 않음
단시간 근로제		통상근로자의 근로시간보다 짧은 파트타임 근로자 고용	통산근로자와의 차별 여부

자료 : 최종태(2003), 현대인사관리론, p554

(4) 근로장소의 유연화

최근 정보통신기술의 발달에 따라서 사무실에 출근하지 않고 집에서 직접 근무하거나(재택근무제) 재택근무와 사무실 근무의 중간단계로서 사무실에 출근하지 않고 휴대폰, 노트북 등을 이용해서 업무를 처리하는 방식(모빌오피스)이 등장하고 있다.

① 재택근무

재택근무는 정보통신기술의 발달에 따라 사무실에 직접 출근하지 않고 자택에서 컴퓨터, 팩스 등을 이용하여 근무하는 방식을 말한다.

② 모빌오피스

모빌오피스도란 종업원들에게 시간과 장소에 구애받지 않고 필요에 따라 업무를 수행할 수 있는 근무환경을 조성해주는 것을 말한다. 모빌오피스의 활용은 회사측에는 사무실이나 장비 등을 대폭적으로 줄임으로써 경비절감과 생산성의 향상을 높여줄 수 있으며 종업원들에게는 생활상 편의는 물론, 제도개선에 따른 활기를 불어넣어 주는 이점이 있다. 그러나 회사에의 소속감 결여와 사원간의 교류부족, 단결력 저하 등이 문제점으로 지적된다.

③ 현지 출퇴근제

현지 출퇴근제는 정보통신기술의 발달에 따라 시간을 최대한 절약하고 일의 능률을 높이기 위한 방법으로 굳이 사무실에 들어가지 않고도 다른 곳에서 업무수행이 가능해져서 도입된 것이다.

④ 사무실 파괴

사무실 파괴는 부서간 또는 상하직원간의 자유로운 의사소통을 실현하고 조직의 개방적인 분위기 조성하기 위해 벽·문 없는 사무실 또는 움직이는 책상 등의 방법이다.

4. 유연적 근로시간관리의 성공방안

(1) 신뢰성과 타당성 있는 유연화 계획의 수립

성공적인 인사관리 유연화를 위해서는 무엇보다 신뢰성과 타당성이 있는 유연화 계획의 수립이 필요하다.

(2) 일선감독자의 능력배양

감독자들은 그들의 통제권을 상실할까 염려하고 자신의 일의 중요성이 퇴색한다는 느낌을 받을 수 있다. 이를 방지하기 위해서 경영자는 불확실한 상황에 대처해 나가는 능력과 의사소통을 원활히 하는 능력, 그리고 지휘하고 계획·평가하는 능력을 키울 수 있도록 도와주어야 한다.

(3) 종업원의 인식변화

근무형태의 유연화제도는 곧 자유재량을 의미하므로 회사의 규정이나 방침을 지키는데 소홀히 하여서는 안되며 근무형태 유연화의 성공적인 운영을 위해서는 종업원의 자발적인 태도와 신뢰형성이 중요하다.

(4) 경영자의 인식변화

경영자들은 근로자가 반드시 정해진 시간에 일해야 한다는 고정관념을 버리고 현장감독이나 종업원들에게 보다 많은 자율권이 주어지도록 인사철학을 바꾸어야 한다.

Ⅳ. 스트레스 관리[6]

1. 스트레스의 의의와 유형

(1) 스트레스의 의의

스트레스란 종업원이 업무를 수행하거나 사회생활을 하면서 정신적 육체적으로 받는 부정적인 억압에 의한 긴장상태를 말한다. 스트레스관리의 초점은 과도한 스트레스로 인한 작업자의 피로와 이로 인한 제반 사고의 위험과 작업성과의 저하이다.

따라서 스트레스로 인한 종업원의 안전과 건강문제를 사전에 예방하고 직무몰입 감소, 이직 등을 방지하기 위하여 관리의 필요성이 증가하고 있으며 발생원인을 정확히 파악하여 그에 대한 관리가 필요하다.

---

6) 자료 : 김식현, 인사관리론(2003), p434~p436

(2) 스트레스의 심리적 유형

① 결핍

개인의 욕구를 만족시킬 수단이 박탈되거나 제거된 상태이다. 음식이나 물에 대한 욕구처럼 생리적인 것이든 정의와 존엄에 대한 욕구처럼 추상적이거나 심리적인 것이든 간에 그 욕구가 충족되지 않으면 스트레스가 발생하게 된다.

② 욕구좌절

어떤 하나의 목표를 성취하고자 하는 과정에서 장애물에 의해서 저지당했을 때 발생한다. 예를 들면 자기가 좋아하던 여자와 연애에 실패하게 되거나 점수가 나빠서 어떤 대학에 입학하지 못한 경우 등에 욕구좌절의 상태에 빠진다.

③ 갈등

갈등은 두 가지 욕구나 기회 혹은 목표에 부딪혔을 때 상충되거나 공존할 수 없는 그 욕구나 기회 중 하나를 선택해야 하는 경우에 처한 심리상태이다.

④ 불안

아주 복잡하고 이해하기 어려운 스트레스와 관련된 감정이다. 스트레스와 관련해서 불안은 스트레스 상황에 대한 감정적 반응으로도 나타나지만 그 원인을 알 수 없는 불안은 곧 스트레스의 원인으로도 작용한다.

2. 스트레스의 원인과 결과

(1) **직무 스트레스의 원인**

① 환경적 요인 : 주변의 지나친 소음, 어두운 조명, 탁한 공기 등 물리적 환경과 경기침체, 불안한 정치 등 거시 환경

② 직무관련 요인 : 업무에 대한 불명확한 이해, 개인의 능력 및 적성과 업무의 불일치, 시간에 대한 압박감 혹은 과도한 업무시간, 과도하거나 부족한 권한 등

③ 조직관련 요인 : 상사의 관리 스타일과의 부조화, 동료·부하와의 갈등, 원활하지 못한 의사소통, 성과에 대한 압력, 실적에 대한 부담감 등

④ 개인관련 요인 : 승진·경력개발 등 장래비전의 불투명성, 고용불안정, 가정불화 등

(2) **직무 스트레스의 결과**

① 주관적 결과 : 종업원의 심리상태가 불안한 경우

② 행위적 결과 : 알코올 중독, 약물남용을 하는 경우

③ 인지적 결과 : 종업원이 업무에 집중하지 못하고, 정신적으로 혼란한 상태가 발생하는 경우

④ 신체적 결과 : 혈압이 상승하거나, 심장박동수가 갑자기 증가되는 경우

⑤ 업무적 결과 : 종업원의 스트레스로 업무 생산성이 저하되고, 결근 및 이직률이 높아지는 경우

(3) 직무 스트레스의 개인차이

동일한 문제로 모든 종업원이 직무 스트레스를 경험하는 것은 아니다. 개인특성에 따라서 스트레스의 강도나 유무가 달라진다. 이러한 개인차이는 인지/정서적 측면과 생물적/인구통계적 특성에 따라 다르다.

3. 스트레스의 효과

(1) 긍정적 효과

① 적당한 수준의 스트레스는 사람에게 긴장감을 불어넣어 심신의 활력을 제공한다.
② 집중력을 강화하여 성취동기를 부여하는 긍정적인 역할을 한다.

(2) 부정적 효과

① 개인 차원의 부정적 결과 : 과도한 스트레스는 불안감, 업무 집중력의 저하, 업무 의욕의 상실, 직무불만족, 각종 스트레스성 질환 등 신체적·정서적 측면에서 부정적 영향을 미칠 수 있다.
② 조직 차원의 부정적 결과 : 각종 안전사고, 건강비용 지출, 생산성 감소, 회사 분위기 침체, 결근, 이직 증가 등 회사의 성과에 직간접적으로 영향을 미치게 된다.

4. 스트레스의 관리전략

조직에서는 종업원들이 겪는 스트레스를 최소화시켜 활기찬 조직생활을 할 수 있도록 해야 한다. 종업원들의 직무 스트레스의 원인과 관련해 조직에서는 스트레스 관리전략으로 역할의 명확화, 후원적인 관계, 스트레스 훈련 등을 사용할 수 있다.

≫ 스트레스 관리전략

관리전략	내용
역할의 명확화	종업원이 책임지고 있는 역할을 명확히 규정해 주는 것이다. 업무를 수행하는 이유가 무엇이고, 어떤 과정을 통해 수행해야 하며, 어떤 결과를 산출해야 하는가를 분명히 밝혀 준다.
후원적인 관계	조직과 종업원, 동료들, 상사와 부하 등 모든 유대관계를 긍정적으로 개선시키는 것이다.
스트레스 훈련	종업원들에게 스트레스를 감수할 수 있는 훈련 프로그램을 실시하는 것이다. 개인적 차이에 따른 스트레스 인내 정도를 훈련을 통해 배양시킨다.

자료 : 이진규 전략적 윤리적 인사관리(2001) p484

▌제3절 ▌ 인간관계 관리 [7]

Ⅰ. 인간관계관리의 의의

1. 인간관계관리의 개념 및 목적

(1) 인간관계관리의 개념

인간관계관리는 사람을 인격적, 감정적 존재로 이해하고 관리한다는 철학과 제도, 기법을 총칭하는 말이다. 인간관계관리는 종업원과 기업이 고도의 사기진작을 통하여 생산성을 향상시키는 상호 협동의 수단이 된다.

(2) 인간관계관리의 목적

사람들은 일생의 대부분을 조직 속에서 보내게 있고 조직이 대규모화하고 복잡하게 됨에 따라 많은 조직종업원 상호간의 협동관계가 중요한 과제가 되었으며 인간관계관리는 종업원과 기업이 사기향상, 갈등감소, 의사소통, 협동체계 구축을 통해 조직의 유효성을 제고시키는데 그 목적이 있다.

2. 인간관계이론의 전개

(1) 과학적 관리법의 반성

작업의 과학화로 인한 근로자의 기계화, 비인간화, 저임금화로 오히려 능률이 저하되는 현상이 초래되었다. 이러한 과학적 관리론에 대한 반발로서 인간관계론이 등장하게 되었다.

(2) 호손실험과 인간관계론

메이요교수는 호손공장에서 실험을 통해 공식조직 속의 비공식적 조직의 발견을 중시했으며 비합리적, 감정적 측면에서 인간관계를 규명하고자 하였다. 인간관계론은 향후 행동과학의 기초를 마련하였다는데 의의가 있다.

그러나 인간관계론은 인간관계의 한 측면만 중시하여 그것이 조직목표의 효율적 달성과 어떻게 연결되는가를 경시하였고 공식조직의 역할 및 경제적 보상의 효과를 경시하였다는 비판이 있다.

(3) 행동과학론의 출현

이러한 고전적 인간관계의 비판으로 행동과학론이 등장하게 되었는데 행동과학은 인간행동에

---

7) 자료 : 김식현, 인사관리론(2003), 박경규, 신인사관리(2013) 내용정리

관하여 객관적인 방법으로 수리된 경험적 증거에 따라 입증된 일반적 법칙을 확립하여 인간행동을 과학적으로 설명하고 예측하여 종업원의 모티베이션과 리더십의 이론적 기초를 제공하였다.

Ⅱ. 인간관계관리의 여러 기법

1. 사기조사

종업원의 사기는 생산성·사고율·이직률 등에 큰 영향을 미친다. 따라서 사기조사를 통하여 종업원의 사기 저해요인과 불평불만의 원인을 규명하여 그 원인을 제거하기 위한 대책을 수립할 수 있는 기초자료를 얻게 된다.

2. 인사상담제도

인사상담제도는 직장내에 전문적인 상담자를 두고, 종업원의 불만과 고민을 상담하여 종업원들의 사기 및 근로의욕을 높이는데 목적을 둔 제도이다.

3. 제안제도

제안제도란 종업원으로 하여금 조직의 운영이나 작업수행에 필요한 개선안을 제안하도록 하고 이를 심사하여 우수한 제안에 대해서는 적당한 보상을 하는 제도를 말한다. 제안제도의 목적은 실질적인 개선안을 얻고자 하는 것도 있지만, 종업원의 창의력을 발전시키고 근로의욕을 고양시키는데 있다.

4. 의사소통

의사소통은 의사전달이라고도 하며 보통 사람과 사람 사이의 정보, 의사 또는 감정이 교환되는 것을 말한다. 종류(경로)로는 하향적·상향적·수평적 의사소통이 있다.

5. 소시오메트리

소시오메트리는 집단종업원의 유기적 인간관계를 심층적으로 분석하고 진단하는 방법으로 집단의 표면에 나타난 인간관계가 아니라 외부에서 관찰할 수 없는 집단종업원의 심리적 인간관계구조를 파악하기 위해서 종업원들의 상호 감정상태, 즉 누가 누구를 좋아하고 싫어하는 가를 기초로 하여 상호관계를 분석하는 기법이다.

6. 브레인스토밍

브레인스토밍은 오스본에 의해 창안된 것으로 참가자의 자유연상에 의하여 많은 아이디어를 끌어내기 위한 방법으로 두뇌선풍 또는 두뇌짜기라고도 한다.

7. 센시티비티 트레이닝

센시티비티 트레이닝은 개방적인 분위기를 갖는 자유로운 상황하에 모인 사람들이 상호간에 깊은 관계를 맺게 하고, 자기가 그룹 내의 다른 종업원들로부터 어떻게 인식되고 있는가를 파악할 능력을 개발하는 데 중점을 둔 훈련방법으로 T-Group 훈련이라고도 하며 1947년 브레드포드(Bredford)에 의해 개발되었다.

8. Zero Defect (ZD)

Zero Defect는 종업원 각자의 주의와 공부를 통해서 일의 결점을 zero로 하고 신뢰성과 납기 엄수 등에 의해 고객을 만족시키도록 종업원을 계속적으로 동기유발시키는 계획이다. 종업원이 자발적으로 연구하여 개선을 제안하면 감독자가 검토 후 전문부서에서 처리토록 한다.

9. 동기조사

동기조사는 인간의 행동을 유발시키는 근본적인 욕구를 심층면접, 집단토론법, 투영기법들의 방법으로 파악하는 것으로서 사기조사의 태도조사 방법과 같다.

10. 리더십 트레이닝

리더십 트레이닝은 리더십의 개발을 위하여 훈련시키는 방법으로서 여기에는 블레이크의 관리격자, 리커트의 관리시스템 등의 기법이 많이 사용된다.

11. 델파이 방법

델파이 방법은 다수의 의견을 체계적으로 수집하기 위하여 그룹별로 토론하고 그 결과를 전체모임에서 발표·토론하고 다시 전체 모임에서 토론된 것을 가지고 그룹으로 돌아가서 토론하여 그 결과를 전체회의에 가져오는 식으로 계속해서 정보와 의견교환을 체계적으로 행하고 또 각자에게 참가의 기회를 부여하는 제도이다.

Ⅲ. 나가며

오늘날의 사회는 수많은 조직으로 이루어져 있으며 개인은 그 조직내에서 혹은 조직과 관계를 맺으면서 조직을 중심으로 한 인간관계를 형성하며 살아가고 있다. 또한 조직이 점차 대규모화됨에 따라 상이한 지식과 능력, 경험과 개성을 가진 많은 조직 종업원을 필요로 하게 되었다. 따라서 그들을 조직화시켜 조직의 목표를 달성하려고 할 때 인간관계의 문제가 발생하고 인간관계관리의 문제는 현대사회에 있어서 조직과 개인 모두에게 피할 수 없는 과제로 대두되고 있다.

인간관계관리이론과 관련하여 과학적 관리법의 반성으로 등장한 인간관계론과 호손공장의 실험을 빼놓을 수 없는데, 인간관계론은 종업원을 사회적 인간으로 보고 호손공장의 실험을 통해 공식조직 속의 비공식적 조직의 발견을 중시했으며 비합리적, 감정적 측면에서 인간관계를 규명하고자 하였다. 인간관계론은 향후 행동과학의 기초를 마련하였다는데 의의가 있다.

조직의 효율성을 향상시킬 수 있는 인간관계관리의 대표적인 기법으로는 제안제도, 인사상담, 사기조사, 의사소통 등이 있으며 조직은 다양한 인간관계 관리 기법을 활용하여 종업원의 동기유발과 사기앙양을 끌어냄으로써 지속적 성과창출을 이루어야 할 것이다.

▌제4절 ▌ 노사관계

노사관계는 제9장(노사관계관리)에서 후술함.

결론

　　종업원들이 만족할만한 성과를 보이기 위해서는 종업원의 능력뿐만 아니라 일할 의욕을 갖게 하는 모티베이션도 필요하다는 것을 살펴보았다.

　　이를 위해서는 종업원들이 추구하는 바와 기업이 추구하는 바가 일치되도록 하는 노력이 필요하며, 우선적으로 종래의 경직된 근무구조에서 탈피하여 업무와 개인에 맞게 다양한 근무제도를 광범위하게 도입하여 생산성 향상과 조직의 조직에 유연성을 꾀하는 것이 필요할 것이다.

　　또한 자율경영, 인간존중, 노사협력을 통해 조직내 인간관계 갈등을 해소하고 종업원들을 작업상의 물리적 위험으로부터 보호하고 그들의 정신적 그리고 신체적 건강을 도모하는 것은 기업의 근본적인 책임으로 여기고 체계적인 관리활동을 실행해 나가야 할 것이다.

　　무엇보다 기업은 종업원을 기업의 중요한 투자자산으로 바라보고 이러한 자산을 잘 유지하는 것이 기업의 경쟁우위를 가져다 준다는 인식을 하여야 한다.

학습문제

1. 근로시간관리의 중요성과 목적 및 과제에 대해 설명하시오.
2. 유연적 근로시간제의 의의, 필요성, 유형
3. 선택적 근로시간제도의 특징과 장단점
4. 교대근무제, 파트타임근무제, 재택근무제를 설명하시오.
5. 4조 2교대 근무
6. 근로시간 단축의 효과와 문제점을 설명하시오.
7. job sharing과 work sharing
8. job stress의 원인, 기능, 대응방안
9. 안전보건관리의 의의와 중요성 및 목적을 설명하시오.
10. 모티베이션 이론에 대해서 설명하라.
11. 인간관계론의 의의와 인간관계 관리의 제 시책
12. 인간관계론과 행동과학에 대해서 설명하라.
13. 제안제도
14. 감수성 훈련
15. 소시오메트리의 내용을 설명하라.
16. 오늘날 노동시장의 특징을 지적하고, 이에 따른 유지 관리 방안에 대해서 설명하라.

CHAPTER

09 _ 노사관계관리

Point

글로벌 경쟁심화에 따라 노사간 상생파트너십과 열린경영을 추구하는 노사관계로 변화되고 있다. 노사관계의 중요성과 노사관계 관리활동을 학습하고 이러한 변화속에 종업원의 참여를 바탕으로 한 바람직한 노사관계 구축방안을 제시

기출문제

1. 경영참가제도의 의의와 유형 (2회, 50점)
2. 종업원지주제도의 특징, 효율적 관리방안 (6회, 25점)
3. shop제도 (8회, 25점)
4. 종업원지주제도와 주식매입청구권을 비교하시오 (11회, 25점)
5. 한국적 상황하에서 경영참가제도를 도입할 때의 순기능과 역기능 (12회, 25점)
6. 산별노조와 산별교섭 (13회, 50점)
- 산별노조 결성의 대두배경(20), 산별교섭의 장점과 단점(15점), 이에 대한 개별 기업(조직)의 대응방안(15점)

생각해보기

> **"날씨가 추우니까 그 사람들에게 난로를 갖다 주라"**
>
> 해고된 2명이 해고자 복직투쟁 명목으로 비어있는 "관"을 본관 현관에 갖다 놓고 점점농성 중일 때 새로 K본부장이 부임했다. K본부장은 부임하자마자 "현관에 있는 2명을 당장 들어내!"라고 호통을 쳤다...나는 조금 뒤 본부장에게 제가 생각하기에는 지금 들어내면 불난 곳에 휘발유를 붓는 거나 다름없습니다"..."들어냄과 동시에 많은 인원이 달라붙고 사진촬영을 할 것입니다. 그리고 유인물을 통해 일어난 일을 과장되게 내용을 만들어서 사내는 물론이고 사외에까지 배포하여 선전을 펼치면 문제해결이 더 복잡해집니다. 시간이 좀 지나면 해결이 됩니다"...그러나 본부장은 "나가"라고 고함을 쳤다...이런 소동이 있은 후 본사 Y사장님의 전화를 받았다. "날씨가 추우니까 그 사람들에게 난로를 갖다 주라"는 지시였다. 본부장에게 보고를 하니 "거꾸로 이야기하는 걸 말귀도 못 알아듣는다"며 엄청난 질타를 하고 난로준비를 취소했다. 그러나 얼마 후 본부장이 "난로를 갖다주라"고 지시하였고 점거농성은 정확하게 그 주 주말에 끝이 났다.
>
> -박구진, 그게 노사관계야, 멍청아!, p102-

고용관계는 종업원이 한 기업에 고용되면서부터 이직할 때까지 종업원과 기업과의 관계를 말한다.

이러한 고용관계는 항상 원만하게 유지되는 것이 아니라 갈등을 수반하기도 하는데 성공적인 기업들은 기업과 종업원간의 협력적 의사소통 과정을 통해 노사간 갈등을 극복하였다. 독일의 벤츠사는 참가형 노사관계를 통해 협력적인 노사관계를 구축하였으며, 미국의 제너럴모터스는 근속기간이 1년 이상된 종업원을 일시해고할 수 없다는 직업기회에 대한 안전 프로그램을 실시하고 있다.

바야흐로 오늘날 세계화·정보화·민주화와 새로운 환경 속에서 세계는 종업원의 참여와 협력을 바탕으로 한 상생적 노사관계를 시급히 요구되고 있는 것이다.

그러나 우리나라의 노사관계는 여전히 불신적이고 대립적인 노사관계에서 탈피하지 못하고 있으며 갑작스러운 변화는 기업에 경제적인 부담과 가치관의 혼란을 가져와 국가경쟁력을 약화시키는 요인으로도 작용하고 있다.

따라서 이하에서는 국가경쟁력을 강화하기 위한 노사 협력방안을 방안을 모색하고자 한다.

▌제1절 ▌ 노사관계

Ⅰ. 노사관계관리의 의의

1. 노사관계의 개념

노사관계는 노동자인 종업원과 사용주와의 관계. 실제로는 노동조합과 조직, 정부와 관련된 모든 문제를 대상으로 하여 노사협조 내지는 산업평화를 목적으로 하는 일련의 관계를 말하며, 노사관계관리는 상호대등의 원칙에 입각해서 상호작용이 이루어져야 한다.

2. 노사관계관리의 변화

산업민주화의 추세와 더불어 노동소외의 극복, 종업원들의 권리의식수준 향상과 가치관의 변화, 치열한 시장경쟁하에서 종래의 대립적인 노사관계에서 협력적 노사관계로의 전환이 요구되고 있으며 종업원의 경영참가도 노사관계의 중요한 이슈로 등장하고 있다.

3. 노사관계관리의 목적

노사관계관리는 기업의 생산성 향상을 통한 성과증대와 기업의 유지·발전을 이룩하고 동시에 성과의 공정한 배분과 노동의 인간화와 노동자들의 보람 있는 근로생활을 실현함으로써 궁극적으로는 노사의 공존공영과 경영민주화를 달성하는 것을 목적으로 하며 산업평화의 유지와 국가경제발전에 기여하는데 중요한 목적을 두고 있다.

Ⅱ. 노동조합

1. 노동조합의 의의

(1) 노동조합의 의의

노동조합은 근로자가 주체가 되어 자주적으로 단결하여 근로조건의 유지·개선과 기타 경제적·사회적 지위의 향상을 도모함을 목적으로 조직하는 단체, 또는 그 연합체를 말한다.

(2) 노동조합의 기능

① 경제적 기능: 노동조합의 중추적, 본질적 기능으로 임금인상, 근로시간단축 등 근로조건 유지·개선 기능을 수행한다.
② 공제적 기능: 노동조합 조합원 상호간에 이루어지는 기능으로 조합원이 재해, 사망, 실업 등으로 일시적 또는 영구적으로 노동력을 상실하게 된 경우를 대비하여 노동조합이

300

기금을 설치하여 상호부조하는 기능. 그러나 사회보장제도가 발전함에 따라 부차적 기능으로 그 비중이 축소되고 있다.

③ 정치적 기능: 노동조합이 노동관계법령의 제정 및 개정, 세제, 물가정책에 영향을 미친다.

2. 노동조합의 조직형태

(1) 직종별 노조

① 의의: 동일한 직종에 속하는 근로자들이 조직과 산업 초월하여 횡적으로 결합한 노동조합이다.

② 장점

(i) 임금 기타 근로조건에 관한 근로자의 통일된 입장을 제시할 수 있다.

(ii) 단결력이 강하여 어용화의 위험성이 적다.

(iii) 직장단위가 조직의 중심이 아니므로 미취업자도 조합원으로 가입이 가능하다.

③ 단점

(i) 조합원과 사용자간의 관계가 밀접하지 못하다.

(ii) 배타적이고 독점적이어서 근로자 전체의 경제적·사회적 지위의 향상을 위해서는 적당하지 않다.

(2) 산업별 노조

① 의의: 동종의 산업에 종사하는 근로자에 의하여 직종과 조직을 초월하여 횡적으로 조직된 노동조합이다.

② 장점

(i) 동종 산업에 종사하는 근로자의 지위를 통일적으로 개선할 수 있다.

(ii) 미숙련근로자의 권익보호에 적합하다.

(iii) 대규모 조직을 바탕으로 한 강력한 단체교섭권을 기반으로 하여 동종 산업종사자 지위를 개선할 수 있다.

③ 단점

(i) 직종별·조직별 특수성을 반영하기 어렵다.

(ii) 산업내부 직종간 대립과 반목이 우려된다.

(iii) 내부조직의 방대함으로 전 조합원의 의사를 반영하기 어려워 단결력이 형식화될 수 있다.

(3) 조직별 노조

① 의의: 특정한 조직에서 종사하는 근로자들이 직종의 구별없이 종단적으로 조직하는 노동조합이다.

② 장점

(i) 단일 조직체에 종사하는 근로자들의 근로조건을 통일적·종합적으로 정할 수 있다.

(ii) 조직의 특수성을 잘 반영할 수 있다.

(iii) 사용자와의 관계가 긴밀하여 노사협조가 잘 이루어진다.

③ 단점

(i) 사용자에 의해 노조가 어용화 될 가능성이 있다.

(ii) 조합원보다는 종업원 의식이 강하여 조합원들의 협조가 미약할 수 있다.

(4) 일반 노조

① 의의: 근로자들의 직종·산업, 소속조직과는 상관없이 근로의 능력과 의사가 있는 근로자는 누구나 가입할 수 있는 노동조합니다.

② 장점

(i) 특정 직종·산업·조직에 속하지 않는 자도 가입할 수 있다.

(ii) 능률 확보를 위하여 최소한 권리를 보장한다.

③ 단점: 근로자들의 연대감·소속감이 부족하여 통일된 단결력을 발휘하는데 어려움이 있다.

3. 숍제도

(1) 클로즈드숍(Closed Shop)

클로즈드숍은 신규채용이나 결원보충 시에 노동조합의 조합원만이 사용자에게 고용될 수 있는 제도이다. 조합원 자격이 고용의 전제조건이 된다. 노동공급을 가장 강력하게 통제할 수 있어 조합조직을 강화하는데 있어서 노조에 가장 유리한 제도이다.

(2) 유니온숍(Union Shop)

유니온숍은 사용자가 비조합원도 자유로이 고용할 수 있지만 일단 고용된 근로자는 일정한 수습기간내에 조합에 가입하여야 하는 제도이다. 오늘날 노동조합에서 제명되었다고 해서 회사가 해고해야 하는 의무는 적용되지 않고 있다. 미국의 경우 대부분 단체협약에서 노조안정의 형태로 이 제도를 채택하고 있다.

(3) 오픈숍(Open Shop)

오픈숍은 사용자가 조합원이든 비조합원이든 차별을 두지 않고 고용할 수 있으며 조합가입이 고용의 전제조건이 아닌 제도를 말한다. 이 제도하에서는 노동조합이 조합원을 확대하기가 어렵기 때문에 노조의 안정도 측면에서는 가장 취약한 제도이다. 현재 우리나라는 오픈 숍 제도를 원칙으로 하고 있다.

Ⅲ. 단체교섭

1. 단체교섭의 의의

단체교섭은 노사대등의 입장에서 행하는 노동조건의 집단적 거래관계 내지 집단적 타협의 절차를 말한다.

2. 단체교섭의 유형

(1) 기업별 교섭

① 개념: 특정 기업 또는 사업장 단위로 조직된 독립된 노동조합이 그 상대방인 사용자와 단체교섭을 행하는 방식을 말한다.

② 특징: 노동조합의 조직형태로 기업별 조합이 주류를 이루고 있는 우리나라와 일본에서 전형적인 교섭방식으로 행해지고 있다.

(2) 통일교섭

① 개념: 노동시장을 전국적 또는 지역적으로 지배하고 있는 산업별 또는 직업별 노동조합과 이에 대응하는 전국적 또는 지역적인 사용자단체간에 행해지는 단체교섭방식을 말한다.

② 특징: 복수사용자 교섭이라고도 하며, 영국, 미국을 비롯하여 유럽각국에서 가장 많이 채택하고 있다.

(3) 대각선교섭

① 개념: 산업별 노동조합이 개별기업의 사용자와 개별적으로 교섭하는 방식을 말한다.

② 특징: 산업별 노동조합에 대응할 만한 사용자단체가 없거나 또는 사용자단체가 있는 경우라도 각 기업에 특수한 사정이 있는 경우에 많이 요구되고 있다.

(4) 집단교섭

① 개념: 수 개의 단위노동조합이 집단을 구성하여 이에 대응하는 수개 기업의 사용자대표와 집단적으로 교섭하는 방식을 말한다.

② 특징: 노사양측이 산업별 또는 지역별로 각기 연합전선을 형성하여 교섭하므로 연합교섭이라고도 한다. 이 방식은 유럽 각국에서 많이 사용되고 있다.

(5) 공동교섭

① 개념: 상부단체인 산업별 및 직업별 노동조합이 하부단체인 기업별 노조 또는 기업단위의 지부와 공동으로 당해 기업의 사용자대표와 교섭하는 방식이다.

② 특징: 기업별 노조와 상부단체가 연맹으로 기업과 교섭을 하기 때문에 연명교섭이라고도 한다.

Ⅳ. 노동쟁의

집단적 노사관계는 당사자의 자율에 의한 교섭과 단체협약의 체결이 가장 이상적인 형태이다. 그러나 근로조건의 결정에 관한 노동관계당사자간의 주장의 불일치가 발생, 쟁의행위에 돌입할 경우 이에 대한 피해는 노사당사자는 물론 산업평화와 국민경제에도 해를 끼치게 됨으로 이를 예방하기 위해 노조법에서는 쟁의행위에 돌입하기 전 조정절차를 거치도록 규정하고 있다.

▌제2절▐ 노사관계 개선과 경영참가

Ⅰ. 노사관계 개선전략[1]

1. 의사소통

기업과 종업원간 의사소통은 노사관계 갈등을 미연에 방지하고 갈등 발생시 이를 해결할 수 있는 최선의 길이다. 기업에서 사용할 수 있는 의사소통 방법은 종업원이 수행하는 직무에 대한 문제를 해결하기 위한 종업원 피드백 프로그램과 종업원들의 개인적인 문제를 해결해 주는 종업원 후원 프로그램이 있다.

(1) 종업원 피드백 프로그램

종업원 피드백 프로그램은 종업원들의 직무와 관련된 의견과 불만사항을 받아들이는 프로그램이다. 방법으로는 종업원들의 직무관련 문제를 해결하기 위한 종업원들의 태도조사와 청원절차제도가 있다.

(2) 종업원 후원 프로그램

종업원 후원 프로그램은 종업원들의 사적인 문제들에 대해서 기업과 의사소통 하는 것이다. 사적인 문제란 개별 종업원의 재정적 파산, 알콜 및 마약 중독, 가정폭력, 도박 등을 말한다.

2. 고충처리제도

노사간 단체교섭의 결과를 사후적으로 처리하는 의사소통과정으로는 고충처리제도가 있다. 이는 단체교섭을 통해 결정된 단체협약의 해석과 적용에 대한 종업원들의 불평과 불만족을 최소화시키고 단체교섭의 부조화를 해결하는 것을 목적으로 한다.

3. 경영참가제도

경영참가제도란 근로자 또는 노동조합이 경영에 참가하여 조직의 경영관리기능을 수행하는 것을 말한다. 경영참가제도는 크게 자본참가, 성과참가, 의사결정참가로 구분된다. 이하에서는 경영참가제도의 유형에 대하여 구체적으로 살펴본다.

4. 무노조전략

노사간 갈등은 노조를 통해서만 해결할 수 있는 것은 아니다. 비노조 기업, 즉 노조를 구성하지 않고서도 협력적 노사관계를 지속시킬 수 있는 방법도 있다. 비노조의 효과적 구축방법으로는

---

1) 자료 : 임창희, 인적자원관리(2011), p441~452

인본주의적 경영이념, 경영자의 신념과 종업원 배려, 지속적인 의사소통, 작업조건과 산업안전의 배려, 공정한 임금배분, 고용보장 등이 있다.

Ⅱ. 경영참가제도의 의의

1. 경영참가의 의의

경영참가제도는 기업경영과 관련하여 제기되는 각종 의사결정 및 운영에 근로자 혹은 노동조합이 참가하여 영향력을 행사하는 것을 말한다. 광의로 해석하면 자본참가와 성과배분참가까지 널리 포함하는 개념으로 볼 수 있다.

2. 경영참가의 역사

종업원의 경영참가는 대체로 제1차 세계대전 이후에 유럽을 중심으로 나타난 것으로 산업 민주주의의 등장으로 노사협조의 필요성이 증대되고 서구의 노동의 인간화 운동과 고도로 발전된 노동조합활동 등이 모두 종업원의 경영참가를 촉진시켰다.

3. 경영참가의 목적

경영참가제도는 자본주의적 생산방식의 발달에 따른 노동의 인간소외를 극복하고 기업내 민주주의를 실현하기 위해 생산수단의 운영에 관련된 기업의 의사결정에 종업원을 참여시킴으로써 노사간의 협력증대 및 생산성 향상에 기여하는 것을 목적으로 한다.

4. 경영참가의 필요성

현대의 다품종 소량생산체제 하에서는 강제적인 규율이나 관리가 아니라, 종업원들의 창의성과 자발성이 기업경쟁력의 핵심이 되고 있으며 종업원들의 자발성은 적극적인 참여와 협력에 의해서만 도출될 수 있으므로 경영참가의 필요성은 더욱 커지고 있다고 할 수 있다.

Ⅲ. 경영참가의 유형

1. 자본참가

(1) 의의

자본참가란 종업원으로 하여금 자본의 출자자로서 조직재산의 소유에 참가하도록 하는 것이다. 자본참가 방식에는 종업원지주제도, 스톡옵션, 우리사주매수선택권 등이 있다.

(2) 목적

종업원의 성취동기유발, 경영공동체 형성, 새로운 인력의 확보·유지, 종업원의 재산형성과 조직자금확보를 목적으로 한다.

(3) 종업원지주제도

① 종업원지주제도의 개념

종업원지주제도란 회사의 경영방침으로 특별한 편의를 제공하여 종업원이 주식을 취득, 소유하는 것을 추진하는 제도이다.

② 효과

(i) 종업원 지주제도를 통해 종업원은 재산형성의 기회를 가질 수 있다.

(ii) 종업원의 주인의식을 고취한다.

(iii) QWL상승에 기여할 수 있다.

(iv) 협력적 노사관계 수립 및 유지가 가능하다.

(v) 기업의 안정적인 자본조달에 효과적이다.

③ 문제점

(i) 종업원간 갈등 및 분열의 발생소지가 있다.

(ii) 주가 하락시 재산형성 기능에 역효과를 가져올 수 있다.

(iii) 주가 희석화 현상이 우려되며 이를 초과할 수 있는 모티베이션 증진방안의 마련이 요구된다.

④ 활성화 방안

(i) 종업원의 경영참가에 긍정적인 마인드를 가진 최고경영자의 의지가 필요하다.

(ii) 정부의 정책적, 제도적 지원이 필요하다.

(iii) 주가 및 증시 불안정시 대책 마련이 필요하다.

(4) 스톡옵션

① 스톡옵션의 개념

스톡옵션이란 회사가 임직원 및 종업원에게 일정량의 자사 주식을 일정한 기간 내에 사전에 약정된 가격(행사가격)으로 매수할 수 있는 권리를 주는 일종의 인센티브제도이다.

경영환경이 불확실한 시기에 조직의 경영진을 포함한 핵심인력의 확보 및 유지를 위해 실시되었으나, 최근에는 전 종업원을 대상으로 그 범위가 점차 확대되고 있다.

② 스톡옵션의 효과

(i) 성과와 연계한 보상이 가능하다.

(ii) 잠재적 주주로서의 주인의식 고취와 책임경영에 대한 모티베이션이 가능하다.

(iii) 우수인력 확보가 용이하다.

(iv) 우호적 임직원 증대에 따라 적대적 인수합병으로부터 보호될 수 있다.

③ 스톡옵션의 문제점

(i) 스톡옵션 부여시에는 위험부담이 없기 때문에, 적극적인 위험선호자로 행동하는 도덕적 해이가 발생할 가능성이 높다.

(ⅱ) 주가와 행사가격 차액만큼 회사자산이 줄어들어 자본충실의 원칙을 저해한다.

(ⅲ) 성과와 무관한 주가변동 등에 따라 동기부여의 방해요인으로 작용할 수 있다.

④ 개선방안

(ⅰ) 도덕적 해이가 발생하지 않도록 일정부분 책임을 부담하도록 한다.

(ⅱ) 성과 연동형 스톡옵션제도 등을 활용할 필요가 있다.

(ⅲ) 스톡옵션 대상자 선정에 신중을 기해야 할 것이다.

(5) 우리사주매수선택권

① 우리사주매수선택권의 개념

주총 결의로 발행주식의 20% 이내, 이사회 결의로 10% 이내의 주식을 일정한 기간(제공기간)
이내에 미리 정한 가격(행사가격)으로 신주를 인수하거나 회사가 보유하고 있는 자기주식을 매
수할 수 있는 권리(우리사주매수선택권)를 부여하는 제도이다.

② 주요 내용

> 부여 회사 : 우리사주조합이 설립된 모든 회사
> 부여 대상 : 우리사주조합원
> 부여 절차 : 회사 정관 변경을 통해 우리사주매수선택권을 부여할 수 있는 근거를 마련하고, 주
>   주총회 또는 이사회 결의로 부여
> 부여 한도 : 주주총회 결의로 발행주식 총수의 20% 이내, 정관이 정하는 바에 따라 이사회 결
>   의로 발행주식 총수의 10% 이내에서 우리사주조합원별로 연간 600만원 이내
> 제공기간(권리 존속기간) : 6월 이상 2년 이내
> 권리 행사기회 : 제공기간 중 6월 또는 1년의 기간 단위로 권리 행사기회 부여 가능(※제공기간이
>   2년인 경우 권리의 행사기회는 최소 1회에서 4회까지 가능)
> 행사 가격 : 권리 부여시 평가가격의 100분의 80 이상 (※다만, 제공기간 중 6개월 또는 1년 단위로
>   행사기회를 부여하는 경우에는 단위 기간 개시일의 직전 거래일 평가가격의 100분의 80 이상)
> 부여 주식(권리행사시 교부할 주식) : 회사가 보유한 자기주식 또는 신주 (※주식매수선택권과 달리 권리
>   행사시 시가와 행사가격과의 차액보상은 불가함)
> 의무예탁 : 권리 행사로 취득한 주식은 1년간 의무예탁

③ 장·단점

1) 장점

(ⅰ) 우리사주매수선택권은 종업원에게 재산형성의 기회를 제공한다.

(ⅱ) 생산성 향상과 노사관계 안정화에 기여한다.

(ⅲ) 적대적 인수합병에 대하여 효율적으로 대응할 수 있다.

(ⅳ) 임금교섭에서도 상당한 탄력성을 가져올 수 있다.

2) 단점

(ⅰ) 미부여시 노사분쟁의 원인으로 작용할 수 있다.

(ⅱ) 대기업과 중소기업 간의 격차가 심화될 우려가 있다.

(iii) 주주총회나 이사회 등 기존 주주들의 반대시 실행이 불가능하므로 실효성의 문제가 제기
된다.

④ 성공적 운영방안

(ⅰ) 우리사주매수선택권 부여의 전제조건인 주주총회나 이사회의 협조가 필수적이다.

(ⅱ) 정부의 세제혜택 부여 등을 통한 유도가 필요하다.

≫ 스톡옵션과 우리사주매수선택권 비교

구 분	스톡옵션	우리사주매수선택권
부여대상	특정 임, 직원	우리사주조합원
부여주식	신주교부, 자기주식	신주교부, 자기주식
부여방법	현금 또는 주식 (행사시점의 시가와 행사가격의 차액만큼)	반드시 주식으로 교부
취득한도	• 일반법인 : 발행주식총수의 10%이내 • 상장및등록 : 발행주식총수의 15%이내 • 벤처기업 : 발행주식총수의 50%이내	발행주식총수의 20%이내
행사가격	권리부여시 시가와 권면액 중 높은 금액	권리 부여시 시가에서 일정 비율 할인 (권리부여시 평가가격의 100분의 80이상)
처분시기	권리행사 후 바로 처분 가능	1년간 의무예탁 후 처분 가능

2. 성과배분참가

(1) 의의

성과배분참가는 경영의 성과증진에 대해 종업원 또는 노동조합이 적극적으로 기여하고 그 대가로 경영성과를 임금 이외의 형태로 종업원에게 분배하는 방식이다. 성과배분 기준 및 종업원의 참여 여부에 따라서 이익배분제도와 생산성배분제도로 구분할 수 있다.

(2) 목적

종업원의 성취동기 유발, 경영공동체 형성, 공정보상 실현을 목적으로 한다.

(3) 이익배분제

① 개념

이익배분제란 일정기간 동안 발생한 조직 이익을 사전에 정해진 분배공식에 따라 종업원에게 나누어주는 제도이다. 이익배분제는 프랑스의 도장공이 1842년에 노동관계 개선, 작업능률 증진, 종업원의 생활안정 등을 목적으로 채택되었다. 이는 종업원의 조직목표달성의 기여에 대

한 인정 내지 보상으로 배분하는 것이 바람직하다는 논리를 반영하여 설계된 것이다.

② 장·단점

1) 장점

(ⅰ) 노사관계 개선

(ⅱ) 이익배당액을 증가시키기 위한 작업 열중 및 능률증진 효과

(ⅲ) 종업원의 이익배당참여권과 분배율을 근속년수와 관련시키는 경우 종업원의 장기근속 유도

2) 단점

(ⅰ) 수입의 안정성이 적고 분배가 결산기말에 확정되므로 자극이 부족

(ⅱ) 종업원보다 조직측의 능력이나 경영외적 조건에 의해 좌우될 우려

(ⅲ) 회계처리방법에 따라 결산이익을 어느 정도 자의적으로 조정될 수 있는 문제

③ 유형

1) 현금배분제도

정해진 시점에서 이익을 현금으로 1개월, 분기, 반기, 1년 등 일정한 분배기간에 따라 분배하는 제도이다.

2) 이연배분제도

종업원에 대한 이익분배 몫이 공제기금에 예치되고, 각 종업원에 대한 계좌가 설치되어 배당금액을 적립하는 제도이다. 종업원의 퇴직, 사망, 해고시에 현금으로 지급된다.

3) 혼합배분제도

종업원에게 지급할 이익분배 몫의 일부는 현금으로 즉시 지급하고 일부는 이연시키는 것으로 현금분배제도와 이연분배제도가 합쳐진 형태이다.

4) 기타유형

연말. 명절 등에 계약에 의하지 않고 조직측의 자유의사에 따라서 이익의 일부를 분배하거나 대리점 또는 판매부서 등에 대하여 매출액의 일부를 지급하는 유형도 있다.

④ 성공적 운영방안

(ⅰ) 이익분배제를 도입하고자 하는 조직의 목적을 명확히 점검

(ⅱ) 지나치게 복잡한 임금체계와 낮은 기본급에 대한 합리적인 조정 필요

(4) 생산성배분제

① 개념

생산성배분제도는 종업원이 조직의 성과를 향상시키기 위해 생산원가의 절감, 생산품질 및 생산성 향상 등에 의해 발생한 이익을 종업원에게 금전적인 형태로 배분하는 제도로 스캔론 플랜과 럭커플랜이 대표적 유형이다. 조직의 성과향상을 조직 전체적인 차원에서 추진하고 이에 대

한 배분도 조직 전체의 종업원들에게 배분하고자 하는 것이다.

② 생산성배분의 효과

(i) 보너스의 지급은 급여수준을 높이며,

(ii) 경영참여의 기회가 제공되어 종업원들의 직무만족도를 향상

(iii) 급여수준 제고, 직무만족도 향상, 결근율 감소, 근속률 향상

(iv) 긍정적인 동기유발효과와 작업방식 개선으로 생산성과 제품품질 향상

(v) 민주적인 의사결정구조

③ 스캔론 플랜 (Scanlon Plan)

1) 개념

1940년대초 미국 철강노동조합의 간부였으며 후에 매사추세츠공대의 교수였던 스캔론이 고안한 제도로 위원회제도를 활용한 종업원의 경영참여와 개선된 생산의 판매가치를 기초로 한 성과배분제이다.

2) 특징

제안제도를 운영하여 작업과 복지에 영향을 미치는 의사결정에 종업원을 참여시키고 노동성과에 따라 보너스를 지불한다. 매출액에 대한 인건비 절약분이 분배기준이며 생산위원회와 조정위원회로 구성된다

3) 한계

표준노무비율이 과거를 반영하기 때문에 환경변화시 갈등이 생길 수 있다.

④ 러커 플랜(Rucker Plan)

1) 개념

러커플랜은 부가가치의 증대를 목표로 하여 이를 노사협력체제에 의하여 달성하고 이에 따라 증가된 생산성 향상분을 그 조직의 안정적인 부가가치 분배율로 노사간에 배분하는 성과배분제이다.

2) 특징

부가가치에 대한 인건비 절약분을 분배하며 스캔론 플랜과 달리 조정위원회만 설치, 운영한다.

3) 한계

부가가치 노동분배율에 대한 과학적 근거에 한계가 있다.

Scanlon Plan과 Rucker Plan의 공통점
- Cost saving plan, 노무비 절감에 초점 - 과거성과에 기초를 둔 표준과 현재 성과와의 비교 방식 - 참여의식 고취

⑤ 프렌치시스템(French System)

모든 비용의 절감, 즉 원가절감을 성과배분의 기준으로 하여 배분하는 제도

⑥ 임프로셰어(improving productivity through sharing : Mitchell Fein)

1) 개념

임프로셰어는 생산단위당 표준노동시간 대비 절감노동시간분을 보너스 지급의 근거로 계산한다. 스캔론플랜과 럭커플랜을 제1세대 성과배분이라 한다면 이 방법은 제2세대 방법이다. 산업공학의 원칙을 이용하여 보너스 산정, 초기에는 경영참가제도가 거의 도입되지 않았으나 최근에는 현장자율경영팀이나 QC등 경영참가제도와 병행하여 실시하는 추세가 늘고 있다.

2) 장단점

(ⅰ) 장점 : 조직효율성을 보다 직접적으로 측정하고 새로운 기계 도입등에도 쉽게 적용하여 정확한 조직성과 측정가능하다.

(ⅱ) 단점 : 산정방식이 복잡하여 일반 근로자들이 이해하기 힘들다.

⑦ 커스텀 플랜(customized plan)

최근 기업들이 성과배분 제도를 개별 기업의 환경과 상황에 맞게 수정·적용하려는 경향을 보이는데 이를 커스텀플랜(customized plan)이라고 한다.

> 참가형 성과배분제도의 유형

구 분	스캔론 플랜	러커 플랜	임프로셰어
배경이론	조직개발이론	노동경제이론	산업공학
기본철학	참가형 경영	효율적 경영	효율적 경영
종업원참가제도의 구조	생산위원회 조정위원회	조정위원회	생산성 향산팀
종업원제안제도	있음	있음	없음
집단보너스 기본공식	노동비용/생산액	노동비용/부가가치	실제생산기간/ 표준생산기간
보너스 지급주기	월별 또는 분기별	월별 또는 분기별	주별 혹은 격주별
보너스의 분배 (종업원 : 회사)	75: 25	50: 50	50: 50

* 자료: 김동원, 「종업원참가제도의 이론과 실제」(서울: 한국노동연구원, 1996), p 59를 신수식·김종진(2007), p 331에서 재인용.

④ 성공적 운영방안
(i) 개인의 노력과 성과가 회사 전체의 성과 달성에 어떤 기여를 하는지 종업원들이 알 수 있도록 그 관계를 명확히 설정한다.
(ii) 당해 목표 수준이 결정되면 종업원들의 자발적인 동의와 협력을 위하여 성과 수준을 종업원과 조율한다.

3. 의사결정참가

(1) 의의

의사결정참가는 근로자 또는 노동조합이 기업경영상의 의사결정에 참가하는 것을 말한다. 의사결정참가는 노동 소외로부터의 해방, 산업민주주의의 성취, 무권력으로부터의 권력소유 등의 종업원의 지위 향상의 입장에서 출발되었으나 현재는 글로벌 경제의 가속화, 정보화 사회의 진전, 생산방식의 변화, 노사관계의 새로운 패러다임 요구 등에 의한 환경변화로 자연스레 종업원의 의사결정참여를 촉진하고 있다.

(2) 유형

① 노사협의제 : 경영자와 노동자가 대등한 입장에서 노사쌍방에게 관심이 깊은 사항으로서 보통 단체교섭에서 취급되지 않는 사항에 대해 노사가 협력하여 협의하는 제도를 말하며 우리나라의 노사협의회 제도가 이에 속한다.
② 노사공동결정제도 : 주로 독일에서 발전된 방식으로 경영상의 의사결정을 노사공동으로 행하는 것을 말한다. 종업원이나 노동조합이 경영에 참가하여 의사교환 및 경영문제의 제기 뿐 아니라 경영에 대한 공동결정을 하는 것까지 포함한다.

(3) 우리나라 노사협의회의 문제점

① 법제도의 존재 필요성의 문제
노사협의회는 단체교섭과 마찬가지로 노사간에 대화의 통로로 활용되고 있으므로 노사간의 자율적 내지는 노동관행에 맡겨두는 것이 더 바람직할 것이다.

② 단체교섭과의 관계의 문제
노사협의회제도와 단체교섭제도와의 구분이 모호하고 단체교섭제도의 기능을 약화시키도 한다.

③ 불명확한 노사협의회의 성격
노사협의회의 구성에 있어서 노동조합의 우선권을 인정하고 있으며 협의대상에 있어서도 노동조합의 단체교섭대상을 포함시키고 있어서 노사협의회가 노동조합의 대리기관으로 간주되기도 한다.

④ 노사협의회의 기능상의 취약성

협의사항이 임의적 사항으로 되어 있어 협의사항에 대해 협의를 하지 않아도 무방하게 되어 있다.

⑤ 경영권침해의 문제

사용자의 입장에서 볼 때 경영참가는 경영권을 침해하는 수단으로 인식될 수도 있다.

(4) 의사결정참가제도를 확대하기 위한 전제조건

① 노사간 신뢰를 바탕으로 한 합리적 공동결정 모델 개발

노사간에 협력자라고 생각하는 신뢰관계와 태도의 성숙이 필요하며 종업원에게 보다 광범위한 참여의 형식을 부여하면서 경영자는 보다 기본적인 경영권을 행사할 수 있는 합리적인 공동결정 모델을 개발하는 것이 필요하다.

② 참가의 대상과 정도의 명확한 기준 마련

종업원들은 기업경영 결정에 직접 참가하는 것보다 근로자들의 직접적인 이해관계가 있는 인사적 사항에 대해 참여욕구가 높은 만큼 이러한 참가의 대상이나 정도에서 각각 명확한 기준을 마련할 필요가 있다.

③ 단계적으로 확대 시행

모든 기업을 똑같이 획일적으로 취급하지 않고 독일의 경우처럼 우선 특정산업 및 기업규모 등을 감안하여 부분적으로 실시한 후 단계적으로 확대해 나가는 것이 바람직하다.

④ 종업원측의 지식수준 향상

종업원 참가가 높은 효율성을 갖기 위해서는 종업원측으로부터 경영능력이 우수한 자가 대표로 선출되어야 하고 그러기 위해서는 종업원측의 지식수준이 높아야 한다.

Ⅳ. 경영참가제도의 순기능과 역기능

1. 순기능

① 노사 상호간의 신뢰가 증진되어 경영공동체 형성에 이바지할 수 있다.
② 노사에 대한 이해를 증진시킨다.
③ 노조와 종업원의 모티베이션 및 작업의욕을 제고하여 조직의 환경변화에 대응할 수 있는 경쟁력을 제고할 수 있다.

2. 역기능

① 주주 및 경영진의 경영권 침해에 대한 반발을 초래할 수 있다.
② 경영참가에 따른 성과 및 책임이 공정하게 분배되지 않을 경우 상호간의 갈등이 증폭될 수 있다.

V. 노사관계 개선방향[2]

1. 열린경영확대

노사간 신뢰회복을 위해 투명하고 열린경영을 실현해야 한다. 우선 결합재무제표 작성을 의무화시키고 상장법인의 사외이사 의무화, 대규모 기업집단 계열사간 상호보증 금지, 소액주주의 권한 강화, 기업경영 이해도 제고를 위한 종업원 교육이 필요하다.

2. 지식근로자 양성지원

21세기 지식기반 정보화 사회를 대비하여 지식근로자를 키우는데 필요한 투자를 아끼지 말아야 한다. 지식기반산업 훈련 프로그램을 개발하고 첨단학과를 신설, 유망직종 기술자격을 신설하는 방안도 생각할 수 있다.

3. 작업장 개선지원

인적자원 관리부서 기능을 강화하여 인력의 채용, 배치 등 단순한 인사노무관리 중심에서 인적자원개발, 노사협력 프로그램 중심의 인적자원관리 부서의 기능을 강화해야 한다. 또한 노사공동기구 설치를 통한 파트너십 형성을 권장하고 작업장 개선 프로그램을 개발, 보급해야 한다.

4. 성과보상의 확대

종업원의 근로의욕을 높이기 위해 우리사주제도를 적용확대하고 초과이익에 대한 성과배분제 도입, 직무상 발명제안에 대한 보상기준을 마련해야 한다.

5. 노사협력기반마련

노사협력을 위해 노사관계 우수기업을 우대 조치하는 정부의 재정적 지원이 필요하다. 또한 노사협력 컨설팅 지원 확대, 지식공동체 연구모임의 운영, 노사관계 및 인적자원관리 변화조사의 실시현황 조사 등을 실시해야 한다.

---

2) 자료 : 이진규, 전략적·윤리적 인적자원관리(2001)

결론

> 기업은 협력적 노사관계를 구축하기 위하여 인적자원관리전반에 걸쳐서 기본 방침과 제도 및 절차를 공식화, 합리화하고, 노사간의 협조를 위한 일선관리자의 업무와 책임을 증가하여야 한다. 노사관계와 단체교섭을 전담하기 위한 인적자원관리 부서의 기능과 조직체계를 확대해 나가야 할 것이다.
>
> 또한 노사관계를 성공적으로 운영하는 기업들이 협력적인 의사소통을 통해 노사간 갈등을 극복해 나가는 사례를 눈여겨 볼 필요가 있다. 이제 우리 기 업은 새로운 환경속에서 고용관계 갈등을 미연에 방지하기 위한 고충처리 프로그램, 종업원 후원 프로그램의 도입 등 적극적인 노력이 필요하다. 종업원과 경영활동참가를 활성화하여 종업원에게 주인의식을 심어주는 방안 또한 고려하여야 한다.
>
> 무엇보다 기업은 인본주의 경영이념을 바탕으로 종업원을 배려하고 종업원의 근로조건 개선을 위하여 적극적으로 노력하여야 할 것이며, 노사간의 신뢰를 바탕으로 한 상생적 노사관계를 만들어 가야 할 것이다.

학습문제

1. 산업별 노동조합과 기업별 노동조합을 비교 설명하라.
2. 단체교섭의 의의와 유형을 설명하시오.
3. 산별교섭의 의의와 장단점
4. 산별전환에 따른 인사노무 대응 방안에 대해서 논하시오.
5. 복수노조 허용으로 인해 예상되는 노사관계의 변화를 설명하고, 이에 대한 성공적 관리 방안에 대하여 논하라.
6. 타임오프제
7. 기업의 경쟁력을 제고시키기 위한 노사관계 개선 방향에 대해서 논하시오.
8. 경영참가의 의의, 목적, 유형에 대해서 설명하라.
9. 스톡옵션형 우리사주제도 (우리사주 매수선택권)
10. 성과참가제도에 대해서 설명하라.
11. 이익배분과 참가형 성과배분을 비교 설명하라.
12. 스캔론 플랜
13. 스캔론 플랜과 러커 플랜을 비교하라.

10 _ 이직관리

핵심
인사노무관리

Point

이직관리의 중요성과 유형을 학습하고 글로벌 경쟁심화와 경기 불황으로 인해 조직의 슬림화와 조직유연
성이 요청되는 가운데 기존의 무분별한 구조조정의 부작용, 우수인재 이탈, 베이비부머세대의 은퇴 등의
사회적 문제가 발생하고 있는 바 이에 대한 관리 방안을 제시

세부목차

기출문제

1. 기업정년제의 의의 및 유형과 효율적인 관리방안(인사노무관리차원의 대응방안)에 대하여 논하라 (4회, 50점)
2. 인력관리의 유연화의 필요성과 실시방안의 장단점(7회, 50점)
3. 전직지원서비스의 효과와 한계에 대하여 설명하시오(21회, 25점).

"당신의 짐 속에는 무엇이 들어있습니까?(What is in your backpack?)"

전 세계적인 불황과 경제위기가 지속되는 가운데 기업은 인력감축과 구조조정이라는 어려운 의사결정에 내몰리고 있다. 영화 Up in the air는 기업의 인력해고와 퇴직관리를 다루고 있다…

(중략)…

주인공 라이언은 커리어 컨설팅 회사인 CTC의 직원으로 해고를 의뢰하는 회사가 나타날 경우 교통수단을 이용해 직접 그 회사로 가서 해고 대상자들과 1:1 또는 1:다수의 면담을 통해 해고를 통보한다…신입사원 나탈리는 기존의 해고 시스템이 비용이 많이 들고 비효율적이라고 평가하며 온라인 해고 시스템을 도입할 것을 제안한다…하지만 나탈 리가 직접 해고했던 한 여직원의 자살 소식이 들리고, 나탈리는 충격으로 사표를 내고 회사를 떠난다. 온라인 해고 시스템 또한 해고 대상자들의 다양한 반응에 성공적으로 대처하지 못하는 단점이 크게 드러나서 폐기되고 결국 라이언은 다시 비행기를 타고 사람들에게 해고를 통보하는 여행을 홀로 떠나게 된다…"우리가 하는 일은, 게으른 사장들을 대신해서 사람들을 해고하는 것. 하지만 그보다는 새로운 시작에 대한 용기와 방법을 알려주는 일이라고 볼 수 있지"라고 라이언은 말한다…

(중략)…

영화 Up in the air는 해고와 퇴직이라는 참신한 주제를 통해 점점 개인화 되어가고 각박해지는 우리의 직장 현실과 직장인 개인의 삶에 질문을 던지고 자신을 돌아보게 한다…인사관리에도 인간적인 모습이 필요하다는 것과 체계적 퇴직지원프로그램의 중요성에 대해서 많은 시사점을 던지고 있다.

-김성국, 인적자원관리 5.0-

기업은 항상 성장한다고만 가정할 수 없다. 환경변화와 조직의 전략에 따라서 조직과 인력의 감축을 단행해야 할 필요성도 발생한다.

우리나라도 근래의 IMF 외환위기와 경쟁 심화로 인해 인력감축과 경영혁신이 요구되면서 전례에 없는 많은 휴직과 퇴직 그리고 해고 등 인력구조조정이 이루어졌으며 지금도 계속되고 있다.

그러나 무분별한 구조조정은 노사갈등을 증폭시키고 법적 분쟁을 야기하는 등 기업에 많은 손실부담을 초래하였다. 외부로 방출된 인력은 장기 실업과 생활고에 시달리고 잔류 종업원들 또한 언제 방출될지 모른다는 고용불안에 떨고 있다.

이하에서는 인력방출의 부작용을 최소화할 수 있는 이직관리 방안을 모색하고자 한다.

Ⅰ. 이직관리의 의의[1]

1. 이직관리의 개념

이직이란 근로자가 자신이 속한 조직체로부터 이탈하여 고용관계를 종료하는 것을 의미하며, 이직은 크게 자발적 이직과 비자발적 이직으로 구분한다. 이직관리란 이직을 방지하는 것뿐만 아니라 적정한 이직을 유지하는 것을 말한다.

2. 이직관리의 중요성

적정수준의 이직은 기업에 긍정적인 효과를 가져다주지만 과도한 자발적 이직, 특히 유능한 종업원의 이직은 기업에 상당히 부정적 영향을 미친다. 그러므로 기업의 이직관리는 유능한 종업원들의 자발적 이직은 최소화하고 고용조정에 따른 노사간의 갈등 및 기업이미지 훼손을 최소화함으로써 유능한 인력의 지속적인 활용과 유지를 도모하는데 그 중요성이 있다.

3. 이직관리의 변화

① 무한 경쟁시대의 상시적 구조조정과 노동의 유연성 제고 요청 (다운사이징, 리엔지니어링, 조직슬림화 등)
② 평생직장 개념의 붕괴에 따른 이직률 증대 (특히 신입사원 조기 이탈 문제)
③ 기업의 사회적 책임, 윤리경영, 이미지 제고 (특히 고령인력 퇴직관리 방안)

Ⅱ. 이직의 기능

1. 순기능

(1) 이직자의 경력개발

타조직으로 스카우트되어 가는 이직자는 보다 나은 직무와 높은 임금을 받을 가능성이 높으며 자신이 선호하는 직무에 능력발휘를 할 수 있는 기회를 가진다.

(2) 이동 및 승진 기회

이직자가 발생함으로써 잔류자에게는 이동 및 승진의 기회가 증가하고 신규인력에 의하여 작업집단에 긍정적인 분위기를 가져다 줄 수 있다.

(3) 조직 활성화

무능한 인재의 이직으로 조직능력을 재고할 수 있고, 적정수준의 이직은 조직을 활성화시킴으로써 인적자원관리에 통풍역할을 한다.

---

[1] 자료 : 김영재 외, 신인적자원관리(2011), p582~p597의 내용을 주로 재정리

2. 역기능

(1) 우수인재의 이탈시 경쟁력 저하

유능한 인재의 이직으로 조직의 경쟁력이 약화될 수 있으며 지나치게 빈번한 이직은 동료들의 사기와 조직의 기술축적에 악영향을 준다.

(2) 이직비용(신규채용, 훈련비)

신규인력의 확보에 따른 모집·선발·교육비용이 증가하는 등 높은 이직비용이 발생한다.

① 직접 비용 : 이직의 효과가 단기적이고 금전적으로 계산이 가능한 직접 비용에는 결원에 대한 채용 비용, 신규 인력에 대한 교육 훈련비, 채용 대행 비용, 초과 근무 수당 등이 포함된다.

② 간접 비용 : 이직으로 인한 간접적이고 장기적인 손실을 발생시키는 간접 비용에는 성장률 저하, 조직의 지적 역량감소, 경쟁력 감소, 조직이미지 실추, 다른 직원의 동요 및 사기저하등이 포함된다.

③ 기회 비용 : 한편 이직으로 인한 업무 공백과 비숙련자의 대체로 인한 생산성 감소, 고객이나 주문의 감소로 인한 이익의 감소, 잠재적인 고객 상실 등의 기회비용도 발생하게 된다.

(3) 집단응집력 약화

이직자가 발생함으로써 협동관계의 시스템이 훼손되고 업무량이 증가한다. 또한 높은 이직률은 종업원들에 의해서나 사회일반에 의해서 좋은 조직으로 평가받지 못하게 된다.

효과 주체자	순기능	역기능
이직자	• 경력개발 • 능력발휘기회	• 직장생활에서의 불확실성 증가
잔류자	• 이동 및 승진기회 • 새로운 동료로부터의 자극 및 상호보완	• 조직내 기존 사회적관계의 훼손 • 신규인력 확보 전까지 업무량 증가
기업	• 무능사원 및 불만사원 퇴직 • 신규인력의 새로운 아이디어 • 조직활성화 및 조직분위기 쇄신	• 이직비용 발생 • 우수인재의 이탈로 인한 경쟁력 저하 • 조직위화감, 불안감 조성

Ⅲ. 자발적 이직관리

1. 자발적 이직의 의의

(1) 자발적 이직의 개념

자발적 이직은 종업원이 기업 종업원의 자격을 종결짓고 조직을 떠나는 것을 의미한다. 이직의 원인이 종업원 자신에게 있는 것으로써 흔히 사직이란 표현으로 사용한다.

(2) 자발적 이직관리의 중요성

인재전쟁이라 불리는 이 시대에 핵심인력의 이직은 기업에 핵심 기술과 노하우, 지식의 유출로 인한 경쟁력 상실 등 더 큰 영향을 미치므로 철저한 관리의 중요성이 커지고 있다.

2. 자발적 이직의 원인

(1) 외부환경

일반적 요인으로 외부 노동시장의 인력수요, 수평적 노동시장의 발달, 실업률 등이 있다.
① 평생직장 개념의 붕괴 및 평생직업 개념의 대두
② 이직이 경력개발의 수단으로 부각
③ 사회적으로 이직에 대한 거부감 감소

(2) 조직 차원

① 임금 등 보상에 대한 불만족
② 승진정책의 불공정성
③ 복리후생의 비효율성
④ 경력정체 및 동기요인 결여

(3) 직무환경 차원

① 감독자의 스타일: 감독자의 인간적 배려, 인정이나 피드백의 유무, 감독자의 경험 등
② 동료작업집단과의 상호작용관계: 동료들과의 인간관계가 만족스럽고 집단의 응집력이 높을 경우 이직성향이 상대적으로 낮음
③ 작업단위의 크기: 규모가 큰 집단의 생산직 종업원들에 있어서는 욕구충족이 어려워짐
④ 작업환경: 과다한 근로시간 및 잦은 시간외 근무, 기타 소음, 먼지, 작업장의 위험과 사고 등의 작업조건 역시 종업원들의 불만족을 야기시켜 이직성향에 영향

(4) 직무 차원

① 자기능력에 맞지 않거나 장래성 없는 직무 등에 불만족
② 직무의 단순반복성
③ 정체성이나 자율성 및 책임감의 결여

④ 역할모호성 및 업무과중으로 인한 역할 스트레스의 증가

(5) 개인차원

① 개인의 연령과 근속기간: 나이가 많을수록, 근속기간이 긴 종업원일수록 이직률은 낮음.

② 개인의 퍼스낼리티 특성: 대단히 높은 수준의 걱정이나 정서적 불안, 공격성, 의존성, 자신감의 종업원들은 정상수준의 종업원들에 비하여 이직성향이 높음.

③ 직무요건과 개인의 직접적성간의 적합성 여부

④ 가족의 규모나 부양책임: 가족의 규모나 부양책임이 큰 경우 책임과 안정성을 추구하게 되어 특히 남성들 보다는 여성들 간에 있어서 이직성향이 낮은 것으로 밝혀짐. 또한 젊고 독신인 경우 이직성향이 높음.

(6) 이직원인분석 방법

① 이직면접: 종업원 이직 시 면접자가 체크목록을 가지고 직접 상담하여 이직의 원인을 알아내는 방법이다. 이직원인만을 알아내는 것이 아니라 이직원인이 회사의 적절한 조치에 의하여 구제될 수 있는 것이라면 이직을 방지할 수 있는 방법도 찾을 수 있다.
(출구면접 exit interview)

② 이직후 설문지법: 종업원이 이직한 후 일정기간이 경과한 후에 이들을 대상으로 그들의 이직 이유를 우편에 의한 설문지를 배포하여 질문하고 익명으로 답변을 구하는 방법이다.

③ 인사기록 분석법: 어느 부서에서 어떤 종업원이 이직하는가에 초점을 두어 인사카드로부터 자세한 이유를 알아내는 방법이다.

④ 태도조사법: 지금까지와는 달리 현재 사내 종업원을 대상으로 설문지를 통하여 그들의 관심과 근속이유를 밝혀내는 방법이다.

◈ 이직에 관한 새로운 이론

1. 연결고리 (links)	종업원이 조직생활을 통해서 구축한 기관들이나 다른 사람들과 맺고 있는 공식적 또는 비공식적인 관계망(Web), 즉 직장동료나 비작업집단의 친구들, 집단, 본인이 거주하는 지역사회나 물리적 환경 등을 포함해서 이들과 사회적·심리적·재정적 네트워크 내지는 인간관계를 말한다. 연결고리의 수가 많으면 많을수록 개인은 직무나 조직에 더욱 얽매이게 되어 이직가능성은 낮아진다.
2. 적합성 (fit)	개인이 조직과 그 환경과의 지각된 적합성 또는 편안함을 의미하는데, 종업원의 개인적인 가치, 경력목표, 장래계획 등이 기업문화 및 자신의 직무와 적합해야 하고, 아울러 지역사회와 주변환경과도 얼마나 적합하냐는 것이다.
3. 희생 (sacrifice)	직장을 떠남으로써 잃어버릴지도 모르는 물질적 또는 정신적 혜택의 비용을 의미한다. 예컨대, 조직을 떠난다는 것은 그동안 친숙해진 동료들, 흥미 있는 프로젝트나 기타, 연금, 보험, 스톡옵션 등의 제도혜택을 포기하는 것으로 이로 인한 개인적인 손실을 말한다.

자료 : 김영재 외, 신인적자원관리(2011), p591

3. 자발적 이직의 대책

(1) 적정 이직률 관리

적정이직률은 기업이 부담해야 하는 이직비용과 인력유지비용의 합이 최소가 되는 곳을 말한다. 해당기업의 이직률이 적정이직률을 초과하게 되면 이직관련 총비용이 증가하여 결국 조직유효성이 저하되므로 이에 대한 원인분석과 대책을 강구해야 한다.

◈ 이직비용과 이직률과의 관계

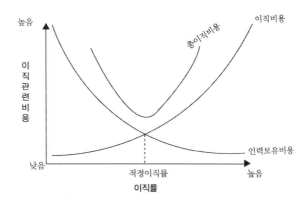

자료 : Abelson/Baysinger(1984), p.333

(2) 조직차원요인에 대한 방안

① 임금에 있어서는 기업의 지불능력에 한계가 있으므로 임금의 내부공정성을 극대화한다.
② 비경제적 후생복지를 확대한다.
③ 장기적인 경력개발 프로그램을 도입하여 승진정체 문제를 해소한다.

(3) 작업환경요인에 대한 방안

① 관리자에 대한 리더십 등 교육을 실시한다.
② 조직 활성화 제도를 운영하고 인간관계 지원 프로그램 마련한다.
③ 열악한 작업환경을 개선한다.
④ 근로시간의 유연화를 고려한다.

(4) 직무차원요인에 대한 방안

① 과업의 반복성, 자율성이나 책임감 결여 등 직무내용과 관련된 이직의 경우에는 직무확대나 직무충실화 방향으로 직무를 재설계
② 현실적인 직무소개를 통해 기대차이 최소화
③ 역할 스트레스 감소책 마련
④ 개인의 적성에 맞는 직무배치

(5) 개인차원요인에 대한 방안

① 고충처리제 운영

② Employee Assistance Program(EAP), 상담제도 등을 통하여 조직몰입을 유도

4. 자발적 이직의 관리방안

(1) 정년과 관련된 시책 이용

정년과 관련된 시책을 이용하는 방법으로 명예퇴직제를 이용하여 자발적 이직을 촉진시키거나 재고용제와 근무연장제 등을 이용하여 이직을 저지시킬 수 있다.

(2) 이직률을 경영성과 지표에 반영

이직 관리가 인사부서만의 책임이 아닌 관리자의 책임임을 분명히 하고 이직율을 경영자의 성과 지표에 포함시켜 보다 엄격하게 관리할 필요가 있다.

(3) 이직관리 전담부서 설치

보다 체계적인 이직관리를 위하여 이직 관리 전문 인력을 확보하고 특히, 이직 관리 부서는 경영자와 종업원 간의 커뮤니케이션 통로 역할을 해야 할 것이다.

Ⅳ. 비자발적 이직관리

1. 비자발적 이직의 의의

비자발적 이직은 조직이 주도적으로 종업원과의 근로관계를 종료하는 것으로 징계로 인한 해고 또는 고용조정과 정년퇴직 등으로 구분된다.

2. 징계해고

(1) 징계해고의 필요성

조직은 여러 징계단계를 거쳐 나가는 동안 종업원 자신의 행동개선은 물론 관리자도 상담과 인사평가 그리고 전직배치, 강등 등 여러 가지 방법을 사용하여 종업원의 행동상의 변화를 유도한다. 그러나 이러한 모든 노력에도 불구하고 위법행위를 계속하는 종업원에 대해서는 조직의 성과달성과 종업원 간의 역기능적인 영향을 저지하기 위해서 징계해고를 필요로 할 수 있다.

(2) 해고의 전략적 중요성

해고되어야 할 종업원이 다른 종업원들에게 주는 악영향은 종업원들이 임금, 작업조건, 관리자 행동 등으로부터 느끼는 불만족보다도 훨씬 더 크다는 연구조사가 있다. 따라서 전략적 인적자원관점에서 타당한 해고결정을 과감히 단행하는 것이 바람직하다.

3. 고용조정(인력방출)

(1) 고용조정의 의의

고용조정은 불황기에 정리해고 등의 방법으로 행해지는 고용조정 뿐만 아니라 경영환경의 변화에 따라 상시적으로 행해지는 인력의 양적 또는 질적 조정까지를 포함하는 것이다.

(2) 방출관리의 필요성

오늘날에는 경기침체가 장기화되고 제품 수요의 감소, 경영의 실패, 조직의 합리화 및 기술의 진보 등의 요인으로 방출관리가 요청되고 있다. 그러나 대규모 인력 구조조정이 상시적으로 이루어지고 있는 가운데 이로 인한 효과와 부작용에 대한 정확한 파악 없이 당연시되고 있어 사회적 문제가 되고 있다. 따라서 기업의 성장과 발전을 위해서 노동의 유연성 제고가 필연적으로 요청되는 상황하에서 기업의 효율적인 방출관리는 더욱 중요하다.

(3) 내부방출

① 개념

내부방출관리는 근로시간 단축, 신규채용 억제, 배치전환 등 현재 보유하고 있는 인적자원을 여러 가지 방법을 통해 최대한 효율적으로 활용하고 정리해고로 인한 부작용을 방지하고자 하는 방식이다.

② 양적 고용조정

1) 근로시간 단축 : 기존 근로자의 고용자체는 변화시키지 않으면서 고용조정을 할 수 있는 대표적인 방법으로 근로시간을 단축하는 것이다.

2) 신규채용 억제 : 신규채용이나 중도채용을 중지하여 자연적으로 고용총량이 감소되도록 하는 방법으로, 정년퇴직자 및 자연발생적인 이직을 활용하는 방법을 포함한다.

3) 휴업 및 휴직 : 일시적인 잉여인력이 발생해 고용조정이 불가피하게 된 경우 인력감축 대신 보편적으로 많이 사용하는 방법 중의 하나이다.

③ 질적 고용조정

1) 배치전환 : 인력의 효율적 활용을 위해 동일 기업 내에서 종업원의 직무내용·근무장소 등을 장기간에 걸쳐 변경시키는 것을 말한다.

2) 출향 및 전적 : 인력을 산하 계열사 등에 파견하는 광역적 배치를 통해 기업그룹 전체의 성과향상을 목표로 하는 출향이나 다른 기업으로 소속을 옮기는 전적이 있다.

3) 교육훈련 : 유휴인력 발생 시 해당 종업원을 즉각 외부로 방출하지 않고 교육훈련과정을 통해 종업원의 능력을 향상시키고 고용을 유지하는 방법이다.

4) 임금조정 : 임금조정은 고용조정에 직면한 기업이 가장 손쉽게 활용할 수 있는 방법 중 하나로 고용안정이 유지되고 기업의 추가 비용부담이 없다는 점에서 많이 활용된다.

④ 장단점

실시가 용이하고 노사갈등을 줄일 수 있다. 또한 종업원의 고용안정을 통해 조직 충성도를 유지할 수 있다.

그러나 조정효과가 낮거나 장기에 걸쳐 발생하고 긴급한 상황의 경우 적용하기 어려운 점등이 사용이 제한될 수 있다.

》 내부방출 방법의 장단점

유형		장점	단점
양적 조정	초과근로시간 단축	• 실시 용이 • 비용절감 및 생산성 향상 • 노동의 인간화	• 종업원 소득 감소 • 기계시설 감소
	정규근로시간 단축	• 고용유지 효과 큼 • 노조와의 협조관계 유지 • 노동의 인간화	• 비용증가 가능성 • 개별 기업차원이 아닌 국가 전체 차원에서 결정
	노동시간 유연화	• 실시선택의 폭이 넓음 • 기업현실에 적합한 다양한 방법활용 가능	• 경영자의 임의성 개입될 가능성
	휴업 및 휴직	• 선택의 폭 넓음 • 비용부담 적음	• 종업원의 소득감소 및 고용불안 야기
	신규채용 억제	• 노사간 갈등 적음 • 비용부담 없음	• 기업의 노화현상 • 유능한 신규인력 손실로 경쟁력 약화 • 기존 종업원의 업무부담 증가로 인한 사기 저하
질적 조정	배치전환	• 종업원의 효율적 활용 • 다양한 업무능력 배양	• 조정 및 적응비용 발생
	출향 및 전적	• 인력의 탄력적 활용 • 조직간 학습기회 확대	• 조정 및 적응비용 발생 • 예측의 어려움
	교육훈련	• 유휴 인력의 능력 개발 • 정부의 지원 활용	• 장기간 불황시 효과 미비
	임금조정	• 기업 비용 절감 • 성과급 도입의 용이 • 효율적 임금관리	• 종업원의 반발 • 종업원 소득감소로 인한 성과 및 사기저하 가능성 • 제한된 집단에서만 실현가능

자료 : 최종태, 현대인사관리론(2003), p584.

326

(4) 외부방출

① 개념

외부방출관리는 종업원과의 고용관계를 단절하고 외부노동시장으로 방출하여 총인원을 줄이는 것으로 조기퇴직과 정리해고가 있다.

② 조기퇴직

일정한 연령 이상의 종업원에 대하여 정년연령 이전에 조기에 퇴직할 수 있는 기회를 제공하고 희망에 따라 퇴직하는 제도이다. 조기퇴직제도는 장기 근속자에 혜택을 주고 기업입장에서도 젊은 종업원의 활력으로 조직의 탄력성회복과 대외경쟁력을 높일 수 있다.

③ 정리해고

정리해고란 경제적, 산업 구조적 또는 기술적 여건의 변화에 대처하기 위하여 감량경영전략에 따라 잉여인력을 감축하거나 또는 인력을 재구성하기 위하여 행하는 해고를 말한다.

④ 장·단점

(i) 장점

외부방출은 조정효과가 크고 단기간 내 불필요한 여유인력의 처리가 가능하다. 또한 수익구조를 개선하고 사업구조 개편을 돕고 조직의 원활한 신진대사를 돕는다.

(ii) 단점

실직 예견 등의 심리적 불안으로 생산성 저하, 이직율 증가, 조직 응집력 약화를 가져올 수 있다. 또한 조기퇴직시 비용부담과 인사그레샴 현상(유능한 종업원이 퇴직)이 나타나고 기업의 장기 전략에 차질을 가져올 수도 있고 이 같은 분위기는 조직문화와 기업이미지형성에 나쁜 영향을 미치게 된다.

◈ 외부방출 방법의 장단점

종류		장점	단점
외부방출	정리해고	• 고용조정 효과가 가장 큼 • 단기간 내 불필요한 여유인력방출	• 노사간 갈등 증폭 • 기업이미지 손상
	조기퇴직	• 종업원에게 자율적 선택기회 부여 • 젊은 종업원의 승진기회 확대	• 비용증대 • 예측의 어려움 • 유능한 인력 손실 가능성 • 기존 종업원의 업무부담 증가로 인한 사기저하

자료 : 최종태, 현대인사관리론(2003), p584.

4. 비자발적 이직의 관리방안

(1) 전략적 인력조정

단순히 인원 수나 작업을 줄이는 것이 아니라 그 조직의 문화와 종업원의 태도 및 가치를 근본적으로 변혁시키려는 장기적인 비전과 인력계획 하에 시행해야 한다.

(2) 중간관리자의 집중적 관리

중간관리자는 고용조정 실행의 주체들이기 때문에 먼저 중간관리자들과 지속적인 의사소통 노력을 해야 하며, 중간관리자들에 대한 고용 조정 예비 교육과 훈련이 필수적이다.

(3) 해고의 공정성과 신뢰성 확보

기업의 정리해고 과정을 지켜본 잔류종업원들의 공정성 지각은 성과에 큰 영향을 미치므로, 기업은 잔류종업원들에 대하여 해고사유·과정에 따른 이해를 증진시켜 해고의 공정성과 신뢰성을 확보해야 한다.

(4) 방출관리의 부작용 최소화

외부방출과 내부방출은 경영환경변화에 따라 기업생존을 위한 불가피한 수단이다. 따라서 기업이 처한 상황에 따라 내부방출과 외부방출을 적절히 사용하되 우선적으로 내부방출 노력을 통해 부작용을 최소화해야 한다.

(5) 전직지원체계 구축 및 잔류자 관리

고용조정시 종업원의 강한 반발에 대해 고용조정을 보다 원활히 하고 해고된 종업원에 대한 지속적인 경력개발과 중고년층에 대한 체계적인 지원방안으로서 퇴직자에 대한 지원 프로그램을 구축한다. 강제퇴출은 잔류 종업원들에게 작업행동과 태도에 부정적 영향을 끼치기 때문에 이들을 위한 지원책은 해고의 부작용을 최소화하는 데 있어서 대단히 중요하다.

Ⅴ. 전직지원제도(outplacement)

1. 전직지원제도의 의의

(1) 전직지원제도의 개념

구조조정 과정에서 퇴직하는 근로자가 신속하게 재취업할 수 있도록 서비스를 제공하는 프로그램으로 인생설계 프로그램이나 전직교육 또는 창업교육과정 등을 관리한다.

(2) 전직지원제도의 대두배경

조직의 구조조정이 늘어나면서 조직은 종업원의 강제퇴출에 따른 부작용을 최소화하고, 조직의 사회적 책임을 강조하면서, 조직의 활력을 유지하기 위한 해고 대상자에 대한 지원관리수단이 필요하게 되었다.

2. 전직지원제도의 유형

(1) 재취업 지원

재취업을 희망하는 근로자에게 신속한 재취업을 위한 취업상담, 고용정보 제공, 취업알선 등의 서비스를 제공한다.

(2) 창업지원

직업능력 개발훈련 및 창업지원을 위한 창업지원센터를 설치하여 창업컨설팅, 창업자금지원 등을 실행한다.

(3) 퇴직준비 프로그램

퇴직예정자들의 퇴직 후 삶의 설계를 지원해주는 방법으로 퇴직금관리, 재테크, 자산관리 등의 정보를 제공한다.

(4) 기타 프로그램

자녀의 대체고용 및 종업원 자녀 우대 채용하거나 정년퇴직한 종업원 일부를 촉탁으로 재입사, 퇴직자들에게 휴가부여, 해외여행, 의료비를 지원하는 프로그램이 있다.

3. 전직지원제도의 실시단계

(1) 퇴직대상자 선정

퇴직지원 프로그램의 시작 단계로 조직은 공정한 기준을 설정하여 퇴직 대상자를 선정한다.

(2) 충격완화 단계

해고통보로 인한 종업원의 충격상태를 심리적으로 안정을 찾도록 상담을 실시한다. 또한 퇴직 후의 경력욕구를 파악하여 이후의 성공적인 삶을 살도록 하기 위한 프로그램을 설계한다.

(3) 개인개발 단계

퇴직자의 강점과 약점, 적성 그리고 과거의 업적 등을 분석하여 퇴직자의 향후 경력개발 방향을 공동으로 수립하고, 필요한 경우 기업이 재정문제 해결방안 수립을 지원한다.

(4) 구직활동 단계

기업은 퇴직자를 위해 구직관련 정보를 수집하고, 다른 기업에서의 입사면접 등 구직을 보다 용이하게 할 수 있도록 지원한다.

(5) 지속적 상담과 지원단계

퇴직자가 재취업한 후에도 성공적인 적응을 할 수 있도록 지속적으로 지원하는 단계이다.

4. 전직지원제도의 효과

(1) 기업측의 효과

전직지원제도는 퇴직예정자들을 도와줌으로써 조직에 대한 적대감 해소 및 이로 이어질 수 있는 분쟁방지 및 잔류자의 근로의욕 저하방지, 조직의 사회적 책임문제를 해결할 수 있다.

(2) 종업원측의 효과

전직지원제도는 한 조직에서 경력을 종료하게 되면 타조직에서 자신의 경력을 계속 진행시킬 수 있도록 지원하는 기능을 한다. 또한 심리적, 정서적 갈등의 조기극복 및 개인의 능력개발 등의 효과가 있다.

(3) 국민경제측면의 효과

전직지원제도는 사회적으로 인력손실 방지 및 실업급여 비용감소, 국민연금 지급시기 연장과 그 밖에 사회혼란을 방지할 수 있다.

5. 효율적 운영방안

(1) 전문가와 함께 실시

퇴직자의 경우 특히 프로그램의 초기 단계에 있어서 기업에 대한 반감이 있을 수 있기 때문에 외부 전문가에 의한 상담이나 교육을 통해 퇴직이라는 현실을 인식시킨 후 퇴직으로 인한 환경변화를 이해하고 미래를 준비할 수 있도록 지원해야 할 것이다.

(2) 해당 종업원의 욕구반영

프로그램의 설계시 종업원의 사기앙양과 퇴직종업원들의 제2의 인생설계에 도움을 주는 방향으로 설계가 되어야 할 것이므로, 퇴직자 또는 종업원의 요구분석을 통해 가장 적정한 방안이 강구되어야 할 것이다. 제도의 활용에 있어서 잔류 종업원에 대한 부분도 검토가 필요하며 고용 안정성에 대한 욕구 충족과 전직지원제도의 과잉투자에 따른 역효과를 검토해야 할 것이다.

(3) 국가제도의 활용

훈련이나 창업지원, 재고용 등의 제도실행시에 고용보험제도 또는 고용안정사업 또는 직업능력 개발사업 등을 적절히 활용함으로써 기업의 부담을 줄이면서도 효과적인 지원프로그램 설계가 가능하도록 해야 할 것이다.

6. 인플레이스먼트

(1) 인플레이스먼트의 의의

인플레이스먼트는 조직의 구조조정 후 잔류자를 대상으로 새로운 경력관리를 위하여 지도와 교육훈련 및 기타 지원을 하는 정책이다. 강제퇴출은 진류 종업원들이 '생존자 증후군'- Survivor's syndrome(해고자와 유사한 고통), ADD증후군(After Downsizing Desertification Syndrome, 정신황무지 현상) 등의 부작용을 최소화하기 위한 것이다.

(2) 인플레이스먼트의 실시단계

① 종업원 인식행위에 대한 대응노력 : 종업원이 공정한 정리해고 였음을 지각할 수 있도록 그 인식과정에 개입하는 것으로 퇴출자에 대한 공정한 보상과 여러 가지 지원책을 제시하고 충실한 정보와 커뮤니케이션이 필요하다고 본다.

② 종업원의 반작용에 대한 대응노력 : 구조조정에 대한 반작용으로 하소연, 감정, 각종법률적 대처, 분노, 등의 반발을 야기시킨다. 이에 대해서는 상담이나 법률대응 등 준비된 대응조치가 필요하다.

③ 연대행위 방지를 위한 대응노력 : 강제퇴출은 잔존종업원들로 하여금 심리적으로 연대의식을 증폭시켜 우발적 집단행동으로 연결될 위험이 도사리고 있기 때문에 자기통제를 충실토록 하는 조직차원의 노력이 있어야 한다.

④ 노사공동체의 형성 : 노사간의 미래지향적인 새로운 고용관계 시스템의 구축과 더불어 종업원의 체계적인 경력관리를 촉진시키는 노력이 필요하다.

(3) 인플레이스먼트의 효과

잔류종업원들의 사기진작으로 자발적 이직·결근율 감소, 제품 불량률의 감소, 생산비용의 절감을 가져오며 노사간 마찰비용을 감소시키는 등 노사관계 안정화에 기여한다.

(4) 운영방안

① CEO는 급변하는 조직환경 속에서 조직의 최근 경쟁력은 인적자원임을 먼저 인식하고 그에 따라 인적자원관리를 실시해야 한다.

② 또한 퇴출자 선발시의 선발의 공정성을 확보하여야 한다. 이는 잔류근로자의 사기증진측면에서도 중요하지만 무엇보다 능력있는 종업원의 방출로 인한 조직유효성 감소는 조직 경쟁력에 부정적 영향을 미칠 것이다.

Ⅵ. 정년퇴직

1. 정년퇴직의 개념

정년퇴직은 종업원이 일정한 연령, 즉 정년에 도달하면 종업원의 의사와는 관계없이 자동적·강제적으로 퇴직시키는 것으로 정년제라고도 한다. 최근 고령화 사회의 가속화와 장기구조적인 노동력부족에 대한 대책으로써 선진제국에서는 정년을 65세~70세로 연장하는 추세를 보이고 있다.

2. 정년제의 기능

(1) 생활보장

입사후 정년까지 종업원의 신분을 보장함으로써 고용안정화를 통해 종업원의 기업에 대한 귀속감 증대와 장기 정착화를 도모할 수 있다.

(2) 조직활성화

고령화된 노동력을 유출하고 신규노동력의 유입을 통해 노동력의 신진대사를 촉진하고 조직의 활성화를 기할 수 있을 뿐만 아니라 후진들에게 승진의 기회도 부여할 수 있다.

(3) 인적자원 수급계획 용이

기업은 종업원들의 퇴직시기를 알고 있으므로 사전에 퇴직계획을 수립할 수 있어 인적자원의 수급계획을 용이하게 해주는 등의 기능을 수행한다.

(4) 인건비 지출 억제

연공주의 임금체계 하에서 기업의 입장에서는 정년제를 채택함으로써 인건비 지출을 억제할 수 있다.

3. 정년제의 유형

(1) 일반적인 정년제

일반적인 정년제는 퇴직연금을 받기 시작하는 수급개시연령에 퇴직하는 제도이다. 이 제도에서 퇴직은 강요되지 않으며 종업원의 의사에 따라 퇴직여부를 결정하도록 하고 있다.

(2) 직급정년제

직급정년제는 종업원의 직급에 따라 정년연령을 차등화하는 제도이다. 예를 들면 종업원은 55세, 관리직은 58세, 임원은 60세로 직급에 따라 달리 정하는 제도이다.

(3) 선택정년제

선택정년제는 정년연령을 복수로 정해 놓고 종업원의 희망에 따라 정년을 자유롭게 선택하여 퇴직할 수 있도록 하는 제도이다. 이 제도는 정년을 획일적으로 적용하는 단점을 보완하고 종업원의 자율적 선택을 존중하는 제도이다.

4. 정년제의 문제점

최근 급속한 고령화의 진전에도 불구하고 현실적인 정년이 지나치게 짧아서 많은 문제가 발생하고 있다. 이에 따라 고령인력을 중심으로 불안감이 증폭되어 조직몰입도가 저하되고 있다. 뿐만 아니라 조기퇴직에 따른 경제활동 참여 폭의 축소로 인해 기업 생산성이 저하될 우려가 있다.

5. 정년제의 관리방안

(1) 효과적인 퇴직준비 프로그램 개발·운영

퇴직자들의 갑작스러운 환경변화의 충격을 완화하고 퇴직 이후의 사회생활 적응을 돕기 위한 퇴직준비프로그램인 퇴직예정자 상담제도, 퇴직준비교육, 퇴직자 재활용계획 등을 실시한다.

(2) 정년의 현실화

평균수명이 크게 연장되어 50세 중반의 정년연령은 외국과 비교하여도 매우 짧은 편이다. 충분한 경험과 지식을 갖춘 인재의 유출로 조직경쟁력 유지에도 심각한 지장을 초래하므로 정년연장의 재검토가 필요하다.

(3) 고령인력 활용방안 강구

연령차별을 없애는 대신, 고령인력의 장점을 활용하고 생산성을 향상시키기 위한 다양한 대책을 마련해야 한다. 예컨대 지속적인 재교육, 근로시간 유연화 및 고용형태 다양화, 직무재설계, 임금피크제 등을 도입할 수 있을 것이다.

(4) 공정한 능력의 평가와 정년연장

종업원 각 개인의 능력은 노력, 경험, 환경에 따라 크게 차이가 나므로 종업원의 능력 및 업적에 대한 신뢰성과 타당성이 있는 공정한 평가를 통하여 정년 연장을 탄력적으로 운영해야 한다.

이직을 크게 자발적 이직과 비자발적 이직(대표적으로 인력조정)으로 구분하여 살펴보았다.

자발적 이직은 종업원이 스스로 기업을 떠나는 것을 말한다. 자발적 이직은 외부환경, 조직, 집단 및 개인 측면에서 여러 요인의 영향을 받아 나타난다. 기업은 이직원인을 분석하여 이직원인별 대응방안을 마련하여야 하며, 특히 우수인재의 유출과 신입사원의 조기이직을 방지하는데 많은 노력을 기울여야 한다.

비자발적 이직은 기업이 일방적으로 종업원과의 근로관계를 종료시키는 것을 말한다. 일반적으로 인력조정을 말한다.

과거 불황기 때 경영상의 어려움을 극복하고 인건비를 절감하기 위한 방안으로 실행되었으나 최근 무분별한 구조조정으로 인한 부작용이 심각한 사회적 문제로 대두되고 있음을 살펴보았다.

따라서 기업은 경쟁력 향상을 위해 조직 개편 및 인력조정에 대한 전략적인 접근이 필요하다. 기업은 일시적 잉여인력의 경우 고통분담, 해고회피방안을 강구하고, 구조적 잉여인력일 경우 전직지원 등의 지원프로그램을 병행하여야 할 것이다.

무엇보다 기업은 사회적 책임을 이행하고 윤리적 인사관리를 실천하는 마음으로 인력구조 조정의 부작용을 최소화하기 위한 노력을 계속 해 나가야할 것이다.

학습문제

1. 이직의 유형과 이직관리의 중요성을 설명하시오.
2. 자발적 이직의 원인과 대책을 설명하라.
3. 이직비용과 이직률의 관계를 설명하라.
4. 비자발적 이직의 유형에 대해서 설명하라.
5. 정년제의 의의, 기능, 유형에 대해서 설명하라.
6. 고용조정의 방법 및 각각의 장단점
7. 성공적인 고용조정 방안에 대해서 논하시오.
8. 아웃플레이스먼트
9. 최근 이직관리가 중요해진 배경을 설명하고 성공적인 이직관리 방안에 대해서 논하라.
10. 신입사원 조기 이직의 원인과 문제점을 지적한 뒤 이를 해결하기 위한 신입사원 조기정착화 방안에 대해서 논하라. (유제 : 신입사원 조기 이직의 원인과 문제점을 지적하고, 이에 대한 대안으로 제기되고 있는 조직사회화의 개념과 필요성 및 실시방안에 대해서 논하라.)
11. 고령인력 퇴직관리 방안에 대해서 논하라.

CHAPTER

11_ Trend & Issue

핵심
인사노무관리

1. 경영조직의 발전과정을 과학적관리론, 인간관계관리론, 근대적조직론으로 논하라(3회, 50점).

2. 인력관리의 유연화의 필요성과 실시방안의 장단점을 논하라(7회, 50점).

3. 현재 우리나라 기업이 처한 기업환경 변화와 이에 대한 인사노무관리의 대응방안에 대하여 논하라(8회, 50점).

4. 근로시간 단축과 주5일제 근무의 의미를 설명하고 이를 둘러싼 노사간 주장의 쟁점사항과 그 타당성을 논하라(10회, 50점).

5. 최근 기업들은 전략적인 인적자원관리를 도입하려 하고 있다. 전략적 인사관리의 의의, 필요성, 기존의 인사관리와의 차이점에 대하여 논술하라(12회, 50점).

6. 기업의 인적자원 수요·공급 예측 결과 인적자원의 부족 또는 과잉이 발생할 경우 각각에 있어 활용할 수 있는 인적자원 수급 조정 방안을 그 내용과 효과 측면에서 논하시오(14회, 50점).

7. 기업이 창업하여 중소기업에서 대기업으로 발전하는 과정에서 인사노무관리의 차이가 나타난다. 그 차이를 각 인사기능(인력확보, 인재평가, 인재보상, 인재개발, 인력유지)별로 중소기업과 대기업으로 구분하여 상황적합론의 관점에서 논하시오(15회, 50점).

8. 해외투자기업의 현지 인력관리에서 발생하는 문제점과 그 해결방안(16회, 25점)

9. 최근 지속가능경영이 기업경영에 화두로 대두되고 있다. 인사노무 관리 차원에서 관리해야 할 주요 내용에 대하여 논하시오(18회, 50점).

10. 국제기업의 본국인, 현지인, 제3국인 채용시 장·단점 (19회, 25점)

T & I ① 성과주의 인적자원관리

Ⅰ. 성과주의 인사관리의 확산

1. 성과주의 인사관리의 대두배경

과거의 연공주의 인사시스템으로는 경영위기극복이 어렵다는 인식이 확산되면서 외환위기 이후에 성과주의 인사시스템이 요청되고 있다.

2. 성과주의 인사관리의 개념

성과주의 인사관리는 전략과 연계한 인력 확보 · 양성 · 유지 · 활용과 성과와 연계한 차별적 보상 및 성과우수자와 성과부진자 관리를 통해, 조직의 역량을 제고시키고 전 종업원을 동기부여하여 성과창출에 몰입하게 함으로써 성과극대화를 구현하는 것이다.

3. 성과주의 인사관리의 특성

① 개인화에 기초를 둔 유연적 경영의 일환이며 ② 21세기에 조직이 필요로 하는 다양한 인재를 확보, 양성하는 데 적합하다. ③ 개인의 시장가치를 높이는데 기여하며 ④ 개인의 개성, 창의력, 잠재력, 고용가능성을 높일 수 있다.

Ⅱ. 우리나라 성과주의 인사의 특징

1. 효율과 통제위주의 인력관리

우리나라 성과주의의 특징은 인력관리의 효율성을 부각하면서 육성지향의 몰입형 보다는 기업의 양적 목표를 효과적으로 달성하기 위한 통제형 인사시스템에 가까운 방식으로 도입되는 경우가 많았다.

2. 손익위주의 결과 추구

성과관리의 초점이 투입이나 과정보다는 결과에 치중되어 있고 결과 중심의 단기목표 달성여부는 연봉, 인센티브 등 개인별 보상 수준을 결정하고 있다.

3. 성과에 연동한 금전적 보상 차별

개인성과급과 연봉제 등 금전적 보상 위주이며 금전적 보상 이외의 승진, 평가 등은 연공을 중시하는 관행이 존속하고 있다.

Ⅲ. 성과주의 인사관리의 장단점

1. 성과주의 인사관리의 장점

(1) 임직원 동기부여

과거의 연공급제를 탈피하고 성과 연계형 보상체계로 대체함으로써 개인의 인식과 태도가 성과 지향적으로 전환되면서 성과에 따른 보상차별로 목표달성을 위한 임직원의 동기부여가 강화될 수 있다.

(2) 우수인재 확보 및 유지

과거 호봉급제 하에서는 우수한 인재에 대한 보상이 부족했으나 성과주의 인사가 도입됨에 따라 차별화된 높은 수준의 보상을 통해 금전적 보상을 중시하는 우수인재의 확보 및 유지관리가 가능하다.

(3) 재무성과 향상에 기여

성과주의 임금은 종업원들에게 성과제고 동기부여를 명확히 함으로써 재무성과 및 생산성 향상에 기여할 수 있다.

2. 성과주의 인사관리의 단점

(1) 단기성과 및 금전보상에 집착

단기성과 및 가시적 재무성과에 집착하여 손쉽게 성과가 나는 비용절감, 한탕주의 및 우수인재의 이탈, 역량이나 무형자산의 개선 등을 반영하지 못하고 있다.

(2) 팀·부서간 협력 저해

성과에 대한 평가와 보상 차등으로 인한 과도한 경쟁의식이 종업원과 부서간 협력 및 조직 활성화를 저해한다.

(3) 평가에 대한 불신

체계적 목표관리가 미흡하고 평가제도의 미비로 인한 평가의 공정성 확보가 어렵고 평가결과의 피드백을 제공하지 않아 평가에 대한 종업원의 신뢰성과 수용성이 낮다.

(4) 획일적인 형태로 적용

성과주의는 기업의 전략과 종업원의 문화 및 특성에 따라 다양하게 도입되어야 하지만 미국식 성과주의를 구체적 목표없이 획일적으로 모방하는데 그치는 경우가 많았다.

(5) 과도한 실적 · 결과 지향

조직내 인적자원의 활동은 실적이나 결과 외에도 여러 가지 면에서 평가되어야 한다. 그러나 우리기업의 성과주의 도입은 실적과 결과 산출의 수단으로만 다루어졌다.

Ⅳ. 성과주의 인적자원관리 방안

1. 성과주의 채용관리

학력보다 자격과 직무중심 채용, 정시모집 위주에서 수시채용의 활성화, 신입사원 위주 채용에서 경력사원 채용의 확대, 인사부서 중심의 일괄채용에서 현장부서 중심의 채용, 모집과 선발에 있어 일률적인 방법보다 개개인의 잠재력을 측정할 수 있는 다양한 방법 개발할 필요가 있다.

2. 성과주의 경력관리

관리직 위주의 직무관리를 지양하고 전문직과 전임직을 보다 활성화 할 필요가 있다. 또한 우수인력 양성, 리더십 개발 등 핵심역량 강화를 위한 전략적 인력양성 프로그램의 일환으로서의 경력관리(CDP)가 필요하다. 성과에 의한 승진은 물론 조직의 전략과 종업원의 경력욕구를 충족하는 다양하고 장기적인 경력경로가 개발되어야 한다.

3. 성과주의 임금관리

임금구조에 있어 연공급을 지양하고 직무급, 능력급, 연봉제 등으로 전환할 필요가 있다. 인센티브제도의 도입으로 동기부여를 강화하되 개인성과급과 집단성과급의 적절한 조화가 요구된다. 또한 임금의 공정성에 있어 내부 공정성뿐만 아니라 경쟁회사 비교(시장가치) 등 외부 공정성 확보가 중요하다.

4. 성과주의 인사평가

보유능력보다 발휘능력 및 그 성과에 초점을 맞춘 인사평가시스템의 확립이 중요하다. 따라서 BARS, 역량기준 평가, 목표관리법과 같은 업적 중심의 평가가 성과제고에 도움이 된다.

5. 성과주의 교육훈련

지식경영의 중요성이 강조되고 지식경영 조직이 등장하면서 지식근로자를 중심으로 핵심역량과 핵심기술을 육성하고 자기주도적인 맞춤형 학습 환경을 구축하여야 한다.

6. 성과주의 복리후생관리

재택근무제도를 통해 이동사무실을 실현함으로써 우수 전문인력이 결혼 후에도 계속 직장근무를 할 수 있도록 하고 종업원들의 다양한 욕구를 반영하고 동기부여하기 위해 카페테리아 시스템과 같은 개별복지에 더 큰 비중을 두어야 한다.

7. 대안적 고용형태의 활용

시간제 고용, 파견근로자 활용, 외주화와 같은 대안적 채용형태를 적극 활용하여 기업의 인건비 부담을 최적화하고 핵심인력에 대한 집중적 육성과 투자를 가능케 할 수 있다.

8. 인적자원관리의 국제화

자국 중심주의를 탈피하고 세계주의를 지향해야 한다. 인적자원관리의 국제화는 국내 인력에게도 자극을 주며, Global Standard에 의한 인적자원의 업그레이드에 도움을 준다.

9. 정보화 인력의 확충

정보화시대에 정보인력을 성별, 학력 등의 요소에 구애받지 말고 과감하고 파격적으로 채용, 확보하는 것이 필요하다.

Ⅴ. 성과주의 인사관리의 기반조성과 정착활동

1. 성과주의 인사관리의 기반조성

(1) 새로운 조직문화

새로운 제도는 조직종업원들의 자발적 참여가 없이는 결국 실패하게 된다. 따라서 성과주의 인사제도는 전체적인 회사의 특성이나 조직문화 등과 어울리는 정합성에 역점을 두어야 한다.

(2) 명확한 목표와 책임의식

성과주의 인사가 정착되려면 종업원들이 명확한 목표의식과 책임의식을 갖고 자발적으로 도전하고 노력하는 진취적인 조직문화가 구축되어야 한다.

(3) 조직구조 정비 및 권한위양

권한이 집중된 조직에서는 단위조직 및 개인에 따른 성과책임을 부여하기가 어려우며 따라서 성과주의 보상제도의 적용이 적절하지 못하게 된다. 관리의 초점이 규정을 준수하는 것이 아니라, 각자가 부여된 권한을 활용하여 조직의 목적달성에 최선을 다하도록 할 때, 성과주의 보상이 동기유인으로 작용되고 성과극대화에 기여할 수 있다.

2. 성과주의 인사관리의 정착활동

(1) 현업의 관리자

직무역량을 중심으로 인력의 채용 및 양성을 직접적으로 수행하고 리더십을 발휘하여 조직원들과 활발한 의사소통 및 공정한 평가로 성과주의 문화 확산의 전위가 되어야 한다.

(2) 인사부서

인사 업무프로세스의 개선 및 전산화로 업무 여력을 창출하여 현업의 기본적인 인사기능을 지원하는 한편 컨설턴트로서 전략적 파트너로서의 역할을 강화하여 전략실행과 성과주의 변화관리를 주도하여야 한다.

(3) 최고경영자

성과주의 인사관리의 조기정착으로 종업원가치제안(EVP)의 체계적 향상을 통해 회사의 재무성과가 혁신적으로 개선될 수 있도록 성과주의 경영혁신을 지속적으로 리드하고 솔선수범해 나가야 한다.

Ⅵ. 성과주의 인사관리의 발전방향

1. 비금전적 보상 강화

금전 위주의 획일적 보상방식에서 벗어나 인정, 격려, 승진과 육성 등 다양한 보상방식을 적극 활용해야 한다. 성과에 대한 금전적 보상이 동기부여에 긍정적이지만, 과도한 보상차별화는 오히려 일 자체에 대한 몰입과 만족감을 저하시킬 우려가 있다.

2. 과정과 역량을 중시

재무성과 같은 최종결과에 집중되어 있는 현재 성과주의의 평가기준을 보다 다원화함으로써 과정에 대한 평가를 반영해야 한다.

3. 고용안정 기반 강화

과도한 고용불안과 조직불신은 지속 가능한 성과주의 인사를 저해하므로 구조조정 회피노력, 고용가능성제고 등의 고용안정성을 높이려는 다양한 노력의 전개가 요구된다.

4. 기업특성 등을 고려한 유연한 접근

기업의 경쟁기반, 성과창출 단위, 노동시장 상황 등 사업특성을 고려해서 차별적으로 운영되어야 한다.

5. 성과주의에 대한 Total System적 접근

기업문화와 조직구조 등과 정합성을 가지고 조직 전체의 비전과 전략에 연계된 Total system적 접근이 필요하다.

Ⅶ. 결 론

외환위기 이후 '성과주의 인사'가 한국기업의 인사제도로 정착되고 있다. 기업은 생존을 위해 유리한 방향으로 변화하고 있으며 연봉제를 기본으로 직급체계 축소, 성과급 확대, 역량중심의 인사를 중심으로 하는 성과주의 인사제도가 확산되고 있다. 그러나 기존의 성과주의 인사제도 는 과도한 개인별 차등을 위시로 한 한계를 드러내고 있다.

따라서 '성과주의 인사'의 원칙은 견지하되, 현재의 부작용을 최소화하고 미래 환경변화에 선제 적으로 대응하는 방향으로 성과주의 인사를 보완해야 한다. 이를 위해서는 첫째, 임직원의 자 발적 헌신과 몰입을 통한 혁신적 성과 창출을 촉진할 수 있도록 고용안정 기반을 강화해야 하며 둘째, 평가기준을 과정과 역량에 대한 평가로 다원화해야 한다. 셋째, 획일적 보상방식에서 벗 어나 다양한 비금전적 보상방식을 활용할 필요가 있으며, 마지막으로 기업의 경쟁전략과 사업 특성 등을 고려해 운용해야 할 것이다.

※ 참고문헌

고현철, 성과주의 인사의 진화방향, LG 경제연구원 (2008)

박천석, 성과주의 인사관리의 이해와 실행시스템 구축방향, 한국경영혁신연구회(2009)

T & I ② 전략적 인적자원관리

Ⅰ. 들어가며

· 21세기 경영환경 - 무한경쟁, 국경을 초월한 경쟁
· 급격한 환경변화에 효율적으로 대응하기 위해서 전략경영이 요청되는 바, 기업은 전략경영을 통해서 미래에 대한 예측, 자원의 효율적 배분, 경영활동의 통합 가능
· 또한, 인적자원이 21세기 경쟁우위의 원천으로 부상함에 따라, 조직전략과 인사관리를 통합적으로 계획하고 실행하는 전략적 인적자원관리 요청

Ⅱ. 전략경영의 개념과 기능

1. 전략경영의 개념

(1) 전략

기업이 불확실한 상황 및 경쟁 환경에서 나아가야 할 방향을 설정하고 기업의 목적을 달성하기 위하여 체계적이고 합리적인 대응노력을 기울이도록 하는 기본방침 또는 계획을 의미

(2) 전략경영

기업경영에 전략 개념을 도입한 것으로 중·장기적 관점에서 기업이 불확실한 경영환경의 미래를 예측하고 자신의 능력과 지식을 개발·활용하려는 계획적이고 포괄적인 일체의 노력을 포함

2. 전략경영의 기능

(1) **조직의 환경적응능력 촉진** : 변화예측과 체계적 대응책 강구

(2) **기업의 경영자원을 전사적 관점에서 효율적으로 배분** : 전략에 따른 지원할당 우선순위의 합리적 평가 및 효율적 배분

(3) **기업내부의 다양한 경영활동들의 통합에 기여** : 사명, 목표, 활동방향 및 행동경로 제시 → 의사결정과 행동의 통합

3. 전략경영의 프로세스

사명과 목표 설정→외부환경 분석(기회와 위협)→내부 자원과 역량 파악(강점, 약점)→전략적 대안 도출 및 바람직한 전략 선택→선택된 전략 실천을 위한 조직내부 정비(조직구조와 통제시스템의 설계, 인력의 확보 및 개발, 자원배분, 보상시스템 개발 등)→전략실천의 결과 평가 및 피드백

Ⅲ. 전략적 인적자원관리의 개념

1. 전략경영과 인적자원관리

- 전략대안 결정을 위한 고려사항 '어디에서(어느 시장), 어떻게(어떤 기준), 무엇으로(어떤 자원, 이 자원을 어떻게 획득, 개발, 활용할 것인가) 경쟁할 것인가'
- 이중 '무엇으로 경쟁할 것인가?'를 결정하는 문제 : 인적자원관리의 문제
- 인적자원을 전략적 자산, 경쟁우위의 원천으로 바라보며 인사관리를 조직전략과 통합적으로 사고하는 새로운 인적자원관리.
- 즉, 조직의 전략수립과 실행시 조직의 인적자원에 대한 제반 요건과 각 인사관리 기능을 고려하여 수행함으로써 조직전략과 인사관리를 통합하는 것을 뜻함
  cf) 기존 인사관리와의 차이점

2. 전략수립과 인적자원관리 : 전략(계획)과 인적자원관리의 연계 수준

(1) 행정적 연계

사업전략계획과 인적자원관리가 별개

(2) 일방적 연계

기업이 전략계획을 수립하고 이를 인적자원관리 부서에 알림

(3) 쌍방적 연계

전략계획의 수립에 있어서 인적자원 이슈가 고려됨, 인적자원관리와 전략계획이 순차적으로 상호작용

(4) 통합적 연계

가장 높은 수준의 연계, 인적자원관리와 전략계획이 동시적이고 계속적으로 상호작용, 전략수립 및 실행 프로세스에 바로 통합- 전략적 HRM 취지에 가장 부합

Ⅳ. 전략적 인적자원관리 절차

1. 전략수립 : 통합적 연계

(1) 조직의 사명과 목표

(2) 외부환경 분석 (기회와 위협) : 미활용 인력, 잠재적 인력 부족 등

(3) 내부 자원과 역량 파악(강점, 약점) : 기업이 현재 보유하고 있는 인력의 강점과 약점 등

(4) 전략적 대안 도출 및 바람직한 전략 선택 : SWOT (Strengths, Weaknesses, Opportunities, Threats)분석 후 전략대안 도출 및 전략선택

2. 전략실행

(1) 전략실행시 고려 변수 : 조직구조, 과업설계, 인력의 선발 및 개발, 보상시스템, 정보시스템

(2) 인적자원관리 방식 : 전략실행에 가장 적절한 것을 선택, 즉 직무분석 및 설계(소수의 과업↔다수의 과업, 단순한 과업↔복잡한 과업 등), 모집 및 선발(외부자원↔내부자원 등), 훈련 및 개발(현재 직무능력 지향↔미래 직무능력 지향 등), 인사평가(행동기준↔결과기준, 개발지향↔관리지향 등), 임금 및 복지후생(단기 인센티브↔장기 인센티브, 내부공정성 중시↔외부공정성 중시 등), 노사관계(단체교섭↔개별교섭, 하향적 의사결정↔참여적 의사결정 등) 등의 영역에서 다양한 선택이 이루어질 수 있음.

(3) 전략유형과 인적자원관리 : 전략을 유형화(집중화, 내부성장, 외부성장, 축소전략)해서 인적자원관리에 미치는 영향을 살펴보는 것이 필요.

3. 전략평가 및 통제 : 피드백 제공

Ⅴ. 전략적 인적자원관리의 실천

1. 직무분석 및 직무설계

'직무설계'는 어떤 과업들이 특정 직무로 묶여져야 하는가를 결정하는 일이다. 전략은 새롭고 어려운 과업을 요구하거나 상이한 수행방식을 요구하기 때문에 직무설계의 방법과 조직의 전략은 중요하게 연계된다. 과거에는 생산성 향상을 위한 직무전문화가 이루어졌다면 최근에는 종업원 참여프로그램을 통한 직무수행방식으로 변화하고 있다.

2. 확보관리

'확보'란 조직이 잠재적 고용을 위해 지원자를 찾는 과정이며 기업이 추구하는 전략은 지식, 능력, 경력 등의 기업이 필요한 인재상에 영향을 미친다. 따라서 조직은 필요한 인재상을 사전에 명확히 설정하여야 한다.

3. 교육 및 개발관리

전략의 변화는 종업원들의 능력수준의 변화를 요구하게 된다. 따라서 전략수행에 요청되는 기능을 획득하는 교육이나 개발은 전략실행에 있어서 필수적인 요소가 된다.

4. 인사평가

'인사평가'는 조직종업원들의 행동과 성과를 조직의 목표와 일치하도록 촉진하는 것이다. 인사평가는 전략실행을 성공적으로 하기 위한 행동 및 성과를 구체화 하여야 한다.

5. 보상관리

경쟁업체에 비해 높은 임금과 복리후생제도를 제공하면 우수인력을 유지하는 데 도움을 준다. 그러나 높은 수준의 인건비를 기업에게 부담으로 작용하게 되고 따라서 기업이 추구하는 전략에 부합하는 보상제도의 설계는 무엇보다도 중요하다.

6. 노사관계

기업이 종업원과의 관계에서 어떤 접근 방법을 취하느냐 하는 것은 기업이 경쟁우위를 갖는데 큰 영향을 미친다. 기업은 경쟁전략을 무엇으로 하느냐에 따라 종업원을 자산으로 볼 수도 있고 비용으로 볼 수도 있다. 기업은 이 가운데 하나를 선택해야 하며, 또한 종업원들의 의사결정 참여여부, 권리, 책임 등에 대해 결정해야 한다.

Ⅵ. 전략유형과 인적자원관리

1. 집중화 전략 : 현재의 시장에서 기업이 가장 잘 하는 것에 초점 (시장점유율, 운영비용 강조)

① 기업내 스킬을 유지할 수 있는 교육훈련
② 스킬을 보유하고 있는 인력에 대한 보상시스템 개발
③ 인사평가시 행동측면 중시 (사업환경이 비교적 안정적이고 업무성과를 내기 위해 요구되는 직무행동은 장기간의 직무경험을 통해 형성되는 경향이 강하기 때문)

2. 내부성장전략 : 시장개발, 제품개발, 혁신, 조인트벤처 등에 초점을 두는 것, 기존의 강점을 강화하고 활용하는데 자원을 사용

① 지속적인 인력 채용, 이동, 승진
② 평가 : 행동평가(특정 제품시장 내에서의 효과적 행동에 기반), 결과평가(성장목표의 달성에 초점)
③ 보상패키지 : 성장목표달성에 대한 인센티브에 높은 비중
④ 교육훈련니즈 : 내부성장의 방법에 따라 상이(ex. 시장 확대−시장에 대한 지식에 초점, 혁신이나 제품개발 추구 − 기술적 측면 강조, 조인트벤처− 갈등해결기법)

3. 외부성장전략 : 수평적 통합, 수직적 통합, 다각화, 기업 자원 확장 또는 시장지위 강화를 위해 시도되는 것으로 대부분 인수・합병을 통해서 실행 − 갈등해결교육

4. 축소전략 : 기존 사업활동의 규모나 다양성을 감소시키는 기존 사업의 축소전략(방향전환, 부분매각, 해산 전략)

① 다운사이징의 도전 : 유능인력의 이직 문제, 인력감축 후 남은 인력의 사기 고양 문제 (개방적 커뮤니케이션, 정보제공, 기업성과와 개인보상 연계)
② 다운사이징의 기회 : 성과불량자 제거, 새로운 아이디어 창출, 조직문화 변화

VII. 전략적 인적자원관리의 유의점

1. 외부적합성 : 환경 및 기업의 경영전략과 적합

인적자원시스템이 조직전략의 내용과 과정상에서 잘 통합되어 있는 정도

2. 내부적합성 : 기업의 인적자원관리 기능간의 상호 적합

3. e−HRM의 도입 : 스피드와 유연성 확보

※ 참고문헌

자료 : 김영재 외, 신인적자원관리(2011), p69~p93

T & I ③ 인적자원정보시스템과 E-HRM

Ⅰ. 디지털시대의 새로운 인적자원관리(e-HRM)

1. e-Business와 e-HRM의 등장

최근 e-business가 경영의 화두로 떠오르면서 기업의 사업 전략에서 기능별 운영 전략에 이르기까지 e-business를 접목하기 위한 노력이 한창이다. 그 가운데에서 HRM(Human resource management : 인적 자원 관리)도 인터넷과 웹 기술의 급격한 발전에 힘입어 서류 중심의 행정 관리 위주인 p-HRM에서 서비스 대상인 종업원들이 주도하는 e-HRM으로 급속히 전환되고 있다.

2. e-HRM의 대두배경

최근 경영환경은 디지털 시대의 다양성과 복잡성, 조직 내 인력구성의 다양화 및 경력가치에 대한 욕구의 구체화 등의 변화가 일어나고 있는데 기존의 전통적인 paper-HRM체제로는 이러한 욕구를 반영하는데 한계가 나타나면서 디지털 환경에 기초하여 빠르고 혁신적인 e-HRM이 등장하게 되었다.

이하에서는 e-HRM과 기존 인사관리의 비교를 통해 차이점을 살펴보고 e-HRM의 도입효과와 활용영역과 기업에서의 성공적 도입전략에 대해 논하고자 한다.

Ⅱ. e-HRM의 개념

1. e-HRM의 정의

e-HRM이란 기업의 비전과 전략의 추진 주체가 되는 HRM의 역할을 강화하기 위해 선진 IT 기술을 활용, 인사정보를 통합, 관리 운영하는 웹기반 인적자원관리를 의미한다. e-HRM을 한 마디로 정의하자면 정보 기술을 이용하여 시간과 공간의 제약없이 종업원이 주도적으로 HRM 서비스를 설계/선택하는 활동이라고 할 수 있다.

2. e-HRM과 p-HRM의 비교

e-HRM과 p-HRM을 비교해 봤을 때, 개별차원의 관리(관리형태), Paperless 작업환경과 가상작업공간의 등장, 유연화·탄력화(작업환경), 정보관리 및 IT관리 기술(필요기술), 전략적 인사관리(주요 인사기능), 전문적 자문과 어드바이저 역할(HR 담당자 역할)로 대비된다.

3. e-HRM과 HRIS의 비교

e-HRM은 과거의 HRIS에 비해 훨씬 용량이 크고 스피드와 유연성을 갖춘 e-HRM 시스템으로 대치되었고, 이를 통해 개별 종업원의 다양한 욕구를 시간과 공간의 제약 없이 수용할 수 있게 되었다. 기존 인사부서 위주의 지시 감독 차원의 위계적·일방적 커뮤니케이션을 수평적·쌍방향 커뮤니케이션으로 전환할 수 있게 되었다.

◈ 전통적 p-HRM과 e-HRM

구분	전통적 p-HRM	IT 기술	e-HRM
1. 관리형태	집단차원의 관리	스피드 유연성 다양성 정확성 참여성	개별차원의 관리
2. 작업환경	Paper중심 작업환경 물리적 사업장 근무시간 제약		Paperless작업환경 가상작업공간 등장 근무시간 유연화, 탄력화
3. 필요기술	사람관리스킬		정보관리 및 IT관리 기술
4. 주요인사기능	데이터관리 및 정보전달		전략적 인사관리
5. HR담당자 역할	관리/지원 역할		전문적인 자문, 어드바이저 역할
6. 정보수집방법	개인적 접촉 등 비과학적 방법		컴퓨터기반의 통계자료 및 과학적 방법
7. IT활용도	수동적 대응		주도적 개발 요구

자료 : 이재규 외(2002), p480.

Ⅲ. e-HRM의 도입 필요성과 효과

1. 인사기능 개선을 통한 비용절감

e-HRM은 기존에 인사부서를 거쳐야만 했던 일반 관리업무를 개별 종업원들이 직접 접근하여 처리하는 방식으로 시간과 비용을 절약하게 되었고 인사부서는 가치창출을 위한 기능에 보다 집중할 수 있다.

2. 종업원 서비스 개선

종업원 스스로 자신의 인사정보를 수시로 확인하고 그간의 변동사항(결혼, 자격증 획득)을 수정할 수 있기 때문에 정확도와 참여도를 높일 뿐만 아니라 자율성, 책임감, 만족도가 상승한다. 또한 개인별 맞춤 서비스제공이 가능하고 현장위주의 인사관리가 가능한 여건을 마련한다.

3. 인적자원관리의 발전

e-HRM 덕분에 인사담당자는 종래의 대인업무, 서류업무, 행정업무에서 해방된다면 자연적으로 인사담당자들이 과거보다 더욱 전문화되며 더 나은 인적자원관리제도를 개발할 수 있으며 궁극적으로는 최고경영자의 파트너 역할을 담당할 정도로 전략적 인사를 수행할 능력을 갖추게 될 것이다.

4. 공동체정신 함양과 분위기 혁신

첨단정보기술을 인사업무에 적극 활용하면 정보의 공개와 이용자 폭이 확대되므로 기업 종업원들간의 정보교류, 의사소통이 촉진되고 나아가 공동체정신이 향상될 수 있다.

Ⅳ. e-HRM의 내용

1. 선발 · 배치

종업원 전체의 인사정보가 데이터 베이스화되어 있다면 예상되는 직무와 공석이 어느 정도이며 그 곳에 충원할 인력의 자격 등이 자세히 분석될 수 있다. 즉 직무와 인적자원의 연계가 e-HRM 활용의 초점이 되는 것이다. 내부이동 뿐만 아니라 외부모집시 온라인 채용을 통하여 적시성과 시간절약, 비용절감을 꾀할 수 있다.

2. 교육 · 개발

인터넷을 통한 교육과 개인학습의 확대로 교육 · 개발이 회사 주도형이 아니라 종업원 개인이 자신의 입맛과 수준에 맞는 교육메뉴를 고를 수 있게 되었다. 또한 인트라넷을 이용하여 종업원의 요구와 회사의 요구를 통합한 자신의 경력경로와 단계별 교육과정을 스스로 파악할 수 있다.

3. 인사평가

종래의 인사평가는 연말에 한 번 직속상사가 서면으로 평가하여 제출하면 그만이었지만 e-HRM 하에서는 언제라도 주기적으로 모든 관련자들이 360도 다면평가와 피드백이 가능하다. 따라서 e-HRM은 종업원의 수용성을 높여주고 인사고과와 관련한 모든 과정이 단순하기 때문에 인건비, 시간 등이 절약된다.

4. 보상 · 복지

e-HRM을 통해서 평가결과를 직접 임금기준에 신속 · 정확하게 삽입할 수 있게 되어 사내 임금의 계산 근거뿐만 아니라 임금 공정성을 확보할 수 있게 되었다. 인트라넷에 의한 셀프서비스 전달체계 구축으로 종업원 개별 욕구를 수용하면서도 효율적인 관리가 가능하다.

5. 사내 커뮤니케이션 활성화

인트라넷에 사장과의 대화방, 핫라인, 건의함 등을 마련하여 커뮤니케이션이 수직, 수형으로 진행되도록 해 놓으면 효율적이다. e-HRM이 제대로 구축된다면 관리자는 물론 최고경영층과의 접촉도 쉽게 되어 조업원과 회사간의 신뢰와 협조 분위기를 형성하는데 이바지 할 것이다.

6. e-HRM 구축

공유서비스센터를 운영하여 조직의 기능 중에서 중복되는 일반적인 기능들을 수행함으로써 기존 조직이 가치창출을 할 수 있는 일에 전력하게 하여 업무를 효율적으로 수행할 수 있다.

V. e-HRM의 성공적 도입전략

1. 단계적 e-HRM의 추진

단계적인 추진은 변화의 초기 단계에서 성공 체험을 확산시켜 제도 도입의 지지자를 확보할 수 있도록 한다. 따라서 첫째, 단순하고 틀에 박히고(Routine) 서류가 많이 필요한 업무부터 추진 대상으로 하는 것이 바람직하다. 둘째, 전체 종업원들을 대상으로 하기보다는 일부 집단에 선택적으로 적용하여 장애 요인을 규명하고 해결해야 한다.

2. 개인정보의 보호

개인 정보가 유출된다는 것은 시스템의 신뢰를 허물어뜨리는 일이기 때문에 개인 정보가 유출되지 않도록 하는 것이 중요하다. 이를 위해서 시스템의 방화벽 설치, 비밀 번호의 정기적 변경을 제도화하는 조치 등이 필요하다.

3. 부문 협력팀의 구축

e-HRM은 HRM 업무를 정보 기술을 이용해서 변환시키는 것도 HRM 업무의 일부로 추진되는 것도 아니다. 전사적 성과 향상을 위해, 전사적 자원의 효율적 활용을 위해 경쟁의 핵심 자원인 인력의 모티베이션을 위해 전략적으로 추진되는 과업이다. 따라서 e-HRM 체제 구축을 IT 부서나 HRM 부서가 주도하도록 할 경우 자기 충족적인 시스템을 구축하는 실수를 범할 가능성이 높아지게 된다.

4. e-HRM의 효과측정기준 사전설정

e-HRM은 그 속성상 초기에 상당한 비용의 기술투자를 전제하는 만큼 막연한 투자가 되어서는 안된다. 따라서 투자에 대한 효과를 측정하여 기업의 전략에 반영시키기 위해서는 분명한 효과 측정기준을 사전에 설정하고 e-HRM의 효과를 지속적으로 확인해야 한다.

5. e-HRM의 콘텐츠확보와 지속적 유지

일단 시스템이 작동되어 성과가 측정되기 시작하면 보다 높은 차원의 서비스를 제공하기 위한 시스템 구축을 추진해야 한다. e-HRM도 지속적으로 변화 발전해야 하고, 이를 위한 콘텐츠확보와 지속적인 유지가 필요하다.

※ 참고문헌

자료 : 박귀현, e-HRM의 환상, 함정 그리고 성공적 도입전략, LG주간경제(2000)

　　　김영재 외, 신인적자원관리(2011), p93~p100

T & I ④ 글로벌 인적자원관리

Ⅰ. 서 론

오늘날 기업들은 글로벌 차원의 무한경쟁에 직면하게 됨으로써 제품과 서비스의 생산 및 판매, 연구개발, 직원채용 등 제반 경영활동을 초국적으로 진행시키게 되었다. 그로 인하여 국경을 초월한 우수 인재 확보와 유지, 값싼 인력 활용 등의 과제는 기업의 경쟁력을 좌우하는 결정적인 요인으로 등장하게 되었다.

글로벌인적자원관리는 더 이상 선진국의 대기업들에만 해당하는 문제가 아니며 이미 우리나라 대기업 및 중소기업들에게도 생존을 위한 최우선 과제로 대두되고 있으며 이에 대한 치밀한 준비가 필요할 것이다. 이하에서는 글로벌 인적자원관리의 전략과 구체적 실시방안 등에 대해서 논하도록 하겠다.

Ⅱ. 글로벌 인적자원관리의 의의와 특성

1. 글로벌 인적자원관리의 의의

기업이 여러 국가(관리지역- 현지, 본국, 기타)에 걸쳐 경영활동을 수행하다보면 경영에 참여하는 인력(관리대상)이 본국인, 현지인, 제3국인 등 다양한 민족들인데 이 회사도 인력의 확보, 개발, 평가, 보상, 유지, 방출이라는 인적자원관리(관리활동)를 당연히 해야 하는데 바로 이것이 글로벌 인적자원관리이다.

2. 글로벌 인적자원관리의 특성

(1) 국가, 종업원, 인적자원관리 기능이라는 세 가지 차원

글로벌 인적자원관리는 국내 인적자원관리가 갖는 일반적인 기능들뿐만 아니라 관리지역의 특성을 고려해야 하며, 관리대상에 있어서도 현지종업원, 본국종업원, 제3국적 종업원 등을 충분히 고려해서 관리해야 한다.

(2) 의사결정에 따르는 위험도 높음

글로벌 인적자원관리는 국내 인적자원관리에 비해서 의사결정을 잘못 할 경우 훨씬 더 큰 위험에 처할 수 있다. 예컨대 관리지역과 관리대상을 충분히 고려하지 않은 채 국내와 같은 노사분규 해결 방식만을 고집하는 경우 기업이미지에 치명적 훼손을 입을 수도 있다.

(3) 기업이 통제할 수 없는 변수

글로벌 인적자원관리는 현지국의 정치 경제적 상황 등 기업이 통제할 수 없는 변수의 영향을 강하게 받을 수 있음을 유념해야 한다.

Ⅲ. 글로벌 인적자원관리의 접근방법

1. 수렴이론 (convergency theory)

(1) 의의

수렴이론은 산업화의 일반적 영향력을 강조하는 관점으로 산업화가 진전되면 어느 국가나 사회든지 유사한 제도, 조직, 인간행동의 사회현상이 일어난다는 것이다. 따라서 수렴이론에 따르면 국제인사관리도 개별 국가의 독특한 제도나 문화 등의 특성을 반영하기보다는 선진국의 국제인사관리에서 활용되고 있는 효율적 방법들이 후발산업국들에게 이식된다는 것이다.

(2) 인사관리 적용

인사관리에도 보편적 원리가 적용되어 어떤 지역이나 문화와는 관계없이 일반적으로 적용될 수 있는 관리방식들이 존재하는 되는데 ILO권고내용이나 WTO체제하에서 블루라운드 등에 관한 내용이 해당된다.

2. 확산이론 (divergency theory)

(1) 의의

확산이론은 한 국가에서 산업화가 진행될 경우 개별 국가는 사회, 조직, 제도, 문화 등의 특성에 따라 각각 상이한 특징을 보이게 된다는 것이다. 예컨대 미국은 일본의 품질분임조나 독일의 근로자 평의회를 도입했으나 실패한 바 있다.

(2) 인사관리 적용

어느 국가에서나 적용할 수 있는 최선의 관리방식이 존재하기보다는 그 나라의 문화, 사회, 경제여건 등을 고려하여 가장 적합한 방법들을 활용하는 상황적 접근법이 필요하다. 상이한 해외진출전략에 따라 또 진출국가의 문화적 특성에 따라 적합한 관리방식을 적용해야 한다.

3. 보편성과 특수성의 동시 존중

⑴ 보편성과 특수성이 동시에 존재하며 조화노력이 필요하다.
⑵ 대부분의 경우 거시적인 차원의 기본구조를 정하는 데는 보편성이, 미시적인 차원의 실제 운용에 있어서는 현지의 특수성이 강조된다.

Ⅳ. 글로벌 인적자원관리의 전략

1. 본국중심의 집권화 전략

(1) 의의

본국중심의 집권화 전략은 선진기업이 후진국에 지점을 설치하는 경우처럼 본사에서 종업원을 파견하는 것으로 본사의 인적자원 관리방식을 그대로 따르는 것이 보통이다.

(2) 장 · 단점

의사결정 권한이 본사에 집중되며, 채용, 평가, 보상 등 제반 인적자원관리 기능이 본사의 것을 따르기 때문에 국제화 초기단계에서 본사와 긴밀한 의사소통을 하기에 유리하지만 현지인들의 승진가능성과 자율성이 매우 통제된다는 단점도 있다.

2. 현지중심의 분권화 전략

(1) 의의

현지중심의 분권화 전략은 해외의 지점이나 자회사의 관리를 현지인에게 위임하며 동시에 현지국의 법, 문화, 관습에 따른 제도를 만들어 실시하고 보상과 승진 등도 현지의 다른 기업들과 유사하게 수행하는 전략이다.

(2) 장 · 단점

현지 종업원들의 승진기회와 시기는 올려주고 문화적 충돌도 피할 수 있으며 기업이미지도 제고시킬 수 있는 장점이 있다. 하지만 현지인 관리자와 본국간의 의사소통이 상대적으로 어려울 수 있다.

3. 지역중심의 지역화 전략

(1) 의의

지역중심의 지역화 전략은 동남아, 북미, 유럽 등 몇 개 지역으로 나누어 지역본부를 두고 각 나라 지사들의 관리를 맡기는 전략으로 평가와 보상 등도 지역별로 결정한다.

(2) 장 · 단점

지역문화권에 맞는 관리가 가능하지만 만약 본국의 본사 직원들을 지역본부 관리자로 맡긴다면 지역별 특성을 살리기도 힘들며 해외지사 – 지역본부 – 본사라는 복잡한 의사결정 채널을 갖게 될 우려도 있다.

4. 세계중심의 범세계화 전략

(1) 의의

세계중심의 범세계화 전략은 관리지역과 관리대상에 상관없이 무차별적으로 채용하고 보상과 승진 등 모든 인사정책도 오직 하나의 틀에 의해 전 세계 지사를 똑같이 관리하는 전략이다.

(2) 장 · 단점

진정한 의미의 세계적 기업을 실현시키는 방법이지만 나라의 형편과 맞지 않을 경우 많은 갈등을 일으킬 수도 있고 인건비와 관리비용도 많이 들게 마련이다.

》 국제인적자원관리의 유형과 특징

	본국중심	현지중심	지역중심	지구중심
조직구조	복잡한 조직구조의 본사와 단순한 조직구조의 현지지사	다양하고 독립적인 조직구조	지역내에서의 높은 상호관련성	전세계적인 복잡성의 증가와 높은 상호의존성
의사 결정권한	본사에 집중	상대적으로 낮은 본사의 의사결정 권한	높은 지역본사의 의사결정권한	전세계적 차원의 본사와 해외지사의 협력
평가와 통제	본사의 기준을 현지지사에 그대로 적용	현지국이 결정	지역별로 결정	전세계적이면서도 각 지역의 특성을 고려한 기준
보 상	현지지사보다 본사를 우대	높은 다양성	지역목표에의 기여도에 따라 보상	해외지사 및 전사적 목표에의 기여도에 따른 보상

			• 본사와의 낮은	
의사소통	본사로부터 지사로의 많은 지시와 조언	본사와 현지지사 그리고 현지지사 사이의 낮은 정보 교류	• 본사와의 낮은 의사소통 • 지역내의 높은 의사소통	전세계적 차원에서 이루어지는 쌍방향 의사소통
지역적 정체성	소유주의 국적	현지국	지역	진정한 의미의 세계적 기업
인력충원	본사에서 해외주재원을 파견하여 현지 지사를 운영	현지인들에 의한 해외지사의 운영	각 지역 내에서 필요한 인적자원을 개발, 활용	전세계적 차원에서 이루어지는 인적자원의 개발, 활용

자료 : Heenan, D.A. & Perlmutter, H. V. (1979)을 한국노동연구원(2003), P229.에서 재인용

Ⅴ. 글로벌 인적자원의 구체적 관리방안

1. 채 용

파견인을 채용할 것인지, 현지인을 채용할 것인지 구체적으로 비교해서 판단해야 할 것이며 그 각각의 장단점은 아래의 표와 같이 정리할 수 있겠다.

≫ 파견인, 현지인 채용의 장·단점

	장 점	단 점
파견인 (내국인)	• 충성심 • 국제인 양성 기회 • 국내 본사 승진체증 해소 • 본사와 의사소통 수월 • 제품 지식 많음	• 단기 귀국 • 문화 차이 • 외국체재비 추가 부담 • 현지인 사기 저하 • 현지 정부, 현지 고객의 이미지 저하
현지인 (외국인)	• 현지 적응 수월 • 정보수집, 판매 수월 • 현지인 승진 기회 • 비용(체재비) 절감 • 현지국 이미지 제고	• 자기 국가 우선 행위 • 이직 가능 • 본사와 의사소통 곤란 • 본사 전략 이해 부족 • 자격있는 전문인 채용이 어려움

자료 : 임창희(2002), 인적자원관리(2003), p438.

2. 교육훈련 및 경력개발

(1) 파견인

파견인에 대한 교육훈련은 일반적인 교육훈련과 더불어서 이문화 훈련에 초점을 맞추어야 하며, 이를 위해서 상황접근방식을 활용하면 좋을 것이다.

(2) 현지인

현지인은 본사의 경영전략·문화 교육 등에 초점을 맞추어야 할 것이며, 본국 초청교육을 통해서 국제기업의 일체감을 형성하고 경영기법을 전수할 수 있을 것이다.

3. 보상

(1) 파견인 : 본국 중심, 현지국 중심

» 파견인 보상 기준 비교

	본국 중심	현지국 중심
의미	본사 직원의 보상수준에 해외근무수당 추가	비슷한 직무를 수행하는 현지 인력의 임금수준과 동일하게 맞춤
장점	• 인적자원의 해외파견과 귀환 용이 • 본사의 통제가능	• 파견인과 현지인간의 불공정한 임금격차 및 임금관리 비용 줄임
단점	• 현지인과 임금격차 • 비용이 많이 발생	• 개개의 파견인과 임금교섭 • 환율변동에 따른 본국 대비 임금수준 변화

(2) 현지인

현지 문화를 충분히 고려해서 임금체계를 설계해야 할 것이다.

4. 노사관계

현지의 노사관계 관행 및 법적 제도 등에 대해서 충분히 검토하고 교육시켜야 할 것이며 본사파견 관리자의 현지인에 대한 태도가 그릇되지 않도록 조심해야 할 것이다. 글로벌 인적자원관리는 위험도가 매우 높아서 자칫 잘못하면 기업이 치명적인 손해를 볼 수도 있기 때문이다.

5. 유배증후군과 재귀국 문제

(1) 유배증후군 (exile syndrome)

오랫동안 현지에 파견 나가 있는 종업원은 본사로부터 소외되고 있다는 감정을 가질 수도 있는데 이를 유배증후군이라 하며 종업원들이 유배증후군을 겪지 않도록 각별한 신경을 써야 할 것이다.

(2) 재귀국 지원

본사로부터 파견된 종업원이 귀국을 하게 될 경우 세심한 배려를 통해서 적응할 수 있도록 해야 할 것이다. 본국 후원자 선임, 귀국시 경력 카운슬링 및 오리엔테이션, 귀환자들을 위한 사회적 네트워크 구축 등의 방법을 고려해볼 수 있다.

Ⅵ. 글로벌 인적자원관리의 문제점과 과제

1. 현황과 문제점

(1) 본국 중심형으로 인한 부작용

지나치게 본국 중심형 관리만 해서 현지상황을 반영한 유연한 대응을 하기 어렵고 현지인들의 경력개발 기회가 축소되고 있으며 유능한 글로벌 인재를 확보하기에도 어렵다. 현지법과의 마찰 및 현지채용인력과의 노사갈등으로 인한 부작용도 존재하는 실정이다.

(2) 글로벌 전문 인력 부족

한국 기업은 아직까지 대부분 별도의 글로벌 전문 인력 관리 시스템을 도입하지 못했으며 글로벌 전문 인력이 턱없이 부족한 상황이라서 본국 중심의 인적자원관리마저 효과적이지 못한 상태이다.

2. 성공적인 글로벌 인적자원관리의 과제

(1) Think globally, Act locally

글로벌화와 현지화의 조화를 실현하기 위하여 본사의 통합적인 세계화 전략과 조직 및 인력관리의 현지화를 동시에 추구해야 할 것이다.

(2) 지역별 조직 구축

글로벌화와 현지화의 조화를 실현하기 위해서 이를 통합하고 조정해 줄 수 있는 지역별 조직을 구축해야 할 것이다.

(3) 글로벌 리더의 양성

출신국과 무관한 유능한 글로벌 인력을 확보하고 개발해야 할 것이다.

(4) 글로벌 기업문화의 형성과 확산·공유

(5) 본사인력의 세계화

본사인력에 대한 이문화 교육, 해외근무 경험자 및 타국출신 관리자의 활용 등을 통해서 본사인력 자체를 세계화시키는 것부터 시작해야 할 것이다.

Ⅶ. 결 론

이상에서 살펴보았듯이 오늘날 글로벌 인적자원관리의 성공 여부가 기업의 경쟁력을 좌우하게 되었다. 각 기업이 처한 환경에 맞게 글로벌 인적자원관리의 전략을 선택해야 할 것이며, 채용, 평가와 보상, 교육훈련, 노사관계 등도 관리지역, 관리대상 등에 따라서 적합하게 해야 할 것이다.

특히 한국 기업의 경우, 지나치게 본국 중심의 전략에만 의존하다 보니 글로벌 경쟁력을 확보하는데 많은 한계가 있었다. 따라서 이를 극복하고 진정한 글로벌 기업으로 거듭나기 위해서 "think globally, act locally"의 자세가 필요할 것이며, 그 밖에도 글로벌 리더의 양성, 글로벌 기업문화의 공유, 본사인력의 세계화 등의 과제가 제기된나.

※ 참고문헌

자료 : 김영재 외, 신인적자원관리(2011), p649~p650

자료 : 임창희, 인적자원관리(2011)

자료 : 최종태, 현대인사관리론(2003), p854~p857

T & I ⑤ 거래비용분석의 핵심 구성요소 및 거래비용을 구성하는 네 가지 비용과 거래비용이론 도입이 국제인적자원관리에 주는 기여에 대하여 설명하라

Ⅰ. 들어가며

· 국제인적자원관리의 의의와 중요성
· 거래비용이론(transaction cost theory)은 경제학 이론을 조직이론에 연결시킨 것으로, 이 이론으로 국제인적자원관리 행태를 설명하려는 시도가 진행
· 거래비용분석을 통해서 외부화, 내부화의 범위 결정 등 가능

Ⅱ. 거래비용관점에서 본 국제인적자원관리

1. 거래비용분석의 핵심구성요소

Erdener&Torbiorn에 따르면 거래비용분석에 있어서 핵심구성요소는 아래와 같다.

(1) 인적요인

제한된 합리성(의사결정자가 완전한 합리성을 추구하는 것은 불가능하므로 최적의 의사결정이 아니라 정보의 제한 속에서 만족스런 의사결정을 행한다고 보는 모형), 기회성(기회주의)

(2) 환경요인

환경의 불확실성 및 복잡성, 소수

(3) 전제조건

정보의 불완전성 및 중요성

2. 거래비용 (Coast)

(1) 사전적 비용

준비비용, 합의비용

(2) 사후적 비용

통제비용, 적응비용

→ 기업의 생존을 위해서 비용을 절약해야 하며, 이를 위해서 내부화 및 외부화의 범위를 결정 해야 하는데 이 때 일반적으로 적용되는 이론이 거래비용이론.

3. 거래비용관점에서 본 국제인적자원관리

거래비용이론을 해외자회사의 인적자원 충원과 관련지어 설명하면 국제기업의 입장에서는 인적자원을 내부화함으로써 위험과 비용을 줄일 수가 있다. 이 이론을 통해서 국제기업이 초기에 본사인력(PCN)을 해외자회사로 파견하는 것을 선호하는 행태를 설명할 수 있다. 그 런데, 인간은 의사결정에 있어서 '제한된 합리성'을 지니고 있고 현지에서 문화충격을 겪으 며 합리적인 의사결정을 내리는데 방해를 받게 된다. 이러한 '제한된 합리성과 환경의 불확 실성과 복잡성'으로 인해 파견인은 정보의 불완전성을 경험하게 되고 곧 마찰에 봉착하게 된다. 이 때 마찰의 치료제로 작용하는 것이 바로 국제인적자원관리이다.

Ⅲ. 국제인적자원관리

1. 문화적 마찰을 발생시키는 근원

① 개인이 가지고 있는 행동규범, 판단 등 문화적 영향력
② 문화의 충돌

2. 국제인적자원관리

해외영업활동에 있어서의 문화적인 위험을 줄이는데 있어서 국제인적자원관리는 마찰의 치료 제로 간주

3. 어떻게 치료?

- 거래관계에서 발생하는 긴장과 마찰의 경우 교환을 통해서 치료
- 재조직화를 통해서 내부화되던 활동을 외부화시키고, 외부에서 행해지던 활동을 내부화시키 는 교환활동을 통해서 잘못된 거래관계를 바로잡음으로써 경쟁적 우위 확보

Ⅳ. 거래비용이론 도입이 국제인적자원관리에 주는 기여

1. 위험과 거래비용이 최소화되는 방향으로 수행

- 거래비용을 최저수준으로 유지하기 위해서는 이문화간 거래에 있어서 문화적인 차이나 지리적인 거리가 아무런 위험이나 마찰을 야기시키지 않아야 함.
- 내부화 또는 외부화를 통해서 극복 but 국제기업이 활동의 일부를 내부화 또는 외부화하기 위해서는 기술적으로 잘 기능하는 외부시장이 형성되어 있어야 함. (아프리카나 아시아의 저개발국 적용 한계)

2. make와 buy 전략을 선택하는 데 탁월한 기준제시

- 특히, 문화마찰이 예상되는 해외자회사 운영을 담당할 인적자원 충원에 있어서 바람직한 충원전략을 제시할 수 있는 이론으로 판단됨.

3. 과 제

본사 직원(parent company nationals : PCN), 현지국 직원(host country nationals : HCN), 제3국 직원(third country nationals : TCN)의 적절한 믹스를 통해 위험과 거래비용을 최소수준으로 유지하는 것, 이를 위해서 구체적인 거래비용의 측정이 가능해야 함

※ 참고문헌

자료 : 김영재 외, 신인적자원관리(2011), p654~p657

T & I ⑥ 지식중심의 인적자원관리

Ⅰ. 지식경영의 등장

1. 경영패러다임의 변화

지식 경영은 이제 새로운 경영 패러다임으로 정착하고 있다. 많은 기업에서 지식 경영에 대한 준비가 필요하다는 사실을 인식하고 있으며 일부 기업에서는 지식 관리 시스템 구축 등의 지식 경영을 이미 시도하고 있다.

이처럼 경영의 중심 사상이 유형 상품을 중시하는 패러다임에서 무형의 지식과 창의성을 중시하는 지식 경영 패러다임으로 이동하게 되면서 기업의 인적자원관리 시스템 역시 새로운 패러다임으로의 이동이 불가피해졌다.

2. 지식중심의 인적자원관리

지식경영이 대두되면서 과거에는 기업의 가치를 유형자산의 크기, 자본의 크기, 자본의 투자수익률 등에 의해 평가했지만 이제는 지식노동자라는 무형자산의 크기, 지식노동자의 활용 정도에 의해 평가되는 새로운 인적자원관리라고 할 수 있다.

3. 지식 노동자의 개념

전통적 의미에서의 지식 노동자란 특정 분야에 대한 심도 있는 전문지식을 가지고 있는 사람을 의미하며, 광의의 지식노동자는 책에 나오는 지식이 아니라 회사에 '쓸모 있는 지식' 또는 실행에 옮겨져서 무엇인가 생산효율을 가져올 수 있는 지식을 가지고 있는 모든 사람을 뜻한다. 이하에서는 지식경영의 본질을 파악하기 위해 지식의 의의와 유형 등에 대해서 살펴보고 지식경영의 접근법 및 지식 중심의 인적자원관리를 실현하기 위한 방안에 대해서 구체적으로 언급해 보기로 한다.

Ⅱ. 지식의 의의와 유형

1. 지식의 의의

먼저 지식의 의의를 살펴보면 지식은 조직이나 개인이 얻은 경험을 체계적으로 정리한 정보, 의사결정이나 경영활동에 효용가치를 발휘할 수 있는 실력, 노하우, 기술, 정보 등을 총 망라한 개념이라고 할 수 있다.

2. 지식의 유형

지식은 형식지와 암묵지로 구분되는데 형식지는 객관적으로 측정·관찰 가능한 논리적, 기계적 지식을 말하고, 암묵지는 개개인의 독특한 노하우와 주관적 경험으로 구성된 감성적·직관적·주관적 지식을 말한다.

3. 지식의 활용

형식지와 암묵지는 내부적으로 혹은 상호간의 변환과정을 통해 재생산 및 발전 과정을 거치게 된다. 내부적인 변환과정은 사회화와 외부화로 구분할 수 있으며 상호간의 변환은 외부화와 내부화로 구분된다.

(1) **사회화** : 암묵지 → 암묵지

사회화는 OJT, Mentoring을 통해 경험이나 노하우를 공유하는 형태를 가진다.

(2) **외부화** : 암묵지 → 형식지

외부화는 신제품 개념창출 과정으로 파악될 수 있다.

(3) **조합화** : 형식지 → 형식지

조합화는 지식의 결합을 통해 새로운 시스템적 지식으로 체계화되는 것을 말한다.

(4) **내부화** : 형식지 → 암묵지

Learning by Doing을 통해 지식을 개인이 체화하여 암묵지로 만드는 과정을 말한다.

Ⅲ. 지식경영의 개념과 접근법

1. 지식경영의 개념

지식경영은 자료나 정보를 가공하여 새로운 지식을 창출하고, 지식관리시스템에 축적하여 필요한 사람이, 필요한 장소에서 필요한 시기에 습득하여 업무성과를 극대화하고 회사의 경쟁력을 향상시키는 경영활동을 말한다.

2. 지식경영의 대두배경

지식 경영의 등장 배경으로는 크게 세 가지를 들 수 있다. 정보 기술의 발달, 무형 자산에 대한 새로운 인식, 창조적 지식의 중요성 부각이 그것이다. 무엇보다도 기업이 지속적으로 성장/발전하고 차별적인 경쟁 우위를 확보하는 원천으로 종업원들이 보유하고 있는 창조적 지식이라는 인식의 변화가 지식경영의 등장이 가능했던 배경이라고 할 수 있다.

3. 지식경영의 두 가지 접근법

(1) 지식관리시스템적 접근

지식관리시스템적 접근은 성문화 전략이라고도 불리며 기존 지식의 전파, 공유 및 관리에 중점을 두는 것으로 정보기술을 활용하여 가시적인 지식관리시스템 구축에 역점을 두는 방법이다.

문서화된 지식을 적시에 활용함으로써 지식의 경제성과 효율성을 추구하는 객관적 지식경영이라고 할 수 있으며 형식지의 공유 및 실시간 제공을 통하여 성과를 극대화하는 것을 강조한다.

(2) 지식창조론적 접근

지식창조론적 접근은 인간화 전략이라고도 불리며 새로운 지식의 창조, 전파 및 공유에 중점을 두는 것으로 조직 종업원의 자발적 지식창출 활동 및 종업원간의 대화나 비공식적 만남을 통한 자연스러운 지식공유 과정에 관심을 두는 방법이다.

즉, 개인의 노하우(know-how)를 문제발생시 활용함으로써 창조적이고 정확한 해결 방안을 마련하는 주관적 지식경영이라고 할 수 있으며 암묵지와 이론적 지식의 공유를 통한 종업원간의 네트워크 구축을 강조한다.

◈ 지식경영에 대한 두 가지 접근방법

성문화(codification)전략	구 분	인간화(personalization)전략
재사용 경제학 (Reuse Economics) 한번 문서화된 지식을 다양한 상황에 반복적으로 활용함으로써 지식의 경제성과 효율성 추구	추구하는 경제학적 모델	전문가 경제학 (Expert Economics) 개인별 전문적인 노하우를 독특한 문제상황에 철저하게 커스터마이징시켜 활용함으로써 고도의 전략적 문제에 대해 창조적이고 정확한 해결대안 제공
개인적 지식의 문서화 중시 (People-to-Document) 지식을 문서화, 저장, 전파, 공유하고 반복적으로 재활용할 수 있는 전자 문서시스템의 개발	지식경영 추진전략	대인간 접촉 중시 (Person-to-Person) 암묵적 지식이 공유될 수 있도록 종업원을 연계시키는 네트워크 개발
필요로 하는 사람이 필요한 시기에 필요한 지식을 필요한 장소에서 적기에 성문화된 지식을 습득할 수 있도록 정보기술 구축에 많은 투자가 이루어짐	정보기술에 대한 관심과 투자	암묵적 지식의 공유과정과 노하우를 지니고 있는 전문가간의 대화촉진을 위해 정보기술을 활용
○ 정보기술을 활용하는 지식의 재활용, 해결대안의 신속한 실행 분야 등에서 뛰어난 능력을 보유하고 있는 대졸출신 채용 ○ 컴퓨터를 활용하는 원격 교육으로 집단학습을 통한 신입사원 교육	인적자원 채용과 육성전략	○ 문제해결능력과 창의력, 복잡성과 애매성에 대응할 줄 아는 MBA출신 채용 ○ 일대일 멘토링을 통해 전문성을 도제식으로 전수
지식공유시스템에 다양한 정보를 문서화시켰거나 축적한 사람에게 높은 보상 부여	지식노동에 대한 보상과 평가	지식을 다른 사람과 직접 공유한 사람, 가장 많이 도움을 요청받은 사람에 높은 보상 부여

자료 : Hansen, Nohira & Tierney (1999)을 한국노동연구원(2003), p142에서 재인용

4. 지식경영의 구축 프로세스

일반적으로 지식관리시스템의 구축과정은 지식관리의 Vision과 Target을 우선적으로 제시하고 Vision과 Target에 맞추어서 시스템의 Architecture를 디자인하며 디자인한 것을 가지고 시스템을 개발하고, 개발한 시스템을 구현·확산하는 절차를 따른다.

(1) Step1 : 문제정의

조직의 핵심역량을 근간으로 하는 문제의 인식 및 정의, 그리고 조직 내외에 존재하는 정보자

원의 인식과 그것들을 어떻게 연결시킬 것인가 하는 과제를 정의한다.

(2) Step2 : 변화에 대한 준비

성공적인 지식경영 프로그램은 조직행위 및 기술관점의 변화를 요구한다.

(3) Step3 : 지식경영팀 구성

전사 관점의 지식경영팀을 구성하여 시범적 프로젝을 추진하여 지식경영 추진 원칙과 확산전략을 도출한다.

(4) Step4 : 지식분류체계 정의

핵심역량과 연관된 지식의 분류체계를 정의한다. (핵심역량, 가치사슬, 콘텐츠, 조직, 네트워크 경영)

(5) Step5 : 지식관리시스템 정의

지식경영 과제의 우선순위 선정과 이를 추진하기 위한 지식경영시스템 도구를 선택한다.

(6) Step6 : 지식경영시스템 구축 대상 정의

지식저장고, 지식검색, 지식연결, 컨텐츠 관리, 분산시스템의 구조를 수행한다.

(7) Step7 : 기존 정보시스템과 통합

경영정보시스템, 전문가시스템, 전자도서관 등과의 지식통합구조를 설계한다.

Ⅳ. 지식경영의 기대효과

1. 생산성 향상

지식공유를 통해 산출물 제작에 걸리는 시간을 감소하고 프로세스 및 테크니컬 디자인 시간을 절감하며 절약된 시간을 고부가가치 업무에 사용할 수 있다.

2. 지식자원의 자산화

부가가치가 높은 개인지식의 조직적 자산화 및 사내 전문가의 파악이 용이하여 정보의 전략화가 가능하다.

3. 스피드 경영실현

지식의 수평이동 강화로 조직활성화를 도모할 수 있고 모빌오피스의 실현에 따라 스피드 경영이 실현될 수 있다.

4. 지식 재창출의 상승효과

조직 종업원간의 지식 축적 및 공유를 통한 신지식을 발견할 수 있다.

5. 고객서비스의 고품질화

지식자원의 적기공급으로 고객에 대한 고품질 서비스를 적시에 제공할 수 있다.

Ⅴ. 지식중심의 인적자원관리방안

1. 새로운 인재상의 정립

지식경영을 위해서는 '창조적 지식인'이라는 새로운 인재상을 구축할 필요가 있다. 창조적 지식인의 모습은 ① 일하는 방법이 혁신적이고, ② 아이디어를 상품 가치 창출에 연계가 가능하며, ③ 아이디어의 체계적 정리와 공유를 하는 인재로 정의할 수 있다.

2. 능력중심의 확보관리

인재채용시 창의력 및 성취의욕 등을 중요한 선발기준으로 두어 잠재능력이 뛰어난 인재를 채용하도록 채용방식에 변화를 주어야 하고 업무중심의 채용이 가능하도록 현장관리자의 채용권한을 증대시켜야 하며 외부채용과 내부육성전략을 적절히 병행하는 것이 필요하다.

3. 현장중심의 개발관리

실무현장에서 지식의 창출과 공유가 원활하게 이루어지도록 OJT와 현장학습(action-learning) 등의 다양한 기법을 도입해야 하고 직원들의 평생학습이 가능하도록 교육훈련 시스템을 정비하여 자신의 분야에서 고도의 전문성을 개발할 수 있도록 지원해야 한다.

4. 지식중심의 평가관리

인사고과시 평가요소로서 지식의 가치 및 직원의 잠재적 자질 등에 대한 비중을 높일 필요가 있으며 다면평가, 고객중심평가 및 팀별 집단평가를 병행하여 평가의 객관성과 공정성을 확보하는 한편, 조직의 변화와 학습관점을 기업가치측정에 반영할 수 있는 균형성과표(Balanced Score Card)의 도입을 모색해야 할 것이다.

5. 개발기여형 보상관리

지식노동자는 자아 실현과 자긍심 욕구가 더 크기 때문에 금전적 보상은 물론 창의력과 자율성 향상을 위한 도전적 직무제공, 임파워먼트(Empowerment), 승진 등과 같은 비금전적 보상을 활용하는 방안을 강구해야 한다.

6. 지식축적형 유지관리

끊임없는 지식의 개발 및 활용으로 인한 정신적 스트레스를 적절히 관리하는 것이 필요하므로 종업원들에게 휴식과 재충전의 기회를 많이 제공해야 할 것이고 창조적인 종업원들의 이직을 방지하여 기업 고유의 핵심기술 및 지식이 유출되지 않도록 해야 한다.

Ⅵ. 효과적으로 실행하기 위한 방안

1. 전사적 차원의 전략적 접근

사회적인 유행에 편승한 지식경영의 활용이 되지 않도록 기업에서 추구하는 전략을 고려하여 지식경영을 도입해야 하며 일부 조직이 아니라 전사적으로 지식의 중요성을 인식하고 통합적으로 추진해야 한다.

2. 자율적이고 창의적인 조직문화 구축

경직된 조직문화에서는 창조적인 지식의 생산이나 공유가 불가능하다. 자율적이고 창의적인 조직문화 구축을 통해 수행업무에 대한 개선사항, 신제품 개발 아이디어 등 발전적 성장을 위한 지식이 창출되도록 해야 한다.

3. 지식 커뮤니티 네트워크와 학습조직 구축

종업원 개개인의 지식이 조직의 지식으로 전환되고 이를 통해 지식의 전이, 발전적 재생산이 이루어질 수 있도록 네트워크를 구축할 필요가 있으며 새로운 지식이 창출될 수 있도록 학습조직을 마련해야 한다.

4. 지식의 공유·확산을 촉진하는 내부 메커니즘

경영전략과 인사관리의 전 영역이 지식의 공유 및 확산을 촉진할 수 있는 체계로 연계되어야 하며 종업원이 경영시스템에 따라 지식경영을 체화하여 성과를 낼 수 있도록 지식경영이 업무와 연결되는 내부 메커니즘이 구성되어야 한다.

5. 지식의 공유와 보상시스템 연계

개인의 지식생산이나 공유에 대한 성과를 보상시스템과 연계하여 지식경영을 활성화할 필요가 있다. 종업원에게 지식의 창조, 활용에 대한 모티베이션이 필요하며, 지식경영시스템의 활용을 통해 연계성을 높일 수 있다.

VII. 결 론

앞서 살펴본 것과 같이 21세기 경영의 핵심은 '기업의 변화 능력 제고'에 있다. GE의 잭웰치가 지적했듯이 변화에 대한 신속한 적응능력, 이것이 향후 급변하는 환경 속에서도 변하지 않는 기업의 핵심역량이다. 따라서 기업이 변화에 민첩하게 대응하기 위해서는 조직의 학습 능력을 극대화하는 것이 필요하다. 그리고 조직의 학습 능력을 배양하기 위해서는 경영의 중심축을 학습의 근간이 되는 지식에 두어야 한다. 그것이 바로 지식경영의 본질이고 디지털 시대에 기업이 핵심역량을 축적할 수 있는 지름길이다.

따라서 기업은 지식창조행위를 일상적 업무로 하는 창조적 인재가 창조성·전문성을 발휘하고 조직의 부가가치를 창출할 수 있도록 육성, 평가, 보상 측면에서 지식 중심의 인적자원관리를 실행해야하며 지식경영의 주체는 결국 기업내 인적자원이기 때문에 특히 지식 노동자에 대한 경력관리를 통해 지식노동자를 양산하고 계속해서 개발하는데 집중하여 투자해야 할 것이다.

※ 참고문헌

자료 : 임창희, 인적자원관리(2011), p291~320

홍덕표, 지식경영 왜 안되는가, LG주간경제(2002)

백풍렬, 다시 생각해보는 지식경영, LG주간경제 CEO Report(2003)

김상욱, 지식경영시대의 성과평가시스템, LG주간경제(1999)

김학민, 지식경영 구축방법론 및 사례연구, 삼성 SDS(1999)

현선해, 차동욱, 지식경영을 위한 인사조직시스템 설계, 성균관대학교(1999)

T & I ⑦ 고성과 작업장

I. 국내의 고성과 작업장 혁신현황

1. 고성과 작업방식의 필요성

글로벌화, 규제완화로 기업의 지배구조가 단기 수익중심, 비용 중심으로 재편되고 고객수요와 취향이 급격하게 변화되면서 다양하게 계층화된 고객이 상품이 맞춤형 다변화가 요구되고 있으며 이는 지식노동, 고급노동을 통해 부가가치가 높은 고품질 제품이나 고급 서비스를 생산하는 유연한 고성과 작업방식으로의 혁신을 촉진하고 있다.

2. 고용관계와 작업장 혁신의 전략적 중요성

1990년대 크게 주목을 받은 미국의 고성과 작업장은 고용안정을 기본으로 근로자참여, 팀 작업, 권한 부여 등 작업장 혁신에 적합한 고용관행을 패키지로 채택해 왔다. 이와 같이 작업장 혁신은 안정적 고용관계와 긴밀히 연계되어 있기 때문에 작업장 혁신을 촉진하는 정책은 이러한 안정성을 확보하거나 진전시킬 수 있는 노사관계의 개선 혹은 혁신과 더불어 추진되어야 성과를 낼 수 있다.

3. 국내 작업장 혁신특성

그러나 국내 작업장의 경우 현장 기능직들이 참여하고 그들의 지식, 경험, 노하우, 지혜를 제품 개선, 공정개선, 품질개선, 비용감축, 고객맞춤형 생산 등에 활용하는 사회적 혁신으로서 작업 장 혁신이 상대적으로 경시되어 온 경향이 있다. 뿐만 아니라 국내 작업장은 노사관계적 기반 이나 과학적 관리전통이 취약하고 작업장 혁신 속에 노동생활의 질이 상대적으로 무시됨으로써 불균형이 발생해왔다.

따라서 이하에서는 고성과 작업시스템에 대한 정의와 도입효과를 먼저 살펴보고 고성과 작업장 으로 혁신하기 위한 방안과 이를 실현하기 위한 인적자원관리방안에 대해 구체적으로 살펴보고 자 한다.

Ⅱ. 고성과 작업시스템의 의의 및 조건

1. 고성과 작업시스템의 의의

먼저 고성과 작업시스템의 개념을 살펴보면 고성과 작업시스템이란 종업원, 기술, 그리고 조직 구조를 적절하게 관리하여 조직의 자원과 기회를 효과적으로 활용하는 것을 말하는 것으로 그 요소로는 조직 구조, 과업 설계, 인적 자원, 보상제도 그리고 정보시스템 등이 있다.

2. 고성과 작업시스템의 도입조건

(1) 팀워크와 권한위임

고성과 조직에서는 종업원이 스스로 과업에 관한 결정을 내리기를 요구한다. 이러한 목적을 달 성하기 위해 주로 팀제를 많이 활용하게 된다. 또한 팀워크를 활용함으로써 종업원들은 다양한 기술과 경험을 축적할 수 있게 된다.

(2) 지식의 공유

학습 조직의 형태를 통해 지식 및 역량의 확산이 필요하다. 종업원들의 '지속적인 학습'을 통해 성과향상을 위한 능력을 함양하게 된다.

(3) 직무만족

종업원의 직무만족은 고성과 시스템을 구성하기 위한 버팀목이라 할 수 있다. 종업원의 직무에 대한 만족은 해당 직무에서의 성과로 이어지고 이것이 바로 조직의 성과와 연결이 되는 것이기 때문이다.

Ⅲ. 고성과 작업시스템의 기대효과

1. 높은 생산성과 효율

고성과 작업 시스템의 가장 큰 효과는 높은 생산성과 효율이라고 할 수 있다. 이러한 효과는 곧 기업의 이윤으로 연결되어 기업의 생존에 기여하게 한다. 또한 품질향상으로 인한 고객만족과 이를 통한 사업의 선순환이 가능하게 된다.

2. 조직목표 달성 용이

조직의 새로운 전략 수립이나 전략의 변경시 종업원은 신축적으로 대응함으로써 고성과 작업시스템 하에서는 개인의 팀과 효과성 증진을 통하여 조직의 목표를 달성하게 된다.

3. 낮은 이직율

고성과 작업 시스템을 구성하기 위해 실시되는 종업원의 참여도 제고, 의사결정의 분권화 등은 종업원의 만족도를 향상시켜 이직율을 낮출 수 있는 방안으로 논의되고 있다.

Ⅳ. 고성과 작업장 혁신방향

1. 요소투입 위주의 작업조직에서 부가가치 증가형 작업조직으로

근본적으로 숙련과 지식 중심의 작업조직, 현장 근로자들과 사무직 엔지니어들의 역량과, 기량을 높이는 작업조직으로 재편하면서 요소투입에서 부가가치 증가형, 고부가가치형으로 전환하는 것이 필요하다.

2. 외부적 유연성 의존에서 내부적 유연성 중심으로

여전히 상당수 중소기업은 내부혁신, 작업조직의 효율화, 합리화 등 작업장 혁신에는 대기업에 비해 상대적으로 소홀하다. 따라서 내부 정규직 인력을 제대로 활용하기 위한 능력과 방식으로 개발해야 할 것이며 노동조합들도 내부 유연성을 높이려는데 대해 근시안적 반대를 거두어 들여야 할 것이다.

3. 소외된 기능직 노동자로부터 지식노동자, 엔지니어화하는 노동자로

고성과 작업조직은 팀작업을 통한 참여의 기회를 부여하며 기능직 노동자의 지식화, 엔지니어화되는 것을 필요로 하고 있다. 그러기 위해서는 지속적인 학습과 교육 및 훈련, 노동자들의 활발한 참여와 의사소통 및 기업 내부적 관계의 긴밀화 속 근로자들의 혁신과 관련된 지식을 공유하게 하는 지식관리시스템을 갖추어야 할 것이다.

4. 기존의 인사관리에서 HRM으로

작업장의 혁신과 고성과 작업장을 뒷받침하는 인적자원관리는 종업원들에게 지시하고 통제하기 보다도 종업원들의 헌신과 참여를 고무하는데 기본을 두고 있다. 따라서 고용안전, 종업원들과의 의사소통, 정보제공, 참여기회 부여, 직업능력개발, 성과에 대한 보상등의 다양한 인적자원관리활동을 개발·이용해야 할 것이다.

》 기존의 작업조직과 새로 혁신된 작업조직 비교

항목	기존 작업조직	새로운(혁신된) 작업조직
기본원리	요소투입 위주의 작업조직	부가가치 증대형 작업조직
생산방식	Push형, 비체계적 혹은 대량의 표준화된, 경직된 생산, 생산자 중심형	Pull형, 다품종 유연한 생산, 자율형 학습조직, 린생산 조직, 고객 중심형
유연성	비정규직, 외주, 외국인 등 외부적 유연성에 크게 의존	정규직의 내부적 유연성을 중심으로 부분적으로 외부적 유연성 결합
노동자 참여와 능력개발	근로자의 재량과 자율제약, 능력개발 기회부족, 기능직 노동자들의 소외	팀을 통한 참여, 학습과 훈련을 통한 숙련, 지식노동자, 엔지니어화한 노동자
노동생활의 질	노동배려 부족, 일 중심 가정 소외, 장시간 노동, 산재 발생	노동생활의 질 향상, 일과 가정의 양립, 보건과 안전 보장
변화혁신	현상유지와 간헐적 개선, 엔지니어 중심의 혁신	지속적 낭비제거와 개선, 혁신지향성 엔지니어와 현장이 결합한 혁신
성과	표준적 생산성, 관리수준의 품질, 경직적 생산, 대량의 표준화된 제품 생산	고생산성, 고품질, 짧은 납기, 유연한 생산 다품종, 다사양의 차별화된 제품 생산
고용관계관리	소극적, 수동적 존재로서의 근로자관, 지시와 통제, 관리중심, 획일적 보상, 위계적 조직, 인사관리	참여의욕과 헌신의 존재로서 근로자관, 참여, 헌신, 창의 유도, 자율성 보장, 팀조직 성과보상, 인적자원관리
중소기업	의존형 하청기업, 생존형 중소기업	독자적 능력을 갖춘 협력형 네트워크

출처 : 한국노동연구원. 작업장 혁신 중장기 발전전략

V. 고성과 조직을 위한 인사노무관리방안

1. 직무설계

고성과 시스템의 도입요건으로서 팀워크와 권한위임을 통해 성공하기 위해서는 직무에 대한 효과적인 설계가 매우 중요하다. 고성과 작업 시스템에서는 팀제를 통하여 종업원들이 협동하며 의사결정하는 방식을 자주 활용한다.

2. 확보관리

종업원의 모집에 있어서는 단순한 직무 기술의 보유를 넘어서 팀워크를 이루고 권한위임이나 지식 공유에 적합한 능력을 가진 종업원들을 선발하는데 초점을 맞추어야 한다. 이를 위하여 집단 인터뷰, 자유 기술식 질문, 심리검사 등 다양한 방법을 통해 혁신적이고 열정적이며, 아이디어를 공유할 수 있는 종업원을 선발해야 할 것이다.

3. 개발관리

훈련과 개발을 통해 종업원에게 필요한 직무기술을 배양하게 된다. 고성과 조직에서의 교육훈련은 학습조직의 구성을 통해 종업원 스스로 개발 활동을 하도록 하는 것이 바람직하다.

4. 성과관리

고성과 작업시스템에서 종업원들은 조직의 목표가 무엇인지, 어떻게 목표를 달성할 수 있는지에 대해 명확하게 인지하고 있어야 한다. 즉, 조직의 목표와 연계된 성과주의가 고성과 작업시스템의 성공 요인이라 할 수 있다.

5. 보상관리

성과관리는 보상이 연계될 때 그 효과가 강화된다. 성과와 연계한 보상제도(Pay for Performance)를 구축하고 임금결정 과정에 종업원을 참여시킴으로써 종업원의 만족감이 동시에 올라갈 수 있도록 운영하여야 한다.

VI. 고성과 작업장 이행방안

1. 현장 관리자들의 역량강화

작업장 혁신을 제대로 실행하기 위해서는 이들 현장관리자들의 작업 관련 숙련, 기량, 문제해결능력, 개선능력을 높이면서도 관련 공학지식에 대한 교육, 개선방법, 혁신방법에 대한 교육을 강화하여 현장관리자들이 다양한 현장 개선의 중심축으로써 자리잡도록 해야 할 것이다.

2. 단계적 접근

기업이나 조직들이 한 두 가지 혁신적 관행을 모방하고 적용하는 실험으로부터 이런 노력이 성공적인 경우 다음 단계의 보다 포괄적인 작업장 혁신으로 나아가는 단계적 접근을 할 수 있도록 한다.

3. 작업장 혁신과 노동생활의 질 동시 추구

기업에서 내부 유연성의 하나로 즐겨 활용해 온 관행화된 연장근로, 잦은 특근 등 장기간 노동문화는 작업장 혁신을 위해서도 개혁해야 할 과제로 연장, 야간근로나 특근 등의 시간을 줄여 학습과 혁신에 보다 몰입할 수 있고 보다 노동자친화적인 유연화 방식을 모색하도록 해야 할 것이다.

4. 작업조직에 대한 과학적 접근전략

중소기업에 다수 존재하는 전통적, 비합리적, 비표준화된 작업조직의 혁신을 위해서는 기술적 관점에서 시간동작 연구를 포함, 직무, 직무수행방법, 직무수행 과정의 분석, 직무의 표준화와 단순화, 작업 간의 과정 분석과 합리화를 위한 산업공학적 지원을 통한 과학적 관리기법의 동원이 필요할 것이다.

Ⅶ. 결 론

글로벌화, 다양한 고객수요와 상품의 다변화가 요구되고 있는 오늘날 기업의 주된 목표는 고성과 작업 방식을 활용하여 인적자원, 기술, 그리고 조직구조를 효율적으로 운영해 가는 것이라 할 수 있다. 즉 지식노동, 고급노동을 통한 고부가가치 제품을 유연하게 생산할 수 있는 고성과 작업방식이 요구되고 있으며 이러한 고성과 작업장 구축을 위해서는 고성과 조직을 만들기 위한 인력의 확보, 개발, 평가, 보상 등의 제반 인적자원관리 활동이 연계되어야 할 것이다.

또한 한국 기업에서 고성과 작업장을 성공적으로 구축하기 위해서는 첫째, 고성과 생산체제가 아무리 유용한 것이라 하더라도 그 도입과정에서 노동조합이나 종업원 대표들의 참여 없이는 성공할 수 없으므로 처음부터 공동으로 추진해야 한다.

둘째, 미국의 경험을 통해 보듯이 고성과 생산체제의 성공적인 운영을 위해서는 현장 근로자에 대한 고용안정이 필수적으로 전제되어야 한다는 점에 유의할 필요가 있다.

끝으로 기업차원 또는 작업장 수준의 노사 주체들의 고성과 생산체제로의 혁신 노력을 뒷받침해줄 수 있는 중앙차원 또는 해당 업종단위의 노사정 협력체계를 구축해야 할 것이다.

※ 참고문헌

배규식, 작업장 혁신 중장기 발전 전략, 한국노동연구원(2008)

Scott Snell, 인적자원관리(2011)

T & I ⑧ 역량중심의 인적자원관리 (Competency based HRM)

Ⅰ. 역량중심의 인적자원관리의 대두

디지털, 네트워크, 지식 경제, 카오스 오늘날의 새로운 경영 환경을 대변하는 친숙한 단어들이다. 기업이 활동하는 경영 환경 변화에 맞추어 기업의 전략이나 조직 운영 방식 등 조직의 전반적인 모습은 유연하게 변화할 필요가 있다. 선진 기업들은 물론 국내의 많은 기업들도 이러한 시대적 변화를 감지하고 효율적이고 유연한 조직을 만들기 위해 다양한 경영 기법을 도입해 왔다. 이러한 새로운 경영 기법 중의 하나가 서구 기업을 중심으로 관심을 끌고 있는 역량중심의 인적자원관리이다.

이하에서는 역량중심의 인적자원관리의 개념과 대두배경, 활용 및 앞으로의 실현방안에 대해 논하고자 한다.

Ⅱ. 역량중심의 인적자원관리의 의의

1. 역량의 의의

(1) 역량의 개념

먼저 역량의 개념을 살펴보면 역량이란 조직에 커다란 업적을 실현하는 사람이 지속적으로 보유하고 있는 내적 특성을 의미하며, McClelland가 체계화한 개념이다. 역량 중에서 그 기업만이 가지고 있는 경쟁우위적인 차별적 능력인 핵심역량을 파악하는 것이 기업의 성과창출을 위해 매우 중요하다.

(2) 역량의 구성요소(Spencer & Spencer의 다섯가지 차원)[2]

역량의 구성요소는 일반적으로 Spencer&Spencer의 다섯가지 차원 즉. 스킬(숙련수준), 지식(축적된 정보), 자아개념(자아이미지와 태도), 특질(자신의 성격과 능력), 동기(목표달성 의욕) 으로 구분할 수 있다.

(3) 역량의 유형

① 조직이 추구하는 전략적 목표와 가치에 따라 모든 종업원이 공통적으로 가져야 할 역량 (공통역량)과 ② 재무, 인사 등 종업원들이 조직의 목적달성을 위해 수행하고 있는 각 기능별로 요구되는 역량(기능역량). ③ 각 직무 수행에 필요한 구체적 역량(직무역량)이 있다.

2. 역량중심의 인적자원관리

(1) 역량중심 인적자원관리의 의의

조직에 커다란 업적을 실현하는 사람이 지속적으로 보유하고 있는 내적인 특성을 구체적, 경험적으로 밝혀내어 이를 인사활동 제반 분야에 활용하는 모델이다.

(2) 역량중심의 인적자원관리의 필요성

기존의 직무중심 인적자원관리는 창조적인 변화나 갑작스런 예외에 즉각적으로 대응하기 어려웠고 단기성과에 집착하여 역량을 잠식하고 인재육성에 소홀했던 면이 있었다. 이에 선진기업을 중심으로 유연성, 적응성, 창조성을 높일 수 있는 역량모델을 도입하기 시작하였다.

---

2) 스킬과 지식은 비교적 쉽게 파악할 수 있지만, 자아개념, 특질, 동기는 일반인이 구분하여 측정하기는 쉽지 않다. 이러한 이유로 실무에서는 Sparrow의 세가지 차원 KSA (Knowledge, Skill, Attitude 및 기타요소)를 많이 활용하고 있다.

(3) 직능자격제도와 차이

직능자격제도	구분	컴피턴시 인사 모델
·직무분석에 기초하여 직무 수행의 최소 요건으로서 지식, 스킬, 능력의 도출에 초점	개인의 특성 추출	·우수한 성과자의 직무수행에 초점을 맞추어 지식, 스킬, 능력뿐만 아니라 개인의 특질이나 동기 등 보다 심층적인 요소까지 추출
·능력 그 자체에 등급을 매겨 임금이나 승진과 같은 보상으로 활용하는 데 주목적	추출 목적	·종업원의 선발, 교육훈련, 평가, 배치와 같은 인력의 육성과 활용 측면에서 더욱 강조 ·종업원의 잠재력과 Employability
·세분화된 직능 등급	적용	·Employability와 성과향상을 주된 업무목적으로 하는 의식 강조 ·브로드밴딩과 연계

Ⅲ. 선진기업의 역량중심 인적자원관리

1. 역량중심의 인적자원관리가 관심을 끄는 배경

(1) 사업전략과 개인능력의 연계

기존의 인적자원관리는 회사의 사업전략과 연계성 없이 별도로 행해져 왔으나 역량중심의 인적자원관리는 사업의 핵심역량과 종업원들의 핵심역량을 연계시키는 활동을 통해 이와 같은 문제점을 해소시킬 수 있을 것으로 보이고 있다.

(2) 내재적 동기부여

개인성장 등 내재적인 보상을 추구하는 종업원들에게는 회사에서 구체적인 육성 프로그램이나 경력개발계획을 제시하고 개인의 장기적인 비전을 안내하는 것이 훨씬 효과적인 것으로 알려져 있다.

(3) 인재선발과 배치의 적합화

역량중심의 인사채용 모델은 기업이 필요로 하는 직무를 수행하는데 가장 적합한 역량을 가진 사람을 확보하고 그들을 업무에 배치할 때에도 구체적인 행동지침을 마련해 준다.

(4) 적합한 고과기준의 제시

해당 직무를 완수하기 위해 요구되는 특정 지식과 기술, 높은 성과를 달성하기 위한 행동에 초점을 두고 평가하기 때문에 인사고과 지표를 정확하게 마련하여 측정하는데 유용하다.

2. GE의 역량중심 인적자원관리 개요

GE에서는 핵심인력 관리를 위해 Session C를 통한 역량평가를 통해 인력을 성과와 역량의 측면에서 평가하여 핵심인력, 잠재인력, 강화인력, 주의인력, 부진인력으로 분류하여 운영하고 있다.

3. 인력 유형별 관리방안

》 GE의 역량평가 결과에 따른 인재 육성전략

(성과)	고	③ 강화인력	② 잠재인력	① 핵심인력
	중	④ 주의인력	③ 강화인력	② 잠재인력
	저	⑤ 부진인력	④ 주의인력	③ 강화인력
		저	중	고
			(역량)	

(1) 핵심인력

경영진 후보로 양성되고, 이를 위하여 Action learning이나 승계 대상 position holder를 통한 코칭 또는 멘토링이 활용된다.

(2) 잠재인력

잠재인력은 기업의 집중적인 교육훈련이나 역량 강화 프로그램을 활용하면 핵심인력화 할 수 있는 인력이다. 이러한 인력은 Action learning이나 자기주도적 학습을 통해 스스로 역량을 개발할 수 있는 기회를 제공해야 한다.

(3) 강화인력

강화인력은 성과와 역량이 한쪽으로 치우쳐 있거나 모든 부분에 평균적 성과를 창출하는 인력을 의미한다. 따라서 균형 있는 인재양성 노력이 필요하며 스스로의 성과를 극대화 할 수 있는 역할에 대한 방향을 정립할 수 있는 전환교육 중심의 소그룹 교육이 필요하다.

(4) 주의인력

주의인력은 자칫 부진인력으로 분류될 수 있는 위험이 있는 인력을 말한다. 이러한 인력은 현재 수행하고 있는 직무에서의 리더십을 향상하는 방안과 전환교육 중심의 집합교육이 효과적일 것이다.

(5) 부진인력

부진인력은 현재의 역할 수행에 있어서 성과도 낮고, 개인역량도 낮은 인력을 의미한다. 이러한 인력은 코칭을 통해 의미를 찾도록 지원하거나 수량적 유연화를 위한 전직지원이 필요한 계층이라고 할 수 있다.

Ⅳ. 역량중심 인적자원관리의 실제

기존의 인적자원관리가 막연한 능력을 기초한 것이었다면 역량을 중심으로 인적자원관리를 수행한다면 조직성과에 직결되는 관리를 할 수 있다.

1. 선발과 배치

업무 분석을 통해서는 일을 수행하는 데 필요한 자격 요건, 태도 등의 기준을 마련하고, 각 기준에 어느 정도의 가중치를 줄 것인지 미리 정해 두어야 한다. 또한 다양한 선발도구를 개발하고 종업원 추천제도를 적극 활용할 수 있을 것이다.

2. 개 발

기업이 필요로 하는 직무역량을 명확히 제시하여 종업원을 집중적으로 훈련 및 개발할 수 있다. 이를 위해 360도 다면평가에 의한 피드백, 관리자급의 지속적인 비전제시와 개발기회 제공 및 지원이 필요하다.

3. 평 가

직무역량을 평가요소에 삽입시키고 이를 기초로 승진 및 보상을 실시할 수 있다. 역량의 선정 과정부터 전체 종업원이 참여하는 경우 수용성이 높아지며 종업원 행동을 조직성과 향상에 필요한 방향으로 유도할 수 있다.

4. 보 상

장기적 관점에서 종업원의 역량을 개발하기 위해서는 잠재적 또는 가시화된 역량 수준에 따라 차등 보상할 필요성이 있다. 따라서 종업원의 근속연수나 수행하는 직무 가치, 재무적인 성과 보다는 업무 수행에 필요한 지식이나, 기술, 능력 등과 같은 역량 수준에 연동하여 급여를 차등화 하는 역량중심의 보상(CBP)이 실시되어야 한다.

5. 방 출

역량평가결과를 퇴직대상자 선정 시 활용할 수 있으며 조직의 목표달성에 필수적으로 요구되는 역량을 보유하지 못하거나 수준이 낮은 종업원은 방출에 이용될 수 있다.

Ⅴ. 역량중심 인사시스템 구축절차

1. 전략적 운영방향 설정

(1) 필요성 명확화

사전준비단계는 향후 인사시스템의 전체적인 방향을 설정하는 중요성을 가지므로 역량중심의 인사관리가 왜 필요한지에 대한 사업적 필요성을 명확히 한다.

(2) 핵심직무와 역량의 정립

기업의 사업과 전략을 완수하기 위해 어떠한 직무가 핵심직무이며 그러한 직무를 수행하기 위해 어떠한 역량이 적합한 것인지 구체적인 직무들과 필요한 역량을 명확히 정립한다.

(3) 우수성과자의 내적특성 파악

우수한 성과를 창출하는 종업원의 내적인 특성이 무엇인지를 밝혀야 한다. 또한 성과기준을 선정할 때는 회사의 핵심목표와 상관이 있는 것인지도 고려한다.

2. 역량의 파악

(1) 역량의 파악방식

해당기업의 필요에 맞도록 처음부터 새롭게 시작하는 방식과 기존 연구결과를 활용하여 어느 정도 정립된 역량리스트를 가지고 접근하는 방식으로 구분할 수 있다.

(2) 기업고유의 역량파악

직무성과와 관련이 있고 측정가능하며 개발가능한 기업 고유의 역량을 파악하여야 한다.

3. 역량의 적용 및 검증

예비적으로 도출된 역량을 가지고 실제로 그러한 역량을 가진 사람들이 우수한 성과를 내고 있는지 조사한다. 환경의 변화를 고려하여 가치가 없게 된 역량을 버리고 추가할 것은 추가하면서 회사 상황에 맞는 업데이트된 역량을 사원에게 제시해 주어야 한다.

Ⅵ. 역량중심의 인적자원관리 실현방안

1. 동기부여에 기초한 역량개발

의사결정 과정에 대한 종업원의 참여도를 높이거나, 경영층의 일관된 언행일치가 요구된다. 또한 종업원들을 진정한 파트너로 인식하여 배려하고, 그들의 현재 및 미래에 대해 투자해야 한다. 이렇게 될 때 종업원들은 조직 내에서 자신이 하는 일의 의미와 가치를 알게 되고, 조직의 목적과 자신의 성장을 위해 헌신하게 된다.

2. 신뢰문화에 기초한 지식경영과 HR 시스템 구축

조직내의 신속한 문제 해결과 시장 대응, 그리고 이를 위한 종업원들의 경험과 지식 등 인적 자본의 최대한 활용을 위하여 신뢰 문화에 기초한 지식 공유 및 HR 시스템을 구축해야 한다.

3. 현장중심의 경영

조직 운영의 신속성을 제고할 수 있는 관리 정책을 활용해야 한다. 특히 고객, 시장의 니즈가 빠르게 변화하는 상황에서는 현장 중심의 경영을 보다 강화할 필요가 있다. 의사결정의 단계가 길고 하부 현장 단위에 권한이 충분히 위임되어 있지 않을 경우, 현장에서 실시간으로 발생하는 문제를 즉각적으로 해결하는 데에는 한계가 있을 수 밖에 없다.

4. 사업특성에 적합한 조직문화 구축

기업의 비전이나 사업 특성에 적합한 조직 문화를 구축해야 한다. 사업이나 환경 변화에 적합하도록 조직 문화를 성공적으로 변화시킨 선진 기업들을 보면 해당 산업에서 높은 성과를 보여주고 있다.

Ⅶ. 결 론

역량중심 인적자원관리는 기존의 직무주의, 성과주의 인사관리의 문제점을 극복하기 위한 방안으로 의미가 있으며 기업의 전략적 목표달성과 각 개인의 역량을 연계하여 활용한다는 측면에서 중요성을 가진다.

기업이 필요로 하는 역량은 여러 가지 환경적 변화에 따라 달라질 수 있으므로 지속적으로 정의된 역량을 재검토하여 적절하게 업데이트 하는 일이 필요할 것이다. 또한 역량은 기업의 전략 및 목표달성과 직결되는 요인으로 역량을 최신화하기 위한 노력이 필요하다.

※ 참고문헌
자료 : 임창희, 인적자원관리(2011), p308~318
신원무, 신뢰구축을 통한 역량강화, LG경제연구원(2000)
최병권, 불황기에 조직 역량 어떻게 강화할 것인가, LG경제연구원(2001)
최병권, 역량중심 보상의 성공 포인트, LG경제연구원(2001)

T & I ⑨ 윤리적 인적자원관리

Ⅰ. 윤리경영의 대두배경

1. 윤리경영의 의의

윤리경영이란 선의지에 입각한 윤리적 행동을 조직경영이라는 특수 상황에 적용한 것이며 법적 책임의 준수는 물론이고, 사회가 요구하는 윤리적 기대를 조직의 의사결정 및 행동에 반영하는 경영을 말한다.

2. 대두배경

(1) 기업의 존립을 결정

사이버 파워의 형성 및 사회가치관의 변화 등에 따라 윤리적 의사결정은 단 한번의 실수로 조직이 도산할 수 있는 치명적 위험영역에 속하게 되었으며 조직생존의 필수조건으로 자리 잡게 되었다.

(2) 윤리경영이 글로벌 스탠더드로 부상

세계 초일류조직들은 미국 엔론사의 분식회계 사건 이후 윤리경영에 핵심역량을 집중하고 있는 추세이다. 국제기구들은 윤리라운드 등을 통해 윤리경영의 세계표준화를 시도함으로써 윤리경영을 하지 않고서는 글로벌 조직으로 부상하기 힘들어 졌다.

(3) 국제표준으로서의 윤리경영

조직의 사회적 책임을 다루는 ISO26000이 2009년 4월 12일 사실상의 국제표준으로 등록되면서 CSR 장벽으로 윤리경영이 역할을 할 것으로 예상되며 이에 대한 대비가 필요하다.

(4) 국내조직의 윤리경영 현황

국내조직은 위기관리 차원에서 인식하기 시작했으나 아직 시급한 경영과제로 받아들이지는 않고 있기 때문에 글로벌 선진 조직으로 도약하기 위해서는 지속적이고 일관성 있는 윤리경영 추진방안을 모색해야 할 것이다.

Ⅱ. 윤리경영의 실천시스템

1. 윤리경영 시스템

윤리경영의 실현을 위해서는 가치체계-실행조직 가동-사원들의 공감대 조성으로 이어지는 일관된 윤리경영 시스템이 필요하다. 이를 위해 조직이념, 신조 등 가치체계의 최상위 수준에서 윤리경영을 반드시 추구해야 할 과제로 명시하고 구체적인 추진을 위한 조직과 제도를 확립하여 사원들의 공감대를 조성해야 할 것이다.

2. 윤리경영 시스템의 구성요소 : 「3C」

윤리경영 시스템을 실천하기 위한 3가지 구성요소는 ① 조직행동헌장 (Code of Conduct) ②준수여부 감독 조직(Compliance check organization) ③ 윤리경영 교육에 의한 공감조성 (Consensus by ethic education)이 있다.

≫ 윤리경영 실천을 위한 「3C」

구분	내용
기업행동헌장 (Code of conduct)	· 기업윤리의 준수를 위해 구체적이고 성문화된 형태로 사원들의 행동지침이 제시되고 있는가?
준수여부 감독 조직 (Compliance check organization)	· 윤리경영을 실현하기 위한 조직과 제도가 구비되어 있는가? → 윤리경영 전담부서 및 임원, 내부 보고(고발) 시스템, 감사 및 평가 시스템 등
윤리경영 교육에 의한 공감조성 (Consesus by ethic education)	· 기업윤리 준수를 위한 반복적이고 일상적인 교육이 제공되고 있는가?

자료 : 최인철의 재인용 재구성 자료

Ⅲ. 윤리적 인적자원관리의 의의와 실천기준

1. 윤리적 인적자원관리의 의의

윤리적 인적자원관리는 조직조직을 하나의 사회적 공동체로 인식하고 조직과 사회를 상호 공생적 관계로 파악하며 조직 내부의 조직정의와 조직 외부의 조직의 사회적 책임을 실천하는 것이다.

2. 윤리적 인적자원관리의 실천기준

조직내부의 윤리적 인적관리는 조직과 종업원간의 균형, 조직 외부의 윤리적 인적자원관리는 조직과 이해관계자들간의 균형이 그 실천기준이 된다.

Ⅳ. 기업내부의 윤리적 인적자원관리

1. 판단기준 : 조직(유인)과 종업원(공헌)의 균형

조직의 유인과 종업원의 공헌이 적어도 균형을 이루거나 서로가 그 이상을 제공하려는 선의지를 갖도록 인사정책을 펴야 할 것이다.

2. 실천방안 : 조직정의

조직종업원이 조직 목표달성을 수행하는 과정에서 일어날 수 있는 불평등한 대가 최소화된 상태로 조직과 종업원간의 관계에서 최소한 지켜야 할 공정성 의무를 말한다.

3. 조직정의의 구성개념 : 분배 · 절차 · 시스템 공정성

(1) 분배 공정성

투입과 결과를 비교하여 공정한 결과가 돌아왔는가에 대한 개인의 판단이다.
- 종업원의 업무수행결과(ex. 업무 생산성결과로 판매실적, 업적결과) - 조직의 종업원에 대한 보상(ex. 공정한 임금 보상, 공정한 승진, 복리후생)

(2) 절차 공정성

조직 내 의사결정 결과가 과정상 얼마나 공정하게 진행되었는가에 대한 판단이다.
- 종업원의 직무수행과정에서의 노력(ex. 업무수행노력, 훈련과 개발의 적극적 참여, 적극적인 경력개발) - 조직의 종업원 직무수행노력 과정 고려(ex. 업무평가시 업무과정의 공정성, 훈련과 개발과정의 공정성 등을 고려해 줌)

(3) 시스템 공정성

조직의 제도 및 환경적 틀을 말하는 것으로 투입->변환->산출의 의사결정이 내려지는 전체조직의 흐름이다.
- 종업원이 인사시스템을 공정하게 지각하고 적극적으로 참여 - 인사시스템의 공정한 설계를 통해 종업원들이 불공정성을 느끼지 않도록 함.

4. 공정성 이론 (Adams)

조직정의의 판단여부는 개인의 주관적인 심리에 의존하는데, 종업원 개인이 무엇을 공정하게 지각하고 불공정하게 느낄 수 있는지를 설명해주는 이론이 아담스의 공정성이론이다. 개인과 조직 사이에 교환관계가 성립하며 이 교환관계 속에서 투입과 결과를 비교하면서 공정성과 불공정성을 지각하고 이는 곧 동기부여 수준에 결정적 역할을 한다.

V. 기업외부의 윤리적 인적자원관리

1. 판단기준 : 조직과 이해관계자들간의 균형

조직외부의 윤리적 인적자원관리는 조직과 사회의 이해관계자들 간의 관계를 대상으로 한다.

2. 사회적 책임(CSR : Corporate Social Responsibility)의 배경

조직종업원에 대한 인식이 전인적인 인간형에 대한 관점으로 변하고 조직의 지배유형의 변화와 대규모화에 따른 조직권력이 증대하면서 조직의 사회적 기능과 영향력이 증대되고 있다. 또한 이해관계자의 다양성이 증가하면서 사회적 요구가 증가하고 있다.

3. 사회적 책임의 영역

사회적 책임의 영역은 고용창출, 경제발전 기여 등 경제적 기능과 환경공해 방지 및 감소, 소외계층의 고용창출 등의 사회기대에 부응하고 사회와 협력하여 사회 전반적인 영역에 영향을 주는 거시적인 사회문제를 해결하는데 초점을 맞추고 있다.

4. 사회적 책임의 대상

① 주주 : 자본투자, 권한 및 책임 부여 등의 공헌에 대한 책임
② 사원 : 조직의 생산주체임과 동시에 사회종업원임을 인식하고 긍정적인 직업생활을 할 수 있도록 고려 (차별 대우, 위험한 노동 강요 문제 등)
③ 고객 : 제품 구매 공헌에 대한 책임, 불량품, 허위광고, 부당가격 문제
④ 타사 : 부당한 인재 스카웃, 기술 노하우 절도 등 금지
⑤ 정부 : 조세납부 등 영리활동에 따른 최소한의 의무, 세금 횡령, 부당한 정치적 로비 등 금지, 정부 또한 윤리적 조직에 대해서 세금 감면 등의 유인 제공해야 함
⑥ 지역사회 : 지역 종업원을 통해 과업활동 영위, 자원보존, 공해문제 등

Ⅵ. 윤리적 인적자원관리의 효과

1. 초우량조직과 핵심인재로의 전제조건

회계부정.납품비리 등 윤리적 경영을 하지 않는 조직과 종업원은 언제든지 위기를 맞을 수 있는 반면, 윤리적 경영을 한 조직과 근로자는 초우량조직과 핵심인재로 거듭나고 있다.

2. 조직 및 근로자의 경쟁력 강화

윤리경영은 노사간 높은 신뢰로 영속적 조직을 보장하고 이를 통해 종업원의 일자리를 창출한다.

3. 조직충성도 제고

윤리경영을 실천하고 있는 조직들은 임직원의 조직충성도가 높다. 또한 종업원의 윤리의식의 높은 조직일수록 직무만족도가 높고 이직률이 낮게 나타난다.

4. 인력관리와 동기부여 수단

윤리경영을 인력관리와 종업원의 동기부여의 수단으로 전략적으로 활용할 수 있다.

5. 감사기능

윤리경영을 기존의 감사기능과 연관시켜 조직의 효율적인 자원활용을 도모하고 위험을 방지하는 수단으로 활용할 수 있다.

Ⅶ. 윤리적 인적자원관리의 최근 이슈

1. 정리해고와 윤리

인력구조조정시 조직은 해고회피 노력을 하고 고용안정 지원 및 해고시 정당한 절차와 해고선정기준을 정하여야 할 것이다.

2. 이직윤리

평생직장 개념이 붕괴되면서 이직이 증가하고 특히 갑작스러운 이탈의 경우 인력관리의 어려움을 주고 있다.

3. 외국인 노동자와 저임금 고용

외국인 노동자에 대한 저임금 고용, 차별적 대우, 산업재해 등의 문제가 많다. 윤리적 인적자원관리 차원에 이들의 임금수준은 최저생계비 이상으로 지급하고 인간존엄성을 보장하며 산업안전시설을 갖추어야 할 것이다.

4. 윤리적 해외인적자원관리

윤리적 글로벌리즘을 실현하고 현지인 노동자의 권리를 보호해야 한다.

5. 성차별 금지와 가정·직장 조화

직장내의 성차별을 금지하고 여성근로자의 모성보호 및 지원방안을 마련해야 할 것이다.

Ⅷ. 윤리경영의 실천과제

1. 규제완화와 행정절차의 투명성

규제완화와 행정절차의 투명성은 윤리경영 확산의 선결요건이다. 즉 자의성이 높은 정부규제가 지속되는 경영환경에서는 경영행태가 불가피하게 비윤리적이 된다.

2. 사회전반의 투명성 요구

주변이 투명해지지 않은 채 조직에게만 윤리규정 준수를 강요할 경우 법과 실제가 괴리되고 오히려 각종 편법이 동원 될 우려가 있다. 따라서 경영자와 종업원뿐만 아니라 국가 전체적으로 윤리경쟁력을 높이기 위해 조직윤리 및 사회윤리 인프라 구축에 많은 노력이 필요한 시점이다.

3. 정부차원의 적극적인 유인제공

윤리경영은 조직이 자발적으로 추진해야 할 과제이지만 조기확산을 위해서는 국제적 기준이 허용하는 범위 내에서 인센티브를 부여하는 방안을 검토할 필요가 있겠다.

4. 윤리위원회의 설치

이사회 내에 윤리위원회를 설치하거나 윤리담당자가 감사위원회 등에 정기적으로 보고하는 체제를 구축해야 할 것이다.

5. 최고경영자의 지원

윤리경영의 정착을 위해서는 무엇보다 최고경영자의 의지와 지원이 필수적이다.

Ⅸ. 결 론

성공적인 윤리경영을 위해서는 첫째 조직성과를 기초로 한 환경경영, 정도경영, 사회공헌의 적절한 포트폴리오를 구성하여야 할 것이고, 둘째 이해관계자들의 공감대 형성을 위한 주주, 직원, 소비자, 지역사회의 참여를 유도할 필요가 있다. 이를 위하여 조직은 경영전략과 윤리경영을 일체화하여 시너지를 창출하여야 하며, 전사적인 관리, 감독조직의 구축과 함께 국제표준과 같은 윤리경영의 장벽에 선제적으로 대응하는 태도가 필요하다.

※ 참고문헌

자료 : 이진규, 전략적윤리적 인적자원관리(2001)

자료 : 임창희, 인적자원관리(2011), p493~502

T & I ⑩ 21세기와 근로생활의 질
(QWL : Quality of Working Life) [1]

---

1) 자료 : 이진규, 전략적·윤리적 인적자원관리(2001)

I. 서 론

1. QWL의 의의

QWL은 공정한 보상과 작업환경의 개선을 통하여 직업과 인간생활의 조화를 꾀하며 일에 대한 인간의 존엄성을 회복하고 조직의 참여적인 경영활동을 통해 조직의 유효성을 증대시키려는 조직의 적극적인 지원과 종업원들의 자발적인 참여라고 할 수 있다.

≫ QWL의 의의

유형	내용
Cascio(1986)	직무와 관련된 자신의 신체적·정신적 안녕에 대하여 종업원이 느끼는 주관적 인지현상이다.
Glacer(1980)	조직의 모든 종업원들이 적절한 커뮤니케이션 채널을 통해 그들의 직무설계나 일반적인 작업환경에 대한 발언권을 가지는 현상이다.
Walton(1973)	60년대 시도된 평등 고용의 기회와 수많은 직무충실화보다 더 넓은 의미를 가지며, 종업원들의 인간적인 욕구와 열망이 포함된 것이다.
Szilagyi&Wallace(1987)	직업생활의 질은 경영자와 종업원간의 공동 의사결정, 공동의 작업 및 상호존중을 구축하는 과정으로 1) 불만족 요인, 2) 종업원의 요구, 3) 근로환경, 4) 조직구조, 5) 조직유효성, 6) 갈등의 원인이 무엇인가를 찾는 것이다.
Schuler, Bautell&Youngblood (1989)	조직의 모든 종업원들이 적절한 커뮤니케이션 채널을 통해 자신의 직무설계와 일반적인 작업환경에 대해 말할 수 있는 상황이다.
공통적 견해	직업생활의 질이란 공정한 보상과 작업환경의 개선을 통하여 직업과 인간생활의 조화를 꾀함, 일에 대한 인간성의 존엄을 회복한다. 그리고 조직의 참여적인 경영활동을 통해 조직의 유효성을 증대시키려는 조직의 적극적인 지원과 종업원들의 자발적인 참여라고 정의할 수 있다.

2. QWL의 중요성

인간소외의 극복, 고용관계의 변화, 생산성, 기술과 인간의 조화 등의 이유로 QWL에 대한 중요성이 증대되었으며 QWL을 향상시키는 것은 종업원들의 인간성회복과 경영에 지속적인 참여를 유발시켜 조직의 생존과 성장을 유지하는데 그 목적이 있다.

Ⅱ. 구성요인

1. 공정한 보상

조직에서는 시장임금에 비해 현저히 차이가 나지 않는 객관적인 보상수준과 종업원들이 요구하는 주관적인 보상수준 간의 괴리를 상호 협의 하에 줄임으로써 종업원들이 보상에 대한 불공정을 느끼지 않도록 해야 한다.

2. 안전하고 건강한 작업조건

종업원들에게 건강하고 쾌적한 작업환경을 조성해 주고 위험한 환경에 노출되지 않도록 한다.

3. 능력개발 및 능력을 발휘할 수 있는 기회

종업원들에게 직무에 자율성과 다양성 및 중요성을 부여함으로써 종업원의 자아몰입과 자기존중의 기회를 갖도록 한다.

4. 고용안정과 성장가능성

종업원이 합당한 이유 없이 해고될 위험을 느끼자 않는 즉 고용안정된 직장에서 일할 수 있는 기회를 주어야 하며 모든 종업원들에게 승진기회 또한 공정하게 제공함으로써 일에 대한 의욕과 가능성을 직무에 투입할 수 있게 한다.

5. 직장 분위기

조직 내에서 만족스러운 일체감과 소속감 및 자아존중을 경험할 수 있도록 조직 내에서 공동체의식을 심어준다.

6. 규범과 제도에 따른 공정한 처우

경영자의 임의적 행동으로부터 종업원을 보호할 수 있는 종업원들의 처우에 대한 제도화가 요구된다.

7. 작업생활과 사생활의 조화

직업생활은 종업원의 가정환경 등 직업 이외의 생활에도 많은 영향을 미치므로 종업원의 근로 시간과 가정생활의 시간이 적절히 조화될 수 있도록 근무시간을 탄력적으로 조정한다.

8. 직업생활의 사회적 유용성

종업원들은 누구나 직업생활을 통해 사회에 기여하고 봉사하기를 갈망하므로 조직에서는 종업 원들이 수행하는 일이 사회적으로 적합하고 유용한 것임을 인식시켜 주어야 한다.

Ⅲ. QWL향상 프로그램

1. 개인차원

(1) 직무재설계

직무담당자가 일에 대한 의미를 느끼고 일 자체로부터 만족을 얻으며 업무생산성을 향상시킬 수 있도록 직무내용 및 방법을 설계시키거나 변경시키는 활동을 말한다. 종업원 동기부여를 향 상시킬 수 있는 직무재설계에는 직무확대와 직무충실이 있다.

(2) 근로시간의 재조정

조직이 미리 정한 근무시간 내에서 종업원 자신의 근무시간을 선택하도록 하여 가정과 일의 조 화라는 장점을 살릴 수 있는 자유근무시간제(flextime) 외에 파트타임제, 직무분담제, 집중근무 일제, 작업분담제 등을 활용한다.

(3) 종업원 고충처리제도

종업원이 직업생활과 관련해 불만족스러운 일들을 제안하게 하고 그것을 조직이 개선하는 절차 와 방법을 말하는 것으로 이를 통해 종업원들은 상급자의 자의적인 행동으로부터 보호되며 직 장생활의 불평과 불만에 관한 커뮤니케이션이 증진된다.

2. 집단차원

(1) 품질관리조

품질관리조는 유사한 일을 하는 사람들이 일주일에 한두 번씩 모여 조직의 생산이나 경영상의 특별한 문제들을 정의하고 분석을 통해 해결하거나 제안하는 종업원들의 회합이다. 이를 통해 종업원에게 조직에 대한 소속감과 일체감을 심어 주어 전체 조직의 성과를 높일 수 있다.

(2) 준자율적작업팀

집단단위로 작업을 설계하여 조직의 업무수행을 위한 책임부여의 중요한 근거로써 활용한다.

이의 가장 중요한 특징은 작업집단 종업원들의 자율적 의사결정 정도가 매우 높다는 것이다.

(3) 참여적리더십

참여적리더십을 통한 경영참가는 종업원들 스스로가 자신이 맡은 일에 대한 자부심과 만족감을 느낄 수 있게 하고 이를 통해 직·간접적으로 동기부여 하여 생산성 향상과 생신을 위한 비용 감소를 비롯해 동료간 갈등 감소, 이직과 결근의 감소에 따른 조직유효성을 증대시킬 수 있다.

3. 조직의 역할

(1) 경영참가제도

경영문제와 관련된 의사결정에 종업원들이 참여하여 의사결정의 질을 향상시킴으로써 종업원들의 상위계층의 욕구, 즉 자기주장, 존경, 독립심 그리고 평등의 욕구를 충족하여 종업원의 사기와 만족을 증대시키고 생산성 향상을 이룰 수 있다.

(2) 성과와 보상의 공정성

종업원 자신이 수행한 과업에 대한 평가·보상에 따라 차후 종업원의 업무수행에 대한 동기부여 정도가 달라지므로 성과평가와 보상에 대한 공정성 확보를 통해 사기저하를 미연에 방지하고 QWL을 향상시킬 수 있다.

(3) 복리후생제도의 탄력적 운영

종업원의 욕구 다양화에 따라 선택적 복리후생제도로의 전환이 필요하며 종업원 자신이 필요한 복리후생을 스스로 선택할 수 있다는 것은 광의의 의사결정에 대한 경영참가적 의미가 있기 때문에 직업생활에 대한 만족을 더욱 높일 수 있다.

(4) 종업원 고용안정

고용안정을 통해 종업원들의 과업 박탈에 대한 두려움을 없애 주고 심리적 안정감을 높여 미래에 대한 성장가능성을 종업원들이 지각할 수 있도록 한다.

(5) 가정과 일의 조화

가정과 일은 상호 영향을 주고받는 역동적인 관계로 종업원에게 매우 중요한 삶의 중심이므로 조직에서는 가정과 일의 적절한 조화를 꾀할 수 있는 방안을 모색해야 한다.

Ⅳ. QWL향상의 효과

1. 개인차원

종업원의 직무만족을 이끌고 직무스트레스를 감소시켜 준다.

2. 조직차원

조직생산성을 향상시키며, 종업원의 충성심을 배양시키고 종업원들의 결근과 이직을 감소시켜 잦은 인력 유동으로 인한 종업원 교육 및 개발비용을 줄일 수 있다.

3. 사회적차원

조직의 높은 생산성으로 국가 생산성의 향상과 전 국민의 삶 만족까지 이룰 수 있다.

T & I ⑪ 스마트워크 성공방안

Ⅰ. 스마트워크 시대의 도래

1. 새로운 근무형태의 필요성 대두

경제성장과 더불어 종업원들의 업무와 삶의 질 조화에 대한 논의가 활발하게 진행되고 있는 가운데 정보기술의 발달로 시공의 제약없이 일할수 있게 되면서 새로운 근무형태의 필요성이 부각되고 있다.

2. 스마트워크의 개념

스마트 워크에 대해서는 아직 명확한 개념 정의가 이루어지지 않았으나 일반적으로 시간과 공간의 제한 없이 업무를 수행할 수 있는 유연근무제와 유사한 프로그램을 말하며 협의의 스마트워크는 일정한 공간을 요구하는 정형화된 업무에서 탈피하여 업무공간을 신축적으로 이용하는 근무제도를 말한다.

3. 스마트워크의 도입현황

미국이나 유럽 등 선진국에서는 정부를 중심으로 스마트워크를 도입하여 성공적으로 활용하고 있으며 우리나라의 경우에는 아직 스마트워크 프로그램 중 기본적인 재택근무조차 제대로 정착되지 않고 있는 실정이며 기업이나 종업원 모두 필요성을 인식하지 못하는데서 그 원인을 찾고 있다.

4. 스마트워크 실시확산

최근 정부를 중심으로 스마트워크를 시범적으로 실시하면서 이를 확산시키기 위한 노력이 계속 되고 있으며 특히 스마트워크의 일종인 스마트워크센터 프로그램은 기존 재택근무의 여러 가지 문제를 보완할 수 있어 실현가능성에 있어 높이 평가받는 등 앞으로 기업은 이러한 스마트워크 확산 움직에 대한 대응마련이 요구되고 있다.

Ⅱ. 스마트워크 성공사례

1. 종업원 관점에서의 직무적합성 분석(Fairfax Country Government)

종업원의 자발적인 자기평가와 직무분석을 통해 적합한 업무를 찾아 수행하는 방식으로 참여자로 하여금 개인, 업무, 동료와의 관계 등의 관점에서 수행가능 여부를 자발적으로 판단하도록 한다.

2. IT기반 환경과의 접목(Dow Corning사의 Home Office)

스마트워크 프로그램은 모바일 오피스를 위해 노트북은 물론 원격액세스가 가능한 보안 및 VPN, 가상화 환경을 구축하는 것을 기반으로 하여야 한다.

3. 인사관리 제도 등 조직문화 개선(KMPG LLP)

성과위주 관리자들은 스마트워크를 적극 지원하지 않을 가능성이 높기 때문에 스마트워크를 했다는 이유로 불이익을 주지 못하도록 인사지침 등을 통해 스마트워크 프로그램 활성화를 위한 조직문화를 구축하여야 한다.

Ⅲ. 스마트워크의 추진방안

1. 추진 영역별 주요이슈

스마트워크를 위한 작업공간은 개인의 창의성을 이끌어내고 이를 조직창조성이라는 시너지로 연결시킬 수 있도록 설계되어야 한다. 또한 사무공간을 효과적으로 혁신하려면 집중간의 확보, 교류공간의 조성, 효과적인 팀 작업공간의 확보에 유의하여야 한다.

2. 단계별 추진방안

(1) 1단계 체감형 변화 추진

스마트워크는 종업원들의 참여와 자발성을 이끌어내지 못하면 실패하기 마련이므로 시작단계에서부터 변화를 체감할 수 있게 하는 것이 중요하며 가시화 및 제도화를 추진하여 먼저 개방형

사무공간에 대한 개념을 명확히 하고 적절하게 변화, 유지, 보완해나가는 것이 필요하다.

⑵ 2단계 실천과 효율 제고

1단계를 통해 방향이 명확해 진 경우 그것을 실천하기 위하여 도입된 제도를 뒷받침할 수 있는 제반환경 및 문화를 구축하여야 한다. 또한 종업원들 간의 심리적 거리를 좁히기 위해 정서적 소통을 강화하기 위한 부서간 활동이나 스킨십활동을 강화하는 것이 필요하다.

⑶ 3단계 성과 관리와 피드백

조직별로 성과 관리의 기준을 정하고 구체적인 성공사례를 발굴한 후 타 조직에 이를 효과적으로 전파하여 공유하는 것이 필요하며 지속적인 피드백을 통해 종업원들의 긍정적인 태도와 자발성이 형성되면 스마트워크 선순환 구조가 정착될 것이다.

Ⅳ. 스마트워크의 성공방안

1. 종업원의 프로그램 적합성 고려

스마트워크를 수행하려는 업무가 스마트워크에 적합한지 여부 뿐 아니라 업무를 담당하는 종업원이 스마트워크에 적합할 때 그 효율성이 극대화될 수 있다. 따라서 종업원들에게 적합한 양의 업무인지, 집중적인 감독없이 독립적으로 업무를 수행할 수 있는지 등을 점검하여야 한다.

2. IT기반환경구축을 위한 정부지원

스마트워크 환경을 구현하려는 기업들은 사용자들에게 편리한 원격 엑세스 환경을 제공해야 하며, 동시에 민감한 정보를 보호해야 한다.

3. 스마트워크에 적합한 조직문화 구축

스마트워크를 단순히 복지가 아닌 생산성 향상과 비용절감 효과 측면에서 접근해야 하며 스마트워크를 저해할 수 있는 행위의 방지조치를 마련하는 등 조직문화를 스마트워크 프로그램에 적합하도록 혁신시키는 노력을 하여야 한다.

※ 참고문헌

자료 : 장후석, 스마트워크 성공방안, 현대경제연구소(2011)

자료 : 장재현, 스마트워크 외부효과에 주목, LG경제연구소(2011)

T & I ⑫ 인력 다양성과 인적자원관리

Ⅰ. 인력의 다양성이 글로벌경쟁력

1. 다양성의 개념

다양성이라는 개념은 사회적 범주의 다양성(연령, 민족, 인종, 성별, 종교 등), 정보 관련 다양성(교육정도, 직무경험, 기능적 전문성 등), 가치 지향 관련 다양성(개인적 성격과 태도)을 포함하고 있으며, 현재 기업경영과 관련된 이슈는 인구통계학적 차이에 기반한 다양성(사회적 범주의 다양성)을 말한다.

2. 한국기업의 인력다양성 관리수준 미흡

2001년~2010년 기간 중 여성, 외국인, 장애인의 고용이 각각 1.6배, 4.0배, 5.7배 늘어나는 등 한국기업의 외형적 다양성이 크게 확대되고 경력직과 신세대 등 다양한 경력과 이질적 가치관을 지닌 종업원이 기업에 유입되면서 내면적 다양성도 커지고 있으나 한국기업의 인력 다양성 관리는 아직 걸음마 수준으로 새로운 인적자원을 확보·활용하여 시너지를 창출하는 데 미흡하다.

3. 인력다양성 관리의 필요

다양성을 존중하지 않는 폐쇄적인 조직문화가 글로벌 우수인재의 이탈을 야기하고 경력사원이 새로운 조직적응에 어려움을 호소하는 경우가 빈번히 나타나고 있다. 따라서 인력다양성의 위험요인을 최소화하고 기회요인을 극대화하는 인력 다양성 관리가 필요하다.

Ⅱ. 기업인력 다양화의 배경

1. 여성인력의 사회진출 러시

기업의 여성 인력 활용도가 빠르게 증가하고 있다. 이는 기업 내 인력 다양성을 높이는 대표적인 변화 가운데 하나이다.[2] 이에 과거와 같은 남성 중심의 인력 관리 패턴만으로는 기업 경쟁력을 확보하기 어려우며 기업은 여성인력을 효율적으로 활용, 육성하기 위한 인사관리 방안을 모색해야 한다.

2. 저출산 · 고령화 사회의 도래

저출산 · 고령화 사회의 도래로 인해 예상되는 인구 구성비의 변화도 인력의 다양성 관리의 필요성을 높인다. 이러한 추세가 지속될 경우 기업은 젊은 노동 인력의 공급 부족 현상을 겪을 것이고 조기 퇴출의 대상이었던 고령 인력의 활용이 불가피해질 것이다.[3]

3. 가치관이 다른 신세대의 등장

젊은 노동력의 감소가 예견되는 한편, 신세대 인력의 사회 진출 증가도 다양성 관리를 주목 받게 하는 이유이다. X세대, Y세대, N세대 그리고 월드컵을 계기로 등장한 P세대 등 신세대는 기성세대와 상당히 다른 생각과 행동을 보인다. 따라서 기업은 조직 내 세대간 갈등과 가치 충돌의 문제에도 각별한 관심이 필요하다.

4. 글로벌화 등에 따른 기업의 인력활용 다변화

사업의 글로벌화로 인해, 현지에서의 사업 수행 역량 강화가 중요 과제로 부각되고 있다. 이제 우리 기업들도 인력의 다양성 관리와 관련된 사업 기회와 위험을 인식하고 관리 · 활용해 나가야 하며 많은 기업사례와 관련 연구들은 앞으로 다양성 관리가 글로벌 사업전개와 경쟁력 확보를 위해 선택이 아닌 필수가 될 것임을 보여 주고 있다.

---

2) 최근 통계청 자료에 따르면, 지난 2000년 약 55%였던 여성의 경제 활동 참가율이 2020년경에는 60%까지 늘어날 전망이다. 또한 2005년 60개 중견 기업의 채용 실태를 보아도, 이와 유사한 변화가 감지된다. 남성 인력의 채용 비중은 전년 대비 4% 증가했지만, 여성 인력은 31%나 증가해 여성의 채용이 매우 활발해지고 있다.

3) 각종 통계 결과를 보면 2019년에는 65세 이상 인구가 전체 인구의 14.4%에 달할 것으로 예상되며, 2026년에는 65세 이상 인구비중이 20%로 초고령사회에 진입할 전망이다.

5. 정책과 사회적 압력이 다양성을 촉진

미국에서는 1964년에 도입된 「Affirmative Action」(차별철폐조치)이 조직의 인적구성을 다양화하는 계기가 되었고 유럽의회는 유럽연합(EU)에 소속된 모든 국가가 2006년 차별방지법을 전면 실시해야한다고 의결한 바 있다. 공정성 확보, 사회통합, 약자 보호, 사회적 책임 등 전 세계적인 사회/정책적 압력이 최근 우리 기업에도 영향을 미치고 있다.

Ⅲ. 인력다양화가 기업에 미치는 영향

인력다양화는 기업에게 기회이자 위기일 수 있다. 향후 기업이 다양성 관리를 얼마나 잘 하느냐에 따라서 성공과 실패의 명암도 분명해질 것이다. 아래에서 다양성 관리의 성공에 따른 긍정적 영향과 실패에 따른 부정적 영향을 살펴본다.

1. 긍정적 영향 : 창조와 혁신의 원천

(1) 다양성을 통한 창의성과 혁신촉진

다양성 관리는 조직내 창의와 유연성, 혁신을 촉진한다. 다양한 시각에서 시장과 이슈를 분석하고 해석함으로써 보다 유연하고 창의적인 대응 방안을 찾아낼 수 있기 때문이다.
특히 신상품을 끊임없이 출시해야 하는 등 공격적 시장 전략을 구사하는 기업에 더욱 긍정적인 효과를 줄 수 있다.

(2) 인재 pool 확대의 기회

다양성은 선택 가능한 고급 인재풀을 넓혀주어 우수한 인재를 보다 효과적으로 확보할 수 있게 해준다. 즉 다양한 인재 풀을 통해 확보 활동을 함으로써 여성 인력, 외국인 등 인재확보의 대상이 늘어나게 된다.

(3) 기업이미지 제고와 시장접근 도움

다양한 인력이 일하기 좋은 기업으로 인정받으면 다양한 국적, 학력, 지식과 경험을 지닌 우수 인재를 유인하는 데 유리하며 다양한 고객과 시장을 이해하고 접근하기 이해서는 서로 다른 배경과 지식을 지닌 인재가 필요하다.

(4) 전 세계지역사회와의 공동체 관계 정립

다양성 관리 정책의 실행을 통해 전 세계 지역 사회와의 건강한 공동체 관계를 정립할 수 있고 이를 통해 지속 가능한 경영의 한 축을 담당함으로써 장기적 경쟁력 강화에 도움을 줄 수 있다.

2. 부정적 영향 : 조직 응집성 저해와 갈등 유발

(1) 정체성 위기 및 갈등 유발

인간은 본래 익숙한 것에 편안해 하는 반면 낯선 것에는 불편함을 느끼는 경향이 있다. 조직 내 종업원들도 마찬가지이다. 이때 서로를 충분히 이해하고 수용할 수 있도록 관리하지 못하면, 불필요한 긴장 상태가 조성되고 갈등이 많아져 조직내 시너지 효과가 약화될 수 있다.

(2) 인재유치 실패

인력 구성은 점차 다양화되는데 기업에서 개별 종업원들의 다양성을 충분히 인정해 주지 않고 획일적인 집단 논리에 얽매이게 될 경우, 유능한 인재를 잃는 우를 범할 수도 있다. 경쟁 기업들이 글로벌 차원의 우수인재를 확보할 때 획일적이고 폐쇄적인 인력 운영을 고집할 경우 살아남기 힘들 것이다.

(3) 차별 시비

여성이나 비정규직 등에 대한 차별문제나 평가, 보상, 승진 등에서 차별시비가 발생할 경우 법적 리스크도 비화될 수 있으며 일부 글로벌 기업은 인력 다양성과 관련한 차별시비로 막대한 금전적 손실과 이미지 실추를 경험한 바 있다.

남녀 차별이 초래한 월마트의 집단소송 사례

2001년 베티 듀크스를 비롯한 월마트 직원 6명은 "여성이라는 이유로 임금, 승진 등에서 차별당했다"며 월마트에 소송을 제기
- 동 소송은 2010년 월마트 전현직 여직원 약 160만명을 대표하는 집단소송으로 확대되었으며, 집단소송에 패소하면 월마트 보상액은 수십억달러로 추산
- 2011년 6월 미국 대법원은 '월마트의 차별혐의가 모호하고, 증거가 약하다'며 집단소송을 기각했으나, 월마트의 이미지는 이미 크게 훼손

Ⅳ. 국내기업의 다양성 관련 이슈

1. 여성인력

2005년 60개 중견 기업의 채용 실태를 보아도 여성 인력의 채용은 31%나 증가하는 등 여성 인력 활용이 증가 추세에 있다. 하지만 여성관리자가 전체 관리자에서 차지하는 비중은 약 5% 수준으로 선진국에 비해 미흡한 편이다. 이는 여성인력의 공급과 수요간의 갭이 존재하고 있고, 가사 및 육아 부담, 차별적인 기업관행, 경력단절 등의 문제 때문이다.[4]

2. 고령인력

전 세계에서 유래를 찾아보기 힘들만큼 빠른 속도로 고령화가 진행되고 있다. 일부 기업에서는 임금피크제 등을 실시하며 고령화에 대응하기도 하지만 여전히 많은 기업들은 고령인력에 대한 조기퇴직 등 단편적인 해결책으로 일관함으로써 우수한 고령인력들의 강점들마저 사장시키고 있다.

3. 장애인

최근 장애인 활용에 대한 관심이 증대되는 것은 사실이나 기업들은 여전히 장애인 채용을 기피하고 있고 장애인의 직업 능력개발도 미흡하다.

4. 외국인 근로자

중소기업의 인력난 심화 등과 함께 외국인 근로자의 국내체류는 급격히 증대되고 있다. 하지만, 체류에 관한 법적 문제가 많이 발생하고 있고 차별대우 등으로 인해서 잦은 이직을 하고 있다. 전문기술을 보유한 외국인 근로자를 고용할 수 있는 우수인력 유치제도 역시 미흡한 상황이다.

5. 비정규직

기업의 비용절감 및 고용 유연성 증대에 일정한 역할을 했지만, 차별 및 해고 등에 따른 법적 논란이 거듭되고 있다. 기업이 비정규법 통과 이후를 대비해온 것은 사실이나 비정규직 문제는 단순히 법적으로만 해결될 수 없는 상황에 놓여있다.

6. 핵심인력

최근 핵심인력의 중요성이 대두되면서 관련 제도를 도입하는 기업이 꾸준히 증가하고 있다. 그러나 여전히 핵심인재 채용에 성공할 수 있는 전략 구사가 미흡하고 확보된 핵심인력을 조기 정착시키고 유지·관리하는 시스템이 정립되어 있지 않다.

Ⅴ. 다양성관리를 위한 인적자원관리방안

1. 확보관리 : 일정비율의 채용목표 운영

성별, 학력, 경력별로 일정 비율의 채용 목표를 운영하여 채용에 있어 공정성을 확보하여야 하며 여성, 외국인 등 다양한 소수계층 인력이 관리자로 진출할 수 있도록 이들의 승진율을 지속적으로 관리하여야 한다.

---

4) 유리천장과 유리벽의 문제에 대해 언급해도 좋을 것임.

2. 개발관리 : 소수계층 인력의 전략적 육성

여성, 외국인 등이 조직내에서 성장할 수 있다는 비전을 제시함으로써 소수계층 인력을 전략적으로 육성할 필요가 있으며 직종별로 소수계층 대상의 경력경로를 명확하게 제시하여야 한다. 또한 멘토링과 다양한 리더십 교육 프로그램을 통해 소수계층 인재가 리더로 성장할 수 있는 환경을 조성하여야 한다.

3. 평가와 보상관리 : 공정성 강화

인력 다양성 확대에 따른 갈등과 차별시비 해소를 위해 인사제도, 특히 평가, 보상의 공정성을 강화하여야 한다. 소수계층 인력이 평가에서 차별받고 있다는 인식을 불식하기 위해 평가결과를 모니터링하고 평가 피드백을 강화하여 이러한 공정한 평가에 기반한 보상관리를 하여야 할 것이다.

4. 유지관리 : 가족친화적 경영의 정착

특히, 여성인력의 활용을 위하여 일과 가정의 양립을 고려한 가족친화적 경영제도를[5] 도입하고 고령인력의 유지관리를 위하여 라이프 사이클에 따른 대책, 진로선택제, 임금피크제, 유연적 근로시간, 정년제 개선 등을 고려해야 한다. 또한 세대간 갈등 관리를 위한 별도의 프로그램, 멘토링과 같은 커뮤니케이션 채널을 구축해야 할 것이다.

5. 방출관리 : 전직지원 프로그램 운영

기업에서 인력의 중요성, 전략적 기여도에 따라 인적자원의 유연화 전략을 선택하고 퇴직자에 대한 아웃플레이스먼트(전직지원 프로그램)의 제공, 재고용제도 등을 통해 기업의 사회적 책임을 다해야 한다.

Ⅵ. 효과적으로 실행하기 위한 방안

1. 순혈주의적 시각의 탈피

다양성 관리가 이루어지기 위해서는 우선 순혈주의적 시각에서 벗어나야 한다. 하루 빨리 과거 지향적인 시각을 벗어 던지고 여성 인력의 사회 진출이나 글로벌 인력 등의 유입을 자연스럽게 받아들일 자세가 필요하다. 앞으로 HR은 인력 다양화 추세를 적극 수용하고 '열린 HR 시스템'으로 빠르게 전환해야 한다.

---

[5] 이는 사회 복지 정책이 발달해온 서구 기업에서부터 출발한 관행으로, 현재는 우수한 여성 인력 등 인재 확보/유지의 글로벌 스탠다드가 되었다. 해외 선진 기업들의 가족 친화적 경영의 형태를 보면, 가족 대상의 각종 지원 프로그램('육아', '노인 부양', '가족 상담' 등)에서부터 유연한 근무 방식('출산 휴가', '재택 근무' 등)에 이르기까지 매우 다양하다. 현재 우리 사회가 겪고 있는 저출산·고령화로 인한 노동력 감소 이슈를 고려해 볼 때, 가족 친화적 경영의 정착은 피할 수 없는 경영 과제라해도 무방할 것이다.

2. 전담관리자 및 전담조직 설치도 고려

순혈주의적 시각에서 벗어나 다양성을 받아들일 준비가 되었다면 이를 위한 다양성 관리 '전담 조직 및 관리자'를 두는 방안도 고려해 볼 수 있다. 이러한 활동을 통해 조직 내의 갈등의 방지와 함께 기업에 대한 사회적 인식도 제고시킬 수 있다.[6]

3. 이(異)문화 / 가치에 대한 노출기회 확대

존슨앤드존슨이[7] '다양성 대학'을 운영하는 것처럼 서로 다른 성별, 국적, 직군, 연령대의 다양성 특성, 사고방식, 문화를 이해하는 이문화 알기 교육을 통해 '다름'에 대한 조직의 수용도를 높여야 한다.

4. 팀중심 창의 · 혁신 조직문화 구축

창조화 혁신이 발생하는 기본 단위인 팀을 중심으로 다양성 관리를 강화할 필요가 있다. 팀장에게 인력과 예산에 관한 자율권과 책임을 부여하고 직무 순환과 협업 활성활를 통해 자율적이며 창의적인 분위기를 조성해야 한다.

Ⅶ. 결 론

예측 불가능한 미래에 잘 대응하기 위해서는 기존의 순혈주의 인력 운영에서 탈피하여 조직 내 다양성 관리가 요구되고 있다. '필수 다양성의 법칙'에 따르면 외부 환경요인이 다양해질수록 이에 상응하는 수준으로 기업도 다양성을 확보하는 것이 중요하며 인력다양성이 높아질수록 다양한 사고와 정보가 기업역량을 강화시킬 것이다.

또한 최적의 인력 다양성 관리를 위하여 기업의 인력구조, 전략적 목표, 업의 특성 등에 따라 적합한 다양성 관리대상 및 수준을 설정하고 관리하되, 우선적으로 여성인력, 외국인 근로자 등 외형적 다양성 활용에 초점을 맞추어야 할 것이다.

마지막으로 창의와 혁신적 조직문화를 구축하기 위해서는 관리 초점을 외형적 다양성 관리에서 과업 관련 다양성(경력, 근속. 학력, 직군 등)으로 단계적으로 전환하여야 한다.

※ 참고문헌

신원무, 인력의 다양성이 글로벌 경쟁력 되고 있다, LG Business Insight (2009)

김현기, 기업 인력 다양화 시대 인사관리 성공포인트, LG 주간경제 (2007)

---

6) 이에 대해서는 IBM과 Motorola社가 좋은 본보기이다. 루 거스너 회장은 "이(異)문화/가치 등으로 점차 다양지고 있는 고객과 시장을 이해하고, 이에 대응하기 위해서라도 다양성 관리에 적극 나서야 한다."고 말한 바 있다. 이를 위해 IBM은 1995년경부터 다양한 배경을 갖춘 고참 관리자를 15~20명씩 선발해 8개의 테스크포스팀을 만들었다. 이를 통해 다양성을 존중하는 IBM의 가치를 종업원들에게 전파하고, 다양한 인력이 일하기 좋은 환경을 조성하기 위해 힘써 왔다고 한다. 한편 Motorola社는 미국 본사에 '다양성 관리 담당 중역(CDO : Chief Diversity Officer)'를 두고 있는 것으로 유명하다. 회사의 한 관계자는 "부사장급 임원이 앞장서서 여성, 동성애자, 흑인 등 사내 소수 그룹을 위해 헌신하는 모습 때문인지, 고객들이 회사를 더 좋게 평가한다"라고 말한다.

7) 가장 손쉽게 접근할 수 있는 것으로는 교육 프로그램을 들 수 있다. 예컨대 Johnson & Johnson社는 '다양성 대학(Diversity University)'라는 사이버 대학을 설립했다. 이를 통해 구성원들이 글로벌 및 이문화 이슈에 대한 감수성 훈련을 받는다고 한다. 특히 다양성과 관련해서는 리더들의 감수성을 키워주는 것이 중요한데, ExxonMobil社가 대표적인 예이다.

T & I ⑬ 고령자 인적자원관리

Ⅰ. 고령화 사회의 진입

1. 고령화 추세와 베이비부머의 은퇴

전 세계적으로 고령화가 사회적 이슈로 떠오르고 있다. 현재의 추세대로 고령화가 진행된다면, 향후 20년 내에 고령 인력 문제는 기업 경영상에도 중요한 과제로 부각될 전망이다. 우리나라 역시 출산율 저하, 인간 수명 연장 등의 이유로 인구 구조의 변화가 세계 어느 국가보다 빠르게 진행되고 있으며 '고령 사회(Aged Society)'에 바짝 다가서고 있다. 피터 드러커는 '기업들이 고령화에 대해 철저히 준비하지 않는다면, 곧 고도의 지식과 높은 역량을 지닌 우수 인력의 부족이라는 치명적인 상황을 맞게 될 것이다'라는 예측을 내놓기도 했다. 즉 이들이 퇴직할 경우, 조만간 대량의 브레인 유출상황에 직면하게 되는데 이미 많은 산업에서 퇴직에 임박한 고령 인력을 대체할 인력을 확보하지 못하는 기업들이 속출하고 있다.

2. 기존 고령인력 관리방식의 문제

이처럼 빠르게 진행되고 있는 종업원의 고령화라는 새로운 변화에 우리 기업들은 아직까지 능동적으로 대처하지 못하고 상당 수의 기업이 지금까지 고령 인력 해소를 위해 조기 퇴직, 임금피크제 등을 통한 정년 연장 등의 단편적이고 수동적인 해결책으로 일관해 오고 있다. 이러한 단편적인 고령인력 관리는 기업의 인건비 부담을 해소하지 못하고 생산성 저하와 조직의 역량 공백을 허술하게 방치함으로써 기업의 위기를 불러일으키고 있다.

이에 이하에서는 고령인력의 관리방안에 대해 논하도록 하겠다.

Ⅱ. 고령화가 종업원과 기업에 미치는 영향

1. 종업원에 미치는 영향

(1) 고용불안

회사의 구조조정이나 임금피크제 등의 시행으로 한직같은 권한이 없는 부서 배치에 대한 우려 및 퇴직 이후 재취업선의 부족, 장래 커리어 개발에 대한 불안 등을 들 수 있다.

(2) 의욕 및 사기저하

기업 내에서 자신의 존재가치의 하락에 대한 불안이나 노후 생애불안, 과거의 공헌도 보상심리에 기초한 회사 로열티가 저하될 수 있다.

(3) 적응력 상실

무기력감이나 도전의욕이 후퇴하고 경직된 조직 내에서 정신적 스트레스로 인해 적응력을 상실하게 된다.

(4) 충성심 저하

생활자금을 본격적으로 마련하는 50대에 신분변화나 생애설계상의 불안으로 신뢰감의 상실과 로열티가 저하로 나타난다.

2. 기업에 미치는 영향

(1) 인건비의 증가

중고령화에 따라 연공서열에 기인한 기업들의 인건비가 증가는 피할 수 없는 상황이다.

(2) 포스트 부족

조직의 플랫트화로 신속한 의사결정이 필요하나 관리의 원칙과 생산성으로 설정되는 포스트수는 한정되어 있다. 최근에 직급을 폐지하고 팀제를 도입하거나 활성화하는 기업이 늘어나는 것도 이러한 추세를 반영한 것이다.

(3) 생산성 저하

현대의 지식정보화 사회에서는 기존의 숙련상승설은 설득력을 잃고 있으며 고령자가 갖고 있는 지식이 진부화되면서 생산성 저하의 원인이 되고 있다.

(4) 조직의 경직화

중고령자의 비율이 높아질수록 조직의 활력이 약화될 우려가 있으며 지나치게 과거의 영광을 존중함으로써 조직의 경직화, 세대간의 갈등을 가져올 수 있다. 이러한 매너리즘으로 조직의 침체를 가져올 수 있다.

Ⅲ. 조직역량 공백을 방지하기 위한 방안

1. 고령인력에 대한 인식전환

기업은 고령인력을 비용중심 관점에서 파악하고 있으나 고령인력의 강점을 인정하고 전략적 자산으로 적극적으로 활용할 필요가 있다. 고령인력은 숙련된 기술과 축적된 노하우를 가지고 있으며, 멘토 역할을 수행할 수 있으며 장기근속 성향이 강하여 조직문화에 긍정적 효과를 가진다.

2. 사내 강사/기능 전수자로 활용

특히 제조업의 경우, 베이비부머들이 여러 해에 걸쳐 체화한 지식과 기술은 쉽게 모방하거나 책을 통해 학습할 수 없는 것들이 많다. '업무 노하우'는 교육이나 일대일 전수 이외에는 조직 역량으로 흡수할 방법이 없기 때문에 일찍이 우리보다 앞서 고령화 문제를 경험하고 있는 일본 기업들도 베이비부머들을 사내 강사 혹은 기능 전수자로 적극 활용하고 있다.

3. 문제해결 전문가로 활용

문제 해결 전문가로 활용하는 방법도 있다. 베이비부머들이 가진 다양한 경험과 노하우는 복합적인 문제 해결이나 공급업체, 유통 업체 등 협력사와의 갈등 해결에 주효할 수 있다. 국가 차원에서 퇴직 전문 인력들을 활용하여 중소기업의 문제 해결을 지원하는 것도 이와 맥을 같이 한다고 볼 수 있다.

Ⅳ. 고령인력의 인적자원관리방안

1. 강점에 기초한 직무 재배치

고령 인력의 강점을 십분 활용하여 적절한 직무의 전환이나 배치가 이루어져야 한다. 격렬한 육체 노동이나 장시간의 체력이 요구되는 일에는 젊은 인력이 유리할 수 있으나 오랜 경륜과 노하우를 활용하는 컨설팅이나 연구개발 직무에는 고령 인력이 보다 적합할 수 있다. 또한 고령 인력의 성숙한 판단력과 강한 자기 통제 능력을 활용할 수 있는 직무를 부여하는 것도 좋은 방법이다.

2. 채용방식의 다각화

우선, 다각적인 채용 방식을 통해 우수 고령인력을 확보할 필요가 있다. 향후 점차 부족해 질수 밖에 없는 젊은 인력의 채용에만 안테나를 맞춰서는 곤란하다. 고령, 퇴직인력이라도 풍부한 경험과 노하우가 있는 우수인력은 계약직이나 사내 컨설턴트 등으로 재고용하는 유연한 채용 정책을 펼쳐야 한다. Wal-Mart는 고령자 채용 센터와 지역 교회 방문, 홈페이지 광고 등의 방식을 활용하고 있다.

3. 평생학습 시스템 구축

고령 인력의 질적 경쟁력 제고를 위해서는 훈련 기회를 늘리고 적절한 교육 프로그램을 마련하는 것이 필요하다. 지속적인 학습이 기업 발전에 필수적일 뿐만 아니라 직원 개인에게도 직업적 성숙과 자아실현을 위해 필요하며 기업은 체계적인 평생 학습 시스템 구축을 통해 각 경력별 필요 지식과 기술을 직원들에게 훈련시켜야 한다.

4. 진로선택제

일정 연령에 도달한 중고령 종업원에 대해 종업원의 희망과 기업상황에 따라 여러 가지 형태의 진로선택 기회를 부여하여야 한다.

5. 임금피크제와 퇴직연금제도 도입

⑴ 임금피크제란 일정 연령이 지나면 생산성에 따라 임금을 줄이는 대신 정년을 보장해주는 형태의 임금제도로 고령화에 따른 종업원의 정년 연장 요구와 기업의 임금부담 문제를 조화롭게 해결할 수 있다.

⑵ 퇴직연금제도란 퇴직한 종업원에 대하여 일정기간 동안 정기적으로 일정액의 급부를 제공하는 제도로 노후소득 보장을 위해 도입할 필요가 있다.

6. 유연적 유지관리

(1) 유연적 근로시간 설계

근로시간 경직성으로 인한 비효율성을 제거하고 지속적인 고령인력의 노동생산성을 유지·증대시키기 위하여 탄력적 근로시간제, 선택적 근로시간제, 재택근로제, work sharing 등과 같은 유연적 근로시간을 설계할 필요가 있다.

(2) Life-Cycle에 따른 복리후생 제공

재직 중에 국한한 복리후생 개념을 퇴직 후의 생활문제까지 포함한 직업생활, 가정생활에 이르기까지 폭넓은 생애생활 전체에 대해 적용하고 고령인력의 건강을 관리할 수 있는 복리후생 프로그램을 제공하여 건강한 직업생활을 할 수 있도록 지원하여야 한다.

7. 유연한 퇴직관리

(1) 단계적 퇴직제도

우수 고령 인력의 유지를 위해 정년에 임박한 고령 인력을 한꺼번에 내보내는 경직된 퇴직 제도 역시 재고할 필요가 있다. 일정 근무 연한 후, 연령에 따라 역할을 바꾸거나 업무량이나 근무 시간을 줄여 나가는 방안 등 을 마련하여 우수 인력을 지속적으로 유지하는 방안을

강구해야 한다. 예로써 점진적으로 정년을 맞이하게 하는 단계적 퇴직 제도를 들 수 있다.

(2) 아웃플레이스먼트 서비스 제공

퇴직이나 갑작스런 해고로 고통과 심리적 불안감을 겪게 되는 종업원을 대상으로 퇴직자의 성공적인 변화를 지원하고 새로운 진로 개척을 도와주는 아웃플레이스먼트를 제공하여야 한다. 아웃플레이스먼트는 기업입장에서 적절하고 원활한 구조조정을 가능케하며 개인에게는 퇴직으로 상실감 및 기업에 대한 반감을 최소화할 수 있는 장점이 있다.

(3) 재고용 제도시행

사회가 고령화될수록 고령 인력은 풍부해지지만 청년층 인재들의 공급은 감소할 수밖에 없다. 따라서 수십년간 현장에서 습득한 노하우를 다음 세대 근로자에게 전수토록 하고 노동 인력의 공급 부족으로 겪게 될 인력난에 대비하기 위해 퇴직자의 재고용을 고려할 필요가 있다. 이러한 재고용 제도는 고용 연장을 통해 직원들의 애사심을 고취시키는 한편, 기업의 인재 투자비용 회수 시기를 좀 더 연장시키는 효과를 가져올 것으로 기대된다.

V. 결 론

고령화 사회의 진입과 베이비부머의 은퇴로 인해 조직의 역량 공백에 대한 대책이 시급하다. 그러나 기존의 임금피크제나 퇴직연금제 도입 등의 제공 등의 방식만으로는 기존의 조직 역량을 지속적으로 유지하는데 한계가 있다.

따라서 기업은 일할 의욕과 능력이 있는 고령 인력을 전략적으로 활용할 필요가 있다. 또한 이제는 외형적 요소인 나이를 기준으로 고령 여부를 판단하기 보다는 실제 활용가치와 잠재력을 바탕으로 고령 인력을 평가하고 활용해야 한다. 고령화는 피할 수 없는 사회적 현상이기에 기업이 이들의 잠재력을 이끌어내어 생산성을 향상시킨다면 지속적인 기업 성장의 토대를 마련할 수 있을 것이기 때문이다.

※ 참고문헌

최병권, 고령인력에 대한 잘못된 선입견, LG주간경제(2005)

조범상, 고령인력, 퇴출만이 대안인가(2005)

엄동욱, 이상우, 배노조, 고령화저성장 시대의 기업 인적자원 관리방안, 삼성경제연구소 CEO INFORMATION (2005)

T & I ⑭ 여성인력 활용방안

Ⅰ. 여성인력의 활용 필요성과 활용실태

1. 여성인력활용이 필요해지는 배경

과거 제조업의 시대와 달리 오늘날 지식 기반 경제는 지식과 창의성을 지닌 인재가 절대적으로 필요한 가운데, 여성들의 전반적 교육수준 향상과 더불어 고부가 지식 서비스 분야일수록 여성들이 동등하게 경쟁할 수 있는 무대가 형성되고 있으며 특히 협업을 통한 집합적 창의성이 발휘돼야 할 미래의 지식 경제에서는 연결과 공감이 중요한 화두로 등장하게 된 것이다.

또한 리더십 측면에서도 공격적이고 위계질서를 강조하는 남성들의 지휘 방식에 반하여 조화와 관계를 중시하는 여성적 리더십이 새롭게 조명 받고 있으며 소비시장에서 여성의 영향력이 높아진 것도 기업들이 여성 인재를 주시해야 할 중요한 근거다.

2. 여성인력 저활용 문제 여전

그러나 많은 대졸여성들이 아직도 조직내에서 비전을 찾지 못하고 상당수가 출산과 육아를 계기로 퇴직을 하고 상당한 기간이 지난 후에 다시 경제활동을 재개하는 M자형 경력단절을 겪고 있으며 재진입하는 여성의 대부분이 임시직이나 비정규직으로 취업하고 있어 기업내 여성인력 활용과 발전을 가로막는 가장 큰 장애요인으로 작용하고 있다.

413

3. 유리천장 문제

유리천장은 1986년 Wall Street Journal에서 처음 사용한 개념으로 이는 여성들이 기업에서 보다 높은 지위로 진급하는 것을 막는 투명한 장벽을 묘사하는 것으로 특히 여성이 고위경영층으로 진출하고자 할 때 겪는 눈에 보이지 않는 장애를 말한다.

≫ 기업조직내 유리천장과 유리벽

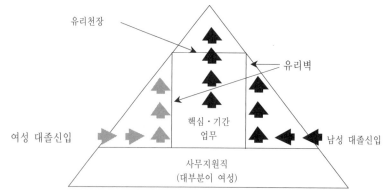

자료 : ILO(2002)를 강우란, "여성인력과 기업경쟁력", 삼성 CEO Information, 2002.2.6에서 재인용

4. 여성인력 활용의 제약요인

남성중심의 사회문화, 기업내 성차별 의식·관행·제도, 정부, 기업 차원의 복리후생제도 미비, 여성 자체의 소극적 태도 등이 있다. 특히 기업의 여성인력 활용의 전략적 중요성에 대한 인식과 시스템 부재 등이 중요한 제약요인이 되고 있다.

Ⅱ. 선진기업들의 접근방식과 여성인력 활용의 장점

1. 선진기업들의 접근방식

(1) 스마트 워크제

세계적으로 노동시간이 길기로 유명한 우리의 근무 조건은 일과 가정의 업무를 병행해야 하는 맞벌이 가족들에게 상당히 불리한 조건이다.

영국의 BT는 직원의 87%가 참여하는 'BT 워크 스타일'이라는 스마트 워크제를 도입한 이래 업무 생산성이 20~60% 개선되었고 산후 휴가 복귀율도 업계 평균의 2배인 99%까지 높아진 것으로 나타났다. 스마트 워크가 활성화된 네덜란드는 최근 정부나 민간기업들이 나서 스마트워크 센터들을 세우고 있는데 관공서의 유휴 공간이 유력한 후보지로 떠오르고 있다.

(2) 여성임원 할당제

여성 인력을 승진시켜 조직 내 고위직에 포진시키는 것도 여성인력의 동기부여나 남성 일변도 리더십을 보완한다는 면에서도 권장할 만하다.

노르웨이에서는 2006년부터 기업 이사회 내에 여성임원 할당제를 도입했다. 그 결과 여성 임원의 수가 5년 만에 9%에서 40%까지 폭증했지만 자격미달 인물도 덩달아 승진해 부작용을 경험했다. 따라서 기업들이 리더십 확보 차원에서 여성 인력에 대해 체계적으로 투자하도록 유도하는 정책이 바람직하다.

2. 여성인력 활용의 장점

(1) 우수 인재의 확보 가능

여성인력의 활용은 남성위주의 모집·선발에 비해 그 양적인 측면에서 선택가능한 인력이 많아지므로 우수한 인재를 확보할 수 있는 가능성을 높여준다.

(2) 창의적 혁신능력의 증대

여성인력의 활용은 인력구성에 다양성을 증대시켜서 조직내 창의적 혁신능력을 극대화하는 효과가 있다는 연구결과가 있다.

(3) 기업이미지 제고

여성인력의 효율적 활용은 여성이 일하기 좋은 회사라는 이미지구축을 통해 노동시장에서 우수한 여성인재를 유인할 수 있는 긍정적 효과가 있다.

Ⅲ. 여성인력 활용을 위한 인적자원관리방안

1. 기본적인 관점과 과제

여성인력의 활용도를 높이는 과정은 곧 조직의 질과 경쟁력 제고의 과정으로 인식해야 할 것이며, 남녀 차별철폐, 여성인력의 적극적 개발과 활용, 여성관리자의 육성과 경력개발 등을 주요 과제로 볼 수 있다. 또한 여성의 모성보호와 가정 친화적 인적자원관리를 통해 직장생활과 가정생활의 양립이 가능하도록 지원해야 할 것이다.

2. 채 용

여성 활용 분야 개발, 고용할당제, 기혼여성 재고용, 고용의 유연화 등을 통해서 여성인력을 적극적으로 활용할 수 있는 토대를 마련해야 할 것이다.

3. 적합한 직무부여

실제 업무가 여성인력 개인의 역량에 맞게 주어졌는가를 점검하여야 한다. 크고 복잡한 업무를 수행할 기회가 충분히 부여되었는지, 전문성과 네트워킹이 요구되는 업무 경험을 거쳤는지, 고

도의 의사결정력이 요구되는 업무에 배치되는지 등을 주기적으로 점검, 개선해 나가야 한다.

4. 개 발

(1) 유리천장 철폐

여성인력의 고위직 진급과 핵심직무 접근을 막는 유리천장과 유리벽을 철폐해야 할 것이다.

(2) 교육훈련

여성인력이 핵심직무에 접근할 수 있는 교육훈련을 실시해야 할 것이며 여성 관리자 육성을 위한 리더십 함양, 교육훈련 및 승진된 여성 고위층에 의한 멘토링 실시 등이 필요하다.

(3) 경력개발

능력과 의욕이 있는 여성 근로자에 대한 승진경로를 개발하여 여성이 업무보조에 머무르지 않고 관리자로 승진할 수 있는 경력경로를 개발할 필요가 있다. 또한 여성 근로자 본인의 희망 및 경력 경로 개발에 따른 계획적인 배치전환을 실시함으로써 능력개발에 힘써야 한다.

(4) 여성 리더십 육성

여성 상사 시대에 맞추어서 여성 관리자를 양성하기 위해서 여성 특유의 상호작용적 리더십을 육성해야 할 것이고 이를 통해 조직목표 달성에 기여해야 한다.

5. 평가와 보상

직무평가시 성차별 금지, 동일노동에 대한 남녀 동일임금원칙 및 성에 무관하게 일의 성과에 따른 임금지급, 임금협상 과정에 여성의 참여 실시 등이 필요할 것이다.

6. 복리후생

work-family balance 위한 가족친화적 제도를 설계함으로써 여성인력 활용의 제약요인을 극복해야 할 것이다. 파트타임, 탄력·선택적 근로시간, 재택근무, 육아휴직, 출산휴가, 가족 간호 등이 그 예가 될 수 있을 것이다.

7. 방 출

결혼, 출산, 육아 등을 이유로 퇴직시키거나, 구조조정 과정에서 여성이라는 이유로 차별적인 대우를 해서는 안 될 것이다. 아웃플레이스먼트 등의 프로그램을 만들 때도 여성인력의 특성을 고려한 설계가 필요할 것이다.

8. 직장내 성희롱 예방

직장내 성희롱 예방 역시 여성인력의 개발과 활용을 위해서 매우 중요한 과제이다.

416

Ⅳ. 가족친화적 관리제도

1. 가족친화적 관리제도의 의의

과거에는 직장 영역과 가정 영역이 서로 관련성이 없는 것으로 인식되었으나 오늘날에는 두 영역이 밀접한 관련이 있는 것으로 인식되면서 일과 가정의 상호연관성을 높이는 방향으로 변화되고 있으며, 자율근무제, 휴가, 재택근무 등 다양한 제도들을 통해 가족·출산 친화적인 직장을 만들고 종업원의 삶의 질을 높이고자 하는 활동을 가족친화적 관리제도라고 말한다.

2. 다양한 제도들

(1) 자율근무제

1) 개념

가족친화적인 자율근무제도는 근무시간이나 장소가 경직적으로 고정되어 있지 않고 종업원의 선택에 따라서 탄력적으로 조정할 수 있음에 따라 직장과 가정 일을 조화롭게 수행할 수 있다.

2) 유형

자율근무제의 유형에는 시작과 종료를 일정한 시간대에서 자유롭게 선택하는 탄력근무제나 시차출퇴근제와 자신의 가족이 거주하는 곳에서 근무하는 재택근무제, 직장에서 떨어진 사무실에서 근무하는 이동 원격지 근무제도가 있다.

(2) 보육 및 가족간호

1) 개념

가정 일과 직장일의 상충하는 가장 대표적인 원인 중의 하나가 가정에서의 보육 및 가족간호이다. 이러한 보육 및 가족간호제도를 포괄하여 부양가족 프로그램이라고도 하는데 가정·직장 분리정책의 일환으로 실시된다.

2) 유형

기업들이 취학아동을 방과 전후, 방학, 휴일에 돌보는 취학아동지원제도나 기업이 직접 사내에 교육시설을 설치하거나 위탁하는 보육지원제도, 노인들의 부양과 관련된 탁노제도 등이 있다.

(3) 휴가

부상, 질병 등으로 일상생활을 하기 힘든 가족을 간호하도록 하기 위해 일정기간 직무에 종사하지 않고 휴직하여 간호에 전념하도록 하는 가족간호휴가제도, 모성보호와 관련된 산전산후휴가나 육아휴직제도, 아내의 출산 시기에 남성사원에게도 휴가를 제공하는 부친휴가 등이 있다.

3. 가족친화 경영제도의 확산방안

① 일정수준 이상의 기업은 '가족친화경영 우수기업'으로 인증서를 부여하여 다양한 인센티브를 부여하는 정부의 지원

② 기업 스스로도 가족친화경영의 수준을 확인할 수 있도록 '지속가능보고서' 가이드라인, 생산성경영체제(PMS), 공공기관 평가기준에 가족친화경영요소를 반영

③ 중소기업은 가족친화경영 프로그램 도입시 가족친화경영지원금 등 기업에 대한 정부의 재정지원

④ 가족친화경영지수(Family Friendly Index) 개발 및 우수기업발표 등을 통해 가족친화경영에 대한 사회적 분위기를 조성

V. 결 론

여성인력의 높은 경제활동 참여와 지식사회로의 경영환경이 변화됨에 따라 여성인사관리의 중요성이 증대되고 있다. 그러나 여성인력의 양적·질적인 사회활동 증가에도 불구하고 여성인력의 고용관계에 관련된 문제들은 여전히 심각하다. 조직에서 여성차별을 극복하고 여성인력의 적극적인 참여활동을 도모하기 위해 조직의 인사관리활동이 무엇이 있는지는 현대 기업의 주요 과제가 되었으며 여성인력의 채용, 경력개발에서의 유리천장 그리고 복리후생을 통한 여성인력의 유인 등은 개인과 조직, 사회차원의 지원과 제도적 정비가 요구된다.

※ 참고문헌

김재원, 글로벌 기업의 여성 CEO 탄생 비결, 삼성경제연구소 CEO Information (2012)

강우란, 여성인력과 기업경쟁력, 삼성경제연구소 CEO Information (2002)

자료 : 임창희, 인적자원관리(2011), p359~375

자료 : 김영재 외, 신인적자원관리(2011), p669~p691

T & I ⑮ 비정규직 인적자원관리방안

Ⅰ. 들어가며

최근 비정규직 문제가 우리 경제의 주요 관심사로 떠오르고 있다. 지난 1997년 외환위기 이후 노동시장의 유연화 정책과 더불어 비정규직 인력이 지속적으로 증가하고 있는 가운데 정규직과 비정규직 근로자들간 처우상의 격차가 사회이슈로 부각되고 있다.

이하에서는 비정규직의 개념을 살펴보고 비정규직 인력을 효율적으로 활용하기 위한 인적자원관리방안과 문제 해결방안을 논하고자 한다.

Ⅱ. 비정규직의 개념과 확산배경

1. 비정규직의 개념

비정규직이란 풀타임 상시고용계약에 대한 상대적 개념으로서 임시계약직, 단시간 근로, 재택근로, 파견근로 등의 다양한 고용형태를 모두 포괄하는 용어이다.

2. 비정규직 노동의 특징

비정규직은 불안정한 고용을 본질로 하고 있어 고용안정이 확보되지 않고 근로계약이 제한되어 있다. 또한 정규직에 비해 보상수준이 낮고 근로조건이 열악한 특징을 가진다.

3. 비정규직 인력활용 확산배경

비정규직이 급속한 증가를 보이는 원인은 기업의 구조조정의 증가와 국제적 경쟁 심화, 고용유연성 확보 필요, 서비스 산업 성장, 노동가치 변화, 근로자 다양한 욕구(QWL) 증대 등 다양한 요소들이 주요 원인으로 꼽히고 있으며 특히 우리나라의 경우 임금절감과 고용유연성의 확대로 요약할 수 있다.

원인	내용
기업의 구조조정의 증가	시장상황에 효율적이고 신속하게 대처하고 조직의 위계를 축소하여 의사결정의 속도를 높이고 간접비를 축소시킴
국제적 경쟁의 심화	기업이 제품과 서비스의 국제경쟁력을 높이기 위해서 원가와 비용을 낮추어야 할 필요성이 제기됨
서비스 산업의 성장	전일 근무가 필수적인 생산직보다 단시간 근로자나 임시직으로 쉽게 채워지는 서비스 산업이 성장함
근로자 욕구의 다양성 증대	근로자의 다양한 욕구(시간, 라이프사이클, 가정환경)가 증대되어 단시간 근로나 임시직을 선호하는 인력이 증가함
새로운 노사관계 형성	산업이나 직무에 대한 장기적인 전망이 불가능하므로 지속적으로 갱신되는 단기 계약을 선호함

4. 비정규직 노동의 형태

(1) 임시직 근로

기간의 정함이 있는 근로계약을 체결한 근로자를 말하며 계약기간은 일정한 사업완료에 필요한 기관과 1년 이내 기간의 계약기간을 갖는 고용계약의 경우로 볼 수 있다.

(2) 시간제 근로

일반적으로 인정되는 정상 근로시간보다 짧게 일하는 근로자뿐만 아니라 정규노동자와 비슷한 시간의 근로를 하면서도 여러 가지 신분적 차별을 받고 있는 근로자를 포괄하는 명칭으로 관계화 되어 사용되곤 한다.

(3) 파견근로

파견이라 함은 자신이 고용하는 근로자를 다른 사업체에 파견하여 그곳 사용자의 지휘명령에 따라 업무를 수행하도록 하는 노동력 공급형태를 지칭한다.

Ⅲ. 비정규직 인력활용의 순기능과 역기능

1. 비정규직 인력활용의 순기능

(1) 고용 유연성

정규직 인력은 법적 규제나 노동조합의 압력 등으로 임금이나 해고 등에 경직성을 띠게 되기 때문에 기업은 해고도 용이하고 인건비 부담도 상대적으로 낮은 비정규직 고용을 통해 고용의 유연성을 확보하려는 경향을 보인다.

(2) 인력채용의 예측타당성 증가

일정기간 동안 업무수행능력을 관찰하고 검증한 후 우수한 인력을 선별적으로 정규직으로 시킴으로써 인력채용의 예측타당성을 증가시켜 보다 우수한 인력을 충원할 수 있다.

(3) 교육훈련비 절감

비정규직 인력은 보통 간단한 현장 적응교육이나 오리엔테이션만 실시하고 곧바로 현업에 투입할 수 있다.

(4) 기업의 환경적응력 증대

비정규직을 지속적으로 채용하고 일정기간 후 계약을 해지하는 일을 반복하게 되면 외부로부터 신선한 아이디어나 시장의 반응을 경영에 활용할 수 있어 기업의 환경적응력을 높일 수 있다.

2. 비정규직 인력활용의 역기능

(1) 잦은 이직과 낮은 생산성

비정규직의 경우 그 특성상 근무자가 자주 바뀌게 되므로 이로 인한 교육훈련이 자주 필요하게 되는데 이 경우 새로운 인력 충원과 교육에 따른 비용이 증가하게 된다. 또한 지식역량 축적 어려움, 업무일관성 저해, 제품과 서비스의 질적 저하, 조직역량 약화 가능성이 높다.

(2) 형평성과 노사갈등

정규직과 비정규직간에는 신분과 급여수준, 그리고 복리후생의 수혜에 있어 차이가 크기 때문에 동일 조직 내에서 함께 근무하는 경우 노노(勞勞)갈등을 일으킬 소지가 있고 조직분위기를 해칠 수 있다.

(3) 법적 리스크와 기업이미지 악화

법적 제한 위반 시 문제가 되며 사회적 이슈로서 기업 이미지에 큰 손상을 입힐 수 있다.

Ⅳ. 비정규직 관련법의 문제점

1. 입법의 내용 및 적용상의 문제점

차별시정제도의 취약점(① 차별시정대상에서 간접고용이 포함되지 않으며 ② 차별시정 주체가 개별 노동자로 제한되고 ③ 차별시정의 비교대상이 사업장으로 한정)이나 불법파견 및 간접고용에 대한 대책이 미흡하고 시간제 및 일일근로 등은 비정규입법만으로 해결할 수 없다.

2. 노동시장 변화와 입법간의 불일치

기업별 정규고용 및 직접고용, 내부자 노동시장이 줄어들고 초기업별 다면적 고용(간접고용), 외부자 노동시장이 증가하는 등 노동시장의 변화가 이루어지지고 있음에도 비정규입법은 여전히 전자에 초점이 맞추어져 있다는 것 역시 비정규입법의 적용을 어렵게 한다.

3. 고용기한 규제 자체의 부작용 존재

비정규직 고용기한은 근로계약 당사자가 원하더라도 법규정 때문에 해고하거나 해고당할 수밖에 없는 근본적인 문제점이 존재하며 소수의 정규직 전환 효과보다 더 많은 근로자를 실업자로 만들 수 있는 불합리한 규제가 된다.

4. 기업의 전략상 문제

사용자측은 법시행 이전부터 인건비 절감 및 고용조절을 목적으로 한 사내하도급과 다양한 비정규직 활용을 선호했다. 이러한 기업의 전략은 외부노동시장에 의존하는 간접적 노무관리 및 시장형 인력관리, 인건비 절감(수량적 유연화) 등을 특징으로 한다는 점에서 인사노무관리가 관리전문가나 단순전달자 혹은 규제자에 머무르는 문제점을 낳는다.

5. 사회보장 시스템의 한계와 접근방식의 문제점

비정규직 및 저임금 근로자의 확산 등 외부자 노동시장에 존재하는 노동자들은 고용을 통한 복지, 그 중에서도 기업복지 및 개별적 기여에 입각한 사회보험제도로부터 배제되어 있다.

Ⅴ. 비정규직관련법 인력의 인적자원관리 방안

1. 채용

채용대상을 교육훈련이 상대적으로 적게 필요한 단순 직무에 한정시켜 사전에 교육훈련비용이나 이직비용을 절감한다.

2. 개발

비정규직 인력이 정규직으로의 전환이 가능하도록 기회를 마련하여 그들의 동기부여를 이끌어
내는 것이 필요하다.

3. 보상

성과와 보상을 직접적으로 연계하고 임금격차를 완화하고 임금의 공정성 확보를 위해 직무
급을 적극적으로 활용해야 할 것이다. 또한 비정규직 인력의 사기개선과 유지를 위해 필요
로 하는 복리후생을 제공해야 할 것이다.

4. 유지

근로조건, 인간관계, 노사관계 등에 있어서 정규직과의 위화감 및 부작용을 해소하는데 초점을
맞추어 관리해야 한다.

5. 방출

비정규직 우선 방출 등에 따른 위화감 및 부작용을 해소해야 하며, 노사갈등으로 인한 손실을
최소화하도록 노력해야 한다.

VI. 비정규직 문제의 해결방안

1. 비정규직에 대한 기본 관점

비정규직 고용은 정규직 인사관리와 인력구조에 영향, 장기적 기업경쟁력의 주요 요인으로
비정규 인력을 비용절감 관점에서 탈피하고 전략적 파트너로 간주하는 시각이 필요하다.

2. 고용 포트폴리오 전략

경영전략, 직무특성을 고려, 고용기간, 조직 몰입도에 따라 집단별로 구분하여 세분화된 관리
를 한다.
① 장기축적능력활용집단 : 핵심역량이나 기술 보유
② 고도전문능력활용집단 : 외부노동시장에서 평가되는 전문능력을 가진 인력, 특정기업의
　기술이나 능력보다 직종이나 업계에서의 전문능력이 보다 중요
③ 고용유연형집단 : 주변부 업무영역에서 수량적 유연성을 적극 활용

◈ 고용 포트폴리오

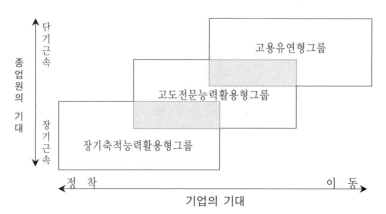

자료 : 日經聯 (1995)을, 한국노동연구원(200(3), p378에서 재인용

3. 노동시장의 유연화

기업들이 경직적인 고용의무에서 벗어나 기업형편에 따라 원활하게 고용규모를 조정하고 기업이익의 배분은 고용계약상의 지위에 관계없이 경영성과에 따라 최대한 합리적으로 하도록 한다. 이는 정규직과 비정규직간 단순한 고용지위(계약형태)의 차이에서 초래되는 임금상의 격차를 해소해 나가는 길이 될 수 있을 것이다.

4. 사회보장시스템의 적용

이외에도 실직자의 재취업을 용이하게 하기 위한 교육훈련제도가 강화되고 노동관련 법령을 정비하여 비정규직 근로자의 사회보험 수혜비율을 높여야 할 것이다. 근로감독 강화를 통해 일부 기업의 비정규 근로자에 대한 비합리적인 부당대우를 근절하는 노력도 긴요하다.

5. 성과주의 확산

기업 내부적으로도 생산판매활동에서 비정규직이 차지하는 비중이 날로 높아지고 있는 만큼 생산성지표를 기준으로 정규직과 비정규직간의 대우를 근본적으로 재설계하는 노력이 필요하다. 성과주의 임금의 확산은 양자의 처우격차를 시정하는 현실적인 길이 될 것이다.

6. 중장기 전략 수립

비정규 문제는 비정규입법만으로 해결될 수 없다. 따라서 성장＝고용＝복지의 새로운 선순환 구조를 만드는 것이 중장기 전략의 핵심이어야 한다.

◈ [중장기 전략 프로그램] 자료: 은수미, 비정규입법1년, 시행효과와 정책적 대응방향, 한국노동연구원, 2009

목적	3비 삼각형 탈피─〉고용을 매개로 한 선순환구조 형성
성장의 초점 -중소기업 육성전략	① 대중소기업간 불공정거래 해소 ② 내수시장에 대한 강력한 독과점규제 ③ 다단 계 구조의 해소 ④ 사회적 기업의 확산 ⑤ 새로운 지역모델의 형성
고용의 초점 -고용의 질 개선	① 공공성 지표에 기초한 공공부문 구조개혁 ② 대기업의 사회적 책임강화와 정규직 전환 프로그램 개발 ③ 엄격하고 광범위한 차별시정제도 ④ 직업훈련-고용연계시스템의 강화 ⑤ 고용안정을 전제로 한 임금유연화 전략
복지의 초점 -사회보장으로의 전환	① 기업복지에서 사회보험으로의 이동 ② 업종·산업별 복지시스템 구축 ③ 기여에 의한 복지 시스템의 개선 ④ 사회보장서비스 전달체계의 개혁

Ⅶ. 결 론

시장 환경이 급변하고 기술혁신의 속도가 빨라지고 있는 21세기 디지털 환경 하에서는 비정규직 인력의 수나 비중이 급속하게 증가될 것으로 전망된다. 대부분 기업들은 조직 내 정규직과 비정규직을 동시에 활용하는 일이 일상화 되었으나 비정규직을 기업경영의 전략적 파트너로서의 역할을 수행하는 인력으로 보고, 비정규직의 효율적 관리를 위해 이들을 위한 교육훈련과 경력관리에 관심을 경주하여야 할 것이다.

※ 참고문헌

자료 : 김영재 외, 신인적자원관리(2011), p692~p699

조용수, 비정규직 고용 무엇이 문제인가, LG경제연구원(2003)

은수미, 비정규입법1년, 시행효과와 정책적 대응방향, 한국노동연구원(2009)

T & I ⑯ 핵심인재 관리 방안

Ⅰ. 기업의 성쇠를 좌우하는 핵심인력

1. 핵심인재 확보전쟁의 시대

현재의 인력 수준은 향후 5년, 10년 뒤의 기업 성과를 결정짓는 핵심 요인이다. 이에 따라 최근 각 기업체에서는 우선 기업 성과에의 기여도가 높은 10~20%의 핵심 인력을 집중 육성하고자 하는 핵심인재 육성 프로그램의 도입에 많은 관심과 노력을 기울이고 있다. 그 동안의 기업 성과를 볼 때, 기업이 현재 확보하고 있는 인력 수준이 단기적으로는 2~3년 뒤, 장기적으로는 10년 뒤의 기업 성과를 결정짓는 핵심 요인이라 보기 때문에, 각 기업들의 핵심 인재 확보, 육성, 유지에 대한 관심은 앞으로도 더욱 커질 것으로 보인다.

2. 선진기업들의 최근 Trend

선진 기업들의 최근 Trend를 살펴보면 첫 번째 특징은 핵심 인재의 확보에도 관심을 갖지만 그보다는 핵심 인재의 육성/유지에 보다 초점을 둔다는 것이다. 두번째 특징은 우수 인재, 특히 리더급 인재(Talented Manager)의 육성/유지에 초점을 두며, 세번째 특징은 의도적이고 체계적인 육성/유지에 초점을 둔다는 것이다.

3. 논의전개 방향

이상과 같은 선진 일류 기업들의 사례를 보면, 우리 기업들의 그 동안 인사 관행에 대한 폭 넓은 변화를 요구한다. 특히 핵심 인재를 확보/육성/유지하기 위해서는 확보한 인재를 회사가 필요로 하는 인재로 키우려는 육성 활동에 더욱 많은 관심과 노력이 필요하다는 것을 알 수 있다.

따라서 이하에서는 핵심 인재의 특성을 알아보고 확보된 인재를 육성, 유지하기 위한 인적 자원관리방안과 핵심 인재를 지속적으로 유인하기 위한 EVP(종업원 가치제안)에 대해 논하고자 한다.

Ⅱ. 핵심인재의 특성

1. 선진기업의 핵심 인재상

선진기업들은 미래지향형 핵심 인재상을 설정하고 이들을 확보·육성하는데 주력하고 있다. 이러한 핵심 인재상에 따르면 전문성과 지적 역량뿐 아니라 조직 충성심, 도덕성, 인간적 매력 등을 동시에 중시 여기고 있다는 것을 알 수 있다.

2. 핵심인재의 조건

(1) 전문능력

핵심인재는 향후 기업의 수종사업을 주도할 인재로서 당연히 제품, 기술, 시장과 관련한 전문지식을 보유하고 있어야 한다.

(2) 변화주도

조직 내에 고착된 관행과 고정관념을 혁파하고, 혁신적 아이디어를 관철시키는 추진력이 필요하며, 열정과 에너지로 충만되어 있으면서 조직 전체에 이러한 열정을 고취할 수 있는 인재가 되어야 한다.

(3) 도덕성

핵심인재의 도덕성은 조직 및 고객과의 일체감을 통해서 조직충성과 고객만족을 구현할 수 있는 근본 에너지가 된다. 특히, 핵심인재는 조직이 추구하는 가치와 교감이 있어야 한다.

(4) 인간미

가장 우수한 인재는 '다른 인재를 알아보고 이들을 키우는 인재'로서 인간적 매력으로 주변의 신뢰를 받을 수 있는 인재여야 한다.

Ⅲ. EVP(종업원 가치 제안)의 제시

1. 고용브랜드 이미지구축과 EVP

매력적인 고용 브랜드 이미지 구축을 위해서는 회사가 내외부 인재들에게 경쟁사와 어떤 차별적인 가치를 제공할 것인지를 분명히 하는 종업원 가치 제안(EVP: Employee Value Proposition, 이하 EVP로 칭함)을 명확히 해야 한다.

2. EVP의 개념

EVP란 '회사가 지향하는 매력적인 직장 이미지의 핵심 요인으로서, 회사가 어떤 보상 가치 요인에 초점을 두고 인재들을 처우할 것인가 하는 종업원 가치 제공의 소구(訴求) 포인트'를 의미한다. 예컨대, '일을 많이 시키되, 연봉을 많이 주는 회사', '연봉은 적어도 가치 있는 일을 많이 할 수 있는 회사' 등과 같은 이미지들이 대표적이라 하겠다.

3. EVP의 유형

(1) 금전 보상 가치 중심의 EVP

우선, EVP의 대표적인 유형으로는 금전적 보상 가치를 강조하는 형태가 있다. 금전적 보상을 강조하는 이유는 인재 스스로가 자신의 시장 가치를 가늠하는 잣대로 인식하는 동시에, 종업원들에게 충분히 대우 받고 있다는 느낌을 주는 매우 중요한 요소이기 때문이다.

(2) 비금전적 보상 가치 중심의 EVP

2000년 McKinsey의 연구 조사 결과에 따르면, 인재들의 마음을 움직이게 하는 요소로는 '재미있고 도전적인 일을 할 수 있는 직장', '개인의 미래 성장 비전을 제시할 수 있는 직장', '경영진의 질이 우수한 직장'인지 등이 회사를 선택할 때나, 이직을 고려할 때 중요한 기준이 된다고 지적한다. 이렇듯 비금전적 보상 가치는 다양한 형태로 강조될 수 있는 것이 특징이다.

(3) 포괄형 EVP

마지막으로, 금전/비금전적 보상 가치 요인을 모두 포괄해 강조하는 형태의 EVP를 꼽아 볼 수 있다. 많은 기업들이 이 유형에 속한다고 볼 수 있다. 대부분의 기업들이 금전적 보상 가치와 비금전적 보상 가치 요인 중 단 하나만을 강조하는 경우는 드물기 때문이다.

❱ 선진기업들의 EVP에 따른 보상 포트폴리오

	이머슨	HP
EVP	-철저한 영업이익, 실적 증대에 기반한 승리자가 되기 위한 일 -도전적이고 자유재량이 많은 관리직무 -직무 안정성	-성과 및 혁신에 따른 지위 부여 및 인정 -동료의 칭찬 및 명예 -높은 직업 안정성 -협력의 조직문화, 직장과 가정생활의 조화
보상	-기본급은 시장임금 수준	-2만명 (9만명 중)에게 스톡옵션 제공(장기근속) -풍부한 복리후생 프로그램 -가정친화적 프로그램(재택근무, 무급휴가제)

4. EVP의 유의점

다음에서는 어떠한 EVP유형을 선택하더라도 바람직한 EVP 정립을 위해 유념해야 할 몇 가지 포인트를 살펴 본다.

(1) 선택과 집중의 관점에서 접근

먼저 조직이 필요로 하는 인재들이 중시하는 주요 가치 요인을 명확히 파악할 필요가 있다. 또한 이러한 가치 요인들을 중심으로 경쟁사 대비 차별화가 가능한 경쟁 우위의 요인을 선택하여 이를 집중적으로 부각시킬 수 있어야 한다.

(2) 타깃 인재의 명확화

EVP를 통해 회사가 원하는 인재가 어떤 사람인지, 그리고 회사가 추구하는 가치가 무엇인지를 분명히 해야 한다.

(3) 현실적 EVP 제시

EVP는 반드시 화려한 미사여구로 포장된 사탕 발림성일 필요는 없다. 현실과 동떨어진 EVP는 오히려 인재들로부터 외면당할 가능성이 크다. 사탕 발림성 EVP 보다는 생생하고 명확한 용어로 정리되어 분명한 메시지를 전달하는 것이 중요하다.

Ⅳ. 핵심인재 인적자원관리방안

1. 핵심인력의 확보전략

(1) 명확한 요건 정립

기업에서 필요한 핵심인재에 대한 인재상을 먼저 정립하여야 한다. 이때에는 전문성, 도덕성, 인간미 등 핵심인재의 특성을 모두 고려하여야 할 것이다.

(2) 분명한 대의명분

핵심인재 확보를 위해서는 한 사람이 일생 동안 추구할 만한 가치가 있는 숭고하고도 떳떳한 명분을 제공할 수 있어야 하며 자신의 과업과 조직 내 역할에 대해 자부심을 가질 수 있도록 유도하여야 할 것이다.

(3) 이질적 인재 포용

조직에 새로운 활력을 불어넣기 위해 개성 있는 인재군을 확보할 필요가 있다. 이를 통해 이질적 인재들의 다양한 능력과 커뮤니케이션을 통해 조직의 실력을 배양하는 문화를 구축하여야 할 것이다.

(4) 개별 중심의 수시채용

핵심인재의 확보를 위해서 집단을 중심으로 한 정기적 채용 형태에서 벗어나 개별중심의 수시 채용으로 전략이 변화되어야 한다.

2. 배치 및 활용

(1) 역량위주의 적재적소 배치

핵심인재에 대하여는 그 활용에 있어 더욱 신중을 기하여야 한다. 즉, 능력을 최대한 발휘할 수 있는 적합한 업무를 찾아주는 것이 무엇보다 중요하다고 할 수 있다.

(2) 명확한 경력경로의 수립

본인이 가지고 있는 잠재력을 발휘할 수 있도록 최고의 전문가를 포지션에 맞도록 배치하여야 하며 직무의 폭이 좁아지지 않도록 유의하여야 한다. 본인의 강점과 조직의 니즈를 융합할 수 있는 경력경로를 설계하여야 할 것이다.

(3) 정성과 후원

핵심인재는 기존 조직의 저항과 견제로 인해 능력이 사장될 수 있는 바 세심한 배려가 필요하며 필요한 경우 CEO가 직접 Mentor가 되는 방법도 고려할 수 있다.

3. 육성전략

(1) 성장비전 제시

장기간 조직과 개인의 발전을 양립시킬 수 있는 성장 비전과 승진경로를 제시하고 선발 인력들은 기업 전체를 조망할 수 있는 시야와 전략적 감각을 가질 수 있도록 기회를 부여해야 할 것이다.

(2) 체계적인 도전 기회

Action Learning과 같이 일을 통하여 실질적인 개선과 학습이 될 수 있는 제도를 마련하여 업무적으로 체계적으로 새로운 분야에 도전할 수 있는 기회를 부여해야 할 것이다.

(3) 인재간 상생풍토 조성

핵심인재를 영입하여 조직에 긴장감과 위기의식을 부여하고 종업원들의 발전의욕을 촉진하는 한편, 내부의 숨은 인재를 발굴하고 육성하는 전략을 동시에 추구하여야 할 것이다.

4. 평가와 보상전략

(1) 평가전략

핵심인재는 실질적인 직무기술 외에도 여러 가지 필요 역량이 있으므로 평가 시에도 여러 측면을 평가할 수 있는 360도 다면평가를 적극 활용하는 것이 바람직하다. 평가는 물리적 시간을 투입한 결과보다는 과업의 완성도와 전략적 기여도를 중심으로 이루어지는 것이 바람직하다. 또한 평가 시스템 구축 시 경직적이고 세분화된 시스템보다는 경영성과 등에 대한 기여도가 큰 핵심지표 중심으로 운영되는 탄력적이고 공정한 평가시스템의 구축이 필요하다.

(2) 보상전략

핵심인력에 대한 보상은 금전적 보상에만 치중할 것이 아니라 일에 대한 재미, 성취감, 성장감 등 내재적 보상요인을 고려하여 재정비하여 한다. 이러한 측면에서 벤처형 조직, 사내 벤처의 활성화 등을 통해 관료주의적 조직구조를 완화할 필요가 있다.

5. 유지전략

(1) 교육훈련의 확대

핵심인력은 경력 닻 모형으로 보면 전문가형 닻 유형으로 파악할 수 있으며 도전적인 과업을 수행할 수 있도록 교육훈련에 대해 투자하고 새로운 기술을 습득할 수 있는 기회를 제공하여야 한다.

(2) 일과 개인 생활의 조화

핵심인력에게는 자칫 과도한 업무의 부과가 이루어질 수 있는 위험이 있으며 업무량의 조정이나 직무의 적절한 설계를 통해 개인 생활과의 조화가 되도록 운영하여야 할 것이다.

(3) 본인의 가치 및 성공에 대한 자각

핵심인력의 실적에 대한 인식과 더불어 전략수립 시에 참여할 수 있는 기회를 제공함으로써 본인의 가치에 대한 인식을 할 수 있도록 해야 한다.

V. 핵심인재관리의 부작용별 해소방안

1. 전체 종업원의 사기저하 및 소외감

핵심인력을 통하여 조직 전체의 지식이 향상될 수 있는 지식경영을 활성화함으로써 종업원이 핵심인재에 대한 안정과 신뢰를 가질 수 있도록 하고 핵심인력에 대한 공정한 평가를 통해 공정성을 제고시켜야 할 것이다.

2. 잠재 인력의 도태 가능성

잠재 인력에 대해서도 합리적인 보상과 도전기회, 제공으로 신뢰를 유지하고 업적 능력이 있으면 핵심인재군에 편입될 수 있다는 공식적인 루트를 마련해 주어야 한다.

3. 모호한 정의와 잘못된 인식

핵심 인재를 잘못 선발할 경우 오히려 기업 경쟁에 누가 될 수 있는바 사전에 핵심인재에 대한 명확한 요건을 정리하고 이후에도 명확한 평가가 있어야 한다.

※ 참고문헌

이정일, 기업 핵심인력의 유출과 대책,삼성경제연구소 CEO Information (2001)

김현기, 종업원 가치 제안(EVP), 포인트를 분명히 하라, LG 경제연구원(2005)

이주인, 핵심인재 육성을 위한 실무 가이드, LG 경제연구원(2002)

T & I ⑰ 신입사원의 조직사회화 방안

Ⅰ. 인재전쟁(Talent War)과 인재유출

1. 인재유출의 심각성

최근 인재확보에 대한 관심과 노력은 커지고 있으나 한해 신입사원의 약 30% 가량이 1년을 못 채우고 이직하고 있으며 특히 핵심인재의 유출은 채용비용, 업무차질에 따른 기회비용 손실 비용 뿐만 아니라 기업의 지식, 기술·시장 노하우 유출, 사업중단, 거래선과의 관계 단절 등 치명적 손실을 초래해 심각한 사회 문제로 대두되고 있다.

2. 인재유출의 배경

인재유출 현상은 직장이동을 자신의 경력가치를 높이는 수단으로 인식하는 직장관의 변화와 금전적 보상보다 학습과 도전의 기회를 선호하는 신세대의 욕구변화 등에 대한 기업의 선제적 대응노력이 부족하고 보상, 평가, 승진 등 인사시스템이 취약하기 때문이다. 특히 신입사원의 경우, 자신이 생각했던 조직과 실제 조직현실과의 괴리로 인해 진입충격을 경험하고 쉽게 적응하지 못하고 이탈하는 현상이 발생하고 있다.

3. 논의전개방향

따라서 이하에서는 지속적인 기업경쟁력을 확보하기 위하여 신입사원의 조기이직원인에 대해 살펴보고, 기존 직원과 상호 작용을 촉진하기 위한 조직사회화의 실시방안에 대해서 논하고자 한다.

Ⅱ. 신입사원 조기이직의 원인

1. 이직의 원인분석방법

이직관리를 위한 전략적 대안을 찾기 위해서는 이직에 대한 분석이 선행되어야 한다. 이직 분석은 크게 4W 즉, 이직 이유(Why), 이직 시기(When), 이직하는 사람(Who), 이직 후 진로(to Where)로 나누어 볼 수 있다.

(1) 이직이유 (Why)

Exit Interview를 통해 종업원들이 회사를 떠나는 진짜 이유(Why)를 정확하게 파악하여 남아 있는 인력이 회사에 대해 바라는 요구를 분석하고 문제점을 해결하여 이직을 예방할 수 있다.

(2) 이직시기(When)

특정시기에 이직이 집중된다면, 시기별로 이직 방지를 위한 대안을 마련할 필요가 있다. 한편 조기이직을 방지하기 위해서는 채용단계에서부터 현실적 직무소개 등의 방법을 사용한다.

(3) 이직하는 사람(Who)

이직자의 직급,직무, 근무 지역, 역량 수준, 성과 수준 등에 대한 분석을 통해 인력별 유지 관리 방안을 마련할 수 있다.

(4) 이직 후 진로(Where)

이직 후의 진로(to Where)에 관한 추적을 통해 이직하는 회사의 인재유인요소를 파악하여 이직 방지를 위한 대응책을 수립해야 할 것이다.

2. 조기이직의 원인

(1) 조직차원의 원인

① 임금 및 승진의 공정성 결여

조직에서 연공주의 등을 기반으로 인사관리를 시행하는 경우, 새로운 가치관을 가지고 있는 신입사원들의 조기이직이 증가할 가능성이 높다.

② 리더십, 의사소통, 인간관계 갈등

신입사원과 기존 직원간의 의사소통이 원활하지 않거나, 인간관계에 갈등이 있는 경우 또는 비민주적 리더십이 지배적인 경우에도 신입사원이 적응하지 못할 가능성이높다.

③ 교육훈련 및 경력개발 문제

교육훈련 프로그램이 신입사원의 기대에 미치지 못하거나, 경력개발제도의 미비로 성장비전을 찾기 어려운 경우도 신입사원의 조기이직 원인으로 작용할 수 있다.

④ 조직문화

개인주의적이고, 다양성을 중시하는 등의 특성을 가진 신세대 신입사원에게 적합하지 못한 조직문화도 신입사원의 조직적응을 방해하는 요인이 된다.

(2) 개인차원의 원인

① 기대차이로 인한 조기이직

신입사원의 조직에 대한 기대와 실제 조직에서 제공하는 금전적, 비금전적 보상의 수준이나 조직문화 등에 차이가 있는 경우에도 신입사원의 조기이직이 발생한다.

② 직무로 인한 스트레스

신입사원의 역량이나 기대의 불일치에서 기인하는 스트레스나 직무수행 과정에서 받게 되는 스트레스에 의해서도 신입사원의 조기이직이 발생할 수 있다.

Ⅲ. 조직사회화 개념과 조직사회화 과정

1. 조직사회화의 개념

조직사회화는 개인이 어느 조직에 소속되면서 그 조직의 가치, 규범, 생활양식, 업무기술 등을 습득하고 개인과 조직이 동화되어 가는 융합과정을 말한다. 조직사회화를 통해 신입사원의 진입충격을 완화함으로써 조기이직을 감소시키고 충원비용을 절감시킬 수 있다.

2. 조직사회화 과정

(1) 조직사회화의 원리 (태도변화의 원리)

일반적으로 개인이 새로운 조직에 적응하는 과정에서는 기존에 수립된 가치관이 '해빙'되는 단계, 새로운 조직에 대한 순종, 동일화, 내면화 등 변화의 단계를 거쳐 새로운 조직에 적응 된 후 '재동결'되는데 조직사회화 과정에서도 이러한 원리가 적용된다.

(2) 조직진입 전 사전사회화

사전사회화는 조직과 해당 직무에 대한 정보를 찾고, 이에 맞게 자신의 행동, 가치관, 태도를 변화시키는 단계를 말하며, 현실적 직무소개가 대표적인 사전사회화 방식이라 할 수 있다.

(3) 조직진입 후 대면단계

조직에 진입하여 조직생활을 경험하고, 신입사원이 조직생활에 대한 요령을 공식적 및 비공식적 방법을 통해 학습하는 과정을 말한다.

(4) 정착단계

신입사원들이 해당 직무를 파악하고, 업무방식을 습득하는 등 조직생활에 동화되는 단계로, 개인과 조직에 잠재적인 변화가 일어나는 시기로 볼 수 있다.

Ⅳ. 조직사회화 실시방안

1. 현실적 직무소개

사실위주의 모집전략에 따라 조직에 적합한 인재를 확보하기 위한 수단으로 활용되고 있다. 실제 입사후 수행할 직무나 업무수행과정의 어려움 등을 사실적으로 소개하는 방법이다.

2. 인턴사원제도

조직에 정식사원으로 입사하기전 수개월간의 인턴쉽을 통해 개인과 조직의 가치와 목표사이의 적합성을 판단할 수 있는 기회를 제공하여 진입충격을 최소화한다.

3. 신입사원의 오리엔테이션

조직에 진입한 직후 대면단계에서 조직생활을 하면서 알아야 할 기본적인 규칙, 정책, 절차에 대해 소개하고 이를 통해 조직적응을 수월하게 하기 위한 프로그램이다.

4. 훈련과 개발

신입사원이 수행할 업무에 대한 훈련과 개발은 신입사원들이 조직의 가치, 문화에 동화되는 것뿐만 아니라 기본적인 업무기술을 채득하여 조직의 생산성에 기여할 수 있도록 한다.

5. 멘토링

조직생활의 경험이 풍부하고 유능한 사람이 신입사원에게 조직의 공식적, 비공식적인 규범에 적응할 수 있도록 도와주는 것을 말한다. 신입사원에게 심리적 안정을 부여하고 직무에 관련한 지도활동이 이루어진다.

6. 팀워크 훈련

개인이 팀의 활동에 참여하여 팀의 목표를 공동으로 추구하며, 팀 종업원으로서 유대를 강화해 나가는 과정으로 협동문화의 조성, 신입사원의 태도변화를 유도한다.

Ⅴ. 인재유지를 위한 관리방향

1. 조직사회화와 조직문화

조직문화는 종업원들이 공유하고 있는 조직의 가치, 규범, 행동습관, 조직의 지식과 기술 등을 총괄하는 것을 말하며, 조직사회화는 신입사원들이 이러한 조직문화를 학습하는 과정이다. 따라서 신입사원이 조직에 동화하여 정체성을 배양하기 이전에 조직의 건전한 조직정체성 문화를 확립하여 신입사원의 효과적인 조직사회화는 물론 조직의 지속적인 성장을 도모하여야 한다.

2. 인재관리 전담부서 설치

인재관리를 전담하는 부서와 전문인력을 배치하고 이직 징후의 사전적 포착, 이직원인 분석, 이직관리에 대한 회사 내외의 베스트프랙티스 발굴 및 전파 역할을 수행하여야 할 것이다.

3. 체계적 이직관리 실행

인재유지를 위해서는 먼저 이직에 대한 분석이 선행되어야 하며, 4W 등의 이직분석 방법을 통해 원인과 인재유지의 경쟁우위요소를 철저히 분석하여 이에 대한 이직방지 대응책을 수립하여야 한다. 조직차원의 대응방안의 경우에는 단편적 측면만을 개선하기 위하여 특정 제도만 변경하는 것이 아니라 인사제도간 일관성(내적 적합성)을 고려하여야 할 것이다.

Ⅵ. 나가며

아직도 많은 기업들이 인재의 유출이 회사의 경쟁력에 심각한 정도의 타격을 입히기 전까지는 이직관리의 중요성을 인식하지 못하고 있다. 더 이상 '사후약방문'식의 잘못을 되풀이하지 않기 위해서는 이직을 예방하는 선행 관리를 하여야 하며, 특히 신입사원이 조기에 잘 정착할 수 있도록 조직사회화를 촉진하기 위한 적극적 관리가 필요하다.

※ 참고문헌

자료 : 이진규, 전략적윤리적 인적자원관리(2001)

황인경, 신입사원 이직을 막아라, LG주간경제(2005)

천성현, 이직 조기경보 시스템을 갖춰라, LG주간경제(2007)

T & I ⑱ 감정노동자 관리방안

Ⅰ. 서비스산업 증가에 따른 감정노동자 대두

1. 서비스산업과 감정노동

서비스 산업의 급속한 팽창속에 서비스 종사자들이 고객과 감정적인 상호관계를 맺으면서 서비스를 제공하는 노동, 다시 말해 '감정노동'에 대한 관심이 더욱 높아지고 있다.

2. 감정노동자의 개념

감정노동은 미국의 사회학자인 앨리 러셀 혹쉴드가 처음 제기한 개념으로 '개인이 효과적인 직무수행 또는 조직 내 적응을 위하여 자신이 경험하는 실제 감정상태와 조직의 감정 표현 규범에 의해 요구되는 감정 표현에 차이가 존재할 때, 자신이 경험하는 감정을 조절하려고 하는 개인적인 노력'이라고 정의하고 있다.

즉, 자신이 느끼는 감정과 무관하게 직무를 행해야 하는 근로자라를 감정노동자라고 말하며, 승무원·판매원·외판원 등 서비스 직종에 종사하는 여성이 대표적이다.

3. 감정노동자의 대두배경

서비스산업의 발달로 고객에 대한 무형의 서비스를 제공하기 위한 감정노동자가 등장하기 시작했다. 우리나라의 경우 90년대를 거치면서 서비스산업비중이 63.6%이상 급증하는 등 사업구조가 변하면서 서비스 부문 취업자수가 2000년대에 들어 70%로 급속히 늘어나면서 감정노동자의 수도 급증했다.

국가인권위원회 조사에 따르면 2010년 현재 감정노동이 요구되는 서비스판매 분야 직종의 종사자 가운데 58%(도소매 업종의 경우에는 70% 이상)가 여성이며, '여성이 남성에 비해 상냥하다'는 통념이나 판단에 따라 여성고용을 선호하는 경향을 보이고 있다.

4. 문제제기

친절과 고객 만족에 대한 기대수준은 갈수록 높아지고 감정노동자들은 극심한 대인업무 스트레스와 열악한 처우 속에 감정노동자들의 인권과 건강이 위협받고 있다.

그러나 아직까지 감정노동 문제에 대한 사회적 인식이 부족한 상황이며 이들을 보호하기 위한 입법적 대안이 없고 기업 또한 감정노동자들을 계속해서 고용하고 있는 가운데 마땅한 방안을 내놓고 있지 못한 실정이다.

이하에서는 감정노동자의 취약원인을 살펴보고 이에 대한 대안을 모색해보고자 한다.

Ⅱ. 감정노동자의 취약원인

1. 취약한 작업조건

서비스업종의 특성상, 대부분 소규모 사업장 및 비정규직으로 취업하는 경우가 많아 작업환경이 열악한 경우가 많다.

2. 스트레스와 건강문제에 노출

감정의 과도한 억제는 고혈압과 암 발생률을 높인다는 연구결과가 보고되고 있으며 감정노동이 건강과 상당히 밀접한 상관성이 있음을 보여주고 있으나 감정노동자에 대한 건강관리나 스트레스관리가 미흡한 상황이다.

3. 기계적인 서비스교육

지나치게 반복적이고 기계적인 서비스습득 매너 강요는 오히려 감정노동자로 하여금 의욕을 잃게 하고 업무몰입을 방해할 수 있다.

4. 단순 반복적인 업무

감정노동자의 능력과 관계없이 세분화되어 있는 업무메뉴얼에 따라 단순 반복적인 업무만을 수행하도록 하여 업무의욕이 저하되고 타인으로부터 무시를 받으며 심한 모멸감을 느끼기도 한다.

5. 관리감독자의 과도한 통제와 고충해결 미흡

관리감독자가 고객의 위신을 높이는데 지나치게 집중하고 종업원의 고충과 애로를 무시하거나 감정노동자의 업무실수에 대하여 공개적인 책임추궁과 망신을 주는 사례들 또한 감정노동자의 근로여건을 더욱 취약하게 만들고 있다.

Ⅲ. 감정노동의 문제점

1. 감정노동 스트레스와 기업 손실

감정노동으로 인한 감정적 탈진 상태가 심혈관질환 염증지표 수치를 높이거나 근골격계질환 발생율이 높아진다는 연구결과와 같이 감정노동에 대한 적절한 보호조치를 하지 않는 경우, 직업병과 산재로 인한 손실 부담이 커지게 된다.

2. 건강문제 유발

(1) 정신적 탈진

감정노동이 심해지면 감정의 부조화, 낮은 직무만족도, 높은 직무스트레스를 느끼게 되고 정신적 탈진상태에 빠질 수 있다.(탈진증후군 : 업무과중으로 인해 몸과 마음이 완전히 녹초가 되어버리는 증상을 말함)

(2) 의학적 후유증

그 결과 의학적으로는 우울증, 공황장애, 적응장애, 외상후 스트레스장애, 약물중독 등을 일으킬 수 있다.

(3) 신체질환 및 정신질환

또한 뇌출혈, 심근경색 등의 뇌심혈관계질환도 자주 나타나게 되고 정신과 치료과 필요한 정신질환을 보이기도 한다.

3. 이직과 기업비용

감정노동자들 채용시 비정규직을 선호하는 기업의 운영방식으로 인해 타 산업 종사자에 비해 이직률이 높게 나타나고 있으며, 기업은 잦은 이직과 충원에 대한 애로를 겪게 된다.

4. 생산성 저하

감정노동자들의 스트레스와 건강을 잘 관리하지 못하면 무기력하고 의욕없는 업무수행에 머물 뿐만 아니라 결근, 잦은 이직, 업무상 재해, 숙련노동력 상실, 신규채용비용 증가, 조직역량 감퇴 등 비효율적 순환에 빠지게 된다.

5. 기업 이미지 손상

감정노동자에 대한 관리와 대처가 미흡한 경우, 기업이 그간 쌓아온 좋은 이미지가 한꺼번에 무너질 수 있다. 해외의 경우 인권침해 기업에 대하여 각종 허가의 거부 또는 지연, 수출입 등에서의 불이익, 불매운동 등의 대상이 되기도 한다.

Ⅳ. 감정노동의 폐해를 방지하기 위한 해결방안

1. 감정노동자에 대한 사회적 인식 제고

서비스 산업의 팽창으로 감정노동자의 수는 계속 증가될 것으로 보인다. 따라서 감정노동자의 문제를 한순간 이슈로 치부할 것이 아니라 감정노동자의 인권과 건강 문제를 심각하게 받아들이고 이를 개선하기 위한 사회의 관심과 지원이 필요하다.

2. 정부의 대책

감정노동 수행 근로자 보호를 위하여 감정노동으로 인한 폐해를 산업재해의 범주에 포함하고 감정노동에 관한 정부의 책무를 명시하는 등의 법률 개정을 고려하여야 할 것이다. 또한 상업 및 사무직, 호텔, 레스토랑 유사 업체 종사자 등 감정노동자에 대한 ILO의 협약 비준노력을 통해 글로벌 선진기업으로 도약하는 계기를 마련하여야 할 것이다.

3. 기업의 인적자원관리 방안 개선노력

(1) 감정노동자에 대한 요구 완화

고객이 많거나 감정노동자에게 무리한 서비스가 지속적으로 요구되는 경우 적절한 휴식을 부여하거나 불필요하거나 굴욕적인 사과를 요구하지 않도록 감정노동의 강도, 빈도, 지속성 등을 완화하는 방안을 모색하여야 한다.

(2) 건강관리와 작업환경 개선

근골격계 질환이나 과도한 스트레스를 해소하기 위한 건강프로그램을 도입하고 인체공학적인 layout으로 작업환경을 개선하기 위한 노력을 하여야 한다.

(3) 객관적인 평가지표 마련 및 인센티브 도입

감정노동자의 직무내용(고객요구파악, 상품에 대한 깊은 이해 등)에 맞는 평가지표를 마련하고, 자발적인 필요와 동의에 의한 즐거운 노동을 수행할 수 있도록 과도한 책임추궁과 패널티방식 보다는 인센티브를 통한 노동의 가치를 부여하고 조직의 성과를 달성하도록 유인하는 것이 바람직하다.

⑷ 자신감 고취 교육훈련

기계적인 교육에서 벗어나 전문적이고 숙련된 기능을 수행하고 지식과 경험을 축적할 수 있는 교육훈련이 필요하다.

⑸ 권한과 책임의 적절한 부여

감정노동으로 인한 감정소진, 자존감 저하를 해소하기 위하여 감정노동자에게 문제해결을 위한 일정한 권한을 부여하는 것이 필요하다.

⑹ 고충상담 프로그램 운영

고객의 폭언이나 폭행, 성희롱 등으로 피해를 입은 직원을 보호하고 과도한 스트레스로 인해 신체질환이나 정신질환에 걸리지 않도록 고충상담 전담반을 조직하고 EAP 프로그램 등을 운영하여야 할 것이다.

V. 결론-감정노동자에 대한 인권경영적 접근

생활수준 향상과 함께 서비스에 대한 기대 또한 증가함에 따라 향후 서비스 분야 종사자에 대한 감정노동은 더욱 요구될 것이다. 따라서 기업은 감정노동자 노동력 손실로 인한 비용 증가에 효과적으로 대처하는 방법과 감정노동자의 인권현실을 외면하지 않고 감정노동자의 인권을 개선하기 위한 여러 가지 사업장내 시도를 통해 인권경영을 실천해 나가야 할 것이다. 나아가 정부차원의 감정노동 수행 근로자 보호를 위한 법률 개정에 대하여도 계속해서 관심을 갖고 지켜봐야 할 것이다.

※ 참고문헌
자료 : 국가인권위원회, 여성 감정노동자 인권 가이드

학습문제

1. 현재 우리 기업이 처한 기업 환경 변화에 대하여 설명하고, 이에 대한 인사노무관리 대응방안에 대하여 논하라.
2. 기술변화가 인적자원관리에 미치는 영향에 대하여 논하라.
3. 오늘날 노동시장의 변화에 대해서 설명하고 이에 대한 기업의 대응방안을 논하라.
4. 성과주의 인사관리의 배경과 실시방안에 대해서 논하라.
5. 한국기업 성과주의 인사의 특징과 공과(功過)를 지적하고, 한국형 성과주의의 바람직한 발전 방향에 대해서 논하시오.
6. 성과주의 인사제도 정착을 위한 평가와 보상 시스템의 설계 방안에 대해서 논하라.
7. 전략적 인적자원관리의 개념을 전략경영과의 관계 속에서 설명한 뒤, 전략적 인적자원관리의 실시방안에 대하여 논하라.
8. 지식기반사회가 도래함으로써 많은 기업들이 지식기반 인적자원관리를 도입하고 있다. 지식기반 인적자원관리의 실시방안에 대하여 논하라.
9. 최근 지식경영이 기업의 주요한 이슈로 등장하고 있다. 지식경영에 대하여 설명하고, 이를 실현하기 위한 인사관리 방안에 대하여 논하라.
10. 최근 기업의 사회적 책임이 강조되는 등 윤리경영이 중요한 이슈로 등장하고 있는데, 그 배경에 대해서 설명하고 윤리경영을 성공적으로 실현시킬 수 있는 인적자원관리 방안에 대해서 논하라.
11. 기업의 사회적 책임
12. 기업의 글로벌 경쟁력을 강화시킬 수 있는 글로벌 인적자원관리의 실시방안에 대하여 논하라.
13. 국제인적자원관리의 유형과 특성 약술
14. 역량 중심의 인사모델의 실시방안에 대해서 논하라.
15. 유연적 인적자원관리 방안에 대해서 논하라.
16. 근로시간 단축에 따른 인사노무관리 대응방안에 대해서 논하시오.
17. 가족친화적 인적자원관리 방안에 대해서 논하라.
18. 오늘날 기업 경영환경의 변화에 따라 인사관리도 "사람중심의 인사관리"에서 "직무중심의 인사관리"로 그 패러다임이 변화하고 있다. 직무중심의 인사관리가 더욱 중요해지게 된 배경을 설명하고, 이를 실현시키기 위한 방안을 논하라.
19. 현재 우리나라 기업이 처한 경영환경에 비추어볼 때 근로생활의 질(QWL)이 갖는 의미를 설명하고, 오늘날 QWL과 관련하여 특히 중요하다고 생각하는 이슈를 3가지 이상 제시하고 각각의 실시방안에 대하여 논하라.
20. 고령화 사회의 도래에 따른 기업의 인사관리 방안에 대해서 논하시오.
21. 고령화가 기업 및 근로자에게 미치게 될 영향 및 이에 대한 대응방안을 논하라.
22. 기업의 경쟁력을 제고시키기 위한 여성인력 활용방안에 대해서 논하라.
23.. '유리천장의 개념'(Glass Ceiling)을 설명하라.
24. 유리천장 현상이 조직에 존재하는 이유와 극복방안을 설명하시오.
25. 남성과 여성의 리더십 스타일 차이를 설명하라.
26. 여성 관리자 육성 방안에 대해서 논하라.
27. 최근 비정규직 인력활용이 확산되고 있다. 이에 따른 순기능, 역기능을 각각 3개 이상씩 나열하고, 비정규직 인력의 전략적 활용방안에 대해서 논하시오.
28. 비정규법에 따른 기업의 대응방안에 대하여 논하라.
29. 비정규직의 개념과 유형, 확산배경, 장단점, 기업의 대응방안

30. 비정규직 차별시정제도

31. 분리직군제의 장단점

32. 분리직군제 도입에 따른 긍정론과 부정론을 설명하고 주장의 타당성을 논하라.

33. 최근 인재전쟁이라 불릴 만큼 핵심인재에 대한 중요성이 강조되고 있다. 핵심인재기 강조되고 있는 배경을 설명하고, 핵심인재를 확보, 육성, 유지하기 위한 전략적 실시방안에 대해서 논하시오.

34. 기업 인력다양화의 배경 및 인력다양화가 기업에 미치게 될 영향을 설명하고, 인력다양화에 따른 성공적 인사관리 방안에 대해서 논하라.

부록

핵심
암기노트

01 직무분석의 절차와 전개방향

I. 들어가며

1. 직무분석의 의의
직무분석이란 직무의 성격과 관련된 모든 중요한 정보를 수집하고, 이를 관리목적에 적합하게 문서화하는 체계적인 작업을 말한다.

2. 직무분석의 목적 및 중요성
조직합리화, 업무합리화, 채용/배치/이동/승진관리 및 인사고과와 교육훈련의 기초

3. 직무분석의 체계

II. 직무분석의 절차

1. 예비 작업
해당 기업의 직무현황을 파악하고 대표직무 선정함으로써 직무분석의 경제적 효율성 도모.

2. 본 작업
선정된 대표직무의 직무정보를 수집 및 분석하고 이를 기반으로 직무분석표를 작성한다.

3. 정리 및 분석 작업
직무분석표를 근간으로 직무기술서와 직무명세서를 작성한다.

III. 직무정보의 수집

1. 면접법
직무분석 담당자가 해당직무 수행자와 면접을 실시하여 직무정보를 획득하는 방법이다.

2. 질문지법
직무수행자에게 설문지에 답하게 하여 직무정보를 수집하는 방법이다.

3. 관찰법
관찰자가 특정 직무가 수행되고 있는 것을 관찰하고 내용을 기록하는 방법이다.

4. 워크샘플링 법
무작위적인 관찰을 통해 정보를 수집·분석하는 방법이다.

5. 작업기록 법
직무수행자가 작성하는 작업일지나 메모사항을 통해서 해당 직무에 대한 정보를 수집하는 방법이다.

6. 중요사건기록 법
직무수행에 있어서 결정적인 역할을 한 사건이나 사례를 중심으로 직무를 분석하는 방법이다.

IV. 직무분석

1. 기능중심 분석 (Functional Job Analysis : FJA)
직무의 자료/사람/사물 관련 기능 측면을 분석하는 방법으로, 작업자의 작업행동에 초점을 둔 방법이다.
- 장점 : 성격이 상이한 직무들의 분석에 유리. 직무 수행 시 요구되는 자격요건에 대한 체계적 파악이 용이.
- 단점 : 비교 결과를 가지고 바로 직무평가에 적용하기에는 한계

2. 관리직중심 분석 (Management Position Description Questionnaire: MPDQ)
토나우와 핀토는 객관적으로 관리자의 직무구조를 분석하기 위한 설문항목을 개발하였다.
- 장점 : 관리자의 직무수행에 필요 지식 및 능력 파악 가능. 관리자들 간의 상대적 가치 파악 가능.
- 단점 : 직무의 행동 요건, 근무성과를 측정하는데 한계.

3. 직위중심 분석 (Position Analysis Questionnaire : PAQ)
매코믹 등에 의해 개발된 것으로 직위분석 설문지법을 통해 직무의 표준화된 업무행동, 업무상태, 직무특성 등을 측정하려고 했다.
- 장점 : 개별직무에 대한 포괄적 정보획득이 가능. 대부분의 직무에 폭넓게 적용이 가능.
- 단점 : 설문 작성자의 이해도에 따라 결과의 왜곡이 가능. 측정점수를 통해 직접적으로 성과표준을 산출하는데 한계.

4. 기타의 직무분석 방법

　(1) 능력요건 척도

　(2) 과업목록법

V. 직무기술서와 직무명세서

1. 직무기술서 (Job Description)

구체적이며 직접 관찰 가능한 행동적 요소인 과업, 의무, 책임을 규정한 목록이다.

2. 직무명세서 (Job Specification)

직무분석에 기초하여 직무 수행 담당자의 질적인 면을 나타내고 있다.

02 직무평가 방법 및 성공방안

I. 들어가며

1. 직무평가의 의의

직무평가란 직무분석에서 얻어진 정보를 토대로 하여 조직 내 직무들의 상대적 가치(기술, 책임, 노력, 작업조건 등)를 밝히는 작업을 말한다.

2. 직무평가의 목적 및 중요성

- 합리적인 임금격차를 책정하기 위한 직무급·직능급 제도를 확립하는 기초자료를 얻음
- 인재확보를 위해 우월한 임금체계를 수립하는 자료 제공

II. 직무평가의 요소 및 절차

1. 직무평가 요소

통상적으로 종업원의 기술, 노력의 정도, 책임의 범위, 작업환경에 대한 평가를 하게 된다.

2. 직무평가의 절차

직무에 관한 사실을 분석·파악 -〉 이 결과를 직무기술서나 직무명세서로 정리-〉 직무평가 -〉 특정 직무에 상응하는 합리적 인사관리 결정

III. 직무평가의 방법

1. 개 설

직무평가는 종합적 평가와 분석적 평가로 구분할 수 있다.

2. 종합적 평가 – 서열법, 분류법

(1) 서열법

직무평가자가 평가하려는 각 직무를 포괄적으로 상호 비교하여 순위를 결정하는 방법이다.

(2) 분류법 (등급법)

사전에 작성한 등급표에 평가하려는 직무를 강제할당 방식으로 분류하는 방법이다.

3. 분석적 평가 – 점수법, 요소비교법

(1) 점수법

평가대상인 개별직무 가치를 점수화 하여 표시하는 것으로, 직무를 구성요소로 분해하고 각 요소별로 중요도에 따라 점수를 준 후 가중치에 따른 합계를 통해 직무의 상대적 가치를 평가하는 방법이다.

(2) 요소비교법 : 서열법이 발전된 기법

직무가 가지고 있는 세부 요소별로 해당직무들을 서열화 하는 방법으로 그 결과를 임금과 직접적으로 연결하는 방법이다.

IV. 직무평가의 유의점

1. 평가의 오류

주관이 개입하는 판단 상의 오류가 발생할 수 있다.

2. 종업원의 반발

3. 평가계획 상의 유의점

모든 직무에 하나의 평가계획을 설정하느냐, 다수의 평가계획을 설정하느냐의 의사결정이 필요하다.

4. 평가위원회 조직

직무평가를 실시할 때 평가위원회를 구성해야 하는데, 광범위한 이해나 동의를 얻기 위해서는 다수의 경영자들이 참가하는 것이 필요하나, 반면에 너무 많은 참가자로 구성되면 비능률을 초래할 수 있다.

5. **노동시장 평가와 차이**

직무평가 결과 도출된 직무의 가치와 노동시장에서의 차이가 발생하게 되면 기업의 초과비용이 발생하거나 인재의 유출에 이를 수 있다.

V. 직무평가의 성공방안

1. 직무평가의 필요성에 관한 홍보와 교육

2. 조직 목표와의 연계

3. 종업원의 참여

4. 최고경영자의 의지

03 전통적·현대적 직무설계 및 직무설계의 바람직한 방향

I. 들어가며

1. 직무설계의 의의

직무설계란 조직적, 기술적, 인간적 욕구를 충족시키기 위해서 과업들을 하나의 직무로 조직화하는 과정이다.

2. 직무설계의 목적

개인 직무만족 및 모티베이션 향상, 조직의 생산성 향상 및 품질개선, 이직·훈련비용 감소등

3. 직무설계 중요성의 증대

고도산업화에 따른 노동소외가 심각한 사회현상으로 대두됨에 대응하여, 근로생활의 질 향상 및 직무불만족 해소를 위해 중요성이 증대되고 있다.

4. 직무설계 방법의 흐름

전통적 직무설계		직무전문화
현대적 직무설계	행동과학적 직무설계	직무순환, 직무확대, 직무충실, 직무특성이론
	사회기술시스템적 직무설계	자율적 작업집단

II. 전통적 직무설계

1. 의의

테일러의 과학적 관리론을 근간으로 한 전문화의 원리에 따라 직무설계가 이루어진다.

2. 직무설계 방법

3S(단순화 Simplification, 전문화 Specialization, 표준화 Standardization)의 논리 하 설계.

3. 효과 및 문제점

- 효과 : 작업능률 및 생산성의 향상
- 문제점 : 생산성 향상에 한계점 존재, 인간소외 현상과 기계적 연대현상이 발생

4. 전통적 접근법의 극복 방안

일에 사람을 맞추는 직무설계 -〉 사람에 일을 맞추는 방식으로 한계 극복을 시도하였다.

III. 현대적 직무설계

1. 개설

현대적 직무설계는 크게 행동과학적 직무설계와 사회기술시스템적 직무설계로 나뉜다.

2. 행동과학적 직무설계

(1) **의의**

종업원의 만족도를 제고시키고, 기능의 다양성을 통해 조직 몰입을 제고시킴으로서 경제적 효율성과 사회적 효율성을 모두 제고시키고자 하는 직무설계 방법이다.

(2) **수평적 직무확대**

- 작업자의 기본 작업의 수를 양적으로 증가시키는 설계법이다.
- 작업의 단조로움을 극복할 수 있다 vs 동기유발에는 한계 있다

(3) **수직적 직무확대**

- 동기요인의 만족을 위한 직무설계 방법으로 수직적 직무확대와 과업의 질적 확대
  (작업 방법 및 순서에 있어서 재량권을 부여하고 직무수행의 결과에 대해 피드백)

- 기업의 QWL 실현 가능, 관리직 양성에 용이
  vs 훈련비용이 많이 든다, 기술력 낮은 작업자
  에 적용 어렵다(특히 X이론형 작업자)

(4) 직무특성이론 : 제2의 직무충실화
(Hackman-Oldham Model)

개발 방법	핵심 직무	중요심리 상태	개인 작업결과
- 과업의 합성 - 자연적 작업 집단 - 고객관계 - 수직적 권한 위임 - 피드백 경로 개방	- 기능다양성 - 과업정체성 - 과업중요성	- 의미 부여	- 모티베 이션 상승 - 이직률 하락
	- 자율성	- 책임 인식	- 성과 상승
	- 피드백	- 결과 인식	- 사기 상승

 성장욕구 강도

(5) 집단수준의 직무설계

- 직무교차(Overlapped Workplace)
  수행직무의 일부를 타 작업자와 공동으로 수행하는 설계방법
- 직무순환(Job Rotation)
  수평/수직적으로 여러 직무를 다양하게 경험하도록 설계하는 방법

3. 사회기술시스템적 직무설계

(1) 사회기술시스템 이론
행동과학적 직무설계 이론에서 간과한 기술적 제약요인을 해소하기 위한 직무설계 방법.

(2) 자율적 작업팀: 집단을 대상으로 하는 수직적 직무확대

- 몇 개 직무를 합쳐 하나의 작업집단을 형성하게 하고 이에 자율성 부여를 하는 방법이다.
- 기업의 공식조직에 대한 통제의 부담이 줄어들고 작업 상 노하우 전수가 용이하다
  vs 기업과 작업집단 간의 갈등이나 작업집단 내부의 갈등이 발생 가능

Ⅳ. 직무설계의 전개방향

1. 전략적 직무설계

2. 직무설계와 노동의 인간화

3. 거시적 설계

4. 유연적 작업조건 구성

04 직무 충실화

Ⅰ. 들어가며

1. 직무설계의 의의
직무설계란 조직적, 기술적, 인간적 욕구를 충족시키기 위해서 과업들을 하나의 직무로 조직화하는 과정이다.

2. 직무충실화의 의의
직무충실화는 개인 수준의 직무 구조 설계의 기법으로, 수직적 직무확대를 기하는 기법이라 할 수 있고, 이를 위해 의사결정의 재량권과 과업 수행에 있어서의 책임을 부여하는 방법이다.

3. 직무충실화의 목적
종업원 개인에게는 동기유발의 원동력이 되고, 기업에 있어서는 기업의 경제적 효율성과 동시에 종업원의 만족도를 향상시키는 데 그 목적이 있다.

Ⅱ. 허쯔버그의 2요인 이론

1. 개념 (수직적 직무확대의 기본 이론)
허쯔버그는 동기요인(만족요인)과 위생요인(불만족요인)을 구분하고, 종업원의 만족도 증대를 위해서는 위생요인을 기본적으로 만족한 상태에서, 동기요인을 만족하여야만 동기유발이 가능하다.

2. 동기요인
종업원의 직무 만족도를 높이기 위해 충족되어야 하는 요인으로 성취감, 도전 등이 있다.

3. 위생 요인
위생요인은 종업원이 불만족하지 않기 위해 충족되

어야 하는 요인으로, 작업조건, 위험도 등이 있다. 동기요인이 채워진다 해도 위생요인이 채워지지 않으면 종업원은 만족하지 않는다.

Ⅲ. 직무충실화의 실천방안

1. 개 요
수직적 직무확대와 과업의 질적 확대를 하여야 하고, 작업 방법 및 순서에 있어서 재량권을 부여하고, 직무수행의 결과에 대한 피드백을 하여야 한다.

2. 실천방안
(1) 과업의 확대

(2) 수직적 업무분화

(3) 재량권 부여 및 계획 / 통제권 이양

Ⅳ. 직무충실화의 문제점

1. 교육훈련 비용

2. 비효율적 작업시 비용 증가

3. X형 작업자 부작용
맥그리거가 분류한 X, Y형 중 X형 작업자는 소극적이고 피동적 작업태도를 가지고 있어 직무충실화가 오히려 부작용을 일으킬 수 있다.

4. 관리자 반발
수직적 업무 확대는 관리자의 영역 침범하는 결과 가져올 수 있어 관리자 반발이 예상된다.

Ⅴ. 직무특성이론과의 차이

1. 직무충실화와 직무특성이론의 공통점
(1) 행동과학적 직무설계

(2) 수평적 직무확대의 한계 극복 (수직적 직무확대)

(3) 개인차원의 직무설계

2. 직무충실화와 직무특성이론의 차이점
(1) 직무특성

- 직무충실화 : 작업자에게 권한, 책임, 자율을 부여하는 것에 초점
  직무특성이론 : 직무자체가 기능다양성, 과업정체성, 과업중요성 등의 특성을 지니도록 설계하는데 초점

(2) 조정변수
직무특성이론은 직무충실화와 달리 개인의 차이를 인정하여 종업원의 성장욕구를 도입

Ⅵ. 직무설계의 전개방향

1. 전략적 직무설계

2. 통합적 관점의 직무설계

3. 거시적 설계

4. 직무설계와 노동의 인간화

05 집단수준의 직무설계

Ⅰ. 들어가며

1. 직무설계의 의의
직무설계란 조직적, 기술적, 인간적 욕구를 충족시키기 위해서 과업들을 하나의 직무로 조직화하는 과정이다.

2. 직무설계의 목적
개인 직무만족 및 모티베이션 향상, 조직의 생산성 향상 및 품질개선, 이직·훈련비용 감소등

Ⅱ. 집단수준의 직무설계

1. 행동과학적 직무설계
(1) 직무교차(Overlapped Workplace)

직무교차는 수행직무의 일부를 타 작업자와 공동으로 수행하는 방법으로 교차되는 직무로 인해 상호 협동 시스템이 고조되며 단조로움이 감소된다.

(2) 직무순환(Job Rotation)

직무순환은 수평/수직적으로 여러 직무를 다양하게 경험하도록 설계하는 방식을 말한다.

여러 직무에 대한 기술을 확보함으로써 관리자의 능력이 고양되고 다기능화를 통한 자기개발이 가능하다.

2. 사회기술시스템 이론

(1) 개설

사회기술 시스템이론은 집단수준의 직무설계 시 조직외부를 구성하는 사회시스템, 사업장의 문화로 대표되는 기술시스템의 조합을 최적화하는 방향의 설계를 해야 한다는 이론이다.

(2) 자율적 작업팀

자율적 작업팀은 집단을 대상으로 하는 수직적 직무화대 모델이다. 몇 개의 직무를 합쳐 하나의 작업집단을 형성하게 하고 이에 자율성을 부여하는 방법론이다. 자율적 작업팀을 운영하면 기업의 공식 조직에 대한 통제의 부담이 줄어들고 작업상 노하우 전수가 용이하다.

Ⅲ. 집단수준 직무설계의 장단점

1. 장 점

집단적 직무설계를 통해 조직 효율성 제고가 가능하며, 직무수행자 간의 의사소통이 활발해진다. 또한 수행직무 범위의 증가로 인해 종업원의 다기능화가 이루어지며 그에 따라 종업원 만족도가 상승하는 장점이 있다.

2. 단 점

종업원 개인들의 직무전문화가 어려우며, 다양한 직무수행을 위해 교육훈련 비용이 상승되는 단점이 잇다.

Ⅳ. 직무설계의 전개방향

1. 전략적 직무설계

2. 통합적 관점의 직무설계

3. 거시적 설계

4. 직무설계와 노동의 인간화

06 직무과정 설계
(Business Process Reengineering)

Ⅰ. 들어가며

1. 직무설계의 의의

직무설계란 조직적, 기술적, 인간적 욕구를 충족시키기 위해서 과업들을 하나의 직무로 조직화하는 과정이다.

2. 직무설계의 배경

기업의 모든 과업은 연계되어 있는바 직무과정설계가 이슈되고 있다. 고객 지향적 사고의 부각에 따라 고객에게 가치 있는 제품을 신속히 제공할 수 있는 직무수행과정의 필요성이 강조되면서 프로세스를 재검토하는 직무과정설계가 부각되었다.

Ⅱ. BPR의 의의

1. BPR의 개념

마이클 해머는 비용, 품질, 서비스, 속도 등의 극적인 변혁을 실현하기 위해 업무 프로세스의 전 과정을 완전히 재고하여 근본적으로 재설계하는 것으로 정의하다. 기본적이고 근본적이며 극적인 프로세스상의 변화를 핵심으로 한다.

2. 프로세스의 의미와 정립 필요성

프로세스는 하나 이상의 자원이나 과업의 투입을 통해 고객에게 가치 있는 결과물을 산출하는 행동으로 정의할 수 있다. 프로세스 정립은 기업을 구성하는 여러 부서의 협력을 통해 수행단위별 최적화를 달성하기 위해 필요하다.

3. 정보처리기술의 활용

Ⅲ. BPR의 절차

1. 대상프로세스 선정

2. 조사 분석

3. 프로세스 재설계

4. 피드백 수행

Ⅳ. BPR의 기대효과

1. 고객 측면

(1) 프로세스 처리시간 감소

업무 프로세스의 처리기간 단축에 따라 고객의 주문으로부터 제품이 고객에게 전달되는 배달까지의 소요시간이 단축되고, 신상품 개발 아이디어 도출 후 완제품으로 생산이 완료될 때까지의 소요기간도 줄어든다.

(2) 품질, 서비스 향상

BPR의 결과, 제품의 품질이 높아지며 서비스가 향상되어 고객에 대한 기업 이미지 제고 효과도 기대할 수 있다.

2. 기업측면

(1) 비용, 원가 절감

처리시간 단축으로 비용 및 원가 절감이 가능하다.

(2) 혁신적 기업문화 형성

(3) 경영시스템 효율화

Ⅴ. 성공방안

1. 지속적 개선노력

2. 적절한 보상을 통한 동기부여

3. 변화와 개선의 제도화

4. CEO 관심과 지원

07 근무시간 설계

Ⅰ. 들어가며

1. 직무설계의 의의
직무설계란 조직적, 기술적, 인간적 욕구를 충족시키기 위해서 과업들을 하나의 직무로 조직화하는 과정이다.

2. 근로시간 설계 개요

근로시간은 기업의 측면에서는 제품을 만들기 위해 투입되는 자원의 측면으로 종업원에게는 노동력이라는 에너지의 소진이라는 의미를 가지는 역의 상관관계를 가진다고 할 수 있어 양자의 관계를 적절하게 운영할 필요가 있다.

근로시간 설계의 유형은 '근로시간의 변경 가능성' 여부에 따라 고정적 근로시간제도와 변동적 근로시간제도로 나누어 살펴볼 수 있다.

Ⅱ. 고정적 근무시간제

1. 의 의
고정적 근무시간제는 소정 근로시간 하에서 시업시간과 종업시간 및 휴게시간을 한 기업 내에 특정적으로 정의한 시간을 의미한다.

2. 도입효과 및 한계

(1) 도입효과
고정적 근무시간제도 하에서는 종업원들 간의 협력이나 통일성을 갖출 수 있다.

(2) 한 계
업무에 있어서의 집중도, 개인별 바이오 리듬 등이 반영되지 않는 문제 발생.

3. 집중 근로시간제의 운영
특정 근로시간 대에는 핵심과업 수행에 집중할 수 있도록 타 과업의 수행을 제한하는 제도이다. 집중 근로시간 제도를 운영하면 고정적 근무시간 하에서도 개인이 직무에 전념할 수 있도록 운영할 수 있다.

Ⅲ. 변동적 근무시간제

1. 의 의
변동적 근무시간제는 종업원에게 근무시간의 시작과 종료시간을 선택할 수 있는 자율권을 부여하는 제도이다.

2. 중요성
최근에는 업무 자체의 효율성과 다양한 종업원의 욕구를 반영함으로써 종업원의 근무의욕을 향상하기 위해 도입되고 있고, 특히 여성 근로자들의 출산 이후의 활용도를 높이기 위한 제도로 활용된다.

3. 도입효과

종업원의 근무시간대의 자율성이 보장됨에 따라 결근율 및 지각이 감소하고, 만족도 증가, 이직율 감소, 생산성이 증가하는 효과 등이 있다.

4. 한계점

감독자의 부재시간이 존재하여 근무감독의 공동화 현상이 발생하고, 협동의 문제가 발생하여 고객 불만의 여지가 높다.

5. 제도 도입의 전제조건

변동근로시간제도는 작업집단의 상호의존성이 적은 직무에 적합하다.

6. 탄력적 근로시간제도

탄력적 근로시간제도는 고정시간대와 탄력시간대로 나뉘어 운영되는 데, 이 제도 하에서 모든 종업원은 고정시간대에는 반드시 근무를 하여야 하고 탄력시간대에는 총 근로시간에 맞추어 종업원이 선택하여 근로를 하 수 있다.

Ⅳ. 부분 근무시간제

1. 의 의

부분 근무시간제는 정규근무시간보다 적은 일을 하며, 이에 상응하는 낮은 급여를 받는 제도를 말한다.

2. 중요성

최근 가치관의 변화로 정규직 파트타이머가 등장하고 있고, 고령인력과 여성인력의 증가로 이슈가 되고 있다.

3. 도입효과

연중 생산라인의 피크타임의 극복이 가능하고, 연장 근무수당의 비용절감이 가능하다.
나아가 종업원의 피로도 낮으며 일의 집중도가 높은 편이다. 여성인력의 경우 가정과 일의 양립을 위한 제도로 활용될 수 있으며, 고령인력의 경우 건강을 유지하면서 일을 할 수 있다는 효과가 있다.

4. 한계점

교육비훈련이 많이 들며 감독자의 업무 부담이 증가한다. 종업원의 애사심도 부족하다.

Ⅴ. 교대근무제

1. 의 의

교대근무제는 제품, 서비스의 생산을 늘릴 필요가 있을 때, 1일 근무시간의 연장을 위해 도입된 것이다.

2. 유 형

2조 맞교대형, 3조 3교대형, 3조 2교대형, 4조 3교대형 등이 있다.

3. 도입효과 및 한계

(1) 도입효과

기업의 장비나 설비를 최대한 활용할 수 있어 제품시장의 수요를 충족할 수 있다.

(2) 한 계

시간대별로 불리한 근무 교대조의 경우 불충분한 수면 등으로 질병이 발생할 수 있고, 고립된 사회생활로 인해 불원만한 가족관계가 발생할 수 있다.

Ⅵ. 휴식시간

1. 의의

휴식시간은 근로의 의무가 면제된 시간의 의미가 있으나, 다른 면제시간과는 다르게 근로시간 도중에 부여된 것이다.

2. 법적 휴식시간

법은 휴식시간을 근로시간이 4시간인 경우 30분 이상, 8시간인 경우 1시간 이상을 근로시간 도중에 부여하도록 규정하고 있다.

3. 바람직한 휴식시간의 설계

휴식시간은 실질적인 근무 강도와 회복 시간을 고려하여 탄력적으로 운영하여야 할 것이다.

Ⅶ. 나가며

근로시간 설계는 법의 테두리 안에서 기업에서 필

요한 인력을 유인하기 위해서라도, 종업원의 욕구를 반영한 설계와 기업의 경영환경 변화에 적응할 수 있는 유연성을 갖출 수 있도록 운영하여야 할 것이다.

08 모집 관리

I. 들어가며

1. 모집의 의의
모집활동이란 인력수요계획을 바탕으로 기업이 필요한 양적, 질적 수요를 충족시키기 위해 사람을 구하는 활동을 말한다.

2. 중요성
모집활동을 통해 비로소 기업이 필요한 인력을 확보할 수 있어 기업의 전략적 목표 달성을 위해 중요하다. 모집단계에서의 효율적 수행은 선발 단계에서 기업이 필요한 인력을 선발할 가능성을 높여주게 된다.(직무만족도·조직몰입도 향상, 이직률 감소 등)

II. 모집의 전략과 방침

1. 모집전략 (유인 전략)
모집전략은 과대포장 전략과 사실위주 전략으로 나뉘어진다.

전 략	지원자	선발 비율	이직률	성 과
과대포장 전략	많음	적음	높음	낮음
사실위주 전략	적음	많음	낮음	높음

2. 모집의 방침
모집의 방침이란 어떠한 방법을 사용하여 어떤 유형의 인력을, 어떤 조건 하에서 모집할 것인가에 관한 의사결정이다.
모집 방침을 결정함에 있어서는 수행할 직무에 관한 직무명세서를 기초로 하여야 할 것이며, 기업에서 필요한 인력의 수와 모집 직종에 따른 적절한 모집 방법을 선택하여야 한다.

III. 모집의 원천

1. 내부 노동시장
조직 내부에 존재하는 노동시장으로 기존 종업원을 대상으로 기업에서 필요한 인력을 충원하는 방법이다.

2. 외부노동시장
조직 외부에서 인력이 공급되는 유형으로 기업의 필요인력의 특성에 적합한 노동시장을 선택하여야 한다.

3. 양 자의 비교

	내부 노동시장	외부 노동시장
장 점	– 사기향상, 비용절감 – 평가용이, 동기부여 – 능력개발	– 조직활성화 가능 – 인력 선택범위 넓음 – 새로운 지식 유입 – 교육훈련비 절감
단 점	– 조직정체 – 내부갈등	– 내부인 사기 저하 – 적응기간 소요 – 비용 증가 – 평가오류 발생 위험

IV. 모집의 방법

1. 사내 모집

(1) 의 의
사내 모집제도는 기능목록 등을 활용해 적격자를 기업에서 찾아 인사이동을 하는 방식이나, 종업원 스스로 공석의 직무에 지원하도록 하는 사내 공개 모집제도 등의 방법을 통해 사내에서 적격자를 충원하는 제도이다.

(2) 한 계
압력단체의 개입을 통한 공정성의 문제와 기능목록표의 오류로 인한 신뢰성 문제 등

2. 사외 모집

(1) 의 의
사외 모집제도는 기업에서 필요한 인력을 외부에서 충원하는 방법이다.

(2) 방 법

어떠한 외부 공급원을 통해 모집할 것인지, 어떠한 모집 전략을 활용할 것인지 등을 결정한 후 채용을 진행하게 된다.

V. 모집활동의 평가

1. 평가대상

모집 방법, 모집활동에 지원한 지원자의 양과 질, 모집에 소요된 비용과 기간

2. 평가 유형

기업 간 비교 (횡단적 분석), 기업 자체 연도별 모집활동 결과 비교 (종단적 분석)

3. 평가 방법

평가 방법	내 용
비용-효익 분석	투입된 비용 대비 달성한 성과
소요 시간	공석 채우는데 걸리는 시간
기타	지원자 양과 질, 입사확정 자의 유지

4. 평가결과의 활용

VI. 모집활동 시 유의사항

1. 모집방법의 효과성

유능한 인력 선발위해 어떤 모집방법 사용이 효과적인가?

2. 모집광고의 정직성

해당 기업이나 선발된 인력이 수행하게 될 직무의 장단점을 얼마나 정직하게 알려야 하나?

3. 모집과정의 효율성

유능한 지원자들의 관심을 끌 수 있고, 잠재 인력들이 안심하고 지원할 수 있는 모집의 효율적 관리 절차를 어떻게 개발할 것인가?

09 직무선택의 과정

I. 들어가며 (직무선택과정의 중요성)

오늘날 기업을 구성하고 있는 종업원이 다양화되고, 수평적 노동시장이 활성화되면서 기업에 적합한 인력을 확보하고 이를 유지하는 활동이 어려워지고 있다. 이러한 현상은 기업의 확보관리에서 종업원 선택 기준을 고도화할 필요와 기업과 함께 할 지원자를 찾아가는 과정의 중요성을 말해주고 있다.

II. 직무선택의 심리적 과정

1. 의 의

직무선택이란 모집 과정의 이면에 존재하는 과정으로서, 기업의 모집활동 과정에서 이루어지는 기업에 대한 정보를 통해 기업 또는 직무를 선택하는 단계이다. 직무선택은 직무탐색과 직무선택으로 구성된다.

2. 직무탐색

응모자가 직무 또는 직장과 관련된 정보를 수집하는 과정이다. 직무탐색에 있어서 주된 정보원은 공식적 네트워크와 비공식적 네트워크로 구성된다.

3. 직무선택

응모자가 회사나 직무에 대한 여러 대안 중 하나를 선택하는 것을 말한다.

III. 직무선택 과정의 함의점

1. 기업 이미지와 기존 종업원의 만족도

비공식적 네트워크에 의한 정보는 정보의 불완전성과 개별성이 있다는 특성과 함께 기업 이미지 관리의 중요성을 알려주고 있다. 기업 내부의 종업원의 견해 또한 직무탐색 정보의 중요한 요소로 부각이 되면서 종업원의 기업에 대한 태도 관리가 중요하다 할 것이다.

2. 모집 및 선발활동 과정의 중요성

기업은 적극적으로 구직자를 유인하기 위해 기업을 홍보하게 된다. 특히 선발 과정에 있어서는 기업의

내용이 더 적극적으로 노출된다. 이러한 과정에서 입수된 정보는 지원자의 의사결정에 중요한 역할을 하게 된다.

3. 입문교육 과정의 중요성

모집 및 선발활동에서는 주로 기업의 선택에 결정이 이루어진다면, 입문 교육과정에서는 근로의 지속에 관한 의사결정과 기업 내에서 제공되는 직무 중 어떤 직무를 선택하여야 할 것인지에 관한 의사결정이 이루어지게 된다.

Ⅳ. 바람직한 확보활동 방향

1. 모집전략 측면

모집전략에는 과대포장 전략과 사실위주 전략이 있다. 과대포장 전략은 입직 후 다가오는 실망감으로 인한 이직을 감안하여 신중하게 선택하여야 한다.

2. 모집활동 측면

모집활동은 구직자에 입장에서는 기업에 대한 첫인상에 해당하는 것으로서 중요한바 미디어 매체, 비공식적 네트워크 등을 활용하여 기업에 호감을 가질 수 있는 모집활동을 펼칠 필요가 있다.

3. 선발활동 측면

선발활동의 단계는 응모자에게 기업의 면면을 가장 많이 보여주는 단계로 기업의 인재상 정립과 함께 기업에 대한 정보를 제공할 수 있는 방법을 강구해야 할 것이다.

4. 배치활동 측면

배치방법에는 직무선발, 순환배치 등의 방법이 있으며, 최근에는 MAKE 전략의 중요성이 대두되면서 직무선발 중심으로 운영되는 경향이 있다.

Ⅴ. 관련 이슈

1. 현실적 직무소개

현실적 직무소개란 직무의 긍정적인 면과 부정적인 면을 모두 솔직하게 소개하는 제도이다. 직무에 부적합하여 선발 이후 이직할 사람을 미리 포기하게 하고, 신입자에게 직장생활에 대한 현실적 기대를 형성하여 조직생활에 대한 적응력을 높이게 된다.

2. 인턴제도

정식으로 경력을 쌓기 이전 직무에 대한 경험을 함으로써 직무에 대한 준비와 사전 지식을 갖출 수 잇도록 하는 제도이다.

3. 멘토링 제도

입직사원의 조직사회화를 위해 특히 중요한 제도로 개인적 지원까지 가능하게 하여 조직문화에 대한 적응도를 높이고 종업원의 몰입을 제고할 수 있다.

10 모집원천의 의의 및 원천 별 장단점

Ⅰ. 모집의 의의와 중요성

1. 모집의 의의

모집은 선발을 전제로 양질의 지원자를 유인·확보하는 활동을 말한다. 모집은 양질의 지원자를 유인하기 위한 적극적인 활동이다.

2. 모집의 중요성

모집활동을 통해 비로소 기업이 필요한 인력을 확보할 수 있어 기업의 전략적 목표 달성을 위해 중요하다. 모집단계에서의 효율적 수행은 선발 단계에서 기업이 필요한 인력을 선발할 가능성을 높여주게 된다. (직무만족도·조직몰입도 향상, 이직률 감소 등)

3. 모집원천 논의 필요성

모집원천은 내부모집과 외부모집이 있다. 오늘날 인력의 Make가 한계에 이르러, Buy를 통한 조직의 지식 및 부가가치 창출이 생존에 필수적인 요소라는 인식이 대두되고 있다. 이에 모집원천별 장단점을 비교하여 바람직한 운영방안을 마련할 필요 있다.

Ⅱ. 모집원천과 모집방법

1. 내부모집

(1) 의의

내부노동시장을 통해서 회사와 직·간접적으로 이미 맺고 있는 사람들을 대상으로 모집하는 것을 말한다.

(2) 내부모집 방법

기능목록의 활용, 사내공개 모집제도 등

2. 외부모집

(1) 의의

기업의 필요인력을 외부노동시장에서 충원하는 방법을 말한다.

(2) 외부모집 방법

모집광고, 직업소개소 및 교육훈련 기관, 종업원 추천제, 헤드헌팅 등

Ⅲ. 내부모집의 장단점

장 점	단 점
- 승진기회 확대로 동기부여 - 비용 저렴 · 시간 단축 - 내부인력의 조직 및 직무지식 활용 - 외부인력 채용에 따른 리스크 제거 - 기존 인건비 및 급여수준 유지가능 - 하급직 신규채용 수요발생 - 평가의 정확성 확보	- 인재선택의 폭이 좁아짐 - 조직 폐쇄성 강화 (조직정체) - 탈락자 불만 - 과잉경쟁 - 부족한 업무능력 보충 위한 교육훈련비 증가 - 인력수요의 양적 충족 안됨

Ⅳ. 외부모집의 장단점

장 점	단 점
- 인재선택의 폭이 넓어짐 - 조직분위기 쇄신 - 인력수요 양적 충족 가능	- 비용 및 시간 소요가 크다 - 내부인력 승진기회 축소 - 내부인력의 사기저하

장 점	단 점
- 새로운 지식, 경험 축적 가능 - 교육훈련비 감소 - 특수 인재채용 가능	- 내부인력 이직 가능성 증가 - 외부인력 채용에 따른 리스크발생 (조직적응 실패, 기술 및 지식 차이) - 평가의 부정확

Ⅴ. 결론 : 모집원천의 선택

절대적인 답을 찾기는 어려우나, 일반적으로 공석은 일단 내부로부터 보충하되 충분한 자격여건이 없는 경우 외부로부터 보충하는 방법을 활용하고 있다. 특히 상위경영층이나 전문직에 대하여는 적절한 수준의 사외공급에 의해 조직에 활력을 불어넣어야 할 것이다.

11 사원추천 모집제도

Ⅰ. 들어가며

Ⅱ. 사원추천 모집제도의 개념과 효과

1. 개 념

사원추천 모집제도란 직장 내 공석이 생겼을 때, 현직 종업원들이 적임자를 추천하도록 하여 신규 직원을 채용하는 제도이다.

2. 효 과

사원추천모집제도는 현직종업원이 자신이 잘 아는 친구나 친지를 채용에 응하도록 권유함으로써 모집원천의 신뢰성을 높이는 데 기여하며, 회사가 필요로 하는 자격을 갖춘 인재들을 저렴한 비용으로 리쿠르트할 수 있어 모집의 효과성을 높일 수 있다.

Ⅲ. 사원추천 모집제도의 장점

1. 경제적 이익 : 저렴한 비용으로 모집 가능

2. 직원들의 자질유지 용이

직원들이 자신의 이름을 걸고 추천을 하기 때문에, 자질이 우수한 사원을 채용하는데 도움이 된다.

3. 선발에 걸리는 시간 단축

4. 낮은 이직률과 높은 기업문화 적응도

사원추천제로 입사하는 사람들은 자신의 추천자로부터 회사에 대한 상세한 정보를 이미 접하고 의사결정을 하여 채용에 응한 사람들이므로 '현실적 직무소개'가 이루어진 상태라 할 수 있다. 또한 기존 직원들과도 친밀한 관계를 가지고 있어 이직률이 낮고 기업문화의 적응도도 높은 편이다.

5. 기존 직원들의 동기부여와 사기 양양

기존사원들에게 추천 권한을 부여하고 채용 시 일정한 인센티브가 주어지기 때문에 기존 직원들의 동기부여와 사기 측면에서 긍정적이다.

Ⅳ. 사원추천 모집제도의 단점

1. 파벌조성의 부작용

추천되는 사람들은 기존 직원과 지역, 학력 등에 있어 유사성이 높아 기업 내 학맥, 인맥에 근거한 파벌조성이라는 부작용을 야기할 가능성이 있다.

2. 공정성 확보의 어려움

3. 사회적 문제 야기

추천받지 못한 사람의 취업기회를 원천적으로 봉쇄하는 것으로 많은 기업이 사원추천 모집제도를 확대 실시할 경우 사회적 문제를 야기시킬 수 있다.

4. 추천자와의 관계

피 추천 후보자가 채용면접에서 탈락하는 경우, 추천자의 반발과 사기저하가 예상된다.

Ⅴ. 사원추천 모집제도의 성공방안

1. 기업특성 고려

핵심인재 확보가 어려운 직종, 종업원 참여제도가 확립되어 있는 직장, 강한 기업문화가 정착되어 있는 기업에서 활용빈도가 높은 편이다.

2. 외부모집제도와의 조화

3. 공정성과 객관성 제고

4. 보상금 지급 등 적극적 유인

12 선발관련 의사결정 과정과 선발도구의 평가

Ⅰ. 들어가며

1. 선발 의의

선발이란 모집활동을 통해 획득한 지원자 중에서 미래에 수행할 직무에 가장 적합한 지원자를 식별하는 활동을 말한다.

2. 중요성

선발활동은 기업의 우수인재를 식별하는 활동의 마지막 단계로서, 지원자의 역량과 배치할 직무와의 적합성이 요구된다. 선발과정 잘 이루어지지 않으면 이직률이 증가하게 되고 결국 사기와 생산성이 저하되는 현상이 발생할 수 있다.

Ⅱ. 선발의 방침

1. 영향 요소

- 개인적 요소 : 선발활동에서 선발의 기준은 지원자가 기업문화에 얼마나 적합한지, 가치관이 건전한지, 기업 전략 수행을 위한 인재상에 적합한지 등
- 환경적 요소 : 기업의 지불능력 및 외부 노동시장의 현황 등

2. 인재관의 결정

대표적 인재관의 유형으로 기업중심주의와 직무중심주의가 있다.

(1) 기업 중심주의

기업을 행동단위로 하는 것으로서, 판단의 기준을 기업문화로 보는 것이다. 기업중심주의는 종신근무의 풍토에 적합한 유형으로 볼 수 있는데, 일반적 인재를 채용하여 기업 내부에서 양성하여 상위의

필요 인력을 만들어 나가는 형태라 할 수 있다.

(2) 직무 중심주의

직무를 기준으로 하여 확보대상 직무를 가장 잘 수행할 수 있는 인력을 선발하는 형태이다. 직무중심주의 하에서는 추가적인 교육 없이도 직무수행이 가능하다는 장점이 있으나, 인력활용 상의 유연성이 저하된다는 문제가 있다.

3. 선발방법의 결정

	선호기업	장점	단점
종합적 판단방법	중소기업	- 전인적 평가 - 특수인력 채용	높은 비용
단계적 판단방법	대기업	- 저비용, 평가 용이성	우수인재 유출 위험

Ⅲ. 선발도구의 유형

1. 선발의 단계

① 예비 면접 ② 서류 전형 ③ 선발 시험 ④ 면접 ⑤ 경력조회 ⑥신체검사

2. 서류 전형

(1) 바이오 데이터

바이오 데이터법은 개인의 전기 자료를 통해 평가를 하는 방법이다. 직무와 검증불가 자료까지도 포함한다는 특징이 있다.

(2) 역량기반지원서 평가

역량기반 지원서란 지원자 개인이 가지고 있는 역량을 스스로 기술하도록 하는 양식의 지원서이다.

3. 선발 시험

성격 및 흥미도 검사, 실무능력 검사, 능력검사

4. 면접

(1) 종 류

- 구조적 면접 : 직무명세서 기초로 질문항목을 미리 선정하여 면접하는 것으로, 직무분석을 전제로 한다.
- 비구조적 면접 : 면접자의 노련함이 요구되며 경영환경이 안정적인 경우 유용하다.

(2) 방 법

집단 면접, 위원회 면접, 스트레스 면접, 블라인드 인터뷰, 행동관찰 면접

5. 평가 센터법

(1) 의 의

관리직 인력 선발 시 주로 사용하는 것으로 다수 지원자를 합숙시켜 다양한 도구를 적용하여 평가하는 것이다.

(2) 장단점

- 장점 : 역량 있는 소수 인력 선발 시 용이, 효과는 매우 우수
- 단점 : 참여자와 비 참여자 간의 마찰, 비용이 많이 소요

Ⅳ. 선발도구의 평가

1. 타당성

특정 선발 도구가 얼마나 평가목적을 충족시키느냐 부합하는 정도

2. 신뢰성

결과의 일관성

3. 수용성

평가 결과에 대해 피 면접자가 그 결과를 수용하는 정도

4. 실용성

선발도구를 개발 내지 도입하는데 투입된 제반 비용과 이러한 선발도구를 활용함으로서 얻어지는 효용성과의 비교를 통해 검증할 수 있다.

5. 선발비율

총 응모자에 대한 선발인원의 비율로 정의할 수 있다.

Ⅴ. 선발 시 유의사항 및 성공방안

타당성, 신뢰성, 수용성, 실용성 겸비하도록 해야 하며, 전략적 적합성까지 고려해야 한다.
기업의 주요 성공요인을 규명하여 이에 기여할 수 있는 인재상을 사전 정립하는 것이 좋다.

13 선발도구의 타당성과 선발비율

I. 선발의 의의와 중요성

1. 선발 의의

선발은 모집활동을 통해서 응모한 많은 후보자 중에 조직이 필요로 하는 자질을 갖춘 사람을 선별하는 과정이다.

2. 선발의 중요성

선발활동은 기업에 유입될 인력을 식별하는 마지막 단계로서, 우수인재를 확보하는 단계이다. 선발관리에서의 오류가 있을 경우 조직의 사기와 생산성이 저하되고 적응하지 못한 인력의 이직현상이 발생하게 될 것이다.

II. 선발도구의 유형

1. 선발 시험
2. 지원서 평가
3. 면 접
4. 평가센터

III. 선발도구의 요건

1. 타당성

평가 시 측정하는 내용과 평가의 목적 또는 척도와 얼마나 부합되느냐의 문제이다.

2. 신뢰성

동일한 환경에서 측정된 결과가 서로 일치하는 정도를 말한다.

3. 수용성

결과에 대해 받아들이는 태도로, 해당 조직이 채용하기를 원하는 지원자를 성공적으로 유치할 수 있는 능력을 나타낸다.

4. 실용성

선발도구 개발 내지 도입에 투입된 비용과 선발도구의 효과를 비교한 경제성의 개념이다.

IV. 타당도의 관리목표와 평가방법

1. 개 요

선발도구 요건은 유기적으로 연결되어 있다고 보아야 하는바, 이하에서는 타당도에 대해 자세히 논하고 선발비율에 대해 논의한 후 전략적 선발관리를 위한 타당도 증대방안에 대해 논하겠다.

2. 타당도 관련 관리 목표

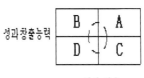

A - 입사점수 합격,
성과창출능력 우수

B - 입사점수 미달,
성과창출능력 우수
(1종 오류)

C - 입사점수 합격, 성과창출능력 미달
(2종 오류)

D - 입사점수 미달, 성과창출능력 미달

종업원의 선발이 기업의 성과향상을 위한 것이고, 이에 기여할 수 있는 종업원의 선발이 목적이라고 보았을 때 가장 타당도가 높은 선발 기법을 활용하게 되면 A(선발인력)와 D(탈락인력) 부분에 모집활동의 결과가 분포되어야 할 것이다.

3. 타당도의 평가 방법

(1) 기준관련 타당성

선발의 의사결정이 이후 직무 수행 과정에서도 높은 성과를 나타낼 수 있는 인력을 검출할 수 있는 기준으로 구성되어 있는지의 문제이다.

(2) 내용 타당성

선발도구가 실제로 직무를 수행하는데 있어서 나타나는 직무행위와 얼마나 유사한 내용을 담고 있는지를 전문가들이 판단하는 방법이다.

(3) 구성타당도 = 공인타당성

선발도구의 측정치가 얼마나 이론적 속성에 부합되고 논리적으로 구성되었는지를 평가.

461

V. 선발비율

1. 실용성과 선발비율

선발도구의 실용성 평가는 선발을 위한 Tool의 활용 가능성을 제고시키기 위해 단순성, 이해가능성 측면과 함께 비용편익분석이 이루어져야 한다.

2. 선발비율 개념

선발비율이라 함은 기업의 채용에 있어서 모집활동으로 인해 총 응모한 인원 대비 최종 선발된 인원의 비율을 말한다. 따라서 선발비율이 높다는 것은 상대적으로 적은 응모자 중 인력을 선발한다는 것이다.

3. 적정 선발비율

선발비율이 높으면 기업의 선택의 폭이 줄어드는 반면, 선발비율이 낮으면 선발비용의 증가가 문제된다.

4. 선발비율과 선발도구

핵심능력 보유자나 고위직의 경우 그 선택대상 인력이 상대적으로 많은 것도 아니고, 오히려 평가의 정확성이 문제가 될 것이므로 선발비율을 높이는 대신 평가센터 등 고도의 선발도구를 활용할 필요가 있겠다.

VI. 선발도구의 타당성 제고 방안

미래상황 질문, 인성시험, 블라인드 인터뷰, 평가센터법, 다차원 면접, 모의상황 대처 등

14 선발 면접법

I. 들어가며

1. 선발의 의의

선발은 모집활동을 통해서 응모한 많은 후보자 중에 조직이 필요로 하는 자질을 갖춘 사람을 선별하는 과정이다.

2. 중요성

선발활동은 기업에 유입될 인력을 식별하는 마지막 단계로서, 우수인재를 확보하는 단계이다. 선발관리에서의 오류가 있을 경우 조직의 사기와 생산성이 저하되고 적응하지 못한 인력의 이직현상이 발생하게 될 것이다.

3. 면접의 의의

면접은 기업이 지원자를 상대로 면접을 통해 지원자가 가지고 있는 능력 및 개인적 특성 등을 파악하는 활동이다. 기업은 면접 과정을 통해 기업 및 고용조건에 대한 정보를 지원자에게 제공하게 된다.

4. 면접의 중요성 증가

기업특성에 맞는 적합한 인재를 확보하기 위해 면접에 대한 의존도가 높아지는 추세이다.

II. 선발면접의 종류

1. 개요

2. 구조적 면접

직무명세서를 기초로 질문항목을 사전에 준비하여 면접자가 피면접자에게 질문하는 방식으로, 경험이나 교육이 부족한 현장관리자도 면접자로 참여가 가능하다는 특징이 있다.

3. 비구조적 면접

면접자가 특정한 질문지 목록 없이 중요하다고 생각되는 내용을 재량에 따라 질문하는 방식으로 질문항목 선정에는 어려움이 없으나, 노련한 면접자가 필요하며 경영환경이 안정적인 경우 유용하다.

3. 반구조적 면접

III. 선발면접의 방법

1. 일반적 방법

(1) 집단면접

피면접자를 복수로 면접을 진행하는 방법으로 면접시간이 절약되고 지원자 간의 비교가 용이하다. 그러나 개별 지원자가 보유하고 있는 특수한 면을 파악하기 어렵다.

(2) 위원회 면접

다수 면접자가 한명의 피면접자를 평가하는 방법으로 신뢰도가 높은 반면, 피면접자가 심리적으로 위축되고 평가오류의 가능성이 있으며 시간이 많이 소요되는 단점이 있다.

(3) 스트레스 면접

피면접자의 약점을 공개적으로 비난하고 이에 대한 반응을 통해 평가하는 방법으로 개인의 인성파악이 용이하지만 불합격한 지원자가 공개적으로 비판할 위험이 있어 기업이미지가 실추될 수 있다.

(4) 상황면접

면접자가 직무에 관련된 상황을 제시하고, 지원자가 이러한 상황에 대처하는 방법을 평가함으로서 직무성과 예측력이 높다.

2. 면접의 신 기법

(1) 블라인드 인터뷰제

블라인드 인터뷰제는 면접자가 피면접자에 대한 기초자료 없이 면접을 실시하는 기법으로 지원서에 의해 가질 수 있는 면접자의 편견을 제거하기 위한 무자료 면접기법이다.

면접에서의 편견을 제거하고 면접자와 피면접자 간의 충분한 대화로서 면접자와 피면접자에 대한 상호관심을 높이기 위해 도입되었다.

(2) 행동관찰 면접제

행동관찰 면접제는 장소의 제한 없이 특정한 놀이나 운동 등을 통해 피면접자가 취하는 행동을 관찰하여 평가하는 방식이다. 기존의 개인면접을 통해서는 개인의 내면적 속성을 파악하기 어렵고 선입견에 의한 편파적인 평가의 가능성이 있어 이를 극복하기 위한 방안으로 도입되었다.

Ⅳ. 면접의 장단점

1. 장 점

기업에서 요구되는 인재상에 따라 필요한 역량이 중요해지는 추세에 맞추어 역량을 확인하는 데는 면접이 가장 효과적인 방법일 것이다. 특히 면접이 직무지식과 능력에 맞추어져 있다면 그 타당성이 높아질 것이다.

2. 단점

일반적으로 면접의 신뢰성과 타당성은 낮은 편이며, 면접집단에 따라 편견이 있다고 밝혀졌다. 또한 면접은 주관적이 될 수 있어 탈락된 지원자에 의해 차별성의 문제가 제기될 수 있다.

Ⅴ. 성공방안

1. 기업전략과의 적합성 고려

2. 면접방법에 대한 주기적 평가

3. 면접자 교육

15 기존 채용관리 문제점과 개선방안

Ⅰ. 들어가며

1. 채용의 의의

채용관리란 인력 계획에 따라 기업 내에서 필요한 인력을 내·외부 원천을 통해 충족시키는 과정으로, 모집활동&선발활동&배치 및 사회화 활동으로 구성되어 있다.

2. 채용의 중요성

오늘날 기업환경이 급변함에 따라 이에 대한 기업의 유연하고 능동적인 대처가 기업의 생존과 성장에 직접적인 영향을 미치고 있다. 이에 기업에서도 인적자원관리에 있어 능력주의 인사관리가 요구되고 있으며, 또한 전문적인 지식이나 능력을 갖춘 인재의 확보가 더욱 중요시되고 있다.

Ⅱ. 인사환경의 변화

1. 경제여건의 변화

- 기존의 고도성장에서 저성장시대로 접어들면서 승진정체 및 인건비 부담이 증대되었다.
- 양 중심에서 질 중심 / 소품종 대량생산에서 다품종 소량생산
  소비자 중심의 시대로의 변화 / 정보지식사회로

의 진전 / 세계화의 가속화와 경쟁 격화

2. 노동시장의 변화

- 종업원의 고령화 / 전문직 증가 / 여성인력·비정
규직 증가/ 탈분업화와 지식노동 보편화

3. 사회가치관의 변화

- 여가나 근로생활의 질에 관심 증가 / 개인주의적
경향의 증가

4. 기술환경의 변화

- 정보기술의 급격한 발전과 산업구조의 고도화

5. 조직 변화

- 급변하는 경영환경에 유연하고 탄력적인 대응을
할 수 있는 수평적 조직구조로 변화

Ⅲ. 기존채용관리의 특성과 문제점

1. 기존 채용관리의 특성

(1) 인력계획의 특성

합리적 직무분석이나 직무평가 없이 단기간의 평가
에 의해 이루어짐으로써 장기적인 인력계획이 부재
하다는 특징을 갖고 있다.

(2) 모집활동의 특성

기업이 필요로 하는 인력의 유형이 자주 바뀌어 외
부공급원을 통한 모집활동에 주력하게 되었다. 다
양한 모집방법을 사용해왔으나 정확하고 충분한 정
보제공이 부족하여 신입 사원들의 이직률이 높은
편이다.

(3) 선발과정의 특성

선발과정에서는 단계별로 합격여부를 구분하는 다
단계별 선발제도를 활용하는 것이 일반적이었다.
각 단계별 선발과정의 필요성 여부 및 단계별 선발
의 합리성 여부를 판단할 수 있는 자료가 미흡하였
다는 한계가 있었다.

2. 기존 채용관리의 문제점

(1) 장기인력계획의 부재

(2) 직무관리 미흡

(3) 공정한 인사고과 자료 미흡

(4) 선발기법의 효율성 저하

(5) 면접에 대한 인식 부족

Ⅳ. 개선 방안

1. 기존채용방식과 신경향 비교

기존 채용방식	신 채용방식
- 정기 모집 - 신입사원 위주 - 인사위주 선발 - 그물식·집단위주 채용 - 학력·자격 기준 심사 - 사외 중심	- 수시모집 - 경력사원 위주 - 라인위주 선발, 현장중심 모집 - 작살형·개별 채용 - 능력기준 심사 - 사내·사외 병행

2. 기본 방향

전략적 채용 / 능력과 성과주의에 입각한 우수인재
확보
환경변화에 적응하는 탄력적 채용 / 선발도구의 신
뢰성과 타당성의 제고

Ⅴ. 새로운 채용 방식

능력위주 열린 채용 / 인터넷 채용 시스템/ 상시 채
용제/ 인재 데이터뱅크/ 인턴제
비정규직 채용 확산/ 면접방식의 다양화/ 채용 아
웃소싱 등

16 경력목표의 수립과정

Ⅰ. 개발관리의 의의 및 중요성

1. 개발관리의 의의
능력을 지속적으로 향상. 훈련과 개발로 구성

2. 개발관리의 중요성
생산성을 높여 수익성 향상, 기능의 진부화 예방,
종업원의 고용관리, 학습조직

3. 기업환경의 변화

(1) 외부환경의 변화

기술 시장환경과 제도적 환경의 변화

(2) 내부환경의 변화

사업전략과 직무의 성격 변화

Ⅱ. 경력개발관리의 의의 및 중요성

1. 의의

개인의 경력욕구를 장기적이고 계획적으로 개발하는 것. 기업의 경력욕구와의 통합과정을 통해 기업의 경제적 효율성까지 고려해야 함

2. 목적

기업은 인재의 효율적인 확보와 직무에의 배분을 경력개발관리를 통해 할 수 있으면, 조직 유효성의 증대(경제적 효율성), 아울러 종업원의 자아발전 욕구를 충족시킴으로써 성취동기를 유발(사회적 효율성)

3. 경력개발의 기본원칙

승진경로확립(경력경로), 역량 또는 능력에 맞는 적재적소에의 배치와 기업 내부에서 자체적으로 유능한 인재를 양성, 확보할 수 있는 토대를 마련하는 것

Ⅲ. 경력목표의 수립과정

1. 자기평가(SW)

2. 현실점검(OT)

3. 목표수립(경력목표)

4. 실천계획(경력전략)

Ⅳ. 목표수립 과정 모델

1. 경력 닻 모형

자기평가 과정에서 개인의 경력 욕구와 필요성을 파악하는 데에 도움이 되는 것으로 샤인과 드롱이 주창한 것

2. 개인의 경력수명주기 모형

시간의 흐름에 따라 변화. 생애 경력개발관리와 홀의 경력주기 모형. 탐색, 정착, 유지, 쇠퇴

3. 조직 내에서의 경력목표 수립

조직과 개인의 경력 상담으로 통한 커뮤니케이션을 통해서 경력욕구는 조정되고 통합. 리치의 시소모형. 샤인은 경력개발의 핵심을 경력계획 과정에서 개인욕구와 조직욕구를 조화시켜 나가는 일련의 연계 과정으로 보았다.

Ⅴ. 경력경로설계

1. 경력경로의 의의

개인이 조직에서 여러 종류의 직무를 수행함으로써 경력을 쌓게 될 때 그가 수행할 직무들의 배열을 의미함

2. 전통적 경력경로

직무들이 수직적으로 배열. 특정 직무를 수행한 이후에는 상위수준의 직무를 수행하게 되는 사다리꼴의 형태

3. 현대적 경력경로 설계

(1) 네트워크 경력경로

수직적으로만 있는 것이 아니라, 수평적으로도 배열되어 있는 경우

(2) 이중 경력경로

어느정도 직무경험을 쌓은 이후 관리직종으로 보내지 않고 전문적인 분야에 계속 업무를 수행하게 하는 것으로, 주로 기술 직종 종사자의 전문성을 높이기 위한 방법

4. 바람직한 경력경로 설계

개인의 경력욕구 파악을 근간으로 조직의 전략적 적합성에 맞도록 설계해야 할 것

Ⅵ. 경력관리의 실재

1. 초기경력관리

사회화 과정. 현실적 직무소개 및 체계적인 오리엔테이션 등으로 구성되어 있음

2. 중기경력관리

승진한계. 능력 진부화, 진로변경의 3가지 경력관
리상의 문제점 발생. 유연적 경력이동경로 등을 설
정. 조직구성원은 스스로 자기평가를 통한 목표재
정립 등을 해야 할 것

3. 후기경력관리
브리지 임플로이먼트를 통한 기술의 전수방안을 검
토하거나, 아웃플레이스먼트 등의 안정감 부여 프
로그램 등을 적극적으로 검토할 필요가 있음

4. 경력정체
정체인력에 대해 멘토를 지정하여 그 원인에 대한
파악 및 개선노력이 이루어져야 할 것이고, 그 정체
의 유형에 따라 새로운 직무를 개발할 수도 있을 것

Ⅶ. 개발관리의 합리적 운영 방안
1. 장기적 안목으로 계획적 운영
2. 종업원의 욕구를 반영하는 운영
3. 경력의 개발을 중심
4. 인사고과, 직무연구 정비
개발관리의 신뢰성과 타당성을 확보하기 위하여 필
요성 분석이나 대상자 선정시 직무분석, 직무평가,
인사고과 자료를 근거로 하여 합리적인 방향으로
추진되어야 할 것

17 경력정체

Ⅰ. 경력개발의 의의와 목적
1. 경력개발의 의의
능력을 지속적 향상. 훈련과 개발로 구성
2. 목적 및 중요성
3. 문제상황
수직 사다리형 경력개발을 주된 방침으로 운영하던
기존의 경력개발 체계에서 조직의 침체와 다양한
종업원의 욕구가 등장하면서 경력개발에서 소외되
는 계층이 발생

Ⅱ. 경력정체의 의의와 그 해결의 중요성
1. 의의
(1) 의미
객관적으로 안정된 위치에 있으나 조직생활에 대해
불만족을 느끼는 상태. 경력의 측면세서 더 이상 오
르지도 않고 떨어지지도 않는 상태
(2) 승진정체와의 차이
객관적인 직급 상승의 정지를 말하는 것. 경력정체
는 직급상승의 문제를 떠나 개인이 느끼는 주관적
인 것까지 포함하는 개념
(3) 99%의 원칙
Bardwick은 특히 사다리형 경력경로를 주된 경력
개발의 전략으로 하고 있는 경우 전략의 의사결정
에 참여하는 고위계층은 전체 종업원의 1%에 불과
하므로, 산술적으로는 1%만이 구조적 경력정체에
서 벗어날 수 있다고 함
2. 경력정체 해결의 필요성
기업의 발전은 종업원의 동기부여와 자발적 참여를
바탕으로 이루어진다는 측면에서 본다면, 경력정체
로 인한 종업원의 모티베이션의 저하현상은 반드시
해결해야 하는 부분이라고 할 수 있음
3. 자발적 경력정체
개인의 경력목표를 더 중시하는 추세에 맞추어, 자
발적으로 경력정체를 선택하는 경우도 발생하고 있
음. 경력정체의 원인과 정체시 그 현상을 받아들이
는 종업원의 태도를 분석하여 이를 해결해야 할 것

Ⅲ. 경력정체 인력의 유형과 원인별 관리방안
1. 경력정체 인력의 유형
이상형, 성과미달형, 방어형, 절망형
2. 경력정체의 원인과 관리방안
(1) 부적절한 기술능력 보유
(2) 낮은 경력개발 욕구
(3) 직무 부적합
(4) 인사제도상 문제

(5) 기업의 저성장 및 개인의 스트레스

Ⅳ. 경력정체의 해결을 위한 노력

1. 객관적 경력정체의 대안
진로선택제 도입, 직능자격제도의 도입

2. 주관적 경력정체의 극복
직무재설계, 순환보직

Ⅴ. 성공적인 경력정체의 해소방안

1. 철저한 원인분석 및 적극적 해결노력
경력정체에 해당하는 인력별 원인에 대해 명확히 분석하고, 역할에 대해서도 책임을 분담하고, 제도 도입에 있어서의 수용성 확대하는 방향으로 추진되어야 할 것

2. 조직 차원의 과제
경력관리의 중요성 인식, 유연적 경력이동 기회 제공, 직무개선의 능력의 제고, 계속적인 교육훈련의 실시, 보상시스템의 개선

3. 개인 차원의 과제
확실한 자기평가, 목표의 재정립, 실직에 대한 대비

18 교육훈련관리

Ⅰ. 교육훈련의 의의와 목적

1. 의 의
종업원의 자질을 개발하고 직무에 대한 적응성을 높임으로써 보다 나은 자격을 갖출 수 있도록 조직적, 체계적으로 유도하는 활동

2. 중요성
최근 디지털 혁명의 대두와 마케팅의 시대로의 전환에 따라 인적자원에 대한 경쟁우위가 기업의 경쟁력을 좌우하게 되었음.

3. 목 적
인재육성을 통한 기술축적, 동기유발, 커뮤니케이션을 통한 조직협력

Ⅱ. 교육훈련의 절차 및 필요성 분석

1. 교육훈련의 절차
계획, 실천, 통제

2. 교육훈련의 필요성 분석

(1) 의 의
기업에서 필요한 인재 객관적 요구분석＋교육훈련 대상자들의 요구파악 ＝>개발 필요부분 도출

(2) 필요성
분석의 수준별 이슈

(3) 분석기법
면접, 관찰, 질문, 전문가 자문법

3. 설계시 고려사항

(1) 학습자 준비정도
능력, 모티베이션

(2) 학습자 학습유형
오디오, 촉각, 비디오

(3) 학습의 전이
업무 적용 용이성

Ⅲ. 교육훈련 프로그램

1. 대상에 따른 분류

(1) 계층별 요구되는 자질(R.L.Katz)
경영층은 개념적 능력이, 중간관리층에는 인간관계 능력이, 그리고 실무자 층에는 기술적 능력이 주로 요구 됨.

(2) 개념적 능력 훈련
① 인 바스켓 훈련
모의 경영상황을 하나의 광주리에 담아 훈련 참가자로 하여금 이를 처리하게 하는 것
② 비즈니스 게임
교육 참가자들이 팀을 구성하여 경쟁상황에 있는 서로 다른 모의 기업의 책임자들로서 상대방 기업

을 이끌 수 있는 경영의사결정을 하도록 하는 방법

③ 사례연구

기업의 현황을 교육 참가자에게 제시, 문제점을 분석, 그 해결을 위한 대안을 제시

(3) 인간적 능력 훈련

① 역할 연기법

관리자뿐만 아니라 일반 종업원을 대상으로 인간관계에 대한 태도개선 및 인간관계기술을 제고시키기 위한 기법

② 행동 모델법

관리자 및 종업원에게 주어진 상황에서 가장 이상적인 행동을 제시

③ 교류 분석법

두 사람간의 대화내용을 분석해서 인간관계능력을 제고시키기 위한 교육훈련 기법

(4) 기술 훈련(기술과 경영의 조화)

① 대역법

직무지식의 함양을 위하여 직속상사 밑에 그 자리를 계승할 예정에 있는 자가 같이 일을 하면서 업무에 관한 자세한 교육을 받는 제도

② 청년중역회의법

관리자 내지 관리자의 길을 걸을 예정인 종업원을 대상으로 조직전반에 대한 지식을 축적하기 위하여 모의 이사회의 방식을 교육훈련을 말함

③ 코칭

수행하는 직무가 특수한 경우 전통적인 OJT 만으로 불충분하여 도입된 제도

(5) 신입사원 교육 훈련

① 멘토제도

조직의 후진들에게 역할 모델의 제공할 뿐만 아니라 그의 대인관계개발 및 경력개발에 도움을 주는 자로 이해되고 있음

② 강의법

주로 지식이나 어떤 문제를 해결하는 과정 및 방법 등을 커뮤니케이션을 통해 전달

2. 담당자에 의한 분류

(1) 라인 중심의 OJT

직장훈련 또는 직무상 훈련으로서 직속상사가 부하에게 직접적으로 개별지도를 하고 교육훈련을 시키는 라인담당자 중심의 교육훈련방식

(2) 스탭 중심의 OFF-JT

OFF-JT는 직장외 훈련 또는 직무외 훈련으로서, 종업원을 일단 직무로부터 분리시켜 스탭 또는 외부기관에 의해 일정기간 교육에만 전념하는 것으로 집단적으로 시행하는 것이 일반적임

(3) 본인 중심의 자기 개발

Self Development Plan은 교육훈련 계획을 종업원 개인이 주가 되어 수립하는 것으로서, 개인에 대해 보다 현실적인 사항을 반영하고 참여를 높여 효율성을 극대화 할 수 있음.

3. 교육훈련 방법에 따른 분류

통신교육, 강의식, 문답법, 역할극, 사례연구법

4. 교육훈련의 평가

(1) 거시적/미시적 평가

(2) 구체적 평가기준

커크팩트릭: 반응, 학습, 행동, 결과 기준
필립스: 커크패트릭 + ROI
골드스타인: 훈련, 전이, 조직내 및 조직간 타당성

Ⅳ. 교육훈련의 새로운 기법

1. Action Learning

실제 경영환경, 해결책, 학습조직, 리더십, 학습촉진자

2. E-Learning

쌍방향, 선택권, 상호평가

3. Blended Learning

온 오프라인 연계, 이 러닝 효과 극대화

Ⅴ. 우리나라 교육훈련의 문제점과 개선 방향

1. 전략적인 교육훈련

2. 장기적인 교육계획 수립

3. 현장교육 및 자기개발 방식 강화

단기적이고 주입식인 OFF-JT를 지양하고, 라인 중심의 OJT, 스탭 중심의 OFF-JT, 그리고 본인 중심의 셀프스터디가 상호 유기적으로 결합되도록 해야 할 것

4. 종합 인사시스템과 유기적 결합

교육훈련의 결과를 통해 선발, 배치 등을 보완하고, 인사고과나 승진 등에 그 결과를 활용할 수 있도록 운영이 되어야 할 것

5. 교육훈련 방법의 개발

획일적인 강의식 방법을 지양하고, 정보매체 등을 이용한 참여식 교육, 사례연구식 교육, 집단토의 등을 활용해야 할 것

19 액션러닝

Ⅰ. 교육훈련의 패러다임 변화와 액션러닝의 확산

오늘날 기업들은 글로벌 차원의 무한경쟁에서 살아남기 위해서 그 어느 때보다 인재육성의 중요성을 강조하고 있다. 그러나 기존의 학습 시스템만으로 한계가 있음. 현장의 실질적인 문제와 성과창출에 도움이 안 되는 경우가 많았고, 인재육성 및 조직학습 향상에도 많은 한계가 있었다. 이에 따라 최근 개인 역량의 강화는 물론이고 기업의 성과 향상을 실질적으로 도모할 수 있는 행위 중심의 액션 러닝이 부상하고 있음

Ⅱ. 액션러닝의 개념과 구성요소

1. 액션 러닝의 개념

교육참가자들이 소규모 집단을 구성, 팀워크를 바탕으로 경영상의 실제 문제를 정해진 시점까지 해결하는 동시에, 문제해결과정에 대한 성찰을 통해 학습하도록 지원하는 교육방식

2. 액션 러닝의 핵심 구성요소

문제, 학습팀, 질의와 성찰과정, 실행의지, 학습의지, 촉진자

Ⅲ. 액션러닝과 기존 교육훈련의 차이

1. 당면하고 있는 실질적 문제 혹은 주요 이슈대상

기업이 당면하고 있는 핵심 현안 및 현장 중심의 이슈를 중심으로 문제 선정

2. 학습 대상의 심화

태스크 포스나 품질 분임조 활동을 통해 이루어지는 기존의 현장 중심의 학습과도 다소 차이가 있음. 문제의 근본적인 원인파악은 물론 대응 방안 모색, 그리고 변화로 인해 야기 되는 전반적인 파급 효과 등과 같이 기업 전반에 걸친 환경적/시스템적 측면까지도 학습의 대상으로 삼고 있음

3. 결과의 실질적 실행

기업성과와 직결되는 사안들로 문제를 구성하기 때문에 프로그램을 통해 얻어진 결과는 거의 대부분 실행되는 경우가 많음

4. 도전적이고 핵심기술을 보유한 인재 육성에 탁월

도전적인 과제를 다룸으로써 보다 폭넓은 시야를 가질 수 있다는 장점

Ⅳ. 액션러닝의 도입효과와 활용사례

1. 도입효과

문제해결, 학습조직 구축, 팀 빌딩, 리더십 개발, 개인적 성장과 경력 개발

2. 다양한 활용목적 사례

(1) 복잡한 조직 문제해결에 탁월한 효과 발휘

(2) 개인, 팀 및 조직 전체의 학습을 불러일으키는 원동력(학습조직)

(3) 리더육성의 첨병(핵심리더)

Ⅴ. 성공 포인트

1. 적절한 문제와 사안의 선택

2. 조직 차원의 지원

3. 적절한 시간배분의 적합성 고려

4. 조화로운 팀 구성

20 멘토링

Ⅰ. 들어가며

1. 교육훈련의 의의

2. 멘토링의 도입 배경

신입사원의 조기 이탈은 기업의 측면에서 사회적 측면에서 그리고 개인의 차원에서 큰 불이익을 주게 되므로, 이를 관리할 필요성이 있다.

Ⅱ. 멘토링의 의의와 기능

1. 의 의

조직생활의 경험이 풍부하고 유능한 사람이 신입사원에게 조직의 공식적, 비공식적인 규범에 적응할 수 있도록 도와주는 관계를 말함. 조직사회화를 촉진시키는 방안으로 널리 사용

2. 교육훈련과 멘토링의 비교

멘토링은 멘토 멘티 커플을 활용한 개별적 사회화 과정이라는 측면에서 인재육성 프로그램이라 할 수 있음

3. 조직사회화 측면의 기능

(1) 개인적 지원

교육 훈련과 다르게 1:1 훈련을 중점적으로 하므로, 개인적인 애로사항 및 관심사항에 대한 지원까지 가능하게 된다.

(2) 조직적 개입

조직 내부에 입사자의 존재를 알리는 기회로 삼을 수 있으며, 조직에 있어서 경력의 운영방향을 선정할 수 있도록 도움을 줌

(3) 심리적 안정감

조직생활에 막연한 두려움을 가지고 있는 인원에 대한 지도활동을 통해 심리적으로 안정적인 상태에서 조직사회화가 가능하도록 함

(4) 지도 활동

현장에서 1:1로 직접 상호작용하면서 실시간으로

업무 관련 지식과 노하우를 전달해주기 때문에 강의실을 중심으로 한 일반 교육 훈련보다 비용도 적게 들고 학습 효과도 더욱 크다는 이점이 있음

Ⅲ. 멘토링의 운영

1. 멘토링의 단계

의존단계, 동기부여 단계, 협력단계를 거쳐 독립단계를 거치게 됨

2. 멘토링의 설계

(1) 멘토링 프로그램 설계

(2) 멘토의 지정

(3) 프로그램 실시

(4) 중간 점검 : 효과성 검증

3. 멘토링의 유형

(1) 공식적 멘토링과 비공식적 멘토링

(2) 새로운 멘토링

사이버 멘토링, 원거리 멘토링, 쌍방향 멘토링

Ⅳ. 도입효과

1. 조직측면

구성원들의 공동체 의식과 회사에 대한 몰입을 강화시켜주는 효과

2. 멘토측면

새로운 지식과 다양한 관점에 대한 이해와 학습, 젊은 세대의 가치관이나 관점에 대해 이해

3. 멘티측면

신속한 적응을 하는데 도움을 줄 수 있음. 전반적인 회사 생활이나 담당업무에 대해 상시적으로 조언을 얻고 대응함으로써, 자신감 있는 조직 생활이 가능하다는 것

Ⅴ. 성공방안

1. 충분한 사전 검토와 준비 필요

2. **명확한 이해와 목표설정**

   멘토링 프로그램에 대해 설명하는 오리엔테이션이 필요

3. **적절한 멘토 설정**

4. **정기적인 멘토링 효과 분석**

   과정이나 결과에 대한 엄격한 평가 이루어져야 함

5. **멘토링 성과에 대한 적절한 인정과 보상**

21 교육훈련평가

I. 들어가며

교육훈련은 경력목표의 달성을 목표로 하여 이를 충족하기에 부족한 역량을 보충하고 이를 통해 조직의 전략적 목표 달성에 기여해야 함은 당연한 것이라 하겠으나 우리나라 현실을 보면 교육훈련의 계획이나 활용 목적이 소위 ´Refresh´를 위한 측면의 교육이 많고 교육훈련의 결과가 조직의 전략적 목표 달성에 얼마나 기여하였는지 충분히 검토하지 못하고 있는 것이 현실. 따라서 교육훈련의 전략적 기여도 높이기 위해 교육훈련에 대한 평가를 어떻게 실시하고 어떻게 반영해야 할 것인지 살펴보기로 함.

II. 교육훈련 평가의 개념과 목적

1. **교육훈련 평가의 개념**

   교육훈련이 참여자, 조직, 교육 담당자에게 미치는 유용성을 측정하기 위해 행해지는 일련의 활동.

2. **교육훈련 평가의 목적**

   ① 교육훈련 프로그램의 개선 ② 현행 프로그램의 지속여부를 결정 ③ 교육훈련 부서의 조직목적과 목표에 기여하는 바를 밝힘으로 그 존재의 타당성을 정당화 하는 효과를 줌

3. **기존 교육훈련 평가의 문제점**

   부서의 조직목적과 목표에 실질적으로 어떻게 기여하였는지를 평가하는 측면에 대해 상대적으로 미비하였음.

III. 교육훈련의 평가─Kirkpatrik의 4단계 모델을 중심으로

1. **1단계─반응** : "교육과정에 대해 학습자들이 만족했는가?"

   (1) **의의** : 반응에 대한 평가는 교육훈련 참가자들이 프로그램에 어떻게 반응했는가 측정.

   (2) **평가내용/시기** : 교육의 내용, 강사 / 학습 직후 혹은 교육 종료 후

   (3) **평가방법** : 설문지, 인터뷰

2. **2단계─학습** : "교육 과정에서 무엇을 배웠는가?"

   (1) **의의** : 프로그램 참여결과 얻어진 태도변화, 지식증진, 기술향상 정도 측정

   (2) **평가내용/시기** : 교육목표 달성도 / 학습 직후 혹은 교육 종료 후

   (3) **평가방법** : 사전 / 사후 검사비교, 지필검사, 체크리스트 등

3. **3단계─행동** : "참가자들이 배운대로 행동하고 있는가?"

   (1) **의의** : 프로그램 참여결과 얻어진 직무행동 변화 측정

   (2) **평가내용/시기** : 학습 내용의 현장 적용도 / 교육후 3개월~6개월

   (3) **평가방법** : 통제연수집단 비교, 인터뷰, 설문지, 계획관찰 등

4. **4단계─결과** : "조직에 긍정적인 결과를 주었는가?"

   (1) **의의** : 훈련결과가 조직의 개선에 기여한 정도 측정

   (2) **평가내용/시기** : 교육으로 기업이 얻은 이익 / 교육후 3개월~6개월 후

   (3) **평가방법** : 통제연수집단 비교, 사전·사후 검사 비교, 비용효과 고려

Ⅳ. ROI 평가의 대두

1. 4단계 평가모델의 의의와 비판

4단계 평가모델은 평가의 내용과 방법을 구분하여 적용방식이 간단하여 많이 활용되나 투자대비 효과를 비용으로 환산하는 구체적인 방법을 제시하지 못하였다는 문제점 제시

2. ROI 평가의 대두-Jack Philips 5단계 평가 모델

Kirkpatrik의 4단계 평가 모델을 혼합하여 5단계 ROI 모델을 추가로 도입하여 Kirkpatrik 모델에 대한 비판을 극복하고자 함

3. 5단계 평가모델의 의의

최종 단계에서 ROI 평가를 통해 교육프로그램의 공헌도를 증명함으로써, 경영층과 고객의 신뢰를 획득하고 교육 프로세스를 향상시킴.

Ⅴ. 나가며

창의적인 인재가 기업의 경쟁력 좌우. 이런 인재의 효과적 양성을 위해서는 교육훈련 뿐만 아니라 경력개발 목표 하에 제반 인사시스템이 유기적으로 연결되는 Total 인사시스템으로 운영되어야 할 것이며 교육훈련 또한 그 목적을 제대로 달성하였는지 명확하게 분석하여 전략적 방향성을 수립하여야 할 것

22 배치관리

Ⅰ. 들어가며

1. 배치의 의의

선발의 과정을 거쳐 입사가 확정된 인력을 기업 내의 직무에 배속하는 과정과 기존의 종업원에 대해 직무 또는 근로장소의 변경을 명하는 관리활동

2. 고려사항

직무상의 강조점, 개인이 가지고 있는 직무욕구 및 역량

3. 논의방향

배치에 앞서 배치의 의사결정을 하기 위한 원칙을 살펴보고, 구체적인 배치의 방향과 유의사항을 살펴보도록 하겠다.

Ⅱ. 배치의 원칙

1. 실력주의

능력을 발휘할 수 있는 영역을 제공, 올바르게 평가, 만족할 수 있는 대우를 하는 원칙

2. 적재적소의 원칙

종업원이 최적의 직위에 배치되어 최고능력을 발휘하는 것

3. 인재육성주의의 원칙

사람을 소모시키면서 사용하지 않고, 성장시키면서 사용해야 된다는 원칙

4. 균형주의의 원칙

단순히 특정인만의 적재적소를 고려할 것이 아니라 상하좌우의 모든 사람에 대해서 평등한 적재적소와 직장 전체의 적재적소를 고려할 필요

Ⅲ. 배치의 방법

1. 순환배치법

여러직무 경험 후 최적직무 도출 후 배치

2. 직무선발

직무중심 선발, 공정성 중요

3. 기타의 배치방법

다중지원법, 교대근무

Ⅳ. 유의점

1. 합리적인 직무분석과 직무평가

적재적소 배치와 능력주의 실현을 위해서는 무엇보다도 우선적으로 합리적인 직무분석과 직무평가가 이루어 져야 함

2. 공정한 인사고과

능력주의를 실현함에 있어서 종업원의 불평, 불만을 제거하고, 긍정적인 조직분위기의 마련을 위해서는 공정한 인사고과가 필연적이라 할 것

3. **실시기관의 확립**

배치, 이동의 실시 주체를 마련함으로써 조직의 체계를 확립하고 직장질서의 유지를 위하여 실시기관의 확립이 필수적

4. **조직 구성원의 욕구조사**

인간존중의 사고 하에서 개인차원에도 중점을 두기 위한 것

5. **OJT의 사전 실시**

배치, 실효성을 거두기 위해서는 배치, 이동될 직무와 직무가 필요로 하는 능력에 대하여 사전에 교육을 실시 할 필요

23 승진관리

Ⅰ. 들어가며

1. **승진의 의의**

직무서열(승진) 혹은 자격서열(승격)의 상승. 지위의 상승과 함께 보수, 권한, 책임의 증가가 수반

2. **승진관리의 중요성**

종업원의 입장에서 자아발전과 성취동기의 중요한 원천이 됨. 기업의 입장에서는 체계적인 인재육성과 종업원 능력의 효율적인 활용을 통해 조직의 유효성을 높이는 수단

3. **능력주의의 대두**

최근 급격한 경영환경의 변화로 과거 연공주의적 관행을 벗어나 능력주의 실현을 위한 중요한 수단으로서 승진관리가 부각

Ⅱ. 승진의 원칙과 기준

1. **원칙**

(1) **적정성**(승진보상의 크기)

(2) **공정성**(승진보상의 배분)

(3) **합리성**(공헌의 측정 기준)

2. **기준**

(1) **연공주의**

연공이 높은 종업원을 우선적으로 승진시켜야 한다는 입장

(2) **능력주의**

조직의 목표달성에 기여하는 업무수행 능력이 뛰어난 후보자를 우선적으로 승진시켜야 함

(3) **연공과 능력의 조화**

대립적인 관계로 보아서는 아니되며 양자간의 조화를 기하여야 함

Ⅲ. 승진의 유형

1. **직책승진**(역직승진, 직급승진)

종업원이 상위 직위로 이동, 관리체계로서의 라인 직위 상으로의 승진

2. **자격승진**(승격)

종업원의 직무수행능력으로 승진, 상위직급의 공석과는 무관

3. **대용승진**(준승진)

종업원의 사기진작을 위한 형식적 승진, 직무내용이나 보상 유지

4. **직계승진**(직위승진)

직무주의 입각, 직무의 자격요건에 따라 적격자 승진

Ⅳ. 승진의 운영

1. **승진계획과 승진경로**

승진계획을 수립할 경우 다른 부문의 인사계획과 조화를 함으로써 통일적이고 평등적으로 수립하여야 하고 기업내 승진경로를 명시하여 종업원이 스스로 노력할 수 있도록 할 것

2. **승진 결정 요인**

승진에 대한 의사결정은 결정 요소 등을 종합적으로 판단하되, 인사부의 조언을 통해 라인이 실시하는 방향으로 진행이 되고 있음

3. 승진의 사후관리

변화된 직무를 수행하도록 직무 내용을 조정하고, 적합한 능력을 갖출 수 있도록 훈련 등을 실시하여야 할 것

V. 현 승진관리의 문제점과 개선방향

1. 우리나라 승진관리의 문제점

(1) 비합리적 승진관행

연고, 연공등 비합리적 승진관행

(2) 비전제시의 부족

승진관리의 합리성, 공정성, 객관성 요구

2. 승진관리에서의 능력주의 실현방안

(1) 직능자격제도의 효율성 제고

(2) 직위 및 직급체계의 개선

(3) 발탁인사제의 도입과 외부승진의 활용

(4) 직무전문화를 위한 경력개발

24 직능자격제도

I. 들어가며

1. 승진의 의의

2. 기존 승진관리의 문제점

기존의 연공주의에 의한 승진관리는 인사적체와 기업의 부담을 가져왔고, 인재개발 및 능력발휘에 미흡. 유능한 인재를 사멸시켜 급변하는 조직환경에 적응하지 못하는 문제점

3. 직능자격제도의 의의

직무수행능력의 발전단계에 따라 일정한 자격등급을 설정하고 이를 기준으로 승격, 승진 보상을 결정하는 승진의 형태. 연공과 능력을 절충한 인사시스템

II. 직능자격제도의 배경과 유용성

1. 도입배경

일본이나 우리나라의 경우 연공주의의 운영결과 나타난 문제점을 해결하기 위하여, 미국이 경우에는 직무중심 인사관리의 경직성을 해결하기 위한 도입된 직무급을 운영함으로써 벌어지는 문제점인 승진 정체의 문제점의 해소하기 위한 절충 제도로서 도입되었다고 할 수 있음

2. 유용성

(1) 종합적 인사시스템

(2) 현실에 유효

(3) 직무와 인간을 동시 만족

(4) 공정성 및 객관성 확보

III. 직능자격제도의 설계와 운용

1. 직능자격제도의 설계

(1) 직능의 편성

직능 자격제도를 설계하기 위해 직무분석 등을 통하여 개별 직무의 내용과 이의 수행에 필요한 능력을 분석하는 단계가 선행되어야 함

(2) 자격등급의 구성

직능의 편성으로 인해 직무의 Core Success Factor(CSF)를 등급화하고, 이에 따른 신분 자격 내역을 수립한다. 이때, 종업원 대표와의 절충 등을 통한다면 수용성을 높일 수 있음

2. 직능자격제도의 운용

(1) 승격 및 승진

직능자격제도는 자격요건이 달성이 되면 승진을 하게 되는 제도이므로, 다른 승진제도와 비교를 할 때 T/O에 영향을 가장 적게 받는 제도라 할 수 있음. 따라서 이러한 제도를 운영할 때에는 승진의 개념과 승격의 개념을 다르게 운영을 함으로써 조직의 직급 Balance를 조정할 필요가 있음

(2) 보 상

직능자격제도를 운영할 경우 직능급을 병행함으로
써 직무수행 능력의 향상 욕구를 제고 시킬 수 있을
것

(3) 능력개발

제도 운영시 명확하게 직무수행 능력을 향상시킬
수 있는 수행능력을 제시하고 있으므로, 이 부분을
신분자격 상승과 보상에 결정적인 영향을 주도록
설계함으로써 종업원의 능력개발을 유도할 수 있을
것

Ⅳ. 직능자격제도의 도입시 유의점

1. 자격등급별 직무수행능력 요건의 명시
자칫 연공적 인사제도로 안착할 우려

2. 공정성과 수용성의 확립

3. 전략적 직능자격제도
조직의 인력 운영 목표와 일치

4. 최고 경영층의 지원

Ⅴ. 나가며

직능자격제도는 성급한 직무주의 인사관리의 도입
의 문제점을 해결하고자 최근 부각 되고 있는 제도
라 할 수 있다. 직능자격제도는 직무에 관련된 부분
과 이를 수행할 수 있는 능력에 대한 보상으로 구성
이 되어 있는 만큼, 직무에 대한 철저한 분석이 선
행되어야 함.

25 인사고과의 요건

Ⅰ. 들어가며

1. 인사고과의 개념
인사고과란 종업원의 행동, 태도, 성과 및 능력 등
을 체계적으로 평가하는 활동으로 직무를 수행하는
종업원의 상대적 가치를 평가하는 것

2. 인사고과의 중요성
정확하게 실시된 인사고과를 통해 직무설계 및 인
력확보계획 수립, 인력개발 필요성 분석의 기초자
료로 활용하고, 배치, 승진, 임금의 결정, 인력유
지, 방출을 위한 정보수집이 가능.

Ⅱ. 인사고과의 구성요건

1. 의 의

2. 전략적 일치성
타 인사관리의 활동영역과 마찬가지로, 인사고과도
조직전략과 일치되어야 함.

3. 타당성

(1) 의 의

고과의 내용이 고과를 실시하는 목적에 부합되는 정
도

(2) 기존 고과의 문제점

일회적, 정기적 고과를 통해 얻어진 종합 점수를 다
방면에 활용하였기 때문

(3) 타당성 증대방안

목적에 따른 고과를 실시하고, 적절한 고과자를 선
정해야 할 것

4. 신뢰성

(1) 의 의

고과를 통해 측정하고자 하는 내용이 얼마나 정확
히 측정되었느냐의 문제

(2) 신뢰성 저하 요인 및 오류

관대화, 중심화, 가혹화, 유사성, 대비, 시간적 오
류, 상관편견, 후광 효과

(3) 신뢰성 증대방안

절대고과와 상대고과의 적절한 사용, 고과결과의
공개, 고과자 교육, 다면평가 도입

5. 수용성

(1) 의 의

피평가자들이 인사고과의 목적, 필요성, 과정, 결과를 이해하고 수용하는 정도

(2) 고과결과에 대한 저항 원인

고과목적에 대한 신뢰 상실, 정보부족, 고과로 인한 종속적 관계 강화 우려 등

(3) 수용성 증대 방안

고과의 개발이나 운영시에 종업원이 참여하는 방법, 이의제기 채널 구축 등

6. 실용성

(1) 의 의

인사고과 개발 및 운영비용과 인사고과 결과에 대한 편익의 비교와 활용성에 의해 판단

(2) 내 용

경제성과 고과를 실행할 현업의 관리자들이 쉽게 이해 가능하고, 이행하는데 제약 요건이 없는 가에 대한 단순성 및 이해가능성이 주로 고려 됨

Ⅲ. 인사고과제도의 설계

1. 절대고과와 상대고과

(1) 의 의

집단내에서 평가대상자의 서열을 정하는 상대고과 위주로 평가가 이루어 졌으나 최근에는 일정한 기준에 따라 종업원의 수준을 평가하여 역량개발에 활용하는 절대고과가 강조되고 있음

(2) 장단점 및 활용방안

상대고과는 주로 상법이나 급여 등 처우결정에 활용함. 성과차이가 명확하고, 고과자의 오류를 방지할 수 있으나, 피드백이 모호하고 행동수정이 어렵다는 단점이 있음. 반면, 절대고과는 개발, 육성에 활용하며, 행동을 수정할 수 있음. 하지만, 고과자 오류가 발생하기 쉬운 문제가 있음

(3) 조 화

최근 절대고과가 각광받고 있으나, 모든 상황에 적합한 것은 아니므로, 기업이 처한 상황과 평가의 목적, 상대평가와 절대평가의 차이를 고려하여 적절

히 사용해야 함

2. 고과자 선정

(1) 고과자의 유형

고과자가 상사뿐만 아니라, 동료, 부하, 고객 등으로 확대되고 있는 추세

(2) 다면 평가

평가의 신뢰성 증진과 다양한 측면의 평가가 가능. 다양한 목적에 활용할 수 있음

3. 고과의 내용

(1) 특성평가

개인특성을 평가하는 것으로 도표척도법이 대표적. 직무적성, 승진, 배치 등의 의사결정에 유용하나, 평가자의 의식적, 무의식적 편견에 따라 신뢰성이 저할 될 수 있음

(2) 성과평가

성과의 달성정도에 근거하여, 직무나 집단에서 실제 수행한 작업결과에 대해 평가하는 방법

(3) 행동평가

직무수행과정에서 조직에 유효한 행동을 했는지 평가하는 것으로 행위기준고과법(BARS)이 대표적임

26 절대평가와 상대평가

Ⅰ. 들어가며: 절대평가의 부각

상대평가는 평가대상자를 집단 내에서 서로 비교하여 개인을 평가하여, 상위자를 선발, 추천, 개발하거나 제한된 자원을 배분하기 위한 서열을 정하는데 유용하다.

Ⅱ. 상대평가와 절대평가의 사용 상황 및 기법 비교

1. 상대평가

(1) 상대평가의 사용 상황

조건없이 상위 몇 명을 선발 할 때, 상위자들에게
인정과 보상을 주고자 할 때

(2) **상대평가 기법** : 서열법, 강제할당법

2. **절대평가**

(1) **절대평가의 사용상황**

직원들의 우열을 가리기보다 직원 개개인의 육성에
초점을 맞추는 육성형 평가

(2) **절대평가의 기법**

평정척도법, 체크리스트법, 중요사건 서술법, 행위
기준 고과법, 목표관리법, 인사평가센터

Ⅲ. 양자의 구체적 비교

1. **평가의 목적**
   선별 vs 개발, 육성

2. **평가기준 및 평가결과의 조정**

(1) **평가기준**
① 상대평가: 평가기준이 불명확하며, 보상에 연결될
때 납득성을 얻기 어렵다
② 절대평가: 평가기준이 명확하고, 구체성이 요구
됨. 납득성이 있음

(2) **평가결과의 조정**
조정의 어려움 vs 조정의 용이

3. **정규분포**
   정규분포 사용 vs 조정의 용이

4. **팀워크**
   팀워크 깨지기 쉬움 vs 협력하여 기준을 충족시키
   는 것이 가능

5. **개발 및 교육활용**
   사람과 사람을 비교 하므로 자기개발이나 교육에
   사용하기 힘듦 vs 평가의 기준이 명확하므로 자기
   개발이나 교육에 사용할 수 있다.

Ⅳ. 양자의 장단점 비교

1. **장 점**
   종업원들 간의 성과차이 구분이 용이 vs 개발과 육
   성에 활용, 팀워크 유지

2. **단 점**
   단순히 서열구분을 주목적으로 하니 구체성 부족
   vs 평가기준의 객관적 설정 어려움

Ⅴ. 나가며 : 양자의 조화 필요

14 행위기준고과법
(BARS:Behaviorally Anchored Rating Scale)

Ⅰ. 현대적 인사고과와 BARS

1. **인사고과의 개념과 중요성**

2. **현대적 인사고과 경향**
   전통적 고과는 미래행위에 대한 개선효과가 부족
   했고, 인성적 특질 위주의 평가로 주관적 오류발생
   가능성이 높았다. 현대적 고과에서는 수용성과 공
   정성을 높이기 위한 고도화된 방법론이 요구 되고
   있으며, 인적역량 향상을 도모해야 하는 도전에 직
   면해 있음

3. **BARS의 의의**
   종업원의 실제행동을 관찰하여 평가하는 방법으로
   평정척도법과 중요사건기술법을 혼용하여 보다 정
   교하게 계량적으로 수정한 기법.

Ⅱ. BARS의 특징

1. **구체적인 직무에 대한 적용**
   특정 직무나 직무군의 특성에 맞추어져 있기 때문
   에 직무별로 효율적 행위를 제시 할 수 있으며, 이
   를 통해 성과달성의 원인이 될 수 있는 정보를 직

무에 근거하여 개인에게 제공

2. 개발목표의 강조
어떤 행위가 목표달성과 관련이 있는지를 알 수 있으므로 종업원 개발이 가능

3. 유효한 행위의 구별
유효한 행위와 그렇지 못한 행위를 구별하도록 하여 바람직한 방향으로 유도

Ⅲ. BARS의 개발 및 이용방법

1. 척도의 개발

(1) 개발위원회 구성

(2) 중요사건 열거

(3) 중요사건 범주화

(4) 중요사건 재분류

(5) 중요사건의 등급화

(6) 확정 및 실행

2. 기대척도의 이용 방법
일반 적인 BARS의 척도가 직무기술서를 중심으로 평가를 한다고 한다면, 기대척도를 이용한 평가는 개발, 경력관리 측면에서 기대되는 행동수준과 비교하는 방법이라 할 수 있다

3. BOS의 활용
BARS를 쉽게 적용하기 위한 방법론으로, 바람직한 행동의 빈도 측정을 통해 평가하는 방법

Ⅳ. BARS의 장단점 및 효과

1. 장 점
피드백이 용이, 구체적인 직무에 적용 가능, 객관성, 공정성 상승

2. 단 점
시간과 비용이 많이 소요, 실용성이 낮은 단점, 행동에 대한 평가수준을 정의하기 어려움

3. 효 과
행위의 적합성을 유도하고, 학습효과를 증진하며, 목표달성에 유효한 행위를 파악하는데 유용함

Ⅴ. 성공방안
BARS는 전통적 인사평가의 인성적 특질 중심 평가의 취약점을 극복, 보완하고 평가의 객관성과 공정성을 높이고, 피평가자의 바람직한 행위를 유도하는 방법임. 종업원의 행위개선을 도모하고, MBO와 연계를 통해 성과달성에 기여할 수 있도록 해야 할 것

28 MBO
(목표관리법): (Management by Objectives)

Ⅰ. 들어가며

1. 인사고과의 개념과 중요성

2. 현대적 인사고과 경향
현재수행하고 있는 행위를 평가하여 바람직한 행위로의 수정을 추구하는 BARS와 전략달성을 위한 목표관리법(MBO)이 대두되었다.

3. 종업원 의식 변화와 MBO 등장
종업원의 수용성에 바탕한 직무몰입도 향상이 중요한 문제로 대두되고 있음.

Ⅱ. MBO의 의의

1. 의 의
상급자와 하급자가 상호 협의 하여 확정한 후 실행 결과를 함께 평가하는 개발지향, 성과지향적 인사고과로 평가, 개발, 보상을 연계하는 평가방법.

2. 중요성 및 특징
능력개발, 업무개선, 상하간 객관적 평가를 보장하는 방법으로 중요성이 증대

3. 등장배경

1950년대 피터 드러커가 경영관리 기법으로서 제안하였고, 맥그리거가 인사평가의 기법으로 도입한 이래 성과주의 인사고과 제도의 핵심으로 여겨지고 있음

Ⅲ. MBO의 실행과정

1. 사전홍보와 교육

도입하기 전에 평가관계자들에게 설명하고, 이해시켜 공감대를 형성하고 지지를 얻어내는 단계를 거쳐야 함

2. 목표의 설정

최고경영자가 조직목표를 수립하고, 이 목표를 하위시스템에 구체적으로 할당하는 과정

3. 상급자와 협의

종업원에 의해 수립된 목표는 상사와 협의를 거쳐서 확정됨

4. 목표달성을 위한 실행

계획된 기간 안에 자기 통제 하에 실행하게 되는데, 이 단계에서 상사는 지원, 조정, 조력, 정보 제공의 역할을 함

5. 평가 및 새로운 목표의 수립

공동으로 평가하고 적절한 보상을 함

Ⅳ. MBO의 도입효과

1. 성과향상 및 개발 측면

목표설정, 평가과정에의 참여, 목표의 구체성, 목표실행의 자율성 그리고 목표달성과 보상의 연계는 동기부여를 통한 성과향상 요인으로 작용함

2. 평가제도의 측면

상벌위주의 평가에서 성과향상과 개발을 지향하는 평가로, 상위자 중심의 평가에서 본인 참여의 평가로 발전

3. 보상제도의 측면

성과에 대응하는 능력주의적 보상제도를 확립할 수 있고, 공정한 보상에 대한 신뢰도가 높음. 특히 연봉제와 연계하여 토탈 인사시스템을 구축할 수 있음

4. 평가의 구성요소 측면

고과자의 주관적 편견을 최소화 할 수 있어 신뢰성이 높음

Ⅴ. 장단점

1. 장 점

평가구체화, 역량중심, 조직활성화, 조직목표의 정합성

2. 단 점

시간비용, 무리한 목표강요, 임금저하, 조직비교곤란

Ⅵ. 유의사항 및 성공방안

1. 조직목표와의 정합성

개인이 목표수립의 주체가 되므로, 기업의 전략적 적합성을 보장하기 위해서 프로세스가 정립되어야 하며, 개인 목표가 조직목표와 조화를 이루고, 전략적 관점에서 균형을 이루어야 함

2. 종업원과 조직의 노력

3. 중점추진업무의 도출

목표는 일상적으로 이루어지는 과업을 중심으로 하는 것이 아니라, 조직목표와 정렬된 개인 목표달성을 위해 필요한 업무의 개선과제나 중점적으로 수행해야 하는 업무를 중심으로 설정 되어야 함

4. 성과창출과 경력개발의 연계

단기적인 목표달성 뿐만 아니라, 높은 성과수준이 계속 유지될 수 있는 체계를 마련해야 할 것. MBO는 구성원의 능력개발과 참여라는 취지에 바탕한 제도이므로 능력주의 인사제도와 함께 운영해야 할 것

5. 보상과의 연계

6. 과정에 대한 평가

구체적 행위에 중요성을 부여하는 행위기준고과법을 병행 도입하면 좋은 효과를 기대할 수 있을 것

29 인사평정센터

(인적평정센터 : Human Assessment Center)

Ⅰ. 들어가며

1. 인사고과의 개념과 중요성

2. 핵심인재 관리의 필요성 대두

기업경쟁력의 원천으로 인재의 중요성이 강조, 핵심인재의 확보, 유지를 통한 지속적인 성과창출이 경영의 화두가 되고 있음

Ⅱ. 인사평가센터의 의의 및 특징

1. 의 의

종업원의 적성과 능력을 객관적으로 평가하여 기업에서 필요한 관리자나 핵심인재를 선발 또는 육성하기 위해 활용하는 기법으로, 특별히 훈련된 관리자들이 복수의 평가기법을 활용하여 관찰과 토론을 통해 인사고과를 하는 방법임

2. 특 징

피평가집단을 구성하여 평가가 이루어지며, 훈련받은 다수의 평가자가 다양한 평가기법을 활용하여 심층적인 평가를 실시함.

Ⅲ. 인사평가센터의 목적별 분류

1. 선발 목적형

적성이 확인되면, 후보자를 간부육성계획에 편입시켜 소정의 관리자 훈련을 받도록 하고, 적당한 시점에 관리직에 등용하는 것을 말함

2. 개발 목적형

감독자의 개발을 목적으로 하고 있으며, 능력이 높은 종업원을 조기에 발탁하려는 조기 등용제도로 볼 수 있음

3. 진단 목적형

기업이 창업기를 지나 발전기에 접어듬에 따라, 현시점에서 필요한 인재와 보유하고 있는 인재의 불균형을 파악하기 위한 방법

Ⅳ. 평가방법

1. 소요능력 리스트 작성

대상 직무의 수행에 반드시 요구되는 소요능력 리스트를 작성

2. 연습과제 선정 및 실시

대상직무수행의 실제 내용에 가까운 개인평가가 가능하도록, 필요한 능력측면이 자연적으로 공평하게 나타나도록 구성된 연습과제를 선정하고, 이를 실시.

3. 참가자 연습과제 수행평가

객관적으로 관찰, 기록, 평가 할 수 있는 잘 훈련된 평가자를 선정하여 대상자들의 연습과제 수행을 평가함

4. 능력평가 보고서 작성 및 개발 계획 작성

분류, 정리하여 소요능력 항목별로 강약점을 평가하고, 평가자 회의를 통해 확정

Ⅴ. 장단점 및 기대효과

1. 장 점

관리직 선발에 유효성을 갖는다. 정확성이 높고 신뢰성과 타당성 확보에 유리

2. 단 점

시간과 비용이 소요되어 낮은 실용성이 문제로 지적되며, 제시된 연습상황과 실제 상황과의 차이에 대한 비판이 있음

3. 기대효과

평가대상자로 선정된 사람과 그렇지 못한 사람간의 갈등이 조성될 수 있음. 즉, 피평가자로 선정되지 않은 종업원의 심리적 저항으로 수용성 저하가 발생할 수 있음

Ⅵ. 성공방안

1. 평가지표의 선정

평가센터법에 적용되는 평가항목은 관리능력의 지표로서 종업원 능력개발의 방향을 결정하는 것이므로 신중하게 결정되어야 함. 평가지표는 기업의 전

략과 문화를 고려하여 선택되어야 하며, Bench Marking을 통해 무분별하게 선택된 평가지표의 활용은 지양해야 할 것

2. 평가자 선정

평가자의 올바른 선정은 평가센터법의 성공적 운영을 위해 매우 중요하며, 전문성과 피평가자와의 관계, 평가기간 등을 고려하여 결정해야 한다

3. 결과보고 및 피드백

피평가자들이 신뢰할 수 있도록 다양한 방법을 활용하여, 평가센터 목적에 맞게 전달되어야 할 것

30 다면평가제도

I. 들어가며

1. 인사고과의 개념

2. 인사고과의 중요성

Ⅱ. 다면평가의 의의와 목적

1. 의 의

다면평가(360° 피드백)란 기존의 상사 위주의 일방적 평가와 달리, 피평가자를 상사, 동료, 부하, 내외부 고객 등 여러 각도에서 전방위적으로 평가하고 피드백하고 피평가자를 지원, 개발하는 제도

2. 확산배경

다면평가에 따른 신뢰성 저하와 오류 극복을 위해서, 팀 위주의 조직지향

3. 도입의 목적 및 효과

(1) 개발 목적과 평가 목적

(2) 평가의 오류 극복과 신뢰성 향상

(3) 평가의 정확성 향상

(4) 피평가자의 역량과 행위, 태도 개선

(5) 고객 중심의 경영 실현

Ⅲ. 다면평가의 방법과 효과적 운영방안

1. 다면평가의 설계

(1) 평가문항과 척도

(2) 고과자 선정 및 가중치

(3) 고과의 실시

(4) 고과 결과의 활용

2. 효과적인 운영방안

(1) 조화로운 고과자 구성

(2) 평가에 대한 익명성 보장

(3) 평가자 의식 성숙을 위한 교육

(4) 오류 시정 장치 마련

(5) 목표설정과 연계

Ⅳ. 합리적인 전개방향

1. 고과자 훈련

2. 적극적인 평가를 위한 제도적 보완

3. 자기개발 프로그램의 마련

4. 자발적인 참여유도

5. Feed Back

31 BSC(Balanced Score Card)

I. 들어가며

1. 조직평가의 의의

최근 성과주의 임금제도가 빠르게 확산되고 있는 가운데, 업적평가의 중요성이 강조되고 있음. 개인의 직무가 상호의존성이 높거나, 조직활성화를 위해 조직의 업적을 평가하는 것이 더 효과적인 경우가 있음

2. 전통적 조직평가의 문제점과 BSC의 도입

전통적 조직평가는 주로 재무지표를 중심으로 이루어졌으며, 전략과의 연계성이 부족하고, 과거지향적 성격을 갖는 한계가 있었음

Ⅱ. BSC의 의의 및 내용

1. 의 의

노튼과 케플런에 의해 창안 되었으며, 기존의 재무방식에 의한 평가의 한계를 극복하고자 다차원적 균형의 개념을 적용하였음

2. 다차원적 균형의 개념

재무관점, 고객관점, 내부 프로세스, 학습과 성장 관점

3. BSC의 목표

부분 최적화를 방지하고, 성과동인에 대한 평가와 장단기 전략에 대한 균형 등을 추구

Ⅲ. BSC의 실행 절차

1. 기업전략 정립

조직평가를 위한 공통적인 사항으로서, BSC 실행을 위해서는 기업의 전략 및 Vision을 정립해야 한다. 이를 통해 하위 조직은 기업의 전략을 달성하기 위한 세부 전략을 수립

2. CSF 도출 및 KPI 도출

핵심성공요인(Critical Success Factor: CSF), 핵심성과지표(Key Performance Indicator: KPI)

3. BSC의 확정 및 목표설정

전사 및 하위조직단위의 BSC를 구축하고, 시스템을 구현한다.

4. 평가실시 및 개인 평가와의 연결

평가시기에 평가단위 조직별 평가를 실시한다.

Ⅳ. BSC의 도입효과

1. 비전과 전략의 명확화 및 개인목표로의 전환

공유된 비전은 전략적 학습의 기초가 되며, 조직의 전략은 전체 관리 프로세스의 참조점이 되어 개인 목표 수립의 기초가 됨

2. 의사소통 및 연결

전략에 대한 교육과 개방된 의사소통은 직원에 대한 권한부여의 기반이 되며, 보상은 전략과 연계되어 전략공헌도에 따른 보상이 가능하게 됨

3. 전략적인 피드백과 학습

BSC를 추진하면서 전략을 기준으로 한 가정을 검증하게 되어, 전략에 대한 점검과 동시에 학습의 촉진이 이루어지게 된다. 또한, 이런 과정을 통하여 지속적인 전략의 개발이 가능함

Ⅴ. 성공방안

1. 측정지표의 명확화

BSC가 성공적으로 운영되기 위하여 조직이 성취하기 바라는 재무적/비재무적 장기 목표를 정량화할 필요가 있음

2. 전략목표 달성 지표 제시

전략 목표를 달성하기 위한 재무적 성과경로를 알려줌으로써, 목표달성을 위한 메커니즘을 규정하고 자원의 전략적 할당을 위한 초기지표를 제공하는 역할을 해야 함

3. Value Driver에 의한 인과관계

BSC는 재무지표 이외에도 다양한 부분을 감안하므로, 기업에 대한 이해관계를 가지고 있는 주주와 이에 관련된 주가에 대한 관련도를 감안한 목표 설정이 필요 함

4. Scorecard 내에 다양한 측정지표들의 연결

측정지표들은 재무적, 비재무적 측정지표를 연결함으로써 이루어지는데 이를 통해 과거, 현재, 미래지표를 긴밀하게 연결하여야 함

5. 의사소통 및 연결 프로세스

BSC에서의 지표들은 조직의 비전에 한 방향으로 정립되어야 하는 바, 비전과 전략에 대한 전파 및 학습을 기초로 하여 전략에 적합한 조직관리 스킬 및 기능 역량을 연결시킬 필요가 있음

6. 성과 측정지표들과 보상과의 체계적인 연계

반면 BSC에서는 비재무적 지표. 미래의 지표 등 기존의 지표에 비해 수치화 또는 객관적 평가에 한계가 발생할 수 있다. 따라서 평가의 객관화와 성과 달성의 동인을 위한 보상의 연계가 중요한 과제라 할 수 있음

32 집단평가

I. 인사고과의 의의

1. 인사고과의 개념
종업원의 행동, 태도, 성과 및 능력 등을 체계적으로 평가하는 활동으로 직무를 수행하는 종업원의 상대적 가치를 평가하는 것이다.

2. 인사고과의 목적 및 중요성
전략과의 연계를 통해 목표달성을 촉진하여 기업 경쟁력 확보에 기여함

II. 집단평가의 배경 및 의의

1. 도입배경
최근 생산기술의 변화와 작업팀의 중요성이 강조

2. 집단평가의 의의
기업의 능력 및 활동결과를 집단 혹은 부문별로 종합적으로 분석, 측정

3. 집단평가의 목적
기업전체의 능력 및 업적 향상을 추구, 경영의 제반 분야의 개선과 표준화를 도모

III. 집단평가의 방법

1. 평가단위와 책임센터

(1) 평가단위
평가결과의 책임이 귀속하는 단위로서, 일반적으로 평가단위는 현행 조직 구조 및 담당업무를 고려하여 책임센터별로 설정할 수 있음

(2) 책임센터
한 사람의 관리자에 의해 통솔되고 규정된 책임을 갖는 조직단위

2. 평가의 내용

(1) 집단 업적 평가
업적은 결과 업적과 과정 업적으로 구분할 수 있음

(2) 집단 능력 평가
집단응집성에 대한 평가로, 필요지식 및 기능이 설정되고 목표능력 자격목록과 소시오메트리, 즉 사회성 측정법이 널리 사용됨

3. 평가의 절차

(1) 팀 목표 설정
집단의 평가를 위해서 먼저 팀의 목표를 설정해야 함

(2) KPI
핵심성공요인(CSF)이 선정되고, CSF를 달성하기 위한 핵심 행동지표인 KPI가 선정

(3) 목표수준 설정 및 가중치 부여
KPI가 개발이 되면 해당 팀의 역량, 업무 여건 등을 감안하여 목표수준을 설정

(4) 목표의 실행 및 평가
평가지표가 확정되면, 각 집단 및 개인은 집단 목표를 달성하기 위한 Action Plan 수행

4. 평가결과의 활용
팀 평가는 업적 위주의 평가가 이루어지며, 그 결과는 주로 보상에 활용되며, 조직의 유효성을 판단하는 근거가 되기도 함

IV. 집단평가의 효과

1. 조직 응집력 상승
집단 구성원의 공동의 노력으로 달성한 성과에 대한 평가로, 조직 전체가 하나의 목표달성을 위해 노력하게 되므로, 조직 응집력 상승하는 효과를 가져옴

2. 공동체 의식 함양
조직 내부의 커뮤니케이션에 의해 조직의 목표를 이해하고, vision달성에 대한 공동의 성공체험을 통하여 공동체 의식이 함양될 수 있음

483

3. 전략 달성에 유효

집단평가의 기준인 KPI는 개인평가의 지표보다 조직의 전략적 방향과의 연계성이 더욱 높아진다고 할 수 있음.

V. 집단평가의 전개방향

1. 장기적 과정지향

급변하는 환경변화에 적절히 대응하기 위해, 목표의 탄력적 수정이 요구되며, 결국 결과적으로 목표를 얼마나 달성했는가 보다 목표설정이 얼마나 타당한지가 기업경영의 핵심과제가 됨. 이러한 관점에서 기업경영의 효율을 높이기 위해 단기적이고 결과지향적 집단 성과평가에서 장기적이고 과정지향적 집단 성과평가로의 전환이 요청되고 있음

2. 인사고과와의 연계

집단 성과평가가 기업현실에서 정착되기 위해서는 개인평가와 연계되어야 함. 기업의 모든 평가는 궁극적으로 개인의 책임 귀속이 있어야 사후적으로 보다 효율적인 관리가 가능하기 때문

3. 조직개발과 연계

33 유연적 성과관리

I. 들어가며

1. 기업운영방식 변화와 성과관리

기업은 치열한 경쟁상황에 대처하기 위해 다양한 목적과 수행기간 등의 특성을 갖는 프로젝트 위주로 운영되는 추세

2. 성과관리제도의 중요성

단순한 평가의 역할을 넘어 기업목표의 명확화를 통한 성과창출의 수단으로 활용되며, 조직몰입도 향상과 커뮤니케이션 활성화에 기여함

II. 기존 성과관리의 문제점과 유연적 성과관리

1. 기존 성과관리의 문제점

개인평가 위주로 일정한 주기에 따라 이루어지던 기존의 성과관리는 평가의 목적 달성에 지장을 초래하였음

2. 유연적 성과관리의 의의

새로운 과제, 활동, 프로젝트가 생기면 언제라도 목표설정과 평가 및 피드백이 이루어지는 제도로, 목표설정은 중장기 목표를 근거로 새로 착수하는 과제에 따라 새로이 이루어짐

III. 유연적 성과관리의 실행방안

1. 제도의 설계

(1) 전략 및 사업특성의 고려

성과관리는 단순한 평가가 아니라, 기업의 전략 및 목표 달성의 Tool로 활용되므로, 전략에 대한 고려가 필요

(2) 평가시기

시기적절하게 즉각적으로 제시 될 필요가 있음. 그러므로, 프로젝트 수행방법 등을 고려하여 평가의 시기를 결정해야 함

(3) 평가자

현 조직의 상사가 아닌 프로젝트별, 과제별 상사로 이루어져야 함

2. 제도의 실행

프로젝트 수행과 함께 진행되며, 프로젝트 시작과 함께, 프로젝트에서의 업무수행 목표를 수립하고, 진행 중간에 중간점검 및 피드백 단계를 거쳐 프로젝트 종료시 해당 프로젝트에서의 성과에 대해 평가가 진행 됨

3. 제도의 평가

기업은 여러 가지 환경 변화에 의해 전략적 방향성을 정립하게 되며, 이는 성과관리제도에 직접적으로 영향을 미침.

IV. 유연적 성과관리의 효과

1. 공정성 확보

종업원의 성과를 팀장, 프로젝트 관리자, 부서장 등 다수의 평가자가 평가하게 되며, 프로젝트 종료 시점마다 평가가 이루어지므로, 공정성 확보에 도움이 됨

2. 시간적 오류 등 극복

기존의 성과관리에서는 통상 1년 단위로 평가를 하기 때문에 시간적 오류, 현혹효과 등의 오류가 발생하였으나, 유연적 성과관리에서는 프로젝트 단위로 평가하기 때문에 이를 최소화 할 수 있음

3. 평가업무의 분산 및 관리자 부담감소

평가가 연중 계속적으로 이루어지게 되며, 평가자 체가 업무의 중요한 부분으로 존재하게 됨. 따라서 기업차원에서 성과관리 자체에 대한 업무는 늘어나지만, 관리자에게 집중되었던 성과관리 업무가 분산되는 효과가 있음

4. 조직의 성과지향적 문화

개인은 프로젝트 별로 평가가 이루어지기 때문에, 목표달성 및 성과창출에 대한 의지가 더욱 강해질 수 있으며, 건전한 긴장감을 통해 조직이 성과지향적으로 전환 될 수 있음

V. 성공적 도입 방안

1. 관리자의 역량 강화

관리자는 다양한 역할을 수행할 수 있는 능력을 배양해야 함

2. 동일한 성과평가 양식 활용

한가지 형태의 성과평가양식을 사용해야 일관성을 유지 할 수 있음

3. 평가자의 교육, 훈련

평가제도가 가질 수 있는 오류를 감소시키기 위해 평가자에 대한 철저한 교육이 필요

4. 인사 시스템의 정비

개인성과 정보에 접근이 용이한 시스템이 필요

34 역량평가(Competency Based Scale)

I. 들어가며

1. 인사고과의 의의

2. 역량평가의 필요성

인력의 질적 정보를 확보하기에 부족한 면이 있어 장기적 성과창출 능력 또는 가능성에 대한 정확한 평가가 어려움

II. 역량의 의의 및 내용

1. 역량의 의의

조직에서 커다란 업적을 창출하는 인재가 지속적으로 보유하고 있는 내적 특성을 의미

2. 역량의 내용

(1) 공통역량

조직이 추구하는 전략적 목표와 가치에 따라 모든 구성원이 공통적으로 가져야 할 역량으로 정의

(2) 기능역량

재무, 인사 등 구성원들이 조직의 목적 달성을 위해 수행하고 있는 각 기능 별로 요구되는 역량

(3) 직무역량

각 직무 수행에 필요한 구체적 역량을 의미, 개인 또는 단위 조직이 담당하고 있는 과업을 수행하면서 높은 성과를 내기 위해 필요한 역량을 말함

3. 역량과 성과

성과를 단기적 결과 중심으로 파악한 전략 달성의 기여도라 한다면, 역량은 장기적 관점의 성과창출을 위한 잠재력이라 할 수 있음

III. 역량의 특성과 역량평가

1. 역량의 특성

기업의 전략이나 사업의 목표 달성 또는 개별 직무를 수행하는데 있어서 관련이 있어야 하고, 수준이 측정가능하며, 기업의 종업원에게 확대하거나, 개

발가능해야 한다는 특성

2. 역량 보유자의 특성

Spencer&Spencer는 이러한 역량을 보유한 인력은 직무에 대한 충분한 스킬과 지식을 보유하고, 자아 개념을 소유하면서 스스로 목표달성을 위한 의욕을 가지고 소신껏 직무를 수행하는 특성을 가지고 있다고 분석

3. 역량평가의 개념 및 활용

(1) 역량평가의 개념

공통역량, 직무 및 기능역량을 평가요소로 종업원이나 조직수준의 역량보유정도를 평가하여, 제반 인사관리에 활용하는 방법

(2) 역량평가의 활용

기업에서 필요한 역량의 특성을 정의하고, 종업원이 역량을 보유할 수 있도록 관리하는 것이 주요한 과제로 떠오르게 되면서, 현재 우리나라의 일부 대기업에서 역량평가를 활용하고 있다.

Ⅳ. 역량 평가의 절차 및 활용

1. 사전준비

역량평가의 사전 준비 작업으로 사업이나 전략을 완수하기 위해 필요한 기업의 핵심직무를 선정하고, 그 직무를 수행하기 위한 직무수행 요건을 파악하여야 함.

2. 역량의 파악

파악된 역량을 활용하여 타 직무에서 평가하기 위해 역량 Pool이 작성 되어야 함

3. 평가의 실시

역량평가의 대상자는 만들어진 역량사전에서 필요 역량을 선택하여 자기 평가를 거쳐 상사평가를 하게 되고, 이를 통해 파악된 보유역량과 필요역량의 차이에 대하여 자기개발계획 작성을 통해 역량향상을 위한 활동을 하게 됨

Ⅴ. 역량평가 결과의 활용

1. 개요

GE는 Session C를 통한 역량평가를 통해 인력을 성과와 역량의 측면에서 구분하여 핵심인력, 잠재인력, 강화인력, 주의인력, 부진인력으로 분류하여 운영하고 있음

2. 인력운영과의 연계

Ⅵ. 성공방안

역량평가의 성공적 운영을 위해서는 역량파악의 합리성이 전제되어야 하며, 역량 파악시 종업원 참여가 필요

35 개발지향적 고과

Ⅰ. 인사고과의 의의 및 인사고과의 흐름

1. 인사고과의 의의와 중요성

2. 인사고과의 흐름

과거의 인사평가가 과거중심의 사정형 평가였다면, 현대 인사평가는 지속적 성장의 기반이 되는 인적자원에 대한 중요성이 강조되면서, 미래중심의 능력개발형으로 이루어지고 있다

Ⅱ. 개발지향적 고과의 의의

1. 의의

개발지향적 고과는 과거의 상벌 위주의 고과를 탈피하여, 종업원의 강약점을 발견함으로써 능력을 개발하는 것을 목적으로 하는 고과방식으로 피평가자의 강약점에 대한 피드백을 통해 미래중심의 행위개선이 가능하도록 하는 고과방식을 말함

2. 목적 및 중요성

개발지향적 고과는 단순히 업적이나 역량에 대한 순위, 등급부여를 위한 고과방식이 아니라, 종업원의 현재 업적, 역량 수준을 육성, 발전시키는 것에 주안점을 둠

3. 성과지향적 고과와의 비교

기업의 성과를 향상시키고, 주로 개인의 업적이나 단기적으로 갖추어야 하는 역량 측면에 대한 평가를

통해 보상 등 인사제도와 연계시키는 방법이며, 종업원 개인에 대한 경력 개발이나 교육훈련 등 인적자원의 개발측면을 간과한 측면이 있음

Ⅲ. 개발지향적 고과의 방법

1. 목표관리법
MBO는 상급자와 하급자가 목표를 상호협의하여 수립하고, 실행결과를 함께 평가하는 개발지향적 인사고과 방법

2. 행위기준고과법
평정척도법과 중요사건서술법을 혼용하여 보다 정교하게 수정한 기법이라고 할 수 있음

3. 인사평가센터
종업원의 적성과 능력을 사전에 객관적으로 정확히 평가함으로써 기업에서 필요한 소수의 인재나 관리자를 선발 또는 육성하기 위하여 활용하는 기법임

4. 다면평가
평가자 오류를 극복하고, 신뢰성 향상을 위해 평가주체에 따른 평가방식의 다양화가 이루어졌으면, 다면평가는 상사, 동료, 부하, 내/외부 고객 등 여러 각도에서 평가하고 피드백을 실시하여 피평가자의 개발에 활용하게 됨

5. 기타의 방법
자기신고제는 피고과자 스스로 본인의 능력과 희망을 기술하게 하고, 그것을 평가하여 인적자원관리의 자료로 활용하는 방법임.

Ⅳ. 개발지향적 고과의 장단점

1. 장점
개발지향적 고과를 통해 기업이 요구하는 직무요건이나 역량수준을 만족하는 종업원을 육성할 수 있으며, 종업원의 고용가능성 향상이 가능하다. 또한, 평가결과에 대한 수용성과 신뢰성 증가, 고과과정에 대한 종업원 참여 증진, 상시적 OJT 체계 구축이 가능한 장점

2. 단점
개발지향적고과는 다시 말하자면 육성지향의 고과

이므로, 고과 후 종업원 개발 프로그램을 운영할 필요성으로 인하여, 비용이 증가할 가능성이 높음

Ⅴ. 성공방안

1. 성과적 개발고과의 실행
인격중심의 전통적인 평가태도를 전단적 평가라고 한다면, 능력개발 중심의 현대적인 평가태도를 성과적 평가라 할 수 있음

2. 목적별 고과의 실시
평가의 타당성 증대를 위해 평가목적별로 고과의 형태, 방법 등을 차별화하여 적합한 평가방식을 활용해야 함

3. 절대평가의 활용
개발지향적 평가는 임금배분 등의 성과주의의 실현을 위한 차등적 보상 문제가 아니라, 종업원 개개인의 기술 등 역량강화에 대한 문제로, 상대평가보다는 절대평가 방식 활용이 유효하다고 할 수 있음

4. 경영층의 지원 및 종업원의 참여
개발지향적 고과의 성공적인 운영을 위해서는 CEO를 비롯한 경영층의 의지가 무엇보다 중요하며, 고과의 설계 및 진행과정에 대한 종업원의 적극적인 참여가 필요

36 임금관리의 공정성

Ⅰ. 들어가며

1. 직무중심 관리의 대두
최근 우리나라의 기업에는 직무중심 인사시스템이 많이 도입이 되고 있음.

2. 직무중심 관리 도입상의 문제점
직무중심 관리체계의 도입이 기업의 필요나 경영환경에 대한 적응을 위한 것이 아니라, 제도적 압력에 대한 대응이나 유행에 편승을 위해 도입되는 사례도 적지 않음.

3. 검토방향
이러한 상황에서 직무중심의 인사관리와 기존의 인

간중심의 인사관리의 근본적인 비교를 통해 개별 기업에는 어떠한 원칙을 적용하는 것이 타당한지, 그리고 어떠한 방식으로 도입해야 할 것인지에 대한 검토가 필요하나

Ⅱ. 인간중심주의와 직무중심주의

1. 인간중심주의

성실하고 근면하며 조직 충성도가 높은 인재상을 추구하며, 인성이나 태도 중심의 인사관리가 이루어지는 특징을 보임

2. 직무중심주의

창의성, 변화에 대한 적응성 등을 갖춘 인재상을 추구하며, 개인의 특질보다는 직무수행능력이나 지식 등 직무수행에 필요한 역량을 중심으로 인사관리가 이루어지며, 직무성과를 기준으로 보상이 이루어지는 특징이 있음

Ⅲ. 인간중심의 평가제도

1. 개인의 특질 중심 평가

적극성, 예의성, 인간미와 도덕성, 창의성 등을 평가하는 형태라고 할 수 있음

2. 특징 및 문제점

개인이 보유한 성격 또는 능력이므로 성과와의 관련성이 적을 가능성이 높고, 평가에 있어서도 자의성을 배제할 수 없어 공정성과 수용성을 확보하기 어려움

3. 평가방법

사람중심의 평가는 특정한 고과 방법이 있다고 보기는 어려우나, 통상적으로 서열법, 강제할당법 등이 활용되고 있으며, 우리나라의 경우 주로 상급자 위주로 평가자가 구성되어 있다는 특징이 있음

Ⅳ. 직무중심의 평가제도

1. 선행과제로서의 직무분석 및 직무평가

직무중심 인사관리가 이루어지기 위해서는 무엇보다 직무의 내용과 가치를 규명하는 것이 필요하며, 직무분석 및 직무평가가 선행되어야 함

2. 특징

직무분석에서 도출한 직무역량을 기준으로 평가가 이루어짐

3. 평가방법

(1) 직무역량평가

직무분석의 결과 도출된 직무별 핵심역량을 기초로, 현재 직무수행자의 역량을 평가하여 그 차이점(Gap)을 평가하는 방법.

(2) 행위기준평가법(BARS)

직무수행자의 성공적인 직무수행을 위해 구체적인 행동지표들을 개발하여 이를 평가하는 기법

Ⅴ. 바람직한 평가 운영방안

1. 성과주의의 도입

개인의 바이오 데이터나 직무의 구성요건 등만을 평가의 대상으로 하는 것이 아니라, 인간중심의 평가에서는 현 수행 직무에서 성과를 창출할 수 있는 역량 또는 특질 보유여부를, 직무중심의 평가에서는 현 수행 직무에서 직무수행과 관련되어 나타난 성과와 연계한 평가가 필요

2. MBO의 도입

성과주의를 인사제도에 반영하기 위한 가장 대표적인 기법

3. 양자의 조화와 조직문화의 변화

어떠한 평가든 절대적으로 우월할 수는 없음

37 직무급

Ⅰ. 직무급의 의의와 전제조건

1. 직무급의 의의

직무평가를 통해 결정된 각 직무의 상대적 가치를 기준으로 임금을 결정되는 제도

2. 직무급의 전제조건

직무분석, 직무평가가 선행되어야 하며, 직무중심

의 합리적 채용과 인사고과시스템이 확립되어야 함

Ⅱ. 직무급의 결정요소 및 결정과정

1. 결정요소
직무에 대한 기술, 노력, 책임, 작업요건 등

2. 결정과정

(1) 직무분석
직무를 구성하고 있는 요소를 규명하는 과정

(2) 직무평가
직무분석의 결과인 직무명세서, 직무기술서를 바탕으로 개별 직무에 대한 직무평가를 실시하고, 그 결과와 보상요인과의 비교를 통해 특정 직무에 상응하는 임금을 결정하게 됨

(3) 급여등급 결정
기준 직무에 대한 시장 조사를 통하여 급여정책선을 추정하고, 이를 기준으로 급여 등급과 등급별 임금의 승급 폭을 결정함

Ⅲ. 직무급의 설계와 형태

1. 설계방법
기준직무에 대한 시장 임금율과 임금수준에 조직의 기본정책 등을 고려

2. 직무급의 형태

(1) 개별 직무급(평점별 직무급)
개별 직무마다 다른 임금율이 정해진 형태로, 직급을 구분하지 않고, 하나의 직무에 하나의 임금액이 적용되어 임금계산이 간단하고, 종업원이 이해하기 쉬움. 직무수가 많은 경우 사용하기 어려움

(2) 직급별 직무급
직급별 단일 직무급은 직무별 직무평가의 평점을 일정한 간격을 기준으로 직급으로 분류하고, 각 직급마다 하나의 임금율을 설정, 직급별 범위 직무급은 동일직급에 속하는 종업원도 숙련, 능력, 업적 등의 차이를 반영하여 일정범위 내에서 승급을 인

정하여 임금액에 차이를 두고 탄력적으로 운영하는 형태

3. 브로드밴딩의 대두
직무급은 '정태적 직무 내용'에 대한 평가를 통해서 산출되므로, 직무내용이 수시로 변화하는 현대의 경영환경에서 지나치게 경직된 임금체계라는 비판을 받고 있음

Ⅳ. 직무급의 장단점

1. 장점

(1) 노동생산성, 작업능률의 향상
(2) 우수인재확보 용이
(3) 능력위주의 풍토 조성

2. 단점

(1) 평가기준 설정 등의 어려움
(2) 시행절차 복잡
(3) 조직 풍토의 혼란

Ⅴ. 직무급의 성공방향

1. 노사간의 신뢰와 조직문화의 변화
직무평가 및 직무급에 대하여 노사당사자가 납득하는 합리적인 노사관행이 이룩되어야 함

2. 신뢰성, 타당성 확보
직무의 표준화와 직무가치의 객관적인 평가가 전제되어야 함

3. 연공서열급에 대한 탈피와 점진적 도입

4. 적정한 임금수준
직무가 가장 낮은 가치로 평가되더라도 종업원의 생계비 이상을 유지함으로써 노동재생산이 가능하여야 함

5. 직무능력 향상 연계
종업원의 현재 능력의 파악뿐만 아니라, 현재의 능력 정보를 통해 능력 향상을 위한 가이드 라인을 제

시 하는 방향으로 운영이 되어야 할 것

38 직능급

I. 들어가며

1. 임금관리의 의의
임금관리란 임금제도를 확립하고 실시하여 그 성과를 통제하는 일련의 활동을 말하며, 종업원이 기업으로부터 받는 금전적, 비금전적 보상에 대한 관리체계를 말한다.

2. 중요성
임금관리는 종업원의 측면에서는 생계유지의 중요한 수단이며, 임금인상은 종업원의 사회적 욕구의 충족과 아울러 동기 부여의 중요한 수단이 된다. 하지만 기업에서는 비용으로 인식되므로 기업의 성과를 좌우하는 요소라는 이질적, 상충적 의미를 갖는다고 볼 수 있다.

II. 직능급의 의의와 특징

1. 의의
직능급이란 연공급과 직무급의 절충형태로서, 직무수행능력을 기준으로 임금을 결정하는 제도이다. 즉 기업 내 종업원의 직무수행능력에 따른 직능등급의 자격취득 기준을 정해 놓고, 그 자격 취득에 따라 임금지급의 차이를 두는 제도이다.

2. 도입배경
종업원의 능력신장과 가치관의 변화로 사회적 욕구 충족의 필요성은 높아진 반면, 기업은 경쟁심화에 따라 승진정체 현상 등이 벌어지게 되었다. 이러한 양자 간의 차이를 해소하기 위한 방법 중의 하나가 직능급이라 할 수 있겠다.

3. 특징
직능급에서는 직무수행능력이 향상되면 승급이 이루어져 승진정체를 일정부분 해소할 수 있는 수단으로 대두되고 있다. 직무수행능력은 특정 직무를 수행하는 데 필요한 능력으로 현재의 능력뿐 아니라 잠재적 능력까지 포함한 종합적 능력을 의미한다.

III. 직능급의 결정요소 및 형태

1. 결정 요소
직능급은 기술, 노력, 책임, 작업조건 등의 직무에 관련된 사항과 능력에 관련된 직무능력을 통해 결정한다.

2. 형태 : 순수형과 병존형
순수형은 임금을 구성하는 기본급 전체가 직능급으로 구성된 형태를 말하며, 단일형 직능급이라고도 한다. 병존형은 기본급의 일부를 직능급으로 하고, 나머지는 다른 임금체계로 지급하는 형태로, 혼합형 직능급이라고도 한다.

IV. 직능급의 장단점

1. 장점
(1) 능력주의 인사관리의 실현
(2) 이직방지 및 우수인재 확보용이
(3) 근로자의 불만해소와 동기유발
(4) 승진정체의 완화

2. 단점
(1) 임금부담의 가중
(2) 일상실무의 소홀
(3) 적용 직종의 제한
(4) 직무 표준화의 문제

V. 직능급의 성공방안

1. 노사 간 신뢰
2. 조직제도의 변화
3. 신뢰성, 타당성 확보
4. 점진적 도입

39 브로드밴딩 인적자원관리의 도입배경

I. 들어가며

기업에서 임금책정시 종업원의 기여도를 어떠한 관점에서 볼 것인지 문제, 직무급은 이러한 보상을 '직무의 가치'라는 측면에서 접근하는 방식이며, 최근 경영환경이 급변하고 직무내용이 수시로 변화하는 현대의 경영 환경에서는 지나치게 경직된 임금체계라는 비판

II. 브로드밴딩의 의의와 도입배경

1. 브로드밴딩의 의의

늘어난 직무등급의 수를 다시 몇 개로 줄이는 대신에, 각 직무등급의 급여 폭은 크게 넓힌 것이라 할 수 있다.

2. 도입배경

직무급에서는 직무가치에 따라 직무등급이 결정되기 때문에 일의 내용이 변화하면 직무가치를 새롭게 평가하고 있고, 승진할 수 있는 직위가 감소되면서 승진정체의 문제가 대두

III. 브로드밴딩의 유형

1. 개설

브로드 그레이드와 커리어 밴드로 구분

2. 브로드 그레이드

전통적인 직무급의 관리방식을 유지하여, 각 등급의 최저급여·최고급여·평균값 등을 설정하고 개인의 성과에 따라 차등 인상한다. 통합된 그레이드는 임금관리체계를 단순하고, 효율적으로 관리할 수 있도록 하고, 기존에 중시되던 직무가치보다 개인의 노력과 성과에 따른 보상

3. 커리어밴드

개인의 역량 발전을 기반으로 한 경력개발체계를 급여밴드에 반영한다. 커리어밴드를 구축하기 위해 경력개발체계를 수립, 각 단계별로 필요한 개인의 역량을 정의, 역량을 기반으로한 직무평가요소를

가지고 기존의 직무등급에 대해 새롭게 직무평가 실시

IV. 장단점

1. 장점

(1) 전환배치의 용이와 조직의 유연화

직무급으로서 인사이동이 비교적 수월하며, 조직운영의 유연성이 강화

(2) 현장관리자의 역할강화

승급을 통한 연봉인상보다는 좋은 성과를 통한 연봉인상으로 관심이 전환, 현장 관리자의 권한이 강화되는 계기

(3) 종업원 성장기회 제공 및 모티베이션

개인의 역량을 파악하고 정의하여 경력개발경로와 이에 따른 보상을 제공

2. 단점

(1) 인건비 통제 필요

동일직급내 광범위한 인건비 설정이 가능하므로 어느정도의 통제 필요

(2) 종업원간 상대적 박탈감 발생

종전 2,3개의 직급이 하나로 통합되면 상위직급의 종업원은 상대적으로 박탈감 느낌

V. 성공방안

성공적 정착, 운영을 위해 위계적인 조직보다는 유기적이고 개방적인 조직이 되어야 하며, 개인의 경력개발경로를 제공하는 역량개발체계가 갖추어진 전문화된 조직의 모습을 갖추는 것이 전제되어야 한다.

40 | 생산성 이득배분제도와 이익배분제

I. 성과급과 성과배분제

1. 성과급의 의의

고정급의 개념과 대비되는 개념으로, 실질적인 기업의 성과에 대한 종업원의 성과에 대한 종업원의 성과에 따른 보상을 하는 임금체계임

2. 성과배분제의 의의

이익분배제, 생산성 이득분배제로 나눌 수 있음

3. 도입배경

성과위주의 차별적 임금제도는 지나친 임금의 개별화를 야기 했고, 단기업적 중심의 사고, 종업원간의 불필요한 경쟁, 정보공유나 공동목표달성 저해의 문제점을 나타내고 있다. 따라서, 성과주의 임금제도 설계시, 개인차원과 집단차원의 성과도 함께 고려할 필요성이 대두되었음

II. 성과배분제도의 특징과 유형

1. 성과배분제도의 특징

(1) 집단 인센티브 임금제도

보상이 사전에 정해진 공식에 의해 결정되고, 보너스 산정단위가 개인이 아닌 집단이며, 통상적인 임금 이외에 경영성과에 따라 사후적으로 지급되는 변동적인 집단 인센티브제도

(2) 경영참가의 한 유형

근로자가 목표 매출액이나 이윤, 생산비용 절감 등 경영성과 증진에 기여하고, 그 대가로 경영성과의 배분에 참가한다는 의미에서 자본참가, 의사결정참가와 더불어 경영참가의 한 유형으로 볼 수 있음

2. 성과배분제도의 유형

성과배분제도는 기업이윤의 일정 몫을 종업원에게 분배해주는 이익배분제도와 생산성향상이나 노무비 감소를 통한 금전적 이득을 사용자와 종업원간에 배분하는 생산성 이득배분제도로 구분할 수 있음

III. 이익배분제도

1. 이익배분의 의의

비용절감 측면보다 기업의 성과, 능률이 전체적 측정에 기초하여 매 영업기마다 결산이익의 일부를 종업원에게 부가적으로 지급하는 제도

2. 이익배분의 특성

분배대상 성과를 이익으로 보며, 통상 지불되는 임금에 부가되어 지급

3. 이익배분의 유형

현금배분제도, 이연배분제도, 혼합배분제도

4. 이익배분의 장단점

(1) 장점

기업과 종업원의 협동정신을 함양, 강화하여 고용관계의 개선을 도모

(2) 단점

수입의 안정성이 적고, 결산 시기에 분배의 몫이 확정되므로 작업능률에 대한 자극 부족

IV. 생산성 이득배분제도

1. 생산성 이득배분제도의 의의

근로자가 기업의 성과를 향상시키기 위해 필요한 노력, 생산원가의 절감, 생산품질 및 생산성 향상 등에 의해 발생한 이익을 근로자에게 금전적인 형태로 배분

2. 생산성 이득배분제도의 특성

의사결정참가제도와 성과배분을 결합한 형태로, 동기유발에 효과적인 보상제도

3. 생산성 이득배분제도의 유형

스캔론 플랜, 러커플랜, 프렌치시스템, 임프로쉐어, 커스텀 플랜

4. 생산성 이득배분제도의 성과

경영참가 특히 제안제도를 통하여 작업 방식의 개선을 기대할 수 있으며, 동기유발이 가능

V. 제도운영상의 차이점

1. 이익배분제

기업의 성과, 능률의 전체적 측정에 기초하여 지급되는 것

2. 생산성 이득배분제도

종업원이 기업의 성과를 향상시키기 위해 수행한 노력의 결과로 발생한 이익을 분배하는 것으로, 생산성 향상, 비용절감 등을 통해 분배액이 결정됨

41 기술급과 역량급

Ⅰ. 들어가며

1. 임금관리의 의의

임금관리란 임금제도를 확립하고 실시하여 그 성과를 통제하는 일련의 활동을 말하며, 종업원이 기업으로부터 받는 금전적, 비금전적 보상에 대한 관리체계를 말한다.

2. 경영환경 변화와 새로운 임금제도의 대두

기술의 급격한 변화, 세계화와 기업 간 경쟁 격화 등 기업환경의 변화에 따라 새로운 임금제도가 부상하고 있으며 임금체계 측면에서 기술급과 역량급이 대표적으로 논의되고 있다.

Ⅱ. 기술급

1. 기술급의 개념

(1) 협의의 기술급 (기능급, 숙련급)

종업원이 수행하고 있는 기술이 아니라 보유하고 있는 기술의 종류와 수준에 따라 임금이 결정되는 제도이다.

(2) 광의의 기술급

1990년대 들면서 종업원이 보유한 지식의 종류와 수준에 의해 임금이 결정되는 지식급과 개념 차이가 모호해 지면서, 개인이 직무와 관련하여 습득한 기술, 능력, 지식의 폭과 깊이에 따라 임금을 지급하는 제도를 말한다.

2. 기술급의 목적

기술급은 종업원들에게 다양한 기술이나 심화된 기술을 습득하도록 격려해서 급격한 기업환경, 기술환경의 변화 속에서 조직의 경쟁적 위치를 개선시킬 수 있다.

3. 기술급의 장단점

(1) 장점

다양한 기술습득을 통해 노동력 활용의 유연성을 증대시킨다. 또한 타 직무에 대한 폭넓은 이해를 증진시켜 조직 내 커뮤니케이션이 촉진된다. 종업원들은 상위직무로 이동하지 않고서도 소득과 기술증대가 가능하다.

(2) 단점

종업원의 기술습득에 따라 인건비가 점차 상승하며, 진부화된 기술의 습득에 보상을 제공할 우려가 있다. 또한 최고수준의 기술을 습득한 종업원이 좌절감을 느끼게 될 가능성이 있으며 적절한 훈련기회 제공받지 못한 종업원의 근로의욕이 저하될 수 있다.

Ⅳ. 역량급

1. 역량급의 개념

역량급은 종업원이 현재 담당하고 있는 직무와는 상관없이 그들이 보유하고 있는 역량의 범위와 수준에 따라 임금이 결정되는 제도이다.
(역량 = 일반적으로 성공적인 직무수행을 위해 요구되는 개인적 특성)

2. 도입배경 및 중요성

유연성과 적응성이 부족한 직무중심의 인사관리의 한계를 극복하고자 역량급이 도입되었다. 역량급 도입으로 치열한 경쟁상황에서 요구되는 조직구조의 유연화, 수평화에 대응할 수 있고 다기능·다기술·다지식·학습능력이 강조되는 환경에 적응할 수 있다.

3. 역량급의 장단점

(1) 장점

역량급은 인력의 다기능화와 노농력 유연성 증대에 효과적인 수단이며, 임금 공정성을 제고시킬 수 있다. 또한 경력개발과 연계하여 제도를 설계하기 용이하며 핵심역량에 대한 지속적 개발을 통해 기업의 전략수행을 뒷받침할 수 있다.

(2) 단점

역량의 정의가 어려워 모호한 표현이 될 우려가 있으며, 역량 측정 및 타당성, 신뢰성 검증이 어렵다. 또한 역량이 진부화될 경우 유효하지 않은 역량에 보상이 이루어질 가능성이 있다.

V. 기술급 및 역량급의 활용

1. 기술급의 활용

(1) 기술급의 두가지 초점

– 기술이나 지식의 폭 : Multi skill의 습득.
: 다방면의 지식과 기술 갖추어 generalist가 되는 것.
– 기술이나 지식의 깊이 : Vertical skill의 습득.
: 특정 분야에서 기술의 심화정도가 높아 specialist가 되는 것

(2) 주요 활용분야

업무가 구체적이고 잘 정의될 수 있는 제조업 분야, 특히 자동차 산업이나 전자산업분야 등 조립업무 분야에서 많이 적용되고 있다. 또한 지식을 고려하여 확장하는 경우 지식중심의 다양한 서비스를 제공하는 은행 및 보험회사 등에서 활용된다.

2. 역량급의 활용

고품질 다품종 소량생산체제를 갖추기 위한 급여수단으로 활용되고 있으며, 인력의 다기능화에 초점을 두고 다양한 상품을 적시에 생산하는 것이 필요한 기업에서 많이 활용된다.

VI. 성공방안

1. 기술 및 역량에 대한 명확한 정의

2. 적용대상의 확정

3. 기술 및 역량의 진부화에 대한 대응

4. 성과창출에 따른 보상과의 연계

42 임금피크제

I. 들어가며

일정연령이 지나면 생산성에 따라 임금을 조정하는 대신 장기근무 또는 정년을 보장해주는 임금제도로서 고령인력에 대한 고용안정과 노후생활 보장으로 업무몰입 유도

II. 도입배경

1. 고령화의 진전에 따른 중고령자에 대한 해고유인

2. 연공급으로 인한 임금부담 및 생산성 저하로 인한 부담

3. 노후생활보장제도 미흡

4. 신규채용 통한 일자리 나누기

5. 노조의 고용보장과 정년연장 등에 대한 지속적 요구

III. 임금피크제의 유형

1. 정년고용보장형

(1) 의의

정년 보장을 전제로 정년 전 일정 연령부터 임금을 조정하는 모델

(2) 도입시 고려요인

정년보장형의 경우 기존의 정년은 지켜지지만 결국 임금이 감소되는 것이므로, 임금커브의 유형, 임금의 굴절연령 등을 신중히 고려해서 선택

(3) 퇴직금

퇴직금 감소를 막기 위한 퇴직금 중간정산제, 퇴직

연금제 등의 도입을 통해 퇴직금 문제해결

2. 고용연장형 임금피크모델

(1) 정년연장형 임금피크모델

정년을 연장하는 대신 정년 연장기간 만큼 정년 전의 임금을 조정하는 모델

고령화에 맞춰 정년을 연장한다는 장점, 연공급 임금체계로 인한 인건비 상승, 인사적체 및 종업원의 사기저하 등의 단점

(2) 고용연장형 임금피크모델

재고용방식을 통해 고용을 연장하는 방안, 적용대상자의 범위·재고용기간·고용형태 등을 신중히 고려해 선택

Ⅳ. 도입효과

1. 긍정적 효과

(1) 고령인력에 대한 고용안정과 노후생활 보장

(2) 기업의 임금부담 감소

(3) 인사적체 해소를 통한 구성원들의 사기회복

(4) 신규채용 통한 일자리 나누기

2. 부정적 효과

(1) 임금삭감

(2) 조기퇴직

(3) 노동조합의 반발과 노사갈등

Ⅴ. 성공요건

1. 충분한 노사합의

2. 고령인력 활용관점

3. 기업 및 종업원의 특성 감안한 도입

4. 충분한 교육과 홍보

43 퇴직연금제

Ⅰ. 들어가며

통계청은 한국인구가 2000년 고령화사회에 들어섰고 2018년에는 고령사회로 진입해 2026년 초고령사회에 접어들 것으로 전망하고 있다. 이에 정부에서는 노후소득 보장의 일환으로 퇴직연금제를 추진하게 되었고, 결국 근로자퇴직급여보장법에 제정되어 2005년 12월부터 시행되고 있다.

Ⅱ. 도입배경

1. 노후소득 보장체계 미비

퇴직금의 푼돈화, 퇴직금 적용대상이 절반도 못 미침, 국민연금만으로는 노후소득 보장 한계

2. 기업의 일시금부담

다수 퇴직자 발생시 기업의 일시금 부담, 경직적인 퇴직금제도로 인한 중년층 퇴출촉진요인 작용

3. 임금피크제 도입 용이

고용유지를 위해 임금을 낮추면 퇴직금이 감소되어 노사 갈등 양산

Ⅲ. 퇴직연금제의 유형

1. 확정기여형

(1) 의의

사용자가 금융기관에 근로자 이름으로 적립하는 부담금 수준이 사전에 확정되고, 근로자가 받을 급여액은 적립금 투자수익에 따라 달라질 수 있는 제도

(2) 장점

근로자가 직장을 옮겨도 적립금 연결계산 용이, 기업이 도산하더라도 적립금 보장

(3) 단점

투자결과에 따라 법정퇴직금 보다 작아질 수 있음

2. 확정급여형

(1) 의의

근로자가 받을 급여가 사전에 정해지고 사용자가 금융기관에 적립할 수준은 노사합의로 정할 수 있으며, 미적립분은 사용자가 최종 지급책임을 지도록 하는 제도

(2) 장점

퇴직금과 같은 급여가 사전에 보장, 사외적립금이 부족하더라도 사용자가 최종지급책임

(3) 단점

기업이 망할 경우 금융기관에 적립된 부분에 한해 수급권이 보장

Ⅳ. 도입효과

1. 노후 퇴직소등 보장

2. 기업의 비용관리 합리화

3. 임금피크제 등 인력관리의 유연성 제고

44 복리후생제도

Ⅰ. 복리후생의 의의

복리후생은 종업원의 노동과 직접적으로 연결되지 않는 간접적 보상으로 기업이 종업원 생활의 안정과 질을 향상시키기 위해 종업원과 그 가족에게 제공하는 임금 이외의 모든 보상과 서비스

Ⅱ. 복리후생제도의 기능과 효과

1. 복리후생의 기능

복리후생을 통해 종업원의 신체적·정신적 성과창출 능력의 유지, 모티베이션과 성과향상이 가능, 종업원의 바람직한 인간관계 조성과 협력적 노사관계 조성의 기능을 수행

2. 복리후생의 효과

(1) 종업원 측면

종업원의 만족감, 안정감, 사기향상, 불만감소, 경영자와의 관계개선, 생활수준의 향상

(2) 기업측면

복리후생제공, 생산성 향상, 종업원간 인간관계·팀워크 개선

Ⅲ. 복리후생제도의 운영

1. 복리후생관리의 원칙

(1) 적정성의 원칙

복지시설과 제도는 가능한 조직의 모든 구성원에게 필요한 항목을 중심으로 운영

(2) 합리성의 원칙

기업의 복지시설과 제도는 국가와 지역사회가 실시하는 그것과 합리적으로 조정, 관리

(3) 협력성의 원칙

종업원과 기업이 협의하여 복리후생의 내용을 충실히 한다.

2. 복리후생 프로그램의 설계

(1) 복리후생 프로그램 형태와 범위의 결정

복리후생의 목적, 법적요구사항 등 기업측 요인과 종업원의 공정성 지각, 개인적 욕구 등을 고려하여 복리후생 형태와 범위의 결정

(2) 복리후생 수혜대상자 선정

프로그램을 전체 종업원을 대상으로 균등하게 적용할지, 종업원 집단별 혹은 개인별로 차별화할 것인가에 대한 결정이 필요

(3) 복리후생비용의 재원조달방법 결정

복리후생비 전체를 기업이 부담하는 방식, 기업과 종업원이 공동으로 부담하는 방식
수혜자인 종업원이 부담하는 방식이 있다.

3. 복리후생의 형태

(1) 법적 강제성 여부에 따른 분류

법정 복리후생은 사회보험 등 법률로 의무화된 항목으로, 의료보험·국민연금보험·산재보험등이 있다. 법정외 복리후생은 기업이 자발적으로 실시하

는 것으로 주택시설 등이 있다.

(2) 직접성 여부에 따른 분류

직접복리후생은 기업에서 종업원에게 개별적으로 급여하는 방식(휴가비, 가족수당 등)

간접복리후생은 기업에서 종업원에게 공동으로 급여하는 방식(금융시설 등)

IV. 기존 제도의 문제점 및 개선방향

1. 문제점

(1) 환경의 변화

일과 삶의 조화, QWL을 중시하는 종업원의 가치관 변화와 인력구성의 다양화 등 복리후생의 중요성 강조

(2) 기존 복리후생제도의 문제점

환경변화에도 불구, 기존의 복리후생제도는 임금인상을 보충하기 위한 보조수단으로 활용

종업원의 다양한 욕구반영이 미흡

2. 개선방향

(1) 근로자욕구에 맞는 제도

(2) 비경제적 복리후생

(3) 전략적 복리후생

(4) 효과적 커뮤니케이션

(5) 종업원 비용부담

V. 새로운 복리후생 프로그램

1. 다양성을 반영한 프로그램

(1) 카페테리아식 복리후생

종업원의 기호와 선호에 맞게 복리후생항목 또는 시설을 선택할 수 있도록 설계된 복리후생제도

(2) Life-Cycle 복리후생

종업원의 연령에 따라 변하는 생활패턴과 의식변화를 고려하여 복리후생을 달리 제공하는 제도

2. 종업원 재충전 프로그램

(1) Refresh 제도

최근 조직 구성원들은 변화적응, 스트레스, 학습요구 등으로 인해서 탈진증후군에 빠지는 경우가 많은데 이러한 구성원들이 활력을 되찾고 새롭게 동기부여하기 위해 안식년, 해외연수

사외교육 등을 실시하여 이를 리프레시 제도라고 한다.

(2) 건강 복리후생 제도

건강복리후생은 종업원들이 병에 걸리지 않도록 건강을 유지하는데 초점을 둔 특별한 유형의 복리후생제도를 말한다.

3. 대상영역의 확대

(1) 비경제적 복리후생

기업이 별도의 추가비용을 투입하지 않고, 현재 보유하고 있는 물적·정신적 자원을 활용하여 종업원의 욕구를 충족시켜 주는 방식

(2) 홀리스틱 복리후생

종업원을 전인적 인간으로서, 육체적·심리적 측면에서 균형된 삶을 추구할 수 있도록 지원하는 복리후생제도

VI. 도입시 유의사항

1. CEO의 관심 및 지원

2. 다양한 니즈방식

3. 종업원 참여

4. 효과적인 커뮤니케이션

45 선택적 복리후생
(Cafeteria식 복리후생제도)

I. 들어가며

복리후생은 종업원의 노동과 직접적으로 연결되지 않는 간접적 보상으로 기업이 종업원 생활의 안정과 질을 향상시키기 위해 종업원과 그 가족에게 제

공하는 임금 이외의 모든 보상과 서비스

Ⅱ. Cafeteria식 복리후생의 개념 및 도입배경

1. Cafeteria식 복리후생제도의 의의

종업원에게 여러 가지 복리후생 선택안을 제공하고, 종업원들이 다양한 욕구에 따라 자기가 선호하는 복리후생을 자유롭게 선택할 수 있도록 한 제도

2. 도입배경

기존의 복리후생은 종업원 각자의 욕구나 선호와는 관계없이 표준화된 복리후생을 제공했으나, 종업원들의 만족여부와 증가하는 복리후생비용의 효율성에 대한 의문이 제기

Ⅲ. Cafeteria식 복리후생 제도의 유형

1. 선택항목 추가형

(1) 의의

모든 종업원들에게 필요하다고 판단되는 핵심적인 복리후생항목을 공통으로 제공하고, 추가적으로 여러 항목을 제공하여 종업원이 이들 항목 중 원하는 항목을 자유롭게 선택

(2) 장단점

복리후생의 안정성을 확보, 종업원의 선택권을 보장하여 유연성도 동시에 확보가 가능
특정항목에 선택이 편중될 가능성, 관리가 다소 복잡

2. 모듈 선택형

(1) 의의

다양한 복리후생 항목들의 조합으로 구성된 여러가지의 모듈 또는 패키지 가운데 종업원이 욕구나 필요에 따라 하나를 선택할 수 있도록 하는 제도

(2) 장단점

종업원들의 이해가 용이하고 선택이 간단하며 관리가 용이함 하지만 종업원들의 선택적 복리후생에 대한 이해가 낮고, 전체 종업원들의 욕구가 차별화된 몇 개의 집단으로 명확하게 분류할 수 있는 경우에 가능한 제도

3. 선택형 지출계좌형

종업원 개인에게 주어진 복리후생 예산범위 내에서 종업원 개인이 자유로이 복리후생 항목을 선택할 수 있는 제도로서 순수형태로 운영되기 보다는 선택항목추가형과 연결하여 이용됨

Ⅳ. 장단점

1. 장점

종업원이 욕구에 따라 프로그램을 선택, 복리후생에 대한 만족도 상승이 가능하며 복리후생설계에 참여함으로써 복리후생에 대한 이해증진과 효과인식 기대

2. 단점

종업원들이 잘못 선택한 경우, 필요할 때 혜택을 받지 못하는 경우가 있으며 기업은 관리 부담과 비용 증가 부담 발생

Ⅴ. 도입시 유의사항

1. 단계적 목표 설정

2. 종업원 이해 및 기대수준 파악

3. 관리시스템/관련규정 정비

---

46 노사상생을 위한 노사관계 구축방안

Ⅰ. 들어가며

현재 우리나라 노사관계 경쟁력은 국가 경쟁력에 비해 최하위, 2004년 이후 한국의 노사관계는 노사분규가 줄고, 노사협력 사례가 늘어나는 등 점차 개선되고 있음

Ⅱ. 선진기업의 노사관계 안정 핵심원리

1. 노사관계의 발전과정

노사협력 단계는 소모적 갈등이 지속되는 '대립'의 단

계, 상대방을 파트너로 인정하고 갈등을
완화해가는 '상호존중'의 단계, 노사협조 차원을 넘
어 글로벌 경쟁력 확보 등 고성과를 위한 변화와 혁
신에 공동 노력하는 '상생'의 단계

2. 우리나라 노사협력 특징

(1) 가족문화에 기반한 일체감 조성

(2) 고용안정과 직원에 대한 투자 중시

(3) 개인고충 해결에 주력

(4) 노사 동반자의 문화

Ⅲ. 선진기업의 노사관계 안정 핵심원리

1. 공유가치로서의 노사상생 철학

선진 기업에서는 종업원과 회사의 공유가치를 보유,
최고 경영진이 솔선수범하여 종업원 존중을 실천하
는 모습을 보이고 있다.

2. 기업의 행동원리

(1) 다양한 커뮤니케이션과 고충처리

(2) 현장 완결형 인사관리

작은 문제는 현장에서 해결, 일선관리자에게 권한
과 책임부여 및 관련 교육 제공

(3) 선제적 인사관리

공정하고 합리적 평가와 보상, 종업원 의견 수렴 통한
제도 수립, 행동규범에 의한 노사관리 지향

3. 노동조합의 행동원리

(1) 대화와 협력 중시

(2) 경쟁력 제고 파트너로서의 노조

4. 시사점

앞서 살펴 본 우리나라의 노사문화와 비교하면, 우리
나라는 노사 간의 신뢰형성의 단계에 있다고 볼 수 있
다. 단순 신뢰의 형성을 벗어나, 협력체계 구축을 통
해 기업의 경쟁력을 제고할 수 있는 진정한 노사 상생
의 길이 모색

Ⅳ. 상생의 노사관계 구축방안

1. 노사철학의 수립

직원존중의 사고반영, 공유된 철학/Vision 수립

2. 운영시스템

현장 권한이양, 현장완결형 관리시스템, 현장관리
자 능력제고

3. 조직문화

상시 협력체계 구축, 다양성 고려

4. 신뢰관계의 수립

Ⅴ. 유의사항

1. 대외공포를 통한 실천의지 배가

노사협력 선언 등 대내외에 구체화 필요

2. 협력적 노사관계 제도화

다양한 노사협력 프로그램 도입

3. 실천력 배가 위한 운영능력 제고

수시협의 체제, 노사대표 협상력/경영환경 이해능
력 제고

47 근로자 경영참가

Ⅰ. 들어가며

1. 노사관계관리의 의의

노사관계관리는 기업의 목적달성, 생산성 향상을
위해 근로자의 적극적인 협력을 확보하는 한편, 노
사협력의 결과로 창출된 경영성과의 배분을 합리적
으로 관리하여 안정적인 노사관계를 유지하도록 합
리적으로 관리하는 것

2. 노사관계관리의 목적

노사관계를 안정적이고 협력적인 노사관계로 유도
하고, 기업의 생산성 향상을 통한 성과증대와 기업
의 유지와 발전을 도모하는데 목적

Ⅱ. 근로자 경영참가의 의의와 필요성

1. 경영참가제도의 의의

기업경영과 관련하여 제기되는 각종 의사결정 및 운영에 근로자 혹은 노동조합이 참가하여 영향력을 행사하는 것

2. 경영참가제도의 목적

기업내 민주주의 실현, 노사간 협력증대 및 생산성 향상

3. 경영참가제도의 필요성

근로자들의 창의성과 자발성이 기업경쟁력의 핵심이 되고 있으며 근로자들의 자발성은 적극적인 참여와 협력에 의해 도출

Ⅲ. 경영참가의 유형

1. 의사결정참가

(1) 의의

근로자 또는 노동조합이 기업경영상의 의사결정에 참가하는 것

(2) 유형

근로자나 노동조합의 경영의사결정권 보유여부에 따라 노사협의제와 노사공동결정제도로 구분

2. 자본참가

(1) 의의

종업원이 기업의 소유에 참가하는 것으로 일반근로자들이 자사의 주식을 소유함으로써 자본의 출자자로서 기업경영에 참가하는 것

(2) 유형

종업원 지주제도, 신우리사주제, 우리사주매수선택권제

3. 성과배분참가

(1) 의의 및 형태

기업의 생산성 향상에 근로자 또는 노동조합이 적극적으로 참가하고 협력한 대가

(2) 유형

생산성 이득분배제와 이익배분제

Ⅳ. 경영참가에 있어서의 유의점

1. 경영권 침해의 문제

근로자 경영참가로 인해 경영권 침해에 대한 불안감 증대

2. 노동조합의 정체성 문제

노동조합은 경영에 대한 참여 및 협조가 노동조합의 정체성을 훼손하여 노동조합 기능 약화

3. 근로자의 경영참가능력 문제

근로자들의 경영지식이나 경험, 관리능력 문제 최근 교육수준, 의식수준의 상승

Ⅴ. 나가며

경영참가제도는 노사간의 협력증대, 생산성 향상에 기여

---

48 자발적 이직의 원인, 종업원의 직무만족 및 유지방안

Ⅰ. 종업원의 이직과 직무몰입

현대의 기업환경에서 기업의 경쟁력을 제고하기 위하여, 인적자원은 두말할 나위 없이 중요한 요소로 부각되고 있다. 그러나 인력의 유지나 성과창출에 참여할 수 있도록 유지하는데 문제점 특히 기업내 종업원의 직무불만족에 따른 자발적 이직이 문제

Ⅱ. 자발적 이직과 그 원인

1. 이직의 의의 및 종류

이직은 종업원이 기업 구성원의 자격을 종결짓고 조직을 떠나는 것으로 자발적 이직과 비자발적 이직으로 나뉨.

2. 직무철회

종업원이 현재 수행하고 있는 직무에 대한 몰입을 철회하는 현상으로 이직의 예측변인으로 기능함

3. 직무불만족의 원인

조직차원-보상에 대한 불만족, 승진의 공정성 문제
집단차원-리더십, 의사소통, 인간관계에서의 문제
개인차원-직무의 비전문화, 역할의 모호성 문제

Ⅲ. 기존 인사관리 실패요인

1. 미래에 대한 준비부족

2. 단기성과 위주

3. 실질적인 인력관리 프로그램 미실시

Ⅳ. 조직몰입 제고방안

1. 공유가치의 확대

멘토링, 소그룹 활동 등의 활성화를 통해 직원간 사
회적 후원체계를 강화함으로써 공유가치 향상노력

2. 직무관리

(1) 직무 복잡성

직무에 복잡성을 가미함으로써 도전 의식을 불러일
으키는 방향으로 직무를 설계

(2) 직무 의미성

직무설계와 의사소통을 통해 조직은 과업을 좀 더
의미가 있게 만듦

(3) 명확하고 적절한 역할

조직은 구성원으로 하여금 직무불만족과 관련된 역
할 행동을 피하게 하여 직무만족 유도

3. Staffing

Flat화된 조직, 팀제의 활성화 등으로 인해 조직에
서 필요한 역량 정의할 필요

4. 개발 및 평가

종업원 개발측면에서 명확한 경력경로 선정과 이에
부합한 개발 프로그램의 도입이 필요
단기성과에 대한 평가뿐만 아니라 과정에 대한 평
가도 병행 실시

5. 보상관리

종업원 몰입향상 위해 보상규모의 문제뿐 아니라
공정성을 높이기 위한 급여수준향상 및
비금전적 보상측면 노력도 중요

Ⅴ. 직무만족도 측정

1. 설문조사

급여, 직무자체, 감독, 동료, 승진 등에 관한 구체
적 측정 및 차후 종업원 만족도 향상을 위한 계획
수립에 반영

2. 퇴직면담

회사를 떠나는 종업원에 대해 퇴직 면담을 통해 적
극적으로 우수직원의 이탈 방지

49 신입사원 조기이직과 조직사회화

Ⅰ. 들어가며

최근 한 통계에 따르면 신입사원중 약 30% 조기
이직, 이는 기업의 비용증대 및 우수인재유출로 인
한 경쟁력 상실로 심각한 문제, 신입사원 조기정착
을 위한 조직사회화 중요

Ⅱ. 신입사원 조기이직의 원인

1. 조직차원의 원인

(1) 임금 및 승진의 공정성 결여

(2) 리더십, 의사소통, 인간관계 갈등

(3) 교육훈련 및 경력개발 문제

(4) 위축된 조직문화

2. 개인차원의 원인

(1) 기대차이로 인한 조기이직

(2) 직무로 인한 스트레스

3. 사회적 차원의 원인

'평생직장'이라는 개념보다 '평생직업'개념이 보다 일
반화

Ⅲ. 조직사회화의 개념 및 필요성

1. 조직사회화의 개념

개인이 어느 조직에 소속되면서 그 조직의 가치, 규범, 생활양식, 업무기술 등을 습득하고 개인과 조직이 동화되어 가는 융합과정

2. 조직사회화의 필요성

(1) 신입사원의 진입충격 완화

기존의 생활방식, 가치관과 차이가 있는 새로운 조직문화 등의 습득과정에서 오는 충격 완화

(2) 조직정체성을 유도하여 적극적인 업무활동 촉진

조직문화, 조직의 가치와 규범을 습득함으로써 조직정체성을 갖도록 유도

(3) 개인과 조직의 심리적 계약일치로 조직 유효성 향상

개인과 조직이 공통된 목표를 가지고 성과창출을 위해 노력할 때, 개인과 조직은 발전

(4) 조기이직의 감소로 충원비용 절약

조기이직시 발생되는 모집, 선발, 교육훈련 비용 등의 손실 억제

Ⅳ. 조직사회화의 실시방안

1. 조직사회화의 원리

개인이 새로운 조직에 적응하는 과정에서 기존에 수립된 가치관이 '해빙'되는 단계
새로운 조직에 대한 순종, 동일화, 내면화 등의 '변화'의 단계
새로운 조직에 적응 된 후 '재동결'되는 단계

2. 조직사회화 과정

(1) 조직진입 전 사전사회화

사전사회화는 조직과 해당 직무에 대한 정보를 찾고, 이에 맞게 자신의 행동, 가치관, 태도를 변화시키는 단계, 현실적 직무소개가 대표적 방식

(2) 조직진입 후 대면단계

조직에 진입하여 조직생활을 경험, 신입사원이 조직생활에 대한 요령을 공식적 및 비공식적 방법을 통해 학습하는 과정

(3) 정착단계

신입사원들이 해당 직무를 파악, 업무방식을 습득하는 등 조직생활에 동화되는 단계

3. 조직사회화의 실시방안

(1) 현실적 직무소개
(2) 인턴사원제도
(3) 신입사원 오리엔테이션
(4) 훈련과 개발
(5) 멘토링
(6) 팀워크 훈련

Ⅴ. 나가며

50 합리적인 인력조정 방안

Ⅰ. 들어가며

1. 인력방출의 의의

인력방출은 인력을 고용하고 있는 기업과 종업원간의 고용관계가 종료되는 것으로 기업내부의 양적, 질적 인력을 조절하는 과정

2. 인사관리 환경변화와 인력조정

불황기에 주로 행해지는 정리해고 및 경영환경 변화에 따라 상시적으로 행해지는 인력의 양적, 질적 조정

Ⅱ. 인력방출의 유형

1. 외부방출

종업원과의 고용관계를 단절, 외부노동시장으로 방출하여 총인원을 줄이는 것으로 정리해고, 조기퇴직

2. 내부방출

근로시간 단축, 신규채용 억제, 배치전환, 임금조정 등을 통해 고용을 조정하는 것

Ⅲ. 인력관리의 유연화

1. 인력관리 유연화의 의미

현대의 기업은 생존을 위해 변화하는 소비자의 요구에 대한 능동적인 대응이 요구되며 유연적 인력관리 활동 수행의 필요성 증대

2. 유연화 전략의 유형

(1) 수량적 유연성

고용형태의 유연화: 기간이 정해진 계약노동형태의 근로계약 체결방법(임시직, 계약직)

근무형태의 유연화: 기업의 필요에 따라 근로시간을 조절하면서 총 근로시간 일정 유지

작업의 외부화: 근로자파견, 도급, 사내하청, 분사 등의 방법

(2) 기능적 유연성

유연적 기능: 직무재설계, 재교육 등으로 종업원의 기능다양상·자발성 등의 향상

유연적 보수: 능력, 성과와 연계된 보상(성과급, 직능급)을 통해 근로자 모티베이션 향상

Ⅳ. 합리적인 고용조정 방안

1. 개요

경영위기 또는 생산체제의 대폭적 변경 등의 상황에서는 인위적인 고용조정이 필요하지만 사회적인 문제도 야기하므로 해고회피방안 강구 및 다양한 전직지원프로그램 진행

2. 해고회피방안 강구

(1) 해고회피 방안의 의미와 종류

해고 대신 기업 내의 업무조정 등을 통하여 이를 흡수하는 제반 방법

(2) 근로시간의 단축

(3) 비용절감

(4) 인력배치의 변화

3. 전직지원

(1) 전직지원의 의미와 종류

사업주의 지원으로 구조조정 과정에서 퇴직하는 근로자가 신속하게 재취업할 수 있도록 서비스를 제공하는 프로그램

(2) 전직지원 서비스의 내용

전직자에 대한 교육 등을 통해 심리적 안정을 도모하고, 퇴직준비 프로그램 등을 통해 퇴직 이후의 삶을 준비할 수 있도록 지원함으로써, 이직이나 창업 등을 체계적으로 준비할 수 있는 기회 부여

(3) 퇴직준비 프로그램

(4) 전직지원 컨설팅

Ⅴ. 나가며

인력조정 시기의 전략적 변화, 기업윤리를 고려한 인력방출 정책

51 일자리 나누기

Ⅰ. 들어가며

전세계적인 경제위기로 인해 기업들의 긴축경영이 본격화, 고용대란으로 이어짐

사회적으로 일자리 감소 등에 따른 실업이 큰 문제 이에 따른 일자리 나누기 방안이 중요해짐

Ⅱ. 일자리나누기의 개념 및 기능

1. 개념

(1) 의의

임금삭감 또는 근로시간 단축 등을 통해 일자리를 유지하거나 창출하는 것

(2) Work Sharing

근로시간 단축을 통해 일감을 나눔으로써 고용을

유지하거나 창출하는 것

(3) Job Sharing

직무분할을 통해 1명의 풀타임 일자리를 2명이상의 파트타임 근로자가 나누어 근로하는 것

2. 일자리나누기의 필요성

기업이 근로자에게 고용안정을 약속, 근로자는 고용경직성에 따른 기업의 경제적 부담 줄여주는 측면

3. 일자리나누기의 기능

(1) 임금유연성 확보

(2) 근로시간 유연성 확보

(3) 기능적 유연성

Ⅲ. 일자리나누기의 유형 및 활용

1. 유형

(1) 고용유지형

정규직·원청업체 등의 임금양보 등을 통해 비정규직 등의 고용을 유지

(2) 고용창출형

임금동결·삭감분을 활용해 추가 인력 채용 및 근로시간 단축 등을 통해 고용을 증가

(3) 고령자 고용연장형

임금피크제 도입을 통해 임금줄이면서 일정 연령이상의 고령자의 고용을 연장

(4) 파트타임 일자리형

자발적인 단시간근로 등 고용형태의 다양화를 통해 여성이나 고령층의 경제활동참가 촉진하는 방법

2. 최근 활용추세

근로시간 단축 등을 통한 고용유지형, 임금삭감을 통한 고용창출형, 임금피크제 도입 등의 고령자 고용연장형 등이 활용된다.

Ⅳ. 일자리나누기의 장단점

1. 장점

기업 입장에서 노동비용의 감소 효과, 인력운영이 유연성 확보, 공생의 협력관계 구축

2. 단점

근로시간 단축을 통한 일자리 나누기의 경우 임금이 감소될 가능성이 높으며, 핵심인재의 유출 우려가 있다. 기타 간접노동비용의 증가 우려

Ⅴ. 성공방안

임금감소기간의 최소화, 우수인재에 대한 유지, 사회전체의 일자리 나누기 운동

52 퇴직자 지원제(전직지원제도)

Ⅰ. 인력방출과 퇴직자 지원제

1. 인력방출의 의의

인력을 고용하고 있는 기업과 종업원간의 고용관계가 종료되는 것으로 기업내부의 양적, 질적 인력을 조절하는 과정

2. 퇴직자지원제의 의의

개별 종업원과 기업 간의 근로관계 종료에 따른 제반 문제에 대하여 기업이 여러 가지 지원해주는 제도를 포괄하는 개념

Ⅱ. 대두배경과 효과

1. 대두배경

현대기업내 고령인력 및 조직내부의 불안감과 인간관계의 단절 문제가 대두, 기업이 종업원의 퇴직이후를 위한 여러 가지 지원책 제공하여 종업원들 애사심 높이고 근무의욕 저하 방지

2. 효과

종업원들의 해고 및 퇴직에 대한 스트레스 경감, 동기부여와 직무몰입에도 효과적

Ⅲ. 퇴직자지원제의 유형과 효과

1. 퇴직자지원제의 유형

창업지원, 퇴직준비프로그램, 정년퇴직 후 촉탁 재입사 등 다양한 유형

2. 퇴직자지원제의 단계

(1) 심리적 지원 단계

기업이 상담자를 통해 퇴직자의 퇴직으로 인한 심리적 충격을 극복할 수 있도록 지원

(2) 개인개발 단계

퇴직자의 강점과 약점, 적성, 과거업적 등을 분석하여 향후 경력개발방향을 수립

(3) 구직활동 단계

퇴직자를 위한 구직관련 정보 수집 및 다른 기업에서의 입사면접 등 구직이 용이

(4) 지속적 상담과 기타 유의사항

퇴직자 재취업한 후에도 성공적인 적응 할 수 있도록 지속적 지원

Ⅳ. 운영방법 및 기타 유의사항

1. 운영주체

퇴직자의 경우 특히 프로그램 초기 단계에 있어서 기업에 대한 반감 가지고 있음
기업내 실시보다는 외부전문가에 의한 상담이나 교육을 통해 퇴직이라는 현실 인식시킴

2. 설계시 유의점

종업원의 사기양양과 퇴직종업원들의 제2의 인생설계에 도움을 주는 방향으로 설계되어야 하므로 그들의 요구분석 하는 것이 중요함

3. 국가제도의 활용

고용보험제도, 고용안정사업 또는 직업능력 개발사업 등을 적절히 활용

Ⅴ. 나가며

퇴직자 지원제의 성공을 위해 당사자의 신뢰와 협조가 우선되어야 함

53 인적자원회계제도

Ⅰ. 들어가며론 : 인적자원 가치측정의 필요성

1. 인적자원에 대한 새로운 인식

인적자원이 지속적인 경쟁력 유지를 위한 핵심자산으로 부상

2. 효율적 인사관리를 위한 지원 시스템

인적자원을 효율적으로 관리하기 위해 인사관리 운영, 평가 등 제 활동에 있어서 계량화된 정보가 필요하고, 이를 위해 인적자원회계의 개념이 대두

Ⅱ. 인적자원회계의 의의와 필요성

1. 의의

미국회계학회는 인적자원회계제도를 "인적자원에 대한 자료를 판정하고, 측정하며 이러한 정보를 이해관계자 집단에게 전달하는 과정"이라고 정의

2. 필요성

조직의 자원으로서 사람의 비용과 가치에 대해 수치로 표시된 정보를 제공하며, 인적자원에 대한 의사결정의 보조자료로 활용

Ⅲ. 인적자원회계의 측정방법

1. 인적자원회계 모델

(1) 자산모형

인적자원의 가치를 인력의 확보, 개발에 실제로 지출된 각종 비용의 역사적 원가로 평가하는 방법이다.

(2) 비용모형

각종 인사관리활동이나 구성원 행위에 대한 비용과 효익을 측정하는 방법

2. 측정방법

(1) **화폐적 측정방법** : 원가측정법

(2) **비화폐적 측정법** : 행동과학적 평가법

IV. 인적자원회계의 한계

1. 윤리적 · 행동적 한계

2. 외부보고의 한계

3. 측정의 한계

---

54 EHRM

I. E-HRM의 의의 및 도입배경

1. 의의

정보통신기술과 네트워크를 기반으로 디지털 경영
환경에 능동적, 효율적으로 대처하면서
환경변화에 대응하여 진화하는 전략적 개념의 새로
운 인적자원관리

2. 도입배경

경영환경 변화 → 개인니즈 인사관리 필요 → 혁신
적 HR정보서비스 제공

II. E-HRM의 도입목적과 기대효과

1. 비용절감

2. 종업원 서비스 개선

3. 인적자원관리 발전

4. 공동체 정신함양, 분위기 혁신

III. E-HRM의 내용

1. 적용영역

자율적 인사관리, 온라인 채용, 컴퓨터 활용평가,
교육훈련 등 제반 HR프로세스

2. 내용

(1) 선발 / 배치

온라인 채용 및 내부이동시 적재적소 배치

(2) 교육 / 개발

본인주도형 학습, 경력경로, 이러닝

(3) 평가

수시평가, 피드백 용이, 360노 평가

(4) 보상

임금공정성, 복리후생 프로그램 만족도 향상

(5) 사내 커뮤니케이션 활성화

관리자, 경영층 접촉용이, 사기조사 등 설문이 용이

(6) E-인사정보시스템 구축

공통적/관리업무영역은 Shared Service Center

IV. 기존 인사관리와의 차이

1. P-HRM과의 차이

	P-HRM	E-HRM
관리대상	집단	개인
기능	단순자료수집	전략적 인적자원관리
필요기술	사람관리스킬	정보관리능력
자료수집방법	개인접촉	컴퓨터기반
작업환경	물리적사업장	가상작업공간

2. HRIS와의 차이

	HRIS	E-HRM
활용기술	전자계산기	WEB, E-MAIL
운영목적	정보전산화	종업원 개인별 인사정보
이용자	인사담당자	모든 종업원
이용방식	전문인력	누구든 쉽게 접근
커뮤니케이션	인사담당자	쌍방향, communication
보안	비공개원칙	공개원칙
인사관리내용	전통적 인사행정지원	전략적 인사관리

V. 문제점 및 성공방안

1. 문제점

무리한 도입으로 인한 부작용, 조직내 소외감, 정보
관리능력부재

2. 성공방안

기업상황 고려 점진적 추진, 종업원 중심 개발

55 전략적 인적자원관리

Ⅰ. 전략적 인적자원관리의 대두배경

기업환경의 급격한 변화속에 자원에 대한 효율적 통제의 중요성 부각, 특히 인적자원을 전략적 자산으로 보고 경쟁우위의 원천으로 인식, 인사관리를 조직전략과 통합적으로 사고

Ⅱ. 전략경영의 개념과 프로세스

1. 전략경영의 개념

기업이 처한 환경 하에서 나아가야 할 방향을 설정하고, 기업목적을 달성하기 위한 전략에 따라 경영활동을 하는 것

2. 전략경영의 기능

조직의 환경적응능력 촉진, 경영자원의 효율적 배분, 내부 경영활동의 통합에 기여

3. 전략경영의 절차

기업의 사명과 목표 설정-내·외부 환경분석-전략적 대안 도출 및 전략선택-전략실천을 위한 관리활동-결과평가 및 피드백

Ⅲ. 전략적 인적자원관리

1. 전략적 인적자원관리의 이슈

전략경영의 이슈 : 어디에서, 어떻게, 무엇으로 경쟁할 것인가

SHRM의 이슈 : 무엇으로 경쟁할 것인가

2. 전략적 인적자원관리의 연계수준

(1) 행정적 연계

사업전략계획과 인적자원관리가 별개

(2) 일방적 연계

기업이 전략계획을 수립하고 이를 인적자원관리부서에 알림

(3) 쌍방적 연계

전략계획의 수립에 있어서 인적자원 이슈가 고려됨, 인적자원관리와 전략계획이 순차적으로 상호작용

(4) 통합적 연계

가장 높은 수준의 연계, 인적자원관리와 전략계획이 동시적이고 계속적으로 상호작용

3. 전략적 인적자원관리의 절차

조직의 사명을 수립 후 조직 내·외부 환경분석 후 인적자원관리 전략 수립

Ⅳ. 전략적 인적자원관리의 실천(전략유형별 상이)

1. 직무분석 및 직무설계

2. 모집 및 선발

필요한 인재상을 사전에 명확히 설정

3. 훈련 및 개발

전략 변화에 따라 요구되는 종업원의 능력 유형과 수준 고려

4. 인사평가

성공적 전략실행을 가져올 행동 및 성과를 구체화

5. 보상평가

내부종업원 유지, 외부 인재확보의 용이성

6. 노사관계

Ⅴ. 전략유형별 인적자원관리

1. 집중화 전략

현재 가장 잘하는 곳에 초점→현재의 스킬 유지

2. 내부성장 전략

시장개발, 제품개발, 혁신, 조인트 벤처 등에 초점→지속적으로 채용, 이동, 승진→변화하는 필요능력에 대응

3. 외부성장 전략

수평적, 수직적 통합과 다각화→화학적 통합 등을 위한 커뮤니케이션 증대와 보상의 공정성 확보

4. 축소 전략

경영상태 약화, 사업규모나 활동을 감소→인력의 슬림화, 잔류인력 사기유지와 핵심인재 유지

Ⅵ. 전략적 인적자원 관리의 성공포인트

1. 외부적합성

환경 및 기업의 경영전략과 적합

2. 내부적합성

기업의 인적자원관리 기능간의 상호 적합

3. 각 경영활동과의 연계

4. E-HRM의 도입

56 지식경영

Ⅰ. 들어가며

경영환경의 변화로 지식과 이를 통한 창조의 중요성 강조되고 기업생존을 위해 지식 창조, 정보공유 등이 중요해지면서 지식경영을 실현시키려고 함. 이러한 지식경영 실현의 주체는 인적자원임.

Ⅱ. 지식의 의의와 유형

1. 지식의 의의

조직이나 개인이 얻은 경험을 체계적으로 정리한 정보, 의사결정이나 경영활용에 효용가치를 발휘할 수 있는 실력, 노하우, 기술, 정보 등

2. 지식의 유형

(1) 형식지 (명시지)

객관적으로 측정, 관찰가능한 논리적, 기계적 지식

(2) 암묵지 (묵시지)

주관적 경험으로 구성된 감성적, 직관적 주관적 지식

Ⅲ. 지식경영의 의의와 접근법

1. 지식경영의 의의

지식이 경쟁우위의 원천, 기업내외의 지식자원을 획득, 교환, 결합하여 새로운 지식을 창출, 이를 토대로 기업 및 조직의 부가가치를 창출하고 경쟁력 확보하는 경영방식

2. 지식경영의 도입배경

창의성, 정보공유, 지식창조를 통한 경쟁력 상승

3. 지식경영의 두가지 접근법

(1) 성문화 전략 : 지식관련시스템적 접근, 객관적 지식경영

(2) 인간화 전략 : 지식창조론적 접근, 주관적 지식경영

Ⅳ. 지식경영을 위한 인적자원관리

1. 지식중심의 인적자원관리

지식을 창조, 습득, 활용 축적, 조직화하는 지식의 원천인 종업원과 그 지식을 대상으로 하는 인적자원관리

2. 새로운 인재상의 정립

아이디어를 가치창출과 연계하는 창조적 지식인, 차별화된 역량으로 자신만의 고유한 전문성을 확보에 성공한 사람인 Gold Collar

3. 채용과 배치

창조적 소수를 상시/개별 채용, 적기·적재적소 배치

4. 개발

(1) 교육훈련

평생학습체계

(2) 능력개발

평생직업 개념, 자신 분야에서 고도의 전문성 개발

5. 평가와 보상

(1) 평가

지적노동에 대한 평가, 지식에 대한 평가기준 마련, 360도 다면평가

(2) 보상

금전적 보상 + 비금전적 보상, 지식급

6. 유지

지식근로자의 유지와 모티베이션 중요, 창조적 조직문화 구현

Ⅴ. 성공적인 지식경영 실현방안

1. 전사적 차원의 전략적 접근

기업에서 추구하는 전략 고려, 전사적으로 지식의 중요성 인식, 통합적으로 추진

2. 자율적이고 창의적인 조직문화 구축

수행업무에 대한 개선사항, 신제품 개발 아이디어 등 발전적 성장을 위한 지식 창출

3. 지식 커뮤니티 네트워크와 학습조직 구축

종업원 개개인의 지식이 조직의 지식으로 전환되고, 지식의 전이, 발전적 재생산 도모

4. 지식의 공유 · 확산을 촉진하는 내부 메커니즘

지식경영이 업무와 연결되는 내부 메커니즘 구성

5. 지식의 공유와 보상시스템 연계

지식의 창조, 활용에 대한 모티베이션, 지식경영시스템의 활용을 통해 연계

57 글로벌 인적자원관리

Ⅰ. 글로벌 인적자원관리의 의의와 특성

1. 의의

여러 국가에 경영활동, 다양한 참여인력 (본국, 현지, 제3국)

2. 특성

(1) 국가, 종업원, 인적자원관리의 세가치 차원

일반기능, 지역특성, 국적별 특성고려

(2) 의사결정 위험도 높음

국내와 동일한 정책 활용시 이미지에 치명적 타격 가능

(3) 기업 통제불가 변수 존재

현지국가 정치사정 등

Ⅱ. 글로벌 인적자원관리의 접근방법

1. 수렴이론 (Convergency Theory)

(1) 의의

보편성 강조, 선진국 국제인사관리의 효율적 방법이 후발국에 이식

(2) 인사관리 적용

보편적 원리 적용하여 지역, 문화와 관계없이 일반적으로 적용가능 방식 존재

2. 확산이론 (Divergency Theory)

(1) 의의

개별 국가, 사회, 제도, 문화 특성에 따라 상이한 특징(특수성)

(2) 인사관리 적용

상황적 접근법 필요

3. 보편성과 특수성의 조화

보편성, 특수성 동시 존재, 거시적 기본구조(보편성), 미시적 실제운영(특수성) 고려

Ⅲ. 글로벌 인적자원관리 전략

1. 본국중심의 집권화 전략

(1) 의의

본사 종업원 파견, 본사 HRM 준용

(2) 장점

의사결정권한 본국중심, 국제화 초기단계에서 본사와 긴밀한 의사소통 가능

(3) 단점

현지인의 자율성 통제 큼

2. 현지중심의 분권화 전략

(1) 의의

관리를 현지인에게 위임, 현지국 법, 문화 관심을 고려하여 제도 실시

(?) 장점

현지종업원 승진기회, 사기증대, 문화충돌 없음, 기업이미지 상승

(3) 단점

현지인 관리자와 본국과 의사소통의 문제

3. 지역중심의 지역화 전략

(1) 의의

북미, 유럽, 동남아 등 지역본부 설치, 각 나라 지사관리 담당

(2) 장점

지역문화권 특성 고려 가능

(3) 단점

복잡한 의사결정 채널우려

4. 세계중심의 범세계화 전략

(1) 의의

전세계 동일 인사정책 실시

(2) 장점

진정한 의미의 글로벌 기업 실현

(3) 단점

나라 실정과 맞지 않는 경우 갈등, 인건비 및 관리비용 증대 우려

Ⅳ. 글로벌 인적자원의 구체적 관리방안

1. 인력계획, 채용 및 인력 활용

(1) 파견인

충성심, 국제인 양성기회, 본사 승진적체해소, 본사와 의사소통 수월/
단기귀국, 문화차이, 체제비부담, 현지인 사기저하

(2) 현지인

현지적응 수월, 정보수집 수월, 현지인 승진기회 부

여, 비용절감/
자국우선주의, 이직가능, 본사와 의사소통 곤란, 본사의 전략 이해부족

2. 교육훈련 및 경력개발

(1) 파견인

일반적 교육훈련 + 이문화 훈련

(2) 현지인

본사 경영전략, 문화 교육, 본국 초청교육

3. 보상

(1) 파견인

(본국 중심 제도에서)본사보상 + 해외근무수당, 현지인과의 임금격차 큼
(현지국 중심 제도에서)현지인력 임금수준 적용, 개개의 파견인과 협상필요

(2) 현지인

현지문화 고려하여 설계

4. 노사관계

현지관행, 법제도 검토 필요

5. 파견인의 유배증후군과 재귀국지원

(1) 유배증후군

본사로부터 소외감

(2) 재귀국지원

본국후원자 선임, 경력 카운슬링, OT등 적용 프로그램 마련

Ⅴ. 한국기업의 글로벌 인적자원관리의 문제점 및 과제

1. 현황 및 문제점

(1) 본국중심형으로 인한 부작용

현지상황 반영미흡, 유연한 대응 불가, 현지인 경력개발 기회의 축소, 현지법과 마찰

(2) 글로벌 전문인력 부족

글로벌 전문인력 관리시스템 없음, 인력부족

2. 성공적인 글로벌 인적자원관리의 과제

(1) Think Globally, Act Locally

본사와 통합적 세계화전략, 조직인력관리 현지화 동시추구

(2) 지역별 조직구축

글로벌화와 현지화 조화 실현

(3) 글로벌 리더의 양성

(4) 글로벌 기업문화 형성과 확산, 공유

(5) 본사인력의 세계화

58 윤리경영

Ⅰ. 들어가며

경영환경변화와 윤리경영의 중요성, 국내기업 인식 수준과 명확한 방향정립 및 실행 필요성

Ⅱ. 윤리경영

1. 윤리경영의 의의

선의지에 입각한 윤리적 행동을 기업경영에 적용하고 사회가 요구하는 윤리적 기대를 반영하여 경영

2. 윤리경영의 대두배경

(1) 기업존립의 결정요인

가치관이 변화하여 윤리적 의사결정 실수는 치명적 위험으로 도산도 가능함

(2) 글로벌 스탠다드로 부상

국제기구의 윤리라운드 등 윤리경영의 세계 표준화 시도

(3) 국내기업의 낮은 인식

시급한 과제로 인식하지 않아 지속적 일관성있는 추진 모색 필요

Ⅲ. 윤리적 인적자원관리의 의의와 실천기준

1. 윤리적 인적자원의 의의

윤리경영을 실현시키는 인적자원관리, 기업조직을 하나의 사회공동체로 인식, 조직내부의 조직정의와 조직외부의 기업의 사회적 책임 실천

2. 실천기준

조직과 종업원의 균형이라는 기업내부적 윤리적 인적관리와 조직과 이해관계자간 균형이라는 기업외부의 윤리적 인적관리가 있음

Ⅳ. 기업 내부의 윤리적 인적자원관리

1. 판단기준

조직과 종업원의 균형달성, 조직의 유인과 종업원의 공헌이 균형을 이루거나 서로 그 이상을 제공하려는 선의지를 갖도록 인사정책을 실시

2. 실천방안 : 조직정의의 실현

(1) 조직정의의 의의

조직목표 수행과정에서 불평등 최소화하고 조직과 종업원 관계에서 지켜야할 공정성 의무

(2) 적용대상

공정한 모집, 선발, 교육, 경력개발, 평가, 보상, 경영결과 공개, 절차준수 등

(3) 적용방안

모든 분야의 인사정책과 제도 수립시 종업원 참여에 의한 민주적 의견 반영

3. 조직정의의 구성개념

(1) 분배공정성

투입, 결과를 비교하여 공정한 결과가 돌아왔는가에 대한 판단

(2) 절차공정성

조직내 의사결정 결과가 과정상 얼마나 공정하게 실행되었는가

(3) 시스템공정성

조직의 제도 및 환경적 틀

511

V. 기업 외부의 윤리적 인적자원관리

1. 판단기준

조직과 이해관계자들 간의 균형달성

2. 실천방안

사회적 책임 (CRS : Corporate Social Responsibility)

3. 사회적 책임의 영역과 대상

(1) 사회적 책임의 배경

조직구성원에 대한 인식이 경제적인 관점에서 전인적 인간형으로 바뀌고 조직구조 또한 다수주주가 소유하고 대규모화 됨

(2) 사회적 책임의 영역

경제적 기능 - 상품, 서비스 생산, 고용 창출, 경제발전 기여
사회기대부응 - 환경공해방지, 소외계층의 고용창출

(3) 사회적 책임의 대상

주주 - 자본투자, 권한 및 책임부여 등 공헌에 대한 책임
사원 - 차별대우, 위험한 노동강요 문제
정부 - 영리 활동에 대한 최호한의 의무, 세금횡령, 정치적 로비금지

VI. 윤리적 인적자원의 효과

1. 기업의 효과

(1) 성과향상

공정성 증대되어 모티베이션 증가, 기업이미지 제고하여 우수인재 확보

(2) QWL향상

직무만족도, 자아실현

(3) 공동의 유대감

공동운명체 의식, 종업원 충성도 향상

2. 사회의 효과 : 윤리적 인사관리의 사회실천적 통합

(1) 법의 준수

---

(2) 기업과 종업원, 기업과 이해당사자간 균형

(3) 윤리적 글로벌리즘 달성

VII. 윤리적 인적자원관리의 최근 이슈 및 실천과제

1. 최근 이슈

(1) 정리해고와 윤리

(2) 이직윤리

(3) 외국인 노동자와 저임금 고용

(4) 윤리적 해외인력관리

(5) 성차별 금지와 가정, 직장의 조화

(6) 비정규직 차별대우

2. 실천과제

(1) 비합리적 규제완화와 행정절차의 투명성

(2) 사회전반의 투명성 요구

(3) 정부차원의 적극적 유인제공

(4) CEO의 지원

(5) 사내 공식적 조직구성

59 불황기 인사관리

I. 들어가며

1. 불황에 따른 경영환경의 변화

세계적 불황, 외환위기시 무조건적인 인력감축으로 인한 여러 가지 문제에 직면하게 되고 따라서 효과적인 위기 대응방안 필요

2. 불황기 인사관리의 주된 이슈

현실적 어려움 극복 위한 긴축경영과 구조조종, 가치 하락한 기업에 대한 M&A, 기업의 현재적 안정성 측면과 성장기반을 확보 등

Ⅱ. 과거 불황극복 전략의 문제점

1. 무분별한 구조조정

무분별한 구조조정으로 종업원 생계 위협, 잔류 종업원의 사기, 조직문화에 악영향

2. 핵심인재 유지의 중요성 간과

긴축경영으로 인한 핵심인재 유지에 어려움 발생 우려

3. 단기적 대응

단기적 대응으로 장기적인 성장 저해 우려

4. 종업원의 사기 고려 부족

종업원의 협력유도, 장기적 목표 달성을 위한 모티베이션 필요

Ⅲ. 불황기 인사관리 전략적 방향

1. 구조조정에 따른 부작용 최소화

핵심인재 유출 장기적 인력구조 불균형, 조직문화 훼손 등 부작용 최소화

2. 운영효율성 극대화

조직구조의 효율화, 운영시스템의 정교화, 인건비 효율성 강화, 등 미세한 인사관리 필요

3. 미래성장 대비

핵심역량 강화, 사업 및 수행역량의 다각화, 기업혁신 등에 대한 검토 내부인력의 양성 필요

Ⅳ. 불황기 인사관리의 기능별 대응방안

1. 확보관리 측면

(1) 기본방향

우수인재 선확보의 전략적 관점, 핵심인재의 대한 선발비율 증가

(2) 실행방안

임직원 추천제도, 네트워킹 활동, EVP(Employee Value Proposition)정립 등

2. 개발관리측면

(1) 기본방향

인재가 지속가능한 경재우위의 원천임을 인식, 기업의 경쟁력 강화

(2) 실행방안

ROI 중심의 교육, 내부인재 육성, 육성에 대한 총보상 관점의 커뮤니케이션 강화

3. 평가 및 보상 측면

(1) 기본방향

종업원 타겟팅을 통한 평가와 보상, 육성제도 운영과 성과에 대한 정확한 평가와 공헌에 대한 인정 강화, 총보상 관점에서 비용대비 효과 감안

(2) 실행방안

불황기 기업의 전략적 방향에 대한 적합한 평가, 총보상 관점에서 비금전적 보상방식 강조, 차별화 및 성장 유도를 위한 성과급 제도의 개선 검토

4. 유지 및 방출관리 측면

(1) 기본방향

기업의 생산성 향상에 초점, 중장기적인 기업의 전략, 목표 적합성 추구

(2) 실행방안

조직 슬림화, 인정 프로그램 강화, 협업 강화

Ⅴ. 불황기 인사관리의 주요 이슈

1. 핵심인재 관리와 인력 효율화

2. M&A

3. 인력구조조정

4. 효율적인 인사제도 운영

5. 인당 생산성 관리

60 M&A 성공을 위한 인사관리방안

Ⅰ. 들어가며론

1. M&A의 의의

기업의 외형적 성장과 미래준비를 위해 다른 기업을 인수하거나 합병하는 것

2. M&A와 관련된 최근은 경향

M&A 실시기업의 50% 이상이 실패, 기업의 문화적 인적자원 측면의 관리미숙이 원인

3. M&A에서의 인사관리의 역할

HR 실사(Due Diligence)와 합병 후 통합관리의 효과적 수행

Ⅱ. M&A에 대한 인사관리자의 전략적 방향성

1. 경영전략 실행의 주체

과거에는 M&A 완료 이후 행정적 처리만 담당하였으나, 성공을 위해서는 M&A 대상선정 등 초기부터 전과정에 참여가 필요함

2. 경영진의 전략적 파트너

초기부터 피합병회사의 우수인재 선발, M&A 이후 시너지 극대화 노력, 조직융합을 위한 제도나 전략 수립

3. M&A 시너지 창출을 위한 Change Manager

변화되는 조직목표와 비전, 운영체계, 제도 등이 통합 후 조직에 안착할 수 있도록 노력

Ⅲ. 합병전 관리방안 (HR Due Diligence)

1. HR 실사(Due Diligence)의 의의

M&A 추진을 위해 진행하는 피합병기업에 대한 실사 과정으로 과거 전략적, 세무적, 법무적, 재무적 측면만 실사하다가 최근 HR과 조직문화 측면 실사

2. HR 실사의 내용

(1) 조직구조

복잡성, 공식성 집중성 측면에서 분석, 기존 조직도, 설문, 면접 등을 통해 파악

(2) 보상

보상체계 비교결과와 전략 고려, 보상 구성요소의 비율 조정, 신속하게 결정하고 발표

(3) 유능한 인재유출의 방지

피합병기업의 종업원의 불안감, 우수인재데 대한 사전 파악과 Retention 활동

(4) 평가

평가기준 등 변경으로 불리한 상황에 처한 경우 상대적 박탈감 촉발→유기적 조정 필요

(5) 배치

일관된 기준이 설정, 공정한 배치 필요

3. 실행방안

대상기업에 대해 조사, 대상기업 Key Person과의 워크샵, 비교 체크리스트 작성

Ⅳ. 합병 후 관리방안

(합병 후 통합 : Post-Merger Integration)

1. 합병 후 통합의 의의

두 회사가 하나가 된 뒤 운영체계, 조직문화 등 기업경영과 관련된 각종 요소를 하나로 묶으면서 가치와 문화를 공유하는 하나의 조직으로 거듭나는 통합 과정

2. 합병 후 통합의 필요성

종업원들의 생존에 대한 불안감, 상대적 박탈감, 조직에 대한 적대감 증가

3. 합병 후 관리의 방법

(1) 다양한 커뮤니케이션 채널 활용

(2) 공정한 보상수준의 설정

(3) 동기부여의 강화

(4) 고충상담제도

Ⅴ. 성공방안

1. 철저한 사전준비

2. 종업원의 적극적 참여

3. 경영층의 의지와 Commitment

4. 진행상황 등에 대한 주기적인 Communication

5. 외부 전문기관의 활용

61 역량중심의 인적자원관리

I. 들어가며

1. 역량의 개념
역량은 조직에서 커다란 업적을 창출하는 인재가 지속적으로 보유하고 있는 내적특성

2. 역량중심 인적자원관리의 의의
고성과자의 역량을 구체적, 경험적으로 규명하여 인사활동 제반분야에 활용하는 것

3. 대두배경

(1) 외국의 사례
미국과 유럽에서는 직무중심의 인사관리 방식의 경직성 문제를 해결하기 위해 도입 하였고 일본에서는 연공중심의 직능자격제도의 문제점을 개선하기 위해 도입

(2) 인사관리의 고도화
구성원들에 대한 내재적 동기부여의 중요성 강조, 인재선발과 배치의 적합화, 성과주의에 대한 보완, 전략달성

II. 역량의 구성과 특성

1. 역량의 구성요소

(1) 스킬
과업에 대한 숙련수준, 훈련 및 경험으로 습득된 기술

(2) 지식
특정분야에 가지고 있는 축적된 정보

(3) 자아개념
개인이 일시적으로 가지고 있는 자아 이미지와 태도

(4) 특질
개인만이 가지고 있는 성격과 능력

(5) 동기
특정목표를 향해 돌진하려는 의욕

2. 역량의 유형

(1) 공통역량
조직의 전략목표와 가치

(2) 기능역량
구성원의 수행기능별로 요구되는 역량

(3) 직무역량
직무수행에 필요한 구체적 역량

3. 역량의 특성

(1) 직무성과 관련성
역량은 행동으로 발현, 행동의 결과로 성과 달성

(2) 측정가능성
역량보유여부에 대한 평가, 역량보유수준

(3) 개발가능성
훈련이나 지도를 통해 체계적으로 개발, 확장

III. 역량중심 인적자원관리

1. 역량중심 인적자원관리의 필요성
직무중심의 HRM의 경우 창조적인 변화나 갑작스런 예외에 즉각적으로 대응하기 어려우며 한국 기업의 경우 단기성과 중심의 성과주의, 역량 잠식, 인재육성에 소홀하는 문제점 있음

2. 직능자격제도와의 차이점

직능자격제도	구분	컴피턴시 인사 모델
직무 수행의 최소요건으로 지식, 스킬, 능력의 도출에 초점	개인의 특성 추출	지식, 스킬, 능력 뿐만 아니라 개인의 특질이나 동기 등 심층적인 요소까지 추출
임금이나 승진과 같은 보상에 활용	추출 목적	인력의 육성과 활용 측면에서 더욱 강조
세분화된 직능	적용	Employability와

등급		성과향상을 주된 업무목적으로 하는 의식 강조

Ⅳ. 역량중심 인사시스템 구축

1. 전략적 운영방향 설정(사전준비단계)

(1) 필요성 명확화

(2) 핵심직무 및 역량 정립

(3) 우수성과자의 내적 특성 파악

2. 역량의 파악

(1) 역량의 파악방식

처음부터 새롭게 시작하는 방식과 정립된 역량리스트 활용하는 방식 있음

(2) 기업고유의 역량 파악

3. 역량의 적용 및 검증

(1) 역량의 확인과 검정

(2) 제반 인사관리 시스템에 적용

Ⅴ. 인사관리 제반분야로의 적용

1. 선발과 배치

경쟁우위 확보위해 필요한 역량 활용, 면접 질문양식 신규개발, 면접에 대한 교육 필요

2. 개발

종업원 집중적 훈련 및 개발, 다면평가(피드백)

3. 평가

직무역량을 평가요소에 삽입, 역량의 선정부터 종업원 참여

4. 보상

역량평가 결과와 보상을 연계, 임직원 역량 개발에 활용 가능, 역량급

5. 방출

역량평가결과 퇴직대상자 선정시 활용

62 인력다양화에 따른 성공적 인사관리

Ⅰ. 기업인력 다양성 시대

여성, 고령, 신세대 등 구성원이 다양화되고 다양한 고용형태가 등장함. 이러한 다양성이 경쟁력 제고의 수단으로 수용이 필요.

Ⅱ. 기업인력 다양화의 배경과 다양성 관리의 필요성

1. 여성인력의 사회진출 러시
2. 저출산·고령화 사회의 도래
3. 가치관이 다른 신세대의 등장
4. 글로벌화 등에 따른 기업의 인력활용 다변화
5. 정책과 사회적 압력이 다양성을 촉진

Ⅲ. 인력다양화가 기업에 미치는 영향

1. 긍정적 영향

(1) 창의성 증대

(2) 인재 Pool 확대의 기회

(3) 좋은 기업이미지 형성

2. 부정적 영향

(1) 정체성 위기 및 갈등 유발

(2) 인재유치 실패 : 다양성 불인정시

(3) 차별 시비

IV. 국내 기업의 다양성 관련 이슈

1. 국내 기업의 다양성관리 실태
국내 기업의 다양성관리는 아직 초보수준

2. 여성인력
여성인력 활용 증가 추세, 여성관리자 비중은 미흡

3. 고령인력
빠른 속도의 고령화 진행, 일부 기업은 임금피크제 등을 실시

4. 장애인
기업의 장애인 채용 기피, 장애인의 직업 능력개발 미흡

5. 외국인 근로자
체류에 관한 법적 문제 많이 발생, 차별대우 등에 따른 잦은 이직

V. 다양성 시대 기업의 대응 방안 (인사관리 성공 포인트)

1. 순혈주의적 시각의 탈피
여성 인력, 글로벌 인력 등의 유입을 자연스럽게 수용-〉 열린 HR 시스템으로 전환

2. 전담 관리자 및 전담 조직 설치 고려
조직 내의 갈등의 방지와 함께 기업에 대한 사회적 인식 제고

3. 인사시스템의 다원화 및 인력특성별 차별화된 HR 구현
다양한 인력들의 특성, 직무/역할 특성 반영, 차별화된 HR 구현

4. 가족친화적 경영의 정착
직원의 기를 살리고 직원 가족을 배려하는 활동으로 직장과 가정의 생활 조화 지원

*5. 개방적 시스템과 조직문화 정착
기존의 폐쇄적 시스템에서 벗어난 다문화, 다국적, 다특성의 인력 통합적 관리

VI. 인력 특성별 차별화된 HR 방안

1. 글로벌 인력 확보 및 육성 방안

글로벌 우수인재의 확보 및 활용 강화, 글로벌 인사 시스템과 기업문화 구축

2. 고령인력 활용을 위한 제도 및 인프라 정비
라이프 사이클에 따른 대책, 진로선택제, 임금피크제, 직무 재배치 및 설계

3. 여성인력 활용도 제고
가족친화 경영, 평가와 보상 등에서 차별 철폐, 여성관리자의 리더십 육성 등

4. 비정규직 활용방안
고용 포트폴리오, 차별 해소, 직무역량 강화 교육을 통한 정규직 진입 디딤돌 형성

5. 핵심인재 활용방안
핵심인재에 대한 체계적 대응, 핵심인재의 확보 및 활용과 육성을 위한 별도시스템 구축, 다양한 발굴 채널

63 여성인력관리방안

I. 환경변화와 여성인력의 중요성
지식정보 사회 도래하고 섬세하고 창의적 재능과 아이디어 등의 중요성이 부각하면서 능력 있는 여성인력이 급증하여 여성인력의 개발과 활용이 기업 경쟁력의 새로운 원천으로 등장

II. 여성인력의 활용현황과 제약요인

1. 여성인력 활용현황과 문제점
채용시 차별과 유리천장, 유리벽 등 성차별 문제와 저활용 문제가 있음.

2. 여성인력 활용의 제약요인
남성중심의 사회문화, 기업내 성차별 의식과 관행, 기업 차원의 복리후생제도 미비, 여성 자체의 소극적 태도, 여성인력 활용의 전략적 중요성에 대한 인식과 시스템 부재 등

III. 여성인력 활용을 위한 인사제도 운영

1. 채용

개방된 채용방침, 고용할당제, 기혼여성 재고용, 고용의 유연화

2. 개발

유리천장의 철폐 여성인력에 대한 핵심직무 교육, 리더십 교육 등

3. 평가보상

평가시 성차별 금지, 동일노동 동일임금 등

4. 가족친화적 복리후생

유연한 근무시간제, 출산육아휴직제도 정비, 재택근무, 보육시설 등

5. 방출

결혼, 출산, 육아 등을 이유로 한 퇴직 등 차별대우 금지

Ⅳ. 여성관리자의 유리천장현상과 여성 리더십

1. 여성관리자 경력개발의 문제

'성역할 고정관념'등으로 여성관리자 육성 지체, 유리천장 철폐

2. 유리천장의 개념

여성이 기업 내에서 고위직으로 진급하는 것을 막는 눈에 보이지 않는 투명한 장벽

3. 유리천장현상의 원인

(1) 유리천장현상의 원인

남성위주 조직문화, 여성에 적대적 환경, 여성 자질부족, 여성 비전/리더쉽 결핍

(2) 여성 경력정체의 원인

승진에 대한 잠재력을 낮게 평가, 모호한 승진기준, 개인적 요인 등

(3) 여성 관리자의 실패 요인

적응의 실패, 지나친 요구, 업무성과의 문제, 인간관계 및 부하직원 관리 문제

4. 유리천장의 극복방안

종합적이고 다양한 대책 필요, 여성관리자의 자질향상, 인사시스템 등 전반적인 변화 필요

5. 여성관리자의 리더십 육성

(1) 남성과 여성의 리더십 스타일 차이

	남성의 리더십 모형	여성의 리더십 모형
업무 스타일	경쟁적	협동적
조직구조	수직적, 계층적	수평적, 평등적
목표	승리	품질 산출
문제해결 방식	합리적, 객관적	직관적, 주관적
핵심 특성	-높은 수준의 통제 -전략적 -비감성적	-낮은 수준의 통제 -감성적 -협동적

(2) 여성적 리더십의 육성과 활용

조직내에서 고객서비스 강화, 높은 수준의 업무품질을 달성하는데 도움

Ⅴ. 여성인력 활성화 전략

1. 여성인력 유형

(1) 델마와 루이스형

조직문화 개방적, 여성의 전문성 낮음

(2) 메리형

조직문화 폐쇄적, 여성의 전문성 낮음

(3) 피오리나형

조직문화 개방적, 여성의 전문성 높음

(4) 신사임당형

조직문화 폐쇄적, 여성의 전문성 높음

2. 여성인력 활성화 전략

(1) 델마와 루이스형

동기유발전략

(2) 메리형

스킬학습전략

(3) 피오리나형

특화전략

(4) 신사임당형

자기개척전략

64 비정규직 인사관리

Ⅰ. 들어가며

외환위기 이후 상시적 구조조정 실하여 비정규직 고용 선호, 비정규직 비율 증가함.

정규직과의 차별심화, 불법파견 등 비정규직 문제로 심각한 이슈로 제기됨

Ⅱ. 비정규직의 개념과 확산배경

1. 비정규직의 개념

풀타임 상시고용계약에 대한 상대적 개념, 임시계약직, 단시간 근로, 재택근로 등 다양한 형태의 고용형태

2. 비정규직 인력활용 확산배경

인건비 절감, 고용유연성 확보 필요, 구조조정 증가, 서비스 산업 증가

Ⅲ. 비정규직 인력활용의 순기능과 역기능

1. 비정규직 인력활용의 순기능

(1) 인건비 절감

(2) 고용유연성

(3) 전문인력의 확보

2. 비정규직 인력활용의 역기능

(1) 잦은 이직과 낮은 생산성

(2) 형평성과 노사갈등

(3) 법적 리스크와 기업이미지 악화

Ⅳ. 비정규직 인력의 전략적 활용방안

1. 비정규직 인력 활용전략

(1) 비정규직에 대한 기본관점

비용절감 관점에서 탈피, 비정규직 고용은 정규직 인사관리와 인력구조에 영향

(2) 비정규직 인사관리 원칙

활용성, 공정성, 시너지 원칙

2. 고용 포트폴리오 전략

경영전략, 직무특성을 고려, 고용기간, 조직 몰입도에 따라 집단별로 구분해 세분화된 관리

3. 비정규직 인력의 효율적 관리

(1) 채용

단순 직무에 한정하여 채용, 정규직으로의 전환가능성을 통한 동기부여

(2) 임금 및 복리후생

성과와 보상을 직접적 연계 직무급을 활용 고려, 정규직과의 차별해소 노력

(3) 유지 및 방출

근로조건, 인간관계, 노사관계 등에 있어서 정규직과의 위화감 해소

65 성과주의 인사관리

Ⅰ. 성과주의 인사의 현주소

1. 성과주의의 도입

(1) 외환위기 이후 급속한 도입

연공주의 보상으로 위기극복이 어렵다는 인식, 발탁승진, 연봉제 등 성과지향적 인사제도 도입

(2) 성과주의 인사의 의의

'성과'를 기반으로 HRM을 운영해 나가는 철학, 패러다임을 기반으로 하여 인적자원의 확보, 개발, 평가, 보상, 유지, 퇴직 등을 계획, 실천, 통제하는 관리체계

2. 질적 전환의 필요성

위기극복과 글로벌 성장에 기여하고 미래를 대비한
경쟁우위 확보에 한계를 느껴 성과달성을 위한 목
표를 제시하여 종업원 행동의 방향성과 전략적 의
사결정에 기여해야 함

Ⅱ. 한국형 성과주의 인사의 특징

1. 핵심목표 : 효율과 통제

(1) 효율성 부각

(2) 통제형 성과주의

2. 성과주의 : 결과중심

(1) 결과중심의 성과관리

(2) 단기목표 달성여부에 따른 보상수준 결정

3. 동기부여 : 금전적 보상

Ⅲ. 성과주의 인사의 功過 (허와 실)

1. 功 : 임직원 동기부여와 재무성과 향상

(1) 임직원 동기부여

(2) 우수인재 확보 및 유지

(3) 재무성과 향상에 기여

2. 過 : 지속적 고성과 창출을 위한 역량 잠식

(1) 단기성과에의 집착

(2) 팀, 부서간 협력 저해

(3) 평가에 대한 불신

(4) 금전적 보상에 치중

(5) 지나친 개인별 차등폭 확대

Ⅳ. 미ㆍ일 기업의 성과주의 검토와 한국기업에의 시사점

1. 미국 : 전통적 직무중심 인사의 경직성 타파

(1) 규정된 직무 이상의 동기부여 결여와 환경변화에 둔감

(2) 직급단계의 축소와 성과지표의 다원화 추진

2. 일본 : 新일본형 성과주의 부상

(1) 버블경제 붕괴 이후 성과주의 인사제도가 전면에 등장

(2) 성과주의에 대한 비판과 반성을 통해 新일본형 성과주의로 귀결

3. 성과주의 인사제도의 수렴

(1) 미, 일 글로벌기업들은 기존 성과주의의 문제점을 최소화하고 효과적이고 지속가능한 성과주의의 만들기 위해 노력

(2) 세부 인사제도 차원에서도 성과와 역량을 동시에 강조하는 수렴화현상 진행중

4. 한국기업에의 시사점

(1) 지속적 경쟁우위를 뒷받침하는 성과주의 인사 추구

(2) 지속가능 성과주의

Ⅴ. 한국형 성과주의의 발전방향 : 지속가능 성과주의

1. 지속가능한 성과주의 인사 추구

2. 고용안정 기반 강화

3. 평가제도 개선 : 과정과 역량을 중시한 평가 등

4. 보상제도의 개선 : 비금전적 보상 강화 등

5. 기업 특성 등을 고려한 유연한 접근

6. 성과주의에 대한 Total system적 접근

66 고성과 조직관리

I. 고성과 조직관리 방식

고성과 작업방식은 경영의 모든 요소들이 유기적으로 연결되어 자연스럽게 작동되는 것

전통적인 관리방식에는 조직구조, 인적 자원을 별개로 취급하였으나 이제는 사업에 관한 의사결정시 인적자원과의 관계를 신중하게 고려해야 할 시기

II. 고성과 작업시스템의 의의 및 도입조건

1. 고성과 작업시스템의 의의

종업원, 기술, 조직구조를 적절히 관리하여 조직의 자원과 기회를 효과적으로 활용하는 것

2. 고성과 작업시스템의 조건

(1) 팀워크와 권한 위임

(2) 지식의 공유

(3) 직무만족

III. 고성과 작업시스템의 효과

1. 높은 생산성과 효율

높은 생산성, 기업의 이윤, 품질향상, 고객만족

2. 조직목표 달성 용이

조직의 새로운 전략 수립이나 전략의 변경시 종업원의 신축적 대응

3. 낮은 이직율

종업원 참여도 제고, 의사결정의 분권화→종업원 만족도 향상→이직율 감소

IV. 고성과 조직 실현 방안

1. 직무설계

팀워크와 권한위임을 위해 직무에 대한 효과적 설계 중요, 팀제 활용

2. 모집 및 선발

팀워크 이루고 권한 위임이나 지식 공유에 적합한 종업원 선발. 집단 인터뷰

3. 교육훈련

필요한 직무기술 배양, 학습조직 구성을 통해 종업원 스스로 개발 활동 수행이 바람직

4. 성과관리

종업원들이 조직목표, 조직목표와 연계된 성과주의가 성공요인

5. 보상

성과와 연계한 보상제도 구축, 임금 결정 과정에 종업원 참여

V. 고성과 조직 설계의 핵심 포인트

1. 고객지향적 관점

2. BSC의 도입

3. 조직문화의 확립

4. 핵심인력 유지

5. 고용잠재력 향상 지향

저자 약력　최지희

한양대학교 경영학과 졸업
제18회 공인노무사 합격
(현) 한림법학원 인사노무관리 전임강사
(현) 메가넥스트 PHR 강사
(전) 한국노동경제교육원(KLE) 전임교수
(현) 노무법인 상생 부대표
(현) 안산 상공회의소 컨설턴트 위촉위원
(현) 한국능률협회인증원 위촉위원

감수 약력　윤성봉

서울대학교 사회과학대학 인류학과 졸업
제10회 공인노무사 합격
(전) 서울법학원 인사노무관리 전임교수
(현) 한림법학원 인사노무관리 전임교수
(현) 한국노동경제교육원(KLE) 전임교수

핵심　인사노무관리

초　판　발　행	2007년 11월 1일
개 정 판 발 행	2008년　9월　1일
개 정 2 판 발 행	2010년　9월　1일
개 정 3 판 발 행	2012년　1월 10일
전 면 개 정 판 발 행	2013년　1월 10일
전 면 개 정 판 발 행	2014년　1월 20일

공　　　　　저　윤성봉　최지희
발　　행　　인　鄭相薰
발　　행　　처　考試界社

서울특별시 관악구 봉천10동 861-7 서울대입구
코업레지던스 B1층 고시계사
대　표　817-2400　　　편집부　817-0367~8
영업부　817-0418~9　　팩　스　817-8998
등　록　2001. 4. 10. 제16-2381호

www.gosi-law.com / www.eduall.kr

정가 25,000원　　　ISBN 978-89-5822-467-9　　　93320

법치주의의 길잡이 60여년 月刊 考試界